KB261483

수정 증보판

한국어 교육의 이해

김중섭 저

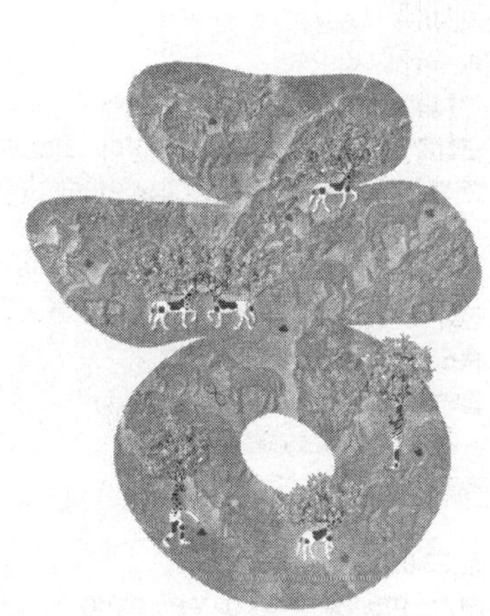

도서출판 夏雨

수정 증보판

한국어 교육의 이해

발행	2014년 2월 17일 1쇄
	2017년 10월 16일 3쇄
지은이	김중섭
펴낸이	박민우
기획팀	송인성, 김선명, 박종인
편집팀	박우진, 김영주, 김정아, 최미라
관리팀	임선희, 정철호, 김성언, 권주련
펴낸곳	(주)도서출판 하우
주소	서울시 중랑구 망우로68길 48
전화	(02)922-7090
팩스	(02)922-7092
홈페이지	http://www.hawoo.co.kr
e-mail	hawoo@hawoo.co.kr
등록번호	제475호

값 23,000원
ISBN 978-89-7699-927-6 93710

한국어 교육의 이해

김중섭 저

수정 증보판을 내면서

한국어 교육에 몸담은 지도 어느덧 20여 년이 되었고 본서가 발간된 지도 벌써 10년이라는 시간이 지났습니다. 한국어 교육에 관심을 갖게 된 것은 1985년부터 국제교류에 관련된 일을 하면서였습니다. 그 후 1993년 경희대학교 언어교육연구원(現 경희대학교 국제교육원)에 전임연구원으로 일하게 되면서 한국어 강좌를 개설하는 등 본격적으로 한국어 교육에 대한 연구에 몰두하게 되었습니다.

국내 한국어 학습자 수요가 급속히 증가하고 학습 목적이 매우 다양해짐에 따라 한국어 교육에 대한 연구도 각 분야별로 활발하게 진행되어 눈부신 질적 향상을 보여 주고 있습니다. 본서의 초판이 발간될 당시만 해도 한국어 교육 전공 서적이 거의 전무한 실정이었으나 최근에는 어휘, 문법, 읽기, 쓰기, 발음 등 분야별로 다양한 서적이 출판되고 있어 매우 고무적입니다.

하지만 한국어 교육을 전공하고자 하는 이들이 참고할만한 한국어 교육 개론서는 여전히 부족한 실정입니다. 이러한 현실적 요구에 따라 본서에서는 1993년부터 한국어 교육 현장에서 학생들을 직접 가르치며 접하게 된 실제적이고 시의성 있는 주제에 대해서 쓴 논문들을 정리하고 보충하여 한국어 교육을 전공하고자 하는 학생들에게 도움을 주고자 하였습니다. 또한 세계 곳곳에서 재외동포 청소년의 모국어 및 정체성을 교육을 담당하고 있는 여러 한글학교, 한국학교 선생님들에게도 도움이 될 수 있으리라고 기대해 봅니다.

본서의 개정판에서는 기존의 큰 틀을 유지하고, 최근에 이루어진 연구 성과를 검토하여 내용에 반영하였습니다. 또한, 각종 관련 지표 및 현황 등을 최신의 것으로 수정하였으며 한국어 교육 관련 논저도 추가 제시하였습니다. 한국어 교육 현장에서 열심히 노력하고 있는 여러 교사와 전공자들에게 도움이 되길 바라며, 후학들이 연구의 소재를 찾는 데도 일조할 수 있길 기대해 봅니다.

2013년에는 그간의 노력을 인정받아 경희대학교에서 '문화세계의 창조'를 위해 공헌한 구성원에게 수여하는 영예로운 상인 목련상을 받았습니다. 실천 공헌 분야에서 받은 상이라 기쁘고 감사한 마음이 배에 달합니다. 앞으로도 한국어 교육을 위해 더욱 노력할 것입니다.

마지막으로 이 책이 나오기까지 많은 도움을 준 이주희 선생, 김경표 선생을 비롯하여 일반대학원, 교육대학원 제자들에게도 고마움을 전하고 싶습니다. 그리고 한국어 교육의 발전을 바라는 마음으로 흔쾌히 출판해 주신 하우 출판사의 배려에 깊은 감사를 드립니다.

2014년 1월
학문의 열정이 피어나는 연구실에서

김중섭

차례

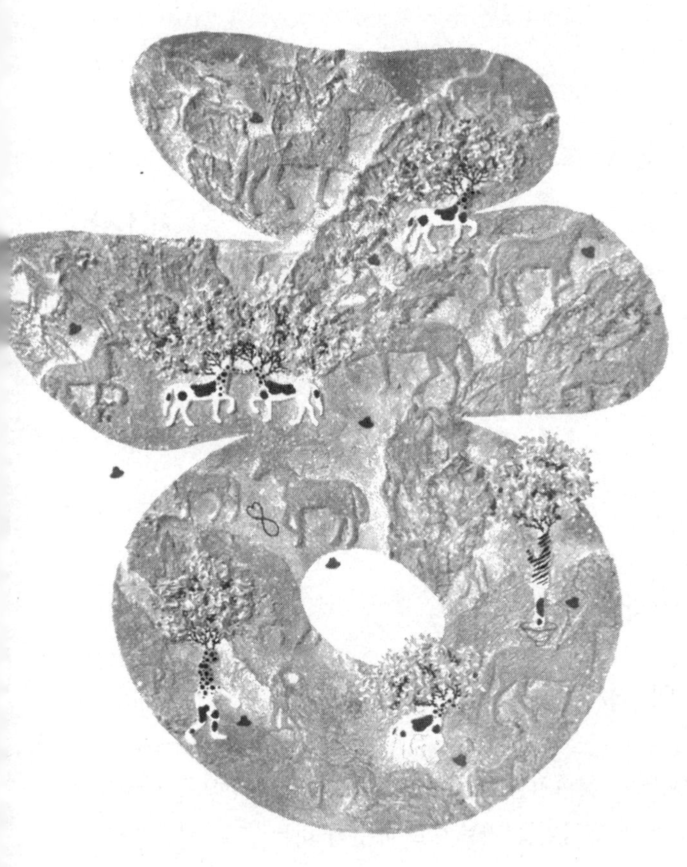

I. 한국어 교육의 현황

제1장
한국어 교육의 현황과 과제

1. 한국어 교육의 역사와 현황

1.1. 한국어 교육의 역사

한국어 교육이란 한국어를 모국어로 하지 않는 사람들을 대상으로 한국어 의사소통능력의 함양을 위해 한국어를 가르치고 배우게 하는 모든 활동을 의미한다.

이러한 한국어 교육에 대한 역사적 고찰은 최근 급속한 발전을 보이고 있는 한국어 교육계의 흐름과 현황을 역사적으로 훑어봄으로써 한국어 교육의 현재적 의의를 정리하는 작업이라 할 수 있다.

먼저 외국에서의 한국어 교육이 역사적으로 어떻게 시작되었는지를 문헌을 통해 살펴보도록 하겠다.

일본에서의 한국어 교육이 시작된 것을 보여 주는 문헌으로는 『속일본기』(續日本紀, 761)가 있다. 이 문헌에는 '신라어 교육'이 실시되었다는 기록이 있고, 『일본후기』(日本後紀, 815)에는 '신라역어'(新羅譯語)라는 말이 언급되어 있으며, 1727년에는 쓰시마에 '한어사'(韓語司, 1727)가 설치되기도 하였다.

다음으로 중국에서의 한국어 교육을 살펴보면, 『계림유사』(鷄林類事,

1103~1163)에 당시 고려어를 중국의 자음을 이용해 표기했다는 내용이 있으며 『조선관역어』(朝鮮館驛語, 1403~1424)에는 약 1,000개의 한국어 어휘를 중국 말소리로 기록했다는 내용이 있다. 이 시기가 외국에서의 한국어 교육의 출발기라 할 수 있을 것이다. 조선 전기 현종 때(1678)에는 중국어 회화 학습서인 『노걸대』(老乞大)를 한글로 번역한 『노걸대언해』(老乞大諺解)가 있다.

이후 19세기 후반 외국에서의 한국어 교육을 살펴보면, 1872년 일본에 조선어 학습소가 설치되었고 러시아에서는 1879년에 상트페테르부르크 대학에서 한국어 교육이 시작되었다. 푸찔로(M.P. Putsillo, 1845~1889)가 『러시아어-한국어사전 시편』이라는 최초의 서양어-한국어 사전을 편찬하였으며, 1874년에는 선교사 팟꼬프 웨 게(Pjankovo V. G)가 『한인학교용 한국문자교본』을 발간하기도 하였다.

1.2. 한국어 교육의 현황

국내의 한국어 교육은 대학 부설 어학기관에서부터 시작되었다. 1959년 연세대 한국어학당이 생긴 이래 1969년 서울대 어학연구소가 한국어 교육을 시작하였고, 1986년에는 고려대의 민족문화연구소, 1988년에는 이화여대 언어교육원이 한국어 교육 기관으로 문을 열었다. 1989년에는 선문대 한국어 교육원이 설립되었고, 이후 1990년대에 들어서면서 1993년 경희대학교 국제교육원을 시작으로 서강대, 성균관대, 한양대 등의 대학 부설 어학 기관에도 한국어 교육 기관이 생겨났고 현재 140여 개 대학 부설 어학 기관이 있다.

정부 관련 단체로는 국제교육진흥원(현재 국립국제교육원)에서 1962년에 재외동포 한국어 교육 과정을 설치하였다. 그 외 재외동포재단, 한국국제교류재단, 한국국제협력단, 국립국어원, 한국교육과정평가원, 유네스코 한국위원회 등에서도 한국어 교육을 실시하게 되었다.

기타 사설 학원이나 시민 단체에서도 한국어 교육이 실시되었는데 사설 교육 기관의 효시인 명도원에서 근대 한국어 교육기관으로서는 처음으로 한국어 교육이 시작되었다. 그 밖에 가나다 한국어 학원, 코리아헤럴드 부설 어학원 등의 사설 학원 등에서 한국어 교육이 실시되었고, 시민 단체에서는 이주 노동자와 결혼 이민자 등 다문화 가정을 대상으로 한국어 교육을 실시하였다. 또한 해외입양인연대(GOAL), 국제한국입양인봉사회(INKAS), 홀트아동복지회(HOLT) 등 입양인들을 위한 단체가 설립되어 한국어 교육에 도움을 주고 있다.

다음으로 국외 한국어 교육의 현황을 살펴보도록 하겠다.

미국의 경우 1970년대 이후 정부의 강력한 외국어 교육 정책으로 외국어 교육이 강화되면서 한국어 교육의 중요성이 대두되었다. 미국에서의 한국어 교육은 대부분 한인 교회에서 운영하는 한글학교에서 이루어지는데, 점차 공식교육으로 확대되는 추세[1]이다. 미국 내 110개 이상의 대학에서 매 학기 5,000명 이상의 학생들에게 한국어를 교육하고 있다.

1997년부터는 미국 대학 수학능력 시험인 SAT(Scholastic Assesment Test)의 선택 과목 SAT Ⅱ에 외국어로서 한국어가 포함되면서 미국 내에서의 한국어 교육의 위상이 더욱 높아졌다. 이러한 미국 내 한국어 교육의 특징은 한글학교의 성장과 이를 뒷받침한 교포 사회의 노력의 결과라 할 수 있겠다.

미 정부 기관 주관의 한국어 교육으로는 국방외국어대학(DLI)과 외무연수원(FSI), 국가안전보장국(NSA) 등의 프로그램이 활발하게 진행되고 있다.

일본에서의 한국어 교육은 일제 강점기 하의 조선을 통치하기 위한 목적으로 시작되었다. 이후 교포 중심의 한국학교가 설립되었고, 근대화 이후 도쿄(1897년, 현 도쿄외국어대학)와 오사카(1921년, 현 오사카대학 외국어학부),

---

1) 미국에서는 987여 개의 한인학교에서 9천여 명의 교사들이 5만 3천여 명의 학생들에게 한국어 교육을 실시하고 있다(재외동포재단, 2012).

나라(1925년, 현 텐리대학)에 한국어 관련 학과가 설치되어 본격적인 한국어 교육이 시작되었다. 1970년대 이후 한국어 학습에 대한 수요가 급증하여 현재 410여 개 대학에서 한국어 교육이 실시되고 있다.

1984년에는 NHK 방송에서 한국어 강좌가 시작되었다. 2005년 현재 고등학교 선택 과목의 4퍼센트를 한국어가 차지하고 있는데, 이는 프랑스어와 함께 중국어 다음의 선택 과목 순위이다.

일본에서의 한국어 관련 시험을 살펴보면 1993년에는 한글능력검정협회가 주관하는 "한글능력검정시험"이 시작되었고, 1997년에는 한국학술진흥재단에서 시행하는 "한국어능력검정시험"(현재 한국어능력시험)이 일본에서도 시행되었다. 한국어능력시험의 경우 현재 국립국제교육원으로 주관기관이 변경되었다. 2001년부터는 한글학회가 주관하는 "세계한국말인증시험"도 실시되고 있다.

중국에서의 한국어 교육은 중국 정부의 소수 민족 검정 정책에 의해 실시되고 있다. 중국에서는 한국어 교육이 가능한 독자적인 민족학교를 보유하고 있는데, 이 민족학교에서는 한어(漢語)를 제외하고는 모두 한국어로 강의하며, 초·중등 교육에서 대학(연변대학) 교육까지 연장되어 있다. 1950년대에는 베이징대학과 뤄양인민해방군외국어대학에서도 한국어 교육이 시작되었다. 1980년대 후반 이후 한국어 교육이 급부상하면서 최근에는 100여 개의 대학에서 한중수교 이후 한국어과(조선어과 포함)가 설치되어 한국어 교육이 실시되고 있다. 하지만 한반도 내에서 남과 북이 서로 다른 한국어 표준 체제를 지니고 있기 때문에 중국에서도 하나로 통일된 한국어 교육이 이루어지기 어려운 실정이다.

유럽에서의 한국어 교육은 서유럽과 동유럽을 나누어서 살펴볼 수 있다.

서유럽은 동유럽에 비해 한국어 교육 여건이 양호하다고 할 수 있는데, 한글학교가 개설되어 있어 주말에 교포, 주재원 자녀들을 대상으로 한국어 교육이 실시되고 있다. 대학에서의 한국어 교육은 영국 5개, 프랑스 4개, 독일 10개의 대학에 한국어, 한국학 전공이 개설되어 있다.

동유럽은 소련이 붕괴되고, 한국의 경제 성장과 더불어 한국어에 대한 인식과 관심이 계속해서 상승되고 있다. 그러나 구소련권 지역의 한인들에게 한국어는 더 이상 모국어가 아닌 외국어가 되어 가고 있는 것이 현실이다. 그럼에도 불구하고 오랜 한국학 연구의 역사를 갖고 있는 러시아와, 한국과의 활발한 경제 교류를 희망하는 CIS 지역 국가인 카자흐스탄, 우즈베키스탄 등에서의 한국어 수요는 계속해서 늘어나고 있는 추세이다. 이 지역은 역사적으로 북한과의 교류가 활발했던 지역이었기 때문에 표준 한국어의 문제가 심각하게 대두된다.

호주에서의 한국어 교육은 1970년대 이후 한국인들의 급격한 이민 증가로 급부상하게 되었다. 이후 1980년 호주국립대학에 한국어 과정이 개설되었고, 현재 6개 대학에서 한국어 교육과 관련한 학과나 강좌가 개설되어 있다. 초·중등학교에서 한국어 교육을 하는 학교가 1970년대에 비해 많이 감소하고 있다. 1980년부터 대학 입학시험에 한국어가 선택 과목으로 채택되었다.

마지막으로 국외의 자생적인 한국어 전파 노력과 더불어 우리나라는 정부 차원의 한국어 및 한국 문화 전파를 위하여 전 세계에 세종학당을 설립하고 있다. 세종학당은 문화체육관광부의 지원을 받아, 외국에 거주하는 한국어 수학 희망자를 대상으로 한국어와 한국 문화를 알리고 교육하는 기관으로, 2013년 현재 전 세계 총 51개국 113개소가 운영되고 있다. 문화 상호주의에 입각한 문화 교류 활성화, 외국어 또는 제2언어로서 한국어를 배우고자 하는 자를 대상으로 하는 실용 한국어 교육, 한국어 교육 대표 브랜드 육성 및 확산을 목표로 운영되고 있다. 전 세계 운영되고 있는 세종학당에 대한 자세한 정보는 다음과 같다.

<표 1〉 누리-세종학당 개설현황(2013. 12. 현재)

국가 분류	세종학당 합계	세종학당 세부 내역
유럽	14개국 22학당	나홋까 세종학당 독일 한국문화원 세종학당 라스팔마스 세종학당 러시아 한국문화원 세종학당 런던 세종학당(런던대학교 SOAS) 리스본 세종학당 모스크바 세종학당(모스크바 원광학교-러시아 한국문화원) 미꼴라이브 세종학당(페트로 마힐라 흑해주립대학교) 민스크 세종학당 베네치아 세종학당 본 세종학당(본 대학교) 브뤼셀 세종학당(주 벨기에 유럽연합 대사관) 소피아 세종학당 스페인 한국문화원 세종학당 영국 한국문화원 세종학당 튀빙겐 세종학당 파리 세종학당(마른라발레대학교 한불언어문화연구소) 파리 한국문화원 세종학당 포즈난 세종학당 폴란드 한국문화원 세종학당 프라하 세조학당 헝가리 한국문화원 세종학당
아시아	25개국 72학당	인도문화원 세종학당 가오슝 세종학당(고웅시 한인회) 까인따 세종학당(한국쉐마학교) 다롄 세종학당 다카 세종학당(방/한기술훈련센터-한국산업인력공단) 달랏 세종학당(달랏대학교-한국외국어대학교) 동경 한국문화원 세종학당 두샨베 세종학당(타지키스탄국립외국어대학교-계명대학교) 루앙프라방 세종학당(수파누봉대학교 - 비비비코리아) 마하싸라캄 세종학당(마하싸라캄국립대학교-인제대학교) 바우바우 세종학당(무함마디아 부톤대학교-경북대학교) 바쿠 세종학당 방콕 세종학당(탐마쌋대학교-한국외국어대학교)

		베이징 세종학당 (북경외국어대학교 배훈학원)
		북경 한국문화원 세종학당
		비슈케크 세종학당
		사마르칸트 세종학당(사마르칸트 국립외국어대학교)
		상하이 세종학당
		상해 한국문화원 세종학당
		선양 세종학당
		시안 세종학당(서안외국어대학교 신서북배훈학원)
		아부다비 세종학당(자이드대학교-충남대학교)
		아스타나 세종학당(유라시아국립대학교-카자흐스탄 한국문화원)
		앙카라 세종학당(앙카라대학교 투날르 TOMER-주터키대한민국대사관)
		양저우 세종학당(영주대학교-영남대학교)
		옌볜1 세종학당(연변과학기술대학교)
		옌볜2 세종학당(연변대학교)
		옌타이 세종학당(노동대학교-남부대학교)
		오사카 한국문화원 세종학당
		오쉬 세종학당
		우한 세종학당(화중과학기술대학교)
		울란바토르1 세종학당(울란바토르대학교)
		울란바토르2 세종학당(몽골국립대학교-공주대학교)
		울란바토르3 세종학당(국립과학기술대학교-한국산업인력공단)
		울란바토르4 세종학당
		웨이하이 세종학당(산동대학교 위해분교)
		이스탄불 세종학당(앙카라대학교 탁심 TOMER-주터키대한민국대사관)
		이슬라마바드 세종학당(국립 외국어대학교-한국산업인력공단)
		이즈밀 세종학당(앙카라대학교 이즈밀 TOMER-주터키대한민국대사관)
		인도네시아 한국문화원 세종학당
		지난 세종학당(산동사범대학교-인하대학교)
		첸나이 세종학당
		충칭 세종학당(사천외국어대학교-우송대학교)
		치치하얼 세종학당(치치하얼대학교-동신대학교)
		칭다오 세종학당(중국해양대학교)
		카자흐스탄 한국문화원 세종학당
		카트만두 세종학당(세종한국언어교육원-한국산업인력공단)
		콜롬보1 세종학당(한글사랑 나라사랑 국민운동본부)

		콜롬보2 세종학당(국립콜롬보대학교–한국산업인력공단)
		쿤밍 세조학당
		퀘존 세종학당(베네딕틴 국제학교 국제어학센터)
		타슈켄트 세종학당(타슈켄트 한글학교–한국산업인력공단)
		타이응우옌 세종학당
		탈디코르간 세종학당(제티수국립대학교–알마티한국교육원)
		터키 한국문화원 세종학당
		테헤란 세종학당
		톈진 세종학당(천진외국어대학교)
		트라브존 세종학당
		파사이 세종학당(정인한국어재단–이화여자대학교)
		프놈펜 세종학당(캄보디아국립기술대학교–한국산업인력공단)
		필리핀 한국문화원 세종학당
		하노이 한국문화원 세종학당
		하노이1 세종학당(하노이인문사회과학대학교–부산외국어대학교)
		하노이2 세종학당(하노이국립외대–한국산업인력공단)
		하얼빈 세종학당(하얼빈사범대학교 대진한국센터)
		항저우 세종학당(절강관광대학–호남대학교)
		호찌민 세종학당(호찌민인문사회과학대학교–조선대학교)
		후에 세종학당
		후허하오터 세종학당(세종언어문화활동 유한공사)
		말레이시아 쿠알라룸프르 세종학당(한국관광공사 코리아 프라자)
		타지키스탄 두샨베 세종학당(국립중앙도서관–계명대학교)
		필리핀 세부 세종학당(원광 글로벌교육센터)
북아메리카	3개국 8학당	LA 한국문화원 세종학당
		뉴욕 세종학당(한미헤리티지교육재단)
		멕시코 한국문화원 세종학당
		샌프란시스코 세종학당(캘리포니아국제문화대학)
		오번 세종학당
		오타와 세종학당
		워싱턴 한국문화원 세종학당
		테픽 세종학당(나야리트 자치대학교)
아프리카	4개국 4학당	나이로비 세종학당(아프리카 사랑모임)
		나이지리아 한국문화원 세종학당
		무타레 세종학당(아프리카대학교–배재대학교)
		알제 세종학당(알제2대학교–배재대학교)
오세아니아	2개국 2학당	시드니 한국문화원 세종학당
		오클랜드 세종학당(에덴즈 대학)

남아메리카	5개국 5학당	리마 세종학당(페루가톨릭대학교–충남대학교) 보고타 세종학당(아시아–이베로 문화재단, 콜롬비아경찰어학문화 센터) 산티아고 세종학당(디에고 포르탈레스 대학교) 상레오폴드 세종학당(유니시노스대학교–배재대학교) 아르헨티나 한국문화원 세종학당

세종학당의 교육과정은 대한민국 국립국어원에서 마련한 『국제 통용 한국어 교육 표준 모형』을 기반으로 구성되어 있다. 전체 교육 과정은 7단계로 나뉘어져 있으며, 1~2급은 초급 수준, 3~4급은 중급 수준, 5~6급은 고급 수준, 7급은 최상급 수준을 공부하게 된다. 세종학당에서는 '국제 통용 한국어 교육 표준 모형'에 따른 표준 교재를 지속적으로 개발·보급하고 있으며, 미개발 단계의 교재는 별도의 교재를 지정하여 운영하고 있다.

1.3. 한국어 교육 연구의 역사 및 방향

한국어 교육에 대한 연구의 역사를 정리하면 다음과 같다.

1970년대까지는 한국어 교육의 태동기라고 할 수 있는데, 이 시기의 한국어 교육 논문으로는 노대규(1969), 고영근(1974) 등의 교수법에 대한 논문과 허팔복(1973), 장석진(1974)의 한국어 교재에 관한 논문 등이 있다.

1980년대에는 한국어 교육 연구의 준비기이다. 이중언어 교육의 중요성이 강조되었으며, 해외동포를 대상으로 한 한국어 교육에 관심이 모아져 교수법이 개발되고, 교재가 발간되었으며, 한자 교재 등이 출간되었다.

1990년대는 한국어 교육의 정착기로, 특히 1988년 서울 올림픽 이후 한국어 교육의 수요가 급증하면서 여러 분야에 대한 다양한 연구가 실시되었다. 한국어 교육에 대한 현황 연구가 이루어졌고, 교사 양성 과정이 생겨났으며, 말하기—듣기, 발음, 어휘 등 언어 기능 관련 교육과 학습자 특성에 따라 재외동포를 위한 한국어 교육, 이중언어 교육이 이루어졌다. 교수법, 평가, 한자 교육, 교재, 한국 문화, 멀티미디어 관련 한국어 교육 연구 등 다양한 분야의 연구가 이루어졌다.

2000년대는 한국어 교육학의 정립기이다. 외국어로서의 한국어 교육의 범위와 성격이 좀 더 확실해지고, 각 주제 영역의 세부 주제 영역들이 정교화되면서 한국어 교육 현장에서 실제적인 활용가치가 있는 연구가 이루어지고 있다.

그러면 앞으로 한국어 교육은 어떤 방향으로 연구되어야 할까?

첫째, 서양 이론 중심의 교수법에서 탈피하려는 노력이 필요하다. 한국어와 한국 문화의 특징에 맞는 교육 방법을 모색해야 하는 것이다.

둘째, 우리나라의 전통적인 외국어 교육 방법을 연구해야 한다. 이러한 연구를 통해 현대 한국어 교육에 적용시킬 수 있는 방법을 찾아내야 한다.

셋째, 한국어의 특징에 적합한 한국어 교육 방법을 개발해야 한다. 교착어인 한국어의 음운, 어휘, 문법이 갖는 특징 및 경어법 등의 사회 언어학적 특징에 적합한 교육 방법의 개발이 요구된다.

넷째, 남북한 사이의 한국어 교육 분야에 노출된 이질화를 극복해야 한다. 외국인 대상 한국어 교육 부분을 필두로 맞춤법, 문법 용어, 사전 순서 등 많은 부분에서 현저히 이질화된 남북 언어의 이질화를 극복하는 것이 반드시 필요하다.

다섯째, 한자 교육의 활성화이다. 같은 한자어권인 중국, 일본의 한국어 학습자 수가 급증하면서 한자 교육의 중요성이 더욱 커졌다. 이에 발맞춰 한·중·일 삼국의 교육용 공통 기본 한자 선정 및 삼국의 한자, 한자어 비교, 효과적인 한자 교수법 등에 관한 공동의 모색 작업이 이루어지고 있다.

여섯째, 외국인을 위한 사전 편찬 작업이 필요하다. 사전 편찬은 언어권별, 한국어 학습 단계별 사전 등 다양한 사전들이 편찬되어야 하는데 이를 위해서는 기본 어휘의 선정이 선행되어야 할 것이다. 또한 문형 사전, 유의어 사전, 반의어 사전, 속담 사전, 한자어 사전, 맞춤법 사전 등 분야별 사전이 편찬되고 있지만 아직 부족하다. 이러한 사전 편찬 작업이 효과적으로 이루어지기 위해서는 정부 차원의 지원이 필요하다.

일곱째, 여러 교육 자료를 이용하여 수업이 이루어져야 한다. 다양한 시청각 자료와 다매체를 개발하여 학습자의 요구와 과목의 성격에 맞는 다양한 자료를 활용하여야 한다.

여덟째, 교육과정이 다양화될 필요가 있다. 다양한 목적으로 한국어를 배우는 학생들의 요구 충족을 위해 다양한 교과과정·교재·교수법·평가법 등이 마련되어야 한다.

2. 한국어와 한국어 교육

2.1. 한국어의 위상

한국어 사용 인구와 지역적 분포를 통해 한국어의 위상을 살펴보도록 하겠다. 한국어 사용의 중심은 한반도 지역으로 남북한을 합해 약 7,000만 명이 한국어를 사용하고 있다. 세계적으로는 700여만 명의 동포가 140여 개국에 거주하며 한국어를 사용하고 있다.

한인 거주 실태를 지역별로 살펴보면, 미국에는 200만 명 이상의 한인이 뉴욕, 로스앤젤레스 등지를 중심으로 살고 있고, 중국에는 270만 명 정도의 조선족 동포가 거주하고 있는데 연변 자치구가 대표적이다. 그 밖에 일본에는 89만 명, 러시아 및 중앙아시아 지역에 50만 명 등이 살고 있다. 박영순 외(2008)에서는 전 세계적으로 한국어를 사용하는 인구를 약 8000만 명으로 추정하고, 한국어 사용 인구수를 세계 11위로 보았으며, 한국어의 중요도를 10위권 안으로 보았다. 또한 최근 국립국어원(2010)에서 발간한 '숫자로 살펴보는 우리말'에서는 전 세계에서 한국어를 사용하는 인구수를 77,428,517명으로 추산하며, 한국어 모어 사용자 수로 볼 때 이는 세계 13위에 해당되는 수라고 보고 있다. 우리나라가 단일 민족으로 구성된 점을 감안하면 매우 높은 순위라고 볼 수 있다.

이러한 위상을 갖는 한국어가 외국의 중등 교육에서 어떻게 다루어지고 있는지를 국가별로 살펴보자. 우선 미국에서는 1997년부터 미 대입 수능 시험인 SAT에 한국어가 포함되었고, SAT Ⅱ 외국어 과목에 한국어가 9번째로 채택되었다. 이는 미국 내 고등학교에서의 공식적인 한국어 교육 활성화의 발판이 마련되고 있는 것이다.

일본의 경우 2003년부터 일본 대입 수능 시험인 센터 시험에 한국어 시험을 실시하기로 하였다. 이는 영어, 중국어, 프랑스어, 독일어에 이어 한국어가 5번째로 채택되는 외국어가 된 것으로, 이를 바탕으로 고등학교에서도 한국어 저변이 확대될 것으로 기대되고 있다.

호주에서는 1994년부터 뉴사우스웨일즈(NSW) 주와 빅토리아(Victoria) 주의 대입 선택 과목으로 한국어가 채택되었다. 1996년 호주 정부가 발표한 '초·중·고교에서 우선적으로 가르쳐야 할 아시아 언어'에서는 한국어가 일본어, 중국어, 인도네시아어에 이어 네 번째로 선정되기도 하였다.[2]

한국의 경제적 위상이 높아지면서 현재 약 64개국 750개 대학에서 한국어 교육을 실시하고 있다(박영순, 2007). 국외 한국어학 개설 대학 현황을 살펴보면 미국, 일본, 중국뿐만 아니라 동남아를 비롯한 제3국가에서도 한국어학과 개설이 두드러지게 나타나고 있음을 알 수 있다.

이와 같이 한국어에 대한 관심은 계속해서 증가하고 있다. 구한말 이후 외국 선교사들에 의해 한국어가 세계에 소개되어 한국어의 계통과 구조에 대한

---

2) 현재 호주에는 42개의 초·중등학교에서 한국어 과목을 개설하고 있고, 5개의 대학에 한국학과 설치 및 한국어 과목이 개설되어 있다.

연구가 시작된 이래 한국어의 우수성과 과학성이 세계적으로도 인정되었고, 유네스코에 세종대왕상이 제정되어 문맹 퇴치에 공로가 큰 개인과 단체를 시상하고 있다.

최빈국에서 세계 교역량 10위의 경제 강국으로 성장함에 따라 한국의 국제적 위상도 높아졌고, 이에 따라 한국어의 중요성이 커지면서 경제 상대국이라는 실제적 필요에 의해 한국어 교육에 대한 관심이 증대되고 있다.

이제는 통일 시대에 대비하여 한국어에 대한 연구도 확대되어야 한다. 통일 한국은 한국어의 발전에도 희망적인 미래이다. 한국이 유럽과 태평양을 잇는 중심 지역으로 자리잡게 되어 한국어 학습자의 수요도 증가할 것이라 예상되고, 남북의 상이한 한국어 체제도 통일함으로써 중국과 CIS 지역의 한국어 학습 시 남북한 언어의 이질성으로 인한 혼란을 없앨 수 있기 때문이다. 따라서 통일 한국의 중흥기는 한국어의 중흥기라고도 할 수 있을 것이다.

2.2. 한국어의 특징과 한국어 교육

한국어의 가장 큰 특징은 교착어라는 것이다. 한국어는 교착어가 가지는 특징을 많이 보이는데, 교착어란 문법 기능을 가지는 접사와 어미가 발달되고, 문법 요소의 기능이 단일하여 형태와 기능이 1 : 1로 대응하는 언어를 일컫는다.

이러한 한국어의 문법상의 특징을 살펴보면 다음과 같다.

첫째, 〈체언-조사〉의 결합으로 문장 안에서 구성 요소들 사이의 관계를 표시한다. 둘째, 청자, 화자, 문장 속 주체와의 관계에 따른 높임법이 발달하였다. 셋째, 〈주어+목적어+서술어〉, 〈수식어+피수식어〉의 어순을 가진다. 넷째, 화자의 입장에서 표현하려는 경향이 강하다. 다섯째, 이중주어 구문이 있어 한 문장에 두 개 이상의 주체가 등장할 수 있다.

한국어의 어휘상의 특징은 고유어와 외래어로 구성되었다는 점을 들 수 있다. 한자어 계열의 외래어가 많고 최근에는 영어로부터의 외래어 유입이 두드러진다. 또한 고유어는 감각어와 상징어가 크게 발달하였고, 의성어와 의태어가 발달하였다는 것도 어휘상의 특징이다.

음운상의 특징은 '국가', '고기'에 들어 있는 'ㄱ'의 예에서 볼 수 있듯이, 유성음과 무성음이 변별되지 않고, 'ㄱ/ㄲ/ㅋ', 'ㄷ/ㄸ/ㅌ'처럼 파열음과 파찰음 계열의 자음은 예사소리, 된소리, 거센소리가 상관쌍을 이루고 있으며, 음절 끝의 무성 자음은 내파되며, 같은 음운이라도 환경에 따라 말소리가 바뀐다는 점이다.

이러한 특징을 갖는 한국어를 가르치기는 쉬운 일이 아니다. 한국어를 가르치는 것이 어려운 이유를 좀 더 살펴보면 다음과 같다.

한국어의 문자인 한글은 철자가 무척 특이하고, 글자를 형성하는 방법도 독특하다. 이렇게 생소한 알파벳은 초기 학습자에게 큰 부담이 된다. 또 음절 단위로 글자를 형성하기 때문에 모음의 종류에 따라 자음이 놓이는 위치가 달라지고, 받침이 존재한다는 것도 한국어가 어려운 이유이다.

또한 한국어는 어미와 접사가 발달하였다는 교착어로서의 특징을 지닌다. 따라서 각각의 어미와 접사가 형태에 따라 기능이 달라지고, 학습이 진행될수록 배워야 할 문법 형태소의 숫자도 증가하게 된다. 뿐만 아니라 음운론적, 형태론적 조건에 의한 변이 형태가 존재한다는 점도 학습자들이 어려워하는 부분이다.

한국어는 수식어가 피수식어의 앞에 놓이는 좌분지어(左分支語), SOV 유형의 언어이다. 특히 관형 표현은 어미의 활용을 필요로 하는 경우가 많아 수식어를 피수식어 앞에 제시하기가 까다롭다. 그리고 서술어가 맨 뒤에 위치하는 문장 구조의 특이성 때문에 학습자들이 어려워할 수 있다.

따라서 이러한 특징을 가진 한국어를 가르치기 위해서는 한국어 교육의 기본 원칙에 입각하여 가르치는 것이 필요하다. 한국어 교육의 기본 원칙이란 교육의 중점을 교수에서 학습으로 전환하는 것이다. 우선 교사는 수업을 교사 중심이 아닌 학습자 중심으로 구성(진행)하는 발상의 대전환이 필요하다. 교사는 일반적 지식의 전달자가 아닌 상담자, 촉진자, 조언자, 조력자, 조장자, 모니터의 역할을 해야 하고, 목표어 화자의 모델이 될 수 있어야 한다. 이러한 교사의 역할을 전제로 유의미한 학습이 이루어지기 위해서는 학습이 교수 활동보다 중요하다는 인식이 있어야 한다. 기계적 학습이 아닌 유의미한 학습으로 고립된 항목을 탈피하여 언어의 사용 맥락 위에서 교육되어야 하고, 새로운 항목은 학습자의 기존 지식 구조와 연결되어야 한다는 것이다. 또한 배운 항목을 직접 '사용'할 수 있도록 상호 활동을 통한 실제적인 의사소통이 중심이 되어야 하고, 개인 차원의 지식 습득이 아닌 상호 활동을 통해 습득되는 것이 바람직하며, 수업 내용은 기능을 고려하여 구성되어야 한다. 이를 위해서는 과제(task) 개발 작업과 통합된 활동을 고려한 교육이 필요하다.

교재와 학습자의 측면에서 교사는 항상 '언어 교사는 교재가 아닌 학습자를 가르쳐야 한다'는 생각을 가져야 한다. 진도를 위한 진도는 위험하다. 교재는 방향 제시의 기능을 가지며, 교사는 학습자의 실제 언어 사용 능력의 신장에 관심을 두어야 한다.

교사의 입장에서 정확성과 유창성 사이에서 갈등이 생길 수 있는데, 정확성을 바탕으로 한 유창성의 획득이 중요하다. 또 탈맥락적인 문법의 사용 규칙에 대한 교육은 피해야 하며, 의사소통 능력 향상을 위한 다른 활동과 통합적으로 실시되어야 한다.

2.3. 한국어 교육 방법

이상과 같은 한국어 교육의 기본 원칙에 입각하여 한국어 교육을 하는 현장에서는 어떠한 교육이 이루어져야 하는가? 우선 학습자의 모국어에 따른 차별화 교육이 필요하다. 인구어권 화자를 위해 제3언어, 제4언어로서의 한국어 교육이 이루어져야 하고, 비한자권 학습자를 위한 별도의 한자 수업도 필요하다. 한자어권 화자를 위한 한국어 교육에서는 한국식 한자어와 자신이 알고 있는 한자어 어휘와의 비교가 필요하고 일본어 문법 형태소와의 용법 차이를 숙지하도록 지도하는 등 언어권별 학습자 유형에 따라 어휘 확장에 유리한 조건을 활용하도록 한다.

한국어 교육에서는 언어 학습과 함께 문화 교육이 필요하다. 언어 학습자는 목표어의 문화적 맥락 안에서 언어를 사용할 수 있어야 하기 때문이다. 그러면 문화란 무엇인가? Cortazzi & Jin(1999)에 의하면 사람들의 행동 양식을 이해하는 사회적 지식, 행동, 태도, 즉 타인의 행동, 언어, 사고방식을 해석하는 데 사용하는 일련의 사고 및 신념 체계가 바로 문화이다. 그래서 Brown(1994)은 "언어 학습은 곧 문화 학습"이라고도 하였다.

문화 교육에서 유의해야 할 점은 문화적 고정 관념을 버리는 것이다. 문화적 고정 관념이란 자신이 속한 집단의 문화적 틀로 바라보는 선입견을 말하는데 '한국 사람은 시끄럽고 화가 나 있다'라든가 '미국 사람은 쾌활하고 개방적이며 실리를 따진다' 등이 바로 문화적 고정 관념의 예이다. 따라서 문화 교육에서 언어 학습자는 문화 차이를 인식하고 열린 태도를 갖는 것이 중요하고, 교사도 학습자를 문화적 고정 관념으로 일반화시키면 안 된다.

목표어 문화에 대한 긍정적 태도는 언어 학습을 촉진시키는데, 그 예는 Gardner & Lambert(1972)의 불어 학습자의 불어 사용 집단에 대한 태도와 통합적 동기와의 관련성 연구에서 찾아볼 수 있다.

또한 문화 교육에서는 문화적 동화 과정을 고려해야 한다. 문화적 동화 과정이란, 학습자의 문화적 토양 위에 목표어 문화를 받아들이는 것으로, 언어 학습자들이 문화 충격을 경험하게 된다는 것을 염두에 두어야 한다.

Brown(1996)은 문화적 동화 과정을 4단계로 나누었는데, 1단계는 새로운 환경에 대해 느끼는 흥분과 행복감의 시기이다. 2단계는 문화 충격 단계로, 불안감을 느끼고 동포에게 의존, 불만을 토로하게 된다. 3단계는 문화 충격이 회복되어 가는 시기로 이 시기에 이르면 제2문화권 사람들과 자연스럽게 감정을 교류할 수 있게 되고 차츰 새 문화에 동화되기 시작한다. 마지막으로 4단계는 새 문화에 완전히 동화하여 그 문화 안에서 자신의 모습에 자신감을 얻는 시기이다. 따라서 학습자의 자기 문화에 대한 확고한 정체감이 필요하다.

다음으로 문화 교육의 방법에 대해 살펴보도록 하겠다. 문화 교육에는 세 가지 접근 방법이 있다.

첫째, 일반 수업 내용에 문화를 포함시키는 방법이다. 이것은 언어의 기능과 동시에 관련된 문화적 요소를 다루는 것으로, 예를 들면 음식 주문하기를 통해 음식 이름과 함께 식사 예절을 가르칠 수 있다.

둘째, 커리큘럼 내에 특정한 교과목으로 편입하는 방법이다. 한국의 역사, 한국의 예술, 영화를 이용한 한국어 수업과 같이 문화 관련 교과목을 독립하여 편성하는 것이다.

셋째, 문화 교육을 특별 활동으로 설정하는 방법이다. 교실 밖에서 한국 문화를 직접적으로 체험하게 하는 것으로 박물관 견학, 사물놀이 관람 등을 통해 문화 교육을 할 수 있다.

이러한 문화 교육에서 한국어 교사는 문화적 충격의 완충 역할을 해야 한다. 또한 교사는 한국 문화의 표본으로 한국 문화에 대한 폭넓은 최신의 지식을 겸비하여 긍정적인 한국 문화상을 자신 속에 내면화할 수 있어야 한다.

3. 한국어 교사의 자질 및 역할

3.1. 바람직한 한국어 교사상

한국어를 할 수 있다고 해서 누구나 한국어 교사가 될 수 있는 것은 아니다. 한국어 교사의 질이 한국어 교육의 성패를 좌우한다고 할 수 있을 정도로 교사의 역할이 중요하다.

먼저 교사의 자질은 세 가지 범주로 나누어 살펴볼 수 있다.

첫째, '교육자'로서의 한국어 교사이다. 교육의 3대 요소를 학생, 교사, 교재라고 할 때, 교사가 가장 중추적인 위치를 차지한다. 이러한 교사가 갖추어야 할 교육자로서의 자질은 훌륭한 인격(Personality)과 전문성(Professionalism), 지도력(Leadership)이다.

둘째, '언어'를 다루는 교육자로서의 한국어 교사는 가르치는 언어에 대한 훌륭한 시범자가 되어야 한다. 해당 언어에 대한 지식이 풍부해야 하고, 언어 기술별 능력이 뛰어나며, 정확한 발음을 할 수 있어야 한다. 또한 언어에 대한 전반적이고 폭넓은 이해를 바탕으로 언어의 본질, 특정어와 일반 언어와의 관계에 대해 관심을 갖고 연구하는 자세가 필요하다. 언어 교수에 대한 이해와 수업 활동을 효과적으로 이끌 수 있는 능력 역시 중요하다. 수업 단계에 맞는 적절한 역할의 수행(시범자, 대화 상대자, 조율자, 격려자, 조언자)을 할 수 있어야 하기 때문이다.

셋째, '한국어'라는 특정 언어를 가르치는 사람으로서의 한국어 교사는 한국어에 대한 전문적인 이해가 있어야 한다. 국어 전공자만큼의 이해를 바탕으로 한국어 관련 연구들을 받아들일 수 있어야 한다. 한국의 전통 문화와 역사, 정치, 사회 전반에 대한 풍부한 이해를 갖추어 언어의 배경이 되는 문화에 대한 지식은 물론, 한국 문화의 전달자로서의 표본적 역할을 수행해야 한다. 또한 외국어 실력은 학생들과의 충분한 의사소통을 위해 꼭 필요하며, 자신의 전문 영역에서 깊이 있는 연구를 통해 한국어 전문 연구자로서의 소양을 갖추어 나가는 것이 필요하다.

3.2. 한국어 교사가 갖추어야 할 태도

다음으로 한국어 교사가 갖추어야 할 태도는 여덟 가지로 나누어 정리해 볼 수 있다.

첫째, 다른 문화에 대한 열린 자세이다. 한국 문화에 대한 우월 의식이나 다른 문화에 대한 편견을 버리고, 한국 문화의 부정적 측면을 강조하지 않는다.

둘째, 특수한 형편의 학습자를 배려하는 태도이다. 다양한 배경을 가진 학습자들의 특수한 형편을 배려하여 인종이나 입양 등 민감한 부분에 대한 언급을 자제한다.

셋째, 치밀한 학생 관리가 이루어져야 한다. 이는 행정적인 면에서의 관리뿐 아니라 교실에서 학생의 학습 과정에 대한 세심한 관찰과 배려가 있어야 한다는 것으로, 결석, 교우 관계 등 학생의 교실 밖 생활에도 관심을 갖고 학생이 한국어 학습에 집중할 수 있도록 돕는다.

넷째, 편애는 금물이다. 학습자의 개인차로 인해 교사의 중립성이 흔들리면 안 된다. 부진한 학습자에 대한 배려가 반드시 필요하다.

다섯째, 한국어 교사로서의 자부심과 긍지를 가져야 한다. 한국어와 한국 문화에 대한 자부심을 기본으로 한국어 교사는 민간 외교 사절이라는 생각으로 자신의 일에 대한 자신감과 긍지를 가져야 한다.

여섯째, 새로운 교육 방법에 대한 고민과 노력하는 자세이다. 한국어 교사는 교수 방법에 대한 끊임없는 연구와 노력을 해야 한다. 효율적인 수업을 위한 교사의 시도는 자신감과 학생과의 신뢰감으로 이어진다.

일곱째, 인내심과 순발력이다. 학습자가 할 말을 기다려 주지 못하고 교사가 해서는 안 된다. 효과적인 수업 통제를 위한 재치와 유연함이 필요하다.

여덟째, 소명 의식이다. 평생직장이라는 생각보다 평생 직업이라는 인식을 가지고 한국어 교사로서 갖추어야 할 자질과 소양을 연마해야 한다.

3.3. 교사의 국어학적 지식의 중요성

한국어 교사에게는 위에서 언급한 좋은 인격이나 지도력 외에도 전문성이 요구되는데 국어학에 대한 이해는 전문성을 구성하는 중요한 요소이다. 따라서 한국어 교사는 학부에서 다루는 국어학 지식 정도는 자기 것으로 소화하여 이를 교육 현장에 응용할 수 있는 실력을 갖춰야 한다. 국어학 영역은 음운론, 형태론, 통사론, 의미론, 화용론 등으로 나뉘는데 이들 각 영역 중에서도 한국어 교육에 응용되는 세부 분야에 대한 깊이 있는 공부가 필요한 것이다.

그렇다면 한국어 교사에게 왜 한국어 지식이 필요한가? 한국어의 사용 능력과 전문 지식에는 차이가 있다. 한국어를 할 수 있다고 해서 모두 한국어 교사가 될 수 있는 것은 아니다. 학습자들에게 '낯선 언어'로서의 한국어에 대한 전문 지식이 필요하기 때문이다. 한국어에 대한 체계적, 전문적 지식을 바탕으로 한국어 교사의 전문화를 이루어야 한다. 한국어 비전공자 교수 요원의 문제도 간과할 수 없다. 국어학 지식은 한국어 교사로서 갖추어야 할 전문성의 바탕이 되므로 한국어 교사는 한국어 전공자만큼의 한국어 지식을 갖추어야 한다.

한국어 교육에 필요한 국어학 지식의 영역은 음운론, 형태론, 통사론, 의미론, 화용론의 영역으로 나누어 살펴볼 수 있다.

먼저 음운론은 말소리에 대한 연구 분야이다. 이 분야의 지식은 한글의 자형과 발음 교육, 철자 교육에 적용시킬 수 있고, 학습자 모국어의 음운 체계와의 비교 분석을 가능하게 한다. 또한 음절 구성 방법, 발음 방법, 음운의 변동 등을 기본으로 과학적이고 체계적인 발음 원리에 대한 이해가 중요하다.

형태론은 형태, 즉 단어의 구성 성분에 관한 연구 분야이다. 형태소 분석, 형태소끼리의 결합, 단어 형성을 연구하여 어휘 교육에 적용시킬 수 있는 영역이다. 또한 품사론, 격조사, 보조사, 접속조사 등 한국어 조사의 역할과 종류를 확실히 알고 있어야 한다.

통사론은 단어들이 문장 안에서 맺는 관계에 대한 연구 분야이다. 문장의 종결, 연결 방식, 사동·피동 표현, 부정 표현, 높임법, 시제와 상에 대한 국어학적 지식은 문형(pattern) 단위의 교육에서 어미 등 문장을 구성하는 세부 단위에 대한 이해를 가능하게 하므로 반드시 필요하다.

의미론은 언어의 의미를 연구하는 학문 분야로 의사소통의 원리와 많은 관련이 있으므로 한국어 교육에서 반드시 필요한 내용이다.

마지막으로 화용론은 담화 맥락을 중심으로 의미 현상을 연구하는 분야이다. 언어와 사회문화적인 요소는 불가분의 관계를 가지고 있어 해당 언어권의 문화를 알지 못하면 의사소통에 실패하는 경우가 종종 생긴다. 최근 한국어 교육에 담화 차원의 화용론적 접근에 대한 연구의 중요성이 부각되고 있다.

4. 한국어 교재의 현황 및 과제

4.1. 한국어 교재의 현황 및 분석

한국어 교육에서 교재의 중요성을 생각할 때 한국어 교재의 현황을 정리해 보는 작업은 반드시 필요하다. 한국어 교재는 한국어 교육 실시 기관(국내 대학 중심)에서 사용하는 자체 교재를 출판한 것이 대부분인데 교재에 각 교육

기관의 교육 내용, 방법, 교과 과정, 학사 일정 등이 반영되어 있다.

1990년대에는 기관별 교재와 통합교재가 주를 이루었다면, 2000년대에 이르러서는 기능별 교재가 많이 출간되었다.

최근의 한국어 교재는 기존 교재에 대한 비판을 극복하고 학습자의 동기 유발에 더욱 관심을 갖고자 과제 수행 중심의 교재가 개발되고 있으며 대상 또한 다양해지고 있다.

2013년 현재까지 개발된 한국어 교재 목록은 다음과 같다.

가나다한국어학원(2004), 가나다 Korean(중국어, 일본어, 영어판), 초급 1~2, 중급 1~2, 고급 1~2, Language PLUS. -개정.

_____(2005), 가나다 for foreigners 초급 Work Book 1, Language PLUS.

_____(2006), 가나다 for foreigners 초급 Work Book 2, Language PLUS.

_____(2010), New 가나다 Korean for Foreigners Workbook 초급 1 , 한글파크.

_____(2010), New 가나다 Korean for Foreigners 초급 1(영어, 일본어, 중국어), 한글파크.

_____(2011), New 가나다 Korean for Foreigners Workbook 초급 2 , 한글파크.

_____(2011), New 가나다 Korean for Foreigners 초급 2(영어, 일본어, 중국어), 한글파크.

_____(2012), New 가나다 Korean for 중급 1(중국어, 일본어), 한글파크.

_____(2012), New 가나다 Korean for Foreigners Workbook 중급 1 , 한글파크.

가톨릭대학교 한국어 교육센터(2007), 행복한 한국어 1, 한국문화사.

_____(2011), OK 한국어 1(Workbook), 한국문화사.

강남대학교 한국어 교육원(2007), 중국인을 위한 한국어 1, 강남대학교 출판부.

강봉식(2004), 日本人のための한국어 입문 1~2, 시사일본어사. -개정.

_____(2012), 일본인을 위한 한국어입문 2, 랭기지플러스.

강봉식·이기동(2004), Beginners Korean 1~2, Language PLUS. -개정.

강승혜(2009), Fast & Fun Korean 1, 다락원.

_____(2010), Fast Fun Korean for Short-Term Learners 1, 다락원.

강준원(1994), You can speak Korean, 한림.

강현화 외(2011), 결혼이민자와 함께하는 한국어 3, 도서출판 하우.

강현화·민재훈 (2007), 외국인 유학생을 위한 경영 한국어, 다락원.

강현화(2009), Korean Picture Dictionary 베트남어·인도네시아어·몽골, 다락원.

_____(2009), Korean Picture Dictionary 중국어·일본어·영어, 다락원.

건국대학교 언어교육원(2005), 한국어 1~2, 건국대학교 출판부.

_____(2007), 처음 만나는 한국어, 건국대학교출판부.

_____(2007), 한국어 3~4, 건국대학교출판부.

_____(2011), 함께 배우는 건국 한국어 1-1~1-2, 2-1~2-2, 건국대학교출판부.

_____(2011), 함께 배우는 건국 한국어 Work Book 1-1~1-2, 건국대학교출판부.

_____(2010), 함께 배우는 건국 한국어 6, 건국대학교출판부.

경기교육청(2008), 한국의 언어와 문화—꼭 알아야 할 한국 문화 1~3, 경기교육청.

경북대학교 어학교육원(2003), 재미있게 배우는 한국어 1, 경북대학교출판부.

경희대학교 평생교육원(2000), Exploring Korean, 민중서림.

_____(2001), First step in Korean for(중국어, 러시아어판), 민중서림.

_____(2003), 스페인인을 위한 한국어 입문, 민중서림.

_____(2003), 프랑스인을 위한 한국어 입문, 민중서림.

_____(2005), 러시아인을 위한 한국어 입문, 민중서림.

_____(2005), 일본인을 위한 한국어 입문, 민중서림.

_____(2006), 중국인을 위한 한국어 입문, 민중서림.

_____(2011), 스페인인을 위한 한국어입문, 민중서림.

_____(2012), 러시아인을 위한 한국어입문(Audio-CD포함), 민중서림.

_____(2012), 중국인을 위한 한국어입문, 민중서림.

경희대학교 한국어 교육연구회(2012), 외국인을 위한 한국어 중급 1-중급 2, 한글파크.

계명대학교 한국어학당(2010), 살아있는 한국어 1~4, 계명대학교출판부.

_____(2011), 살아있는 한국어 Work Book 1~4, 계명대학교출판부.

고려대학교 민족문화연구소(1991), 표준 한국어 발음 연습 1, 고대한국어문화연구원.

_____(1997), 유타의 한국어 기행 초급, 중급, 상급, 콤텍시스템.

고려대학교 한국어문화교육센터(2008), 재미있는 한국어 1 Work Book, 교보문고.

_____(2008), 재미있는 한국어 1, 교보문고.

_____(2008), 재미있는 한국어 1~2, 교보문고.

_____(2009), 재미있는 한국어 2 Work Book, 교보문고.

_____(2009), 재미있는 한국어 2, 교보문고.

_____(2009), 재미있는 한국어 3, 교보문고.

_____(2009), 재미있는 한국어 Work Book 2, 교보문고.

_____(2010), 재미있는 한국어 4~6, 교보문고.

_____(2010), 재미있는 한국어 Work Book 3~6, 교보문고.

고려대학교 한국어문화연수부(1994), 한국어 4·6, 고려대학교 민족문화연구원.

_____(1994), 한국어 회화 6, 고려대 민족문화연구원.

_____(1995), 한국어 1·2·3·5, 고려대학교 민족문화연구원.

_____(1995), 한국어회화 1~5, 고려대학교 민족문화연구원.

고려대학교 한국학연구소(1997), 한국어능력평가, 국학자료원.

교육인적자원부교과교육연구·한국열린교육교과교육연구회(2006), 우리는 하나 1~3, 교육인
    적자원부.

국립국어원(2004), 여성 결혼 이민자를 위한 한국어 첫걸음, 국립국어연구원.

_____(2006), 여성 결혼 이민자를 위한 한국어 중급, 국립국어원.

_____(2006), 초급 한국어 말하기, 한림.

_____(2006), 초급 한국어 쓰기, 한림.

_____(2007), 초급 한국어 듣기, 한림.

_____(2008), 초급 한국어 듣기(몽골어, 베트남어, 중국어, 타갈로그어, 태국어판), 한림.

_____(2008), 초급 한국어 말하기(몽골어, 베트남어, 중국어, 타갈로그어, 태국어판), 한림.

_____(2008), 초급 한국어 쓰기(몽골어, 베트남어, 중국어, 타갈로그어, 태국어판), 한림.

_____(2009), 초급 한국어 듣기 일본어판, 한림.

_____(2009), 초급 한국어 말하기 일본어판, 한림.

_____(2010), 여성결혼이민자와 함께하는 한국어 1~2, 한글파크.

_____(2011), 중급 한국어 2 (몽골어판, 베트남어판, 중국어판, 필리핀어판), 랭기지플러스.

_____(2012), 초급 한국어 말하기(스페인어판, 러시아판), 도서출판 하우.

_____(2012), 초급 한국어 듣기(러시아판), 도서출판 하우.

_____(2012), 초급 한국어 읽기(스페인어판, 러시아판), 도서출판 하우.

_____(2012), 초급 한국어 쓰기(스페인어판, 러시아판), 도서출판 하우.

국립국제교육원3)(1999), 한국어 입문, 국립국제교육원.

_____(2001), 한국어 1~2, 국립국제교육원.

_____(2001), 한국어 회화 1~2, 국립국제교육원.

_____(2002), 한국어 3~4, 국립국제교육원.

_____(2003), 한국어 5~6, 국립국제교육원.

_____(2005), 한국어 7~8, 국립국제교육원.

국민대학교(2012), 국민 한국어 1-1~1-2 , 국민대학교출판부.

권영민 외(2011), 외국인을 위한 한국문화읽기(몽골어판), 아름다운 한국어학교.

권성미(2011), Dr.Kwon의 한국어 기본 문법, 박이정.

권성미 외(2007), Essential Korean for Every Use, 한림.

권영민 외 5명(2009), 인도인을 위한 한국어 I, 아름다운 한글학교.

권혁민(2009), 아름다운 한국어 첫걸음 한글자모음 배우기, 아름다운 한글학교.

김경숙(2003), 가나 한글 I~II, 남두도서.

_____(2006), 여보세요 한국어 1~2, 남두도서.

김균태·이기종(2004), 한국어, 한남대학교출판부.

김기태·태당환(2004), 베트남인을 위한 한국어 회화, 삼지사.

김기태, 레당환(2012), 베트남인을 위한 한국어회화, 삼지사.

김덕근 외(2009), 외국인을 위한 한국어 문형, 박이정.

_____(2009), 리얼 라이프 한국어 Work Book, 박이정.

_____(2009), 리얼 라이프 한국어, 박이정.

김문수·최효선(2006), 기초로 배우는 한국어, 문예림.

김민성(2008), 2000 Essential Korean Words: for Beginners, 다락원.

김민자(2003), 너 한글 쓸 줄 아니?, Language PLUS.

김선미·우형식(2007), 한국어로 어떻게 말해요?, Language PLUS.

김선아(2011), 외국인을 위한 한국어 쓰기 5, 신아출판사.

김선정 외(2007), 살아있는 한국어—관용어, Language PLUS.

---

3) 국제교육진흥원이 2008년부터 국립국제교육원으로 명칭이 변경되었다.

_____(2007), 살아있는 한국어 교과서-속담, Language PLUS.

_____(2007), 살아있는 한국어-한자성어, Language PLUS.

_____(2008), 살아있는 한국어 Ⅰ~Ⅲ, 계명대학교 출판부.

_____(2009), 살아있는 한국어 Ⅳ, 계명대학교 출판부.

김성열 (2008), やさしく覚える韓国語, 아름다운 한국어학교.

김성희 외(2006), 서강 한국어 Work Book 4 A~B, 5 A~B, 서강대학교 국제문화교육원출
        판부.

_____(2006), 서강 한국어 4 A~B, 서강대학교 한국어 교육원.

_____(2007), 서강 한국어 Work Book 5 A~B, 서강대학교 국제문화교육원출판부.

_____(2007), 서강 한국어 5 A, B, 서강대학교 한국어 교육원.

_____(2008), New 서강 한국어 1 A~B, 도서출판 하우.

_____(2008), New 서강 한국어 2 A~B, 도서출판 하우.

_____(2008), New 서강 한국어 3 A~B, 도서출판 하우.

_____(2008), New 서강 한국어 Work Book 2 A~B, 도서출판 하우.

_____(2008), New 서강 한국어 Work Book 3 A~B, 도서출판 하우.

_____(2009), New 서강 한국어 Work Book 1 A~B, 도서출판 하우.

_____(2012), 서강 한국어 1(Compact Series), 도서출판 하우.

_____(2012), 서강 한국어 쓰기 1~2 : 학문 목적 과정, 서강대학교 한국어 교육원.

_____(2012), 서강 한국어 1, 도서출판 하우.

김순례·임수진(2012), 전래동화로 배우는 한국어, 다락원.

김영규 외(2008), 안녕하세요 초급 한국어 1~2, 박문각.

_____(2009), 안녕하세요 중급 한국어 1~2, 박문각.

_____(2009), 안녕하세요 한국어(캄보디아판), 박문각.

김영희·김건희(1996), 안녕하세요?, 학연문화사.

김인구·Marshall(2008), STEP BY STEP Korean through 15 Action Verbs 1~2, 한국문화사.

김종미(2012), How do you say that in Korean, 어드북스

김준선(2006), 외국인의 한글 공부를 위한 한국어 작문, 학문사.

김중섭(2012), Korean Phrase Book for Travelers (Revised Edition, Paperback), 한림출판사.

_____(2011), 혼자 공부하는 한국어 중급 1, 경희대학교출판부.

______(2010), Korean Conversation Dictionary : for Foreigners, English-Korean, 한림출판사.

김중섭 외(2000), 한국어 초급 I, 경희대학교출판부.

______(2001), 한국어 초급 II, 경희대학교출판부.

______(2002), 한국어 중급 I~II, 경희대학교출판부.

______(2003), 한국어 고급 I~II, 경희대학교출판부.

______(2004), 혼자 공부하는 한국어 초급 I~II, 중급 I~II, 경희대학교출판부.

______(2005), 신표준 한국어 초급 1~2, 중급 1~2, 고급 1~2, 중국외어교학연구출판사.

______(2005), 인도네시아인을 위한 초급 한국어 회화, UCLinc.

______(2007), 日本人のための 한국어ナビ 초급 1~2, Language PLUS.

김중섭 외(2009), 日本人のための韓國語文法 100, Language PLUS.

______(2009), 중국인을 위한 알기 쉬운 한국어 문법 100, Language PLUS.

______(2009), できる韓國語慣用表現, ASK.

김중섭, 이정희 외(2010), 유학생을 위한 한국어 듣기, 도서출판 하우.

김중섭·이정희·조현용(2008), 러시아인을 위한 초급 한국어 회화, Language PLUS.

______(2008), 베트남인을 위한 초급 한국어 회화, Language PLUS.

김중섭·조현용(2002), 안녕하세요? 观光韩国语会话, 박이정.

______(2005), Easy Korean for visitors(방문자를 위한 한국어), UCL Inc.

김중섭 · 최문석(2008), 유학생을 위한 한국어 말하기, 도서출판 하우.

김지형 · 배규범(2005), 漢字로 배우는 한국어, UCLinc.

김춘식 외(2006), 한국어 문법 맞춤법 발음법, 문예림.

김충실(2006), 관용어로 배우는 한국어(중국어판), 박이정.

김태성(2005), 实用会话手帖(중국인을 위한 한국어 회화), 문예림.

김필영(2002), 러시아어 사용자를 위한 현대 한국어 문법, 학민사.

김혜영(2006), 한국어 1, 경남대학교출판부.

______(2008), 한국어 2, 경남대학교출판부.

______(2009), 한국어 3, 경남대학교출판부.

나찬연(2007), 인터넷으로 배우는 초급 한국어 회화, 제이앤씨-개정.

______(2011), 벼리 한국어 읽기 초급 1~2, 경진.

농심 율촌재단(2006), 비즈니스 한국어 I, 열기획.

_____(2007), 비즈니스 한국어 II, 열기획.

Doan Thien Thuat·김기태(2003), 베트남인을 위한 한국어 입문, 심지사.

도원숙·Ngheim Thi Thu Huong(2006), easy Korean Grammar, Language PLUS.

동국대학교 한국어 교육센터(2008), 함께 배워요 한국어 work book 1~6, 동국대학교출판부.

_____(2012), 함께 배워요 한국어 6, 동국대학교출판부.

_____(2011), 함께 배워요 한국어 5, 동국대학교출판부.

_____(2010), 함께 배워요 한국어 4, 동국대학교출판부.

_____(2009), 함께 배워요 한국어 Work Book 1~2, 동국대학교출판부.

_____(2009), 함께 배워요 한국어 3, 동국대학교출판부.

_____(2008), 함께 배워요, 한국어 1~6, 동국대학교출판부.

라혜민·우인혜(2000), 외국인을 위한 기초 한국어 쓰기, 보고사.

_____(2005), 몽골인을 위한 쉬운 한국어 문법, 한국문화사.

레휘콰(2012), 베트남 근로자를 위한 한국어, 글로벌어학사.

민중서림 편집부(2011), 외국인을 위한 한국어 입문, 민중서림.

呂之東·韓國語硏究室(2002), (중국인을 위한)기초한국어, 한국외국어회화사.

박규홍(2005), 빨리배우는 한국어문법, 정림사.

박미경·김정은·이수영(2002), 숙명 한국어 1, Lingua Express.

박미령 외(2012), 내친구 한국어. 1 : 외국인을 위한 한국어 교육, 한국문화사.

박미경(2011), 성경으로 배우는 한국어, 박이정.

박숙영 외 3명(2009), 안녕하세요 초급 한국어 활동책 1~2, 박문각.

박영희(2011), Korean Usage for Foreigners 2: 외국인을 위한 한국어 문형, 박이정.

박주영 외(2012), 학령기 자녀를 둔 결혼이민자를 위한 한국어, 역.

박진관(1999), 독일인을 위한 한국어 회화, 문예림.

배규범(2007), 요모조모 한국 읽기, 보고사.

배론(2009), 빨리 빨리 한국어 중국어판 1~3급, 크라운 출판사.

배재대학교(2005), 배재 한국어 1·2, 배재대학교 출판부.

배화여자대학 글로벌다문화사업단(2011), 맛있는 한국어 31(베트남어판, 중국어판, 일본어
        판), 한국문화사.

부산외국어대학교 한국어 교육센터(2007), 쉽게 배우는 한국어 초급 듣기·말하기, 부산외

국어대학교출판부.

부산외국어대학교 한국어 교육센터(2007), 쉽게 배우는 한국어 초급 읽기·쓰기, 부산외국어대학교출판부.

_____(2009), 쉽게 배우는 한국어 독해 중급 1, 부산외국어대학교출판부.

_____(2009), 쉽게 배우는 한국어 회화 중급 1~2, 부산외국어대학교 출판부.

서강대학교 한국어 교육원(2009), New 서강 한국어 1 A~B 문법·단어 참고서(중국어, 일본어판), 도서출판 하우.

_____(2009), New 서강 한국어 2 A~B 문법·단어 참고서(중국어, 일본어판), 도서출판 하우.

_____(2009), New 서강 한국어 3 A~B 문법·단어 참고서(중국어, 일본어판), 도서출판 하우.

_____(2007), 드라마로 배우는 생생 한국어 1·2(영어, 중국어, 일본어판), 서강대학교 국제문화교육원.

_____(2010), 서강 한국어 4A~B(중국어판), 서강대학교 국제문화 교육원.

_____(2010), 서강 한국어 3A~B, 4A~B(일본어판), 서강대학교 국제문화 교육원.

_____(2011), 서강 한국어 5A~B(영어판), 서강대학교 국제문화 교육원.

_____(2011), 서강 한국어 4A(한국어판), 서강대학교 국제문화 교육원.

_____(2011), 서강 한국어 2B, 3A Work Book, 서강대학교 국제문화 교육원.

_____(2011), 드라마로 배우는 생생한국어(중국어, 일본어): Only You Vol. 1~2, 서강대학교 국제문화 교육원.

_____(2012), 서강 한국어 1A~B(스페인어판), 서강대학교 국제문화 교육원.

_____(2012), 서강 한국어 5A~B(일본어판), 서강대학교 국제문화 교육원.

서강대학교 한국학센터(2000), 서강 한국어 1~4, 도서출판 하우.

서경숙(2007), 7일 만에 끝내는 한국어 입문 무궁화 꽃, Language PLUS.

_____(2009), 7일 만에 끝내는 한국어 입문, Language PLUS.

_____(2009), 그림으로 배우는 한국어, 박문각.

서울 한국어아카데미(2007), 생생 한국어 듣기 초급코스, Language PLUS.

서울대 중앙다문화교육센터(2008), 학교가 좋아요 학습 한국어, 서울대학교 중앙다문화교육센터.

서울대학교 어학연구소(1993), 한국어 1~4, 도서출판 풍남.

서울대학교 언어교육원(2000), 한국어 1~4, 문진미디어.

_____(2005), 한국어 1~3 Paper Book, 문진미디어.

_____(2005), 한국어 1~3 Practice Book, 문진미디어.

_____(2006), 한국어 4 Paper Book, 문진미디어.

_____(2006), 한국어 4 Practice Book, 문진미디어.

_____(2006), Active Korean 1, 문진미디어.

_____(2006), Arirang Korean Basics 1, 다락원.

_____(2007), Active Korean 2, 문진미디어.

_____(2007), Useful Chinese Characters for Learners of Korean, 다락원.

_____(2008), Active Korean 3, 문진미디어.

_____(2009), 외국인을 위한 한국어 발음 47 1~2, Language PLUS.

_____(2010), Active Korean Workbook 1~2, 서울대학교 언어교육원.

_____(2010), Arirang Korean Basics 1, 서울대학교 언어교육원.

_____(1992), Korean through English 1~3, 한림.

_____(2012), 서울대 한국어 5A~5B, 문진미디어.

_____(2012), 서울대 한국어 5A Work Book, 문진미디어.

서울특별시교육청(2007), 즐거운 학교, 함께 배우는 한국어, 서울특별시교육청.

_____(2009), 행복한 가정 함께 배우는 한국어, 서울특별시교육청.

서울 한국어아카데미(2007), 생생 한국어 듣기 초급코스, Language PLUS.

_____(2008), 생생 한국어 듣기 중급코스, Language PLUS.

선문대학교 한국어 교육원(2000), 한국어 실용회화(중국어, 독일, 프랑스, 스페인, 포르투갈, 아랍어판), 생각하는 백성.

_____(2001), 한국어 초급 1~2, 중급 1~2, 고급 1~2(일본어, 영어판), 생각하는 백성.

선문대학교 최주열 외(2008), 외국인 유학생을 위한 한국어 초급 I~IV, 한국문화사.

_____(2009), 외국인 유학생을 위한 한국어 중급 I~IV, 한국문화사.

선문대학교 한국어 교육원(2012), 한국어 초급 1: 영어, 생각하는백성.

성균어학원(2005), 말하기 쉬운 한국어 1~4, 성균관대학교출판부.

_____(2006), 말하기 쉬운 한국어 4~8, 성균관대학교출판부.

_____(2006), 배우기 쉬운 한국어 1~6, 성균관대학교출판부. -개정.

_____(2007), 말하기 쉬운 한국어 9, 성균관대학교출판부.

_____(2009), 말하기 쉬운 한국어 10~12, 성균관대학교출판부.

_____(2009), 말하기 쉬운 한국어 9~10, 성균관대학교출판부.

_____(2010), 말하기 쉬운 한국어 11~12, 성균관대학교출판부

손동조(2008), (초등부와 외국인을 위한)연필로 쓰는 한글 악필 교정법, 성안당.

숙명여자대학교 한국어교재위원회(2011), 아하 한국어 1, 경문사.

순천향대학교 한국어 교육원(2011), 한국어 초급2, 보고사.

_____(2011), 한국어 초급2 Work Book, 보고사.

_____(2009), 한국어 초급1, 보고사.

_____(2009), 한국어 초급1 Work Book, 보고사.

순천향대학교 한국어 교육원, 전성운·손다정(2008), 문화로 배우는 한국어 1·2, 보고사.

시사 한국어 교육원(1996), 외국인을 위한 한국어 초급, 중급, 시사영어사.

시사중국어문화원(2003), 한국말 몰라도 한국 간다(중국편), 시사중국어문화원.

신명선 외(2012), 새터민을 위한 한국어 어휘 교육, 박이정.

신라대학교 한국어 교육센터(2009), 톡톡 튀는 한국어 1~6, 박이정.

_____(2009), 톡톡 튀는 한국어 Work Book 1~6, 박이정.

신은경 외(2006), 한국어 문법 연습, 사단법인 교육진흥연구회.

_____(2006), 한국어 어휘 연습, 사단법인 교육진흥연구회.

_____(2009), 한국어 쓰기 연습, 사단법인 교육진흥연구회.

_____(2009), 한국어 어휘 연습, 사단법인 교육진흥연구회.

신현숙(2012), 들으면서 쓰는 한국어 펜맨십 : 한국어 초급 학습자를 위한 쓰기 교재, 다락
       원 -개정.

안산외국인근로자지원센터(2008), 이주 노동자를 위한 하하호호 한국어, 안산외국인근로자
       지원센터.

안상현(2011), Wild Korean(야생 한국어), 북셀프.

안성희(2011), 아름다운 한국어 2-1, 아름다운 한국어학교.

안성희 외(2011), 난타로 배우는 아름다운 한국어와 문화, 아름다운 한국어학교.

안성희 외(2012), 아름다운 한국어 4-1, 4-2, 아름다운한국어학교.

안영호(1999), 인도네시아인을 위한 한국어 입문, 삼지사.

여성가족부(2005), 여성 결혼 이민자를 위한 한국어 초급, 여성가족부.

연세대학교 교재편찬위원회(2007), 연세 한국어 1~2(중국어, 일본어, 영어, 러시아어판), 연세대학교 출판부.

______(2008), 연세 한국어 3 (중국어, 일본어, 영어판), 연세대학교출판부.

______(2008), 연세 한국어 4, 연세대학교출판부.

______(2009), 비즈니스한국어, 연세대학교출판부.

______(2009), 연세 한국어 5, 연세대학교출판부.

______(2009), 연세 한국어 6, 연세대학교출판부.

연세대학교 언어교육연구원 한국어학당(1999), 한국어 읽기 1~5, 연세대학교출판부.

______(2011), 연세 한국어(중국어판 2, 3), 연세대학교출판부.

______(2011), 연세 한국어(영문판 3), 연세대학교출판부.

______(2011), 100시간 한국어 5, 연세대학교출판부.

______(2012), 외국인을 위한 한국어 문법연습(일본어 초급, 중급, 고급), 연세대학교출판부.

______(2012), 외국인을 위한 한국어 어휘연습(일본어 초급, 중급, 고급), 연세대학교출판부.

______(2012), 대학 생활을 위한 한국어 듣기(초급, 중급1, 중급2, 고급), 연세대학교출판부.

______(2012), 대학 생활을 위한 한국어 말하기(초급, 중급2), 연세대학교출판부.

______(2012), 대학 생활을 위한 한국어 쓰기(중급1, 중급2), 연세대학교출판부.

______(2012), 대학 강의 수강을 위한 한국어 말하기(중급1, 중급2, 고급), 연세대학교출판문화원.

______(2012), 대학 강의 수강을 위한 한국어 쓰기(초급, 중급1, 중급2, 고급), 연세대학교출판문화원.

______(2012), 대학 강의 수강을 위한 한국어 읽기(중급1, 중급2, 고급) 연세대학교출판문화원.

연세대학교 언어연구교육원 한국어교사연구소(2007), 한국어 1~6, 연세대학교출판부.

연세대학교 한국어교사연구소(2007), 놀며 배우는 한국말 Work Book, 연세대학교출판부.

______(2007), 놀며 배우는 한국말, 연세대학교출판부. -개정.

연세대학교 한국어학당 교재편찬위원회(2006), 한자와 함께 배우는 한국어 1~2, 연세대학교출판부.

연세대학교 한국어학당(1992), 한국어 1, 2(중국어, 일본어, 영어, 러시아어판), 연세대학교출판부.

_____(1993), 한국어 3(일본어판), 연세대학교출판부.

_____(1993), 한국어 독본 고급, 연세대학교출판부.

_____(1993), 한국어 독본 중급, 연세대학교출판부.

_____(1993), 한국어 독본 초급, 연세대학교출판부.

_____(1994), 한국어 4~6, 연세대학교출판부.

_____(1995), 한국어 발음, 연세대학교출판부.

_____(2001), 한국어 활용연습 1~3, 연세대학교출판부.

_____(2005), 100시간 한국어 1~2, 5, 연세대학교출판부.

_____(2006), 한 달 완성 한국어 말하기 중급 2, 연세대학교출판부.

_____(2006), 한 달 완성 한국어 중급 듣기 1~2, 연세대학교출판부.

_____(2006), 한 달 완성 한국어 중급 말하기 1~2, 연세대학교출판부.

_____(2006), 한 달 완성 한국어 중급 쓰기 1~2, 연세대학교출판부.

_____(2007), 한 달 완성 한국어 중급 듣기, 연세대학교출판부.

_____(2007), 100시간 한국어 3~4, 연세대학교출판부.

_____(2007), 연세 한국어 활용연습1~3, 연세대학교출판부.

_____(2008) 한 달 완성 한국어 듣기 중급 1, 연세대학교출판부. -개정

_____(2008), 외국인을 위한 한국어 생활 어휘, 두산동아.

_____(2008), 한 달 완성 한국어 말하기 중급 1, 연세대학교출판부. -개정

_____(2008), 한 달 완성 한국어 쓰기 중급 1, 연세대학교출판부. -개정

_____(2009), 100시간 한국어 6, 연세대학교출판부.

오미라 외(1998), Exiting Korean, 이화여자대학교출판부.

오미정·이혜용·김희경(2007), 외국인을 위한 한국어 외래어, 월인.

오미정(2005), 외국인을 위한 한국어 기본어휘 가나다라, 연세대학교출판부.

오성은(2006), Korean made easy for beginners, 다락원.

_____(2006), Korean made easy for Every Life, 다락원.

외국어보급회(2001), 日本人のための實用韓國語會話, 문예림.

_____(2003), 實用韓國語會話, 문예림.

_____(1999), 日本人のための韓國語4週間, 문예림

_____(2005), Gateway to SPEAKING KOREAN(영어로 배우는 한국어 회화) 포켓판, 문

예림.

_____(2005), Gateway to SPEAKING KOREAN(영어로 배우는 한국어 회화), 문예림.

우인혜·라혜민(1998), 한국어 발음 교수법과 활용, 선문대학교출판부.

_____(1998), 한국어 쓰기 교수법과 활용, 선문대학교출판부.

_____(2000), 일본인을 위한 쉬운 한국어 문법, 한국문화사.

_____(2000), Easy Korean Grammar. 한국문화사.

우형식 외(2007), 쉽게 배우는 한국어 초급 듣기·말하기, Language PLUS.

_____(2007), 쉽게 배우는 한국어 초급 읽기·쓰기, Language PLUS.

원동연·김난희·정연희(2007), 이것이 한국어다!, 김영사.

유소영(2013), 이준기와 함께하는 안녕하세요 한국어2 (영어, 일본어, 한국어판), 마리북스.

윤석만(2000), 프랑스인을 위한 한국어 회화, 문예림.

윤영 외(2011) 이화 한국어4, 이화여자대학교출판부.

윤영주(2012), 다문화가족 기초한국어 : 15시간에 끝내는 아주 쉬운 한국어, 해드림출판사.

이기원(2007), 한국어의 의성어와 의태어, 한국문화사.

이경은, 최희정(2011), 4컷 Cartoon 한국어: 의성어 의태어 [페이퍼백], 한글파크.

이관식 외(2012), 유학생을 위한 경영 무역 한국어, 박이정.

_____(2012), 유학생을 위한 예술 디자인 한국어, 박이정.

이마제키 이즈미(2005), 미루쿠사마의 좌충우돌 한국 체험기, 시사일본어사.

이미혜(2006), Korean Language for a Good Job 1(영어, 태국어판), 다락원.

_____(2008), Korean Language for a Good Job 2(태국어 판), 다락원.

이상옥(2008), 하루아침에 배우는 한글, 소통.

이선미 외(2012), 노래로 배우는 한국어, 도서출판 하우.

이성옥(1995), Basic Korean Dictionary, 한림.

이숙자(2005), 외국인을 위한 한국어 입문, 민중서림.

이수행 외(2012), 이화 한국어 6, 이화여자대학교출판부.

이승덕(2002), 브라질·포르투갈인을 위한 한국어 회화, 문예림.

_____(2002), 한국어 회화, 문예림.

이양혜·성진숙·권혜경(2009), 쉽게 배우는 한국어 독해 중급 1, Language PLUS.

이양혜·이필우·김유선(2009), 쉽게 배우는 한국어 작문 중급 1, 2, Language PLUS.

이양혜·이동연·구지은(2009), 쉽게 배우는 한국어 회화 중급 1, 2, Language PLUS.

이영희(2006), 외국인을 위한 재미있는 한자, 한국문화사.

이윤근(2001), HUNTING KOREAN 1권 — 러시아인을 위한 한국어 강좌, 문예림.

이윤진(2004), 한국어 문형표현 100, 건국대학교 출판부.

_____(2006), 김치한국어, 커뮤니케이션북스.

_____(2006), 지하철이 고장 나서 늦었어요, 커뮤니케이션북스.

이인선(2009), Elementary Korean, tuttle.

이정연 외(2012), 이화 한국어 5, 이화여자대학교출판부.

이재욱(2006), 韓國語必須單語 6000(영어, 일본어, 중국어판), Language PLUS.

이정희 외(2007), 유학생을 위한 한국어 글쓰기의 기초, 도서출판 하우.

_____(2007), 유학생을 위한 한국어 글쓰기의 실제, 도서출판 하우.

이채연 외(2006), 유학생을 위한 톡톡 튀는 한국어 1~6, 박이정.

_____(2009), 유학생을 위한 톡톡 튀는 한국어 Work Book 1~6, 박이정.

이한우(2004), 태국인을 위한 한국어 회화, 문예림.

_____(2012), 태국인을 위한 한국어 회화, 문예림.

이해영(2011), 중급 한국어 2(한국어판, 영어판), 한글파크.

이화여자대학교 언어교육원(1995), 외국인을 위한 한국어 1~2, 이화여자대학교출판부.

_____(1998), 말이 트이는 한국어 I~II(일본어, 영어판), 이화여자대학교출판부.

이화여자대학교 언어연구원(1999), 말이 트이는 한국어 I~II 워크북, 이화여자대학교출판부.

_____(2001), 말이 트이는 한국어 III 워크북, 이화여자대학교출판부.

_____(2001), 말이 트이는 한국어 III(일본어, 영어판), 이화여자대학교출판부.

이화여자대학교 언어연구원(2002), 말이 트이는 한국어 IV 워크북, 이화여자대학교출판부.

_____(2002), 말이 트이는 한국어 IV, 이화여자대학교출판부.

_____(2004), 말이 트이는 한국어 단어집 1~4(중국어, 일본어, 영어판), 이화여자대학교
    출판부.

_____(2006), 말이 트이는 한국어 V 워크북, 이화여자대학교출판부.

_____(2006), 말이 트이는 한국어 V, 이화여자대학교출판부.

_____(2008), 대학 한국어 1~2 -읽기·쓰기, 이화여자대학교출판부.

_____(2008), 대학 한국어 1-말하기·듣기, 이화여자대학교출판부.

_____(2009), 대학 한국어 2-말하기·듣기, 이화여자대학교출판부.

_____(2011), 이화 한국어 2-1~2-2, 3-1~3-2 (영어판), 이화여자대학교출판부.

_____(2011), 이화 한국어. 2-2(일본어판), 이화여자대학교출판부

임종수·배진영(2003), 讀める·書ける ハングル, Language PLUS.

임호빈·홍경표·장숙인 (2005), 외국인을 위한 한국어 문법, 연세대학교 출판부-개정.

임호빈(2001), Korean Grammar for International Learners Work Book, 연세대학교출판부.

_____(2001), Korean Grammar for International Learners, 연세대학교출판부.

임호빈·홍경표·장숙인(2005), 외국인을 위한 한국어 문법 Work Book, 연세대학교출판부. -개정

_____(2007), 日本人のための 韓國語文法 , 연세대학교출판부.

_____(2007), 日本人のための 韓國語文法 Work Book 1~2, 연세대학교출판부.

장남구·김용철(1996), Active Korean, 한림.

_____(1989), Functional Korean, 한림.

장남귀·김영철(2002), Active Korean: A Functional Approach, 한림출판사.

장말희·박명숙(2007), Quick and Easy Korean for Migrant Workers, 장락.

장미영(2009), 요리로 배우는 한국어－생활음식. 한국문화사.

_____(2009), 중국인을 위한 의료 한국어 병원 한국어, 한국문화사.

장미영·라카하잘 오트곤자갈(2000), 몽골인을 위한 필수 한국어 회화, 한국문화사.

장미영·손일선(2012), 병원용어(한국어 일본어) : 의료관광을 위한 필수 의료 용어 수록, 어문학사.

장미영·에이미 페리노(2003), 미영이와 에이미의 한국어 여행, 한국문화사.

장미영·우에끼 미에꼬(2003), 일본인을 위한 생생한 생활 한국어, 한국문화사.

장미영·존 리(2003), 중국인을 위한 한국어 회화, 한국문화사.

장소원 외(2011), 폴란드인을 위한 한국어 1~2, 박이정.

전미순(2008), 문화 속 한국어 1, Language PLUS.

_____(2009), 문화 속 한국어 2, Language PLUS.

전혜원·김청아(2008), Kimchigirls Korean Lessons, 다산에듀.

정미라(2012), 네팔인을 위한 한국어 회화, 문예림.

정치희(1996), 알기 쉬운 한국어 1, 명지출판사.

정환승(2003), 태국인을 위한 한국어 입문, 삼지사.

조동오(2011), 큰소리로 읽는 한국어 : 낭독의 발견, 진영사.

조상훈·Christopher Torchia(2002), How Korean Talk: A collection of Expression, 은행나무.

조성문 외(2009), 기능과 화행 중심의 한국어 말하기 활동, 제이앤씨.

조영미·사사키 토모미(2006), 내겐 너무 매운 한국, 커뮤니케이션북스.

조인정·조영아(2000), Active Listening 1~2, 한림.

조재희·오미남(2008), Korean Listening Skills(영어, 일본어판), 다락원.

조항록·이지영(2008), Practical Korean(영어, 중국어판), 다락원.

조현용(2002), 안녕하세요 반갑습니다, 박이정.

______(2006), 외국인 학부 유학생을 위한 한국어 읽기, UCLinc.

조현용·김낭예(2008), 유학생을 위한 한국어 읽기, 도서출판 하우.

조현일·김정현(2011), 읽으면서 배우는 한국어 연습, 한국문화사.

종로시사어학원 서울한국어학당(2001), 외국인을 위한 한국어 중급 1, 시사영어사.

주민호·William O'Grady(2002), Handbook of Korean Vocabulary, 한국문화사.

中村克弥·奉美慶(2006), 韓国語楽々スタート 쉽고 재미있는 한국어 첫걸음, 넥서스.

______(2007), 韓国語楽々スタート 쉽고 재미있는 한국어 중급, 넥서스.

중앙대학교 한국어 교육원(2012), 알기 쉽고 재미있는 중앙 한국어 1~4, 중앙대학교.

집문당(2012), 중국인의 Business 한국어 2, 집문당.

채영희(2011), 신나라 부경 한국어 (영어, 몽골어, 베트남어, 인도네시아어, 러시아어, 스페인어, 미얀마어), 부경대학교출판부.

최건(1998), 中国人学 韩国语入门 1, Language PLUS.

______(1999), 中国人学 韩国语入门 2, Language PLUS.

최경애(2006), Start! 한국어 step 1, 북갤러리.

______(2012), 스타트 한국어 STEP 1 : 일본인을 위한 한국어 교재, BG북갤러리.

최권진(2006), 속담으로 배우는 한국어 1~2, 한국문화사.

______(2007), 한자숙어로 배우는 한국어, 한국문화사.

______(2009), 유머로 배우는 한국어, 한국문화사.

최은규 외(2011), 결혼이민자와 함께하는 한국어 4, 도서출판 하우.

최윤곤(2007), 외국인 유학생을 위한 한국어 독해, 한국문화사.

_____(2009), 외국인 유학생을 위한 리포트 작성법, 한국문화사.

최인실(2009), Time for Korean 1~2, 한림.

_____(2009), Time for Korean—Basic Korean for Young Learners 1~2, 한림.

최정순 외(2007), 내가 좋아하는 한국어(중국어, 일본어, 영어, 베트남어판), 도서출판
  하우.

_____(2009), 배워요 재미있는 한국어 1~3, 도서출판 하우. -개정.

_____(2011), 배워요 재미있는 한국어 1, 도서출판 하우.

최태영·박종철(1995), 외국인을 위한 한국어, 숭실대학교출판부.

충북대학교 국제교류원(2012), 매일 만나는 한국어 1 활용, 충북대학교출판부.

_____(2011), 쉽게 말하는 한국어 3, 충북대학교출판부.

_____(2011), 매일 만나는 한국어 1~2, 충북대학교출판부.

편집부(2000), 한국어 쓰기 교본, 명지출판사.

PMG한국어연구소(2008), 외국인을 위한 실무 한국어 어휘, 박문각.

한국국제노동재단(2003), 외국인 노동자를 위한 재미있는 한국어, 한국국제노동재단.

_____(2005), 외국인 노동자를 위한 재미있는 한국어 1, 2, 한국국제노동재단.

_____(2005), 외국인 근로자를 위한 한국어 회화집, 한국국제노동재단.

한국문화연구회(2007), 한국어로 말해요, 사람in.

한국산업인력공단(2003), 한국어와 한국 생활, 한국산업인력공단.

한국어 교육개발연구원(2005), 아름다운 한국어(중국어, 일본어, 영어판) student's book 1-1,
  1-2, 아름다운한국어학교.

_____(2005), 아름다운 한국어 Work Book(중국어, 일본어, 영어판) 1-1, 1-2, 아름다운한국
  어학교.

_____(2006), 新入社員 ドラマ韓國語フォトブック, EKO Language Center.

_____(2006), 아름다운 한국어(중국어, 일본어, 영어판) student's book 1-3, 아름다운한국어
  학교.

_____(2006), 아름다운 한국어 Work Book(중국어, 일본어, 영어판) 1-3, 아름다운한국어
  학교.

_____(2007), 아름다운 한국어(중국어, 일본어, 영어판) student's book 2-1, 아름다운한국어
    학교.

_____(2007), 아름다운 한국어 Work Book(중국어, 일본어, 영어판) 2-1, 아름다운한국어
    학교.

_____(2008), 아름다운 한국어(중국어, 일본어, 영어판) student's book 2-2, 3-1, 아름다운
    한국어학교.

_____(2008), 아름다운 한국어 Work Book(중국어, 일본어, 영어판) 2-2, 3-1, 아름다운한국
    어학교.

_____(2011), 아름다운 한국어 1-2(중국어), 아름다운 한국어학교.

_____(2011), 아름다운 한국어 1-1(일본어), 아름다운 한국어학교.

한국어 교육문화원(2005), できる韓國語 중급, 문진미디어.

_____(2006), Easy Korean for Foreigners 1 Work Book, Language PLUSE.

_____(2007), Easy Korean for Foreigners 2 Work Book, Language PLUS.

_____(2008), Easy Korean for Foreigners 1, Language PLUS -개정.

_____(2008), Easy Korean for Foreigners 3 Work Book, Language PLUS.

_____(2009), Easy Korean for Foreigners 2~4, Language PLUS -개정.

_____(2012), 쉬워요 한국어 2 (easy Korean for foreigners 2), 랭기지플러스.

한국어 교육원교재개발위원회(1998), 출발! 한국어, 선문대학교출판부.

한국어 교육열린연구회(2012), 한글을 배워요 열린 한국어: 입문(중문판, 일본어판), 도서출
    판 하우.

_____(2011), 열린 한국어(중급1, 중급2, 중급3), 도서출판 하우.

한국어세계화재단(2007), 농촌여성 결혼 이민자를 위한 한국어 – 우리 엄마의 한국어 초급
    (중국어, 영어, 베트남어, 타갈로그어판), 농림부여성정책과.

한국어연구실(2006), 한국어 단어장 초급(중국어, 일본어, 영어 판), 한국어.

한국외국어대학교 외국어연수원(2000), 한국어 1~2, 한국외국어대학교출판부.

한국외국어대학교 중국어과(2002), 중국인을 위한 한국어 회화, 문예림.

한국외국어대학교 한국어문화교육원(2007), 외국인을 위한 한국어 1~2, 한국외국어대학교출
    판부.

한글파크(2012), Talk To Me In Korean Level 1~3, 한글파크.

한양대학교 국어교육위원회(2009), 외국인을 위한 글쓰기, 한양대학교출판부.

_____(2009), 외국인을 위한 말하기, 한양대학교 출판부.

한양대학교 국제어학원(2008), 한양 한국어 1~2, 한양대학교 출판부.

_____(2010), 한양 한국어 1~3(교재 쓰기 연습), 한양대학교출판부.

韓日靑少年親善交流硏究會(한일청소년친선교류연구회)(2005), 韓國語を知らなくても韓國人と
　　　友達になる, Language PLUS.

한재영(2008), 한국어 발음 교육(Teaching Korean Pronunciation), 한림.

한재영·김현경(2012), 한국어로 놀자, 신구문화사

허봉자(2008), (중국어권 학습자를 위한)한국어 경어법 교육 연구, 박이정.

허용(2007), 외국인 유학생을 위한 인문 한국어, 다락원.

夫伯(2004), 日韓國民交流をしに韓國語を知らなくても韓國に行く, Language PLUS.

Alexander Argüelles & Jong-Rock Kim(2000), (A historical literary and cultural)Approach
　　　to the Korean Language, 한림출판사.

B.J. Jones(1985), Let's Learn Korean, 한림.

Bryan Park(2007), Survival Korean Vocabulary, 넥서스.

_____(2009), 한국어 형용사 500 활용사전, 소통.

Buce K. Grant(2000), A Guide to Korean Characters, 한림.

Daniel Y. Jang·Jacobs Jang(2008), Yes, You can speak Korean 1~2, 한림.

_____(2008), Yes, You can speak Korean Work Book 1~2, 한림.

Francis. Y. T. Park(2000), Speaking Korean 1~4, 한림.

Fred Lukoff(1993), An Introductory Course in Korean, 연세대학교출판부.

Jacob Chang-ui Kim(1988), Pictorial Sino-Korean Characters, 한림.

John, H. Koo(1996), 한국어 기본 문형, 삼지사.

_____(2002), Let's speak Korean 한국어 입문, 삼지사.

Kwon(2011), 프랑스어권 학습자를 위한 한국어: 초급, 다락원.

Language Education Institute SNU(2007), Useful Chinese Characters, 다락원.

Lea Huy Khoa(2004), 베트남인을 위한 한국어 회화, 문예림.

_____(2005), 실전 베트남인을 위한 한국어 회화, 문예림.

P. K. Lee & C. S. Ryu(1978), Let's Talk in Korean, 한림.

_____(1999), Easy Way to Korean Conversation, 한림.

Richard Harris(2003), Roadmap to Korean, 한림. - 개정

Stephen Revere(2005), Survival Korean, 넥서스.

_____(2007), Survival Korean Basic Grammar Skills, 넥서스.

Tongku Lee(2004), Yes, You can Learn Korean Language Structure in 40 Minutes!, 한림.

von Ik-sop Lee, Sang-oak Lee und Wan Chae(2006), Die Koreanische Sprache, 한림.

Yong-Ja beckers-Kim(2002), Koreanisch 기초 한국어, 한림.

Yong-Ja beckers-Kim, Helmut Hetzer(2002), HANJA, 한림.

4.2. 숙달도 향상을 위한 방법론 검토

이러한 교재들을 통하여 학습자들의 숙달도를 향상시키려면 의사소통 중심, 학습자 중심의 교수법이 교재에 반영되어야 한다. 학습자의 의사소통 능력을 신장시키는 것을 목표로 하면서 학습자의 동기와 흥미 유발을 일차적인 목표로 삼고 이를 교재 내용에 포함시켜야 하는 것이다. 또한 일상생활에 필요한 과제 개발이 필요하다. 교재에 제시하는 과제가 일상생활과 동떨어진 것이면 학습자의 흥미를 유발하기가 어려워 의사소통이라는 목표를 달성할 수 없다. 따라서 학습자들이 일상생활에서 필요로 하는 과제의 개발이 이루어져야 한다. 유창성과 정확성의 조화도 중요하다. 의사소통 능력만을 지나치게 강조하다 보면 유창성만을 강조하여 정확한 한국어 습득을 이루기 어렵기 때문이다. 의사소통에서의 유창성이 정확한 한국어 사용으로 이어지도록 해야 한다.

4.3. 한국어 교재 개발의 방향

한국어 교재 개발에서는 기존 교재들이 반영하고 있는 한국어 수업 모형을

비판적으로 검토하는 것에서 시작하여 새로운 수업 모형을 통해 교재 개발 시안을 창출해야 한다.

단원의 주제는 실생활에서 우선적으로 필요한 상황으로 이루어져야 하고, 빈도수를 고려하여 어휘 항목을 배분하되 설정된 주제에 필수적인 어휘는 가능한 한 최소화하여 포함시켜야 한다. 문법 항목의 배분은 빈도수를 고려하되 문법 학습에 편리한 선후 관계도 반영해야 하며, 학습자의 활동이 최대한 이루어질 수 있도록 연습 문제를 구성해야 한다. 또한 학습자의 흥미를 고려하여 삽화 및 보조 자료를 이용하는 내용을 많이 포함시키고, 숙달도에 초점을 맞추어 교재를 개발해야 한다.

5. 한국어 교육의 최근 연구 동향

5.1. 최근 연구 현황

한국어 교육의 연구물이 지속적으로 증가하고 있으며, 특히 학위논문의 수가 증가하고 있는 것은 한국어 교육학의 토대가 튼튼하게 다져지고 있을 뿐만 아니라 향후의 한국어 교육학의 학문적 발전을 이끌 세대를 지속적으로 양성해 나가고 있다는 점에서 고무적인 사실이라 할 만하다.

학위논문의 하위 분류는 석사학위논문과 박사학위논문을 구분하여 살폈다. '한국어 교육학 총론', '언어교육 내용', '문화교육 및 문학교육', '한국어 교수법', '한국어 교재 개발 및 사전 개발', '교육과정 및 평가', '대조 분석', '오류 분석'으로 크게 나누어 살펴보았다.

<표 2> 한국어 교육의 최근 연구 동향(2009~2013)

영역	2009		2010		2011		2012		2013		2009~2013	
	석사	박사	석사	박사	석사	박사	석사	박사	석사	박사	석사	박사
문법교육	18	2	31	1	30	2	44	8	114	10	237	23
교수방법	16	4	35	2	44	1	45	1	71	3	211	11
어휘교육	15	1	19	1	30	1	38	5	108	1	209	9
한국어교재 및 사전개발	8	0	25	0	44	1	29	2	46	2	152	5
발음 및 억양교육	19	0	16	0	20	0	27	2	42	3	124	5
한국어 교육학 총론	6	2	2	0	1	0	0	0	8	2	18	6
문화교육	9	0	15	1	20	2	20	2	26	1	90	6
교육과정	4	1	16	2	3	0	19	5	18	2	60	10
문학교육	1	0	4	0	15	0	13	3	15	0	48	3
교육평가	6	0	8	0	10	1	3	0	14	3	41	4
대조분석 오류	8	1	18	3	42	0	23	1	112	2	203	7
기타	0	0	6	0	9	0	13	3	69	5	97	6
논문편수	110	11	195	10	268	8	274	32	643	34	1490	95

　　석사학위논문의 내용과 주제를 살펴본 결과, 문법교육 분야의 양적 편중이 두드러졌으며, 교수방법과 어휘교육, 그리고 대조분석 오류 분야 또한 주요한 분야로 다루어지고 있음이 확인되었다. 2010년 이후 대조분석 오류 분야에 대한 석사학위 논문이 크게 증가하였는데, 이는 2000년대 중반 이후 한국어 교육을 전공하는 유학생 수의 증가와 관련이 있다. 2009년 이후로부터는 한국어 교육학 총론을 다루는 연구가 급감하여 2012년에는 274편의 석사 학위논문 중에서 단 한편의 연구도 발견되지 않았으나 2013년에는 643편의 석사학위논문 중에서 8편의 논문이 발표되었다.

　　박사학위논문의 주제는 주로 한국어 교육을 위한 언어내용학적인 연구가 주를 이루고 있음을 알 수 있다. 문법교육에 대한 연구가 압도적으로 많았으며(23편), 이후 교수방법, 교육과정, 어휘교육에 대한 연구가 각각 11. 10. 9편으로 높은 비중을 다루어졌다. 박사학위논문에서도 총론분야에 대한 연구는 급감하여 2010년부터 해당 분야 연구를 발견할 수 없었지만, 2013년 2편의 연구가 발표되었다. 2013년 기준으로 발표된 박사학위논문의 주제를 고려하면 한국어 교육학의 전면에 걸쳐 다양한 연구 주제들을 다루고 있음을 알 수 있다.

학위논문의 하위 분류는 석사학위논문과 박사학위논문을 구분하여 살폈다. 석사학위논문이 총 1490편으로 그 수가 많아, 석사학위논문을 '한국어 교육학 총론'과 '언어교육 내용', '문화 교육 및 문학 교육', '한국어 교수법', '한국어 교재 개발 및 사전 개발, 교육과정 및 평가', '대조 분석, 오류 분석'으로 크게 대별하여 살펴보았다. 그리고 박사학위논문 95편 또한 함께 묶어서 살폈다.

석사학위논문의 내용과 주제를 살펴본 결과, 한국어 교육학 총론은 18편(1.2%), 발음 및 억양 교육은 124편(8.3%), 어휘 교육은 209편(14.0%), 문법 교육은 237편(15.9%)), 문학 교육은 48편(3.2%), 문화 교육은 90편(6.0%), 한국어 교수 방법은 211편(14.1%), 한국어 교재 및 사전 개발은 152편(10.2%), 교육과정은 60편(4.0%), 교육 평가는 41편(2.7%), 대조 분석 및 오류 분석은 203편(13.6%) 등이었다. 박사학위논문은 총 95편이었는데, 한국어 교육학 총론은 6편(6.3%), 언어 교육 내용에 관한 연구는 37편(38.9%), 문화 교육은 6편(6.3%), 한국어 교수 방법은 11편(11.6%), 교재 개발은 5편(5.2%)이 있었다.

석사학위논문의 연구 주제와 내용 중 그 비율이 높은 것으로부터 나열하면 다음과 같다.

> 문법교육(15.9%) 〉 교수방법(14.1%) 〉 어휘교육(14.0%) 〉 대조분석 오류(13.6) 〉 한국어 교재 및 사전 개발(10.2%) 〉 발음 및 억양교육(8.3%) 〉 문화교육(6.0%) 〉 교육과정(4.0%) 〉 문화교육(3.2%) 〉 교육평가(2.7%) 〉한국어 교육학 총론(1.2%)

문법, 대조분석 오류, 어휘 교육에 관한 연구의 비율이 매우 높은 비중 (51.8%)을 차지하고 있어 내용학과 교수법을 함께 다룬 연구가 주를 이루고 있다. 아울러 교수 방법에 대한 논의도 11퍼센트를 차지해 교수법에 대한 논의가 활발하게 이루어졌음을 확인할 수 있다.

학회지에 게재된 연구논문을 그 주제와 내용에 따라 분류하면 다음과 같다.

문법 교육 70편, 언어 기능별 57편, 교재 50편, 교육 방법 45편, 오류 38편, 어휘 교육 36편, 담화 36편, 매체 교육 27편, 문화 교육 27편, 교육 과정 26편 학습자 전략 26편, 발음 교육 22편, 교육 현황 22편, 교사론 22편, 평가 20편, 언어 습득 19편, 문학 교육 18편, 사회 언어학 10편, 언어 정책 10편, 국외 교육 9편, 문형 교육 6편, 한글 교육 4편, 사전 4편, 통역, 번역 3편, 북한 관련 1편이었다. 그야말로 한국어 교육학의 전면에 걸쳐서 다양한 연구 주제를 다루고 있음을 확인할 수 있다.

5.2. 최근 연구 분석

내용학적인 연구에 관한 주제들뿐만 아니라, 다문화 가정 및 문화 교육에 대한 논의도 활발하게 이루어졌다는 점이 주목할 만하다. 학문목적, 이주 노동자, 직업 목적 등에 대한 연구도 진행되어, 한국어 교육의 대상과 범위가 넓어짐을 확인할 수 있다.

연구 성과 중 가장 눈에 띄는 부분은 아무래도 언어 교육의 대상이 되는 내용학적인 측면의 연구 성과이다. 학위논문도 그렇거니와 학회지의 연구 논문에서도 발음 및 억양, 문법, 어휘, 의미, 화행 등에 대한 연구자들의 관심은 다른 하위 영역에 비해서 훨씬 컸다고 할 수 있다. 한국어 교육학이 개별 교육학에 속하는 학문의 영역이지만 그 대상이 한국어이고, 한국어의 내용적인 요소들이 여전히 한국어 교육에 종사하는 연구자나 교사들의 관심이 대상이 될 수밖에 없다는 점을 반영하고 있다고 하겠다. 특히 한국어의 내용학적인 면에 대한 연구가 활발한 것은 한국어 교육학의 개별 학문적인 특성을 반영한 결과라고 할 수도 있다. 국어학의 연구 성과가 지난 오랜 시기 동안 누적되어 왔지만, 그것이 한국어 교육학의 내용학으로 그대로 계승될 수는 없는 것이다. 한국어 교육학의 내용학은 국어학의 연구 성과를 반영하되, 철저히 교육적인 관점에 기초해야 하며, 아울러 교육적으로 유의미한 내용을 찾아야 한다. 한국어 교육에 종사하는 연구자와 교사들이 그러한 점에 주목하고, 그 필요성을 느끼고 있었음을 연구의 성과들을 통해 확인할 수 있다고 하겠다. 한국어 교육의 내용학에 대한 관심의 증가와 연구 성과의 증가는 한국어 교육학이 인접 학문의 내용학과 차별화된 고유의 교육 내용과 대상을 정립하고 체계화하는 과정에 있다는 것을 보여 준다 하겠다. 특히 화행 및 화용에 대한 교육 내용에 대한 연구가 활발하게 이루어진 점을 주목할 필요가 있다.

그리고 문화와 문학 교육에 대한 연구자들의 관심도 매우 컸다고 할 수 있다. 한국어 교육에 있어서 언어와 문화를 연계하고, 문학을 통한 언어 교육의 방법론이 논의되면서 문화와 문학에 대한 연구 성과들이 증가하고 있음을 알 수 있다. 교육의 폭을 넓히고, 제대로 된 언어 교육의 기초를 닦는 데 문화 교육이 중요함을 인지한 결과로 볼 만하다.

한국어 교수법에 대한 연구 성과는 지속적으로 증가하는 양상을 확인할 수 있었다. 학위 논문뿐만 아니라 학회지의 연구논문에서도 언어 교육의 내용을 어떻게 학습자들에 효율적으로 전달하고 교육할 것인지에 대한 관심이 이어지고 있는 결과라 할 수 있다. 한국어 교수법에 대한 관심은 자연스럽게 학문 목적 학습자, 직업 목적 학습자의 교육 방안에 대한 논의로 이어졌으며, 나아가서는 이 시대의 화두 중 하나인 다문화 교육에 대한 관심으로 확대되어 갔다고 할 수 있다. 아직까지 다문화 가정, 학문 목적 학습자, 직업 목적 학습자들을 위한 구체적인 교수 방법이 제기된 것은 아니나, 교육 대상의 구분에 따른 교육 내용의 정립, 그리고 구체적인 교육 방안 마련을 위한 토대를 구축하고 있는 과정으로 이해할 수 있다.

그 외에 한국어능력평가시험(TOPIK)에 대한 여러 관심들을 반영하듯 그에 대한 연구 성과도 지속적으로 이어지고 있음을 확인할 수 있었으며, 국내에서의 한국어 교육을 벗어나 국외 한국어 교육에 대한 연구 성과도 이어지고 있다. 국외 한국어 교육의 실태와 한국어 교육에 대한 개선안 등에 대한 논의가 활발히 이루어졌다.

교재와 관련해서는 학문 목적 학습자를 위한 특화된 교재의 개발이 눈에 띄었으며, 아울러 비교적 최근에 한국어 교육을 실시한 대학 기관의 독자적인 한국어 교재 개발, 그리고 이미 역사가 오래된 한국어 교육 기관의 새로운 한국어 교재 개발 등이 어우러져서 한국어 교재가 지속적으로 간행되고 있는 것도 한국어 교육학의 지속적인 성장에 도움이 되는 연구 성과라 할 수 있다.

최근 들어 박사학위 논문의 수가 지속적으로 증가하고 있다. 많은 수는 아니지만 한국어 교육학의 미래를 보여주는 성과라 할 수 있다. 그 주제 또한 한국어 교육 총론, 발음 교육, 문법 교육, 문학 교육, 한국어 교수법, 한국어 사전 개발 등으로 다양하여, 한국어 교육학의 전 영역에서 앞으로 그 연구 역량이 커질 것으로 기대한다.

5.3. 최근 연구 성과

2013년의 연구 성과는 분명 한국어 교육학의 정체성을 더욱 공고히 하고, 학문적인 연구 역량을 보여줄 만한 것이라 할 수 있다. 다만 한국어 교육학의 지속적 발전과 후학들의 학문적 성숙을 위해서는 단행본 저서들이 많이 출간될 필요성이 있다. 국어학 등 여타 학문들처럼 후학들에게 꾸준히 읽히는 저서의 출간이 시급한 실정이며, 개별 하위 영역에서 꼭 읽어야 할 추천 도서의 발간이 요구되는 상황이라 할 수 있다. 아울러 한국어 교육학의 인접 학문을 전공하는 연구자들의 연구 성과가 한국어 교육에 영향을 주고 있는 상황에서, 이른바 통섭과 소통을 토대로 한 학제적인 연구가 진행됨으로써 한국어 교육학이 내외적으로 그 학문적 역량을 축적하고 학문의 다양성에 일조하는 학문으로 발전되었으면 하는 바람을 갖는다.

참고문헌

간노 히로오미(1988), 일본에서의 한국어 교육 및 연구 현황, 제3회 국제한국어교육학회언어학자 대회, 한글학회.

간노 히로오미(1991), 일본에서의 한국어 교육, 새국어생활 1-2, 국립국어연구원.

강승혜(2005), 교육 과정의 연구사와 변천사, 한국어 교육론 1, 한국문화사.

강정희(1996), 해외 동포 자녀들에 대한 모국어 교육 실태 조사 연구, 한국말교육 7, 국제한국어교육학회.

강현화(1999), SATⅡ의 한국어 시험에 대한 분석 : 98년도 샘플테스트를 중심으로, 한국어 교육 10-2, 국제한국어교육학회.

_____(2002), 해외 한국어 교사 재연수 프로그램에 대한 요구 분석 논의, 한국어 교육 13-2, 국제한국어교육학회.

괵셀 튀르쾨쥐(2001), 터키에서의 한국어 교육 현황, 이중언어학 18, 이중언어학회.

구민숙(2001), 외국인 노동자를 위한 한국어 교육 방안 연구: 교재 구성을 중심으로, 경희대학교 교육대학원 석사학위논문.

국립국어원(2010), 숫자로 살펴보는 우리말.

고영근(1974), 외국어로서의 한국어 교육에 대한 연구, 언어교육 6-1.

김금현·류승완(2001), Korean Language and Korean Studies Programs in Malaysia, 이중언어 19, 이중언어학회.

김남길(1994), 미국 로스앤젤레스에서의 한국어 교육 현황과 제 문제: 지역사회 학교를 중심으로, 한국말교육 5, 국제한국어교육학회.

김민수(1990), 미국에서의 한국어 교육의 현황과 과제, 이중언어학 6, 이중언어학회.

김민자(1997), 호주에서의 한국어 교육 현황과 앞으로의 과제, 교육한글 10, 한글학회.

김병원(1988), 외국어로서의 한국어 교육 원리, 이중언어학 4, 이중언어학회.

김영기(1988), 미국에서의 한국어 교육 현황 및 그의 적용, 제3회 국제한국어교육학회 언어학자대회 발표문, 한글학회.

_____(1991), 외국사람에 대한 한국어 교육, 어떻게 할 것인가?, 한글학회 주최 제2회 국제 한국어 교육자 대회 발표문, 한국학술진흥재단.

_____(1991), 외국어로서의 한국어 교육: 이론적 배경, 효과적 교수법과 교재 개발, 교육한글 4, 한글학회.

김정숙(1997), 외국어로서의 한국어 교육 원리 및 방법, 한국어학 6, 한국어학회.

김정은(2001), 일본의 외국어로서의 일본어 교사 인증 제도, 이중언어학 18, 이중언어학회.

_____(2006), 이주 노동자의 한국어 교육 현황과 교육자료 분석, 이중언어학 30, 이중언어학회.

김종대(1988), 도이칠란트에서의 한국어 교육과 연구 현황, 제3회 국제한국어교육학회언어학자 대회 발표문, 한글학회.

김청자(1997), 한국어 교육 현황과 과제, 교육한글 10, 한글학회.

남기심(2001), 외국인을 위한 한국어 교육의 회고와 전망, 외국어로서의 한국어 교육 25·26, 연세대학교 한국어학당.

노대규(1969), 외국어로서의 한국어 교수에 있어서 연습 유형에 대한 연구, 연세대학교 석사학위논문.

민현식(2000), 제2 언어로서의 한국어 문법 교육의 현황과 과제, 새국어생활 10-2, 국립국어연구원.

_____(2005), 한국어 교육학 개관, 한국어 교육론 1, 한국문화사.

_____(2005), 교사 교육의 과제와 발전 방향, 한국어 교육론1, 한국문화사.

박갑수(1998), 외국어로서의 한국어 교육, 외국인을 위한 한국어 교육 연구 1, 서울대학교 외국인을 위한 한국어 교육 지도자 과정.

_____(1998), 외국어로서의 한국어 교육과 문화적 배경, 선청어문 26, 서울대학교 사범대학 국어교육과.

_____(2001), 한국어 교육의 현황과 과제, 어문연구 29-2, 한국어문교육연구회.

_____(2007), 재외동포 한국어 교육의 오늘과 내일, 이중언어학 33, 이중언어학회.

박영순(1997), 이중/다중언어 교육론: 세계의 언어교육과 한국의 언어정책과제, 한신문화사.

_____(2005), 이중언어 교육의 최근 동향과 재외동포의 한국어 교육 문제, 이중언어학 28, 이중언어학회.

_____(2005), 이중언어 교육의 본질과 한국어 교육의 과제, 이중언어학 29, 이중언어학회.

_____ 외(2008), 한국어와 한국어 교육, 한국문화사.

백응진(1988), 캐나다에서의 한국어 교육 현황, 제3회 국제한국어교육학회언어학자 대회 발표문, 한글학회.

서　혁(2004), 호주의 한국어 교육 정책의 현황과 문제점: 뉴사우스웨일스 주를 중심으로, 한국어 교육 15-2, 국제한국어교육학회.

손호민(1990), 미국에서의 한국어 교육의 현황과 과제, 이중언어학 6, 이중언어학회.

_____(1997), 미국에서의 한국어 연구와 한국어 교육, 교육한글 10, 한글학회.

_____(2005), 세계 한국어 교육의 과제와 발전 방향, 한국어 교육론 1, 한국문화사.

송기중(1995), 미국에서의 한국어 교육, 말글생활 3.

스킬런드(1988), 런던 대학에서의 한국어 교육, 제3회 국제한국어교육학회언어학자 대회 발표문, 한글학회.

시마 아츠코(1993), 재일한국인 교육의 현황과 조사 분석, 이화여자대학교 대학원 한국학과 석사학위 논문.

신현숙(2005), 정책의 과제와 발전 방향, 한국어 교육론 1, 한국문화사.

심상민(2011), 호주에서의 한국어 및 한국어 교육의 현황, 한국언어문화학 8-1, 국제한국언어문화학회.

연재훈(1997), 영국에서의 한국어 교육과 연구 현황, 교육한글 10, 한글학회.

_____(2001), 유럽지역 대학에서의 한국어 교육 현황, 이중언어학 18, 이중언어학회.

오고시 나오키(1994), 일본에 있어서의 KOREAN LANGUAGE 교육의 실태 조사, 한국말교육 5, 국제한국어교육학회.

이동재(1996), Korean Language Education: Past and Future, 한국말교육 7, 국제한국어교육학회.

이영숙(2010), 국내외 한국어 교육의 현황과 과제, 나라사랑 119, 외솔회.

이진명(1991), 프랑스에서의 한국어 교육의 역사적 배경과 현황, 새국어생활 1-2, 국립국어연구원.

임정빈(1989), UC Berkeley 한국어 프로그램의 소개와 전망, 이중언어학 5, 이중언어학회.

정광(2001), 해외 한국학 연구의 현황과 그 지원의 효율성 연구, 이중언어학 19, 이중언어학회.

장석진(1974), 외국어로서의 언어 교육-교재편찬에 대한 기초 연구, 언어교육 6-2, 서울대학교.

정승혜(2002), 한국에서의 외국어 교육에 대한 역사적 고찰, 이중언어학 21, 이중언어학회.

조명숙(2001), 베트남에서의 한국어 교육 현황, 이중언어학 19, 이중언어학회.

조승복(1988), 스웨덴에서의 한국어 교수와 연구 현황, 제3회 국제한국어교육학회언어학자 대회 발표문, 한글학회.

조항록(2004), 재외동포를 대상으로 하는 한국어 교육 정책의 실제와 과제, 한국어 교육 15-2, 국제한국어교육학회.

_____(2005), 정책의 연구사와 변천사, 한국어 교육론 1, 한국문화사.

_____(2005), 국내 한국어 교육 발달 과정과 특징, 우리말 학회 전국학술대회 발표 논문집.

_____(2005), 외국어로서의 한국어 교육 발달의 역사적 고찰1, 한국어 교육 16-1, 국제한국어 교육학회.

_____(2005), 외국어로서의 한국어 교육사, 한국어 교육론 1, 한국문화사.

진기호·현윤호·조현용(2004), 한국어 수업의 실제와 교사의 역할, 국제한국어교육학회 2004학 년도 추계 학술대회.

채련강(2007), 재대만 동포의 한국어 교육: 대만 한국어 교육 전반적 현황, 이중언어학 33, 이 중언어학회.

최기홍(1988), 재일교포의 모국어 교육의 실황과 문제점, 이중언어학 4, 이중언어학회.

최용재(1976), 한국어 교육의 몇 가지 문제점, 조선대학교 종합논문집.

최정순·윤지원(2011), 한국어 교육 연구 동향 분석 = An Analysis on Trends in the Research of Teaching Korean as a Foreign Language, 人文研究 63, 영남대학교 인문과학연구소.

최한우(1991), 터키에서의 한국어 교육, 새국어생활 1-2, 국립국어연구원.

크리스티나 보야코프스카(1991), 폴란드에서의 한국어 교육, 새국어생활 1-2, 국립국어연구원.

프로스트 마르틴(1988), 프랑스에서의 한국어학 과정, 제3회 국제한국어교육학회언어학자 대회 발표문, 한글학회.

허팔복(1973), 외국인을 위한 한국어 교본의 체재 및 내용 비교연구, 이화여자대학교 교육대학 원 석사학위논문.

홀머 브로흘로스(1991), 독일에서의 한국어 교육, 새국어생활 1-2, 국립국어연구원.

후스차/오가렉-최(1988), 폴란드에서의 한국어 교육 현황, 제3회 국제한국어교육학회언어학자 대회 발표문, 한글학회.

후지모토(1993), 일본에서의 한국어 연구 현황, 교육한글 10, 한글학회.

황인교(2006), 한국어 교육과정의 현황과 과제, 한국어 교육 17-3, 국제한국어교육학회.

Brown, H. D.(1996), 『외국어 교수·학습의 원리』, 한신문화사, 신성철 역.

Martin Cortazzi and Lixian Jin(1999), "Cultural mirrors: Materials and methods in the EFL classroom", in Hinkel, Eli, ed., *Culture in Second Language Teaching and Learning*, Cambridge: Cambridge University Press.

R. C. Gardner & W. E. Lambert(1972), *Attitudes and Motivation in Second Language Learning*, Newbury House Publisher.

교육부 홈페이지, http://www.moe.go.kr

누리-세종학당 홈페이지, http://www.sejonghakdang.org

재외동포재단 홈페이지, http://www.okf.or.kr

제2장

북한의 한국어 교육 연구

1. 머리말

1.1. 연구 목적

북한의 언어 정책 및 일반적인 의미에서 교육에 관한 연구는 국내의 여러 학자에 의해서 상당 부분 진척되어 왔다. 그러나 북한에서 행해지고 있는 외국인을 위한 조선어 교육, 즉 한국어 교육에 관한 연구는 거의 전무한 실정이다. 그 이유는 물론 북한의 한국어 교육에 관한 자료가 거의 없음에 일차적인 이유가 있겠지만 북한의 한국어 교육에 관해서 국내 학자들의 관심이 적었음도 중요한 이유가 된다.

남북한의 경제력이 현저한 차이를 나타내고 동구권 사회주의 국가의 개방 정책으로 인해서 북한에 대한 사회주의 국가의 관심이 남한으로 바뀌면서 북한에서 한국어를 배웠거나 북한에서 출판된 교재로 한국어를 배운 학생들이 남한에서 다시 한국어를 배우게 되는 경우도 생겨났다. 이러한 상황에서 남북한 언어 이질화에서 나타났던 문제가 외국 학생들의 한국어 습득 과정에서도 다시 발생하고 있음을 알 수 있게 되었다. 특히 외국어를 배우는 경우에 단순히 그 나라의 언어만을 배우는 것이 아니라 그 나라의 문화, 관습, 체제 등도 학습한다고 할 때 학생들이 겪는 어려움은 더욱 커질 것이다.

이에 우리들은 1996년 중국과 러시아를 통해서 수집한 몇 권의 북한 조선어 교육 자료를 참조하여 북한의 언어 정책과 한국어 교육에 관하여 논문을 발표한 적이 있다. 1996년 논문을 통해서 북한의 한국어 교육에 대한 주의를 환기시킬 수는 있었으나 북한의 한국어 교육에 대한 보다 심도 깊은 접근은 이루지 못하였다. 또한 수집한 그 교재가 독해 교재여서 전반적인 모습을 알 수 없다는 한계도 있었다. 이에 본 연구에서는 다른 주 교재에 해당하는 자료를 수집하고 북한에서 공부한 경험이 있는 외국인을 대상으로 한 조사를 통하여 북한의 한국어 교육 전반에 관한 논의를 전개하고자 한다.

본 연구는 그동안 한국어의 이질화가 남북한 당사자만의 문제가 아니라 외국인에 대한 교육에서도 문제가 될 수 있음을 밝혀 한국어 교육을 체계화시키는 데 기여하게 될 것이다. 이는 궁극적으로 통일을 대비하는 한국어 교육의 나아갈 바를 밝히는 초석의 역할을 하게 될 것이다. 또한 북한의 한국어 교육에 대한 심도 깊은 연구는 외국인이 한국어를 배우면서 발생할 수 있는 혼동의 여지를 줄이는 데에도 일정 부분 기여하게 될 것으로 생각한다.

1.2. 연구 대상 및 연구 방법

본 연구에서 대상으로 하는 책은 『조선어』이다. 이 책은 북한에서 한국어를 배운 학생들이 공통적으로 언급하는 것으로 봐서 매우 보편적인 한국어 교재임에 틀림없다. 이 책의 구성을 살펴보면 다음과 같다.

이 책은 크게 발음편, 기초편, 입말편, 글말편의 네 부분으로 나뉘어 있다. 발음편은 '조선말의 글자와 발음'과 '조선말의 글자 형태와 읽기'로 나뉘어 있는데, 전자에서는 자모의 이름, 모음 글자의 발음과 쓰기, 자음 글자의 발음과 쓰기를 다루고 있다. 후자에서는 글자 형태에 따른 분류, 글자 쓰기와 읽기를 다루고 있다. 이러한 과정을 거친 후에 '그림을 통한 읽기 연습'을 통하여 발음편을 마무리하게 된다. 그림에 제시되는 단어는 모두 명사이고 분류사전처럼 종류에 따라 15가지로 나뉘어 묶여 있다. 그 순서를 보면 '가족, 몸부분, 직업, 학용품, 교구비품, 화장품, 옷·신발, 부엌세간·음식물, 과일·남새·곡식, 동물, 도구·쟁기, 교통·운수 수단, 무기, 자연, 기관·건물'로 되어 있다.

기초편은 총 15과로 각 과에서는 중요 문법 사항이 담긴 지문을 제시하고 단어를 대치시키는 방법으로 과를 구성하고 있다. 14과를 제외하고는 모두 의문형 문장을 제목으로 삼고 있는데 이는 질문과 대답을 통한 수업 방식에 적당한 방법이라고 생각한다. 의문의 내용으로는 '무엇, 누구, 어디, 몇 살, 며칠, 얼마, 몇 시' 등이 있다.

입말편은 회화에 해당하는 부분으로 전체적인 구성은 기초편과 큰 차이가 없으나, 단지 각 과에 독해라고 볼 수 있는 짧은 지문이 실려 있다. 그런데 이 지문은 대화를 상당 부분 담고 있어서 회화 연습에도 도움이 될 수 있을 것으로 보이나 전체적으로 입말편에는 잘 맞지 않는 부분이라고 할 수 있다. 총 12과로 구성되어 있으며, 각 과 내용은 상황에 따라 나뉘어 있다. 상황은 '기숙사에서, 식당에서, 교실에서, 도서관에서, 거리에서, 상점에서, 병원에서, 우편국에서, 사진관에서, 극장과 영화관에서, 체육관과 경기장에서, 정거장과 비행장에서'로 구성되어 있다.

글말편은 독해에 해당하는 부분이다. 총 19과로 되어 있으며, 주목할 만한 특징은 나타나지 않는다. 단지 내용의 선택에서는 남한과 전연 다르다고 평가할 수 있는데, 자세한 언급은 독해 내용을 설명하는 부분에서 하겠다.

2. 한국어 교재 『조선어』의 분석

본 장에서는 북한의 대표적인 한국어 교재 『조선어』에 나타나는 여러 특징과 문제점을 목차에 따라 살펴보기로 하겠다.

2.1. 발음편

발음편에서 우선 찾을 수 있는 문제점은 자모의 이름에 관한 문제이다. 이는 한국어 교육에서만 문제가 되는 것은 아닐 것이다. 자모의 이름 중 'ㄱ(기윽)', 'ㄷ(디읃)', 'ㅅ(시읏)', 'ㄲ(된기윽)', 'ㄸ(된디읃)', 'ㅃ(된비읍)', 'ㅆ(된시읏)', 'ㅉ(된지읒)'은 남한에서 사용하는 이름과는 차이가 있다. 따라서 북한에서 한국어를 배운 경우에는 자모의 이름에서부터 혼동을 겪게 된다. 이 문제는 남북한의 언어 이질화와도 관련을 맺고 있는 것이기는 하지만, 우선 외국인을 상대로 한 교육에서라도 자모의 이름을 통일시킬 수 있도록 방안을 모색해야 할 것이다.

특이할만한 점으로는 자모의 이름을 병기해 놓은 것이 있다는 점이다. 병기의 내용을 보면 '그, 느, 드, 르, 므…'로 되어 있다. 이는 북한에서 한국어의 자모를 교육할 때, 교육의 편의상 병기의 발음을 가르치고 있음을 보여 준다. 남한의 한국어 교육에서도 외국인을 위해서는 생각해 볼 수 있는 내용이다. 그런데 북한에서 병기하고 있는 '그, 느, 드, 르, 므…'보다는 '기, 니, 디, 리, 미…'로 가르치는 것이 좋을 듯하다. 그 이유로는 세종이 훈민정음 창제 당시 '기, 니, 디, 리, 미…'식으로 이름을 삼았을 가능성이 많기 때문이다(서정범, 1996). 새로이 문자의 이름을 만드는 것보다는 과거에 사용되었을 이름을 되살려 쓰는 것이 전통이라는 측면에서도 중요하다고 본다. 또한 '기역', '니은', '디귿' 등의 첫 음절과 일치하여 교육의 연관성이 있다는 점도 장점이 될 수 있다.

모음이나 자음 교육에서 글자 쓰기의 순서를 강조하고 있는 것도 눈에 띄는 부분이다. 실제로 한국어 교육을 현장에서 담당해 보면 한글 자모 쓰기 순서에서 혼란을 겪고 있는 것을 발견하게 된다. 따라서 초급 단계에서 필순을 정확하게 교육하는 것이 필요하다.

'발음 련습'을 교육할 때는 자음의 경우는 주로 상관쌍에 의해서 나열하고 있다.[1] 이는 한국어의 특징을 정확히 반영하여 교육하고 있는 것으로 판단된다. 또한 글자의 형태에서 자음과 모음이 합쳐져 글자를 만들 때, 자음과 모음을 쓰는 위치를 네모 칸 안에 표시해 주고 있어 글자 쓰기에 도움이 될 것으로 보인다.

'글자 쓰기와 읽기'에서는 받침이 없는 글자와 받침이 있는 글자로 나누어서 교육을 하고 있는데, 다양한 모음이 이용되지 않고 있어서 모음의 발음에 대한 교육이 소홀하다고 할 수 있다. 예를 들어서 'ㄴ' 발음을 연습하는 경우에 모음은 'ㅏ, ㅓ, ㅜ'만이 사용되고 있다. 물론 자음을 연습하기 위해서 모음의 연습이 소홀히 되었다고 할 수도 있겠으나, 실제로 모음을 따로 연습하는 부분은 없기 때문에 다양한 모음을 사용하는 것이 필요하다고 할 수 있다.

'그림을 통한 읽기 연습'은 그림을 통해서 단어를 읽고 발음을 연습하는 부분이다. 따라서 지나치게 어려운 단어는 싣지 않고 있다. 또한 모든 단어가 명사로만 이루어져 있는 점도 특징이라고 볼 수 있다. 흥미로운 점 중의 하나는 '직업'에 해당하는 단어의 그림 순서에 북한 체제의 모습이 반영되어 있다는 것이다. '노동자, 농민, 군대, 학생, 교원, 의사, 운전수…' 등이 나열된 사실이 있어 흥미롭다. 남한의 교재라면 주로 빈도수에 의해서 단어의 선택이 이루어졌을 것이다. 또한 학용품 중에 '원주필'이라는 단어가 있는데, 이는 볼펜을 뜻하는 북한어로 이러한 외래어에 대한 남북한의 차이는 많은 부분에서 나타날 것이다. 이외에도 '필갑(필통)', '조선옷(한복)' 등의 어휘에서도 차이를

---

1) 『조선어』에서는 3지적 상관쌍을 그림으로 표현하여 나타내고 있다.

보이고 있다.

또 다른 문제로 지적할 수 있는 것은 분류의 기준이 불명확하다는 점이다. '가구'의 항목에 '라디오, 시계, 빗자루, 열쇠, 컵' 등을 포함하고 있는데, 이는 가구의 개념을 어디까지 포함시키고 있는 것인지 불명확하다. 물론 '가구'의 개념이 남한과 전연 다르다고 볼 가능성을 배제할 수는 없을 것이다. 즉, 가구를 집 안에서 사용하는 생활 용품까지 포함시킨다면 북한의 분류 기준을 이해할 수 있을 것이다. 그러나 북한의 사전(『조선말대사전』, 1992)을 보면 '살림살이에 쓰는 옷장, 이불장, 찬장, 책장, 밥상, 걸상, 침대, 냉동고, 세탁기 같은 세간'이라고 나와 있어서 문제가 된다. 또한 화장품을 상위 개념으로 두고 '세숫비누, 세숫대야, 빗, 칫솔' 등을 들고 있는데, 역시 화장품이라는 항목에 명확한 분류기준이 적용되었다고 보기 어렵다. 화장품을 북한의 사전에서는 '화장하는 데 쓰는 물건'이라 하여 크림, 분, 향수, 연지 등을 예로 들고 있다. 이로 미루어 볼 때, 화장품이라는 상위어는 적절하지 않은 것으로 평가된다.

분류의 항목 중에 '무기'를 두고 있는 것도 특이한 점이다. 한국어를 배울 때 기초 단계에서 '권총, 기관총, 대포, 수류탄, 포탄' 등의 어휘를 배운다는 점은 남북한 체제의 거리만큼 우리에게는 이질감으로 다가온다.

2.2. 기초편

각 과는 문답형의 대표 지문이 제시되어 있고 그것에 대한 어휘 대치가 이루어지고 있다. 한국에서 출판된 대부분의 교재가 기초편에서는 발음 정도만 교육하고 곧바로 상황에 따른 회화로 들어가는데 북한의 교재는 그 중간에 질문과 대답에 해당하는 '기초편'을 두고 있다는 것은 흥미로운 일이다. 실제 교육 현장에서 보면 실생활에 가장 필요한 질문과 대답을 가르쳐 주는 것이 매우 필요한 일임을 알 수 있게 된다. 특히 실생활에서 부딪치면서 언어를 배울 수 있는 기본 바탕을 마련해 준다는 점에서 한국어 교재 개발 시에 참조할 수 있는 부분이라고 생각한다.

어휘 대치의 지문이 끝나면 새로운 단어의 제시와 문법의 제시가 나온다.[2] 그 뒤에 제시된 단어와 문법을 이용한 '익혀두기'가 있고 마지막으로 '련습'이 나온다. 1과부터 5과에 걸쳐서는 수사를 제시하고 있다. 이 수사는 '련습' 바로 앞부분에 두고 있고, 연습 문제에도 수사에 관한 부분이 제시된다.

단어나 문법의 제시에서 설명은 제시되어 있지 않은데 이는 독학을 위한 교재는 아니라는 것을 보여 주는 예이다. 또한 문법의 경우 북한의 문화어 문법에서는 어미와 조사를 구분하지 않고 '토'로 통일하여 사용하고 있는데, 주로 이 '토'에 해당하는 요소들을 제시하고 있다.

여기에서 한국어 교육에서 중요한 문제를 한 가지 생각해 볼 필요가 있다. 즉, 북한에서는 기초편에서부터 '토, 수사' 등의 문법 용어를 사용하고 있다. 따라서 문법 용어를 교육하는 것이 효과적인 교육 방법인가에 관해서는 더 세밀한 연구가 있어야 할 것이다. 다만 문법 용어를 지나치게 교육하는 것은 바람직하지 않을지 모르나 기본적인 용어에 대한 교육은 필요하다는 생각이다. 현재 남한의 한국어 교재를 보면 많은 문법 용어들이 영어로 표기되어 있음을 볼 수 있다.[3] 영어권 화자가 아니라면 어차피 다시 암기해야 하는 내용이다. 게다가 영어권 학습자라고 하더라도 문법 용어에 대한 지식이 없는 경우에는 다시 교육하는 수밖에는 없을 것이다. 또한 고급반 정도의 학생들을 보면 이미 독학으로 문법 용어들을 알고 있는 경우들이 많은데 군이 수업현장에서 문법 용어를 피할 이유는 없을 것이다. 일본 학생의 경우는 우리와 문

---

2) 기초편에서 글말편까지 나오는 모든 문법 항목은 교재에 실린 순서대로 별첨한다.

3) Vst 등의 용어는 영어권 학습자들도 잘 모르는 용어이다.

법 용어가 비슷하여 쉽게 이해할 수 있는 사항을 문법 용어의 설명이 없어 힘들게 이해하는 경우도 있다.[4] 따라서 기본적인 문법 용어는 가능한 한 이른 시기에 교육하는 것이 좋다고 생각한다.

기초편에서는 이데올로기라는 측면 때문에 남한과 차이를 보이는 부분은 적다. 공산주의의 이념적 특성과 북한 사회와 남한 사회의 이질감 때문에 나타나는 차이점은 다음과 같다.

(1) '동무'라는 표현의 사용

'동무'라는 표현이 북한 사회에서 일반적임은 주지의 사실이다. 그러나 남한에서는 2인칭에 해당하는 표현을 회화에서 잘 사용하지 않는 데 반해서 북한에서는 '동무'라는 표현으로 2인칭을 자주 표현한다는 점에 주목해야 한다. 이는 북한에서 한국어를 배우는 경우에 쉽게 차이를 느낄 수 있는 부분이 될 것이다. 대표 제시문에 나오는 예를 보면 다음과 같다.

- 동무는 학생입니까?
- 동무의 이름은 무엇입니까?
- 동무는 몇 살입니까?
- 동무는 스물한 살입니까?
- 동무는 어디에 갑니까?
- 동무는 학교에 갑니까?
- 동무는 몇 시에 일어납니까?
- 동무는 8시에 학교에 갑니까?
- 동무는 언제 평양에 왔습니까?
- 동무는 무엇을 합니까?
- 동무는 신문을 읽습니까?

---

4) 명사(名詞), 동사(動詞), 형용사(形容詞) 등의 용어가 일본어와 같다.

- 동무는 신문을 봅니까?
- 동무는 누구를 기다립니까?
- 동무는 봉남동무를 기다립니까?
- 동무는 어디에서 일합니까?
- 동무는 도서관에서 공부합니까?
- 동무는 어디에서 떠났습니까?
- 동무는 원산에서 떠났습니까?
- 동무는 누구에게 편지를 씁니까?
- 동무는 박동무에게 연필을 주었습니까?
- 동무는 누구에게서 편지를 받았습니까?
- 동무는 어머니에게서 편지를 받았습니까?
- 동무는 어디로 갑니까?
- 동무는 도서관으로 갑니까?
- 동무는 누구와 말합니까?
- 동무는 누구와 같이 텔레비죤을 봅니까?
- 동무는 방은 넓습니까?

이와 같이 2인칭에 해당하는 표현을 '동무'라는 어휘로 사용하고 있다. 남한에서는 '당신'이라는 어휘로 사용하고 있다. 남한에서는 '당신'이라는 표현을 교재에 싣기도 하나, 실제 회화에서 거의 사용하지 않는데다가 의미의 차이마저 있어서 문제가 되고 있다. 북한의 경우 '동무'를 2인칭 표현으로 광범위하게 사용한다는 것은 남한과 뚜렷한 차이점이라고 할 수 있다. 실제로 북한에서 한국어를 배운 학생들이 '동무'를 '당신'으로 대치하여 어색한 2인칭 표현을 만들기도 한다.

(2) 남북한의 이질화를 느낄 수 있는 표현

앞의 예가 이념적인 차이에 의한 것임에 반해 다음 표현들은 분단에 의해서 이질화된 것들이다.

- 손이 어지럽습니다.
- 시계가 뜹니다.
- 선생은 학생에게 글을 배워 줍니다.

이상의 예는 남한의 화자들이 전혀 의미를 알 수 없거나, 어색하게 느끼는 표현일 것이다. 남한에서는 각각 다음과 같이 바꾸어서 가르칠 것이다.

- 손이 더럽습니다.
- 시계가 느립니다.
- 선생은 학생에게 글을 가르칩니다.

2.3. 입말편

'입말편'은 남한의 회화편에 해당하는 것으로 대부분 대화로 이루어져 있다. 기초편과의 연계를 위해서인지 질문과 대답형을 중점적으로 제시하고 있는 것이 흥미롭다. 각 과가 한 가지 상황을 제시하고 있어서 상황 중심의 교육 방법을 택하고 있다고 볼 수 있다. 또 하나 흥미로운 점은 대부분의 과에서 대표 제시문에 구체적인 상황 설정은 피한다는 것이다. 1과의 예를 들어보기로 하겠다.

> - ××동무의 방은 ×층 ×호실입니다.
> - 나는 ××동무와 함께 생활합니다.
> - 우리 옆방에서 ××동무가 생활합니다.
> - 들어가도 괜찮습니까?
> - 공부에 방해되지 않겠습니까?

위의 예에서 알 수 있듯이 가변적인 내용에 해당하는 것은 '×'로 표기하여 구체적인 상황 설정을 피하고 있는 것이다. 그러나 이러한 방법은 오히려 혼동을 줄 우려가 있다. 차라리 대표 지시문에는 구체적인 상황을 명기하고, 대치 연습을 통해서 충분히 연습시키는 것이 보다 효과적일 것이라고 생각한다.

대표 제시문 뒤에는 대화형의 지문이 나오는데 31줄의 대화가 나타나 흥미롭다. 보통 남한에서 출판되는 대화 제시문은 10여 줄의 지문이 보통인데, 긴 대화 지문을 통해서 충분한 회화 연습이 이루어짐을 알 수 있다. 또한 대부분 한쪽은 질문만을, 한쪽은 대답만을 하도록 지문이 구성되어 있어서 학습에 편리함을 꾀하고 있다.

대화형의 지문 뒤에는 대화를 포함한 글말, 즉 독해 지문이 나타난다. 대화형을 포함하고 있어도 독해 지문이기 때문에 뒤에 나오게 되는 '글말편'과의 연계를 염두에 둔 편집이라고 판단된다. 또한 모든 문장의 종결을 '합쇼체' 문장으로 하고 있어서 입말의 요소를 여전히 강조하고 있는 것으로 보인다.

한편 입말편 제 1과에 나타나는 새로운 단어는 54개로 너무 많다. 새로운 단어의 양이 지나치면 학습 부담을 줄 수 있음을 간과하고 있는 듯하다. 문법 요소에 대한 설명도 제1과에 12개나 들어 있어서 많은 학습 부담을 줄 것으로 판단된다.

2.4. 글말편

'글말편'은 독해편에 해당한다. 독해편은 다른 부분과는 달리 이념의 요소가 들어갈 여지가 많이 있다. 언어를 '혁명의 힘 있는 무기'로 보는 북한의 언어관이 가장 잘 드러나는 부분이 바로 독해편인 것이다(김중섭·조현용, 1997).

교과의 체제를 살펴보면 입말편에서와 마찬가지로 학습 부담을 줄 수 있다. 제1과의 경우 새로운 단어로 제시된 것이 71개나 되어서 학습부담을 가중시킬 우려가 있다. 또한 문법 요소의 경우는 앞의 입말편과는 달리 거의 설명하지 않고 있다. 1, 2, 3과의 경우는 아예 문법요소의 제시가 없고, 4과에도 단지 두 개의 문법 요소 설명이 있을 뿐이다. 5, 6과에는 다시 문법 요소의 설명이 없고 그 이후에는 한두 개의 문법 설명이 있는 경우가 있으나 세 개를 넘는 경우는 없으며, 아예 설명이 없는 과가 절반에 달한다. 이를 통해 볼 때, 글말편에서는 어휘력 신장을 주목적으로 하고 있음을 알 수 있다. 그러나 연습 문제에는 문법 관련 연습 문제가 제시되고 있기 때문에 어느 정도의 문법 설명은 있어야 했을 것이다. 또한 각 과의 구성이 일관성이 없는 것도 문제가 될 수 있을 것이다.

북한의 독해 교육은 이념성에서 두드러진 특징이 나타난다. 교육 목적 속에는 이념에 관한 것이 포함되어 있다고 판단된다. 글말편의 분석은 이념에 대한 부분에 초점을 맞추어 접근해 보도록 하겠다.

글말편을 통한 이념 교육은 어휘 사용의 측면과 내용면으로 나누어 생각해 볼 수 있다.

(1) 어휘 사용으로 본 이념 교육

어휘 사용의 이념적 요소는 주로 문체와 관련을 갖는다. 따라서 여기서는 어휘를 문체와 관련시켜서 살펴보도록 하겠다. 남한의 한국어 교재에는 속어라고 판단되는 표현은 수록하지 않고 있다. 그러나 북한에서는 '적개심을 불러 일으켜야 할 대상'에게는 그대로 속어 표현을 쓰고 있다. 내국인에 대한 교육과 외국인에 대한 교육을 동일시하는 데에서 발생하는 문제라고 볼 수 있다. 예를 살펴보면 다음과 같다.

- <u>일본놈</u>들은 이 아름다운 조선을 총칼로 빼앗고 조선에서 주인 노릇을 하였다.(제1과)
- <u>왜놈</u>도 지주도 없는 자유의 강산에 인민의 나라를 세워주시였다.(제1과)

- <u>원쑤놈</u>들 앞에서 들것에 들리여 가겠습니다.(제6과)
- 세상에서 제일 악독한 <u>일제놈</u>들을 <u>때려부셔야</u> 하오.(제6과)
- <u>미국놈</u>들은 꼭 망한다고 말씀하시였다.(제7과)
- <u>경찰놈</u>들이 이 부락에 많이 나타날 수 있기 때문이였다.(제8과)
- 고가놈의 <u>대가리</u>였다.(제8과)
- 당장 <u>이놈</u>들의 <u>모가지</u>를 매달라고 소리쳤다.(제8과)
- 북으로부터의 침략을 떠들면서 전쟁 준비에 <u>미쳐날뛰고</u> 있습니다.(제8과)
- 목숨을 유지하려고 <u>별짓</u>을 다 합니다.(제8과)
- <u>미제승냥이놈</u>들은 모든 것을 다 마스고 불태워 버렸다.(제9과)
- 오른쪽 화점을 <u>까부시는</u> 소리가 요란하게 울렸다.(제9과)
- 적의 하구는 <u>아가리</u>를 다물었다.(제9과)
- <u>미국선교사놈</u>들이 사는 마을이였다.(제11과)
- 뒤쫓아가서 놈들을 <u>쳐죽이고</u> 싶었습니다.(제14과)
- <u>부자놈</u>을 휘몰아 검푸른 물속에 영영 밀어넣었다.(제16과)
- <u>개같은 놈들</u>(제18과)

위에 제시한 예들은 속어 사용이 단순한 것이 아님을 보여주고 있다. 즉, 속어 사용의 대상이 분명하다. '일본, 미국, 경찰, 선교사, 부자' 등 분명히 적개심을 나타낼 대상으로 한정된다. 그렇지만 이렇게 속어를 한국어 교재에 사용하는 것이 한국어의 모습을 제대로 전달하는 건 아닐 것이다. 이념을 선전하는 것에 중점을 두어 교육 효과를 생각하지 않는 결과를 만들었다고 할 수 있다. 이념에 관련된 교양은 '문화, 역사' 등의 수업에서 분리하는 것도 한 방법이 될 것이다.

속어 사용의 대상이 분명하다는 것은 다음 예들을 보면 더욱 확실하게 드러난다. 즉, 김일성과 그 가족에 관한 표현은 극도로 온화하고 찬양 일변도로 쓰고 있다.

- <u>그이께서는</u> 영웅적인 항일전쟁을 벌리셨다.(제1과)
- 김일성원수님의 <u>만수무강을 축원하여</u>(제3과)
- <u>부드럽게</u> 웃으시는 환한 얼굴(제7과)
- 농민들의 생활을 따뜻이 <u>보살펴주시였다</u>.(제10과)
- <u>김일성수령님의 은혜로운 손길</u> 아래(제12과)

이상의 예들 외에도 부분 부분마다 표현의 대조가 이루어진다. 따라서 이러한 기술 태도 역시 유학생들에게는 거부감으로 다가올 것이다.

(2) 내용으로 본 이념 교육

글말편은 모든 과가 이념 교육을 목표로 하고 있다. 각 과를 순서대로 살펴보면서 어떤 내용으로 이념 교육을 시키고 있는지 간략히 살펴보도록 하겠다.

제1과 '조선의 노래'는 조선의 영토 및 자연 환경에 대하여 설명하고 있는 글이다. 그러나 단순히 자연만을 소개하는 것이 아니라 이러한 자연과 나라를 일본에게서 되찾은 김일성에 대한 찬양이 함께 실려 있어 글의 목적을 알 수 있다. 남한의 교재에서는 단순한 설명에 머무르고 있어서 차이를 보인다.

제2과 '행복한 가정'은 집안의 구조와 편안한 가정생활, 가족에 대해서 소개하고 있는 글이다. 그러나 이 글 역시 이렇게 좋은 환경을 만들어준 김일성에 대한 찬양으로 귀결되고 있다. 특히 가정용품에 대한 소개 부분에서는 체제의 우월성을 드러내려고 노력하고 있다.

제3과 '조선의 네 철'은 제목 그대로 우리나라의 사계절의 특징을 설명한 글이다. 여기서는 비교적 이념에 관한 부분은 적으나 4월 15일 김일성 생일에 관한 언급이나 새해에 김일성의 만수무강을 축원하고 신년사를 높이 받든다는 부분에서는 이념성이 엿보인다고 하겠다.

제4과 '두 장의 사진과 함께 영원할 이야기'는 김일성의 자상함을 보여주

는 일화여서 개인의 찬양 및 이념 선전을 목적으로 한 글임을 알 수 있다.

제5과 '혁명의 수도 평양'은 평양시에 관한 설명을 내용으로 담고 있다. 그러나 역시 '김일성의 따사로운 품속에서 세상에 부러운 것 없이 행복하게 살고 있다.'는 식의 표현에서 체제 선전을 목적으로 하고 있음을 알 수 있다. 특히, '혁명의 수도 평양'은 오늘날 남한의 사정을 잘 아는 외국 유학생들에게는 심한 거부감으로 다가올 것이다. 이념의 선전이 지나쳐 역효과를 가져올 수 있음을 간과한 기술 태도라고 할 수 있다.

제6과 '남산의 푸른 소나무'는 김일성의 아버지 김형직에 대한 찬양의 글이다.

제7과 '한 할머니의 나들이길에서 있은 이야기'는 제4과와 마찬가지로 '김일성'의 자상함을 보여주는 일화이다.

제8과 '전설 아닌 전설'은 일본의 만행을 소개하는 한 편의 이야기다. 지나친 속어 사용과 함께 다른 나라에 적개심을 나타내는 내용이 과연 외국 학생들을 위한 교재의 내용으로 적절한가에 대해서 생각할 필요가 있다. 남한의 교재에는 '일본'에 대한 언급이 없음을 비교해 볼 수 있다.

제9과 '하나밖에 없는 조국을 위하여'는 '리수복'이라는 군인의 영웅적 행적을 소개하는 글이다. 배경이 한국 전쟁이어서 미국에 대한 적대적인 표현이 여과되지 않고 사용되고 있다.

제10과 '미림벌의 새 력사'는 김일성의 자상함과 소박함을 찬양하는 내용으로 농촌에서 모내기하는 모습을 담고 있다.

제11과 '미제는 피를 즐기는 승냥이'는 제목이 말해주듯이 미국에 대한 적개심을 드러내고 있는 글이다. 배경은 1900년대 초와 한국전쟁인데 한국의 아이들의 피를 뽑아서 죽이고 그 피를 사용했다는 참혹한 내용으로 되어 있다. 사실 여부를 떠나서 외국 유학생들의 거부감이 심화될 것이다.

제12과 '인민의 대유원지-대성산'은 북한의 대표적 유원지를 소개하는 글이

다. 설명을 위주로 하고 있지만 끝을 '경애하는 수령 김일성원수님의 뜨거운 사랑이여! 크나큰 은덕이여!'로 맺고 있어서 역시 외국 유학생들에게는 거부감을 줄 것이다.

제13과 '주체 교육의 최고전당—김일성종합대학' 역시 주체사상과 김일성의 자상함 등을 주로 서술하고 있다. 물론 김일성종합대학에 대한 설명도 들어 있기는 하지만 '외국류학생들의 기숙사를 친히 찾아 주시고' 등의 부분에서 한국어 교재에는 적합하지 않을 것으로 판단된다.

제14과 '돈밖에 모르는 세상'은 남한의 모습을 소개하는 글이다. 그런데 시대 배경도 명시되어 있지 않지만 1960년대 정도로 소개하고 있어서 남한의 상황을 아는 외국인에게는 오히려 역효과를 불러일으킬 것이다. 체제의 우월성을 홍보하는 것과 허위 사실을 가르치는 것은 구별되어야 할 것이다.

제15과 '혁명의 요람 만경대'는 김일성의 유년 시절을 서술한 글이다. 지나친 미화로 일관되어 있어 역시 거부감을 줄 것으로 판단된다.

제16과 '나무군과 쇠도끼'는 우리도 잘 아는 옛날이야기이다. 그런데 이 글에도 가난한 나무꾼과 욕심 많은 부자를 대조시키고 있어서 계층 간의 갈등을 부각시키려고 하고 있다.

제17과 '조선 사람의 본때를 보여 주어야 하오'는 한국전쟁 이후 복구 사업을 그 내용으로 하고 있다. 제철소 복구 현장에서 김일성의 자상함과 그에 대한 찬양을 서술하고 있다. 특히 미국에 대한 적개심을 강조하고 있는 글이다.

제18과 '조선은 나의 제2조국'은 외국인의 눈으로 본 북한의 우월성을 설명한 글이다. 미국과 대비시켜 체제의 우월성을 홍보하고 있는 글이다.

제19과 '조선은 하나다'는 고려연방제라는 통일 방안을 설명한 글로서 남한을 반통일 세력으로 북한을 통일 세력으로 대비시켜 서술하고 있다. 특히 김일성이 주창한 통일 방안의 우수함을 선전하는 것에 목적을 두고 있다.

이상에서 살펴보았듯이 단 한 과의 예외도 없이 모두 김일성에 대한 찬양이나 체제의 우월성 홍보, 미국이나 일본에 대한 적대감을 그 내용으로 하고 있다. 설명적인 글도 몇 과 있는데, 대부분 서사적인 이야기로 되어 있어 흥미 유발에는 도움이 될 것으로 생각된다. 그러나 다양한 종류의 글이 제시되지 않아 독해 능력을 편중시킬 우려가 있다. 남한의 독해 자료에는 편지 글 등의 다양한 독해 내용을 반영하고 있다.

또 하나 특이한 점으로는 몇몇 과의 연습 문제 뒤에 설명 없이 노래가사만을 수록하였다는 점이다. 노래를 수업 시간에 가르치고 있는 것으로 판단된다. 그런데 그러한 노래들 역시 이념성이 짙은 것들이어서 노래를 배우는 외국 유학생들에게는 거부감이 있을 것이다. 노래 제목의 예를 들어 보도록 하겠다.

- 세상에 부럼없어라(제4과)
- 평양의 노래(제5과)
- 결전의 길로(제9과)
- 수령님 밤이 퍽 깊었습니다(제10과)
- 조선아 너를 빛내리(제13과)
- 만경대의 노래(제15과)

이상의 것들 외에도 본문에 노래가 들어있는 과들도 네 과가 있다. 만약 남한에서 한국어 교육을 하면서 「아, 대한민국」과 같은 노래를 가르친다면 외국 학생들이 거부감을 느낄 것이다. 마찬가지로 북한에서도 효과적인 교육 방법은 되지 않을 것이다.

연습 문제의 경우에도 본문의 이해를 묻는 문제의 경우는 단순히 독해 실력을 파악하려고 한다기보다는 북한의 체제 우월성과 김일성에 대한 찬양을 숙지시키는 데 목적을 두고 있는 것처럼 보인다. 몇 가지 예를 들어 보겠다.

- 평양은 남조선 인민들에게 어떤 영향을 주고 있습니까?(제5과)
- 미제승냥이놈들은 조선침략전쟁때 무엇을 불태워 버렸습니까?(제9과)
- 어버이수령님께서는 쉴참에 무엇을 하시였습니까?(제10과)
- 본문을 읽고 미제승냥이놈들에 대하여 어떻게 말할 수 있습니까?(제11과)
- 오늘 남조선에서 청소년들이 자기의 피까지 팔면서도 공부할 수 없는 것은 무엇 때문입니까?(제14과)

이상의 예에 나오는 문제에 대해서 답을 하다 보면 자연스럽게 북한의 체제 우월성을 인정하고 김일성을 찬양하는 결과를 갖게 된다. 특히 질문이 '어버이수령님'이라는 대답을 요구하고 있는 것이 많아서, 외국 학생에게도 김일성이 '어버이수령님'이 되는 것처럼 느끼게 만들고 있다.

제11과 연습 문제 같은 경우는 본문을 읽은 느낌을 설명하는 것인데 '미국'에 대해서 편향된 시각을 외국 학생에게 요구하게 만든다. 이러한 점은 제14과 연습 문제도 마찬가지이다. 따라서 연습 문제 내에도 이념성이 깊게 들어 있다고 할 수 있다.

마지막 과의 연습 문제 중 세 문장을 하나의 문장으로 묶는 문제는 북한의 독해 교육의 목표를 극명하게 보여주고 있다. 문법 문제에까지 이념의 문제가 깊게 자리하고 있는 것이다. 그 중 마지막 두 문제의 예를 소개해 보도록 하겠다.

- 미제는 조선인민의 첫째가는 원쑤이다. 조선인민은 하나로 뭉쳐 남조선땅에서 미제 침략자들을 쫓아내야 한다. 그래야 나라의 통일을 자주적으로 실현할 수 있다.
- 고려민주련방공화국창립방안은 세계인민들의 적극적인 지지를 받고 있다. 이 방안은 가장 정당하며 현실적인 방안이다. 조선의 통일은 반드시 이 방안에 따라 실현되여야 한다.

이런 문제의 목표가 단순히 문법지식을 신장시키기 위한 것이 아님은 분명하다. 이러한 문제를 통해서 자국의 우월성이나 이념을 널리 퍼뜨리려는 목표를 갖고 있는 것이다. 물론 이러한 방법이 북한의 언어관에는 적합한 것일 것이다. 그러나 한국어 교육이라는 측면에서 본다면 이데올로기를 과도하게 교육하여 본래 언어교육의 목적에서 벗어난 것으로 판단된다.

3. 요약 및 앞으로의 과제

한국어 교육은 우리 민족을 세계에 소개하는 역할을 하며 또한 언어를 통해 우리의 사고를 설명하는 역할도 한다. 그러나 남북한으로 갈라진 분단 상황에서의 한국어 교육은 남북한 간의 심각한 차이를 보이고 있다. 남한의 한국어 교육이 주로 언어 교육의 측면에 집중되어 있는 반면, 북한의 한국어 교육은 이데올로기라는 측면에 집중되어 있다. 이러한 차이를 가져오게 된 근본적인 원인은 언어관의 차이에 있다. 언어를 '혁명의 힘 있는 무기'로 보는 북한에서 이데올로기를 강조하는 것은 어쩌면 당연한 것일지도 모르겠다. 남한의 언어관은 정확히 정해져 있지는 않으나 주로 '의사소통의 도구'로 보고 있는 듯하다. 외국인에게 한국어 교육을 할 때 무엇이 우선적으로 고려되어야 하는지에 대해서는 더 많은 연구가 뒤따라야 할 것이다. 본 연구에서는 북한의 한국어 교육의 실상을 정확히 보여 주려는 것에 목적을 두었다. 따라서 앞으로 북한의 한국어 교육의 장단점을 정확히 파악하여 우리의 교육 현장에 활용하는 것이 중요하다.

본 연구에서는 문법 요소에 대한 설명이나 구체적인 연습 문제의 분석 등은 하지 않았다. 이 부분에 대해서도 세밀한 분석이 이루어져야 한다고 본다. 남북한 한국어 교재의 문법 요소 배열이나 연습 문제 활용에 대해서 비교 연구하여 북한의 한국어 교육의 전체적인 모습을 밝히는 것은 추후의 과제로 남겨두기로 하겠다.

별첨 1

북한 교재 『조선어』의 목차

―차례―

발음편

1. 조선말의 글자와 발음
   1) 조선말의 자모
      ① 자음글자와 그 이름
      ② 모음글자와 그 이름
   2) 모음글자의 발음과 쓰기
   3) 자음글자의 발음과 쓰기

2. 조선말의 글자형태와 읽기
   1) 글자형태
      ① 모음글자만으로 된 글자
      ② 자음 + 모음
      ③ 모음 + 자음
      ④ 자음 + 모음 + 자음
   2) 글자 쓰기와 읽기
      ① 받침이 없는 글자의 쓰기와 읽기
      ② 받침이 있는 글자의 쓰기와 읽기

3. 그림을 통한 읽기련습

기초편
   제1과 이것은 무엇입니까?
   제2과 이 사람은 누구입니까?

글말편
제1과 조선의 노래
제2과 행복한 가정
제3과 조선의 네 철
제4과 두장의 사진과 함께 영원할 이야기
제5과 혁명의 수도 평양
제6과 남산의 푸른 소나무
제7과 한 할머니의 나들이길에서 있은 이야기
제8과 전설아닌 전설
제9과 하나밖에 없는 조국을 위하여
제10과 미림벌의 새 력사
제11과 미제는 피를 즐기는 승냥이
제12과 인민의 대유원지-대성산
제13과 주체교육의 최고전당-김일성종합대학
제14과 돈밖에 모르는 세상
제15과 혁명의 요람 만경대
제16과 나무군과 쇠도끼
제17과 조선사람의 본 때를 보여주어야 하오
제18과 조선은 나의 제2조국
제19과 조선은 하나다

별첨 2

설명한 문법 요소 목록 (교재순)

은, ㅂ니까(입니까), ㅂ니다(입니다), 는, 의, 가, 이, 까지, 에(장소), 에(방향), 에(시간), ㅆ, 았(과거시간토), 겠(미래시간토), 를(을): 대격토(행동이 진행되도록 하는 대상), 에서(위격토: 위치, 출발점), 에게(여격토: 행동이 향해지는 대상), 에게서(위격토: 행동의 출발점), 로/으로(조격토: 방향, 재료, 수단), 와/과(구격토: 함께), ㄴ(규정토), 고(이음토: 같은 자격으로 이음), 지 않다(부정), 고 있다(행동의 지속), 서(아서/어서/여서)(이음토: 방식, 원인), 는/ㄴ(규정토:〈는〉은 현재, 〈ㄴ〉은 과거), 부터(도움토: 시작), 까지(도움토: 어떤 한계의 끝점), 도(도움토: 포함), 며/으며(이음토: 행동의 동시성, 뒤행동의 방식), ㄹ수 있다/ㄹ수 없다, ㄹ/을(규정토: 미래), 려고(이음토: 의향, 의도), ㅂ시다(맺음토: 추김-높임), 십시오(맺음토: 시킴-높임), 게(꾸밈토: 방도, 정도, 한계), 보다(도움토: 비교), 면(이음토: 가정-조건), 러(이음토: 목적), 만(도움토: 제한), 기 시작하다, 는(은, ㄴ, 을, ㄹ) 것 같다, 시(존경토), 기(바꿈토: 용언을 체언형으로 만들어 준다. 무엇이 이루어지는 과정 또는 수법의 뜻을 나타낸다.), 히(상토: 입음상, 시킴상의 뜻, 줄기가 〈ㄱ, ㄷ, ㅈ〉과 같은 받침으로 끝났을 때 쓰인다), 아(어, 여) 있다(어떤 행동, 상태가 이루어져 지속, 존재함을 나타낸다), 다가(이음토: 이미 하던 행동을 끝냈거나 중도에 그만두고 다른 행동으로 넘어감을 나타낸다), 면서(이음토: 두 가지 행동이 동시에 진행, 앞의 행동이 뒤의 행동의 방식으로 된다), 만(도움토: 제한, 강조), 지만(이음토: 앞의 사실을 인정하면서 뒤의 사실에 맞세움), 에 대하여(어떤 행동이 향해지는 대상을 가리킨다), 을/를 비롯하여(여러 대상, 사실을 말할 때 첫 자리에 놓이게 되는 것), 니(이음토: 원인, 근거), 던(규정토: 과거지속), 려면(이음토: 의도하는 것을 가정하여 조건으로 내세운다), 처럼(도움토: 비교 되는 대상), 기로 하다(계획, 약정), 아야(어야, 여야) 하다(요구, 의무성), 도록(꾸밈토: 한계, 정도), 나(도움토: 강조, 선택), 마다(도움토: 하나마다, 모두), 어(아, 여) 주다, 아(어, 여)보다, 댔(과거에 잇달아있던 행동, 사실을 나타낸다), 는데(이음토: 어떤 사실의 계기, 환경, 전제를 나타낸다. ※형용사 뒤에서는 〈ㄴ 데〉로 된다), 자(이음토: 한 행동이 끝나고 곧 다른 행동이 잇달림을 나타내다), ㄴ/는지(이음토: 의문의 관계로 앞의 사실을 뒤의 사실과 이어준다), 지 말다(금지의 뜻), 지 못하다(다른 원인, 사정 때문에 할 수 없음을 나타낸다), 다고 하다(다른 사람에게서 들은 것을 전달할 때에 쓴다), 자고 하다(다른 사람이 자기와 같이 할 것을 요구한 내용을 전달할 때 쓴다), 는지(맺음토: 뜻을 나타낸다. 같음말차림), 기 위하여(목적의 뜻을 나타낸다), 고 싶다(희망, 욕망), 답니다(맺음토; 다른 사람에게서 들었더나 자기가 똑똑히 알고 있는 사실을 감동적으로 나타낸다), 아/어/여 주다(〈상대편을 위하여 그 동작을 함〉을 나타낸다), 리(상토: 시킴상, 입음상), ㄹ/을가요(맺음토: 물음의 뜻을 나타낸다─높임말차림), 랑/이랑(구격토: 나란히 이어짐을 나타낸다), 자(맺음토: 추김─낮춤말차림), 세요(맺음토: 시킴, 물음─높임말차림, 주로 녀성들의 말에서 쓰인다), 아요/어요/여요(맺음토: 알림, 물음, 시킴─높임말차림), 을/를 통하여, 을/를 위하여(위한), ㄹ/을뿐(만)아니라, 나(맺음토: 물음─같음말차림), 오(맺음토: 알림, 물음, 시킴─같음말차림)(※말뿌리가 자음으로 끝날 때에는 〈소〉), 네(맺음토: 알림─같음말차림), 지(맺음토: ─알림, 시킴, 물음─같음말차림), 답니까?(맺음토: 다른 사람을 통하여 알고 있는 사실을 묻는 뜻), 더니(이음토: 이미 진행된 앞의 뒤의 사실에 대하여 원인, 리유, 근거가 됨을 나타낸다), 던지(이음토: 회상, 의문의 뜻─흔히 〈어찌나〉, 〈얼마나〉, 〈어느〉, 〈무슨〉, 〈무엇〉, 〈누구〉 등과 같은 단어와 함께 쓰인다), 느라니(이음토: 앞에서 진행되는 행동이 다음 행동의 원인, 근거로 됨을 나타낸다), 거든(이음토: 어떤 사실이 일어날 수 있음을 가정하는 뜻), 려던(이음토:〈려고하던〉이 줄어든 형태), 느라고(이음토: 앞의 행동이 다음 행동의 원인, 근거로 됨을 나타낸다), (으)나(이음토: 어떤 사실을 인정 또는 확인하면서 대립되는 다른 사실을 인정할 때 쓴다), ㄹ/을까봐

(《어떤 행동이 진행되거나 어떤 사실이 있을 것 같기 때문에》의 뜻으로, 즉 어떤 행동이나 사실이 다음 행동의 근거 원인으로 될 수 있다는 것을 추측할 때에 쓴다), 으로써(조격토: 주로 동사 형용사의 〈ㅁ〉형 다음에 붙어서 다음 행동의 근거 수단으로 됨을 나타낸다), 자니(〈자고〉와 〈하니까〉가 결합된 형태〈자고하니까〉가 줄어든 것: 무엇을 하려고 하는데 다른 것이 그에 잘 응해주지 않음을 나타낼 때 쓰인다), 듯(꾸밈토: 두 행동이 서로 비슷함을 비교할 때 쓰인다)

참고문헌

고려대 북한 언어연구회(1989), 북한의 어학혁명, 백의.

고신숙(1987), 조선어 이론 문법, 사회과학 출판사.

권승모(1984), 조선말회화, 김일성 종합대학 출판사.

김민수(1989), 북한의 국어연구, 일조각.

김병무 · 양옥주(1992), 조선문화어강독1(유학생용), 김일성 종합대학 출판사.

김병제(1984), 조선 어학사, 과학백과사전 출판사.

김일성(1964), 조선어를 발전시키기 위한 몇 가지 문제, 문화어학습 68. 2호.

______(1966), 조선어의 민족적 특성을 옳게 살려 나갈데 대하여, 문화어학습 69. 3호.

김중섭(1997), 외국인을 위한 한자 교육 연구, 어문연구 94호.

______(1998), 한국어능력평가검사의 개발 실태 및 분석, 이중언어학 15, 이중언어학회.

김중섭 · 조현용(1996), 북한의 언어 정책과 한국어 교육 연구, 이중언어학회 13호.

______(1998), 북한의 한국어 교육 연구, 한국어 교육 9-1, 국제한국어교육학회.

______(1999), 북한의 한국어 교재 연구, 남천 박갑수선생 정년퇴임 기념 논문집, 도서출판 인경.

______(2000), 남북한 한국어 교육 비교 연구, 한국어문교육연구회.

김진우(1991), 한국말과 조선말: 분화의 배경, 실제 및 요인, 말 15, 연세대학교 언어연구교육원.

남성우 · 정재영(1990) 북한의 언어생활, 고려원.

리병무(1992) 조선문화어강독2(유학생용), 김일성 종합대학 출판사.

신용진(1996), 영어교육공학 4, 한국문화사.

______(1997), 영어교육공학 2, 한국문화사.

______(1998), 영어교육공학 5, 한국문화사.

신현숙(1998), 한국어 어휘 교육과 의미 사전, 한국어 교육 9-2, 국제한국어교육학회.

안정균(1992), 조선말회화 2, 김일성 종합대학 출판사.

이관식(2005), 북한의 한국어 교육 회화교재 분석 연구, 한국어 교육 16-1, 국제한국어교육
        학회.

이충우(1990), 어휘 교육의 기본 과제, 국어교육 71 · 72, 한국국어교육연구회.

______(1992), 국어 교육용 어휘 연구, 서울대학교 박사학위논문.

이병혁 편(1986), 언어사회학 서설: 이데올로기와 언어, 까치.

전수태 · 최호철(1989), 남·북한 언어비교. 녹진.

중앙정보부 편(1973), 북한언어 정책 자료집, 중앙정보부.

최호철(1996), 북한어학에 대한 남한의 연구, 한국어학 3. 한국어학회.

태백편집부 편(1988), 북한의 사상, 태백.

하치근(1993), 남북한 문법 비교 연구, 한국문화사.

______(1995), 외국어로서의 한국어 교육에 관한 연구, 언어와 언어교육(동아대학교) 10.

황인교(1998), 외국인을 위한 한국어 교재 개발, 한국어 교육 9-2, 국제한국어교육학회.

황적윤 외(1984), 영어교수법, 신아사.

M. 바흐찐 · V.N 볼로쉬노프(1988), 마르크스주의와 언어철학, 송기한 역. 흔겨레.

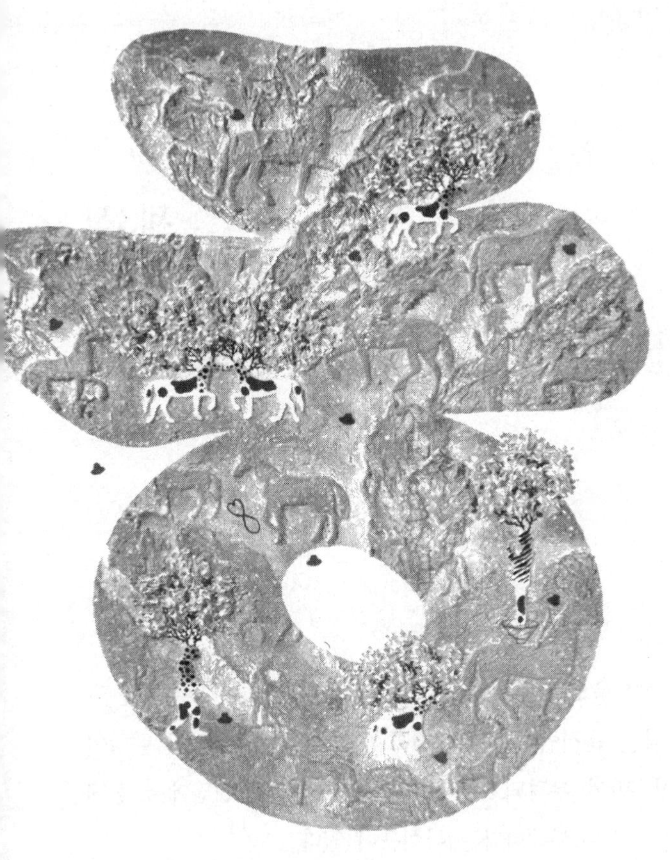

Ⅱ. 한국어 교육의 제 문제

제3장

기록과 관찰을 통한
한국어 교수법 개선 방안 연구

1. 머리말

학습자의 한국어능력 향상을 도모하기 위해 최근 다양한 한국어 교수법을 교육 현장에 적용하는 활발한 움직임이 이루어지고 있는 것은 고무적인 현상이다. 그러나 당위적인 이슈만이 부각되고 구체적이고 미시적인 관점에서 실제 수업을 면밀히 분석하는 노력은 부족하다는 아쉬움이 있다.

한국어 교육 분야에서는 한국어 교육의 질을 높이기 위한 방법으로 학습자와 교사의 수업 상황을 관찰하고 기록하는 방법을 활용하는 연구가 그다지 많이 이루어지지 않고 있다. 그러나 수업 현장에 대한 관찰, 기록은 교사와 학습자에 대한 다양한 정보를 얻을 수 있어 수업의 효율성을 검증하고 개선책을 마련하는 데 유용한 방법이다. 학습자, 교사, 교실을 관찰 및 기록함으로써 개별 학습자의 학업 성취 수준, 취약점 등에 대해 비교적 정확한 자료를 얻을 수 있으며, 교사 입장에서는 수업 현장을 관찰·분석함으로써 체계적인 피드백을 받을 수 있고 차후 수업의 질을 높이는 데에 도움을 받을 수 있어 수업에 참여하는 교사와 학생 모두에게 바람직한 교육적 의미를 가질 것이라 생각한다.

따라서 본 연구에서는 수업 현장을 관찰하는 방법과 관련된 교육 연구 방법론적 성과들을 고찰하고 이를 실제 한국어 교육 현장에 적용할 수 있는 방안 및 그 효용성을 강의 촬영에 의한 평가 방법을 바탕으로 구체적인 사례를 통해 살펴 볼 것이다.

2. 교육 관찰 연구의 이론적 기초

2.1. 교육 관찰의 의의

교육 연구를 위한 다양한 방법론 중에서 관찰 연구는 그 역사가 가장 오래된 연구 방법이다.[1] 관찰 연구는 조사 연구나 실험 연구에 비해 간편하다는 장점 때문에 교육 현장에서 많이 이용되는 방법 중 하나이다. 어떻게 교육을 하고 있는가를 교육 현장을 살펴봄으로써 교사와 학생은 수업을 평가하여 차후 수업의 질을 개선하는 데에 도움을 받을 수 있다.

관찰 연구는 양적 연구와 질적 연구, 양자의 상호 보완적 연구로 나눌 수 있다. 양적 연구는 세부적인 수행 방법에 따라 다수를 대상으로 관찰 내용을 수량화하여 분석하는 방법으로 평정 척도법, 범주 척도법, 물리적 지표, 시각적 도표, 공간 이용 등의 방법이 있는데 수업 형태의 분류나 교사와 학습자간의 상호 커뮤니케이션 과정의 분석, 교사의 교수 기술의 향상과 같은 연구에 주로 활용한다. 양적 연구는 수업 현상을 객관적이고 체계적으로 이해할 수 있다는 장점이 있으나, 수업 현상을 다양한 측면에서 심층적으로 이해하기는

---

1) 교육 연구 방법은 여러 학자들에 의해 다양하게 분류되는데 전통적으로 정량적 연구(quantitative research)와 정성적 연구(qualitative research)로 이분된다. Brown(1988)은 특히 정량적 연구에 관심을 두고 이를 일차적인 연구 방법으로 분류하였다. 일차적인 연구는 사례 연구(case study)와 통계적 연구(statistical research)로 나뉘며, 통계적 연구는 다시 조사 연구(survey studies)와 실험 연구(experimental studies)로 구분된다. 한편, Chaudron(1988)에서는 연구 방법을 심리 측정 방법, 상호 작용 분석, 담화 분석 및 민속학적 방법으로 구분하였다. 수업 관찰은 이러한 연구 방법들에서 자료를 수집하기 위해 사용할 수 있는 주요한 방법 중의 하나이다.

어렵다는 한계가 있다. 질적 연구는 관찰 대상이 소수이고 관찰 내용이 누적적 기록에 의한 연구 방법으로 참여 관찰, 질문지, 일화 기록법, 교육적 비평 방법 등이 있다.

양적 연구와 질적 연구가 서로 상반되는 연구 방법으로 보일 수도 있으나 사실 두 연구 방법은 연구 상황 및 자료의 특성에 따라 연속선상에 존재하고 있다고 봐야 할 것이다. 양적 연구에서 깊이 분석하지 못한 내용을 질적 연구가 보완해 주고 양적 연구는 자칫 주관적인 관점으로 연구 결과를 내기 쉬운 질적 연구의 연구 결과에 객관적인 근거를 제공하여 질적 연구를 보완한다. 즉, 두 연구는 상호 보완적인 관계에 있으며 이렇게 두 방법을 같이 적절하게 활용한 연구 방법을 양자의 상호 보완적 연구라고 한다.

양적 연구에 있어 관찰 연구는 일반적으로 다음의 세 가지 기준에 의해 구분되는 데 첫째, 관찰자의 통제 여부에 따라 통제적 관찰과 비통제적 관찰로 나누고 둘째, 관찰의 조직성 여부에 따라 자연 관찰과 조직적 관찰로 나누며 셋째, 관찰자의 연구 참여 여부에 따라 참여 관찰과 비참여 관찰로 나눈다.[2]

본 연구에서는 비통제적 관찰, 조직적 관찰, 비참여 관찰의 방법을 적용한 수업 모니터링을 교육 관찰의 방법으로 삼고 질적 연구와의 접목 가능성을 살펴 두 연구 방법을 적절하게 모두 활용한 바람직한 한국어 수업 관찰의 방법과 적용을 모색해 보고자 한다.

---

[2] 성태제(1998)에 따르면 통제적 관찰은 처치를 가하거나 자극을 준 어떤 실험적 상황에서 관찰을 통하여 처치나 자극에 대한 효과를 분석하는 연구 방법이며, 비통제적 관찰이란 전혀 처치를 가하지 않은 상태에서 관찰하는 연구를 말한다. 조직적 관찰은 관찰의 내용이 제한적이어서 관찰 내용, 관찰 방법, 기록 방법 등이 사전에 규명되어 있는 관찰이며, 이에 반해 자연 관찰이란 관찰 내용, 방법, 시기 등을 규명하지 않고 자연스럽게 관찰하는 방법이다. 한편, 참여 관찰은 연구자가 관찰 상황에 참여하여 관찰하는 연구 방법으로, 참여 정도에 따라 완전 참여 관찰과 부분 참여 관찰로 나뉜다. 이에 비하여 비참여 관찰은 연구 대상과의 상호 작용을 극소화하기 위해 관찰자가 관찰 상황에 참여하지 않고 관찰하는 방법으로, 보통 비디오를 이용하거나 일방경이 있는 관찰실을 이용하는 방법이 있다.

2.2. 관찰 기록의 방법

전통적으로 관찰 기록의 방법으로는 지필에 의한 관찰 점검표 작성법, 평정 척도법, 일화 기록법이 주로 사용되어 왔다. 그러나 최근에는 오디오, 비디오, 컴퓨터 등을 이용하는 방법이 많이 사용되고 있다.

점검표 작성법은 관찰하고자 하는 행위나 내용이 발생하였을 때 이를 기록하는 방법으로 행동 유형의 분류나 관찰 행동을 분류할 때 주로 사용한다. 평정 척도법은 관찰자가 관찰한 내용을 3단계나 5단계 척도에 의하여 평정하는 방법으로 면접뿐만 아니라 관찰 연구에서도 피평가자의 태도, 인상, 가치관, 느낌 등을 평정하기 위해 많이 사용된다. 일화 기록법은 관찰 내용을 일기 쓰듯이 기술하는 방법으로 구체적 절차나 양식이 있는 것은 아니다.

그러나 위의 세 방법은 기록에 한계가 있다. 이를 극복하고 관찰의 객관성을 높이기 위하여 최근에는 관찰 현장을 그대로 소리나 영상으로 담아 계속적으로 관찰할 수 있는 오디오나 비디오를 이용하는 방법이 많이 사용되고 있다. 비디오는 영상 매체의 발달과 더불어 관찰 연구에서 널리 사용되고 있다. 특히 비디오는 소리와 영상을 동시에 기록·보존하고 재생할 수 있으므로 수업 상황을 반복적으로 관찰할 수 있고, 동영상을 느린 속도로 재생하거나 정지 또는 확대할 수 있는 등 자연 상태에서는 지각할 수 없는 현상을 지각할 수 있도록 해 주며, 사람이 직접 관찰할 수 없는 장소나 위치에서도 녹화가 가능하므로 사람이 갖는 지각 능력의 한계를 극복할 수 있게 해 준다. 또한 자기 자신의 모습을 관찰할 수 있으므로 자기 진단이나 자기 개발에 크게 도움을 받을 수 있다는 장점이 있다. 한편, 최근에는 컴퓨터 공학의 발달로 관찰 결과를 곧바로 컴퓨터에 입력시켜 많은 양의 자료를 손쉽고 정확하게 부호화하여 입력하는 방법이 확대되고 있다.

한국어 수업이 이루어지는 교육 현장의 수업 모니터링을 위해서는 교사와 학습자의 수업 행동을 비디오에 담고 이를 다시 점검표나 평정지에 의해 분석하는 양적 연구 방법과 사례 분석을 통한 교육적 상호 작용의 해석에 관심을 두는 질적 교육 연구 방법을 절충하는 것이 유용하다. 최근에 세계의 여러 대학에서는 교수자들의 강의를 촬영해서 피드백을 제공함으로써 보다 나은 강의를 하는 데 도움을 주는 교육 지원 체계를 마련해서 강의의 질적 향상을 도모하려는 노력이 증가하고 있다.[3]

언어 사용을 교육하는 한국어 교육 현장에서는 수업 자체가 학습자에게 하나의 훌륭한 의사소통의 기회가 된다. 따라서 강의 촬영을 통해 교사와 학습자를 면밀히 관찰함으로써 성공적인 의사소통의 요건을 살펴볼 수 있으며, 교사는 자신의 강의를 객관적으로 평가할 수 있게 된다. 또한 학습자의 수업 행동을 면밀하게 관찰할 수 있기 때문에 다수를 대상으로 하는 수업이라 하더라도 학습자 개개인에 대한 개별적 접근이 가능하고 이를 통해 이후의 학습에서 개선해야 할 사항을 점검할 기회를 제공받을 수 있다.

특히 누적적인 반복 관찰은 일정 기간 동안 이루어지는 수업 참여자의 교육 내용 전반에 걸친 상호 작용을 살피는 데 매우 유용하므로 이후의 수업 내용에 반영하여 큰 교육적 효과를 기대할 수 있다. 따라서 일회적 강의 촬영보다는 일정 기간 동안 지속적인 모니터링이 효과적이며 누적된 자료를 활용할 수 있는 분석의 틀과 그 적용이 요구된다.

---

3) 경희대 교육대학원의 교육발전연구원에서는 현직 교사나 교육대학원생들의 강의 기술 개선에 도움을 주기 위해 교육 매체 지원, 강의안 구성, 상담 등을 내용으로 하는 교육 클리닉을 운영하고 있다.

2.3. 강의 촬영을 통한 수업 분석

2.3.1. 비디오 촬영의 방법

수업 중에 수업 참여자가 아닌 다른 사람(강의 촬영자)이 비디오를 들고 움직인다면 교사나 학습자에게 모두 큰 부담을 주게 되므로 강의 촬영을 위해서는 교실 전체를 담을 수 있는 각도에서 교사의 교수 활동과 학습자의 학습 과정을 담을 수 있도록 최소한 두 개 이상의 고정된 장치를 사용하는 것이 좋다. 특히 언어 수업에서는 언어뿐만 아니라 표정, 몸짓 등도 수업의 상호 작용을 이루는 중요한 수단이 되기 때문에 오디오만으로 기록하는 것은 한계가 있다.

2.3.2. 점검표(check list)와 평정지

점검표는 관찰하고자 하는 행위나 내용이 나타났을 때 이를 기록하는 것인데, 행동 유형을 분류하거나 관찰 행동을 분류할 때 주로 사용하는 방법이다. 점검표에서는 '무엇'을 관찰할 것인가를 영역에 따라 세분하는 것이 가장 중요하다. 따라서 점검표에는 기대되는 행동에 대한 일련의 진술문 목록이 포함되는데, 여기에서 행동은 관찰 가능한 용어로 정의되어야 한다.

한편, 평정지는 관찰자가 단순히 행동의 유무만을 표시하는 것이 아니라 그 행동의 빈도나 질(質)에 대한 판단을 표시한다는 점에서 점검표와 구별된다. 따라서 점검표의 항목을 척도화하여 표시하는 관찰 기록의 방법이 종합적으로 수업을 평가하는 좋은 방법이 될 수 있다.

강의 촬영을 통해서 수업 내용을 평가할 때에는 이러한 점검표나 평정지 내용의 항목 구성이 매우 중요하고, 평가 참여자(관찰자)에게는 평가 기술과 관련 교과에 대한 전문적 자질이 요구된다.

4장 "수업 관찰 기록의 요소" 중 외형적 측면의 시선 관리를 관찰 내용으로 하여 점검표와 평정지 작성의 예를 보이면 다음과 같다.

<표 1> 교사의 외형적 측면 관찰 점검표

수업교사 : ____ 관찰 장소(반) : ____ 관찰 일시 : ____ 관찰자 : ____	
교사의 시선 관리	관찰결과(O . X)
1. 여러 학생과 골고루 눈을 마주친다.	
2. 특정한 학생과만 눈을 마주친다.	
3. 수업 중에 한 번도 시선을 주지 않는 학생이 있다.	
4. 학생들과 전혀 눈을 마주치지 않는다.	

<표 2> 평정법에 의한 교사의 외형적 측면 관찰 점검표

수업 교사 : ____ 관찰 장소(반) : ____ 관찰 일시 : ____ 관찰자 : ____			
교사의 시선 관리	관찰 결과		
	좋다	보통이다	나쁘다
1. 수업 중 학생과 눈을 마주치는 시간의 배분			
2. 학생 1인당 교사와 눈을 마주치는 횟수			
3. 학생 1인과 1회에 눈을 마주치는 시간			

2.3.3. 관찰 기록의 누적과 피드백

수업 관찰 기록이 쌓이면 일정 기간 동안 수업의 진행 양상을 누적적으로 분석할 수 있게 된다. 교사는 자신의 수업이 어떻게 발전해 가는지, 학습자와의 유대 관계를 어떤 과정을 통해 형성해 나가는지, 결과적으로 원하는 바 소기의 교육 목적을 달성했는지를 점검할 수 있는 기회를 제공받게 된다. 또한 차후 수업에 있어서 보완점은 무엇인지를 밝혀 효과적인 강의 개선 자료가 된다.

이렇게 일정 기간 동안 쌓이는 자료를 통한 평가를 포트폴리오[4] 평가(portfolio assessment)라고 하는데 강의를 촬영한 비디오 자료를 수집하여 지속적으로 평가할 수 있는 기회를 갖게 되면 평가 대상자 개개인의 변화·발달 과정을 종합적으로 살펴볼 수 있는 장점을 가진다. 따라서 강의 촬영에 임하는 교사에게 요구되는 개선점을 쉽게 파악할 수 있고, 소리와 장면을 함께 기록하고 재생할 수 있으므로 교수 활동의 상호 작용을 쉽게 파악할 수 있는 특징이 있다. 또한 여러 사람이 동시에 비디오를 보고 피드백을 줄 수 있으므로 교수 활동 개선에 도움을 주는 다양한 의견을 쉽게 수렴할 수 있다는 장점을 가진다. 그리고 다른 교사의 수업을 보면서 교수 행위나 전략 등을 배울 수 있고 자신의 강점과 약점을 쉽게 파악할 수 있다.

3. 일본 관동국제고등학교에서의 수업 관찰 사례

본 장에서는 2000년 4월에 개설된 일본의 관동국제고등학교의 한국어 전

---

4) 백순근(1999)에서는 포트폴리오는 보통 자신이 쓰거나 만든 작품을 누적적이 면서도 체계적으로 모아 둔 개인별 작품집 혹은 서류철을 의미하는데, 포트폴리오의 구성물로는 시, 논술, 수필, 실험·실습 보고서, 연구 보고서, 사진, 그림, 독서장, 관찰 기록, 일화 노트, 자기 평가 보고서 등 상황과 맥락에 따라 매우 다양할 수 있다고 하였다. 한편, 한국교육과정평가원의 교사 연수 자료(1998)에서는 포트폴리오 평가에 대해, "시험이 아니라 학생이 쓰거나 만든 작품집이나 서류철 등을 이용한 평가, 1회적이고 단절적인 평가가 아니라 지속적이고 통합적인 평가"라 하면서, 최종적인 결과도 중요하지만 그러한 결과를 낳게 된 과정이 중요하며, 성취도 자체뿐만 아니라 진행 과정에서의 학생의 노력이 중요하다고 하였다.

공 과정에서 실시해 온 수업 비디오 활용에 대한 사례를 소개하면서 강의 촬영의 실제를 다루고자 한다. 먼저 관동국제고등학교의 한국어 과정에 대해 개괄적으로 소개하면 다음과 같다.

관동국제고등학교는 일본에서 처음으로 고등학교 과정에 한국어 전공을 도입한 학교이다. 2000년부터 시작된 관동국제고등학교의 한국어 과정의 수업 구성은 언어, 문화, 과외 활동의 세 부분으로 나뉜다.

언어 영역은 독해, 문법, 작문, 회화 등의 수업으로 구성되는데 독해 및 문법·작문을 합해서 주당 3시간, 회화를 주당 3시간으로 배정하여 구두 언어 기술 함양에 많은 시간을 배정하였다. 2학년 때에는 여름 방학을 이용하여 6주간의 한국 현지 연수를 실시하는 것이 특기할 사항이다.

문화 영역은 2학년 때 한국 현지 연수5)를 통해 학습자들이 한국 문화를 직접 체험하도록 하는 직접적·집중적인 방법으로 수업을 구성하고 연수 전에 8시간에 걸친 한국 연수 준비 수업이 배정되어 있다.

한편, 과외 학습도 다양하게 구성되었는데, 1,2학년 학생들이 참여하는 프로그램으로는 신입생 교류회, 동경 한국학교와의 교류회, 중학생 체험 수업, 한국인 집 방문, 학원제 참가, 한국 자매 학교와의 교류, 한국 고교생 방문단과의 교류, 학내 연극/노래 대회, 한국어 합숙, 한국어 능력 시험과 교내·외 한국어 스피치 콘테스트 등이 있다.

한국어 강의의 촬영은 회화 수업을 위주로 하여 한 달에 한 번 기능면에서 중요하다고 판단되는 수업 장면을 비디오로 찍는다. 촬영자는 교사나 학생 어느 한 측면만을 촬영하지 않고 전 수업 과정을 담게 된다. 또한 각 수업의 마지막에 학생이

---

5) 현지 연수 활동으로서 관동국제고등학교 한국어과 2학년에 재학 중인 학생들은 2001년부터 매해 여름 방학 기간 동안 경희대 국제교육원에서 한국어 연수를 실시하고 있다. 이들은 한국어 교육을 중심으로 문화 유적지 및 박물관으로의 현지 학습, 한국 고등학생 가정에서의 민박, 태권도, 사물놀이, 한국의 무용 등과 같은 다양한 문화 체험을 한다.

직접 참여하는 스키트(skit)를 구성하여 이를 촬영한다.[6]

촬영한 자료는 다음과 같이 교사 측면과 학생 측면에서 분석하게 되는데, 먼저 교사 측면은 전체적인 수업 진행상의 문제와 교수법의 문제를 중심으로 검토한다. 명랑하게 수업 전개를 하고 있는가, 문법 항목을 학생들이 알기 쉽게 적절히 설명하는가, 발음 지도는 정확하게 하고 있는가 등이 세부 고려 사항이다.

학생 측면의 분석은 수업에 적극적으로 참여하는가, 학생들의 표정은 밝은가, 어느 정도 유창하게 말하는가 등을 주로 하여 강의 촬영 이외의 수업과 촬영 시 수업을 비교 검토하는 방법으로 진행한다.

이를 토대로 하여 수업 담당 교사와 다른 교사가 함께 평상시 수업에서의 개선점을 함께 검토하는 시간을 갖는데, 이러한 과정을 통해서 보다 나은 수업을 위한 고려 사항을 세밀히 살펴보고 서로 부족한 부분과 잘 된 부분에 대한 의견을 나눔으로써 긴밀한 상호 협력을 꾀할 수 있다. 또한 한국어 프로그램의 전반적인 운영과 조율에 있어 상호 보완적 역할을 꾀할 수 있다는 점에서 교수진이 두 명에 불과하지만 교사 스스로가 이러한 상호 평가를 매우 긴요한 부분으로 인식하고 있음을 알 수 있다.

한편, 기능별 스키트 발표를 촬영한 비디오 자료는 학생들의 성취 수준을 확인하는 데 중요한 자료로 활용된다. 특히 학습자의 입장에서는 자신의 학습 진척도를 가장 정확하게 드러내는 개인 발달 과정물로서의 의미를 지닌다. 자신의 언어 능력 발달 과정이 자료로 누적되기 때문에 학습자 스스로 자신의

---

6) 한국어 강의 촬영의 효과에 대해 담당 교사는 다음과 같이 언급하였다.

① 계속되는 촬영을 통해 대화 능력이 점차 향상되는 것을 확인할 수 있다.
② 흥미적 요소가 부가되어 학습자의 적극적인 참여를 유도할 수 있다.
③ 해당 단계에서의 학습자의 언어 능력을 평가하는 기회가 된다.
④ 학습자 간의 협동심을 고취하고, 학습자들이 환성된 결과물에 대해 자부심을 느끼게 한다.
⑤ 매년 같은 항목에 대한 촬영 자료를 누적하여 전반적인 프로그램의 향상을 꾀할 수 있다.
⑥ 학습자별로 학습 진행 과정을 누적함으로써 학습 진척 및 학습자 발달 과정을 종적으로 파악하는 데 도움이 된다.

뛰어난 부분과 부족한 부분 등을 객관적으로 파악할 수 있어 집중적으로 노력해야 할 부분을 알아낼 수 있다. 그리고 이전과 비교하여 얼마나 한국어능력이 향상되었는가를 평가할 수 있는 자료가 된다.

이렇게 촬영한 자료는 관동국제고등학교의 한국어 프로그램을 외부에 소개하는 홍보 자료로도 쓰일 수 있어 중등 교육 과정에서 그리 활성화되어 있지 않은 한국어 교육 저변 확대에도 기여할 수 있다.

4. 수업 관찰 기록의 요소

한국어 수업에서 관찰 연구를 위해 고려할 대략적인 점검 항목을 다음과 같이 제안한다. 본 연구에서는 한국어 교사들이 수업 중 유의해야 할 사항들에 한정하였으며, 학습자 관찰 사항은 논외로 하였다. 학습자 점검 사항은 수업 단계, 학습 환경, 학습자 특성 등과 매 수업 시간의 학습 목표, 내용, 주제 등에 따라 유동적으로 변하기 때문이다. 따라서 학습자 관찰 항목 작성 시에는 위에서 언급한 학습 요인 및 단계에 따라 세부 학습 목표별로 학습자의 본격적인 평정을 위한 치밀하고 세세한 점검 항목과 진술문을 마련하여야 한다.

4.1. 외형적 측면

4.1.1. 용모

학습자 앞에서 수업을 진행하는 교사의 외모는 가장 직접적이고 일차적인 관찰의 대상이 된다. 특히 한국어 교사는 한국을 대표하는 민간 외교 사절의 최첨병이라 할 수 있다. 문화에 대한 호감이 해당 언어 교육에 적지 않은 영향을 미치므로 학습자에게 좋은 인상을 주는 것이 필요하고 그 첫걸음은 용모와 복장 및 자세에서 비롯된다. 짙은 화장이나 요란한 액세서리, 지나치게 자유로운 복장, 불쾌감을 주는 냄새 등은 바람직하지 않다.

4.1.2. 시선관리

교사가 학습자를 바라보는 시선은 다음의 두 가지 면에서 중요하다. 하나는 학습자가 나는 어떤 대우를 받고 있는가를 판단하는 데 중요한 변수가 된다는 점이고, 다른 하나는 학습자가 교사에 대해 능숙한가 미숙한가를 판단하는 근거가 된다는 것이다.

한 시선 관리에 관한 연구에 의하면 발표자의 청중에 대한 주시율(注視率)이 15퍼센트 이하라면 청중은 발표자가 '냉정하다, 변명투다, 미숙하다' 등의 인상을 받는다고 한다. 반면에 발표자의 주시율이 80퍼센트 이상이면 청중에게 '자신이 있다, 성실하다, 친근하다, 능숙하다' 등의 인상을 준다고 한다. 특히 시선을 주지 않는다면 '무시되고 있다, 차별받고 있다, 뭔가 숨기는 것이 있다'는 등의 인상을 주게 된다고 한다.[7]

시선을 주는 시간과 방법, 방향 및 분배에 대한 교사의 행동은 수업 전반에 걸쳐 학습자와의 긴밀한 상호 작용을 돕는 무언의 교수 전략이다. 먼 곳을 바라보지 않는가, 충분한 시간 동안 눈을 마주치는가, 시선이 날카롭지는 않은가, 시선이 한두 학생에게 집중되지는 않는가 등을 되돌아보아 학습자 모두가 관심을 받고 성실하게 수업에 임한다는 인상을 줄 수 있는 교사가 되어야 한다.

4.1.3. 음성

음성은 가장 중요한 교수 도구이자 수업 중 의사소통의 매개체이다. 적절한 크기로 분명하게 말하는 것은 언어를 다루는 교사에게는 필수적인 부분이

---

7) 야하타 히로시(1996).

다. 교사의 말이 모든 학습자들에게 적절한 크기로 또렷하게 전달되는가가 중요하다. 특히 발음의 지도와 관련하여 교사의 음성은 그 자체가 모범이 되어야 하므로 한국어 개별 음소의 음가가 잘 변별되어 학습자에게 인식되는가가 매우 중요할 것이다.

4.1.4. 몸짓

적절하게 몸짓 언어를 사용하는 것과 관련된 항목이다. 더욱이 목표어를 사용한 소통이 원활하지 않은 초급 단계 수업에서는 지시나 설명의 많은 부분을 손짓이나 표정 등 몸짓 언어에 의존하는 비중이 높다. 또한 교사 스스로 인식하지 못하는 좋지 않은 버릇이 있는가를 살펴보는 것도 관찰 평가 내용에 포함할 수 있다.

4.1.5. 한국어 능력

외국인을 대상으로 하는 언어 교사는 그 스스로 해당 언어의 훌륭한 시범자가 되어야 한다. 표준 한국어를 제대로 구사하는가, 바른 한국어 사용을 하는가, 언어 능력은 모국어 화자 수준에 이르는지 등이 관찰 대상이 된다.

4.2. 내면적 측면

4.2.1. 수업의 전체적 구성

잘 조직된 수업 구성은 수업 효과에 직결되는 부분이다. '도입–제시–연습–사용–마무리'의 각 단계가 유기적으로 연결되어 있는가, 시간 배정은 적절한가, 수업 목표를 명확하게 제시하는가, 충분한 연습과 사용의 기회를 제공하는가, 한 시간에 할당된 목표 항목은 학습자에게 적절한 부하를 주는지 등이 세부적인 고려사항이다.

4.2.2. 질문 기술

한국어 학습에서 질문은 학습자가 학습 내용을 확인할 수 있는 기능을 가지는 동시에 학습자의 언어 수준에 따른 적절한 듣기 입력을 제공하는 기회가 된다. 전체 질문과 개별 질문을 적절히 분배하는가, 학습자 수준에 따라 질문의 난이도를 달리 하는가, 대답할 충분한 시간을 주는가, 학습자가 대답할 말을 기다리지 못하고 교사가 먼저 정답을 제시하지는 않는가, 질문 내용은 배울 학습 목표와 연관되는가, 질문이 학습자의 학습을 촉진하는 데 도움이 되는가 등을 분석해야 한다.

4.2.3. 판서 기술

판서는 계획된 대로 수행하는 것이 바람직하다. 모든 학습자에게 잘 보이도록 알맞은 크기와 단정한 필체로 쓰는가, 색깔이 있는 도구를 적절히 사용해서 강조하는가, 내용은 학습에 도움이 되도록 잘 구조화 되어 있는가, 지나치게 지우고 쓰기를 여러 번 반복하지 않는가, 바른 필순으로 쓰는가, 도상성(iconicity)을 충분히 활용하는가, 판서를 통해 학습 목표를 명확하게 제시하는가 등을 평가할 수 있다.

4.2.4. 학습 환경 제공

교사는 학습을 이끄는 지휘자인 동시에 원활한 학습이 이루어지도록 적절한 학습 환경을 조성하는 조장자가 되어야 한다. 교실 내 모든 비품의 확인과 조명의 밝기, 온도 조절 등 쾌적한 학습 분위기의 제공에서부터 학습자가 편안한 마음으로 수업에 참여할 수 있도록 심리적인 안정감을 주고 다른 학습자에게 방해가 되는 돌출적 학습자를 적절히 제지하는 것도 중요하다.

4.2.5. 학습자에 대한 피드백

학습자가 원활하게 인지적 평형 상태에 이를 수 있도록 적절한 피드백을 주는 일은 수업 효과의 측면에서 매우 중요한 요소가 된다. 학습자의 반응에 적절하게 보상하는가, 피드백을 통해 학습 과정의 촉진에 도움을 주는가, 학습자가 자신의 현재 학습 능력을 교사에게 충분히 이해받고 느끼도록 반응하는가 등이 고려 대상이 된다. 특히 언어를 배우는 수업에서는 이러한 피드백의 적절성이 학습자 언어 능력의 향상에 미치는 영향이 매우 크다. 배운 문형이나 그 수업의 목표 문형을 사용하여 응대함으로써 학습 효과를 높일 수 있다.

4.2.6. 상호 작용 독려

교사-학습자 간, 학습자-학습자 간의 상호 작용이 잘 이루어지도록 격려하고 조장하는 일은 특히 언어 수업에 있어서 중요한 의미를 갖는다. 상호 작용 자체가 의사소통 과정이고, 언어 교육의 궁극적 목표가 성공적인 의사소통에 있기 때문이다. 상대적으로 의욕이 떨어지는 학습자를 격려하여 의욕을 북돋아 주거나, 지나치게 발표의 기회를 독점하는 학습자를 적절하게 제지하는 일, 수업 중에 주고받는 언어 사용이 결과적으로 학습에 도움을 주도록 이끄는 일 등이 이 항목에 포함되는 요소들이다.

4.2.7. 학습자 특성 이해

학습자마다 가지고 있는 다양한 배경을 충분히 이해하고 수업에 임한다면 학습 효과를 극대화시키는 데 도움이 된다. 한국어 수준, 지능, 나이, 학습 유형, 언어적 배경, 학습 동기 등 개별적 상황에 따라 적절하게 지도 · 조언하는가, 특별히 일부 학습자에게 편중된 수업 전략이나 방법을 사용하지는 않는가 등을 고려해야 한다.

4.2.8. 적절한 보조 자료의 사용

칠판과 교재만으로도 훌륭한 수업을 할 수 있겠지만 수업 단계와 활동에 따라 유용한 교육 매체를 적절하게 사용한다면 수업의 효과를 증대할 수 있다. 카드, 그림, 실물, 유인물, 비디오, 오디오, OHP, 컴퓨터 등 잘 고안된 수업 보조 자료를 상황에 맞게 적절히 사용하는가, 사용한 보조 자료는 수업에 도움이 되는가 등이 중요하다.

4.2.9. 학습 동기 유발

학습자가 수업에 몰입하여 효과적인 학습을 하기 위해서는 학습자의 동기가 중요한 변수 중에 하나가 된다. 수업에서 다루는 내용이 학습자의 관심을 끌기에 충분한가, 주제가 학습자에게 흥미를 주는가, 수업 활동이 지루하지는 않은가 등을 고려해야 한다.

4.2.10. 수업 목표 달성

수업이 효과적이었는가는 수업의 결과 학습자들이 목표했던 수준에 도달했는가를 확인함으로써 판단할 수 있다. 학습자들이 그 시간에 배울 목표 항목을 충분하게 인지하고 수업을 통해 학습 목표에 달성하는지를 점검하는 일이 필요하다.

5. 맺음말

자신의 강의를 비디오로 촬영하여 분석하는 일은 교사에게 매우 큰 심리적 부담을 주는 것이 사실이다. 그러나 수업 과정을 면밀하게 제3자의 눈으로 분석해 보는 기회를 갖는다면 자신의 강의를 질적으로 향상하는 데에 큰 도움을 받을 수 있다. 특히 처음 교육 현장에 투입되는 예비 교사나 전문성이 부족하여 자신의 교수 활동에 자신감을 얻지 못하여 고민하는 현직 교사들은 이러한 방법을 통해 교수 능력에 대한 자기 성취감과 만족감을 증대시킬 수 있고, 자신의 교수 방법을 개선할 수 있다.

반면에 강의 촬영만으로는 수업을 계획하는 과정이나 학습자의 배경, 수준 등을 파악하기 어렵다는 것과 촬영 시설이나 장비 마련, 조작 기술 습득 등 강의 외적인 문제들이 있다. 무엇보다 강의 촬영을 통한 수업 관찰을 실행하는 데에 문제가 되는 것은 교사의 태도인데, 한국어 교사들은 자신이 가르치는 장면을 제3자가 관찰하거나 그에 대해 지도·조언하는 것에서 느끼는 심리적 거부감을 극복해야 한다.

'교육의 질(質)은 교사의 질(質)을 능가할 수 없다'는 말이 시사하듯 교사의 전문성은 교육 현장에서 가장 중요하고도 결정적인 변수임에는 의심의 여지가 없다. 한국어 교육 현장에서 전문성을 갖춘 우수한 교사의 양성과 훈련, 재교육에 강의 촬영을 통한 교수 능력 평가 방법이 교수 능력을 향상하고 개선하기 위한 방법으로 도입되어야 하는 이유가 여기에 있다.

참고문헌

곽부모(2004), 남녀 한국어 교사의 교실 언어 차이 연구, 한국어 교육 15-2, 국제한국어교육학회.

김아영(2000), 관찰연구법, 교육과학사.

김중섭(2001), 기록과 관찰을 통한 한국어 교수법 개선 방안 연구, 한국어 교육 12-2, 국제한
　　　국어교육학회.

성태제(1998), 교육연구방법의 이해, 학지사.

신효원(2007), 한국어 교실 관찰 도구 K-COLT의 개발 및 활용 방안, 한국어 교육 18-2, 국
　　　제한국어교육학회.

야하타 히로시(1996), 프리젠테이션 박사, 21세기북스.

이석란(2006), 교사의 오류 수정 유형에 따른 한국어 학습자 반응에 관한 연구, 이화여자대학
　　　교 석사학위논문.

이정은(1997), A model of Video Activities in Korean Language Teaching for Elementary to
　　　Intermediate Level Learners, 한국어 교육 8, 국제한국어교육학회.

이해영 외(2005), 한국어 학습자의 중간언어 연구, 한국어 교육연구 총서1, 커뮤니케이션북스.

주삼환(1998), 수업관찰과 분석, 원미사.

진제희(2002), 교실 상호 작용에서 나타난 교사의 역할 : 스캐폴딩의 관점에서, 한국어 교육
　　　13-1, 국제한국어교육학회.

＿＿＿(2004), 한국어 교실 구두 상호 작용에 나타난 문제 해결을 위한 의미 협상 : 교사-학습
　　　자 대화를 중심으로, 연세대학교 박사학위논문.

＿＿＿(2005), 한국어 수업에 나타난 교사의 수정적 피드백과 학습자 반응 연구, 이중언어학
　　　28, 이중언어학회.

＿＿＿(2006), 외국인을 위한 한국어 수업 대화 분석, 커뮤니케이션북스.

한국교육과정평가원의 교사 연수 자료(1998), 수행평가의 이해, 교사연수자료집.

제4장

한국어 학습자의 연결 어미 오류 양상에 관한 연구

1. 머리말

제2언어 학습자들이 목표어를 학습하는 과정에서 범하는 오류는 제2언어 연구자 및 교수자들이 이른 시기부터 관심을 가져온 부분이다. 큰 흐름을 통해 볼 때, 연구 초기에는 오류를 잘못된 것, 부정적인 것으로 인식하였지만 점차 학습자가 목표어를 습득해 가는 과정에서 만들어 가는 언어 발달 과정의 연속선상에서 오류를 바라보게 되었다. 이러한 변천 양상을, 대조 분석 가설과 오류 분석 가설에서 취한 오류에 대한 인식의 토대 위에서 이해할 수 있다. 즉 대조 분석 가설에서는 목표어를 학습하는 데 있어 모국어가 미치는 부정적인 전이의 결과—간섭 현상—를 오류로 인식한 반면,[1] 오류 분석 가설에서는 오류를 목표어 학습 과정에 나타나는 학습자의 능동적이고 창조적인 언어 생산 과정의 반영물로 간주하였다.

학습자의 오류를 연구하는 것은 학습자의 언어 습득 과정을 이해하기 위한 단초라 할 수 있다. 또한 이것을 바탕으로 학습자에게 적합한 교육 내용과 방

---

[1] 대조분석론자들은 오류를 부정적인 것으로 인식하였기 때문에 언어 대조를 통해 오류를 예측하고 이를 방지하는 데 중점을 두었다.

법을 모색할 수 있으므로 진정한 학습자 중심, 의사소통 중심의 언어 교육을 실현할 수 있는 길이 된다. 1970년대 이후 제2언어 교육의 화두가 되어온 의사소통 중심의 교수법에서도 점진적으로 문법의 중요성이 부각되어 학습자의 유창성과 정확성을 동시에 고려한 통합교수법이 개발된 것도 같은 이유에서 일 것이다.

한국어 학습자가 학습 과정에서 겪는 어려움에는 학습자 요인, 환경적 요인을 비롯한 다양한 요인이 존재한다. 그러나 그동안의 연구 결과에서도 알 수 있듯 한국어가 교착어로서 갖는 언어적 특성 자체가 가장 큰 요인일 것이다. 다양하게 발달되어 있는 한국어의 조사와 어미의 형태, 의미, 통사적 특성을 이해하고 이를 토대로 문장을 생성하는 것이 학습자에게는 쉽지 않은 과정이기 때문이다. 특히 연결어미는 홑문장 이상의 발화를 하기 위해 반드시 필요한 요소로서 학습자가 크게 어려움을 겪는 부분이다. 한국어에서는 어미를 통해 시제, 서법, 경어법 등의 다양한 문법 현상을 표현하였는데, 연결 어미의 경우 문장 간의 형태, 의미, 통사, 화용적 관계를 정확하게 인식하여야 이를 의미와 기능에 맞게 사용할 수 있기 때문이다. 또한 용언의 성질에 따라 결합되는 연결 어미의 종류도 다르고, 결합하는 연결 어미의 형태가 다르기 때문에 학습자의 주의를 요하는 문법 요소이다.

한국어에는 이러한 연결 어미가 다양하게 발달되어 있어 그 수가 많을 뿐만 아니라 유사한 의미를 갖는 다양한 어미들이 문장 간의 미묘한 차이에 의해 선택된다. 따라서 연결 어미는 한국어 학습자가 학습 시 당면하는 가장 큰 어려움의 요인일 것이다.

이에 본 연구에서는 한국어 학습자가 범하는 연결 어미 오류의 양상을 언어권별로 살펴보고자 한다. 이는 연결 어미에 대한 효과적인 교육 방향을 설정하기 위한 기준이 될 수 있을 것이다.

2. 연구 대상

본 연구는 언어권별 한국어 학습자의 연결 어미 오류에 관해 연구하기 위하여 한국어 학습자를 크게 일본어권, 중국어권, 영어권, 러시아권, 기타 언어권으로 분류하였다. 대상이 된 학습자 수는 일본어권이 85명(초급 40명, 중급 22명, 고급 23명), 중국어권이 49명(초급 11명, 중급 20명, 고급 18명), 영어권이 35명(초급 20명, 중급 10명, 고급 5명), 러시아권이 41명(초급 3명, 중급 20명, 고급 18명), 기타 언어권이 50명(초급 21명, 중급 16명, 고급 13명)이고, 자료는 대부분 쓰기 자료이며 구어 자료도 약 7퍼센트 정도 포함되어 있다[2]. 전체 자료 중에서 연결 어미를 포함한 오류문은 총 642개다. 언어권별 연결 어미 오류문 수는 일본어권 179문장, 중국어권 102문장, 영어권 62문장, 러시아권 153문장, 기타 언어권 146문장으로 나타났다.

〈표 1〉 언어권별 연구 대상

	일본어권	중국어권	영어권	러시아권	기타 언어권
학습자 수 (260)	85	49	35	41	50
연결 어미 오류문 수 (642문장)	179	102	62	153	146

3. 언어권별 오류 유형

오류가 왜 일어나는지에 대한 관점은 시대에 따라 변천해 왔다. 구조주의 언어학과 행동주의 심리학을 기반으로 이루어졌던 대조 분석 가설에서는 학

---

2) 앞에서 밝힌 바 있듯이, 본 연구는 언어권별 오류 양상을 살펴보는 것이 목적이므로 숙달도 등급에 따른 오류 분석에 관한 내용은 다루지 않는다. 단, 본문에 있는 각 예문에는 학습자의 숙달도 단계를 밝히겠다.

습자들의 오류가 '모국어의 간섭'으로 일어난다고 보았다. 하지만 Dulay &
Burt(1973, 1974)의 실험에서는 대조 분석 가설에서 주장한 내용과 전혀 다
른 결과가 나오게 된다. 즉, 스페인 어린이가 영어를 학습하는 경우를 실험한
결과 85퍼센트가 발달 과정상의 오류이고, 12퍼센트가 특이한 오류, 그리고
3퍼센트가 간섭 오류임이 나타났다.

　이렇듯이 모국어의 간섭으로 인한 오류가 전혀 없다고 부정할 수는 없지만
'모국어의 간섭=오류'의 등식은 성립하지 않는다는 것을 알 수 있다. 이정희
(2002 : 41)에서 밝힌 바 있듯이 '전이(transfer)'의 개념이 오히려 '오류'를 더
잘 설명하고 있다는 데에 동의하며, 기본적으로 '오류'에는 모국어의 영향이 크
게 작용하지 않는다는 전제 하에 오류 분석을 실시하였다.

　오류의 유형에는 크게 누락, 대치, 첨가의 세 가지 부류가 있다. 오류 유형
에 따라 분류해 본 결과 오류 양상은 다음과 같이 나타났다. 이정희(2002 :
53)에서는 한국어 오류 유형의 분류 방법에 대해 우선 원인과 결과에 따라
크게 나누고 하위에 각각 세 가지 중분류 항목을 설정하였으며 이는 다시 전
체 14개의 범주로 소분류하고 있다.[3] 본고에서는 결과의 판정에 따른 분류

---

3)

대분류	중분류	소분류
원인에 따른 분류	모국어의 영향에 의한 오류	부정적 전이
	목표어 영향에 의한 오류	과잉 적용
		불완전 적용
	교육 과정에 의한 오류	교육 자료에 의한 오류
		교수 방법에 의한 오류
결과의 판정에 따른 분류	범주별 오류	발음 오류
		문법 오류
		어휘 오류
		기타(맞춤법, 어순 등) 오류
	현상에 따른 오류	대치 오류
		누락 오류

중에서 현상에 따른 분류인 대치, 첨가의 오류로 분류하여 살펴보도록 하겠다.

일본어권은 누락의 오류가 14.5퍼센트, 대치의 오류가 81.0퍼센트, 첨가의 오류가 4.5퍼센트로 나타났고, 중국어권은 누락의 오류가 13.7퍼센트, 대치의 오류가 79.4퍼센트, 첨가의 오류가 6.9퍼센트로 나타났다. 영어권은 누락의 오류가 11퍼센트, 대치의 오류가 88.7퍼센트, 첨가의 오류가 0.5퍼센트로 나타났고, 러시아어권은 누락의 오류가 14.4퍼센트, 대치의 오류가 73.2퍼센트, 첨가의 오류가 12.4퍼센트로 나타났으며 기타언어권은 누락이 15.7퍼센트, 대치가 78.8퍼센트, 첨가가 5.5퍼센트로 나타났다.

<표 2> 언어권별 오류 유형 비율

오류유형 \ 언어권	일본어권	중국어권	영어권	러시아권	기타 언어권
누락	26(14.5%)	14(13.7%)	7(11.3%)	22(14.4%)	23(15.7%)
대치	145(81.0%)	81(79.4%)	55(88.7%)	112(73.2%)	115(78.8%)
첨가	8(4.5%)	7(6.9%)	0(0%)	19(12.4%)	8(5.5%)

예상할 수 있는 결과이지만 모국어와 상관없이 가장 많이 나타난 오류가 대치이다. 대치는 유사한 형태를 쓰는 유형과 '-면서'를 써야 할 자리에 '-(으)면서' 등을 잘못 쓴 이형태 대치 유형이 있다. 이형태 대치는 주로 초급 단계의 학습자 자료에서 많이 나타나며 그 비율은 3퍼센트 미만이다.

대부분의 오류 연구에서도 대치가 가장 많은 비중을 차지하는 데 이것은

		첨가 오류
	정도에 따른 오류	전체적 오류
		부분적 오류

비슷한 의미를 가진 연결 어미에 대한 학습자의 분명한 이해가 부족하기 때문이라고 생각된다. 또한 동일 형태이지만 전혀 다른 의미, 예를 들어 '이유'와 '순차'의 의미를 가지고 있는 '-아/어서'와 같은 경우는 필연적으로 오류 발생이 높을 수밖에 없다는 것을 예측할 수 있다.

다음으로는 누락의 형태가 많은데 이는 일종의 의사소통 전략으로 자신이 정확하게 모르는 부분은 아예 빼 버리는 것이다. 예를 들면 '식당에 가서 밥을 먹어요'와 같은 표현을 '*식당 가 밥 먹어요'와 같이 발화하는 것이다.

4. 언어권별 연결 어미 오류 양상

본 장에서는 언어권별로 연결 어미의 오류 양상이 어떻게 나타나는지 구체적으로 살펴봄으로써 언어권에 따른 오류 유형을 파악, 그 원인에 대해 파악해 보고자 한다.

4.1. 일본어권 학습자의 오류

일본어권 학습자의 경우 '-아/어서'와 '-고'를 대치하여 사용한 오류가 가장 많이 나타났다. '-아/어서'는 '이유'와 '순차'의 두 가지의 의미와 기능을 하는데, 이때 학습자가 오류를 일으키는 부분은 바로 대등적 연결 어미인 '-고'와 순차의 '-아/어서'이다.[4] '-고'는 예문 (1ㄱ)과 (1ㄴ)에서 보는 바와 같이 선행절의 동사가 방법이나 동태를 나타내는 부사어적 기능을 하고 있는데, 이런 경우 설명이 필요할 것이다. 또한 (1ㄷ)에서처럼 계기 한정 접속의 의

---

4) 순차의 '-아/어서'와 '-고'의 차이점에 대해서 이희자 · 이종희 『어미 · 조사 사전』에서는 '-고'는 단순히 시간적인 앞 뒤 순서를 나타내지만, '-아/어서'는 앞절의 행동이 뒷절의 행동의 전제가 되고 뒷절의 행동이 앞절의 행동의 목적이 된다고 설명하고 있다.

미를 지니는 경우에는 '-아/어서'를 사용해야 된다는 것을 인식시킬 필요가 있다.

(1) '-아/어서[순차]'와 '-고'의 대치

ㄱ. 배를 타*서(√고) 낚시를 한다. (초급)

ㄴ. 그리고 한국 사람은 아침에 샤워를 *해서(√하고) 학교에 가는 사람이 많아요. (초급)

ㄷ. 저는 언제나 일곱 시 반에 *일어나고(√일어나서) 세수를 해요. (초급)

이유의 '-아/어서'와 '-니까'도 학습자가 많이 혼동하는 문법 요소 중의 하나이다.5) 그러므로 교사는 초급 단계에서는 '-아/어서'를 청유, 명령문에서 사용할 수 없으며, 시제 선어말 어미와 결합할 수 없다는 것 등 명시적으로 나타나는 특성을 설명하고 중급 이상의 단계에서 평서문에 사용되는 두 형태의 차이점을 교육하는 것이 바람직하다. '-아/어서'와 '-니까'의 두 연결어미 중 하나만이 가능한 예문 중 학습자가 '-아/어서'와 '-니까'의 특징적인 의미 차이를 이해할 수 있는 예들을 선별하여 제시한다. (2ㄱ, ㄴ)의 경우 종속절을 주절의 원인, 이유로 제시하는 일반적인 상황이라면 '아/어서'가 적합하지만, 화자의 개인적인 견해, 근거를 밝히려는 의도가 강한 상황에서는 '-니까'도 가능하다는 사실을 이해시킬 필요가 있다. 그러므로 (2ㄴ)의 경우 보조사 '은'을 격조사 '이'로 대치하면 정문으로 볼 수도 있을 것이다.

(2) '-아/어서[이유]'와 '-니까'의 대치

ㄱ. 하지만 저는 아주 튼튼*해서(√하니까) 걱정하지 마세요. (초급)

---

5) 이유의 '-아/어서'와 '-니까'는 의미상 큰 차이가 없지만, 문장에서 사용될 때 제약 조건이 다르기 때문에 그러한 형태적 특징을 강조해서 교육해야 할 것이다.

ㄴ. 한국 음식은 맛있*으니까(√어서) 저는 한국을 좋아합니다. (초급)

한편, '-는데'6)의 경우 그 의미와 기능이 매우 다양하기 때문에 명확한 의미와 기능을 이해하지 못해 오류를 발생하고 있는 것으로 보인다.

(3) '-는데'와 '-고', '-아/어서', '-니까', '-지만'의 대치

ㄱ. 죽음과 사랑하는 사람을 잃어버리는 것이 누구도 피할 수 없는 것*이고(√것이어서
/것이므로) 사람마다 그것에 대해서 가끔씩 생각할 수밖에 없다. (고급)

ㄴ. 大阪에서 재일교포가 많이 있*어서(√는데) 저도 재일교포입니다. (초급)

ㄷ. 우리 친구는 지금 아침부터 밤에까지 일이 있*는데(√어서) 음악을 듣고 싶어지
만 시간 없어요. (초급)

ㄹ. 이 날은 아마 휴일*인데(√이어서) 사람이 많이 있다. (초급)

ㅁ. 지금 경희대학교 기숙사에 살고 있*지만(√는데) 우리 방 친구하고 이여기가 어
렵습니다.

'-다가'7)는 전환의 의미를 지니는 연결 어미이다. 아래의 예문들은 선행절과 후행절의 의미 관계를 전환으로 볼 수는 있지만, (4ㄱ)은 주어 일치의 오류를 범했고, (4ㄴ)은 동시적 상황과 시간적 연속성을 혼동하여 일으킨 오류로 볼 수 있고, (4ㄷ)은 '-다가'가 갖는 시간적 연속성의 특성을 이해하지 못한 것으로 보인다.

---

6) '-는데'는 크게 상황 및 배경 설명과 선행절과 후행절이 대조적으로 사용될 때로 나누어 설명할 수
있다. 하지만 '-는데'의 쓰임은 그렇게 명쾌한 편이 아니어서, 외국인 학습자들이 '-니까'와 '-지만',
'-을 때' 등의 연결어미와 혼동하는 경우가 많다.

7) 백봉자(1999)에서는 '-다가'를 동작 전환, 선행 동작에 후행 동작이 덧붙는 경우, 선행동작과 후행동작이
인과적인 경우, 시간에 따른 상황의 전환으로 선행절과 후행절의 주어가 다르고 서술어가 같은 경우로
나누어 설명하고 있고, 이희자·이종희(2001)에서는 상황의 중단, 전환의 경우, 행위의 반복을 나타내는
경우, 원인, 조건, 근거를 나타내는 경우로 나누어 설명하고 있다. 한국어 교육의 입장에서 보면 학습자들
이 정확하게 사용할 수 있도록 유도하는 제약에 대한 설명이 필요할 것이다.

(4) '-다가'와 '-면', '-면서', '-지만'의 대치

ㄱ. 처음에 정문 쪽에 똑바로 가*다가(√면) 사거리가 있습니다. (초급)

ㄴ. 그 선배하고 요코 씨하고 내, 그리고 대선배님 사카와 씨하고 함께 전녁을 먹*
다가(√으면서) 여러 가지 이야기했다. (초급)

ㄷ. 어제는 한때 흐렸*다가(√지만) 오늘은 맑었어요.

4.2. 중국어권 학습자의 오류

중국어권 학습자들도 일본어권 학습자들과 마찬가지로 '-아/어서'와 '-고'
를 대치하면서 많은 오류를 보이고 있다. 특이점은 다른 언어권에 비해 같은
범주 내 대치뿐만 아니라 (6ㄴ)과 같이 범주 간 대치도 나타나고 있다는 점이
다. 이는 중국어권 학습자들의 경우, 활용에 대한 인식 부족으로 인해 유사
의미를 가진 체언형과 혼동하여 일으키는 오류라고 볼 수 있다.

(5) '-어/어서'와 '-고'의 대치

ㄱ. 그리고 친구 같이 노래방 가*고(√서) 노래를 부르고 싶습니다. (초급)

ㄴ. 극장에 영화를 *봐(√보고) 있습니다. (중급)

(6) '-아/어서'와 '-면', '-을 때'의 대치

ㄱ. 열심히 공부*하면(√해서) 한국 사람처럼 말해야 하고 한국 경제에 대해 많이 알
아야 할 텐데요. (고급)

ㄴ. 우리들은 만*날 때(√나서) 오래 동안 웃었습니다. (초급)

(7) '-는데'와 '-더니', '-며'의 대치

ㄱ. 오래간만에 집에 갔*더니(√는데) 모두 잘 지내는 모습을 보고 안도의 한숨을 쉬

었다.

ㄴ. 원래 중국에 56개의 민족이 있*으며(√는데) 이 그림이 보여주는 여자는 서남쪽 민족의 여자다. (고급)

'-려고8)'와 '-기 위해서'는 의도, 목적의 의미를 가지고 있다는 점에서 공통된다. '-려고'와 '-기 위해서'는 중국어에서도 유사한 형태가 따로 존재하며 사용 환경도 유사하다. 따라서 아래의 예문은 학습자가 '-려고'의 제약 조건을 간과한 오류이다. '-려고'는 현재 시제와 완료 시제일 때만 결합하는 경향이 있으므로 '-아/어야 하다', '-고 싶다' 등 당위, 희망을 나타내는 종결 어미를 사용할 수 없다.

(8) '-려고'와 '-기 위해서'의 대치

ㄱ. 내일 아침에 일찍 일어나*려고(√기 위해서) 오늘 밤에 일찍 자야 합니다.(초급)

중국어권 학습자의 오류문에 나타난 또 하나의 특징은 조건의 연결 어미 '-면9)'이 여러 가지 연결 어미로 대치되면서 사용되었다는 것이다. '-면'이 쓰일 자리에서 '-다가', '-려면', '-며', '-고' 등이 나타나기도 하고, '-다면', '-면서', '-도', '-아/어서'가 놓일 자리에 '-면'이 나타나는 오류가 발생하기도 하였다.

---

8) 의도를 나타내는 표현은 '-려고' 이외에도 '-기 위해서', '-러', '-고자' 등 많이 존재한다. 또한 '-려고'는 앞에서 제시한 의도의 표현들과 함께 동사에서만 쓸 수 있으며 후행절에 현재시제와 완료시제만 쓸 수 있다.

9) '-면'은 이희자·이종희(2001)에서 조건이나 가정, 뒷절의 근거 등으로 사용된다고 설명하고 있으며 백봉자(1999)에서는 후행절이 구체적인 일회성 사건으로서 가정적 조건인 경우와 후행절이 일상적이고 반복적이면서 가정적인 경우로 나누어 설명하고 있다.

(9) '–면'과 '–다가', '–려면', '–며', '–고' 등의 대치

ㄱ. 여름이 다가오*며(√면) 비가 많아진다. (중급)

ㄴ. 비가 조금 오면 여자친구와 비에 걸어서 우산을 쓰*고(√면) 분위기가 좋습니다. (중급)

ㄷ. 외국사람들은 한국문화를 이해하*면(√려면) 청 한국음식을 먹으러 가세요. (중급)

ㄹ. 직접 한국에 와서 좋은면도 나쁜면도 경험하*며(√면서) 일본이랑 다른 것이 많고 놀랐습니다. (고급)

ㅁ. 열심히 공부*하면(√해서) 한국사람처럼 말해야 하고 한국 경제에 대해 많이 알아야 할 텐데요. (고급)

이처럼 중국어권 학습자의 경우 한국어 문법에 대한 이해의 부족으로 문법 범주를 넘나들면서 다양한 오류를 보이고 있다.

4.3. 영어권 학습자의 오류

다음으로 영어권 학습자의 경우를 살펴보겠다. 이 경우도 다른 언어권과 마찬가지로 순차의 '–아/어서'와 '–고'의 대치가 가장 많이 나타났다. 순차의 '–아/어서'와 '–고'는 영어에서 대등 접속사인 'and'의 의미로 똑같이 번역될 수 있기 때문에 두 연결 어미의 용법 차이를 구별해 주는 것이 중요한 과제라고 할 수 있다.

(10) '–아/어서[순차]'와 '–고'의 대치

ㄱ. 12시 학생식당에 가*고(√서) 점심먹어요. (초급)

ㄴ. 그리고 방학 때 다른 나라에 가*고(√서) 여러 가지 신기한 경험도 많이 볼고 같이 하고 싶은 분은 만나고 싶습니다. (중급)

영어권 학습자들의 연결 어미 오류에 있어서 가장 큰 특징은 '–니까', '–아/어서', '–느라고'의 용법 차이를 변별하지 못하고 사용하는 것이다. 한편, '–는데'의 오류는 초·중·고급에 걸쳐 지속적으로 나타나는데 그 유형들을 보면 원인이나 이유를 설명하는 '–아/어서'나 '–니까' 구문과 구별하지 못하거나 대조적인 내용을 설명하는 '–지만'과 혼동을 일으키는 데 그 원인이 있다.

(11) '–니까', '–아/어서', '–느라고', '–는데'의 대치

ㄱ. 제가 자*서(√느라고) 해돋이를 못봤어요. (초급)

ㄴ. 사이가 좋*으니까(√아서) 정이 많이 들어요. (초급)

ㄷ. 지금 늦잠을 잤더니 빨리 학교에 가야되*니까(√는데), 그렇지만 내 필통은 못 찾아요. (중급)

ㄹ. 길이 미끄러*운데(√우니까) 자동차로 가지 말고 기차를 타세요. (초급)

ㅁ. 관광객들이 많아서 박물관들이 조금 복잡*했는데(√해서) 조용한 곳에서 시간을 지내려면 성당에 가야 했어요. (초급)

ㅂ. 많이 공부했*는데(√지만) 아직도 이해하지 못해서 정신이 없어요. (초급)

다른 언어권 학습자의 오류 양상과 차이를 보인 점은 '–길래', '–아/어서', '–니까'와 같은 다양한 연결어미 사용을 시도하고 있다는 것이다. 다른 언어권 학습자들의 경우 가능하면 단순한 연결 어미를 사용하는 반면 영어권 학습자들은 다양한 연결 어미의 교체를 시도하고 있다는 것이다.

(12) '–려고'와 '–길래', '–아/어서', '–니까'의 대치

ㄱ. 교통을 피하*길래(√려고) 지하철을 탔어요. (초급)

ㄴ. 선물을 사*서(√려고) 동대문에 간다면서요? (초급)

ㄷ. 한국말 배우*니까(√려고) 한국에 왔어요. (초급)

'-아/어도'와 '-아/어서'의 대치 양상도 나타나는데 전자는 선행절과 후행절을 '양보'의 의미로 연결하고 있고, 후자의 경우는 선행절이 '이유'일 때 사용하는 연결 어미라는 점에서 볼 때, 이 같은 오류 양상은 학습자의 문법에 대한 이해가 부족하기 때문일 것이다. 학습자가 연결 어미의 의미와 기능을 명확하게 이해하지 못한 채, 비슷한 형태의 표현을 사용하는 경향이 있기 때문일 것이다.

(13) '-아/어도', '-아/어서'의 대치

ㄱ. 아무래도 많이 공부해*서(√도) 지금 가지 모라는게 있어요. (초급)
ㄴ. 여름 비가 와*서(√도) 바다 더워요. (중급)

4.4. 러시아어권 학습자의 오류

다음은 러시아어권 학습자를 중심으로 살펴보겠다. 러시아어권 학습자의 경우에도 '-아/어서'와 '-고', '-니까'의 대치와 '-니까', '-고', '-는데'의 대치가 많이 나타났다. 여기에 해당하는 오류의 양상은 다음과 같다.

(14) '-아/어서', '-니까', '-고'의 대치

ㄱ. 그런데 재냐가 아파서 그녀를 빼*서(√고) 가야했습니다. (중급)
ㄴ. 그 사람은 오년동안 열심히 공부하*니까(√고) 여행하기 위해 돈을 많이 저축했어요. (중급)
ㄷ. 근대 특별한 기술이 없*으니까(√어서) 미래를 아직 찾지 못 했다. (고급)

(15) '-니까', '-고', '-는데'의 대치

ㄱ. 저는 말하기, 듣기, 읽기, 쓰기 중에서 말하기에 가장 관심이 많*은데(√고) 쓰기와 듣기는 가장 재미없지만 중요하다고 생각해요. (고급)

ㄴ. 안녕 경미 날씨가 좋*으니까(√은데) 쇼핑 하러 갈까? (고급)

또 하나 주목할 만한 것은 '-아/어서'를 써야 할 부분에 '-는데', '-거든', '-면', '-길래' 등 여러 가지 연결 어미로 대치하여 오류를 보였다는 점이다. 다른 언어권 학습자들이 '-아/어서'를 주로 '-고', '-니까', '-는데'로 잘못 사용하면서 오류를 범한 것과는 달리 다양한 오류 양상을 보인다는 것을 알 수 있다. 물론 자료 수집에 대상이 된 러시아어권 학습자들이 모두 중급 단계 이상이기 때문에 나타난 결과일 수도 있을 것이다. 하지만 같은 등급에 속한 다른 언어권 학습자의 오류문과 비교했을 때 비교적 많은 학습자가 다양한 연결어미를 시도하고 있다는 점은 중요한 특징이라고 할 수 있다.

(16) '-아/어서'의 '-는데', '-거든', '-면', '-길래' 등의 대치

ㄱ. 저는 징귀가 밝*는데(√아서) 잘 자지 않습니다. (고급)
ㄴ. 지금 겨실엔 사람드 많이 붐비고 있*거든(√어서) 답답해요. (중급)
ㄷ. 날씨가 쌀쌀*하면(√해서) 따뜻한 옷을 입은채로 밖에 나가요. (중급)
ㄹ. 친구만큼 열심히 공부*했길래(√해서) 성적이 잘 나왔습니다. (중급)

4.5. 기타 언어권 학습자의 오류

인도네시아, 말레이시아, 필리핀, 태국, 베트남, 파키스탄 등 동남아시아 지역권의 학습자들도 '-아/어서'와 '-고'의 대치 오류를 가장 많이 범하는 것으로 나타났다. '-니까'와 '-아/어서', '-고'와 '-니까', '-는데'와 '-다가' 등도 많이 나타났는데 특이한 것은 '-니까'를 '-아/어서'로 바꾸거나 '-고'를 '-니까'로 바꾼 경우는 있어도 그 반대의 오류문은 나타나지 않았고, '-는데'를 '-다가'로 대치한 오류문도 적지 않게 나타났다는 점이다.

(17) '-아/어서'와 '-고', '-니까'와 '-아/어서', '-고'와 '-니까'의 대치

ㄱ. 가방을 들*아서(√고) 어디에 가요? (중급)
ㄴ. 여러분이 이 상황을 만나면 친구를 만나*고(√서) 이야기를 하세요. (초급)
ㄷ. 고기는 안먹*아서(√으니까) 햄을 빼세요. (중급)
ㄹ. 다 보*니까(√고) 진짜 놀랐습니다. (중급)
ㅁ. 음악 *들어다가다(√듣는데) 친구가 왔어요. (초급)

한편, '-지만'을 '-아/어서'로, '-면'을 '-고', '-려면'으로, '-려면'을 '-면'으로, '-기 위해서'를 '-러'로 대치한 오류문이 나타났는데 이는 다른 언어권 학습자에게 흔하게 나타나는 양상은 아니다. 예문은 다음과 같다.

(18) '-지만'과 '-아/어서', '-면'과 '-고', '-려면'과 '-면', '-기 위해서'와
      '-러'의 대치

ㄱ. 한국말은 *어려워서(√어렵지만) 재미있어 저는 좋아해요. (초급)
ㄴ. 빗소리를 *듣고(√들으면) 심심합니다. (중급)
ㄷ. 한국에서 태국까지 가*면(√려면) 비행기를 타야해요. (중급)
ㄹ. 저는 박수진을 만나*러(√기 위해) 한국어 공부하겠습니다. (초급)

4.6. 연결 어미 교수 방법의 주안점

본 연구에서는 제2언어 학습 시 나타나는 오류의 유형 중 대치에 의한 오류를 중심으로 살펴보았다. 대치에 의한 오류의 대부분이 연결 어미를 통해 홑문장을 연결하는 과정에서 문장 간의 의미적 관계를 제대로 파악하지 못하여 발생하는 의미상의 오류이다. 이는 학습자의 모국어에 한국어의 특정한 연결 어미에 대응되는 형태가 존재하지 않거나, 존재한다 하더라도 문장 간의 관계를 표현하는 언어적 차이로 인한 것이 많았다. 그러나 다른 무엇보다 연

결 어미의 종류가 많고 하나의 연결 어미가 다양한 의미로 사용되거나 서로 다른 연결어미가 유사한 의미로 사용되는 등 한국어 연결 어미의 쓰임 자체가 복잡성을 띠기 때문인 것으로 생각된다.

한국어 교육 현장에서의 경험을 통해 볼 때 한국어 학습자가 한국어를 생산하는 과정을 살펴보면 무엇이 학습자의 어려움을 초래하는지를 알 수 있다. 학습자는 한국어의 문법 형태를 학습하면 이를 새로운 언어-한국어-의 새로운 형태로 인식하는 한편, 자신의 모국어에 존재하는 유사한 형태를 찾는 경향이 있다. 즉 한국어에 대한 지식이 부족하기 때문에 한국어 문법 형태가 주는 어려움을 모국어 지식을 통해 해결하거나 단순화하여 이해하려고 한다. 이 과정에서 모국어의 유사형태와 성급하게 동일시하기도 하고 다양한 의미를 가진 문법 형태의 일부만을 인지하기도 한다. 같은 이유에서 한 문법 형태의 다양한 의미를 파악하지 못하여 서로 바꾸어서 사용하기도 하고, 모국어 화자의 입장에서는 해당 문장의 의미 관계와 전혀 관련이 없어 보이는 문법 형태를 사용하여 오류를 일으키는 것이다.[10]

따라서 한국어 교사는 학습자 오류 양상에 대한 이해를 토대로 학습자의 오류에 적절하게 대처할 수 있도록 노력해야 한다. 유사한 의미로 사용되는 연결어미를 교재에 제시된 순서대로 독립적인 항목으로만 다루어서는 안 되며, 이를 서로 비교·대조해 줌으로써 학습자가 그 차이점 및 유사점을 인식하고 구별하여 사용할 수 있도록 지도해야 한다. 또한 다양한 의미를 가진 연결어미를 교재에 제시된 순서에 근거하여 학습자가 이전에 학습한 내용과 비교·대조해 주어 이를 혼동하여 사용하지 않도록 해야 한다.

---

10) 오류의 유형 구분은 Richards(1971)에서 제시한 것과 같이 언어 외적 오류, 언어 내적 오류, 발달 오류로 구분할 수 있는데, 교사는 학습자의 오류를 대할 때 이를 염두에 둘 필요가 있다. 오류 발생의 원인에 관심을 둠으로써 학습자가 자주 범하는 오류 양상을 보다 구체적으로 살필 수 있고 학습자의 언어 발달 정도를 점검할 수 있기 때문이다.

학습자의 수준에 따라 다양한 교육 방법이 가능하나 연결 어미 교육에 있어서는 특히 형태, 의미, 통사적 제약 조건에 어긋나는 오류문들과 정문을 다양하게 제시하여 특정한 연결 어미가 사용되는 문장 간의 의미 관계를 예문 속에서 인식할 수 있도록 하는 것이 중요하다. 즉, 하나의 제약 조건을 어긴 오류문들을 제시하여 연결 어미에 따른 사용 제약을 학습자에게 명시적으로 보여주고, 학습자가 자주 오류를 범하는 유사 연결 어미와 비교 · 대조하여 두 형태가 갖는 형태, 의미, 통사적인 차이점과 유사점을 지속적으로 인식시켜야 한다.

또한 연결 어미가 갖는 다양한 의미 모두를 학습자가 한국어 원어민 화자와 같이 사용하게 하기는 대단히 어려운 일이므로 학습 단계에 따라 교육 내용을 선별하여 제시하는 한편, 이해 수준에서 교육할 내용과 사용 수준에서 교육할 내용을 구분하여 교육에 임할 필요가 있다. 그동안의 연결 어미 오류 관련 연구 결과를 통해 알 수 있듯, 대부분의 학습자가 학습한 연결 어미 수의 극히 일부만을 실제 의사소통 상황에서 사용하기 때문이다.11)

5. 맺음말

지금까지 일본어권, 중국어권, 영어권, 러시아어권, 기타 언어권으로 나누어 언어권별 연결 어미 오류 양상을 살펴보았다. 연결 어미와 관련된 오류는 학습 초기 단계부터 고급 단계에 이르기까지 지속적으로 나타나는 것이기 때문에 초급 단계부터 제시 유형 및 방법에 신중을 기할 필요가 있다. 학습 단

---

11) 교육 내용을 이해 수준, 사용 수준으로 구분할 명확한 기준이 있는 것은 아니다. 그러나 이러한 작업을 함으로써 교사 스스로 교육의 내용 및 정도를 가늠해 보는 시간을 가질 수 있다는 데 의의가 있다. 교사가 범하기 쉬운 잘못 중의 하나가 한 순간에 너무 많은 것을 가르치려고 하는 것과 이해 수준에서 기본적인 의미를 알면 될 것에 지나치게 집착하는 경향이 있기 때문이다.

계가 높아질수록 문제는 심각해진다. 그 이유는 선행 학습한 항목과 차이점을 명시적으로 느끼지 못하기 때문이며, 이로 인해 학습자들은 정확성과 유창성이 결여된 한국어를 구사하게 될 뿐만 아니라 계속 마음속에 큰 부담을 갖게 될 것이다.

위에서 살펴본 바와 같이 언어권별로 나타난 오류 유형에는 약간의 차이가 있었다. 어려운 문법 형태에 대한 학습 과정을 촉진시키기 위해서는 학습자 언어권별로 나타나는 특징적인 오류 양상들을 교사가 파악하고 이에 대한 내용을 파악하는 것이 필수적이다. 만약 그렇지 않다면 여러 언어권의 학습자가 섞여 있는 학급에서 특정 언어권 학습자가 오류를 범했을 경우 개인의 능력 탓으로만 돌릴 우려가 있다. 또한 학습자의 모국어에 대한 이해 부족으로 인해 학습자 중심의 수업을 진행하는 데에도 많은 어려움이 따를 것이다. 교사나 연구자는 학습자의 모국어에 대한 이해를 가지고, 학습자의 오류 양상에 관심을 기울일 필요가 있다.

학습자 오류에 대한 이해는 효과적인 교수 방법에 대한 방향 제시가 될 수 있을 것이다. 연결 어미 오류는 의미가 유사한 연결 어미를 대치하여 사용하는 경우가 많이 있는데, 의미가 유사한 연결 어미는 함께 묶어 제시하는 것도 좋은 방법이 될 수 있을 것이다. 하나의 연결 어미가 두 가지 이상의 의미로 사용되어 학습자에게 혼란을 줄 우려가 있다면, 각각의 의미에 대치될 수 있는 연결 어미를 제시해 줌으로써 두 의미 사이의 차이점을 인지할 수 있도록 하는 것도 방법이 될 수 있을 것이다.

또한 의미는 다르지만 형태나 공기되는 문법 항목의 유사성을 가지고 있는 연결 어미들도 함께 제시하여 그 차이를 분명히 인식시키면 오류를 미연에 방지할 수도 있을 것이다.

지금까지 교사 개인의 직관이나 주관에 의해 학습자의 오류에 접근해 왔으나 쓰기 자료, 구어 자료 등 학습자 오류 뭉치를 통해 학습자의 오류를 보다 체계적으로 연구할 필요가 있다. 이러한 오류 연구의 결과는 교재 개발 및 교육 내용 구성, 평가 기준 마련 등 다양한 측면에서 학습자 중심의 교육을 실현할 수 있는 기초 자료가 될 것이다.

또한 언어권별 피험자 집단을 보다 확대하고 말하기, 듣기, 쓰기, 읽기의 영역별이나 학습자의 등급별 오류 데이터를 지속적으로 구축한다면 한국어 교사 및 학습자를 위한 한국어 오류 사전을 개발하는 데에도 많은 기여를 할 것으로 생각된다.

별첨 : 오류 양상표

언어권별 연결 어미 오류 양상

	일본어권	중국어권	영어권	러시아권	기타 언어권
-고	배를 타*서(√고) 낚시를 한다. (초급)	극장에 영화를 *봐(√보고) 있습니다. (중급)		그런데 재냐가 아파서 그녀를 빼*서(√고) 가야했습니다. (중급)	가방을 들*아서(√고) 어디에 가요? (중급)
	그리고 한국 사람은 아침에 샤워를 *해서(√하고) 학교에 가는 사람이 많아요. (초급)			그 사람은 오년동안 열심히 공부하*니까(√고) 여행하기 위해 돈을 많이 저축했어요. (중급)	다 보*니까(√고) 진짜 놀랐습니다. (중급)
				저는 말하기, 듣기, 읽기, 쓰기 중에서 말하기에 가장 관심이 많*은데(√고) 쓰기와 듣기는 가장 재미없지만 중요하다고 생각해요. (고급)	
-아/ 어서 (순차)	저는 언제나 일곱 시 반에 *일어나고(√일어 나서) 세수를 해요. (초급)	그리고 친구 같이 노래방 가*고(√서) 노래를 부르고 싶습니다. (초급)	12시 학생식당에 가*고(√서) 점심먹어요. (초급)		여러분이 이 상황을 만나면 친구를 만나*고(√서) 이야기를 하세요. (초급)
		열심히 공부*하면(√해서) 한국 사람처럼 말해야 하고 한국 경제에 대해 많이 알아야 할 텐데요.	그리고 방학 때 다른 나라에 가*고(√서) 여러 가지 신기한 경험도 많이 볼고 같이 하고 싶은		

	일본어권	중국어권	영어권	러시아권	기타 언어권
		(고급)	분은 만나고 싶습니다. (중급)		
		우리들은 만*날 때(√나서) 오래 동안 웃었습니다. (초급)			
−니까	하지만 저는 아주 튼튼*해서(√하니 까) 걱정하지 마세요. (초급)		길이 미끄러*운데(√우 니까) 자동차로 가지 말고 기차를 타세요. (초급)		고기는 안먹*아서(√으니 까) 햄을 빼세요. (중급)
	이 날은 아마 휴일*인데(√이어 서) 사람이 많이 있다. (초급)				
−아/ 어서 (이유)	한국 음식은 맛있*으니까(√어 서) 저는 한국을 좋아합니다. (초급)		사이가 좋*으니까(√아서) 정이 많이 들어요. (초급)	근대 특별한 기술이 없*으니까(√어서) 미래를 아직 찾지 못 했다. (고급)	
	특히 한국음식 관심이 많고 한국음식 공부하고 싶*으니까(√어서) 한국에 왔어요. (중급)		관광객들이 많아서 박물관들이 조금 복잡*했는데(√해 서) 조용한 곳에서 시간을 지내려면 성당에 가야 했어요. (초급)	저는 징귀가 밝*는데(√아서) 잘 자지 않습니다. (고급)	
	우리 친구는 지금 아침부터 밤에까지 일이 있*는데(√어서) 음악을 듣고 싶어지만 시간			지금 겨실엔 사람드 많이 붐비고 있*거든(√어서) 답답해요. (중급)	

	일본어권	중국어권	영어권	러시아권	기타 언어권
	없어요. (초급)				
				날씨가 쌀쌀*하면(√해서) 따뜻한 옷을 입은채로 밖에 나가요. (중급)	
				친구만큼 열심히 공부*했길래(√해서) 성적이 잘 나왔습니다. (중급)	
–는데	죽음과 사랑하는 사람을 잃어버리는 것이 누구도 피할 수 없는 것*이고(√것이어서/ 것이므로) 사람마다 그것에 대해서 가끔씩 생각할 수밖에 없다. (고급)	오래간만에 집에 갔*더니(√는데) 모두 잘 지내는 모습을 보고 안도의 한숨을 쉬었다.	지금 늦잠을 잤더니 빨리 학교에 가야되*니까(√는데), 그렇지만 내 필통은 못 찾아요. (중급)	안녕 경미 날씨가 좋*으니까(√은데) 쇼핑 하러 갈까? (고급)	음악 *들어다가다(√듣는데) 친구가 왔어요. (초급)
–면	大阪에서 재일교포가 많이 있*어서(√는데) 저도 재일교포입니다. (초급)	원래 중국에 56개의 민족이 있*으며(√는데) 이 그림이 보여주는 여자는 서남쪽 민족의 여자다. (고급)			
	지금 경희대학교 기숙사에 살고 있*지만(√는데) 우리 방 친구하고 이여기가 어렵습니다.				

	일본어권	중국어권	영어권	러시아권	기타 언어권
	처음에 정문 쪽에 똑바로 가*다가(√면) 사거리가 있습니다. (초급)	여름이 다가오*며(√면) 비가 많아진다. (중급)			빗소리를 *듣고(√들으면) 심심합니다. (중급)
		비가 조금 오면 여자친구와 비에 걸어서 우산을 쓰*고(√면) 분위기가 좋습니다. (중급)			
-면서	그 선배하고 요코 씨하고 내, 그리고 대선배님 사카와 씨하고 함께 전녁을 먹*다가(√으면서) 여러 가지 이야기했다. (초급)	직접 한국에 와서 좋은 면도 나쁜 면도 경험하*며(√면서) 일본이랑 다른 것이 많고 놀랐습니다. (고급)			
-지만	어제는 한때 흐렸*다가(√지만) 오늘은 맑았어요.		많이 공부했*는데(√지만) 아직도 이해하지 못해서 정신이 없어요. (초급)		한국말은 *어려워서(√어렵지만) 재미있어 저는 좋아해요. (초급)
-려면		외국사람들은 한국문화를 이해하*면(√려면) 청 한국음식을 먹으러 가세요. (중급)			한국에서 태국까지 가*면(√려면) 비행기를 타야해요. (중급)
-느라고			제가 자*서(√느라고)		

	일본어권	중국어권	영어권	러시아권	기타 언어권
			해돋이를 못봤어요. (초급)		

참고문헌

강남욱 · 이슬비(2008), 한국어 교사의 학습자 오류 평가에 대한 연구 : 원어민 교사와 비원어
    민 교사의 오류 판정 양상을 중심으로, 국어교육연구, 서울대학교 국어교육연구소.

강현화 · 조민정(2003), 스페인어권 한국어 학습자의 어미, 조사 및 시상, 사동범주의 오류분
    석, 경희대학교, 한국어 교육 14-2, 국제한국어교육학회.

김경훤(2008), 외국인 학습자의 한국어 오류 양상에 대한 고찰 : 중국 대학생들의 문장에 나타
    난 오류를 중심으로, 새국어교육, 한국국어교육학회.

김미옥(1994), 한국어 학습에 나타난 오류 분석, 한국말교육 5, 국제한국어교육학회.

_____(2003), 한국어 학습자의 단계별 언어권별 24

어휘 오류의 통계적 분석, 한국어 교육 14-3, 국제한국어교육학회.

김민애(2006), 한국어 학습자의 오류의 분석 방법 고찰, 한국어 교육 17-2, 국제한국어교육
    학회.

김상수 · 송향근(2006), 한국어 교육의 오류분석 연구 동향 분석, 이중언어학 31, 이중언어
    학회.

김수미(2004), 한국어 학습자를 위한 연결어미 교육 연구, 충남대학교 석사학위논문.

김수정(2003), 한국어 문법 교육을 위한 연결 어미 연구, 서울대학교 박사학위논문.

김영만(1994), 오류분석을 통한 효율적인 한국어 작문 지도 방안 연구, 한국외국어대학교 석사
    학위논문.

김영주(2007), 고급한국어 작문수업을 이용한 담화중심 문법교육: 동사어미 오류를 중심으로,
    이중언어학 33, 이중언어학회.

김유미(2000), 학습자 말뭉치를 이용한 한국어 학습자 오류 분석 연구, 연세대학교 석사학위
    논문.

김은경(2006), 시간의 연결어미 '-아/어서'의 통사론적 특성을 이용한 지도방안, 한국어 교육
    17-1, 국제한국어교육학회.

김인선(1992), 시간의 연결어미와 시제어미, 말 17, 연세대학교 한국어학당.

김정남(2006), 한국어 학습자의 오류 유형에 대한 연구, 이중언어학 32, 이중언어학회.

______(2007), 동일 어미 반복 구문의 통사와 의미: 한국어 문법, 어휘 연계 교육에 대한 제안, 이중언어학 34, 이중언어학회.

김정숙(1988), 일본인의 한국어 학습시에 나타나는 음운론적 오류 분석, 한국어학 신연구, 한신문화사.

______(1989), 일본인의 한국어 학습시 나타나는 오류 분석, 어문론집 28, 고려대학교 국어국문학연구회.

김정숙·남기춘(2002), 영어권 한국어 학습자의 조사 사용 오류 분석과 교육 방법, 한국어 교육 13-1, 국제한국어교육학회.

김정은(2003), 한국어 교육에서의 중간언어와 오류 분석, 한국어 교육 14-1, 국제한국어교육학회.

______(2004), 일본어권 학습자의 조사 오용 양상, 한국어 교육 15-1, 국제한국어교육학회.

김정은·이소영(2004), 중간언어 관점에서 한국어 학습자의 조사 오류 연구, 이중언어학 24, 이중언어학회.

김중섭·이정희(2005), 한국어 학습자의 어휘 오류 분류에 관한 연구, 이중언어학 29, 이중언어학회.

김지숙(2007), 베트남어권학습자의 오류연구, 한국어 교육 18-1, 국제한국어교육학회.

김지혜(2008), 한국어 학습자의 이유 표현 오류 양상에 대한 연구, 한국어 교육 19-2, 국제한국어교육학회.

______(2009), 한국어 연결어미 '-기에'와 '-길래'에 대한 연구 – 교육 문법 항목으로서의 '-기에' 설정을 위하여-, 우리어문연구 33, 우리 어문학회.

김진규·안주호(2009), 한국어 교육에서의 어미에 대한 영어설명 고찰, 한국언어문학 68, 한국언어문학회.

나은영(2008), 한국어 학습 시 나타나는 말레이시아인 학습자의 특성 – 문법오류를 중심으로, 새국어교육 80, 한국국어교육학회.

남기심·고영근(1998), 표준국어문법론, 탑출판사.

남수경·채숙희(2004), 한국어 학습자의 연결어미 사용 연구, 한국어 교육 15-1, 국제한국어교육학회.

박동근(2007), 학습자 오류 말뭉치를 활용한 한국어 용법 사전의 편찬에 대한 토론, 학회발표집, 한말연구학회.

박성민(1993), 외국어로서의 한국어 교육을 위한 접속어미 '-아서'와 '-니까'의 실험적 연구, 이화여자대학교 대학원 석사학위논문.

박수연(2007), 한국어 학습자 오류 말뭉치 구축과 그 문제점에 관한 연구, 언어정보와 사전편찬, 연세대학교 언어정보연구원.

박진호(2009), 동시성을 나타내는 연결어미 '-면서'의 비대칭적 용법, 한국언어문화 38, 한국언어문화학회.

백봉자(1999), 외국어로서의 한국어 문법 사전, 연세대학교 출판부.

서혁(1992), 한국어 학습자의오류와 교재 구성의 방향. 선청어문 20. 서울대학교 사범대학.

서희정(2008), 연결어미-용언 인접구성의 선정, 인문학연구, 경희대학교 인문학연구소.

석주연·안경화(2003), 한국어 학습자 표현 오류분석의 몇 가지 문제, 한국어 교육 14-3, 국제한국어교육학회.

성진선(2002), 외국인을 위한 한국어 교육의 연구: 연결어미를 중심으로, 창원대학교 석사학위논문.

손옥현·김영주(2009), 한국어 구어에 나타난 종결어미화된 연결어미 양상 연구, 한국어의미학 28, 한국어의미학회.

손재은(2007), 연결어미 '-ㄴ데'의 수업 지도 방안 연구, 한국어 교육 18, 국제한국어교육학회.

송춘애(2006), 중국인 한국어 학습자의 오류 분석 및 교육 방법 연구, 부산외국어대학교 교육대학원 석사학위논문.

안주호(2002), 한국어 교육에서의 [원인] 연결어미에 대하여, 한국어 교육 13-2, 국제한국어교육학회.

_____(2006), 현대 국어 연결어미 [-니까]의 문법적 특성과 형성과정, 위덕대학교, 언어과학연구 38, 언어과학회.

_____(2006)(2004), 한국어 교육에서 어미 제시 순어에 대한 연구, 위덕대학교. 배달말 34, 배달말학회.

_____(2007), 현대국어 연결어미'-면서'에 대한 고찰, 현대문법연구 45, 현대문법학회.

_____(2008a), 한국어 교육에서 연결어미의 교수방안에 대한 연구 : '-길래'를 중심으로, 한말연구 27, 한말연구학회.

_____(2008b), 한국어능력평가시험 중 표현 영역 평가에 대한 연구, 새국어교육 79, 한국국어교육학회.

양명희(2004), 일본어권 고급학습자의 오류, 한국어 의미학 15, 한국어의미학회.

오선영(2006), '일본인학습자를 위한 한국어문법사전'에서의 기술방법론 연구 : 한국어연결어미 '-아서'의 의미기술을 중심으로, 문법교육 4, 한국문법교육학회.

왕혜숙(1995), 영어화자의 한국어 작문에 나타난 어휘상 오류분석, 이중언어학 12, 이중언어학회.

요시모토 하지메(2007), 연결어미의 문법적 제약에 대한 기술 방법, 국어교육연구, 서울대학교 국어교육연구소.

유현경(2008), '-고' 접속문에서 선어말어미 '-겠-'의 작용역과 결합 양상 : '-었-', '-시-'와의 비교를 중심으로, 어문론총, 한국문학언어학회.

유혜령(2005), 연결어미의 접속 기능에 대하여, 청람어문교육, 청람어문교육학회.

이규희(1992), 가정적 연결 어미 분류, 말 17, 연세대학교 한국어학당.

이근용(2006), 한국어 학습자의 작문에 나타난 오류 분석, 어문학논총 특별호 (국민대학교 개교 60주년 기념), 국민대학교 어문학연구소.

이소영(2003), 한국어 학습자의 표기 오류 실태 연구, 이중언어학 23, 이중언어학회.

이수경(1996), 일본어를 모어로 하는 한국어 학습자의 오용의 경향에 관하여, 한국말교육 7, 국제한국어교육학회.

_____(1997), 일본어를 모어로 하는 한국어 학습자의 '하고 있다'와 '해 있다'의 오류 분석, 한국말교육 8, 국제한국어교육학회.

이수민(2002), 한국어 쓰기 교육에서 교사 피드백이 학생 수정에 미치는 영향 연구, 연세대학교 교육대학원 석사학위논문.

이순자(1987), 문법의 분석: 영어화자의 한국어 습득과정에서 일어난 오류를 중심으로, 연세대학교 교육대학원 석사학위논문.

이승연(2007), 한국어 학습자 오류의 판정 및 수정기준 연구: 교사, 비교사 집단간 오류판별 비교실험을 바탕으로, 이중언어학 33, 이중언어학회.

이윤진(2002)(2003), 한국어 학습자의 연결어미 사용 연구, 이화여자대학교 석사학위논문.

_____(2002), 한국어 학습자의 연결어미의 사용연구, 이화여자대학교 석사학위논문.

이익섭 외(1999), 한국의 언어, 신구문화사.

이재경(2003), 한국어 학습자의 연결어미 오류 분석과 지도 방안, 고려대학교 석사학위논문.

이재영(2002), 일본어와 한국어의 접속 형태 비교: 제1중지형 및 제2중지형 접속과 "~고" 및 '~어서' 접속의 대조를 중심으로, 충남대 교육대학원 석사학위논문.

이정희(2001), 한국어 오류 연구의 현황 및 문제점에 관한 일고찰, 어원연구 4, 韓國語源學會.

이정희(2002a), 초급 단계 한국어 학습자의 조사 및 연결어미 오류, 국제한국어교육학회 추계 학술대회, 국제한국어교육학회.

_____(2002b), 초급 단계 한국어 학습자의 조사 및 연결어미 오류, 어원연구 5, 한국어원학 회.

_____(2002c), 한국어 오류 판정과 분류 방법에 관한 연구, 한국어 교육 13-1, 국제한국어교 육학회.

_____(2002d), 한국어 학습자의 표현 오류 연구, 경희대학교 박사학위논문.

_____(2003a), 초급 단계 학습자의 어휘 오류 연구, 이중언어학 21, 이중언어학회.

_____(2003b), 한국어 학습자의 오류 연구, 박이정.

이현주(2005), 외국어로서의 한국어 연결어미 교육 연구, 강원대학교 석사학위논문.

이효정(2001), 한국어 학습자 담화에 나타난 연결어미 연구, 한국어 교육 12-1, 국제한국어교 육학회.

이희자·이종희(2001), 한국어 학습용 어미·조사 사전. 한국문화사.

임채훈(2008), '감각적 증거' 양태성과 한국어 어미교육 : '-네', '-더니', '-길래' 등을 중심으 로, 이중언어학, 이중언어학회.

장관군(1999), 한국어 연결 어미의 표현론, 월인.

장요한(2009), 한국어 교육을 위한 양보 연결어미의 연구 : '-아도', '-더라도', '-고도', '-은들' 을 중심으로-, 새국어교육 81, 한국국어교육학회.

정희창(2008), 연결어미 '-면'의 준말 형성, 반교어문연구, 반교어문학회.

조민정(2007), 한국어 교육에서 이유 구문의 실현 양상에 대한 논의, 어문론총, 한국문학언 어학회.

조현용(2000), 한국어 교육에서 한국어 오류교육의 필요성에 대하여, 제 1차 한국어 교육 국제 학술대회.

지현숙(2006), 한국어 인터뷰 시험 담화에서 나타난 구어 문법적 오류 분석, 한국어 교육 17-3, 국제한국어교육학회.

차윤정(2004), 근대 조선어 학습서에 나타난 오류 표현과 원인 분석 : 전일도인(全一道人), 강화 (講話), 표민대화(漂民對話)를 중심으로, 한국어 교육 15-3, 국제한국어교육학회.

최문석(2004), 의미 중심의 연결어미 교육 방안 연구, 한국어 교육 15-1, 국제한국어교육학회.

최상진·임채훈(2009), 부연의 연결어미 '-지'의 의미와 용법, 한국어학, 한국어학회.

최우영(1997) 외국어로서의 한국어 학습자의 오류에 관한 연구, 이화여자대학교 석사학위논문.

추준수(2007), 중국인의 한국어 학습에 나타난 오류 분석: 조사와 어미를 중심으로, 신라대학교 대학원 석사학위논문.

하지선(2006), 한국어 교육을 위한 종결기능 연결어미 연구, 한양대학교 교육대학원 석사학위 논문.

한송화(2007), '-으러'와 '-으려고' 연구, 어문론총, 한국문학언어학회.

홍윤기(2009), 상적 의미에 따른 연결어미의 결합 제약 연구 - 메타언어를 활용한 연결어미 교육을 위하여-, 이중언어학 40, 이중언어학회.

홍은진(2004), 영어권 한국어 학습자의 어휘 오류 분석과 교육 방안, 이중언어학 25, 이중언어 학회.

홍혜란(2007), 한국어 고급 학습자의 문법적 연어 오류 분석 : 학습자 말뭉치와 작문 자료를 중심으로, 비교문화연구, 경희대학교 비교문화연구소.

Burt, M. K(1975), Error Analysis in the Adult EFL Classroom, TESOL Quarterly Vol. 9, No. 1.

Corder, S. Pit(1974) Idiosyncratic Dialects and Error Analysis, New Frontiers in Second Language Learning.

(1981), Error Analysis Interlanguage, London: Oxford University.

Dulay, H., Burt, M. Krashen, S.D(1982), Language Two, Oxford University Press.

James, C.(1998), Errors in Language Learning and Use, New York : Addison Welsey Longman Inc.

Selinker, Larry(1972), Interlanguage International Review of Applied Linguistics 10.

제5장

한국어 읽기 교육의 이론과 실제

1. 머리말

언어 교육에서 읽기 교육은 수동적인 이해의 측면으로 간주되어 다른 언어 기능에 비해 그 중요성이 간과되어 왔다. 즉, 문법을 가르치기 위한 보조 수단으로 인식되어 왔으며 별다른 노력 없이도 자연스럽게 습득할 수 있는 기능으로 인식되어 온 것이다. 그러나 근래에는 읽기 교육의 중요성이 강조되어 독자의 읽기 과정에 대한 연구와 이를 통해 읽기 능력을 향상시키기 위한 다양한 방법들이 모색되고 있다. 이는 읽기가 외국인 학습자가 한국어를 통해 정보를 수용하는 데 가장 큰 비중을 차지하는 기능이며 학습자의 의사소통 능력의 고른 신장을 위해서도 체계적인 교육이 필요하다는 인식에서 기인하는 것이다.

이러한 인식의 변화는 인지 심리학이 발달하면서 읽기 과정을 독자가 능동적으로 참여하여 의미를 찾고 생산해 내는 것으로 이해하기 시작한 데 있다. 독자는 텍스트에서 제공하는 정보를 수동적으로 받아들이기만 하는 것이 아니라 배경 지식에 기초하여 텍스트의 내용을 재구성하는 등 능동적으로 읽기 과정에 참여하고 있다.

언어 교육 방법론은 언어학과 심리학 등 인접 학문의 발전과 더불어 변천해 왔다. 읽기 교육 역시 언어 교육 및 인접 학문의 발전 과정에 따라 그 접근법을 달리해 왔다. 읽기 교육에 대한 접근 방식에 따라 읽기의 개념, 역할, 교육 방법을 비롯하여, 읽기 과정에서의 작자, 텍스트, 독자 간의 관계가 변모해 온 것이다. 즉, 읽기 교육은 텍스트를 생산한 작자 중심을 거쳐서 텍스트 중심으로 그리고 독자 중심으로 옮겨 왔다. 이것은 읽기 모형의 변천과도 연관되는 것으로서 상향식 모형에서 하향식 모형으로 이동하고, 다시 상호 작용 모형으로 발전하는 과정과 유사한 양상을 보인다.

읽기 교육에 대한 이러한 인식의 변화를 토대로 읽기 접근법의 변천에 따른 읽기 교육의 변모 양상, 최근 읽기 교육에서 강조되고 있는 주요 이론, 읽기 교육의 유의점, 읽기 지도 방법, 읽기 자료 선정, 읽기 교육 절차, 정보화 시대의 읽기 교육, 읽기 평가에 대해 살펴보도록 하겠다. 특히 중국인 한국어 학습자를 대상으로 실시한 읽기 교육 현황 및 요구 사항에 대한 설문 결과와 이를 토대로 살핀 읽기 자료 선정 방법을 제시하여 실제적인 읽기 교육 방법을 모색하고자 하였다. 이는 읽기 수업 구성의 실례와 더불어 읽기 수업의 구체적인 모습을 살필 수 있는 부분일 것이다.

2. 읽기 교육 이론

읽기 교육 이론은 크게 정보 처리 이론과 인지 과정 이론으로 나눌 수 있다. 정보 처리 이론은 모국어 독해 과정 연구에서 비롯된 것인데 읽기 과정을 세 가지로 나누어 살피고 있다. 상향식 정보 처리 과정과 하향식 정보 처리 과정, 상호 작용적 처리 과정이 그것이다. 인지 과정 이론은 인지 심리학을 바탕으로 한 것으로 기존의 행동주의나 정보 처리 이론과는 달리 인간의 인지에 중점을 두고 읽기 과정을 살피고 있다는 것이 특징이다. 인간은 자신의 경험을 토대로 형성한 여러 가지 지식을 구조화하여 가지고 있게 되는데 이를 '스키마'라고 한다. 스키마는 형식적인 것과 내용적인 것으로 나눌 수 있는데 전자가 '형식 스키마', 후자가 '내용 스키마'다. 인지 과정 이론은 독자가 자신이 가지고 있는 스키마를 활성화시켜 텍스트를 이해할 수 있다는 이론이다.

2.1. 정보 처리 이론

2.1.1. 상향식 모형(Bottom-up Model)

Fries(1962)에 의해 주창된 상향식 읽기 모형은 텍스트의 의미 이해가 텍스트에 나타난 언어에 의해 이루어진다고 보는 입장이다. 따라서 상향식 정보 처리 과정에서는 텍스트의 가장 작은 단위인 문자나 단어로부터 좀 더 큰 단위를 파악하는 순으로 텍스트를 이해해 나간다. 즉 이 모형에서 의미 이해는 텍스트에 나타난 문자 인식, 어휘의 의미 확인, 구문의 통사적 결합, 문자의 의미 이해, 화용적 의미 해석과 같이 세부적인 데서 전체적인 내용 이해로 진행된다. 그러나 이 모형은 독자의 읽기 능력을 언어 능력에 한정시킴으로써 사회·문화적 배경 지식과 같은 언어 지식의 외적 요인을 고려하지 못한다는 한계를 안고 있다.

2.1.2. 하향식 모형(Top-down Model)

하향식 모형은 Goodman(1967)과 Smith(1973) 등에 의해 주창된 것으로서, 기존의 상향식 읽기 교육에 비판을 가하며 읽기 과정 연구에 획기적인 변화를 주도하였다. Goodman(1967)은 읽기 과정을 독자가 텍스트의 의미 이해를 위해 가정, 검증 등을 이용하여 문자로 표현된 의미를 구성해 가는 '심리언어학적 추측 게임'으로 보았다. 그에 따르면 유능한 독자일수록 정확한 예측을 통해 텍스트를 이해할 수 있는데, 읽기 과정에서 텍스트의 작은 단위들은 텍스트를 예측하기 위한 수단이 된다. 즉, 이 모형에서 독자는 자신의 언어 지식과 배경 지식을 통하여 텍스트 내용을 예측하고 이해되지 않는 부분을 추측하는 등 능동적인 의미 주체가 되는 것이다. 또 Goodman(1973)은 읽기 과정을 명료화하여 예측하기(predicting), 추출하기(sampling), 확인하기(confirming), 수정하기(correcting)와 같이 네 단계로 이루어지는 것으로 보았다.

2.1.3. 상호 작용 모형(Interactive Model)

상향식 정보 처리 과정과 하향식 정보 처리 과정만으로는 읽기 과정을 전부 설명할 수 없다는 비판이 나오면서 상호 작용적 읽기 과정에 대한 연구가 시작되었다. Rumelhart(1977)는 읽기 텍스트에서 학습자의 수준을 넘는 어려운 어휘나 문법이 많을 때 상향식 정보 처리 과정만으로는 효율적인 읽기를 실시하기 어려운 상황이 있다는 문제를 제기하면서 상호 작용적 읽기 과정을 주창하였다. 이처럼 상호 작용적 모형에서는 읽기 과정이 상향식이나 하향식 모형에서와 같이 직선적, 선형적으로 이루어지는 것이 아니라 독자와 텍스트 간의 상호 작용 및 기능 간의 상호 작용 − 하위 수준의 문자, 어휘 등의 처리 기능과 상위 수준의 이해, 해석 기능 − 을 통해 읽기 과정이 매순간 선택·조정되는 것으로 본다.

2.2. 스키마 이론

인간의 '행동'보다는 '인지'에 관심을 두는 인지 심리학에 근거하여 언어학에서도 인간의 인지 과정에 주목하며 스키마라는 중요한 개념이 등장한다. 스키마란 "독자의 기억 속에 이미 저장되어 있는 지식구조(Anderson & Pearson, 1984)" 즉, 배경 지식을 의미한다.

독자는 읽기 전략으로 자신이 기존에 알고 있던 지식, 즉 스키마를 활용하여 텍스트에 접근하는데, 자신의 기존 경험이나 정보, 지식을 통해 텍스트를 이해하게 된다. 텍스트를 읽어 나가면서 앞부분에서 알게 되었던 새로운 사실이나 정보가 유용하게 작용할 수도 있는데, 이처럼 능동적인 독자는 자신이 가지고 있는 스키마를 텍스트를 읽으면서 끊임없이 활성화시키는 노력을 하게 된다. 따라서 교사는 학습자가 텍스트를 읽으면서 스키마를 적극 활용할 수 있도록 유도해야 한다.

2.2.1. 형식 스키마(구조 스키마)

형식 스키마(구조 스키마)는 글의 형식 정보, 즉 글의 유형 및 구조적 패턴이나 담화 표지에 대한 지식 구조를 뜻한다. 담화 표지는 문장들 사이의 논리적 관계를 파악하는 데 중요한 단서가 된다. 이는 글에 제시된 각각의 명제들을 연결해 줌으로써 독자가 글의 구조를 파악하여 내용을 쉽게 이해할 수 있게 해 준다. 이처럼 텍스트의 형식에 대한 인식은 독자가 텍스트를 이해하는 데 도움을 주므로, 학습자에게 목표 언어에서 자주 사용되는 글의 유형 및 구조, 담화 표지에 대한 정보를 교육할 필요가 있다. 이를 위해 교사는 텍스트의 내용을 '원인→결과, 문제→해결' 등과 같이 구조화해 줄 필요가 있다.

독자가 가지고 있는 형식 스키마가 읽기에 미치는 영향에 대한 연구는 네 유형으로 나눌 수 있다(이경화, 1999).

첫째, 글을 읽을 때 독자가 필자의 글 구조 조직에 따라 읽어간다면 글 내용을 더 잘 이해할 수 있다는 연구다(Meyer, 1980; 이경화, 1999). 능숙한 독자는 필자와 동일한 상위 구조를 많이 사용한다. 글 구조를 인식한 독자는 글 구조에 따라 정보를 응집성 있게 연결하고, 의미 구성 과정에서도 글 구조를 단서로 활용한다.

둘째, 글 구조의 조직 정도에 따라 회상이 달라진다는 연구다. 상위 구조 지식은 필자에게는 자신의 의도를 구성하도록 하고, 독자에게는 필자가 전달하고자 하는 바를 알아차릴 수 있도록 하는 안내 구실을 한다. 글 구조가 잘 구성된 글에서는 글 구조를 인식한 독자들이 정보를 더 많이 인출했지만, 뒤섞인 글에서는 독자들간의 정보 인출에서 차이가 없는 것으로 나타났다(Taylor & Samuels, 1983).

셋째, 글 구조 지식은 독자의 나이와 학년에 따라 발달한다는 연구다. 대체적인 순서는 이야기 구조, 수집 구조, 인과 구조, 문제/해결 구조, 비교/대조 구조의 순으로 발달하는 것으로 나타난다(Englert & Hiebert, 1984 : 65).

넷째, 이야기에 관한 독자의 구조 지식은 초등학교의 문학적 경험과 이후의 서사 문학 체험과 유기적인 관련성을 가진다는 연구다. 독자가 가지고 있는 이야기 조직 방법에 대한 지식을 맨들러와 존슨(Mandler & Johnson, 1977)은 '이야기 스키마'라 하였다. 이야기 스키마는 이야기를 읽고 인출하는 과정을 원활하게 하는 데 도움을 준다.

2.2.2. 내용 스키마

배경 지식은 텍스트를 이해하는 데 많은 영향을 미치게 되는데 이를 내용 스키마라고 한다. 내용 스키마는 학습자가 기존에 갖고 있는 배경 지식일 수도 있고, 교사가 읽기 전 활동으로 미리 제공한 정보일 수도 있다. 학습자들은 목표 언어권 나라의 문화나 풍습에 대한 지식 및 이해가 부족하기 때문에 그러한 정보를 활성화하거나 제공해야 하는 것이다. 학습자의 내용 스키마를 활성화하기 위해 교사가 사용할 수 있는 가장 중요한 방법은 텍스트를 읽기 전에 사진, 그림, 단어 목록 등을 시각적으로 제시하는 것이다.

독자가 가지고 있는 내용 스키마가 읽기에 미치는 영향에 대한 연구는 다음 네 가지 유형으로 나누어 볼 수 있다(이경화, 2004).

첫째, 독자가 가지고 있는 지식 구조에 따라 중요한 정보 선택과 회상의 결과가 달라진다는 연구다. 앤더슨(Anderson, 1977)은 음악과 체육을 각각 전공한 독자들에게 해석이 모호한 글을 제시한 결과 독자의 사전 지식, 즉 전공에 따라 해석이 다르다고 보고하였다.

둘째, 독자가 가진 문화적 배경 차이가 글의 해석에 영향을 미친다는 연구다. 독자들이 담화에 적절한 문화 스키마를 가지고 있을 때는 담화의 정보를 더 많이 저장하고 이해하는 것으로 나타났다.

셋째, 내용 영역에 대한 지식의 차이에 따라 내용 관련 개념의 회상 결과가 달라진다는 연구다. 해당 내용에 대한 지식이 많은 전문가는 새로운 정보를 자신이 가지고 있는 기존의 지식에 잘 동화, 조절할 수 있으므로 초심자에 비해 읽기가 용이하다는 결과를 보인다. 스플리히(Splich, 1979)는 읽기 능력은 같고 야구에 관한 배경 지식에서 차이가 있는 독자를 비교하였는데, 야구 지식이 풍부한 독자가 득점 상황이나 승리와 같은 야구와 관련되는 개념을 더 많이 회상하였다.

넷째, 독자가 가진 사전 지식이 글에 제시된 정보와 일치하지 않을 때는 오히려 읽기에 방해가 된다는 연구다(Alvermann et al., 1985). 이럴 때는 읽기 전 단계에서 독자가 가진 잘못된 개념을 수정하는 글을 제시하면 읽기 능력이 향상된다(Peeck et al., 1982). 그러므로 교사는 읽기 전 단계에서 사전 지식 평가를 통해 학생들의 배경 지식의 정도뿐 아니라 오개념(誤槪念)도 파악해야 할 것이다.

3. 읽기의 특징과 읽기 교육의 유의점

3.1. 읽기의 세 가지 특징

제2언어 읽기는 모국어 읽기 연구에서 일반적으로 고려되지 않는 요인들의 영향을 받는다. 이러한 요인은 제2언어 습득에 있어서의 배경 지식의 차이, 언어 처리의 차이 그리고 사회적 문맥의 차이로 구분될 수 있다.

배경 지식의 차이는 학습자 개인마다 기존에 모국어로 학습한 지식이 서로 다르다는 것이다. 동일한 주제를 학습하는 경우에도 그 주체에 부합하는 지식을 가지고 있는 사람은 목표어의 주제를 쉽게 파악할 수 있지만 그런 배경 지식이 없는 경우에는 학업 성취도가 낮아질 것이 자명하다.

언어 처리의 차이는 언어 유형이 언어 학습에 영향을 미치는 것을 말한다. 모국어가 굴절어인 독자가 교착어인 목표어를 학습하는 경우 상당히 어려워하는 것이 일반적이다. 예를 들면 영어 모어 학습자는 한국어 어순이라든지 수식 방법 또는 조사, 어미 등에 대한 인지 수준이 낮기 때문에 일본인 한국어 학습자에 비해 한국어 학습에 어려움을 겪게 된다. 그리고 텍스트의 성격에 따라 텍스트가 담을 수 있는 내용이 다소 제한되기는 하지만 텍스트에는 한국어뿐만 아니라 한국 문화의 이해가 필요한 언어 현상과 문화적 의미들이 담겨 있다. 따라서 학습자는 읽기를 통해 텍스트에 나타난 이러한 사회적 문맥을 이해해야 한다. 이때 텍스트에 담긴 사회 문화적인 측면에 대한 이해도 당연히 같은 문화권에 있는 독자들에게 유리하게 작용할 것이다. 따라서 사회적 예의나 관계의 표현, 규칙 등이 제2언어 학습 정도를 결정하는 중요한 요인이 된다고 할 수 있다.

3.2. 읽기 교육의 유의점

지금까지의 읽기 교육에서는 독자의 능동적인 역할이 간과되거나 축소되어 온 경향이 있다. 하지만 앞에서 살펴본 바와 같이 읽기는 글과 독자 간의 끊임없는 상호 작용의 결과로서 독자가 글의 의미를 재구성하는 과정이다. 이러한 점을 고려하여 교사는 읽기 교육을 할 때 다음과 같은 사항들에 유의하여 지도해야 한다.

첫째, 읽기 교육에서는 무엇보다 독자의 스키마를 활성화시켜 독자 나름대로 전략을 세울 수 있도록 하는 과정이 중요하다. 교사는 학습자에게 사전 지식을 제공하거나 학습자가 기존에 가지고 있는 스키마를 활성화시킬 수 있는 수업 절차 및 방법을 모색하여 학습자를 유능한 독자로 만들어야 한다.

둘째, 교사는 학습자가 읽기 활동 중 문맥에 관심을 가지도록 해야 한다. 어휘나 문법과 같은 하위 항목에만 관심을 두면 텍스트의 내용을 제대로 이해할 수 없으며 텍스트 내에서 어휘와 문법의 의미를 제대로 파악하기 어렵기 때문이다. 김정숙(2000)은 읽기 교육이 문장 차원의 이해를 넘어 담화 차원으로 확대되어야 하며, 낯선 단어가 나오더라도 맥락에서 그 의미를 추측할 수 있도록 학습자의 전략을 개발시켜야 한다고 주장하였다.

셋째, 학습자의 수준에 맞는 읽기 텍스트를 선정해야 한다. 텍스트가 학습자 수준보다 지나치게 낮거나 높은 경우 학습자의 읽기 능력 향상을 기대하기 어렵다. 또한 구어와 문어를 포함하는 다양한 유형의 읽기 텍스트를 제공하여 학습자의 읽기 능력이 어느 한 분야에 편중되지 않도록 해야 한다. Brown(1980)과 Johnston(1983)은 읽기의 목적에 따라 학습자의 전략이나 학습 형태가 달라져야 한다는 점을 지적하며 텍스트 선별의 중요성에 대해 언급했다. 아울러 학습자의 흥미 역시 텍스트를 선정할 때 간과할 수 없는 중요한 요소라 할 수 있다.

넷째, 어휘 교육의 적절한 시점과 방법을 모색하여야 한다. 한국어 학습자 중 많은 수가 텍스트를 읽을 때 어휘에 가장 큰 어려움을 겪고 있다. 따라서 교사는 학습자들에게 읽기 교육의 방향을 정확하게 제시해 주어야 한다. 텍스트에 사용된 모든 어휘를 다 이해하는 것이 읽기의 목적은 아니다. 읽기 방법에 따라 읽을 내용을 명확히 제시하고 문맥 안에서 어휘의 의미를 유추할 수 있는 능력을 키울 수 있도록 지도해야 할 것이다.

다섯째, 읽기 교육은 생산보다는 수용을 강조하는 기능이어서 학습자의 활동보다는 주로 교사의 설명 위주로 수업이 진행되는 경우가 많다. 제2언어 교육의 주요 목표가 목표 언어를 얼마만큼 잘 생산해 낼 수 있느냐고 할 때, 읽기 교육은 이러한 생산적인 측면이 부족한 부분이다. 따라서 읽기 후 활동을 제시할 때 읽기 텍스트를 토대로 학습자들이 말하기, 쓰기의 언어 생산 활동과 연계하여 실제적으로 수행할 수 있는 과제를 제시하여야 한다. 읽기 수업이 읽기 기능 하나만으로 끝나는 것이 아니라 다른 언어 기능과의 연계 속에서 통합적으로 운용되어야 한다는 것이다.

여섯째, 효과적인 읽기 활동을 위해서는 과제 선택에 주의하여야 한다. 과제에 따라 학습 과정이나 결과에 많은 차이가 생길 수 있고 텍스트의 내용, 유형, 종류에 따라 보다 적합한 과제 유형이 존재하기 때문이다. 따라서 교사는 텍스트의 내용 및 종류에 따라 텍스트의 이해를 돕고 다른 언어 기능과의 연계가 용이한 과제를 선택하여 실시해야 한다. 또한 학습자들의 흥미를 유발하면서 읽기 교육의 효과를 지속시키기 위해 다양한 형태의 과제를 제시해야 한다.

4. 읽기 지도 방법

4.1. 읽기 지도의 원칙

언어 교육에서의 학습자의 역할이 커짐에 따라 읽기 교육에서도 독자가 능동적인 입장에서 텍스트의 의미를 찾고 또 생산해 내는 것으로 이해하기 시작하였다. 따라서 상호 작용적인 읽기 교육을 실시하기 위해서는 이에 맞는 읽기 지도 방법을 모색하여야 한다. Brown(1994)은 이처럼 상호 작용적인 특성을 지닌 읽기 지도 방법을 고안하는 원칙을 다음의 일곱 가지로 설명하고 있다.

첫째, 상호 작용을 기반으로 하는 교과 과정에서 교사는 특정한 읽기 기술(reading skill)을 지도하는 데 시간을 할애하여 학생들의 읽기 능력이 향상되도록 유의해야 한다. 둘째, 학생들의 실생활(real life)과 밀접한 관계가 있고 도움을 줄 수 있는 교재를 사용한다. 셋째, 실제 생활에서 사용하는 유의적인 언어(authentic language)를 사용해야 한다. 읽기 교육 현장에서는 학습자들의 수준, 텍스트의 특성에 따라 본래의 텍스트를 편집하고 단순화시켜 읽기 자료를 작성하는 경우가 많은데, 이러한 경우라도 그것이 실생활에서 사용하는 말과 동떨어진 것이라면 교육적 가치가 없어지기 때문이다. 넷째, 학습자들이 다양한 읽기 전략을 사용할 수 있도록 유도한다. 다섯째, 수업 중 과제 활동을 포함하여 의사소통을 하는 경우, 읽기 텍스트의 전반적인 내용을 다루는 하향식 모형과 세부적인 내용을 다루는 상향식 모형을 병행해야 한다. 여섯째, 읽기 지도는 읽기 전 단계, 읽기 단계, 읽은 후 단계와 같이 세 단계로 나누어 지도 방법을 고안하도록 한다. 일곱째, 읽기 지도 후에 학습자들의 이해 능력이나 읽기 능력 발달의 정도를 정확하게 측정하도록 한다.

4.2. 읽기 지도 방법

읽기 지도 방법은 지도 시기, 대상, 내용, 목적, 읽기 자료의 종류 등에 따라 다양한 층위에서 논할 수 있으며 그 종류 또한 다양하다. 전략 지도의 중요성 부각으로 개발된 직접 교수법, 상호적 교수법(reciprocal teaching) 등은 읽기 교육을 중심으로 한 교수법 차원의 것이고, 지시적 읽기 및 사고 활동(DR-TA, Directed-Thinking Activity), 사전 읽기 계획(PRep, Pre-Reading plan), 읽은 후 연상 기법(ETR, Experience Text Relation method)과 같은 방법은 읽기 전략을 지도하기 위한 것으로써 보다 하위 방법으로 볼 수 있다. 그 외에도 의미 지도 만들기, 문장 성분 결정하기(narf 게임), 정의 연결하기(definition matching), maze 기법, 중심어 읽기 기법, 그림보고 추측하기, 이야기 잇기, 취재하기, 단락 이해 기법(six-way paragraph technique) 등이 있는데, 이것들은 읽기 수업 내에서 세부적으로 활용할 수 있는 방법들이다.

① **직접 교수법:** Becker & Englemann(1977)이 학습 부진 학생의 보상 교육 프로그램(directed instructional system teaching arithmetic and reading)의 일환으로 개발한 교수법이다. 읽기와 쓰기 같은 기초 언어 기능 학습의 실패 원인이 학습자의 인지보다는 지도 방법에 있다고 보고 기초 언어 기능을 직접 지도한다는 의미의 수업 모형이다.

② **상호적 교수법:** Palinscar & Brown(1984)[12]에 의해 개발된 수업 방법으로 교사와 학생의 상호 작용(대화)을 통한 사고 발달을 중요한 요소로 강조한다. 즉, 상호적 교수법에서는 한두 개의 문단을 교수와 학습자가 번갈아 가면서 여러 전략 요소들을 적용해서 과제를 해결하고, 과제 해결을 위한

---

12) 노명완(1994)에서 재인용.

전략적 요소들이 어떤 것이며, 그것을 언제, 어떻게 적용해야 할 것인가를 모색한다.

③ **지시적 읽기 및 사고 활동**(DR-TA, Directed Reading-Thinking Activity)∶ Stauffer(1969)가 제시한 것으로, 학습자가 가지고 있는 사전 지식을 활성화하기 위한 것이다. Carrell(1988)은 이 방법을 텍스트가 무엇에 관한 것인가를 예측하는 것이라고 하였다.

④ **사전 읽기 계획**(PRep, Pre Reading plan): 교사가 학습자로 하여금 자신들의 사전 지식을 회상하고 그것을 정교화, 평가하도록 도와주기 위한 방법이다.

⑤ **읽은 후 연상 기법**(ETR, Experience Text Relation method): 전체적인 읽기 프로그램의 하나로 개발된 방법으로, 의미 중심의 읽기를 강조하는 방법이다. 학습자로 하여금 옳은 답을 찾아내도록 유도하는 과정을 중요시한다.

⑥ **문장 성분 결정하기**(narf 게임): narf는 의미가 없는 단어인데 문장 중의 한 단어를 narf로 대신하여 낱말의 의미, 해당 단어가 문장에서 갖는 기능, 품사 등을 인식하여 적합한 유형의 어휘를 찾아내게 하는 방법이다. 이것은 어휘를 중심으로 하나 어휘가 갖는 문장 내에서의 문법적 기능을 보여주어 이를 인지시킬 수 있는 방법이다.

⑦ **maze 기법**: Cloze 절차의 변형으로 Guthrie(1973)가 고안한 것이다. Cloze 절차는 매 다섯 번째 또는 일곱 번째 등의 순서에 위치한 단어를 삭제하고 빈칸 등으로 처리하여 적합한 단어를 문맥을 통해 유추하도록 하는 것인 반면, Maze 기법은 빈칸 대신 선다형 문항처럼 몇 개의 보기를 제시하여 적합한 어휘를 찾아내도록 하는 방법이다.

5. 읽기 자료의 선정

5.1. 읽기 자료의 변인

학습자의 수준에 적합한 읽기 자료의 선정은 성공적인 독해 학습을 위해 가장 중요한 요소 중의 하나다. 읽기 자료의 선정에서 고려해야 할 변인에는 크게 맥락 변인, 친숙도 변인, 명료성 변인 등이 있다.

맥락 변인(context variable)은 텍스트에 제시되어 있는 맥락적 단서의 종류와 양이 학습자의 이해에 미치는 영향으로, 텍스트에 제시되어 있는 그림, 사진, 도표 등이 텍스트 이해에 영향을 미치는 정도를 말한다. 친숙도 변인 (familiarity variable)은 읽기 자료의 내용, 전개 구조, 문화적 사고의 표현 방식 등에 관해 독자가 읽기 자료에 대해 느끼는 친숙도의 정도를 말한다. 명료성 변인(transparency variable)은 읽기 자료에 사용된 언어가 학습자에게 명료하게 이해될 수 있는 정도로서 언어의 복잡성과 관련이 있다.

5.2. 읽기 자료의 선정 기준

제한된 시간 내에 다양한 자료를 제시하는 데는 한계가 있다. 따라서 읽기 자료를 선정할 때는 읽기 자료의 세 가지 변인 및 학습자의 흥미와 관심, 언어 능력, 읽기 자료의 난이도 등을 고려하여 교재를 작성하는 것이 바람직하다.

읽기 자료 선정 기준으로 글의 길이, 문장의 길이, 새로운 단어의 빈도 등이 많이 고려되어 왔으나, 보다 중요한 것은 독자의 흥미, 글의 유형과 구조, 내용의 실제성(authenticity), 그리고 독자와 글의 스키마의 일치 정도 등이다 (Bernhart 1984; Cates & Swaffar 1979; Schulz 1981). 따라서 글의 구조가 명확하고, 실생활과 문화를 반영하는 내용으로 구성되어 있으며, 자료의 언어적 난이도가 학습자의 수준에 맞는 것이 학습자에게 적합한 읽기 자료라 하겠다.

이상을 통해 볼 때, 읽기 자료를 선정할 때 고려해야 할 사항을 다음과 같이 정리할 수 있겠다.

첫째, 읽기 자료의 언어적, 수사적 난이도가 학습자의 수준에 적합한 자료로서 문장 성분 및 문장들이 긴밀히 연결(cohesion)되어 있고, 문장, 단락 간의 관계가 일관된 것으로서 학습자가 문장 및 단락 간의 관계를 명확히 인지할 수 있는 것이어야 한다. 둘째, 표준어로서 현재 일반적으로 사용되는 언어로 작성되어 있어야 하며, 비속어가 포함되어 있지 않아야 한다. 셋째, 목표어권의 문화에 대한 정보를 제대로 제공하는 것이어야 한다. 이는 언어 학습 시 형성된 해당 문화에 대한 왜곡된 가치관은 언어 학습 자체에도 상당히 부정적인 영향을 미치기 때문이다. 넷째, 제목이 자료의 전체 내용을 함축적으로 요약하고 있는 것이 바람직하며, 내용에 따라 자료를 이해하는 데 도움이 될 그림, 도표 등이 적절히 포함되어 있는 것이 바람직하다. 다섯째, 자료의 내용 및 주제가 학습자에게 친숙하고 동기를 유발할 수 있어야 한다. 따라서 전통 문화적 내용을 포함한 자료의 경우에도 그것이 현대의 생활양식 등과 관련되어 학습자의 동기와 흥미를 유발할 수 있어야 한다. 궁극적으로 읽기 자료 선정에서 가장 중요한 부분은 바로 읽기 자료가 학습자의 실제적인 읽기 능력을 신장시킬 수 있는 것이어야 한다는 것이다. 실생활의 읽기 활동으로 전이 가능성이 크고, 다양한 적용이 가능한 읽기 자료를 선정함으로써 학습자 동기화가 가능할 것이다.

5.3. 읽기 자료 선정 방안

국외의 한국어 학습자가 크게 증가하고 있는 상황에서 국외 학습자에게 적합한 읽기 자료를 모색해 보는 것은 의미 있는 일일 것이다. 한국 내의 학습자도 마찬가지지만 국외 한국어 학습자의 경우는 특히 한국어 수업 시간 이외에 한국어와 한국 문화를 접할 기회가 많지 않다. 따라서 국외 한국어 학습자에게는 읽기 자료를 통해 한국의 문화를 접하고 이해할 수 있게 하는 일이 특히 중요하다. 그러므로 읽기 자료 선정 시 문화적 요소의 전달을 충분히 고려해야 한다. 그러나 한국 문화를 일방적으로 소개하고 주입시키는 방식은 적절하지 않다. 학습 가능성을 고려하여 접근 가능성이 용이한 것에서부터 시작하여야 한다.

이를 바탕으로 중국인 한국어 학습자에게 적합한 읽기 자료를 찾아보면, 한국어로 번역이 되어 있는 중국 고전, 중국인의 한국 체험문, 중국과 한국의 공통 문화를 다룬 글 등을 유용한 읽기 자료로 활용할 수 있다. 이러한 자료들을 학습 상황에 따라 순차적으로 조직하여 제시하면 보다 효과적인 읽기 교육이 가능할 것이다.

첫째, 한국어로 번역이 되어 있는 중국 고전은 중국인 학습자들의 접근 가능성이 용이한 자료가 있다. 『삼국지』, 『서유기』, 『수호지』 등 중국인 학습자들이 이미 그 내용을 알고 있는 중국 고전을 읽기 자료로 선택하는 경우 여러 가지 이점이 있다. 학습자들이 전체적인 내용을 알고 있기 때문에 학습자들의 스키마가 자연스럽게 활성화되어 텍스트에 쉽게 접근할 수 있으며, 다른 텍스트들에 비해 하향식 정보 처리 과정이 작동되어 학습자가 텍스트와 상호 작용할 가능성이 크기 때문이다.

둘째, 중국인의 한국 체험문, 중국과 한국의 문화적 공통 부분을 다룬 글은 한국 문화를 반영하고 있지만 중국인의 눈으로 바라본 한국문화이며, 중국과 성격이 유사한 문화이므로 문화적 난이도 및 충격이 어느 정도 정제되어 있는 글이다. 따라서 읽기 자료와의 상호 작용이 용이할 뿐만 아니라 한국 문화를 접하고 이해할 수 있는 계기도 된다.

6. 한국어 학습자의 읽기 요구

학습자의 요구 조사는 교육을 실시하기 위해 우선적으로 실시해야 할 사항으로, 이를 분석하여 교육 과정에 효과적으로 반영할 필요가 있다.

다음은 중국에서의 한국어 읽기 교육 현황 및 학습자의 요구를 살펴보기 위해 중국 주요 대학의 한국어과 또는 한국어 관련 학과 학생 26명을 대상으로 실시한 설문 분석 결과다. 본 설문을 통해 현재 중국에서 이루어지고 있는 읽기 교육 방법을 파악할 수 있을 뿐만 아니라, 한국어 학습자가 일반적으로 읽기 수업에 바라는 사항을 미루어 살펴 볼 수 있을 것이다.

설문 문항은 총 10개로 구성하였다. 중국 한국어 학습자들의 읽기 교육에 대한 인식 정도를 파악하기 위해 중요하다고 생각하는 언어 기능을 순서대로 매기는 문항을 처음으로 제시하였다. 그리고 한국어 수업 시간 중 읽기 교육의 비중에 대한 본인의 생각을 묻는 문항을 배치하여 중국인 학습자가 생각하는 읽기 교육의 필요성 및 중요성에 대해 조사해 보았다. 또한 중국에서 사용하고 있는 읽기 수업의 용어, 읽기 수업의 진행 순서 및 방법을 묻는 문항을 통해 중국의 한국어 읽기 수업 현황을 살펴보았다. 학습자들이 대답한 수업 진행 방법을 토대로 수업 방식에 문제점이 있는지를 물었고, 그러한 문제점을 해결할 수 있는 방법을 제안하게 하는 문항을 제시해 학습자의 요구를 분석해 보았다. 마지막으로 중국의 한국어 학습자들이 생각하는 효과적인 텍스트 유형을 살피기 위해 학습자들이 선호하는 텍스트를 묻는 문항을 제시하였다.

학습자가 말하기, 듣기, 쓰기, 읽기의 네 가지 언어 기능 중 무엇을 가장 중요하게 생각하는지에 대한 문항(1번)에서 읽기가 가장 중요하다고 응답한 학습자는 11퍼센트에 불과하고, 세 번째로 중요하다고 한 응답자가 62퍼센트를 차지했다. 1, 2위를 차지한 말하기와 듣기에 비해 읽기의 중요성이 크게 간과되고 있음을 알 수 있었다.

읽기 수업 시간의 적절성을 묻는 문항(2번)에서 읽기 관련 수업이 부족하다고 대답한 학생은 24퍼센트로 매우 적게 나타났다. 그 이유는 읽기 수업이 하나의 통합된 형태보다는 주제별, 목적별로 세분화되어 있기 때문인 것으로 보인다. 이러한 점은 읽기 수업의 명칭에 관한 응답(3번)과도 관련이 된다. '읽기 수업'의 명칭은 '읽기, 한국 역사, 문학(문학 선독), 시사 한국어, 과학 한국어(과학 기술 한국어), 정독(정독 한국어), 범독(한국어 범독), 무역 한국어, 한국 문화(한국 문화 역사), 독해, 신문(신문 선독), 표준 한국어' 등 18가지로 나타났다. 읽기 수업의 명칭이 통일되어 있지 않은데, 이는 읽기의 목적이 다양하다는 것과 학교마다 서로 다른 관점에서 읽기 교육을 실시하고 있다는 점을 시사하기도 한다.

읽기 교육의 순서를 묻는 질문(4번)에는 크게 두 가지 유형으로 응답하였다. 첫 번째 유형은 '본문 읽기→단어, 문법, 세부 사항 설명하기→본문 내용 설명하기→연습'으로 학습자들이 본문의 전체적인 내용에 관심을 가지도록 할 수 있는 유형이다. 전체 응답자 중 62퍼센트가 이러한 유형으로 응답하였는데 교사들이 학습자들의 스키마, 배경 지식을 고려하여 읽기 교육을 실시하는지의 여부는 알 수 없다. 두 번째 유형은 위와 반대로 '단어, 문법, 세부 사항 학습→본문 읽기→연습(문법 사용 연습)'의 순으로 읽기 수업을 진행하는 것으로 본문의 전체적인 맥락보다는 언어의 하위 항목을 중심으로 본문의 내용을 파악해 나가는 유형이다. 위의 결과를 볼 때, 중국의 교사들이 분석적 읽기보다는 전체적인 맥락으로서의 읽기가 학습자의 이해를 돕는 방법이라는 사실을 인식하고 있음을 살필 수 있다. 이 문항에서 특기할 만한 사항은 중국에서의 한국어 읽기 수업에서 본문에 대한 연습 과정에 '외우기' 단계를 포함하고 있는 경우가 16퍼센트로 나타났다는 점이다. 외우기는 청각 구두식 교수법의 주요한 수업 방법 중의 하나로, 중국 현지의 학교에서 학습자들의 한국어 의사소통 기회가 적은 현실을 감안하여 이러한 교육 방법을 선택하고 있는 것으로 보인다.

읽기 수업 방식에 관한 문항(5번)에서 94퍼센트에 달하는 대부분의 학습자들은 읽기 수업이 학습자 참여보다는 교사의 본문 내용 및 단어, 문법에 대한 설명으로 이루어지고 있다고 응답하였다. 이러한 형태의 수업에서는 학습자 참여가 이루어지지 않아 읽기 교육이 효율적으로 실시되기 어렵다. 5번의 결과는 텍스트를 이해하는 데 가장 어려운 것이 무엇인가에 관한 문항(8번)과도 관련된다. 학습자들이 어휘(42퍼센트)와 한국 문화(35퍼센트), 문법(23퍼센트) 순으로 응답하였는데 어휘와 문법이 65퍼센트로 읽기의 어려움에 가장 큰 요인으로 인식되고 있었다.

5번 문항의 결과는 읽기 수업에 대한 만족도(6번)에 대한 조사에도 반영되었다. 45퍼센트의 학습자들이 읽기 수업의 문제점으로 "지루하다(45퍼센트)"고 응답하였다. 그 외에 읽기 수업에서 학생 활동이 부족하다는 점, 다양한 텍스트가 제시되고 있지 않다는 점, 문법 설명이 너무 많다는 점 등이 읽기 교육의 문제점으로 지적되었다. 이러한 문제점에 기반을 두어 학습자들은 읽기 능력 향상에 도움이 되는 읽기 수업 방식(7번)에 대해 "학생이 주체가 되고 교사가 활동 보조, 다양한 텍스트의 사용, 읽기 후에 토론 포함, 텍스트 선정에 학생 참여" 등의 의견을 제시하였다.

현재 읽기 수업에서 주로 사용하는 텍스트의 종류(9번)와 읽기 능력 및 한국어 능력의 향상에 도움이 되는 텍스트(10번)에 관한 문항에서는 두 문항에 대한 응답을 비교, 분석함으로써 읽기 교육 현장의 모습과 학습자 요구가 어떻게 다른지 조사해 보았다. 수업 현장에서는 주로 신문, 수필, 한국의 옛 이야기를 선호하고 있었는데, 이는 한국어를 배우는 학습자들에게 한국의 사회, 문화, 경제, 정치 전반에 관한 정보뿐만 아니라 한국인의 사상과 민족성에 대한 정보에 초점을 둔 것으로 파악된다. 이와 크게 다르지 않으나 학습자들은 신문, 수필, 소설 등을 더 선호하는 것으로 대답해 한국의 현재성과 문화에 보다 더 큰 관심을 가지고 있는 것으로 파악되었다. 읽기 텍스트의 선정 시 학습자의 이러한 관심을 좀 더 반영할 필요가 있음을 알 수 있다.

7. 읽기 교육의 절차

읽기 교육의 효과를 높이기 위해서는 학습자들의 인지 과정 및 학습 전략을 고려하여 교육 순서를 마련해야 한다. 동일한 내용과 방법의 읽기 교육을 실시하는 경우라도 읽기 교육의 순서에 따라 그 효과가 달라지기 때문이다.

그러나 한국어 교사들은 여전히 전통적인 읽기 수업 방식에 의존하여 한국어의 언어적, 문화적 지식을 일방적으로 전달하는 것이 읽기 교육이라고 인식하고 있는 듯하다. 전통적인 읽기 수업에서는 읽기 기능이 다른 언어 기능과 통합되기 어렵고 텍스트에 나타난 어휘, 문법, 의미에 대한 교사의 설명이 주가 되어 학습자의 참여가 극히 제한된다. 따라서 학습자의 활동이 중심이 되는 읽기 교육을 실시하기 위해서는 학습자의 수준에 적합한 읽기 자료를 바탕으로 '읽기 전(pre-reading) → 읽기(while-reading) → 읽은 후(post-reading)'와 같은 단계적인 읽기 수업 방식을 적용하는 것이 바람직하다. 각 단계별로 학습자의 능동적인 참여를 유도함으로써 한국어 학습자들의 읽기 능력을 효과적으로 향상시킬 수 있다.

7.1. 읽기 전 단계

읽기 전 단계는 읽기의 특성이나 읽기 과정 및 전략 등을 고려해 볼 때 읽기 교육의 절차 중 가장 중요하다고 할 수 있다. 이 단계는 읽을 텍스트에 대한 학습자의 동기를 유발하여 학습에 흥미를 가질 수 있도록 하고 학습자에게 사전 정보를 제공하거나 배경 지식을 활성화시켜 읽기 텍스트를 이해하는 데 필요한 요소들을 준비시키는 단계다.

읽기 전 단계에서 사용할 수 있는 방법으로는 제목 보고 내용 유추하기, 중요 내용 및 문제점 등에 대한 질문을 제시하여 토론하기, 시청각 자료 활용하기, 담화 표지에 대한 정보를 제공하여 글의 구조적 패턴 파악하기 등이 있다.

7.2. 읽기 단계

읽기 단계는 학습자들이 읽기 전 단계에서 얻은 사전 정보와 스키마를 토대로 텍스트를 이해하고 자신이 예측한 것을 텍스트 내용을 토대로 확인하고 검증하는 단계다. 읽기 교육 현장을 보면 대부분 텍스트를 한두 번 읽고 내용에 대해 교사가 질문하고 학습자들이 이에 대답하는 단선적인 구조로 읽기 수업이 운영되고 있다. 하지만 효율적인 읽기 교육을 위해서는 텍스트의 내용 및 종류, 난이도에 따라 대강 읽기(skimming), 훑어 읽기(scanning), 뜯어 읽기(intensive reading) 등의 읽기 과정을 적절히 혼용하여야 한다. 다양한 유형의 읽기 활동을 단계적으로 실시하여 학습자들이 분명한 읽기 목적을 가지고 텍스트를 읽도록 해야 한다. 학습자가 텍스트의 내용 및 흐름을 무시한 채 어휘나 문법 등의 하위 항목을 이해하는 데 지나치게 신경을 쓰는 것은 읽기 목적을 제시하지 않기 때문이다. 따라서 읽기 활동을 단계적으로 실시하여 학습자가 텍스트를 단순한 문자만 이해하지 않고 전체의 내용을 이해할 수 있도록 유도하는 것이 중요하다.

읽기 단계에서 활용할 수 있는 읽기 유형을 살펴보면 다음과 같다. 첫째, 대강 읽기는 요지를 찾아 빠른 속도로 읽는 것이다. 둘째, 훑어보기는 특정 정보를 찾아 빠른 속도로 읽는 유형이다. 셋째, 뜯어 읽기는 기호를 해독하며 텍스트를 차근차근 읽는 것이며, 마지막으로 확인하기는 빈칸 채우기, 일치하는 문장 고르기, 참·거짓 가리기, 주제문 고르기, 순서대로 글 나열하기 등 읽은 내용을 확인하는 유형이다.

7.3. 읽은 후 단계

이 단계는 읽기 활동을 다른 언어 기능과 연계하는 다양한 활동을 통해 학습자의 텍스트 내용 이해를 심화, 정착시키고 정리하는 단계다. 따라서 교사는 텍스트의 내용 및 종류에 따라 적당한 형태의 과제를 제시하여 읽기 활동이 다른 언어 기능들과 통합, 의사소통 능력의 신장에 기여할 수 있도록 해야 한다. 읽기를 통해 얻은 지식과 이해가 다른 언어 기능과 통합된 과제 활동을 통해 보다 심화되고 내재화되어 학습자 내면에 정착될 수 있기 때문에 읽은 후 단계에서의 활동은 중요하다고 할 수 있다.

이 단계에서 제시할 수 있는 과제 활동을 살펴보자. 첫째, 관련 글 읽기는 심화 활동으로 주제가 비슷한 글을 읽음으로써 정리한 내용을 보다 깊게 이해할 수 있도록 한다. 둘째, 토론은 텍스트에서 다룬 내용 및 주제에 대한 토론을 하는 것인데 이를 통해 학습자끼리 피드백을 주고받을 수 있다. 셋째, 쓰기 과제는 앞서 배웠던 글의 구조를 응용하거나 같은 주제에 대한 자신의 생각을 밝히는 글을 쓰는 것이다. 넷째, 역할극은 학습자들의 적극적인 참여를 요하는 활동으로, 읽기 텍스트의 내용을 활용하여 다양한 형태를 유도할 수 있다.

8. 읽기 수업 구성의 실제

7장에서 제시한 읽기 수업 절차 및 방법을 토대로 중급 단계의 한국어 학습자들을 대상으로 한 '읽기 수업 구성'의 예를 보면 다음과 같다.

8.1. 읽기 전 단계

(1) 도입 질문

- 사람을 처음 만나면 어디를 봐요? 얼굴을 보고 그 사람의 성격에 대해
  생각해 보았어요?

(2) 주제 도입 말하기

- 학습자들이 친구들의 첫인상에 대해 이야기해 보는 시간을 갖는다.
  (1)과 (2)를 통해 학습자를 자연스럽게 학습 주제로 이끌고 학습자가 학습 주
제 및 내용에 대해 생각해 보면서 스키마를 활성화시킬 수 있도록 한다.

(3) 그림 제시

- 아래에서와 같이 관상을 특징적으로 묘사한 그림이나 사진을 제시하여
  학습자들이 얼굴 모양과 그 사람의 성격과 운명의 관계에 대해 생각해
  볼 수 있는 기회를 제공한다(김중섭, 2002:62 참조).

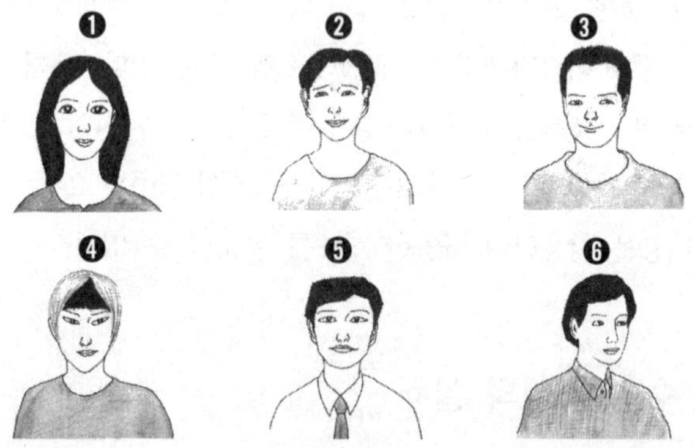

(4) 글의 제목인 '관상'이라는 단어의 의미에 대해 학습자들이 유추해 보게 하
  고 함께 이야기한다.

〈관상〉

　사람을 만나게 되면 그 사람의 성격이 어떨 것이라는 느낌을 갖게 됩니다. 첫인상은 사람을 만나고 15초 이내에 결정된다고 합니다. 인상이 좋은 사람은 다른 사람들에게 호감을 줍니다. 그래서 취직 면접시험이나 이성과의 첫만남 등에서 상대방에게서 좋은 점수를 받을 수 있습니다. 반면 좋은 사람이라도 첫인상이 나쁘면 다른 사람들에게 호감을 얻기가 어렵습니다. 즉, 첫인상은 사람을 판단하는 중요한 기준이 될 수 있는 것입니다. 연애도 사랑도 첫인상이 좋으면 대부분 결과가 좋습니다. 하지만 첫인상이 나쁘면 불필요한 곤란을 겪기 쉽습니다.

　우리는 어떨 때 좋은 인상을 갖고, 어떨 때 나쁜 인상을 갖게 될까요? 한국에서는 사람의 얼굴 모양을 보면 그 사람의 성격이나 운명을 알 수 있다고 믿어 왔습니다. 관상에서 제일 중요한 것은 눈이라고 합니다. 눈의 크기는 가로 3센티미터 정도가 보통이며 그 이상을 큰 눈, 그 이하를 작은 눈이라 합니다. 눈은 맑게 빛나고 흑백이 분명하며 가늘고 긴 것이 좋습니다. 갈색 눈은 좋지 않으며, 눈에 푸른색이 보이는 사람은 머리는 좋으나 화를 자주 낸다고 합니다. 눈이 너무 큰 사람은 겁이 많고, 눈꼬리가 위로 올라간 사람은 성격이 별로 좋지 않다고 합니다.

　이마가 넓은 사람은 마음이 너그럽다고 합니다. 귀가 크고 귓불이 아래로 많이 내려온 사람은 오래 산다고 합니다. 코를 보면 그 사람의 재산과 명예를 알 수 있고 또 입을 보면 먹을 복이 많은지 적은지를 알 수 있다고 합니다. 입술에 검은 점이 있으면 술을 잘 마시는데 이런 여자는 귀한 자식을 낳는다고 합니다. 입술 색은 붉은 것이 좋은데 입 주위에 보라색이 보이면 재물 욕심이 많다고 합니다.

　관상학적으로 좋은 코란 알맞게 높고 보기 좋게 살이 있으며 반듯한 코입니다. 그런 코를 가진 사람들은 인격이 훌륭하고 모든 일에 합리적이어서 평생 좋은 운이 계속된다고 합니다. 그러나 코의 피부가 얇고 코에 검거나 푸른색이 보이면 마음속에 고민이 많으며 재물운이 별로 좋지 않다고 합니다.

8.2. 읽기 단계

(1) 어휘 및 문법 제시와 설명 1

어휘와 문법의 제시와 설명 시기가 고정되어 있는 것은 아니다. 읽기 텍스트의 난이도에 따라 교사의 판단 하에 '읽기 전'이나 '읽은 후'에 선택적으로 실시할 수 있다. 또한 '읽기 전'에는 읽기 텍스트의 전체적인 내용 이해에 필요한 주요 어휘와 문법만을 설명하고 '읽은 후'에 학습자의 이해도를 점검하여 나머지 어휘와 문법에 대한 설명을 제시할 수 있다.

(2) 대강 읽기 및 훑어 읽기

질문 제시 1-읽기의 목적을 명확히 하기 위해 이 단계에서는 학습자들이 텍스트의 주요 내용 및 구조를 파악하여 읽을 수 있도록 질문을 통해 제시한다. 즉 단락별로 말하고 있는 것은 무엇인지, 첫인상은 왜 중요한지, 관상은 무엇인지 등에 대해 질문할 수 있다.

(3) 뜯어읽기

질문 제시 2-글의 세부 내용을 이해하고 내용 간의 관계 등을 파악하도록 하는 과정이다. 보다 구체적인 내용에 대한 질문을 작성하여 읽기 전에 제시한다. 예를 들면, 이목구비에 따라 관상에서는 무엇을 좋다고 하고 무엇을 나쁘다고 하는지에 대해 질문을 한다.

(4) 어휘 및 문법 제시와 설명 2

선행 학습 항목을 고려하고 모르는 어휘나 문법을 질문하여 학생들의 이해도를 점검한 후 설명한다. 이때 주의할 점은 어휘나 문법을 문맥과 고립시켜 설명해서는 안 된다는 것이다. 어휘 및 문법은 문맥 안에서 의미를 가지고 학습자들이 텍스트를 이미 읽은 상태이므로 문맥적인 배경 안에서 해당 항목을 이해할 수 있는 단서를 제공하여 학습자들이 의미를 유추하도록 하는 것이 중요하다. 한편 학습자들이 어휘나 문법 항목의 의미를 유추하도록 하기 위해서는 교사가 설명을 하기 전에 해당 항목을 쉬운 항목으로 대체하거나 유의어 및 유사 문법, 반의어 및 반의 문법을 제시해 주는 것도 좋다.

(5) 이해 점검

그림에 맞는 관상 찾기-관상에 대한 글과 그림(8.1의 관상에 관한 그림과 글)을 제공하여 학습자들이 글에 알맞은 그림을 찾도록 한다.

8.3. 읽은 후 단계

(1) 친구의 관상 말하기

텍스트에서 제시한 관상에 대한 정보를 통해 반 친구들의 관상에 대해 말하는 활동을 한다. 이 경우 짝 활동보다는 그룹 활동이 좋은데, 서로의 이해 정도 및 보는 관점이 다르므로 3~4명을 하나의 그룹으로 만들어 돌아가며 한 사람의 관상에 대해 각자의 의견을 말해 보게 함으로써 학습자 간에 피드백을 주고받을 수 있도록 하는 것이 좋다.

(2) 쓰기

학습자의 가족이나 친구의 사진을 미리 준비해 오도록 하여 사진을 보고 사람의 관상에 대해 쓰도록 한다. 짝 활동으로 운영하여 두 사람이 협력하여 쓰기를 할 수 있도록 한다.

9. 정보화 시대의 읽기 교육

전자 매체의 등장은 인류에게 문자 언어의 등장이 가져다 준 문화적 사건을 다시 재현하는 분기점에 도달하게 하였다. 인쇄 매체에서 전자 매체로의 대중화 경향은 현대를 사는 인간에게 그러한 의사소통 방식에 새롭게 적응하도록 유도하고 있다. 정보화 시대의 선두 주자인 인터넷과 같은 매체는 정보에의 접근을 보다 쉽고 빠르게 해 주고 동시에 대중과의 의사소통이 가능하게 하고 있다. 그리고 읽기와 쓰기를 하는 기회를 풍부하게 해주고 사회적 상호 작용을 촉진한다. 이것은 Reinking(1995)이 언급한 '후기 문자 시대'의 의사소통의 한 현상이기도 하다. 따라서 학습자들은 정보화 시대, 후기 문자 시대의 주요한 의사소통 매체를 이해, 사용, 조절할 수 있어야 하며 교사들 역시 변화된 매체를 교육에 활용하는 방안에 대해 모색해야 한다.

9.1. 컴퓨터를 통한 언어 교육의 장점

컴퓨터를 통해 언어 교육을 실시하는 경우 면대면 교실 수업을 보완할 수 있어 효율적인 언어 교육이 가능하다. 컴퓨터를 언어 교육에 활용하는 경우 다음과 같은 장점이 있다.

첫째, 개별 학습이 가능하다. 컴퓨터를 이용한 학습은 학습자 개개인의 언어 능력, 학습 속도 등을 조절할 수 있으므로 최근에 강조되고 있는 학습자 중심의 교육 방법으로 적합하다.

둘째, 컴퓨터를 이용한 학습은 학습자의 응답을 즉각 평가하거나 오류를 수정함으로써 학습자가 동일한 오류를 반복, 습관화하는 언어의 화석화 현상을 방지할 수 있다. 또한 컴퓨터의 즉각적 반영이라는 특성을 이용한 시뮬레이션이나 교육적 게임은 흥미 유발을 통해 오락적인 면과 외국어 습득의 효과를 동시에 기대할 수 있다(Underwood, 1984).

셋째, 컴퓨터의 활용은 비인간적이고 학습 환경을 메마르게 한다는 이유로 초창기에는 부정적으로 받아들여지기도 하였다. 그러나 컴퓨터를 이용한 언어 교육은 학습자의 입장에서 자신의 학습 결과가 교사나 다른 학습자들에게 공개적으로 노출될 때 느끼는 부담을 경감시켜 학습자의 정서적 안정을 가져올 수 있다. 학습자들이 정서적으로 편안함을 느낄 때 언어 습득이 가장 잘 일어난다고 가정할 때(Krashen, 1985), 컴퓨터를 수단으로 하는 교육은 역설적으로 인본주의적인 제2언어 및 외국어 교육이 될 수도 있다(Brown, 1987).

넷째, 컴퓨터를 이용한 언어 교육은 학습자들의 학습 동기를 효과적으로 유발할 수 있다. 학습자들은 새로운 기기에 대한 호기심과 그것을 이용하여 자신들이 무엇을 성취할 수 있을 것인가에 대한 기대감을 가지고 있다. 교사들은 수업 시간에 컴퓨터를 활용함으로써 언어 교수의 다양성과 흥미를 증대시킬 수 있다. 특히 학습자들은 시뮬레이션이나 교육적 게임을 할 때 컴퓨터와의 상호 작용에서 오는 경쟁 심리로 자연스럽게 학습 동기 의식을 갖게 된다. 소그룹 활동으로 운영할 때는 학습자들이 협동하여 컴퓨터와 경쟁하기 때문에 협동심과 더불어 자연스럽게 극대화된 학습 결과를 얻을 수도 있다.

다섯째, 컴퓨터를 이용하면 학습자 개개인의 학습량, 소요 시간, 성적 등의 학습 과정 기록을 분석하여 개별 학습의 진척과 효과 정도를 정확히 파악할 수가 있다. 이 외에도 컴퓨터는 학습자들의 순차적 응답을 보존하여 오류를 체계적으로 분석할 수 있게 하는 이점도 있다. 다시 말해 인쇄 매체를 이용한 학습자들의 응답은 결과만을 나타내는 경우가 많지만 컴퓨터는 학습자의 입력을 순차적으로 추적할 수 있으므로 결과뿐만 아니라 학습 과정 및 학습 전략의 심층 분석이 가능하다.

9.2. 컴퓨터를 활용한 읽기 교육 방법

컴퓨터를 활용한 읽기 교육 방법에는 크게 정보 검색 도구들을 활용하는 방법과 의사소통 도구를 활용하는 방법이 있다. 정보 검색 도구를 활용하는 방법에는 웹 자료의 다운로드 및 스크린 투사, 학습 자료 구축, 다양한 읽기 자료 제공, 실제적인 자료를 활용한 읽기 과제 활동이 있다. 또한 전자 우편, 메일링 리스트, 전자 게시판 등의 의사소통 도구들을 활용하는 방법이 있다.

10. 읽기 평가

수업 상황에서의 읽기 맥락, 평가 상황에서의 읽기 맥락, 실제 독서 상황에서의 읽기 맥락이 존재한다고 보면 지금까지의 읽기 평가는 주로 수업 상황이나 평가 상황에서의 모형화 된 읽기에 편중되어 왔다고 할 수 있다. 실제 읽기 상황에서 독자는 실제적인 텍스트를 가지고 정보나 즐거움을 얻기 위해 텍스트를 읽지만 수업이나 평가에서는 질문에 답하기 위한 읽기가 대부분이다. 그러므로 독자는 교사가 일방적으로 제시한 텍스트와 질문에 수동적으로 반응하게 된다. 따라서 읽기 평가에서 가장 중요하게 생각해야 할 것은 읽기 평가에 현실에서의 읽기 수행과 같은 실제성을 부여하는 것이다.

10.1. 읽기 평가의 유의점

독해력의 평가는 학습자의 성취도를 측정할 수 있을 뿐만 아니라 학습 동기를 부여하고 교사에게 지도 방법 및 방향을 제시해 주는 중요한 피드백 자료다. 효과적인 평가를 하기 위해 교사는 학습자에게 사전 준비의 기회를 주고 타당성, 실용성, 신뢰성, 신빙성이 있는 평가 문항을 작성하고 평가의 결과가 이후 학습에 긍정적인 영향을 줄 수 있게 해야 한다. 또한 평가 지문은 소재와 수사 구조 등의 면에서 다양하고 학습자에게 흥미 있는 내용이 바람직하다. 이를 위해 교사는 다음과 같은 사항에 유의하여야 한다.

첫째, 읽기를 하나의 과정으로 파악해야 한다. 둘째, 읽기 평가는 다른 의사소통 기능과 연계하여 언어의 총체적인 사용 상황 안에서 실시되어야 한다. 셋째, 교사의 직관이 유용한 평가 도구가 되기 위해서는 전문가로서의 안목과 자질을 충분히 닦을 필요가 있으며, 충분한 준비를 통해 체계적으로 읽기 평가를 실시해야 한다. 넷째, 학습자의 의사소통 능력과 장단점을 종합적으로 파악해야 한다. 다섯째, 평가를 수업의 일부분으로 파악하여 수업 속에서 이루어지도록 하고 평가 결과를 바로바로 수업에 피드백 할 수 있도록 노력해야 한다. 여섯째, 지필 검사에만 의존해서는 안 되며 일기, 편지, 토론 등 다양한 의사소통 상황을 고려해서 평가해야 한다. 일곱째, 평가는 수업 전이나 수업 중 또는 일상의 학교생활에서 계속적으로 이루어질 필요가 있다. 여덟째, 읽기 평가는 실제 읽기 활동과 연관성이 있어야 한다.

10.2. 읽기 평가 방안

읽기 평가는 다른 언어 기능의 평가와 마찬가지로 평가 목적, 평가 내용, 평가 형태 등에 따라 다양한 층위에서 분류할 수 있다. 첫째, 평가 목적에 따라 배치 평가(placement test), 진단 평가(diagnostic test), 적성 평가(aptitude test), 성취도 평가(achievement test), 숙달도 평가(proficiency test) 등으로 분류할 수 있다. 둘째, 평가 내용에 따라 어휘 능력의 평가, 사실적·추론적·통합적 이해 평가, 수행 평가로 분류할 수 있다. 셋째, 평가 형태에 따라 행동 반응이나 그림을 이용한 평가, 진위형과 기술형, 선택형, 정보 전이, 항목 재배열, 회상 평가, 요약 평가, 빈칸 채우기 평가 등으로 분류할 수 있다.

교사는 이러한 읽기 평가 방법에 대한 이해를 토대로 학습자의 특성, 교과 내용, 평가 사항, 평가 목표 등에 따라 적합한 평가 방법을 선택하여 학습자의 읽기 능력을 정확하게 평가하도록 노력해야 한다. 특히 평가를 단지 학습자의 읽기 능력을 파악하기 위해 일회적으로 실시하는 것으로 생각해서는 안 되며, 형식적인 평가와 아울러 수업 시간마다 학습자의 읽기 능력을 파악하기 위한 비형식적인 평가를 지속해야 한다. 이러한 평가 자료는 학습자의 읽기 능력을 반영하는 피드백 자료로서 학습자에 대한 정보뿐만 아니라 교사 자신의 읽기 교육 개선 자료로 활용할 수 있다.

학습자의 독해 능력을 평가하기 위한 적절한 평가 방법을 선택하였다면, 그에 부합하는 좋은 문항을 제작하기 위해 다음과 같은 점들을 고려해야만 한다.

우선 내용 이해에 관한 질문과 세부 사항 파악을 위한 질문을 구분하고 전체적인 내용 파악에 대한 질문에 초점을 맞추는 것이 바람직하다. 물론 질문의 난이도가 요구되는 읽기 속도를 학습자의 수준에 적합하게 해야 할 것이다. 읽기 지문으로는 다양한 소재를 선정하여 배경 지식의 유무가 평가 결과에 미치는 영향을 최소화하는 것이 바람직하다.

참고문헌

강명순(1999), 독해력 향상을 위한 한국어 읽기 교육 방안, 말 23·24, 연세대학교 언어연구교
　　　육원 한국어학당.

권미정(1999), 외국어로서의 한국어 읽기 교육: 독해 전략을 통한 효율적인 읽기 방안, 한국어
　　　교육, 10-1, 국제한국어교육학회.

권오연(2000), 외국어로서의 한국어 읽기 지도 방법 연구, 한국외국어대학교 석사학위논문.

김경숙(1983), 외국어로서의 한국어 읽기 교육에 대한 견해, 말 8, 연세대학교 한국어학당.

김남순·이은진(2001), 초인지 훈련이 초인지와 수학적 문제 해결력에 미치는 효과, 중등교육
　　　연구 제13집, 경상대학교 중등교육연구소.

김미경(2006), 한국어 학습자를 위한 읽기 텍스트 구성 연구: 다중 텍스트(multiple texts) 활
　　　용을 중심으로, 경희대학교 교육대학원 석사학위논문.

김미옥(1992), 읽기 교육에 관한 연구, 말 17, 연세대학교 언어연구교육원.

김선일(2007), 외교관 대상의 직업 목적 한국어 읽기 교육 방안 연구: 영어권 외교관을 중심으
　　　로, 고려대학교 교육대학원 석사학위논문.

김영만(2005), 한국어 교육의 이론과 실제, 도서출판 역락.

김영숙 외(1999), 제7장 영어 읽기 교육론. 영어과 교육론. 한국문화사.

김은주(2001), 한국어 교육의 학문적 위상 정립과 학문으로서의 미래 조망, 외국어로서의 한국
　　　어 교육 25·26, 연세대학교 한국어학당.

김정숙(1996), 담화 능력 배양을 위한 외국어로서의 한국어 읽기 교육 방안, 한국말 교육 7, 국
　　　제한국어교육학회.

______(2004), 한국어 읽기·쓰기 교재 개발 방안 연구, 한국어 교육 15-3, 국제한국어교육
　　　학회.

______(2006), 고급 단계 한국어 읽기 자료 개발 방안, 이중언어학 32, 이중언어학회.

김중섭(1999), 한국어 교육의 새로운 방법, 제1회 한국어 교육 국제학술회의, 외국어로서의 한

국어 교육 방법, 서울대학교 어학연구소.

_____(2001), 한국어 읽기 교육의 이론과 실제, 중국청도대학 · 문화관광부 국어정책과.

_____(2002), 중국인 학습자를 위한 한국어 읽기 교육 방법 연구, 한국어 교육 13-1, 국제한국어교육학회.

_____(2004), 한국어 읽기 교육의 이해, 한국문화사.

김중섭 · 이관식(1999), "외국인을 위한 한국어 교재 개발에 관한 연구", 한국어 교육, 10-1, 국제한국어교육학회.

김향미(2003), 한국어 교육 읽기 자료 개발에 관한 연구: 중급단계를 중심으로, 경희대학교 교육대학원 석사학위논문.

김형근(2002), 외국어로서의 한국어 읽기와 쓰기 교수 학습에 관한 통합적 연구, 국민대학교 교육대학원.

노명완(1994), 읽기 관련 요인과 효율적인 읽기 지도, 이중언어학 11, 이중언어학회.

문희영(2000), 스키마 활성화를 통한 한국어 일기 교육 방안, 이화여자대학교 석사학위논문.

박경자(1989), 심리언어학. 고려대학교 출판부.

박수자(1995), 독해전략의 유형과 지도에 관한 연구. 국어교육 89, 한국국어교육연구회.

손경숙(2000), 한국어 학습자의 읽기 전략 훈련과 학습결과 분석 연구, 연세대학교 석사학위논문.

송금숙(2003), 한국어 읽기 교육의 텍스트 유형 연구, 고려대학교 석사학위논문.

심상민(2001), 한국어 학습자의 읽기 과정에 관한 연구(2001)년 추계학술대회 자료집.

윤경희(2003), 읽기 초인지 전략에 관한 연구: 한국어EFL 화자를 중심으로, 고려대학교 석사학위논문.

이경화(1999), 담화 구조와 배경 지식이 설명적 담화의 독해에 미치는 효과에 관한 연구, 한국교원대학교 박사논문

_____(2001), 읽기 교육의 원리와 방법. 도서출판 박이정.

_____(2004), 읽기 교육의 원리와 방법 개정판, 박이정.

이동연(2007), 대학 수학 목적의 한국어 읽기 교재 개발 연구: 상경계열 외국인 유학생을 중심으로, 부산외국어대학교 교육대학원 석사학위논문.

이재승(1998), 읽기 교육이란 무엇인가. 우리교육 연수자료.

이정희 · 김지영(2003), 최고급 단계 내용중심 한국어 읽기 수업의 실제, 외국어로서의 한국어 교육, 연세대학교 한국어학당.

임병빈(1993), 읽기 속도 숙달 연습과 의미파악 훈련을 통한 효율적인 영어 독해력 교수 학습 방안. 영어교육 46, 한국영어교육학회.

정길정·연준흠 편저(2000), 외국어 읽기 지도의 이론과 실제. 한국문화사.

조정순(2000), 영어 읽기 지도. 현대 영어 교육의 이해와 전망. 서울대학교 출판부.

주옥파(2004), 고급 한국어 학습자를 위한 읽기 교육에 관한 연구, 한국어 교육 15-1, 국제한 국어교육학회.

차도현(2000), 인터넷을 활용한 한국어 읽기 교육 연구, 경희대학교 교육대학원 석사학위논문.

한재영 외(2005), 한국어 교수법, 태학사.

홍애란(2006), 재미동포 청소년 학습자를 위한 한국어 읽기 교육 연구, 서울대학교 대학원 석 사학위논문.

황미향(1999), 한국어 텍스트의 계층구조와 결속표지의 기능 연구: 읽기 능력 측정과 읽기 교재 구성 방안 모색, 경북대학교 박사학위논문.

황인교(1997), 외국어로서의 한국어 교육 연구: 읽기, 쓰기 지도법을 중심으로, 이화어문논집 15, 한국어문학연구소.

Andrew Sangpil Byon(2004), Understanding the reading process of beginning American KFL learners, 한국어 교육 15-1, 국제한국어교육학회.

Brown(1980), Principles of Language Learning and Teaching, Englewood Cliffs, N.J.: Prentice-Hall.

_____(1994), Teaching by Principles, Englewood Cliffs, N.J.: Prentice-Hall.

_____(1987), Principles of language learning and teaching, Englewood Cliffs, N.J. : Prentice-Hall, c1987.

Carrell(1981), Culture-specific schemata in L2 comprehension. In R. Orem & J. Haskell(Eds.). Selected papers from the ninth Illinois TESOL/BE annual convention and the first midwest TESOL conference. Chicago (1230132). IL: TESOL/BE.

_____(1984), The effects of rhetorical organization on ESL readers. TESOL Quarterly 18(3). pp. 441-469.

_____(1988), Interactive approaches to second language reading, Cambridge ; New York : Cambridge University Press.

Caver(1977-1978), Toward a Theory of reading comprehension and rauding. Reading

Research Quarterly 13-8-64.

Coady(1979), A psycholinguistic model of the ESL reader. In R. Mackay, B. Barkman & R. R. jordan (Eds.). Reading in a second language: Hypotheses, organization, and practice. Rowly. MA: Newbury Housed. pp. 5-12.

Fries(1962), The Teaching of English, Ann Arbor : George Wahr.

Goodman(1967), Reading, A psycholinguistic guessing game. Journal of the Reading Specialist 6. pp. 126-135.

_____(1973), Miscue analysis : applications to reading instruction, Urbana, Ill.: ERIC Clearinghouse on Reading and Communication Skills.

Gough(1972), one second of reading. In. J. F. Kavanagh & I. G. Mattingly (Eds.). Language by Ear and by Eye (pp. 331-358). Cambridge. Ma: MIT Press.

Johnson(1981), Effects on reading comprehension of building background knowledge. TESOL Quarterly 16, pp. 503-516.

Johnston(1983), Reading comprehension assessment: A cognitive basis, Newark, DE: International Reading Association(ERIC Document Reproduction Service, No. ED 226-338.

Krashen(1985), The input hypothesis : issues and implications, London ; New York: Longman.

LaBerge & Samuels(1974), Toward a theory of automatic information processing in reading. Cognitive Psychology 6, pp. 293-323.

Lee(1986), Background knowledge & L2 reading. Modern Language Journal 70(4), pp. 35-54.

Omaggio(1979), Pictures and second language comprehension: do they help? Foreign Language Annals 12(2), pp. 107-16.

Rumelhart(1977), Toward an interactive model of reading. In S. Dornic(Ed.). Attention and Performance VI. Hillsdale. NJ: Lawrence Eribaum. pp. 573-603.

Smith(1973), Psycholinguistics and reading, New York : Holt, Rinehart and Winston.

Stanovich(1980), toward an interactive-compensatory model of individual differences in the development of reading fluency. Reading Research Quarterly 16, pp. 32-71.

Stanovich(1986), Mattew effects in reading: Some consequences of individual differences in the acquisition of literacy. Reading Research Quarterly 21, pp. 360-407.

Stauffer(1969), Directing reading maburity as a cognintive process, N.Y. : Harper & Row, P blishers.

Steffensen, Joag-Dev, & Anderson(1979), A cross-cultural perspective on reading comprehension. Reading Research Quarterly 1, pp. 10-29.

Underwood(1984), The development of word recognition processes, The British journal of psychology, Vol.75, pp. 243-256.

별첨 1 : 설문지

중국에서의 한국어 읽기 교육에 대한 설문

※ 다음은 중국 대학교에서의 읽기 교육 현황에 대한 설문입니다. 여러분이 수학하고 있
는 중국 대학교에서의 읽기 교육에 관해 질문에 대답해 주십시오.

• 학교명 :

1. 한국어 능력 중 가장 중요한 것은 무엇이라고 생각합니까? 순서대로 번호를 쓰십시
   오. 가장 중요하다고 생각하는 능력부터 "1→2→3→4"와 같이 숫자를 쓰십시오.
   듣기 능력( ) 말하기 능력( ) 읽기 능력( ) 쓰기 능력( )

2. 한국의 수업 시간 중 읽기 수업 시간이 적당하다고 생각합니까?
   ① 부족하다   ② 적당하다   ③ 많다

3. 한국어 읽기와 관련된 수업 명칭에 어떤 것이 있습니까?
   예) 독해, 한국 문학, 시사 한국어 등
   →

4. 읽기 수업은 어떤 순서로 진행됩니까? 순서대로 써 보세요.
   예) 본문 읽기→본문 내용 질문→ 새 단어 설명 → 본문 내용 설명 → 문법 설명 →
   문법 예문 읽기 → 단어/문법 이용해 문장 만들기 → 학생이 본문 내용 다시 말하
   기 → 연습 문제 풀기 → 본문 외우기 → 본문과 관련된 문화 배우기 →

5. 읽기 수업은 주로 어떤 방법으로 진행됩니까?

　　예) 선생님께서 주로 본문 내용이나 모르는 단어, 문법에 대해 설명하신다.
　　　　본문 내용과 관련된 여러 가지 활동(게임, 역할놀이 등)을 한다.
　　　　→

6. 현재의 읽기 수업에 만족합니까? 만족하지 않는다면 그 이유는 무엇이라고 생각합니까?
　　→

7. 어떤 읽기 수업이 읽기 능력 향상에 도움이 된다고 생각합니까?
　　→

8. 한국어 텍스트를 이해할 때 가장 어려운 것은 무엇입니까?
　　→

9. 읽기 수업에서 주로 사용하는 자료는 무엇입니까? 많이 사용하는 순서대로 쓰십시오.

　　예) 시 → 소설 → 수필 → 설명문 → 논설문 → 신문 기사 → 광고문 → 한국의 옛
　　　　이야기
　　　　→

10. 어떤 종류의 읽기 수업 자료가 한국어 학습 및 한국 문화 이해에 가장 도움이 된다고 생각합니까? 순서대로 쓰십시오.

　예) 시 → 소설 → 수필 → 설명문 → 논설문 → 신문 기사 → 광고문 → 한국의 옛 이야기

　　→

※ 설문에 응해 주셔서 감사합니다.

제6장

외국인 한국어 학습자를 위한 의태어 교육 방법 연구

1. 머리말

한국어는 의태어가 매우 발달한 언어다. 모양과 상태를 묘사하는 의태어는 한국인의 다양한 감정과 느낌을 표현하는 유용한 수단이 되고 있다. 이러한 의태어는 한국어를 모국어로 하는 화자들에게는 별도의 교육이 필요하지 않으며, 또한 사용상의 어려움도 없다. 그러나 외국인 학습자의 경우 한국어를 배울 때 가장 어려움을 느끼는 것 중의 하나가 바로 의태어다.

본 연구는 다음과 같은 세 가지 절차에 의해 외국인 학습자를 위한 한국어 의태어 교육 방법에 대해 살펴보고자 한다.

첫째, 한국어 교육용 의태어의 목록 선정을 위해 학습자 설문을 실시한다.

둘째, 한국어 학습자들의 의태어 사용 현황을 살펴본다.

셋째, 효과적인 한국어 교육을 위한 한국어 의태어 교육 방법을 제시한다.

2. 외국인 한국어 학습자를 대상으로 한 의태어 설문 분석

한국어 교육용 의태어 목록 마련 및 교육 방법을 제시하기에 앞서 필요한 과정이 외국인 학습자를 대상으로 한 설문 조사다. 이 설문 조사의 결과를 살펴보면 외국인 학습자들이 의태어를 얼마만큼 인식하고 있는지를 알 수 있을 것이다.

이번 설문에 참여한 외국인 한국어 학습자는 총 63명이다. 본격적인 설문에 앞서 실시한 설문 대상자에 대한 기초적인 자료는 다음과 같다. 먼저 성별로 구분하였을 때 남자 23명, 여자 40명이다. 국적별로 살펴보면 총 20개국으로 일본 20명, 중국 12명, 베트남과 몽골이 각 4명, 대만과 우즈베키스탄이 각 3명, 카자흐스탄, 러시아 그리고 체코가 각 2명, 키르키즈스탄, 노르웨이, 루마니아, 불가리아, 터키, 오스트리아, 이탈리아, 태국, 캐나다, 필리핀, 네팔이 각 1명이다. 마지막으로 설문대상자의 한국어 능력 수준은 초급반 12명, 중급반 16명, 고급반 37명이며, 참고로 한국어를 공부한 기간은 6개월 이내(16명)부터 5년 이상(7명)까지 다양하다. 설문의 내용은 다음과 같다.

의태어 학습에 관한 설문 조사

국적 :   반 :   이름 :

한국어를 공부한 기간 :

1. 당신은 의태어가 무엇인지 알고 있습니까?

2. 당신의 모국어에는 의태어가 있습니까? 있다면 얼마나 자주 사용합니까?

3. 당신이 알고 있는 한국어 의태어를 모두 쓰세요.

4. 자주 사용하는 한국어 의태어에는 어떤 것들이 있습니까?

5. 주로 어느 때 의태어를 많이 사용합니까?
   1) 말할 때   2) 글 쓸 때

6. 어느 단계에서 의태어를 배워야 한다고 생각하십니까? 또 그 이유는 무엇입
   니까?

7. 의태어를 배우거나 이해하기 힘든 이유는 무엇입니까?

위에서 제시한 설문의 내용을 항목에 따라 구체적으로 분석하면 다음과 같다.

첫 번째 질문 항목은 의태어가 무엇인지 알고 있는가에 대한 질문으로 56명(85퍼센트)의 외국인 학습자들이 알고 있다고 답변했고 7명(11퍼센트)은 모른다고 응답했다. 의태어를 알지 못한다고 응답한 사람들은 대부분 초급반 학생들이었다. 이는 초급 단계에서 구체적인 문법 용어를 제대로 교육하지 않는 현실을 반영하고 있다고 볼 수 있다.

두 번째 항목은 모국어에 의태어가 있는가에 대한 질문으로 61명(94퍼센트)이 있다고 답변했는데 이 중 모국어에서 의태어를 자주 사용하는 사람은 11명(17퍼센트), 자주 사용하지 않는다는 사람은 18명(28퍼센트)으로 외국인 학습자들의 모국어에서는 자주 사용하지 않는 것으로 나타났다. 이를 통해서 외국어의 경우 의태어는 있지만 한국어에서 의사소통 과정에 의태어가 차지하는 비중에 비해 낮다는 사실을 알 수 있다.

세 번째 항목은 알고 있는 한국어 의태어에는 무엇이 있는가에 대한 질문으로 전부 82개의 의태어가 나왔다. 예를 들면 '반짝반짝'(19), '깡총깡총'(12), '훨훨'(10), '깜박깜박'(7), '말랑말랑, 꾸벅꾸벅'(각 6), '둥글둥글, 껑충껑충, 딱, 아장아장'(각 5), '빙글빙글, 살살, 싱글벙글'(각 4), '깜짝깜짝, 번쩍번쩍, 보글보글, 생글생글, 슬슬, 살금살금'(각 3), '구불구불, 꾸불꾸불, 뉘엿뉘엿, 두근두근, 딱딱, 불쑥, 뻘뻘, 성큼성큼, 쑥쑥, 쓸쓸, 어슬렁어슬렁, 우르르, 울긋불긋, 점점, 주렁주렁, 펄펄, 푸석푸석, 핑글핑글, 휘적휘적'(각 2), '가물가물, 고분고분, 곱슬곱슬, 껄껄, 꼬박꼬박, 꼬불꼬불, 꽁꽁, 꽉, 끈적끈적, 대충대충, 덜덜, 뒹굴뒹굴, 때굴때굴, 또박또박, 뚱뚱, 말똥말똥, 미끌미끌, 바싹, 방실방실, 벌벌, 부쩍, 비틀비틀, 빙긋, 빨리빨리, 빵빵, 산들산들, 시름시름, 싱긋, 쏙쏙, 어정어정, 울퉁불퉁, 으슬으슬, 쫄깃쫄깃, 쭉, 차근차근, 찰랑찰랑, 초롱초롱, 캄캄, 컴컴, 툭, 펑펑, 헐렁헐렁, 획획(각 1) 등이다. '야웅, 멍멍' 등 의성어를 의태어로 착각하여 답변한 사례도 있었고 전혀 다른 어휘를 응답한 경우도 있었다. 3번 문항의 답변한 개수를 살펴보면 15개 이상 답변한 학생은 2명이며, 3~6개 정도를 알고 있는 경우가 가장 많았다.

네 번째 항목은 자주 사용하는 의태어에 대한 질문으로 '반짝반짝'(12), '깡총깡총'(7), '훨훨, 깜박깜박, 딱, 말랑말랑, 살금살금, 싱글벙글'(각 2) 순이었다.

다섯 번째 항목은 어느 때 주로 의태어를 사용하는가라는 질문으로 '말할 때'(43), '글 쓸 때'(11) 순이다. 이는 의태어 어휘의 난이도로 볼 때 글 쓸 때 더 많이 쓸 것이라는 추측과는 전혀 다른 결과다. 말할 때 많이 쓰는 이유는 의태어가 구어적인 성격이 강하다는 데 1차적인 원인을 찾을 수 있을 것이다.

여섯 번째 항목은 어느 단계에서 의태어를 배워야 하는가에 대한 질문으로 초급(23)에서 가르쳐야 한다는 답변이 중급(21), 고급(7)에서 보다 많이 나왔다. 이러한 사실은 보통 한국어 교육에서 의태어 교육은 초급에서는 전혀 가르치지 않는 현실에 비추어 외국인 학습자들의 의태어에 대한 관심이 매우 높다는 것을 확인할 수 있었고 이에 따른 교육도 있어야 한다는 것을 증명한다고 하겠다. 또한 초급과 중급 단계에서 가르쳐야 한다고 응답한 학습자들이 대부분 중급이상의 학습자라는 사실을 볼 때, 한국어의 의사소통 능력을 기르는 데 의태어가 아주 중요하다는 것을 학습자 스스로 인식하고 있다는 것으로 볼 수 있다.

끝으로 의태어를 배울 때 어려운 이유에 대한 답변은 '한국어에 의태어의 수가 너무 많아서 기억하기 힘들다'(8), '모국어와 한국어가 너무 많이 다르기 때문에 어렵다'(6), '아직 배우지 않아서 모르겠다'(6), '어떤 때 어떻게 사용할지 모르겠다'(4), '일상생활에서 별로 사용할 기회가 없다'(3)의 순서로 나타났다.

여기서 우리는 일반적으로 외국인 학습자들이 한국어를 배울 때 의태어가 한국어의 특징이라고 확실히 인식하고 있다는 것을 알 수 있다. 하지만 어느 단계에서 어떻게 어느 만큼 의태어를 가르쳐야 하는지에 대한 체계적인 교육 방법이 없어서 이에 대한 연구가 필요하다는 사실을 알 수 있다.

3. 외국인 한국어 학습자들의 의태어 사용 현황

2장에서는 외국인 한국어 학습자들의 의태어에 대한 인식의 정도를 살펴보았다. 이는 한국어 교육용 의태어의 목록을 선정하기 위한 기초 자료로서 의의가 있다. 본 장에서는 외국인 고급반 한국어 학습자들의 한국어 작문을 분석하여 실제 의사소통 상황에서 자주 범하는 오류 유형인 음운적 오류, 형태적 오류, 의미적 오류로 나누어 분석하고자 한다. 고급반 한국어 학습자들이 실제로 범하는 의태어 교육 방법 및 의태어 교육에서 유의해야 할 사항들을 찾을 수 있을 것이다.

본 설문 분석은 2000학년도 2학기 경희대 한국어 고급 1과정에서 수학하였던 한국어 학습자들의 작문 자료를 토대로 하였다. 학습자들로 하여금 자신이 알고 있는 의태어를 사용하여 작문을 하게 하는 방법으로 학습자들의 의태어 사용 현황을 파악하고자 하는 것이다.

3.1. 음운적 오류

음운적인 오류는 가장 자주 쉽게 범할 수 있는 오류로서 초급부터 철저하게 듣기 교육 등을 통해서 교정시켜야 한다. 다음은 한국어 작문에서 범한 음운적 오류들이다.

1) 딩덩 소리를 듣고…

2) 내가 처음에는 <u>종얼종얼</u> 따라 부르는데…
3) 음식을 먹은 후에 <u>아싹아싹</u>한 사과나 감을…
4) 눈이 <u>뻘뻘</u> 내리는 날이었다.
5) 나는 하루 종일 <u>꼴록꼴록</u> 기침을 하고…
6) <u>꽥꽥</u> 떠드는 오리들
7) 토끼는 <u>캉충캉충</u> 뛰어간다.

위에서 든 예들을 살펴보면 학습자들이 자주 범하는 음운적 오류를 모음 오류와 자음 오류로 나누어 살펴볼 수 있다. 먼저 모음에 있어서는 모음 식별(1번 예), 모음조화(2번 예) 파괴를 오류 유형으로 살필 수 있다. 자음에 있어서는 평음, 경음, 격음을 식별하지 못한 데서 나오는 오류가 대부분임을 알 수 있다.

따라서 한국어의 의태어 교육이 제대로 이루어지기 위해서는 발음 단계에서부터 체계적인 교육이 이루어져서 모음, 자음 교육은 물론 평음, 경음, 격음을 식별할 수 있는 교육을 철저히 시켜야 한다.

3.2. 형태적 오류

다음은 외국인 학습자들이 한국어 작문에서 범한 형태적 오류들로서 의태어의 첩어성을 이해하지 못해 일으킨 오류들이다.

1) 초마조마한 마음으로…
2) 평소에 엄벙덤벙해서 자꾸 자기의 물건을 잃어버렸습니다.
3) 그대의 벌글벙글 웃는 모습이 떠오른다.
4) 제일 인상 깊은 것은 고향의 오불꼬불한 오솔길이다.
5) 길이 울퉁울퉁해서…
6) 꼭대기에까지 올라갈 수 있으면 밑에 쫙 내려 보면 더 좋다고 생각해서 버틱버틱

올라갔습니다.

이상과 같이 외국인 학습자들이 범한 형태적 오류의 대부분이 같은 형태의 반복을 통해 형성되는 의태어의 첩어적 특징을 파악하지 못하고 있는 데서 비롯되었음을 알 수 있다. 즉, 의태어의 첩어성에 대한 교육이 제대로 이루어졌다면 '초마조마, 엄벙덤벙, 벌글벙글, 오불꼬불'과 같은 오류는 발생하지 않았을 것이다. '울퉁불퉁'은 AB형의 의태어를 AA형으로 잘못 인식한 오류이고, '버턱버턱'은 반복되는 기본 형태를 잘못 인식한 것이다.

이처럼 미리 의태어의 형태적 특징들을 교육시킨다면 이러한 오류 등은 줄일 수 있다고 생각된다.

3.3. 의미적 오류

외국인 학습자들이 한국어 작문에서 범한 의미적 오류를 살펴보면 다음과 같다.

1) 바람이 <u>훨훨</u> 불고…
2) 눈물이 <u>무뚝뚝</u> 떨어졌다.
3) 우리 어렸을 때 <u>비틀비틀</u> 걸어가는 것과…
4) 눈이 <u>깜짝깜짝</u>거리는 것이…
5) <u>꼬불꼬불</u>한 할머니께서 가지 말라고 또박또박 말했는데도 말이다.

위의 예들은 학습자들이 상황에 적합한 의태어를 선택하지 못하여 발생한 의미적 오류들이다. 1)의 예를 보면 '훨훨' 큰 새가 하늘을 나는 모습을 표현한 것으로 의미를 잘 파악하지 못해서 나타난 오류로서, '훨훨'을 바람이 부는 모습을 표현하는 의태어로 착각한 것이다. 여기에는 '씽씽, 쌩쌩'과 같은 표현이 적합하다. 2)의 '무뚝뚝'은 '뚝뚝'으로 3)의 '비틀비틀'은 '아장아장'으로, 4)의 '깜짝깜짝'은 '깜빡깜빡'으로, 5)의 '꼬불꼬불'은 이리 고부라지고 저리 고부라진 모양의 센말로서 할머니를 수식하는 자리에 놓기 힘든 말이다. 늙은 사람의 주름진 얼굴 모양을 표현할 때는 '쭈글쭈글'이라고 해야 한다.

위에서 살펴보았듯, 학습자들이 의미적 오류를 범하는 것은 한국어 의태어의 의미를 잘 알지 못해 상황과 제대로 결부시키지 못하기 때문이다. 의태어가 사용되는 상황을 명확히 제시하여 학습자들로 하여금 그 의미를 분명하게 인식할 수 있게 하는 교육이 필요한 것이다.

이처럼 고급 한국어 학습자들의 의태어 오류에서 볼 수 있듯이 중요한 한국어 특징 가운데 하나인 의태어 어휘 교육이 매우 중요하며 초급부터 고급 단계까지 체계적인 교육이 이루어져야 한다는 것을 인식할 수 있다. 그렇게 하기 위해서는 먼저 의태어 어휘의 선정이 시급하고 그에 따른 교육 방법도 제시되어 효과적인 어휘 교육이 이루어질 수 있도록 해야 할 것이다.

4. 한국어 교육용 의태어 목록 선정

한국어 교육에서 교육용 기본 어휘 선정은 매우 중요하다. 지금까지 기본 어휘 선정에 관한 연구 성과[1]가 있었지만, 기본 어휘 선정이 빈도수만을 주요한 기준으로 삼았거나, 초등학생 대상 국어 교육을 위하여 선정한 목록이므로 이를 그대로 한국어 교육에 적용하는 것은 무리가 있을 수 있다. 특히 의태어의 특성상 집중 교육이 필요한데, 이를 위한 목록은 마련되어 있지 않았다.

---

1) 서상규 외(1998), 한국어 세계화추진을 위한 기반구축사업 1차년도 결과보고서, 문화체육관광부.

　의태어 목록은 빈도수를 기준으로 하되, 상황적인 맥락을 고려해야 한다. 예를 들어 한국어 교육 상황에 적합하지 않은 의태어는 그 빈도수가 높다고 하더라도 교육할 수 없다. 또한 대부분의 의태어는 빈도수가 낮아서 교육에 소홀한 편이다. 하지만 의태어는 한국어의 주요한 특징이라는 점을 간과해서는 안 된다. 설문지에서도 알 수 있듯이 외국인 학습자의 경우 의태어에 대한 관심도 많고 지적 욕구도 매우 크다고 할 수 있다. 따라서 빈도수에 너무 얽매이지 말고, 학습 상황과 학습자의 흥미를 고려하여 목록을 작성해야 한다. 참고로 국내 주요 한국어 교재 8종에 나타난 의태어 현황을 살펴보면 총 66개가 나타난다. 급별로 의태어 현황에 대해 살펴보면 다음과 같다.

1급　　: 없음
2급　　: 깜짝, 꼭, 조심조심, 쭉, 휙(5개),
3급　　: 깜빡, 꽉, 달달, 딱, 벌떡, 쏙, 우르르, 울긋불긋, 텅, 푹, 푹푹(11개)
4급　　: 까딱, 깡충깡충, 꼭꼭, 꽁꽁, 꾹, 덜덜, 덩실덩실, 동동(구르다), 들락날락, 뚝, 무럭무럭, 붉으락푸르락, 빙그레, 뻘뻘, 살랑살랑, 안절부절, 엎치락뒤치락, 오락가락, 오르락내리락, 옹기종기, 웅성웅성, 주룩주룩, 줄줄, 쨍, 쪼르르, 텅텅, 활짝, 훨훨, 휘휘(30개)
5, 6급 : 깜박, 꼬박꼬박, 뚝(떨어지다), 벌벌, 벌컥벌컥, 부쩍, 불쑥, 빈둥빈둥, 빙빙, 술술, 싱글벙글, 쓱, 우물우물, 줄줄, 질질(끌다), 쫙, 척척, 털썩, 툭툭, 펑펑, 훌쩍(21개)

　4급의 어휘가 5, 6급보다 많다는 것은 의태어에 대한 고려가 거의 없었음을 나타내는 것이라고 할 수 있다. 문화체육관광부 자료인 「기본 어휘 목록 후보 5000」에서는 '깜짝, 꽉, 딱, 뚝, 바싹, 바짝, 번쩍, 벌떡, 불쑥, 빙, 빙그레, 씩, 우두커니, 우뚝, 쭉, 텅, 툭, 활짝, 힐끗' 19개만 나타날 뿐이다. 이는 교재에서 이용한 의태어가 빈도수와는 큰 관련성이 없음을 보여 주는 것이라고 할 수 있다.

외국인 학습자 설문지에서 조사된 82개의 의태어 목록과 주요 교과서에서 조사된 의태어 66개 그리고 「기본 어휘 목록 5000」에서 조사된 19개를 비교 검토해서 의태어 목록을 100개 내외에서 정하는 것이 바람직하다고 생각한다. 또한 급별로 교육할 의태어를 선정하되, 실제 의사소통 과정에서 많이 쓰이는 것으로 빈도수를 파악해야 하며, 상황적 맥락을 고려해서 정해야 한다고 본다.

초급 단계의 학습자에게는 지나친 학습 부담이 되기 때문에, 직접적인 의태어 교육보다는 일반적인 특징에 대한 이해를 시키는 것이 좋다. 특히 모음조화나 자음의 음가 차이를 인식시키는 방안으로 의태어 교육이 이루어질 수 있을 것이다. 구체적인 어휘 학습은 중급 이상에서 시작하는 것이 바람직하다고 생각한다. 중급과 고급 단계에서 수업을 진행할 경우에는 각 단계별로 의태어 목록을 선정해야 할 것이다. 또한 수업이 집중적으로 이루어져야 하기 때문에 필요한 상황을 정리해 두어야 할 것이다.

5. 의태어 교육 방법

의태어 교육 방법은 크게 세 가지 측면에서 접근이 가능하다. 첫째로 의태어의 중요한 특징이 강세, 모음조화 등 발음과 관련되는 부분이 많으므로 음운론적인 접근이 필요하다. 둘째는 의태어의 형태가 '어근+접미사'의 다양한 유형이 나타나고, '첩형'의 유형도 다양하므로 형태론적인 접근도 필요하다. 셋째로 의미 교육의 측면도 강조하면서, 한국인의 언어에 대한 사고도 설명한다는 측면에서 어원론적인 접근도 필요하다. 각각에 대해서 예를 중심으로 소개하면 다음과 같다.

5.1. 음운론적인 접근

① 음의 고저

한국어의 경우 다른 어휘에는 잘 나타나지 않지만 의태어에는 강세가 있다는 특징이 있다. 예를 들면 '출렁출렁'은 물이 넘치는 모습과 소리를 나타내는 말로 '출렁출렁'을 교육시킬 때 '출'은 높고 강하게 '렁'은 낮고 약하게 가르치고, '칙칙폭폭'을 가르칠 때는 '칙칙' 다음에 휴지(pause)를 조금 두어서 '폭폭'을 가르치는 교육도 함께 이루어질 수 있다. 이처럼 의태어를 교육할 때는 이러한 음운의 고저나 휴지에 대한 연습을 시킬 수 있는 장점이 있다.

② 모음조화

의태어는 한국어의 모음조화를 가르치는 데 매우 유용하다. 예를 들면 '깡충깡충/껑충껑충'과 같이 대응하는 모습을 보여 줌으로써 다양한 모음조화와 그에 따른 어감의 차이까지 함께 교육하는 것이 반드시 필요하다.

③ 자음의 어감차이

의태어는 자음 교체에 의한 미세한 의미 차이를 보여 주는 좋은 예가 된다. '캄캄/깜깜/감감' 등과 같이 주로 상관 쌍에 따라 의미 차이가 발생하므로 이에 대한 교육이 필요하다.

5.2. 형태론적인 접근

① 접미사

의태어에 나타나는 접미사의 다양한 유형에 대한 체계적인 교육이 필요하다. 예를 들면 '푸릇푸릇'에서 '푸릇'은 '푸르+읏'의 구성으로 '읏'이라는 접미사가 붙어서 이루어졌는데, 이러한 현상들을 분석해서 체계적으로 설명하면 보다 학습자들의 이해가 빠를 것이다.

② 첩어형태

의태어에는 여러 가지 첩어 형태가 나타난다. 첩어의 다양한 유형을 교육하는 것이 필요하다. 첩어의 유형을 몇 가지로 나누어 보면 '훨훨, 살살, 빵빵'과 같은 AA형, '반짝반짝, 꾸벅꾸벅, 말랑말랑, 살금살금, 똑딱똑딱'과 같은 ABAB형, '싱글벙글, 울퉁불퉁, 울긋불긋'과 같은 ABA′B형이 있다. 앞에서 살펴본 설문 조사의 결과를 살펴보면 이러한 대표적인 유형 중에서 외국인 학습자들이 평소에 자주 사용하는 유형은 두 번째 ABAB형이라는 것을 알 수 있다.

5.3. 어원론적인 접근

의태어의 경우 어간이 구체명사에서 유래한 경우가 많다. 따라서 어원이 되는 구체명사를 함께 교육하면 훨씬 효율적일 것이며, 한국인의 사고를 파악하는 데도 도움이 될 것이다. 설명을 체계적으로 할 수 있는 어휘를 중심으로 교육을 해야 한다. 예를 들면 '붉다'라는 말은 '불'에 어원을 두고 있고, '푸르다'의 어원은 '풀'이라고 할 수 있는데 이런 경우 명사에서 형용사로 바뀌었다고 설명하면 학습자를 이해시키기 쉽다. 이처럼 명사에서 형용사로 바뀌게 되는 예를 묶어서 교육하면 효과적일 수 있다. 이처럼 의태어 '붉으락푸르락'의 경우도 어원을 설명할 수 있을 것이다. 한국어 교육에 있어서 어원을 통한 어휘 교육은 효과적인 방법이 될 수 있다.

6. 맺음말

한국어는 의태어가 발달한 언어다. 그러나 실제 한국어 교육에서는 이에 대한 고려가 많지 않았다. 학습자의 설문 결과를 종합해 볼 때, 의태어에 대한 교육의 필요성은 분명해진다. 외국인 학습자가 의태어 학습에 어려움을 느끼는 원인 중 하나는 체계적인 교육이 부족하였기 때문이다. 이에 따라 본 연구에서는 효과적인 한국어 교육을 위한 교육용 의태어 목록 마련의 필요성을 제기하였다. 또한 의태어 교육 방법으로 음운론적인 접근, 형태론적인 접근, 어원론적인 접근을 개략적으로 살펴보았다. 앞으로는 한국어 숙달도에 따른 단계별 교육 방안을 세밀히 검토하여 한국어 교육용 의태어의 목록을 제시하고자 한다. 또한 이를 기초로 하여 의태어 교육 방법을 다양한 예를 중심으로 세분화하는 작업도 병행하게 될 것이다.

참고문헌

김인화(1995), 현대 한국어의 음성상징어 연구, 이화여자대학교 박사학위논문.

김중섭(1995), 한국어 의태어 어원연구, 경희대학교 대학원 박사학위논문.

______(1996), 한국어 의태어 어원연구 방법론, 경희대학교 대학원 고황논문집 17.

______(1997a), 유음중복 의태어의 의미구조 연구, 미원 조영식박사 희수기념논문집.

______(1997b), 한국어 신체관련 의태어 형성연구, 경희 어문학 17, 경희대학교 국어국문학과.

______(1998a), 외국인을 위한 한자 교육 연구, 어문 연구 95, 한국어문교육연구회.

______(1998b), 한국어 능력평가검사의 개발 실태 및 분석, 이중언어학 15, 이중언어학회.

______(1999), 북한의 한국어 교재 연구, 박갑수 교수 정년퇴임 기념논문집, 월인.

______(2000), 외국인 한국어 학습자를 위한 의성어 · 의태어 교육방법 연구, 제10차 국제학술
　　　　대회, 국제한국어교육학회.

______(2001a), 일본인 한국어 고급 학습자를 위한 한국어 의성어, 의태어 교육방법, 2001년
　　　　한국어 교육 심포지엄, 일본한국어 교육연구회.

______(2001b), 한국어 학습자를 위한 의성어 · 의태어 교육 방법 연구, 한국문화연구 4, 경희
　　　　대학교 민속학 연구소.

서상규 외(1998), 한국어 세계화 추진을 위한 기반구축사업 1차년도 결과보고서, 제1 세부과제:
　　　　한국어 교육을 위한 기초어휘선정, 한국어세계화추진위원회.

조현용(2000), 어휘 중심 한국어 교육방법 연구, 경희대학교 박사학위논문.

제7장
외국인을 위한
한국어 한자 교육 연구

1. 머리말

한국어[1] 어휘의 70퍼센트 정도가 한자어로 이루어져 있음은 주지의 사실이다. 따라서 한자 교육의 필요성을 논하는 것은 어쩌면 진부한 주제일 수도 있다. 그러나 한국어가 모국어인 화자에 대한 한자 교육의 문제와 외국인에 대한 한자 교육의 문제는 접근 방법에서 많은 차이가 있을 것이다. 국어 교육에서 한자를 교육하는 문제는 1948년 한글 전용을 법률화한 이후로 계속해서 논쟁이 이루어져 왔다. 본 연구는 국어 교육에서의 한자 교육 문제를 다루려고 하는 것은 아니다. 여기에서 한국어 교육에서의 한자 교육 문제를 다루려고 한다. 따라서 과연 외국인에게 한자 교육은 필요한지, 필요하다면 어떤 방법을 사용해야 하는지 그리고 어느 정도의 한자까지 가르쳐야 하는지에 대하여 고찰해 보고자 한다.

이를 위해서 우선 현재 한국어 교육에서 한자 교육의 실태를 살펴보려고

---

1) '한국어 교육'은 외국인 또는 외국어로서 한국어를 배우는 해외 교포들을 대상으로 하는 우리말 교육을 지칭함(김중섭 · 조현용, 1996 : 115).

한다. 이러한 실태 조사를 바탕으로 현재까지의 한자 교육의 문제점을 생각해 보고, 이에 대한 해결 방법을 찾아볼 것이다. 또한 한자 교육에 대해서 실제로 한국어를 배우는 외국인 학습자들이 갖는 태도를 설문을 통하여 조사하고 분석하는 과정을 거치게 될 것이다. 이는 학습자들의 요구를 학습 현장에 반영할 수 있다는 점에서 의의가 있을 것이다.

또한 한국어 교육 속에서의 한자 교육도 광의의 개념으로는 국어교육의 한자 교육에 포함될 수 있으므로, 국내 초·중·고에서 실시하는 한자 교육의 방법과 범위들도 참조하게 될 것이다. 실제로 이러한 교육 방법이 한국어 한자 교육에도 많은 도움을 줄 수 있을 것이다.

국어 교육에서 한자 교육의 필요성에 관한 논문들은 한국어문교육연구회의 『어문연구』를 중심으로 활발하게 발표되어 왔다. 그러나 외국인에 대한 한자 교육에 대한 연구는 전무하였다고 하여도 과언이 아니다. 그 이유의 첫 번째는 한국어 교육의 목표가 주로 회화에 있었다는 점이다. 따라서 문자 교육의 측면이 소홀했던 것은 어쩌면 당연한 일이었을 것이다. 두 번째는 주로 한국어 교육을 담당하는 주요 기관이 한글 전용의 입장을 택하는 곳이었다는 점이다. 이 문제 역시 근본적인 이유의 하나가 될 것이다. 세 번째는 국어 교육에서 한자 교육의 중요성을 강조하는 학자들이 한국어 교육에서의 한자 교육 문제에 관심이 적었다는 것이다.

그러나 한국어를 유창하게 말하는 외국 학생이 신문을 읽지 못하고 전문 서적을 읽지 못하는 현실을 생각하면 한자 교육에 대한 연구의 필요성은 매우 크다.

이와 같이 본다면, 본 연구는 한국어 한자 교육 연구에 대한 관심을 환기시키는 데서 의의를 찾을 수 있을 것이다.

2. 외국인을 위한 한자 교육의 실태와 현황

한국어 교육에서 한자 교육이 정규 과목으로 이루어지고 있는 기관은 거의 없는 형편이다. 따라서 본 장에서 제시하는 기관의 한자 교육 실태는 현재의 한자 교육의 정도를 알 수 있는 지표가 될 것이다.

또한 이러한 한자 교육의 실태를 볼 수 있는 또 다른 지표는 한자 교재의 수준일 것이다. 이 역시 현재 다른 회화 교재 등에 비해서 절대적으로 부족한 형편이다. 따라서 교육 기관의 실태와 한자 교재의 실태를 파악하는 것이 한자 교육의 필요성과 방법론의 모색에 중요한 자료가 될 것이다. 우선 외국인을 위한 한자 교육의 실태와 현황을 알아보기 전에 국내의 한자 교육 실태에 관하여 간략히 알아보기로 하겠다.

2.1. 국내의 한자 교육 실태

1995년에 문제가 되었던 국한 혼용과 한글 전용 논의는 우리 한자 교육의 현실을 대변하고 있다고 볼 수 있다. 먼저 1948년 한글 전용을 법률화한 이후 학계의 한글 전용과 국한 혼용에 대한 논의는 끊임없이 찬반양론을 거듭하면서 이루어지고 있다. 이 상반된 두 논의의 핵심을 요약해 보면 다음과 같다. 먼저 한글 전용을 주장하는 측은 이념적으로는 민족의 이상을 실현하고 자주 정신과 긍지를 함양할 수 있다는 것과, 학문적인 측면으로는 문자 해독의 용이성과 국어 발전ㆍ순화가 촉진되고, 기계화와 능률화가 월등하며, 현실적인 측면으로는 언어 문화의 대중화에 기여하고 있다는 것을 들고 있다. 또한 한ㆍ중ㆍ일의 한자는 음이 다르고, 뜻과 모양도 상당 부분 달라 통용에 한계가 있다고 주장한다.

그러나 국한 혼용을 주장하는 측에서는 이념적으로는 민족 문화의 전통을 계승할 수 있고 도덕 교육의 방편이 되며, 학문적으로는 한국어 어휘의 70퍼센트가 한자어로 되어 있고 한자가 가지는 조어력과 축약력, 직관적인 의미 파악 가능, 동음이의어 식별의 용이점 등을 근거로 들고 있다. 이러한 점과 아울러 현실적인 면으로는 한자 조기 교육으로 현실 문자 생활에의 적응 효과가 크며, 문자 생활의 다양화가 가능하고 한 · 중 · 일 교류에 유리하다는 것을 강조한다.

이러한 논쟁이 시작된 이유는 한자 교육의 역사적 변화에 따른 것인데 이를 간략하게 살펴보면 다음과 같다. 한글이 창제된 이후에는 주로 국한 혼용문을 썼고, 한글을 전용한 글들은 언간이나 고소설 등 특수한 목적을 가진 글에 한하였다. 그러다가 갑오개혁 이후에 한글 전용의 기운이 나타났다. 그 이후 1950년대에 문자 정책에 대한 깊은 성찰을 갖지 못한 상황에서 한글 전용법이 제정되어 오늘에 이르고 있다.

정부의 정책에 따른 한글 전용의 성과로는 문맹 퇴치를 들 수 있다. 이는 국민들의 문자 생활의 평등화를 위하여 당연한 일이라고 할 수 있다. 이와 더불어 언문일치의 문장이 보편화되었다. 그러나 한글 전용은 그에 따른 많은 문제점을 초래하였다. 먼저 한글 전용은 언어생활에서 전통과의 단절을 낳았으며 문화적인 편협성을 초래하였다. 또한 우리말의 조어력을 저하시킴으로써 우리 문화를 외래 문화에 예속시키는 결과를 초래하였다고 볼 수 있다.

이와 같은 여러 가지 문제점을 각계에서 제시하자 1960년대에는 초 · 중 · 고등학교 각 과목 교과서에 내용 이해와 학습의 과정에 필요한 각각 600자, 400자, 300자의 한자를 괄호 속에 제시해 교육과 학습의 능률을 꾀하였다. 교육부에서는 초 · 중 · 고등학교 기초 한자를 1,800자로 선정[2]하였으며 중고등학교의 모든 교과서에서 한자를 병용하는 것을 원칙으로 하였다.

---

2) 어문연구, 1996, 제24권 제3호.

본격적인 한글 전용 정책기인 1970년대 이후 중등학교 교과서의 표기를 살펴보면, 초등학교 국어는 한글 전용의 원칙대로 하고 중학교 국어 교과서에서는 한문 교육용 기초 한자 중학교용 900자를 싣도록 하였으, 고등학교 국어 교과서에는 한문 교육용 기초 한자 고등학교용 900자를 싣는 것을 원칙으로 하였다.

최근에는 초등학교 한자 교육에 많은 관심과 노력을 기울인 결과 초등학교 정규 교육 과정 내에 한자 수업이 포함된다. 대학수학능력시험에서도 2005년부터 제2외국어에 한문이 선택과목으로 포함된다고 한다. 그리고 신입 사원 채용 때 한자 시험을 보는 기업이 증가함에 따라 2000년에 15만여 명에 불과했던 한자능력검증시험 응시자가 2006년에는 100만여 명으로 큰 폭의 증가를 보였다. 이처럼 한자 교육에 대한 국내의 관심과 노력은 고양되고 있으며 그 연구의 성과가 나타나고 있다.

2.2. 주요 한국어 교육 기관의 한자 교육 실태

본 연구에서 표본으로 조사한 한국어 교육 기관은 다섯 곳으로, 그나마 한자를 교육하는 기관임을 밝혀 둔다. 여기에서는 단순히 실태를 파악하는 것에 목적이 있으므로 기관명은 표기하지 않기로 하겠다.

① 가 기관

1994년부터 현재까지 특별반으로 운영하고 있다. 개설 목적은 어휘력 향상이고 수업 인원은 10명에서 20명 정도다. 비한자권 학습자와 한자권 학습자로 분리 수업을 하며, 주 1회 2시간(10주 20시간) 교육을 하고 있다. 비한자권 학습자 대상 교재는 『한자로 배우는 한국어』를 쓰고 한자권 학습자 대상 교재는 『요모조모 한국 읽기』를 쓰고 있다. 학습단계는 중급단계에서 한자 쓰기와 관련한 한자어 연습, 문화 교육, 읽기와 어휘 확장을 위주로 교육하고 있다.

② 나 기관

1990년부터 1992년까지 정규반으로 운영을 하였으나 현재는 선택반만을 운영하고 있다. 개설 목적은 어휘력 향상이고 수업 인원은 5명에서 10명 정도다. 비한자권 학습자들과 한자권 학습자들을 분리하여 수업하고 있고 주2회 2시간(10주 20시간) 교육을 하고 있다. 교재는 총 200자를 학습할 수 있도록 만들어서 쓰고 있다. 학습 단계는 고급 단계의 한자어에서 한자 추출을 하는데 그림카드나 쓰기를 이용하고 중·고급 교재의 학습 내용을 활용해서 교육하고 있다.

③ 다 기관

1998년부터 현재까지 특별반으로 운영하고 있고 말레이시아반은 매일 1시간씩 수업을 진행하고 있다. 개설 목적은 어휘력 향상이고 수업 인원은 5명에서 10명 정도다. 비한자권 학습자와 한자권 학습자를 분리하지 않고 수업을 하고 있고 주 2회 1시간씩(1학기 14시간) 교육을 하고 말레이시아반은 매일 3~4글자를 학습시키고 있다. 교재는 『Useful Chinese Characters』를 이용하고 있다. 비한자권 학습자는 중급 단계에서 교육을 시키고 있지만 한자권 학습자는 초·중·고급 단계에서 교육을 하고 있다. 초급 단계에서는 한자가 들어간 표현을 찾아 써 봄으로써 한자를 익히고, 중급 단계에서는 한자어를 익히는 방법으로 수업을 진행하고 있다. 기본한자와 한자어, 중급 수준에서는 활용도가 높은 한자, 부수별 한자, 고빈도 한자어를 학습하고 있다.

④ 라 기관

오후특별반으로 비한자권 학습자 대상으로만 한자 교육 중이며, 일본인 학습자를 위한 한자반은 현재 운영이 안 되고 있다. 일본인 한자반은 4학기 정도 운영 후에 그만 두었다. 비한자권 학습자를 중심으로 매 학기 수업 인원은 5~10명 정도이다. 비한자권 학습자와 한자권 학습자를 분리하지 않고 주 1회 2시간씩(1학기 14시간) 수업을 하고 있다. 교재는『혼자서도 쉽게 배우는 똑소리 한자』1, 2권을 사용해서 두 학기에 200자 정도의 교육을 하고 있다. 개설 당시에는 초·중·고급 단계에 관계없이 실시했으나 초급 학습자들의 부담이 커서 중·고급 학습자만 현재 실시 중이다. 따라 읽기, 허공에 쓰기, 판서하면서 쓰기, 한자어로 확장, 한자 카드 찾기 게임 등으로 진행하면서 기초한자 중심으로 한국어 교재에 나오는 한자어와 관련지어 한국어 어휘 학습에 도움이 되도록 지도하고 있다.

⑤ 마 기관

선택반으로 운영 중이다. 서양권 학습자에게 한자 어휘 형성에 대한 기본적인 인식을 갖게 하고 기초 한자를 익혀 고급 문서에 익숙할 수 있도록 지도하고 있다. 10명 내외의 반을 구성하여 주 3회 1시간씩 수업을 하고 있다. 교재는『한자와 함께 배우는 한국어』1, 2권을 쓰고 있으며, 한국어 5급 이상의 학습자를 한자반 1, 2로 나누어서 수업을 하고 있다. 초기에는 한자어 위주로 수업을 하지만 후반에는 한자 위주의 수업을 하고 있다. 교재를 중심으로 한자와 한자어를 읽고 쓰는 연습, 게임, 학생 활동을 하고 있다.

2.3. 외국인을 위한 한자 교재 현황

한국어 교육을 위해 국내에서 출판된 한자 교재를 몇 권 살펴보겠다. 먼저 1979년에 출간된 Bruce K. Grant의『A Guide to Korean Characters』는 한국에서 사용되는 한자의 기초 이해에 대해 설명하고 초 · 중 · 고등학교에서 가르치는 기본 1,800자의 뜻과 음 쓰기를 내용으로 하고 있다. 이를 획순에 따라 배열함으로써 외국인들의 한자에 대한 이해를 돕고 있고 혼동하기 쉬운 한자들을 부록으로 제시하고 있다. 그러나 이 교재는 각 개별 한자의 음과 뜻만을 수록하고 있어 한국어 한자에 대한 본격적인 교육 교재라고 하기에는 부족함이 있다.

두 번째로 1982년에 나온 Fred Lukoff의 『A First Reader in Korean Writing in Mixed Script』는 한국어와 한자를 혼용함으로써 외국인들에게 살아 있는 한자의 모습을 제시하고 있다. 먼저 본문을 제시하고 새로 나온 한자의 음과 뜻을 풀이해 주고 획순과 부수, 약자까지 상세하게 설명하고 있다. 또한 연습 문제와 응용문제 그리고 복습 문제를 두고 있어 그 단원에서 배운 한자는 철저히 이해할 수 있도록 하고 있다. 총 35과로 되어 있으며 1,100여 자가 실려 있다. 그러나 내용은 출판 당시의 내용을 바탕으로 하고 있기 때문에 현실감이 뒤떨어진다.

세 번째로 1988년에 출판된 Jacob Chang-Ui Kim의 『Pictorial Sino-Korean Characters』는 앞에서 언급한 두 교재의 구성을 혼합한 책으로 그림과 함께 한자들을 제시하고 있어 외국인들이 쉽게 한자를 접할 수 있다는 장점이 있다. 제1부에 한자의 형태와 일본의 한자 교육에 대해 설명하고 한국에서 사용되는 한자의 특징을 설명하고 있다. 제2부에서는 한자 쓰기에 대한 여러 가지 정보를 제공하고 있다. 제3부에서는 그림과 한자의 모형을 보여 주고 실제 문장에서 한자가 어떻게 사용되는지를 설명하고 있다. 그러나 이 교재 역시 내용이 너무 진부하다는 단점이 있다.

네 번째로 1989년에 출판된 Francis Y. T. Park의 『SPEAKING KOREAN Ⅲ』이 있다. 이 책의 구성은 총 148과로 1,554자의 한자를 다루고 있다. 각 과는 ① 각 한자의 음과 뜻, 부수, 획수 ② 단어 ③ 기본 문장 ④ 추가 한자 ⑤ 추가 단어 ⑥ 독해 ⑦ 요약으로 이루어져 있다. 독해의 경우는 기본 영문으로 요약하여 설명하고 있다. 부록으로 여러 가지 음으로 읽히는 한자와 혼동하기 쉬운 한자들을 표로 나타내고 있다. 그리고 한글 자모의 순서대로 모든 교재에 나오는 한자를 정리하고 있다. 이 책은 외국인 학습자가 혼자서도 한자를 공부할 수 있도록 자세하게 설명이 되어 있는 것이 장점이지만, 분량이 너무 많아 일정한 기간을 정해 교육하기에는 힘들다.

다섯 번째는 2000년에 출판된 배규범의 『한자로 읽는 한국문화』로 한자 학습 초보자인 외국인을 대상으로 한자어의 한국식 음과 훈을 전달하는 데 목적을 두고 있는 교재다. 이 책은 주제별로 11장으로 구성되어 있으며 본문·용어풀이·자구풀이·확인학습으로 이루어져 있다. 저자가 경희대 국제교육원에서 외국인들에게 한자를 가르친 경험을 바탕으로 저술하였으며, 한자 학습과 함께 한국 문화를 전달하고자 하는 교재다.

여섯 번째는 2004년도에 출판된 이영희의 『외국인을 위한 재미있는 한자』로 139개의 부수 글자와 저자가 한국어를 배우는 외국인에게 중요하다고 생각하는 500개의 한자를 싣고 있다. 주제별로 편성된 총 50개의 단원으로 이루어져 있으며, 각 과는 ① 기본 한자 ② 단어 ③ 독해 ④ 연습으로 구성되어 있다. '기본 한자'에서는 한자의 음과 의미를 영어와 그림을 통해 제시·설명하고 있으며, 해당 글자의 부수와 획수를 제시하고 있다. '단어'는 '기본 한자'에서 공부했던 한자를 중심으로 제시하고, '독해'는 한글과 한자가 섞여 있는 지문 형태인데 본문의 한자어는 '단어'에서 제시하고 있는 어휘로 구성되어 있다. 제시된 내용의 대부분이 영어로도 제시되어 있으며, 설명이 자세하고 친절하여 자습서로도 충분히 활용이 가능하다고 생각된다. 다만 다른 교재에 비해 한자 수가 적어 상급 수준의 학습자를 위한 다음 단계의 교재 개발이 요구된다.

일곱 번째는 2005년도에 출판된 김지형, 배규범의 『한자로 배우는 한국어』로 328개의 제시 한자를 이용해서 표제한자를 제시하고 학습자의 흥미 유발을 위해 자원을 수록하여 빈도수 높은 단어를 제시하고 중간 중간 한국 문화

이야기를 수록하였다. 하지만 자원이 딱딱하고 외국인 학습자에게 다소 어렵게 느껴질 수 있다.

여덟 번째는 2006년도에 출판된 연세대학교의 『한자와 함께 배우는 한국어』이다. 276개의 제시한자를 통해 뜻 문자인 한자를 이해함으로 한국어 학습에 필요한 어휘 습득에 도움을 주는 것이 목적이다. 한자가 들어간 짧은 본문이나 문장을 통해 이해측면을 강조하고 있고 쓰기연습도 가능하다.

아홉 번째는 2007년도에 출판된 서울대학교의 『Useful Chinese Characters』로 386개의 제시 한자를 통해 어휘 확장, 한자와 한자어에 대한 체계적 이해를 통해 한국어 의사소통 능력 향상을 목적으로 하고 있다. 한 권 안에 Beginner, Intermediate로 나뉘어 있다. 다양한 연습 문제와 이해 위주의 학습을 하고 있고 실제 사진을 넣어서 한눈에 뜻을 이해하기 쉽다. 지시문은 모두 영어로 되어 있다.

열 번째는 2007년도에 출판된 최권진의 『한자 숙어로 배우는 한국어』로 70여 개의 한자 숙어가 제시되었으며, 예문과 이야기 글을 통해 한자 숙어의 쓰임을 설명하고 있다. 한자를 처음 접하는 초급 학습자보다는 중급 이상의 학습자들에게 적합한 교재다.

열한 번째는 2007년도에 출판된 김선정 외 『살아있는 한국어: 한자성어』로 설문조사를 통해 사용 빈도가 높은 50개를 선정하였으며, 각 과는 '그림 · 본문 · 연습해요 · 함께해요 · 쉬어가요'로 구성되어 있다. '그림'을 통해 학습하기 전 한자성어의 의미를 유추할 수 있으며 '함께해요, 쉬어가요'를 통해 다양한 활용을 제시하고 있다. 교재에서 밝혔듯이 중 · 고급 학습자들이 한자성어를 통해 한국인의 생각과 문화를 알아보는 데 의의가 있으며, 초급처럼 각 한자에 대한 자세한 학습보단 쓰임과 활용에 대해 공부할 수 있는 교재이다.

참고로 1977년에 일본 오사카 외국어 대학에서 나온 외국인 일본어 학습자를 위한 한자 교재 『THE FIRST STEP TO KANJI』와 『THE SECOND STEP TO

KANJI』를 보자. 이들의 구성은 『A Guide to Korean Characters』와 비슷하다. 『THE FIRST STEP TO KANJI』는 일본어를 3개월에서 4개월 동안 학습한 비한 자권 외국인을 위한 책으로, 자주 쓰이는 300자의 한자를 보여 주고 있다. 이 책 은 한자 쓰기 책으로 한자와 획순을 제시하고 쓰기 훈련을 할 수 있게 되어 있다. 또한 『THE SECOND STEP TO KANJI』는 일본어를 약 6개월 동안 학습한 외 국인을 위한 책으로, 약 500자의 한자를 일본어 음과 뜻, 형태, 용례 등과 함께 제시하고 있다. 교재의 구성이 획순이나 부수의 순서가 아니라 알파벳 발음 순서 라는 것이 특이하다.

현재 국내에 출판된 한자 교재들은 교육 기관에서 사용하는 교재뿐만 아니라 외국인 학습자가 개인 학습을 할 수 있도록 만들어진 것도 있기 때문에 그 체계 나 내용이 각기 다르다. 각 교재에서 제시하고 있는 한자의 숫자는 일정하지 않 은 점은 외국인 학습자에게 혼란을 줄 소지가 있다.

3. 외국인을 위한 한자 교육의 방법 및 내용

외국인을 위한 한자 교육의 방법을 모색하기 위해서는 여러 가지 방안이 있을 수 있다. 그 중에서 본 연구에서 선택하려고 하는 것은 설문조사다. 설 문 조사는 현재 한국어를 배우는 외국인들의 현실을 파악하는 데 도움을 줄 뿐만이 아니라 실제를 배우고 그들이 필요로 하는 내용을 알 수 있기 때문이 다. 본 장에서는 이러한 설문 조사를 바탕으로 하여 한자권과 비한자권의 한 자 교육 방법 및 내용에 대하여 알아보고자 한다.

3.1. 설문 조사 분석

외국인을 위한 한자어 교육의 필요성을 객관적으로 확인하기 위하여 외국인 학습자를 대상으로 한자 교육에 관한 기초 설문 조사를 실시하였다. 이 설문 조사를 통해 한자 교육에 대한 이론적이고 당위적인 필요성과 아울러 학생들 스스로가 느끼고 있는 절감성도 크다는 것을 확인하였다. 조사의 대상으로는 경희대 국제교육원 한국어 과정 학생들 중 고급반과 중급반 중에서 각 한 반씩을 선정하였고, 설문의 내용은 총 9항목으로 다음과 같다.

① 한국어 학습 기간
② 한자에 대한 학습자의 관심 정도
③ 학습자의 한자 능력(읽기)
④ 학습자의 한자 능력(쓰기)
⑤ 한자 학습의 중요성
⑥ 일주일에 한자 수업이 몇 시간 정도가 적절한가
⑦ 현재 사용하고 있는 한자 교재
⑧ 한국어 한자를 학습하는 데 가장 어려운 점
⑨ 한자어 수업을 한다면 무엇을 중심으로 하는 것이 좋겠는가

먼저 설문 조사 대상자의 국적을 국가별로 제시하면, 일본 4명, 중국 3명, 우즈베키스탄 2명, 몽골 2명, 체코 1명, 대만 1명, 독일 1명의 순으로 한자권 학습자가 8명이고 비한자권 학습자가 6명이다. 이들의 평균 한국어 학습 기간은 1년 6개월 정도이다. 각 항목별로 분석한 내용을 보면 다음과 같다.

첫째 항목은 한국어 학습 기간에 대한 질문으로, 앞에서 밝힌 바와 같이 최소 3개월에서 최고 3년 이상으로 평균 한국어 학습 기간은 1년 6개월 정도다. 둘째 항목에서는 한자어에 대한 학습자의 관심 정도를 조사하였는데 '관심이 매우 많다(10명), 관심이 조금 있다(3명), 관심이 별로 없다(0명), 기타(1명)'로 나타났다. 기타에서는 관심보다는 실질적으로 한자어를 많이 사용해야

한다고 응답함으로써 대부분 한자어에 대해 높은 관심을 보이고 있음을 알 수 있다. 다섯째 항목에서도 둘째 항목과 비슷하게 한자어 학습의 중요성에 대해 질문하였는데 '매우 중요하다(9명), 중요하다(5명), 별로 중요하지 않다(0명), 필요 없다(0명), 기타(0명)'로 응답했다. 이는 학습자가 한자어 교육의 필요성을 절감하고 있음을 보여 준다. 또한 '매우 중요하다'는 항목을 한자권과 비한자권 학생이 고루 지적하고 있음도 중요한 사실이다. 이것은 모국어에서 한자를 사용하고 있는 외국인이 느끼는 '한국어 한자' 사용에서 겪는 어려움뿐만 아니라 비한자권 학생들도 각자 한자어로 된 한국어 학습에서 문제점을 인식하고 수준에 맞는 적절한 한자어 교육을 필요로 함을 알 수 있기 때문이다.

셋째와 넷째 항목에서는 학습자의 한자 능력을 조사하였다. 한자를 몇 자 정도 읽을 수 있느냐는 질문에 대해 '10자 정도(1명), 20자 정도(2명), 100자 정도(3명), 200자 이상(3명), 기타(5명)'로 답했는데 기타의 5명 모두 1,000자 이상 읽을 수 있다고 답하였다. 또한 한자를 몇 자 정도 쓸 수 있느냐는 질문에 대해서는 '5자 정도(0명), 10자 정도(1명), 50자 정도(5명), 100자 이상(2명), 기타(6명)'의 응답이 나왔는데 기타 6명의 경우 200자에서 2,000자까지 다양하게 응답하였다.[3]

여섯째, 한국어 교육 과정에서 일주일에 한자 수업이 몇 시간 정도가 적절한가라는 질문에 '9시간(0명), 6시간(6명), 3시간(7명), 1시간(1명), 기타(0명)'로 응답 결과가 나왔다. 한국어 교육 과정에서 일반적으로 말하기 · 듣기 · 쓰기 · 읽기와 같은 기본 과목들이 주당 3시간의 비중을 차지하고 있는 것을 감안할 때 학생들이 느끼는 한자 수업에 대한 문제의식이 매우 크다는 것을 알 수 있다.

---

3) 이 두 항목의 경우 읽기와 쓰기가 각 1,000자, 2,000자 이상 되는 학생들은 모두 한자권 학생들임을 밝혀둔다.

일곱째 항목에서는 현재 사용하고 있는 한자 교재의 종류를 질문하였는데 응답자가 3명밖에 없었다. 한 명은 Bruce K. Grant의 『A Guide to Korean Characters』로 학습한다고 응답하였다. 그리고 나머지 한 명은 『SPEAKING KOREAN Ⅲ』라고 답하였다. 신문으로 한자를 학습한다는 학생은 한국어를 1년 6개월 정도 학습한 일본인으로 신문을 통해 한국 한자의 발음이나 뜻 정도를 학습하고 있다고 했다. 천자문과 『SPEAKING KOREAN Ⅲ』로 한자어를 익힌다는 학생은 한국어를 배운지 약 6개월 정도 된 우즈베키스탄인이다. 『A Guide to Korean Characters』로 한자를 학습하고 있는 학생은 한국어 학습 기간이 3년 이상된 체코인으로 혼자서 공부하고 있다고 한다. 위의 문항에 대해 무응답한 학생들은 '모른다' 혹은 '없다'고 응답하였는데 이를 통해서 현재 시중에 출판된 외국인을 위한 한국어 한자 교재의 상황이 얼마나 열악한가를 알 수 있다. 이는 현재 외국인을 위한 한국어 교재는 많이 개발되고 출판되고 있지만 그 범위가 한정되어 한국어 학습에서의 한자 교육에까지 미치고 있지 못함을 알 수 있다. 그러므로 외국인을 위한 한국어 한자 교재의 새로운 모색과 개발이 시급하다.

여덟째, 한국어 한자를 학습하는 데 가장 어려운 것은 무엇이냐는 질문에는 '한국 한자의 발음, 한자 쓰기, 한자 독해'의 순으로 응답하였다.

아홉째, 한자 수업을 한다면 무엇을 중심으로 하는 것이 좋겠느냐는 질문에 '한자 독해(6명), 한자 읽기(95명), 한자 쓰기(3명)'의 순으로 응답하였다. 이는 한자 교육에 있어서 한자 독해와 한자 읽기와 발음, 특히 한자권 외국인들을 위한 한자 쓰기가 모두 비중 있게 다루어져야 한다는 것을 나타낸다.

설문 조사 분석을 통해 내릴 수 있는 결론은, 먼저 한국어 한자 교육이 매우 중요하고 시급한 문제라는 것을 교수자뿐만 아니라 학습자까지 절실하게 느끼고 있다는 것이다. 또한 이를 위해 순차적으로 각 단계별 한자어 교재 개발이 이루어져야 할 것이다. 아울러 한자권과 비한자권 학생들은 분반하여 수준에 맞게 한자 학습이 이루어져야 함을 알 수 있다.

3.2. 한자 문화권 외국인을 위한 한자 교육

한자권 외국 학생들에게 과연 한자 교육이 필요한가라는 질문은 우리가 일본어나 중국어를 배울 때 한자 교육이 필요 없는가라는 문제를 생각해 보면 답이 나올 것이다. 즉, 한국 한자와 일본 한자, 중국 한자 그리고 대만 한자는 여러 면에서 차이가 나타나기 때문에 반드시 의미의 차이, 한 개념에 대한 표현의 차이는 별도의 교육이 절대적으로 요구된다. 여기에서는 일본어권과 중국어권으로 나누어 교육 방법 등에 대해서 알아보기로 하겠다.

3.2.1. 일본어권

일본 한자와 한국 한자의 표기상의 차이는 크게 나타나지 않는다. 단지 몇몇 단어에 대하여 약자로 표기하는 경향이 일본어에서 두드러지게 나타난다는 점에서는 차이를 나타낸다. 예를 들어 그림 '도'를 한국 한자에서는 '圖'로 표기하지만 일본에서는 '図'라고 표기한다. 이러한 예를 몇 개 들어보면 다음과 같다.

(1) 한국   일본

信號   信号
體   体
地圖   地図

이러한 차이는 '한국(韓國) / 예산(叡算) / 치과(齒科) / 단면(斷面) / 정(情) / 실(實)' 등의 표기에서도 나타난다. 따라서 이렇게 표기의 차이가 있는 한자들만을 따로 교육하는 것도 반드시 필요하다.

발음의 차이는 거의 대부분의 한자에 해당하는 것이므로 길게 논의하지는 않겠다. 단지 발음의 차이를 쉽게 학습하기 위해서 한국 한자음과 일본 한자음의 음운 대응 규칙을 설명하는 것이 한국 한자음을 학습하는 것에 도움이 되리라고 생각한다. 예를 들어 한국 한자음의 어두음 /h/는 일본 한자음의 /k/와 대응하는 규칙을 보이는데[4], 이러한 규칙을 가르치면 발음 교육에 도움이 될 것이다.

실제로 가장 문제가 되는 것은 표현의 차이다. 종종 일본 학생들의 작문을 보면 전혀 엉뚱한 어휘를 쓰는 경우가 있는데 대부분 일본의 한자 어휘를 그대로 표현하였다가 문제가 되는 것이다. 예를 들어 다방을 일본에서는 끽다점이라고 하는데, 작문에서 '다방'이라고 적지 않고 '끽다점'이라고 표현하는 오류가 나타난다. 이러한 어휘의 예를 몇 개 보도록 하겠다.

(2) 한국　　일본

工夫 ： 勉強
境遇 ： 場合
緊要 ： 肝要
景致 ： 景色
便紙 ： 手紙

위와 같은 예들은 미리 학습이 이루어지지 않은 경우에는 틀린 표현을 자연스럽게 사용하는 오류를 범하게 된다.

3.2.2. 중국어

중국어권에 대한 논의는 중국과 대만으로 나누어 생각하여야 한다. 두 나라가

---

4) 韓을 한국에서는 [han]으로 일본에서는 [kan]으로 발음하고, 學을 한국에서는 [hak]으로, 일본에서는 같은 계열인 [gak]로 발음한다.

거의 같은 언어를 사용한다고 할 수 있지만 표기 등에서는 매우 큰 차이를 보이고 있기 때문이다. 대만의 경우는 한국 한자와 표기의 차이가 거의 나타나지 않는다. 그러나 중국 한자의 경우는 거의 대부분의 한자가 표기를 달리하고 있다. 이러한 이유 때문에 실제로 중국 학생들에게는 한자 쓰기 연습을 다시 시켜야 하는 과제가 남게 된다.[5]

발음의 경우는 대만과 중국이 거의 같기 때문에 나누어 교육하여야 할 필요는 없다. 그러나 일본어에 비해서는 한국 한자음과 큰 차이를 보이고 있기 때문에 발음 교육 역시 한자 교육의 중요한 부분이 되어야 할 것이다.

중국어권의 경우에도 가장 문제가 되는 것은 의미와 표현의 차이가 심하게 나타난다는 것이다. 한국에는 일본식 한자의 영향이 많아서 중국과 일본의 한자가 차이 나는 것과 거의 같은 비율로 차이를 보이고 있다.

같은 의미인데도 표현의 차이를 나타내는 어휘를 보이면 다음과 같다.

(3) 한국　　　중국

　　方今　：　剛剛
　　俳優　：　演員
　　役割　：　角色
　　時計　：　時鐘
　　看護士　：　護士
　　汽車　：　火車
　　物件　：　東西
　　映畵　：　電影

---

5) 중국에서 온 학생들에도 연령에 따른 차이가 나타나고 있다. 정확히 나이를 구분 지을 수 있는 통계 자료는 없다. 그러나 대체로 20대 초반의 경우는 한국 한자를 거의 알지 못하고, 30대 정도는 읽을 수는 있으나 쓰지는 못한다. 그러나 나이가 많은 중국인들은 대체로 한국 한자들도 쓸 수 있다고 한다.

駐車場 : 停車場
便紙   : 信

위와 같은 어휘의 차이는 표현에 혼란을 주고 때때로는 자신이 틀리게 표현하였다는 인식조차도 갖지 못하게 만드는 오류가 나타난다. 따라서 이러한 차이가 있는 어휘들은 교육자들이 반드시 알아두어 교육하여야 할 필요가 있는 것이다.

또 같은 표현인데도 의미가 전혀 달라지거나, 차이를 나타내는 경우가 있다. 예를 보이면 다음과 같다.

(4) 한국   중국

    ① 公社 공공의 회사   농촌 집단
                             (公司는 우리나라의 회사의 개념)
    ② 刻薄 인심이 메마름   구두쇠 같은 사람을 이르는 말
    ③ 階段 층계   단계
    ④ 汽車 기차   자동차
    ⑤ 學院 사설 교육 기관   대학
    ⑥ 新聞 소식지   뉴스

위에서처럼 동일한 어휘에 대하여 의미가 전혀 다른 것을 인식하지 않는다면 독해 능력이나 표현 능력에 문제가 발생할 수 있다. 따라서 특별히 이러한 어휘에 대한 교육이 절실히 요구된다고 하겠다.

또한 한자 성어의 경우 한국어와 중국어 간에 많은 차이를 보이고 있는데 이에 대한 교육 역시 필요하다. 특히 그 중에는 중국과 대만의 표현이 다른 경우도 발견할 수 있으므로 이에 대한 주의도 필요하다. 몇 개의 예를 들어 보기로 하겠다.

(5) 한국   대만   중국

桑田碧海   蒼海桑田   沧海桑田
群鷄一鶴   鶴立鷄群   鹤立鸡群
竹馬故友   靑梅竹馬   青梅竹马
走馬加鞭   快馬加鞭   快马加鞭

위의 예들을 통해서 볼 때 한자성어는 이해는 가능할 수 있으나 표현이 다르므로 반드시 학습이 필요하다고 할 수 있다. 한편 대만의 '自手成家'를 중국에서는 '自手起家'라고 다르게 사용하고 있어서 이에 대한 교육자들의 인식도 필요하다.

3.3. 비한자권 외국인을 위한 한자 교육

비한자권 외국인들은 한자권 외국인들에 비해서 한자를 접할 기회가 없기 때문에 한자를 처음 교육 받는 우리 초등학교 학생들을 위한 한자 교육 방법을 이용하면 편리하다. 그러나 현재 우리말을 배우는 외국인들이 대부분 고등학생 이상의 성인들이기 때문에 한자 교육의 기본 내용은 초등학생들을 위한 한자 교육을 기본으로 하되, 나이에 맞고 생활과 문화에 적절한 어휘나 방법을 이용하여 교육하는 것이 효과적이다.

그러면 우선 현재 출판된 초등학생들을 위한 한자 교재 중에서 한 가지를 임의로 선택해서 분석한 후 비한자권 외국인 학생들을 위한 한자교육 내용과 방법에 대해 살펴보겠다.

분석에 사용된 한자 교과서는 전통문화연구회편 『초등학교 한자』로 전체 4단계로 구성되어 4권으로 되어 있다. 교육 내용은 기초 한자를 정하여 크게 4과정으로 나누어서 한자를 익히도록 구성되어 있다. 먼저 전체적인 틀을 보

면, 첫째는 도입 과정으로 공부할 방향을 삽화를 넣어 제시했고, 둘째는 본문 이해 과정으로 한자음과 뜻, 한자어의 뜻, 생각해 보기, 한자어의 쓰임란을 만들었고, 셋째는 응용과정으로 한자어 맞추기, 한자 쓰기 등을 넣어 꾸몄고, 마지막 쪽은 단원 평가를 두어 배운 내용을 정리하도록 되어 있다.

기초 한자의 내용, 범위와 교육 방법을 보면 1단계에서는 자연과 사람, 숫자, 방향과 위치, 계절과 경치, 재미있는 한자, 동물과 식물, 가족, 민족과 겨레에 대한 기초 한자 127자를 32주로 나누어서 배운다. 이것들을 8개의 대단원과 다시 4~5개의 소단원으로 나누어서 소단원은 4쪽으로 한자 4글자를 배울 수 있도록 구성하였다.

2단계는 교육 내용이 학교, 예절, 우리 고장, 과학의 세계, 미래의 세계, 우리 명절, 문화유산, 방송과 신문 등이며, 이들 내용과 관계된 기초 한자 151자를 1단계와 같은 기간과 단원으로 나누어 교육한다. 1학기는 소단원 하나에 한자 4글자, 2학기는 한자 6글자를 배우도록 되어 있다.

3단계는 자유와 평등, 의무와 권리 등의 민주주의, 학교 생활, 삶, 취미 생활, 경제 활동, 바다, 자주 국방에 관한 내용들로 기초 한자 209자를 선정하였다. 교육 기간과 구성 방법은 다른 과정과 같으나 소단원에서 6~10글자를 배우게 하는데 점점 한자의 질과 양을 높이고 있다.

4단계에서는 평화, 올림픽, 산업과 경제 활동, 전통 문화, 법과 사회 생활, 컴퓨터, 역사의 과거, 수학 등의 내용과 관련된 한자 216자를 선정하여 소단원 하나에 3단계 2학기와 같이 6~10개의 글자를 익히도록 짜여졌다.

이 교과서는 초등학생들이 알아야 될 기초 한자 703자를 선정하여 4년 동안 한자의 음과 뜻, 한자어의 뜻, 한자의 생성 과정과 다른 글자와 어울려 단어가 되는 과정을 보며 언어생활에 응용될 수 있는 한자어 쓰임, 그림, 이야기 퍼즐을 이용하여 한자를 응용하여 사고력을 신장시킬 수 있도록 반복 학습 효과를 얻기 위한 응용 과정, 한자 쓰기 등을 통해 한자를 배울 수 있도록 하고 있다.

이 교과서를 이용해서 비한자권 외국인 학생이 꼭 익혀야 할 내용과 방법에 대해 살펴보자. 먼저 내용은 교과서 내용 중 우리 초등학생과 직접 관련이 되는 한자, 겨레, 고장, 미래의 세계, 민주주의, 학교 생활, 삶, 자주국방, 올림픽, 역사의 과거 등을 제외한 내용을 중심으로 한자 교육을 한다. 한자 범위는 이들 내용을 제외하면 703자 중에서 대략 550자 정도가 된다. 외국인들은 우리 초등학생들처럼 우리말을 잘하지 못하기 때문에 이에 따른 별도의 교육 방법이 필요하다.

4. 한자 교육의 범위

우리나라를 비롯해서 한자권 나라의 교육용 기초 한자의 범위를 살펴보면, 우리나라는 한문 교육용 기초 한자가 1,800자이며, 북한의 교육용 한자는 3,000자다. 또 중국의 현대 한어 상용자표를 살펴보면 상용자는 2,500자, 차상용자 1,000자, 일본은 상용한자 1,945자를 정하여 교육하고 있다.

이상에서 알 수 있듯이 우리나라에서 설정하고 있는 기초 한자가 다른 나라에 비해서 적은 편이다. 따라서 그 나라에서 정상적으로 한자를 배운 경우라면 우리보다는 한자에 관한 지식이 많을 것이다. 여기에서 한 가지 주의해야 하는 것은 각 나라의 기초 한자를 비교하여 차이가 있는 것을 정리해야 한다는 것이다.

한국어 교육에서 한자를 어느 정도 가르쳐야 하는가의 문제는 각 언어권마다 차이가 있을 것이다. 이상적으로는 우리나라의 교육용 한자 1,800자를 모두 학습하는 것은 좋겠으나, 실제 교육 현장에서는 그 정도까지는 필요 없다고 본다. 또한 외국인의 경우에는 한자 읽기 능력과 쓰기 능력에는 차이를 두고 교육하여야 한다. 실제로 쓰기 교육보다는 읽기 교육이 훨씬 더 필요하다. 전문 서적이나 신문 등을 읽을 때 또는 한국어 어휘의 구조를 알려고 할 때 한자 교육의 필요성이 커지기 때문이다. 본 장에서는 이러한 한자 교육의 범위를 각 언어권 별로 나누어서 살펴보도록 하겠다.

4.1. 한자권

한자권의 경우 한자의 학습이 필요한가 반론할 수도 있겠지만, 교육이 필요한 이유에 대해서는 앞에서 설명하였으므로 여기서는 재론하지 않겠다. 현재 한자권 학생의 경우는 주로 함께 교육을 하고 있는데 여기에는 교육의 범위라는 측면에서는 구별이 있어야 할 것이다. 특히 일본어권과 중국어권 그리고 중국어권 내에서도 중국과 대만과는 구별이 이루어져야 한다.

4.1.1. 일본어권

일본어에서 온 학생들의 경우 한자 쓰기 학습은 매우 제한적인 한자에 한해서만 필요하다. 즉, 한국 한자와 일본 한자 사이에 차이를 보이는 한자들의 경우만 따로 모아서 교육할 것 필요가 있다. 그러나 한자 읽기 교육은 그 필요성이 크다. 한국 한자음과 일본 한자음 사이에는 일정한 음운 대응이 있기 때문에 교육은 음운 대응을 설명하면서 강의해야 한다.

한자의 범위는 굳이 쓰기에 기초적인 한자부터 시작해야 할 필요는 없다. 오히려 쓰기에 기초적인 한자 위주의 교육보다는 사용에 빈도수가 높은 글자부터 교육할 필요가 있다. 그 이유는 앞에서 설명한 것처럼 쓰기 교육의 필요성이 거의 없기 때문이다. 따라서 초급 단계에 200자 정도, 중급 단계에 300자 정도, 고급 단계에 500자 정도의 읽기 교육이 이루어지면 별 무리가 없을 것이다. 그 밖에 기초 한자는 학교 교육보다는 그동안 배운 1,000자를 응용하여 개인적인 습득이 이루어질 수 있다.

4.1.2. 중국어권

중국어권의 경우에는 중국 학생과 대만 학생의 교육 방법에 큰 차이를 둬야 한다. 즉, 쓰기 교육의 경우 대만 학생들은 일본 학생과 마찬가지로 거의 학습의 필요성을 갖지 못하나, 중국 학생의 경우에는 대다수의 한자를 새로 습득해야 한다. 따라서 중국 학생의 경우에는 오히려 비한자권의 학생들처럼 한국 한자와 중국 한자 사이에 차이를 보이는 쓰기에 기초적인 한자들부터 교육을 하여야 할 것이다. 그러나 비한자권의 학생들과 교육 방법 및 범위에서 큰 차이를 보이므로 함께 교육하는 것은 바람직하지 않다. 즉, 기초 한자 중에서 한국 한자와 중국 한자가 공통적인 것들도 있고, 한자 습득의 속도 역시 비한자권의 학생들과는 비교할 수 없을 만큼 빠르기 때문이다.

대만 학생의 경우는 일본 학생과 마찬가지로 초급 단계에 200자 정도, 중급 단계에 300자 정도, 고급 단계에 500자 정도의 읽기 교육이 이루어지면 될 것이다. 그러나 중국 학생의 경우에는 공통되는 한자를 제외하고 초급에 100자 정도, 중급에 200자 정도, 고급에 300자 정도의 쓰기 교육이 필요하다. 또한 쓰기 교육의 범위와는 별도로 읽기 수업에는 참여시키는 방안도 생각해 볼 수 있다.

여기에서 한 가지 한자 교육의 방안을 생각해 보면 여태까지는 한자권인가 비한자권인가 반을 나누는 기준이 되는 경우가 많았는데, 이제는 쓰기가 필요한 반(비한자권, 중국)과 읽기가 필요한 반(일본, 대만, 중국)을 나눈 교육도 필요할 것이다. 이것이 학생들의 요구를 학습 현장에 반영하는 것이다.

4.2. 비한자권

비한자권의 경우 한자 교육의 방법은 앞에서도 언급한 것처럼 초등학교의 방법을 응용할 수 있다. 그러나 이에 사용되는 관련 어휘의 경우는 초등학생과는 달리 대부분 외국인 학생이 성인인 점을 감안하여야 할 것이다. 또한 본 연구에서 언급하는 기초 한자의 개념을 기초 어휘의 개념과 혼동하여서는 안 된다. 즉, 스와데시의 기초 어휘에 포함되는 경우의 어휘들은 오히려 고유어로 남아 있는 경우가 많다. 따라서 한자의 사용 빈도수가 낮거나, 지나치게 글자가 어려운 경우들도 있다. 예를 들어 팔에 해당하는 한자어는 '腕', 다리에 해당하는 한자어는 '脚'인데 이를 기초 한자라고 말할 수는 없다.

비한자권의 한자 교육의 범위를 정하기 위해서는 일본의 '외국어로서 일본어 교육'의 경우를 살펴볼 필요가 있다. 일본어 교육에서 외국인을 위해서 정해놓은 한자의 범위는 특별히 없으며, 주요 외국인을 위한 교육에 나타난 한자수를 살펴보기로 하겠다.[6]

① 와세다 대학 일본어 연구 교육 센터에서 출간한 『외국 학생용 일본어 교과서 초급』(1967』)에는 한자가 758자 나온다.

② 국제협력사업단에서 출간한 기술 연수를 위한 『일본어 초급 1』(1984)에는 142자, 『초급 2』(1984)에는 230자, 『초급 3』(1984)에는 324자, 『중급 4』(1985)에는 131자, 『중급 5』(1985)에는 153자가 나온다.

③ 나가누마 나오에(長沼直兄)가 쓴 『표준 일본어 교본』(1964)에는 300자가 나온다.

④ 도쿄외국어대학 부속 일본어학교에서 출간한 『초급 일본어』(1990)에는

---

6) 일본어 교재위원회(1992) 『일본어교재 데이터 파일』에 나타난 자료를 참고하였다.

600자의 한자가 나온다.

⑤ 국제학우회 일본어학교에서 출간한 『일본어』(1975)에는 329자의 한자가 나온다.

⑥ 국제교류기금에서 출간한 『일본어 초급』(1981)에는 380자의 한자가, 『중급』(1979)에는 825자의 한자가 나온다.

⑦ 국제학우회에서 출간한 『일본어 독본』(1954)에는 300자의 한자가 나온다.

이상의 외국인을 위한 일본어 교과서들은 모두 한자에 대한 교육을 병행하고 있는데, 한자를 별도로 교육하는지에 대해서는 자세히 알 수는 없다. 단지 위의 자료 검토를 통해서 우리가 생각하고 넘어가야 할 것은 일본어와 한국어의 차이점이다. 일본어에서는 한자 쓰기가 생활화되어 있기 때문에 쓰기 교육 역시 절대적으로 필요하지만, 한국어 교육에서는 읽기 교육을 중심으로 하면 된다.

위의 일본어 교과서 자료는 주로 초급의 경우인데, ②에서는 초급과 중급을 합쳐서 980자를, ⑥에서는 초급과 중급을 합쳐서 1,205자를 교육하고 있다. 한국어 교육에서 비한자권의 경우에 이 정도의 숫자는 학습자로 하여금 부담을 줄 수 있다. 따라서 우리의 실정에 맞게 초급에 100자 정도, 중급에 200자 정도, 고급에 300자 정도면 적당할 것이라고 생각한다. 그리고 비한자권 학생의 경우에는 한자 쓰기에 중점을 두지 말고, 한자 읽기와 용례 중심의 교육을 하여 흥미를 유발하여야 할 것이다.

5. 맺음말

이상의 논의를 통하여 얻어낼 수 있는 결론은 다음과 같다. 첫째, 외국인을 위한 한국어 교육의 정규 과목에 한자어 교육을 포함해야 한다는 것이다. 이는 한자어 비중이 70퍼센트에 달하는 우리의 언어 현실을 직시하여 체계적이고 합리적인 어휘 교육을 위해서 반드시 선행되어야 하는 문제다. 둘째, 효과적인 한자 교육을 위해서 문화권 별로 외국 학생을 나누어서 교육해야 한다. 예를 들면 한자권 및 비한자권 별로 나누어서 한자 교육을 하여야 한다. 셋째는 외국인을 위한 기초 한자 어휘를 선정해야 한다. 기초 한자어를 선정할 때 고려해야 하는 것은 해당 문화권별에 맞는 한자어를 선정해야 한다는 점이다. 특히 비한자권 학생들을 위해서는 기초 한자어가 필수다. 본 고에서 종합한 바로는 한자권 중에서 일본과 대만에서 온 학생들은 초급 단계에서는 200자, 중급 단계에서는 300자, 고급 단계에서는 500자를 교육하여 1,000자 정도를 가르치는 것이 적당하다고 보았으며, 그 교육은 읽기 중심이 될 것이다. 또한 중국에서 온 학생들은 쓰기 교육은 초급 100자, 중급 200자, 고급 300자 정도의 교육이 필요하다고 보았으며, 읽기 교육은 앞의 일본이나 대만에서 온 학생들의 경우와 같이 할 수 있다. 비한자권의 학생들은 중국 학생들과 단계별 숫자는 같으나 주로 읽기 교육을 중점적으로 하는 것이 효과적이라고 보았다. 앞으로 더욱 심도 있고 종합적인 연구가 계속 이루어져야 한다. 넷째, 앞에서 이끌어 낸 결론을 바탕으로 한 외국인을 위한 한자 교재의 개발이 시급하다. 현재 시중에 나와 있는 한자 교재의 단점을 보완하여 효과적인 한국어 한자 교육이 될 수 있도록 단계별 한자 교재를 개발하여야 할 것이다. 이제 한국어는 한국인만의 언어가 아니라 전 세계의 언어로서 자리 잡고 있다. 그러므로 한자어의 비중이 70퍼센트가 넘는 우리의 언어를 학습하는 외국인들에게 한자어를 배제하는 한국어 교육은 지양해야 한다. 즉, 한국어 학습에서 한자어 교육은 부차적이고 선택적인 과목이 아니라, 말하기 · 듣기 · 읽기 · 쓰기와 같은 필수 과목으로 지정하여 교육해야 할 것이다.

참고문헌

강현화·김창구(2001), 어휘력 신장을 위한 기본 한자의 조어력 분석: 한국어 회화 교재에 나타
　　난 한자어를 대상으로, 외국어로서의 한국어 교육 25·26, 연세대학교 언어연구교육원
　　한국어학당.

강현화(2001), 한국어 교육용 기초 한자어에 대한 기초 연구, 한국어 교육 12-2, 국제한국어교
　　육학회.

김선정 외(2007), 살아있는 한국어: 한자성어, 랭기지플러스.

김미경(2006), 한국인 초급 일본어 학습자의 바람직한 한자교육을 위한 방안 연구, 명지대학교
　　석사학위논문.

김정남(2005), 한국어 교육에서 한자교육의 위상과 방향. 어문연구 33-3, 한국어문교육연구회.

김중섭(1997), 외국인을 위한 한국어 한자교육연구, 어문연구 25-3, 한국어문교육연구회.

김지형(2003a), 외국인 학습자를 위한 교육용 기본한자 선정, 어문연구 118, 한국어문교육
　　연구회.

_____(2003b), 한국어 교육에서의 한자 교수법, 국제어문 27, 국제어문학회.

김지형·배규범(2005), 한자로 배우는 한국어, 유씨엘아이엔씨.

김창구(2003), 한일 한자 어휘의 대조 분석과 교육적 접근, 경희대학교 교육대학원 석사학위논문.

김현경(2003), 한자문화권 학습자를 위한 한자 어휘 지도 방안: 한·중·일 한자어 대조분석
　　을 중심으로, 한국외국어대학교 석사학위논문.

김현정(2008), 비한자문화권 한국어 학습자를 위한 한자·한자어 선정과 교수 학습 방안, 한양
　　대학교 교육대학원 석사학위논문.

김훈태(2012), 해외(海外) 한국어(韓國語) 학습자(學習者)를 위한 한자(漢字) 및 한자어(漢字語)
　　교육방안(敎育方案) ―베네치아대학(大學)을 중심(中心)으로, 한자한문교육 28, 한국한
　　자한문교육학회.

문금현(2003), 한국어 어휘 교육을 위한 한자어 학습 방안, 이중언어학 23, 이중언어학회.

박균철(2005), 한일 한자에 대하여: 국자를 중심으로, 일본어문학 24, 한일일본어문학회.

박덕유(2009), 외국인 학습자를 위한 어휘력 신장 연구(I) – 한국어 漢字 및 漢字語를 중심으로, 언어와문화 5, 한국언어문화교육학회.

방혜숙(2007), 영어권 학습자들의 한자 학습에 대한 요구와 전략 분석.

배규범(2000), 한자로 읽는 한국문화, 보고사.

부루너통야닉(2006), 한국학전공 프랑스 대학생을 위한 한자교육 방법론, 국어교육연구 18, 서울대학교 국어교육연구소.

사노 데루아키(2004), 일본인 학습자를 위한 한국어 한자 교육 방안 연구, 선문대학교 석사학위논문.

서울대학교언어교육원(2007), Useful Chinese Characters, 다락원.

손연자(1984), 비한문 문화권의 외국인에 대한 한자교육 방법론 소고. 말 9호. 연세대학교 한국어학당.

오수진(2005), 비한자권 한국어 학습자의 한자어 교육 연구, 경희대학교 교육대학원 석사학위논문.

오현미(2002), 한일양국의 동형한자어 의미차에 대한 고찰, 인하대학교 교육대학원 석사학위논문.

왕근(2010), 중국인 한국어 학습자를 위한 한자어 및 한자 교육 연구, 충남대학교 석사학위논문.

윤재민(2012), 외국인을 위한 한국어 교육에 있어서의 한자교육, 한문교육연구 38, 한국한문교육학회.

이수희(2012), 다문화 시대 한국어 교육에서의 한자 교육 : 교육용 한자 선정과 교재 개발을 중심으로, 단국대학교 석사학위논문.

이영주(2001), 한자 교육의 필요성에 대한 연구: 한자어가 국어 어휘에 미친 영향 연구, 동국대학교 교육대학원 석사학위논문.

이영희(2004), 외국인을 위한 재미있는 한자, 한국문화사

_____(2007), 외국인을 위한 한국어 한자 교육의 현황과 방향, 새국어교육 76, 한국국어교육학회.

_____(2008), 외국인을 위한 한국어 한자어 교육연구, 숙명여자대학교 박사학위논문.

이혜영(2008), 외국인 학습자를 위한 기초 한자 선정과 한자 교재 모형 연구, 고려대학교 교육대학원 석사학위논문.

정승혜(1998), 외국인을 위한 국어 한자 교육 연구, 이화여자대학교 석사학위논문.

정훈(2009), 외국인을 위한 한국한자 교육 연구, 국어문학 47, 국어문학회.

최권진(2007), 한자 숙어로 배우는 한국어, 한국문화사.

최주열(1994), 한자교육 방법에 대한 고찰: 외국인에 대한 한자교육을 중심으로. 한국말교육 5, 국제한국어교육학회.

카이모리 토키코(2005), 일본어 모어 화자를 위한 한국 한자어 교육 방안 연구—초급어휘를 중심으로, 경희대학교 교육대학원 석사학위논문.

한재영(2003a), 외국어로서의 한국어 한자어교육을 위한 기초적 연구: 한자문화권 학습자를 대상으로, 이중언어학 23, 이중언어학회.

＿＿＿(2006), 非漢字文化圈 韓國語 學習者의 漢字敎育을 위한 기초적 연구, 어문연구 34, 한국어문교육연구회.

＿＿＿(2003b), 외국어로서의 한국어 한자교육을 위한 기초적 연구—비한자문화권 학습자를 대상으로. 어문연구 31-4, 한국어문교육연구회.

Bruce K. Grant(1979), A Guide to Korean Characters, Hollym International Corp.

Francis Y. T. Park(1989), Speaking Korean Book III, Hollym International Corp.

Fred Lukoff(1982), A First Reader in Korean Writing in Mixed Script, Yonsei University Press.

Ganter Sabine(1996), Teaching Hancha in Korean Language Courses at Bonn University, 한국말교육 7, 국제한국어교육학회.

Jacob Chang—Ui Kim(1988), Pictorial Sino-Korean Characters, Hollym International Corp.

제8장

외국인을 위한
한국 문화 교육 연구의 현황 및 과제

1. 머리말

언어 교육에서 문화 교육은 경중의 문제가 아니라 본질에 해당되는 것이다. 언어 교육의 목표 자체가 문화 교육은 아닐 것이나, 언어 역시 문화적 소산이며 문화를 가장 잘 담고 있는 그릇이기 때문이다. 학습자의 의사소통 능력을 향상시키는 데서 체계적이고 효과적인 문화 교육은 그만큼 중요성이 크다.[1]

최근 들어 한국어 교육에서 문화 교육의 필요성과 중요성에 대한 논의가 활발히 이루어지는 것도 그러한 이유에서일 것이다. 한국과 한국어의 국제적 위상이 높아지면서 학습자 수가 급격히 증가하고 있고, 이에 따라 한국어를 배우는 동기, 목적뿐만 아니라 학습자의 요구 역시 다양화, 전문화되고 있다. 일상회화 수준의 한국어 능력 성취를 넘어 학문과 비즈니스 등을 위한 특수 목적 지향적인 요구가 커지고 있는 것이다. 그러므로 이처럼 고급화된 학습자의 요구를 충족시킬 수 있는 양질의 교육을 담보하기 위한 노력이 필요하다.

---

1) 이에 대해 김대행(2002 : 29~54)에서는 언어가 체계로서의 본질 못지않게 행위(behavior)로서의 본질을 가지고 있으며, 언어 그 자체가 문화(culture)라는 본질도 가지는 것이라 하였다.

이는 한국어 교육이 단순한 언어 지식의 교육을 벗어나 체계적인 틀 속에서 학습자의 문화적 의사소통 능력을 향상시킬 수 있는 방향으로 실시되어야 함을 시사한다.

문화 교육에서 특히 유의해야 할 부분은 언어교과와의 관계 설정의 문제다. 학습자의 문화적 의사소통 능력이 중요한 것은 사실이나 그 목적이 문화 자체에 있는 것은 아니며, 또한 광의의 문화 전체를 교육 대상으로 할 수는 없다. 즉 한국어 교육에서의 문화 교육은 한국어 학습에 직접적으로 도움이 되거나 한국어 자체와 관련되는 부분에 관심이 모아져야 할 것이다. 이를 언어 문화2)라는 용어를 통해 살필 수 있는 바, 한국어 교육에서의 문화는 언어적 목적에 초점을 두어야 하는 것이다. 따라서 문화적 내용이 한국어 교육의 내용과 과정 안에 통합되어 유기적으로 구현되도록 하는 것이 가장 바람직하며, 이를 실현하기 위한 구체적인 방안이 마련되어야 한다.

이에 본고에서는 그간의 한국어 문화 교육의 연구 성과를 살피는 한편, 체계적인 문화 교육을 실시하기 위한 근간이 되는 요건들을 제시하고자 한다. 이를 통해 한국어 문화 교육의 현 위치를 점검하고 앞으로의 연구 방향 및 과제를 찾을 수 있을 것이다.

2. 한국어 교육에서의 문화에 대한 인식

한국어 교육에서 다루어야 할 문화 교육 내용을 선정하기 위해서는 '문화'를 어떻게 정의하고 그 범위는 어떻게 할 것인가 등에 대한 논의가 선행되어야 한다. 문화 일반적 논의 대상인 문화3)는 그 범위와 폭을 한정할 수 없는

---

2) 박갑수(1999)에서는 '언어 문화'라는 말을 두 가지 의미로 나누어 고찰하였다. 그 하나는 문화로 대표되는 언어에 의해 형성된 문화이며, 다른 하나는 언어적 배경으로서의 문화이다.

인간 삶의 총체적인 표상이므로 언어 교육에서 대상으로 해야 하는 문화와 그 내용 및 범위가 같을 수 없다. 따라서 언어 교육에서의 문화에 대한 인식은 언어 교육적 상황에 한정하는 것이 바람직하다. '언어 문화' 또는 '한국어 문화'와 같은 용어에 의해 나타나는 것처럼 문화의 진폭을 언어 교육이라는 범주에 한정할 필요가 있다.

한국어 교육계에서 정의하고 있는 문화의 의미 및 문화 교육 방법에 대한 논의를 살펴보면, 크게 한국에 대한 이해를 기본 목표로 삼고 한국의 문화 요소를 전반으로 다루는 넓은 의미에서의 문화 교육에 대한 논의와 한국어 문화 교육의 내용을 언어 내적으로 한정시켜 '언어 문화'에 초점을 두는 논의로 나누어 볼 수 있다.

(1) 한국에 대한 이해를 기본 목표로 삼고 한국의 문화 요소를 전반적으로 다루는 넓은 의미에서의 문화 교육에 대한 논의. 모든 문화 영역의 일부로 언어현상을 다루는 것으로 '문화 중심, 포괄적·거시적 관점'에서의 연구

---

3) 국외 학자들에 의한 문화 일반에 관한 정의로는 Brooks(1968), Lafayette(1978)가 있다. Brooks(1968)에서는 문화를 미생물학적인 성장(Biological growth), 개인적인 교양(Personal refinement), 문학과 미술(Literature and fine arts), 생활양식(Patterns for living), 생활 방식의 총화(The sum total of a way of life)의 다섯 가지로 나누었다. 여기에서는 외국어 학습을 3단계로 나눈다. 1단계에서는 생활양식(Patterns for living)이 가장 중요하고 2단계에서는 생활양식을 공부하면서 문학과 미술, 생활 방식의 총화를 조금씩 추가하여 배워야 하며 3단계에서는 더 심도 있는 언어 학습과 함께 열 가지 요소를 토대로 체계적인 문화 공부를 할 수 있다고 하였다. Lafayette(1978)에는 문화를 'Culture'와 'culture'로 나누어 설명하였다. 그 중 전자는 어느 사회에 있어서 그 사회 전체나 뛰어난 개인의 중요한 작품에 기여하는 것을 뜻하고, 후자는 어느 사회에 소속된 국민들이 생활하는 양식을 뜻한다.

조창환(1996)	한국 문화의 교육 내용을 언어 문화적 요소와 한국의 전통 문화로 양분
김정숙(1997)	한국 문화를 대부분 언어적 측면 위주로 교육하고 있는 점을 비판. 목표언어 사회의 구성원들이 지니고 있는 가치관 및 감정까지 포괄해서 교육할 것을 제안
박노자(2000)	한국 문화의 다양한 대외적 의미들을 비롯하여 문화적 다층성, 보편성, 독자성의 문제, 현대인들이 한국 문화를 이해하기 위한 다양한 시각과 그 문화를 실천 과정에서 이용할 수 있는 다양한 용도 등이 설명되어야 함을 주장
조항록(1999)	각각 고급과정과 초급과정 학습자를 위한 한국 문화 교육 방안 제시
박영순(2002)	모든 문화적 내용이나 요소들이 예외 없이 언어에 투영되어 있으므로 한국어 교육을 위한 문화론은 문화 전반을 다루어야 함을 지적. 문화 교육의 내용으로 '정신문화 / 언어문화 / 예술문화 / 생활문화 / 제도문화, 문화재, 학문, 산업기술'을 분류
배현숙(2002)	한국어 교재(고려대 / 서울대 / 연세대 / 한양대)에 나타난 문화 교육 현황을 '의식주 / 문화명소 / 무형 문화재 / 사고방식'으로 분류하여 제시
조항록(2002)	외국어 교육 현장에서의 문화 교육 범위를 '목표 언어 사회에 존재하는 문화적으로 조건 지어진 사실에 대한 이해 촉진', '목표 문화에 대한 감정 이입', '대표적인 성취 문물에 대한 이해'의 세 가지로 파악
조항록(2004a)	한국어 문화 구성요소로 '의식주 문화 / 역사문화 / 민속문화 / 시상문화 / 관념과 가치관 / 일상생활문화 / 제도문화 / 예술문화 / 문학'으로 분류하여 제시

(2) 한국어 문화 교육의 내용을 언어 내적으로 한정시켜 '언어 문화'에 초점을 두는 논의. '언어 중심, 제한적 · 미시적 관점'에서의 연구

권순희 (1996)	문화 교육에서 신체어, 형용사, 숫자관념, 피동표현 등이 영어와 차이가 있음을 언급하고 관용어, 서법, 대명사 사용 등에 대한 교육이 이루어져야 함을 부분적으로 주장하는 대조언어학을 바탕으로 한국문화를 나타낼 수 있는 언어요소를 교육할 필요성에 대하여 언급한 것으로 평가됨
민현식 (1996)	언어 인류학적인 관점에서 언어와 문화의 관계를 파악. 국제 한국어 교육을 위한 국어문화론의 내용 구성으로 '국어위상론 / 국어계통론 / 국어심리론 / 문학언어론 / 방언문화론 / 어휘문화론 / 이름문화론 / 문자문화론 / 문체문화론 / 국제한국어 변이론' 12개의 영역으로 구분

김정숙 (1997)	언어 중심의 문화통합교육 방안으로 '의사소통모델 / 언어문화통합 모델' 제시
박영준 (2000)	문화적 어휘·표현 교육을 '유래 / 어원 / 차용관계 / 조어법 / 사용의미 / 사용맥락 / 관점의 차이'로 분류하여 제시
성기철 (2001)	언어 교육에서 문화 교육은 언어와 완전 통합되는 방법이 이상적이라는 것과 언어와 문화의 교차 현상에 대해 각각 논의
윤여탁 (2002)	문화 요소 교육이 한국어 문화 교육의 진정한 모습이 아니므로 의사소통 능력을 신장시키고 한국 문화에 어긋나지 않는 언어 생활, 일상 생활을 영위할 수 있는 능력 배양이 요구됨을 제시
이석주 (2002)	언어 생활에 투영된 '언어 예절'과 단어와 문법에 투영된 '언어 내용'을 중심으로 한국어 문화에 대하여 살펴보고 이에 해당하는 내용별·단계별 교육 항목을 제시
이해영 (2002)	서로 다른 문화적 배경을 가지고 있는 두 화자의 상호작용을 통해 발견되는 비교문 화적 관점에서 다루어지는 한국어의 화용교육에 대해 제시
조현용 (2003)	'한국어 문화'를 '한국어 문화'와는 다른 한국어의 언어적인 측면과 관련된 문화로 한정. 한국어 문화 교육 방안으로 직접적인 교육(언어예절 / 어원 / 관용표현)과 간 접적인 교육(독해, 대화지문 / 토론 주제 / 역할극) 제시
민현식 (2004)	국어 문화 교육의 내용으로 '문자문화 / 역사언어문화 / 매체언어문화 / 대중언어문 화 / 영상언어문화 / 의사소통문화 / 방언문화'로 구분하여 제시
조항록 (2004b)	한국 언어문화 내용 구성요소로 '언어 자체 / 문화어구1 / 문화어구2 / 언어예절 / 언어와 사고방식 / 언어의 산물 / 이름 / 비언어적·반언어적 의사소통 / 매체와 언 어 / 언어와 사회1(일상생활) / 언어와 사회2(문물)'를 제시

지금까지의 논의를 통해 보면 한국어 교육에서의 문화의 범위 및 교육 내용은, 그간의 연구를 통해 문제점을 찾고 보완하여 다양한 논의를 축적해가는 과정에 있다. 따라서 앞으로는 '한국어 교육'이라는 특수한 상황을 전제하여 문화의 범위를 교육 내용과 방법에 변수가 될 수 있는 학습자 변인, 즉 학습 목적, 학습 장소, 학습자의 언어권, 한국어 숙달도 등에 따라 범주화하고 체계화할 필요가 있다. 또한 문화에 대한 논의를 한국어와 직접적으로 관련되는 '어문화' 중심에서 우선적으로 접근하여 그 대상과 범위를 일차적으로 한정하고 명료화하는 것이 바람직할 것이다. 대상이 명확하지 않은 상황에서

내용과 방법이 도출될 수는 없으며, 기존에 논의된 문화적 교수요목들은 개별적으로 나열되어 있는 경우가 많아, 이를 '어문화'라는 준거에 따라 일관되고 전체적인 맥락 안에서 재구성할 필요가 있기 때문이다. 즉 문화 교육의 목적을 명확히 하고 한국어 교육 과정과의 직접적인 연계를 최우선에 두어야 하는 것이다.

3. 문화 교육 연구의 동향 분석

3.1. 문화 교육 논문의 유형

본 절에서는 한국어 교육이 양적·질적으로 크게 성장하기 시작한 1986년부터[4] 현재까지 발표된 한국어 문화 교육 관련 논문을 대상으로 그동안의 문화 교육 관련 연구 성과를 살펴보고자 한다. 지금까지 발표된 한국어 문화 교육 관련 연구물 중 외국인을 위한 한국어 교육에서의 문화 교육에 관한 논의로 대상을 한정하여 784편을 분석 대상으로 삼았다.[5] 다만 문학, 속담, 영화 등을 소재로 한 경우에도 이를 문화 교육 차원에서 논의한 경우는 연구 대상에 포함시켰다.

이를 논문의 유형 및 발표 학회지별로 구분해 본 결과 학위 논문이 388편이었고, 한국어 교육 관련 학회지 게재 논문이 172편, 논문집 게재 논문이 15

---

4) 이지영(2004 : 148)은 1986년부터 1997년까지의 기간을 대학교에 한국어 교육 기관이 신설되면서 한국어 교재 개발이 활발하게 이루어진 시기로 보고 있다. 교육 기관의 설립 및 교재 개발의 활성화가 한국어 교육 연구 분야의 질적인 성장의 계기가 된 것이다.

5) 본고에서는 연구 대상 논문을 1980년부터 2013년 12월까지 발표된 한국어 교육에서의 문화 교육 관련 연구물 784편으로 하였으나, 기준을 달리하는 경우 대상 논문의 수가 달라질 수 있다. 따라서 본고에 포함되지 않은 논문이 존재할 것이나 그러한 논의로 인해 전체적인 문화 교육 관련 연구 현황에 큰 편차가 초래되지는 않으리라 여긴다.

편, 학술대회 발표 논문이 12편, 외국어 교육 학회지 게재 논문이 3편, 그 밖의 학회지 게재 논문이 171편, 단행본 23편으로 나타났다.

〈표 1〉의 결과를 통해 '문화 교육'에 대한 다양한 유형의 연구가 이루어지고 있음을 알 수 있다. 문화 교육에 관한 논의가 여러 층위에서 이루어지고 있는 것은 고무적이다. 그리고 그동안 문제점으로 지적되어 왔던 '한국 문화'에 대한 개론서 부족도 관련 단행본이 잇달아 출간되면서 어느 정도 해소되었다고 볼 수 있다. 또한 특정 분야에 관한 연구의 성숙도를 가늠할 수 있는 박사학위 논문도 10편 가량 발표되면서 문화 교육에 대한 연구의 폭과 깊이가 심화되었음을 알 수 있다.

〈표 1〉 한국어 문화 교육 연구의 유형별 현황(2013. 12. 현재)

유형	논문 목록	수
학위논문	조욱경(1987), 장연희(1988), 심민아(1998), 윤 영(1998), 이진학(1998), 심민아(1999), 박은영(2000), 조영미(2000), 김경지(2001), 김남헌(2001), 김정우(2001), 배재홍(2001), 서희정(2001), 여경선(2001), 이소영(2001), 장경은(2001), 홍서연(2001), 김영자(2002), 김은하(2002), 김정아(2002), 김현정(2002), 나정선(2002), 남경희(2002), 박청(2002), 사모토 마리(2002), 안윤정(2002), 와타나베 요시야스(2002), 이선화(2002), 이성순(2002), 이지현(2002), 장윤정(2002), 주은정(2002), 진은하(2002), 강현정(2003), 김보경(2003), 김선미(2003), 미즈시마 히로코 (2003), 손은경(2003), 송영미(2003), 안경희(2003), 안유미(2003), 양선경(2003), 원수은(2003), 육흔(2003), 이명주(2003), 이수영(2003), 이유경(2003), 이지현(2003), 정은경(2003), 정호선(2003), 조경아(2003), 조은희(2003), 홍선수(2003), 이 예까쩨리나(2004), 김애원(2004), 김은영(2004), 김재영(2004), 노대규 · 왕예량(2004), 문은주(2004), 미전 정(2004), 박선희(2004), 박설믜(2004), 박진경(2004), 송희원(2004), 신경선(2004), 우재영(2004), 윤상철(2004), 윤은미(2004), 이선옥(2004), 이연주(2004), 조옥영(2004), 황재웅(2004), 최유미(2005), 강승혜 · 임미경(2005), 강승혜 · 차정민(2005), 김선미(2005), 김영엽(2005), 김은희(2005), 김정선(2005), 김정숙 · 최은영(2005), 김주희(2005), 김진아(2005), 김하수 · 홍윤혜(2005), 박수란(2005), 배지윤(2005), 배지윤(2005), 손예희(2005), 송희원(2005), 안화현(2005), 이동규 · 홍종선(2005), 이희진(2005), 임미경(2005), 장세아(2005), 장연(2005), 정하라	388

(2005), 정혜란(2005), 조정순(2005), 최현정(2005), 최희정(2005), 한상미(2005), Zhang, Chunmei(2005), 강승혜 · 양민애(2006), 강혜민(2006), 강혜민(2006), 고범수(2006), 김미라(2006), 김미숙(2006), 김영희(2006), 김정록 · 박영순(2006), 김하지(2006), 박융배(2006), 박지영(2006), 안미영(2006), 이경란(2006), 이성지(2006), 이화선(2006), 전지수(2006), 전혜경(2006), 최현정(2006), Furukawa, Ayako · 김하수(2006), Tanizaki, Mitsuko(2006), Thamcharonkij, Tientida(2006), 강여림(2007), 고영원(2007), 고영원 · 서상규(2007), 김수경 · 김하수(2007), 김수산나(2007), 김은호(2007), 김진복(2007), 박숙영(2007), 박숙영(2007), 백미옥(2007), 백미옥(2007), 변영희(2007), 변혜원(2007), 서영실(2007), 서영실(2007), 서영실(2007), 양지선(2007), 오경석(2007), 이경연(2007), 이미지(2007), 이수현(2007), 이순애(2007), 이윤진 · 한송화(2007), 이재석(2007), 이현정(2007), 이효정(2007), 이희자 · 정예희(2007), 정예희(2007), 정예희(2007), 한윤정(2007), 한윤정(2007), 허해란(2007), 황정민(2007), 강영주(2008), 고경민(2008), 김보영(2008), 김진경(2008), 김해영(2008), 김훈(2008), 나정선(2008), 박수정(2008), 박찬숙(2008), 박혜정(2008), 신윤경(2008), 연선자(2008), 이숙진(2008), 이언숙(2008), 이종숙(2008), 정미숙(2008), 조성협(2008), 조수아(2008), 황바이(2008), 고혜화(2009), 공영희(2009), 김미영(2009), 김미진(2009), 김민정(2009), 김은선(2009), 김혜진(2009), 도풍뚜이(2009), 문보라(2009), 박지연(2009), 박해숙(2009), 백장미(2009), 신효순(2009), 안희은(2009), 왕수기(2009), 임미현(2009), 장민정(2009), 장혜림(2009), 정매라(2009), 종량(2009), 채윤미(2009), 황우철(2009), 이재춘(2010), 김나리(2010), 김윤경(2010), 교지연(2010), 김연희(2010), 고명(2010), 강아영(2010), 강진숙(2010), 권현진(2010), 김남형(2010), 김병석(2010), 김유미(2010), 김은화(2010), 김일(2010), 김장미(2010), 란천우(2010), 박민정(2010), 박새봄(2010), 박성실(2010), 박영숙(2010), 박정민(2010), 배현대(2010), 손단(2010), 손미정(2010), 송지혜(2010), 안진숙(2010), 안효자(2010), 오민수(2010), 오민정(2010), 오종현(2010), 유영숙(2010), 윤향희(2010), 이미경(2010), 이민정(2010), 이선애(2010), 이은성(2010), 이혜진(2010), 정지혜(2010), 정혜란(2010), 정혜진(2010), 주월랑(2010), 차강출롱아리옹벌러르(2010), 최진희(2010), 홍문주(2010), 황정혜(2010), Hema(2010), 배재원(2011), 왕연(2011), 윤영(2011), 전미순(2011), 한선(2011), 곽민경(2011), 김경지(2011), 김민정(2011), 김선희(2011), 김성여(2011), 김영인(2011), 김인경(2011), 김지현(2011), 남보현(2011), 노지혜(2011), 뇌뇌(2011), 런쭝린(2011), 류희정(2011), 명현숙(2011), 박미향(2011), 박정미(2011), 반, 학포(2011), 서아름(2011), 손명진(2011), 손효소(2011), 양루이(2011), 여철정(2011), 옌난(2011), 오나영(2011), 오복남(2011), 오우(2011), 왕문도(2011), 우레(2011), 유가(2011), 유선아(2011), 유효단(2011), 이근화(2011), 이금춘(2011), 이라용(2011), 이미영(2011), 이병환(2011), 이선화(2011), 이수(2011), 이영(2011), 이지민(2011), 이지연(2011), 이지영(2011),

	임찬진(2011), 임희영(2011), 전종영(2011), 정미진(2011), 정영선(2011), 정영주(2011), 조문경(2011), 조영미(2011), 조윤희(2011), 주도(2011), 최경자(2011), 최영희(2011), 최정희(2011), 최현주(2011), 최희명(2011), 황지민(2011), 김진호(2012), 노경래(2012), 우혜경(2012), Zhu, Cuiying(2012), 최지영(2012), 유진(2012), 한정연(2012), 권지현(2012), 김미진(2012), 김소담(2012), 김소연(2012), 김수정(2012), 김신정(2012), 김영근(2012), 김은지(2012), 김지우(2012), 김진숙(2012), 김태은(2012), 김현정(2012), 김화영(2012), 박상미(2012), 부해비(2012), 서진욱(2012), 손정(2012), 송용실(2012), 신해홍(2012), 양소(2012), 양청즈(2012), 양현모(2012), 어광숙(2012), 우초군(2012), 이수지(2012), 이승주(2012), 이원희(2012), 이은진(2012), 이향주(2012), 이화성(2012), 이효재(2012), 임웅(2012), 자오, 쥔야(2012), 장귀해(2012), 장용선(2012), 전애숙(2012), 정혜민(2012), 조뢰(2012), 주시동(2012), 최선영(2012), 테시마 아이코(2012), Li, Tatiana(2012), Zhou Xuanzi(2013), 곽영(2013), 김서영(2013), 김유나(2013), 김은영(2013), 김재국(2013), 까녹완 판짜륀(2013), 박명기(2013), 박진아(2013), 박휘경(2013), 박희수(2013), 배영애(2013), 서경혜(2013), 심가현(2013), 심죽령(2013), 왕건(2013), 유란(2013), 윤보라(2013), 윤주리(2013), 이결(2013), 이규정(2013), 이오암(2013), 이지영(2013), 이지은(2013), 이초(2013), 이혜경(2013), 임성민(2013), 임유미(2013), 전아경(2013), 조정순(2013), 조형주(2013), 진환상(2013), 최화정(2013), 학명예(2013), 홍지혜(2013), 황설운(2013a)	
한국어 교육학회지 (한국어 교육, 이중언어학, 외국어로서의 한국어 교육) – 국제한국어교육학회, 이중언어학회, 국제한국언어문화학회, 한국어 교육학회	이상억(1987), 박영순(1989), 이 왈렌찐(1991), 김영자(1995), 이숙화(1995), 민현식(1996), 서정수(1996), 조창환(1996), Donald Baker(1996), Karlsson, Anders(1996), Werner Sasse(1996), Mark Peterson(1997), 김문조(1997), 노창수(1997), 묘춘매(1997), 박영순(1997), 이상억(1997), 이숙화(1997), 최미숙(1997), Maurizio Riotto(1997), Roy Alok (1997), 김문조(1998), 문금현(1998), 조항록(1998), 주경희(1998), 김현권 · 허용(1999), 박갑수(1999), 박노자(1999), 성광수(1999), 이득춘(1999), 이성희(1999), 이영식(1999), 이정희(1999), 지수용(1999), 한상미(1999a), 한상미(1999b), 한상미(1999c), 박노자(2000), 박영준(2000), 윤여탁(2000), 이해영(2000), 조항록(2000), 지수용(2000), 한송화(2000), 김영아(2001), 김지연(2001), 라혜민 · 우인혜(2001), 성광수(2001a), 성기철(2001b), 성기철(2001c), 안경화(2001), 전혜영(2001), 조항록 · 강승혜(2001), 강승혜(2002), 김영순 · 임지룡(2002), 배현숙(2002), 이석주 (2002), 이해영(2002), 강승혜(2003), 김대행(2003), 김보경(2003), 노형남(2003), 민현식(2003), 박영순 (2003), 신주철(2003), 윤여탁(2003), 이선이(2003), 이진숙(2003), 이해영(2003), 조현용(2003), 김정은(2004), 오세인(2004), 우인혜(2004), 우재영(2004), 김수현(2005), 김중섭(2005), 최인자(2005), 김영	172

	주(2006), 구선희·유승금(2008), 권영은(2008), 김기국(2008), 김영주·김태우(2008), 김정은(2008), 김창원(2008), 김해영(2008), 노형남·서혁(2008), 류수열(2008), 민원정(2008a), 민원정(2008b), 박진태(2008a), 박진태(2008b), 박찬숙(2008), 신정애(2008), 신현숙·박건숙(2008), 이호형(2008), 조수진(2008), 최권진(2008), 한상미(2008), 황인교(2008), 권오경(2009), 김수진(2009), 김현진(2009), 베 히식자르갈(2009), 손다정(2009), 신현숙(2009), 심혜령(2009), 왕혜숙(2009), 윤여탁(2009), 윤영(2009), 이기성(2009a), 이기성(2009b), 전미순·이병운(2009), 조수진(2009), 홍혜련(2009), 강현화(2010), 권성미(2010), 김경숙(2010), 김영아(2010), 김윤주(2010), 김종철(2010), 박민정(2010), 박숙자(2010), 박춘연(2010), 배규범(2010), 양지선(2010), 오지혜·윤여탁(2010), 왕연(2010), 이성희(2010), 임효례(2010), 장세길(2010), 조수진(2010), 지현숙(2010), 최권진·정혜령(2010), 한상미(2010), JIN RIQUAN(2010), 권용해·최정윤(2011), 김낭예(2011), 김수정(2011), 김혜영(2011), 신윤경(2011), 신현단(2011), 양지선(2011), 윤여탁(2011), 임채훈(2011), 전미순,이병운(2011), 조남민(2011), 조옥이,박석준(2011), 조항록(2011), 주월랑·양명희(2011), 최경희(2011), 황인교(2011a), 황인교(2011b), 강승혜(2012), 김용현(2012), 김해옥(2012), 석주연(2012), 신영지(2012), 양지선(2012), 오지혜(2012), 우창현(2012), 진강려(2012), 진경지(2012), 최준식(2012), Nakano Atsushi(2012), 권성미(2013), 김현진(2013), 김훈태(2013), 오지혜(2013a, b), 최진희(2013), 최태호(2013), 황설운(2013b)	
논문집	윤여탁(2002a), 조항록(2002), 김영아(2002), 강현화(2002), 구선희·유승금(2008), 민원정(2008), 신윤경(2009), 임채훈(2010), 김동국(2011), 김해옥(2011), 이근영(2011), Sakawa Yasuhiro(2011), 김용현·이기영(2012), 윤선영(2012), Ravikesh(2012)	15
학술대회 발표집	한국어세계화추진위원회 · 이중언어학회(2000), 라혜민 · 우인혜(2001), 조항록(2001b), 민현식(2003), 이해영(2003), 이미혜(2003), 우재영(2004), 박영순(2004), 김유향(2009), 김수은(2010), 심혜령(2010), 이현정(2012)	12
외국어교육학회지	이해영(2000), 민현식(2003), 이도일(2004)	3
기타 학회지 (국어교육, 선청어문, 대학연구소 등)	문용(1980), 이영숙(1992), 공일주(1996), 권순희(1996), 김영기(1997), 김정숙(1997), 박갑수(1998), 최용재(1998), 픽셀(1999), 윤여탁(1999), 박노자(2000), 윤여탁(2000), 김용성 · 이춘자(2001), 변신원(2001a), 변신원(2001b), 이화연(2001), 장경은(2001a), 장경은(2001b), 조항록(2001), 한상미 · 황인교(2001), 윤여탁(2002), 조항록(2002), 권오현(2003), 김대행(2003), 김영아(2003), 김종태(2003), 노형남(2003), 미즈노 슌페이(2003), 성비락(2003), 유상희(2003), 유상희(2003), 윤여탁(2003), 이기성(2003), 이선이(2003), 이진숙(2003), 증천부(2003a), 증천부(2003b), 최복자	171

	(2003), 튀르쾨쥬 곡셀(2003), 김정은(2004), 김종철(2004), 김해옥(2004), 대죽성미(2004), 민현식(2004), 성기철(2004a), 성기철(2004b), 신현숙(2004), 안증환(2004), 이미혜(2004), 이병혁(2004), 조항록(2004a), 조항록(2004b), 최웅환(2004), 최인자(2004), 최정순(2004), 홍혜준(2004), 강보유(2005), 김영란(2005), 김정은(2005), 성기철(2005), 왕한석(2005), 이미혜(2005), 임경순(2005), 조항록(2005), 한상미 · 황인교(2005), 강영(2006), 권오경(2006), 김수현(2006), 박석준(2006), 백봉자(2006), 염창권(2006), 윤석임(2006), 이경란 · 안현숙 · 최배영(2006), 황인교(2006), 김영주(2007), 염창권(2007), 오세인(2007), 최윤곤(2007), 김영주(2008), 김하수(2008), 문금현(2008), 안미영(2008), 야마시타 마코토(2008), 양민정(2008a), 양민정(2008b), 양민정(2008c), 양민정(2008d), 오정미(2008), 이동은(2008), 임금선(2008), 한슬기(2008), 한승옥(2008), 김서형(2009), 모졸따지아나(2009), 민현식(2009), 양민정(2009a), 양민정(2009b), 양지선(2009), 이정택(2009), 고경민·이소영(2009), 권미경·조용하(2009), 김경회(2009), 김영만(2009), 박배식(2009), 서광진(2009), 양지선(2009a), 양지선(2009b), 이기성(2009), 이현주(2009), 금지아(2010), 김경회(2010a), 김경회(2010b), 김영만(2010), 김지혜(2010), 김진호(2010), 노금숙(2010), 배규범(2010), 백악천·막효뢰(2010), 송명진(2010), 안부영(2010), 양승관(2010), 양영희·서상준(2010), 양지선(2010), 우한용(2010), 윤경원(2010), 윤여탁(2010), 이은숙(2010), 임금복(2010a), 임금복(2010a), 최인나(2010), 최죽산(2010), 강현화·홍혜란(2011), 김경미(2011), 김경숙·라혜민(2011), 김동환(2011), 김미진(2011), 김윤주(2011), 김지영(2011), 박선옥(2011), 박영순(2011), 박은하(2011), 신영지(2011), 신윤경(2011), 오경숙(2011a), 오경숙(2011b), 오춘화(2011), 유홍주(2011), 이소영·고경민(2011), 이효인(2011a), 이효인(2011b), 정영아(2011), 주뢰·문복희(2011), 황인교(2011), 강민규·윤여탁(2012), 김규진(2012), 문금현(2012), 문형진(2012), 민현식(2012), 서옥란·김송죽(2012), 오문천(2012), 유홍주(2012), 이상린(2012), 임효례(2012), 장미라·김지형(2012), 전홍(2012), 최정순·송임섭(2012), 혼다토모쿠나·김인규(2012), 배재원(2013), 오은엽(2013), 조재형 외(2013), 최정순	
단행본	한상복(1982), 일상문화연구회(1996), 박갑수(1999), 김숙현외(2001), 강현화(2002), 국립국어연구원(2002), 박영순(2002), 강보유(2005), 백봉자외(2005), 한상미(2006), 신혜경(2006), 윤여탁(2007), 박영순(2008), 순천향대학교(2008), 조항록(2008), 임경순(2009), 정길남(2009), 강승혜(2010), 김영국(2012), 박영순(2010), 조항록(2010), 박갑수(2013), 조현용(2013)	23
계		784

3.2. 연도별 연구 성과

한국어 문화 교육 관련 연구물은 1980년을 시작으로 약 30년 간 총 784편이 발표되었다. 다른 연구 분야와 비교했을 때 연구 성과가 적은 편은 아니지만, 발표 시기에서 볼 때 최근 10년간 발표된 논문이 다수를 차지하고 있어 이 분야에 대한 관심이 최근 급격히 증가하고 있음을 알 수 있다.[6]

〈표 2〉 한국어 문화 교육 연구의 연도별 현황

연도	80	82	87	88	89	91	92	95	96	97	98	99	00	01	02	03	04	05	06	07	08	09	10	11	12	13
학위논문			1	1							3	1	3	9	16	20	19	29	21	33	19	22	46	64	49	36
학회지	1	1	1		1	1	1	3	8	12	6	15	10	17	7	32	21	12	10	4	37	34	46	43	60	12
계	1	1	2	1	1	1	1	3	8	12	9	16	13	26	23	52	40	41	31	37	56	56	92	107	79	48

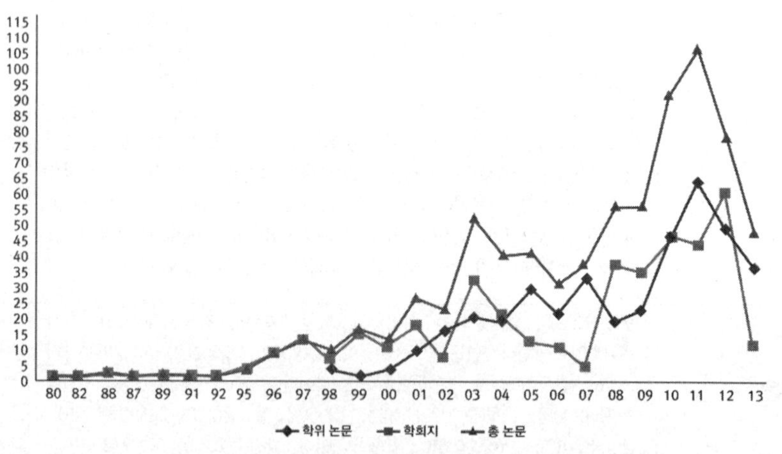

〈그림 1〉 한국어 문화 교육 연구의 연도별 추이

---

6) 이 연구는 2013년 12월까지 발표된 문화 교육 관련 논문을 대상으로 한다.

2013년까지의 한국어 교육에서의 문화 교육과 관련된 연구의 성과들을 살펴보자. 한국어 교육에서 문화 교육과 관련해서 연구가 시작된 것은 1980년이 처음인데, 그 이후 90년대 초까지는 1~2년에 1편의 논문이 발표되는 정도였다. 하지만 1996년에 한국어 교육에 의사소통 교수법이 도입되고 강조되면서 문화 교육의 중요성이 대두되었고, 1996년을 기점부터 연간 수편의 논문이 발표되었고 2000년대에 들어서서 연간 수십 편의 논문이 발표되어 위와 같은 급격한 증가 추이를 보여 주게 되었다. 여기서 주목할 점은 학위논문의 성과와 학술지 논문의 성과의 변화 양상이 다르다는 것이다. 2007년도까지의 추이를 살펴보면, 학위논문의 성과는 꾸준히 증가되고 있는 반면, 학술지논문의 성과는 2003년 이후 줄어드는 추이를 보인다.

학술지의 연구 주제 중 가장 많은 것은 문화교육론이고, 학위논문의 성과가 가장 두드러지게 나타난 연구 주제는 매개를 통한 문화 교육이다. 즉 상대적으로 학술지의 논문에서는 일반론, 총론적인 연구 주제가 큰 비중을 차지한 반면, 학위논문에서는 교육 내용, 교수법, 교육 자료 등의 구체적인 연구들이 이루어짐을 알 수 있다. 그러므로 문화 교육의 연구는 일반론에 대해서는 어느 정도 체계가 잡혀 가고 있으며, 방법론적인 측면에서의 구체적인 문화 교육 방법에 대한 연구는 과정 중에 있다는 것을 알 수 있다. 이러한 연구 동향을 바탕으로 최근 5년 사이에 문화 교육 관련 논문의 총 수가 크게 증가하였다.

문화 교육에 대한 연구자들의 관심이 증폭된 것은 한국어 교육에 관한 연구가 다양화, 구체화되고 있다는 증거이기도 하다. 하지만 아직까지는 추상적인 논의가 많아 교육 현장에 적용할 수 있는 보다 실제적인 연구가 요구된다.

3.3. 주제별 연구 성과

지금까지 발표된 한국어 문화 교육 관련 논문 784편을 주제별로 범주화하여 살피는 것은 현재 한국어 문화 교육 연구의 위치를 점검하는 한편, 미진한 연구 분야를 찾아 앞으로의 연구 과제를 제시한다는 데 의의가 있다.

본고에서는 문화 교육 논문들을 내용에 따라 '문화 교육 일반론', '교육 내용 및 교수법', '교육 자료'의 상위 3개 범주로 나누고 이를 다시 하위 범주화하였다. 문화 교육 일반론에는 문화 교육 현황 및 과제(32), 문화 교육론(83)의 일반론적인 내용을 다룬 연구를 포함하였고, 교육 내용 및 교수법에는 단계별 문화 교육(14), 행위 관련 의사소통(13), 문화 교육 내용 및 방안(126), 화행 연구(28)를, 교육 자료에는 문화 교육과 교재(43), 매개를 통한 문화 교육(141)을 포함하여 논의하였다. 각 범주별로 연구 성과를 살펴보면 다음과 같다.[7]

3.3.1. 문화 교육 일반론

(1) 문화 교육의 현황 및 과제

한국어 교육에서의 문화 교육의 현황을 파악하고, 현 문화 교육의 문제점 등을 지적한 논의로는 다음과 같은 연구를 들 수 있다. 이 연구물들은 한국어 교육에서 차지하는 문화 교육의 중요성 및 문화의 의미에 대한 다양한 시각을 논의하고 있으며 교육 현장에서 한국의 문화 요소가 제대로 다루어지고 있지 않음을 문제점으로 지적하고 있다. 설사 다루고 있다고 하더라도 학습자의 한국어 학습 단계 및 학습자 변인 등에 따른 교수 항목 선정과 배열의 적절성에서 문제점이 발견된다는 것이 다음 논의들의 대체적인 입장이다.

묘춘매(1997), 박영순(1997), Maurizio Riotto(1997), 박노자(2000), 이득춘(2000), 배현숙

---

7) 본고에서의 범주 구분은 연구물들의 내용에 근거한 것으로 관점에 따라 상이한 분류가 가능할 것이다.

(2002), 조항록(2002), 증천부(2003), 민현식(2004), 김종철(2005), 김중섭(2005), 김정은(2005), 조항록(2005), 민원정(2008), 한승옥(2008), 김영만(2009), 이정택(2009), 강현화(2010), 김종철(2010), 박춘연(2010), 배규범(2010), 왕연(2010), 임금복(2010), 임금복(2010), 지현숙(2010), 최인나(2010), 주뢰·문복희(2011), 강승혜(2012), 김규진(2012), 민현식(2012), 서옥란·김송죽(2012), Ravikesh(2012), 이초(2013)

(2) 문화 교육론

문화 교육론으로 분류한 연구물들은 한국어 교육에서 문화 교육의 위치와 역할에 관한 개론적인 내용에 대한 논의다. 일반적인 문화 교육 관련 이론이 정립되고 문화 교육의 위상이 정립되었을 때 구체적인 세부 주제별 논의가 이루어질 수 있으므로, 아래의 논의는 한국어 문화 교육을 세부화, 상세화하기 위한 개론 성격의 연구에 해당된다.

박영순(1989), 김영자(1995), 서정수(1996), 조창환(1996), Donald Baker (1996), Karlsson, Anders(1996), Mark Peterson(1997), 김문조(1997), 김영기(1997), 이숙화(1997), Roy Alok (1997), 박갑수(1998), 최용재(1998), 남기심 외(1999), 이득춘(1999), 이영식(1999), 박노자(2000), 윤여탁(2000), 이정자(2000), 이홍매(2000), 김용성·이춘자(2001), 성기철(2001), 이화연(2001), 윤여탁(2002a), 박영순(2002a), 권오현 (2003), 김대행(2003), 김영애(2003), 노형남(2003), 미즈노 슌페이(2003), 민현식(2003), 박영순(2003), 성비락(2003), 유상희(2003), 윤여탁(2003), 조현용(2003), 강보유(2004), 김정은(2004), 대죽성미(2004), 민현식(2004), 박영순(2004), 성기철(2004a), 성기철(2004b), 안증환(2004), 우인혜(2004), 우재영(2004), 이도일(2004), 이미혜(2004), 이병혁(2004), 조항록(2004), 최웅환(2004), 최정순(2004), 김하수·홍윤혜(2005), 성기철(2005), 왕한석(2005), 임미경(2005), 장연(2005), 조정순(2005), 최인자(2005), 한상미(2005), 권오경(2006), 김수현(2006), 김정록·박영순(2006), 윤석임(2006), 황인교(2006), Furukawa, Ayako; 김하수(2006), 황정민(2007), 황인교(2008), 서광진(2009), 조수진(2009), 금지아(2010), 송명진(2010), 심혜령(2010), 강현화·홍혜란(2011), 김미진(2011), 김지영(2011), 신영지(2011), 황인교(2011), 최준식(2012), 박갑수(2013), 조현용(2013), 최정순(2013)

3.3.2. 교육 내용 및 교수법

(1) 단계별 문화 교육

한국어 문화 교육에 관한 그간의 연구들에서 문제시 되었던 것 중의 하나가 어떤 내용을 언제 제시할 것인지에 대한 논의가 부족하다는 점이다. 문화 항목의 난이도를 설정하는 일이 간단한 문제가 아니기 때문에 대부분 추상적인 논의에 그치는 경우가 많았던 이유이기도 하다. 다음은 한국어 교육에서 문화 요소들을 어떤 순서로 배열할 것인가에 대한 논의들이다.

조항록(1998), 조항록(2000), 라혜민·우인혜(2001), 성기철(2001), 조항록·강승혜(2001), 장경은(2001), 이석주(2002), 최복자(2003), 이지현(2003), 박선희(2004), 이동규·홍종선(2005), 전혜경(2006), 이경연(2007), 배규범(2010)

(2) 행위 관련 의사소통

언어 교육에 있어 간과하기 쉬운 것의 하나로 신체를 이용한 의사소통 방법에 대한 부분이다. 비언어적 행위를 통한 의사소통은 언어 발화를 통한 의사소통 못지않은 중요성을 갖지만 그간은 교육적 관심이 주로 구두 의사소통에 두어졌기 때문이다. 따라서 이 분야의 연구 성과는 크지 않으나 관용어 교육, 교수법과의 연계를 중심으로 문화와 비언어적 의사소통 행위가 밀접히 관련되어 있다는 전제 하에 비언어적 의사소통 행위를 다루고 있어 주목할 만하다.

문용(1980), 이영숙(1992), 성광수(1999), 성광수(2001), 김영순·임지룡(2002), 조현용(2003), 노대규·왕예량(2004), 이연주(2004), 임금선(2008), 김수정(2011), 신현단(2011), 정영아(2011), 석주연(2012)

(3) 문화 교육 내용 및 방안

문화 교육 내용 및 방안에 대한 연구들은 문화 교육의 중요성을 바탕으로, 교육 과정에 이를 포함하기 위한 문화 교육 내용 선정 및 교육 방법에 대한 논의가 주류를 이루고 있다. 이에 관한 논의는 아래와 같이 다양한데 문화 교육 목록 및 교육 방법에 대한 연구가 교육 현장에서 그만큼 절실하기 때문일 것이다.

이상억(1987), 조욱경(1987), 이숙화(1995), 민현식(1996), 서정수(1996), 조창환(1996), Werner Sasse(1996), Donald Baker(1996), 김정숙(1997), Karlsson, Anders(1997), 심민아(1998), 이성희(1999), 한상미(1999a), 한상미(1999b), 조영미(2000), 조항록(2000), 지수용(2000), 최명식(2000), 한송화(2000), 김남현(2001), 한상미·황인교(2001), 장경은(2001), 전혜영(2001), 남경희(2002), 안윤정(2002), 강승혜(2002), 김영아(2002), 김인회·조철현·남기심·조항록·강승혜(2002), 이석주(2002), 강승혜(2003), 김종태(2003), 이진숙(2003), 김보경(2003), 손은경(2003), 정은경(2003), 이유경(2003), 조현용(2003), 이미혜(2003), 최복자(2003), 황재웅(2004), 박설(2004), 박선희(2004), 문은주(2004), 윤상철(2004), 조항록(2004), 정하라(2005), 이희진(2005), 배지윤(2005), 정혜란(2005), 김은희(2005), 안화현(2005), 박수란(2005), 강보유(2005), 임경순(2005), 한상미·황인교(2005), 김영주(2006), 이경란, 안현숙, 최배영 (2006), 강영(2006), 박숙영(2007), 허해란(2007), 백미옥(2007), 김은호(2007), 이순애(2007), 변영희(2007), 김수산나(2007), 이미지(2007), 한윤정(2007), 오세인(2007), 염창권(2007), 김기국(2008), 김창원(2008), 김해영(2008), 이호형(2008), 권오경(2009), 김현진(2009), 고경민·이소영(2009), 심혜령(2009), 윤여탁(2009), 박배식(2009), 윤영(2009), 이기성(2009), 전미순·이병운(2009), 김경숙(2010), 김진호(2010), 백악천·막효뢰(2010), 양승관(2010), 윤경원(2010), 이성희(2010), 이은숙(2010), 임효례(2010), 조수진(2010), JIN RIQUAN(2010), 김낭예(2011), 김동환(2011), 박영순(2011), 유홍주(2011), 윤여탁(2011), 이근영(2011), 이소영,고경민(2011), 이효인(2011), 조옥이·박석준(2011), 최경희(2011), Sakawa Yasuhiro(2011), 유홍주(2012), 윤선영(2012), 이상린(2012), 이현정(2012), 장미라·김지형(2012), Zhou Xuanzi(2013), 김은영(2013), 박명기(2013), 박희수(2013), 배영애(2013), 배재원(2013), 오지혜(2013), 윤주리(2013), 이지영(2013), 이혜경(2013), 임유미(2013), 조정순(2013), 진환상

(2013), 최진희(2013), 홍지혜(2013), 황설운(2013a, b)

문화 교육의 내용 및 방안에 관한 연구는 그동안 가장 활발한 연구 성과를 보인 영역이지만, 해결해야 할 더 많은 과제를 안고 있는 주제이기도 하다. '문화'라는 추상적인 개념을 어떻게 교육적으로 구체화시키는가의 문제가 문화 교육의 관건이기 때문이다.

(4) 화행 연구

상황과 맥락을 배제하고 고립적으로 존재하는 의사소통이 가능하지 않은 것처럼 언어 교육은 상황과 맥락을 기반으로 이루어져야 한다. 이 분야의 연구는 문장 단위에서의 언어 교육의 결과로 학습자가 상황에 맞는 적절한 의사소통에 실패하는 경우가 많다는 데 대한 반성에서 시작되어 학습자의 실제적인 의사소통 능력 신장을 위한 방안으로 다루어지고 있다. 언어 화용은 그 언어가 발화되는 문화와의 상관성이 큰 만큼 비교·문화적인 관점에서의 논의가 많은 것이 이 분야 연구의 특징이다. 이에 대한 논의는 다음과 같다.

박은영(2000), 한송화(2000), 서희정(2001), 이성순(2002), 이해영(2002), 조경아(2003), 미즈시마 히로코(2003), 홍선수(2003), 송영미(2003), 이해영(2003), 김은영(2004), 신경선(2004), 윤은미(2004), 강승혜·차정민(2005), 박지영(2006), 권영은(2008), 김하수(2008), 류수열(2008), 문금현(2008), 신정애(2008), 김유향(2009), 모졸따지아나(2009), 베 히식자르갈(2009), 최죽산(2010), 오경숙(2011), 문금현(2012), 우창현(2012), 혼다토모쿠니·김인규(2012)

3.3.3. 교육 자료

(1) 문화 교육과 교재

문화 교육이 어려운 점 중의 하나가 한국어 교재에 문화 교육적인 요소를 체계적으로 반영하기 어렵다는 것이다. 이는 문화를 어떻게 교재에 반영할 것인지에 대한 구체적인 논의가 아직 이루어져 있지 않기 때문일 것이다. 다음은 여러 한국어 교재들에서 다루고 있는 한국 문화 요소를 분석하여, 문제점을 지적하고 효과적인 교재 구성 방안에 대한 논의들로서 한국어 교육에 필요한 문화적 요소를 어떻게 교재에 반영하였는지 또는 어떻게 반영하는 것이 좋은지에 대해 살피고 있다.

김영자(1995), 권순희(1996), 공일주(1996), 이상억(1997), 김현권·허용(1999), 이소영(2001), 라혜민·우인혜(2001), 조항록(2001), 장윤정(2002), 이유경(2003), 정호선(2003), 조은희(2003), 강현정(2003), 김정선(2005), 김선미(2005), 최희정(2005), 김수현(2005), 김영란(2005), 김정은(2005), 고범수(2006), 최현정(2006), 이경란(2006), 백봉자(2006), 염창권(2006), 이윤진·한송화(2007), 이수현(2007), 이현정(2007), 최윤곤(2007), 김영주·김태우(2008), 김경회(2009), 손다정(2009), 김윤주(2011), 오문천(2012), 권성미(2013), 김서영(2013), 김유나(2013), 박진아(2013), 오지혜(2013), 이지은(2013), 전아경(2013), 조재형 외(2013), 최화정(2013)

(2) 매개를 통한 문화 교육

매개를 통한 문화 교육은 문화의 하위 요소, 즉 노래 및 영화, 문학, 관용어, 현장 학습 등을 매개로 하는 문화 교육에 관한 논의들을 말한다. 이에 해당되는 연구 성과물은 아래와 같은데, 이와 같은 매체들은 좀 더 자연스러운 한국어를 구사하는 데 도움을 준다는 점에서 큰 장점이 있다. 특히 노래 및 영화 자료는 한국어의 자연스러운 상황과 함께 한국인의 일상 회화 표현을 익힐 수 있다는 점에서, 문학은 정제된 언어가 사용된, 한국인의 정서와 역사를 담고 있는 예술작품이라는 점에서 문화 교육에 많이 활용되고 있다. 또한 관용어의 의미는 문자 그대로 해석하면 그 내포 의미를 알기 힘든 경우가 많으므로 표현 및 이해 차원에서 필수적인 교육 요소라고 할 수 있다. 현장 학습의 경우 교실에서 배운 내용을 실제로 체험할 수 있게 하면서 학습자에게 흥미를 제공한다는 면에서 교육적 효과를 갖는다. .

이 왈렌찐(1991), 이영숙(1992), 노창수(1997), 최미숙(1997), 문금현(1998), 주경희(1998), 곽셀(1999), 박갑수(1999), 심민아(1999), 윤여탁(1999), 이성희(1999), 이정희(1999), 박영준(2000), 우한용(2000), 이해영(2000), 김경지(2001), 김영아(2001), 김정우(2001), 김지연(2001), 배재홍(2001), 안경화(2001), 여경선(2001), 이소영(2001), 홍서연(2001), 전혜영(2001), 안윤정(2001), 강현화(2002), 김영자(2002), 김은하(2002), 김정아(2002), 김현(2002), 나정선(2002), 박청(2002), 사모토 마리(2002), 윤여탁(2002), 이선화(2002), 주은정(2002), 진은하(2002), 김보경(2003), 김선미(2003), 신주철(2003), 안경희(2003), 양선경(2003), 원수은(2003), 육흔(2003), 윤여탁(2003a), 윤여탁(2003b), 이기성(2003), 이명주(2003), 이선이(2003), 이수영(2003), 이 예까쩨리나(2004), 김재영(2004), 김종철(2004), 김해옥(2004), 미전 정(2004), 박진경(2004), 신현숙(2004), 오세인(2004), 우재영(2004), 윤상철(2004), 이선옥(2004), 조옥영(2004), 김수경 · 김하수(2007), 김진복(2007), 박숙영(2007), 변혜원(2007), 서영실(2007), 양지선(2007), 오경석(2007), 이재석(2007), 이효정(2007), 정예희(2007), 구선희 · 유승금(2008a), 구선희 · 유승금(2008b), 김영주(2008), 민원정(2008a), 민원정(2008b), 박찬숙(2008), 안미영(2008), 양민정(2008a), 양민정(2008b), 양민정(2008c), 양민정(2008d), 조수진(2008), 김수진(2009), 양민정(2009a), 양민정(2009b), 양지선(2009), 왕혜숙(2009), 신윤경(2009), 양지선(2009), 이현주(2009), 권성미(2010), 김경회(2010), 김영만(2010), 김윤주(2010), 김지혜(2010), 노금숙(2010), 박민정(2010), 박숙자(2010), 양지선(2010a), 양지선(2010b), 오지혜 · 윤여탁(2010), 최권진 · 정혜령(2010), 권용해 · 최정윤(2011), 김경미(2011), 김경숙 · 라혜민(2011), 김동국(2011), 김해옥(2011), 양지선(2011), 오경숙(2011), 오춘화(2011), 김용현(2012), 김용현 · 이기영(2012), 김해옥(2012), 오지혜(2012), 임효례(2012), 최정순 · 송임섭(2012), 곽영(2013), 김재국(2013), 김현진(2013), 김현태(2013), 까녹완 판짜린(2013), 박휘경(2013), 서경혜(2013), 심가현(2013), 심죽령(2013), 오은엽(2013), 왕건(2013), 유란(2013), 윤보라(2013), 이결(2013), 이규정(2013), 이오암(2013), 임성민(2013), 조형주(2013), 최태호(2013), 학명예(2013)

4. 문화 교육 연구에 대한 제언

최근의 문화 교육 관련 연구물을 중심으로 그동안의 연구 업적을 살펴봄으로써 짧은 시간 안에 양적인 면에서 큰 성과를 보이고 있을 뿐만 아니라 질적으로도 주제가 다양화, 세분화되는 등 점차적으로 수준 높은 연구 성과물이 발표되고 있다는 것을 알 수 있었다.

하지만, 각 주제별로 연구 성과가 편향되어 있고 교육 현장에 적용할 수 있는 구체적인 논의가 아직까지 부족하다고 여겨진다. 이에 앞에서 살펴본 한국어 문화 교육 관련 연구 현황을 토대로 앞으로의 문화 교육 연구 방향 및 과제를 제시해 보고자 한다.[8]

4.1. 한국어 능력 향상을 위한 문화 교육 연구

한국어 교육에서 문화를 학습해야 하는 이유는 한국어 표현들을 보다 더 잘 이해하고 유창한 한국어 구사능력을 배양하기 위해서다. 선행연구자들이 밝히고 있듯, 한국 문화 교육은 한국어 학습자들이 한국어다운 한국어를 발화할 수 있도록 돕는 보조적인 위치에서 행해지는 것이 바람직하다. 그러므로 지나치게 많은 내용의 문화 요소를 제시하거나 한국의 역사 및 전통적인 내용을 강조하는 것은 지양해야 할 것이다.

지금까지의 연구에서는 문화를 광의로 파악하는 입장에서 논의를 진행한 것이 다수를 차지하고 있으며, 각 교재들이 다루고 있는 문화 항목이 상이하

---

8) 본 장에서 범주별로 제안하고 있는 내용은 한국어 문화 교육이 보다 효과적으로 이루어지기 위해 이후의 한국어 문화 교육 연구물들이 담보해야 할 연구의 내용 빛 방향에 해당하는 것으로서 기존의 논의에서 언급된 부분도 없지 않다. 그러나 그간의 한국 문화 교육의 현황을 점검해 보는 자리에서 이후의 연구 방향 및 과제를 다시 한 번 되짚어 보는 작업은 반드시 필요한 일이다.

므로 문화 교육의 목표와 범위를 설정하는 것이 시급하다. 한국어 학습자는 외국인과 재외동포로 나누어 생각할 수 있다. 외국인 학습자의 경우 한국어 문화 교육에서는 반드시 한국어 능력 향상이 전제되어야 할 것이다. 한국어 교육 상황을 고려하여 언어 사용 측면의 문화와 체험학습 차원의 문화를 구분, 교재에는 언어 사용 측면을 고려한 언어적 문화 요소를 반영하고 한국어 교육 프로그램에 체험학습 차원의 문화를 적용하는 방안도 고려해 봄직하다. 그렇지만 재외동포의 경우에는 문화 학습이 병행된 한국어 교육을 통해 한국의 전통 및 현대 문화, 역사, 문학 등을 소개하여 한국 문화에 대한 관심과 긍지를 갖게 하는 것이 중요하다. 따라서 학습자에 따른 한국어 교육에 적합한 문화 교육의 목표와 범위에 대한 논의를 통해 규범적인 틀을 마련해야 할 것이다.

또한 문화 교육이 한국어 교육의 궁극적인 목표인 의사소통 능력 향상에 부합하기 위해서는 한국 문화에 대한 올바른 소개도 필요하지만 교육방법도 매우 중요하다. 단순한 정보 전달식 교육이 아니라 학습자가 능동적이고 주도적으로 문화를 해석 할 수 있도록 하는 방법론적 전환이 필요하다. 학습자로 하여금 해당 문화를 관찰하게 하여 그러한 문화 행위가 어떤 의미를 가지고 있는지 추측하고 학습자 문화권과의 차이점 및 공통점을 찾고 토론하는 등의 방법이 이에 해당될 것이다. 이러한 방법은 학습자가 한국의 문화를 자연스럽게 체득하는 데 큰 도움이 될 것이다.

4.2. 단계별 교육 내용 선정 연구

문화 요소를 교육 단계에 따라 단계화하는 데서 이를 위해 고려해야 할 다양한 요건, 요인들이 존재하는 등 많은 어려움이 따른다. 그러나 현 상황에서 기본적인 단계별 교육 내용 선정에서 최소한 준거로 삼을 수 있는 것은 각 단계별 언어

교육 목표를 바탕으로 언어에 중심을 두고 문화 교육 요소를 선별하여 단계화하는 것이다. 언어 학습에서 단계별로 습득해야 하는 언어 요소들이 존재하므로 이를 기준으로 문화적 교육요소를 추출할 수 있다.

한편 제시 언어의 문제 역시 간과할 수 없는 부분이다. 기존의 교재들에서 초급의 경우 영어를 중심으로 한 학습자 언어를 매개로 하는 이유는 문화 교육을 한국 문화에 대한 소개 및 설명 차원에서 다루고 있는 한계 때문이다. 하지만 사용 언어의 문제로 문화 교육을 중급 이상에서만 받을 수는 없을 것이다. 단계별 문화 교육 항목을 선정할 때 제시 방법의 문제를 고려해야 하는 이유가 여기에 있다. 이에 대한 대안으로 초급과정에서는 비언어적 의사소통 행위를 중심으로 문화 교육 내용을 선정하여 과제나 활동 중심의 교육을 실시하는 것에 대해 생각해 볼 수 있다.

연구 현황에서도 단계별 문화 교육 내용 선정에 관한 논의는 이와 같은 여러 가지 난제로 인하여 활발하게 이루어지지 않았다. 그러나 위에서 언급한 것처럼 상위의 원칙을 설정하여 그에 따른 치밀한 연구를 진행한다면 오래지 않아 대체적인 단계화가 가능할 것으로 생각된다.

4.3. 교재 및 보조 자료 개발 연구

각 대학의 한국어 교육 기관에서 개발한 한국어 교재들을 살펴보면 문화 교육의 비중 및 다루는 방식 등에서 많은 차이를 보인다. 각 기관의 교육 및 교수법적 기반의 차이로 인한 부분도 있으나 공통적으로 지적되는 문제는 문화 항목이 지나치게 '소개' 위주로 구성되어 있다는 것이다. 이해 차원의 문화도 중요하지만, 유창한 한국어 습득을 위해서는 사용 차원의 문화 역시 간과할 수는 없는 부분이다. 문화 항목을 교재에 효과적으로 반영하기 위한 방법론적 차원의 모색 역시 필요한 것이다.

단계별로 비중 및 유형에 차별을 두어야 하겠지만, 낯설고 생소한 문화를 효과적으로 전달하기 위해서는 삽화 및 사진 자료, 비디오 자료 등의 보조 자료를 활용하는 것이 효과적이다. 특히 특정 상황을 연출한 비디오 자료는 학습자들이 쉽게 관찰할 수 있고, 관찰한 내용을 토대로 학습자 문화권과의 비교 및 토론 수업을 진행하는 데 도움이 될 것이다.

또한 교사용 지침자료로서 교육에 필요한 한국의 문화 정보를 다른 문화권과 비교 대조한 자료의 개발 역시 중요하다. 학습자의 문화에 대한 이해 없이 효과적인 한국 문화 교육은 어려울 것이며, 교사가 학습자의 문화를 숙지하고 있을 경우 보다 자연스럽고 원활한 수업 진행이 가능할 것이다.

4.4. 학습자 요구를 반영한 교수요목 개발 연구

교육 과정 및 교수 요목을 구성하기 위해서 가장 선행되어야 할 것으로 학습자 요구에 대한 조사를 들 수 있다. 학습자의 변인에 따라 학습 동기와 목적에 차이가 있으며, 이에 근거하여 교육 내용 역시 조정되어야 할 것이기 때문이다.

한국어 문화 교육에 있어서도 학습자의 문화적 요구를 다양하게 수렴함으로써 문화 교육의 층위를 다양하게 마련할 수 있다. 즉 문화적 요구 수준을 그룹화, 계량화해 놓음으로서 특정한 교육 상황에 따라 적합한 교육을 도출할 수 있다. 앞으로 살펴본 여러 논의에서도 밝히고 있듯, 문화 교육 자체가 다소 추상적이어서 교육 내용을 선정하는 일에 큰 어려움이 따르는 것이 사실이다. 그러나 이와 같이 학습자 요구 수준에 대한 사전 데이터를 통해 부분적으로나마 적형의 문화 교육 요소를 찾을 수 있을 것으로 생각된다.

그러나 기존에 실시된 문화 교육을 위한 학습자 요구 조사 분석은 한정된 대상에만 실시되어 다양하게 적용하는 데 어려움이 따른다. 그러므로 우선 좀 더 다양한 학습자를 대상으로 요구 조사를 실시하여 충분한 데이터를 축적할 필요가 있다. 이러한 작업은 전체적인 문화 교육 프로그램의 성격 및 방향 설정에도 도움이 될 것이다.

4.5. 다양한 학습자 활동 개발 연구

앞에서도 언급했듯 지금까지의 한국어 문화 교육은 주로 읽기 지문이나 예문을 통한 설명 위주의 방식으로 이루어지고 있다. 그러나 이러한 방법으로는 원하는 바의 교육 효과를 담보하기 어렵다. 단순한 제시로서의 문화 교수보다는 자신의 문화권과의 공통점 및 차이점을 분석해 내고, 다른 언어권 학습자들의 다양한 문화에 대해서도 비교해 봄으로써 목표 언어의 문화를 보다 잘 이해할 수 있을 것이다.

또한 이해 차원의 교육만으로 실제 한국어 의사소통 상황에서 학습자가 적절한 문화적 대응을 하기는 기대할 수는 없다. 한국인들이 해당 문화 요소를 어떻게 반영하고 있는지, 어떻게 사용하고 있는지에 대한 실제적인 접근이 필요하다. 문화 항목을 효과적으로 학습하고 이를 한국어 상황에 적용할 수 있게 하기 위해서는 상세화된 상황적 맥락 속에서 직접 문화적 행위를 할 다양한 사용 기회를 제공하는 것이 중요하다.

수업 시간에 배운 문화 항목을 효과적으로 한국어 상황에 적용할 수 있도록 상황–맥락적인 담화를 제시하고, 이것이 단순 연습과 실제적인 과제 활동으로 이어질 수 있도록 해야 할 것이다.

5. 맺음말

본고에서는 1980년부터 현재까지 발표된 한국어 문화 교육 관련 연구물들을 중심으로 연구 유형을 분석하고 시기별로 어떠한 특징이 있는지 살펴보았다. 또한 이를 주제별로 분류하여 연구 성과를 분석하였다. 30여 년 동안 학위논문을 비롯하여 학회지 및 논문집에 발표된 논문이 총 784편으로서 객관적인 수치는 적지 않았으나 많은 논의들이 추상적인 수준에 머물러 있는 한계를 보였다.

지금까지 발표된 논문들을 크게 문화 교육 현황 및 과제, 문화 교육론, 문화 교육의 교재 반영, 단계별 문화 교육, 비언어 문화 교육, 문화 교육 내용 및 방안, 매개를 통한 문화 교육, 화용 교육 연구의 8개의 주제로 나누고 각 분야별로 분석해 본 결과 주제별로 연구 성과 간의 편차가 큼을 알 수 있었다. 연구가 미진한 분야에 대해서는 보다 활발한 연구가 필요할 것이며, 어느 개인에 의해 실시하기 어려운 한국어 문화 교육 기반 조성 사업, 이른바 한국어 문화 교육의 연구 기반이 되는 문화 교육 요소 선정 및 단계화와 같은 기반 조성 사업이 정책적인 지원에 의해 이루어져야 할 것으로 보인다.

연구사를 정리하는 것은 기존의 논의를 총체적으로 살핌으로써 해당 분야 연구의 학문적 성숙도를 점검할 수 있을 뿐만 아니라, 미진한 연구 분야에 보다 집중적인 관심을 가지게 하는 계기가 된다는 점에서 의의가 있다. 따라서 한국어 문화 교육에 대한 본고의 논의를 토대로 문화 교육에 대한 보다 성숙한 통찰에 기반을 둔 활발한 연구가 이루어지기를 기대한다.

별첨 1 **분석 대상 논문**

강민규, 윤여탁 (2012), 한국어 교육에서 대중문화의 위상, 국어교육연구 29, 서울대학교 국어
    교육연구소.

강보유(2005), 중국의 한국어 문화 교육, 한국어 교육론 2, 한국문화사.

강승혜(2002), 재미교포 성인 학습자 문화프로그램 개발을 위한 요구조사 분석연구, 한국어 교
    육 13-1, 국제한국어교육학회.

____(2003), 한국문화 프로그램 개발을 위한 한국어 학습자 요구분석, 한국어 교육 14-3, 국
    제한국어교육학회.

____(2010), 한국문화 교육론, 형설.

____(2012) 한국문화교육 연구 동향 분석, 한국언어문화학 9, 국제한국언어문화학회.

강아영(2010), 한국어 문화 교재 분석, 동덕여자대학교 석사학위논문.

강영주(2008), 신화를 활용한 한국 문화교육 활용 방안 연구 : 단군 주몽신화를 중심으로, 한국
    외국어대학교 교육대학원 석사학위논문.

강진숙(2010), 한국사를 활용한 한국어 문화 교육 방안 연구 : 조선 시대를 중심으로, 한국외국
    어대학교 석사학위논문.

강현화(2010), 문화교수의 쟁점을 통해서 본 문화교수의 방향성 모색, 한국언어문화학 7, 국제
    한국언어문화학회.

강현화·홍혜란(2011), 한국 문화 교육 항목 선정에 관한 기초 연구: 선행연구, 교재, 기관 현황
    조사 자료의 비교를 통하여, 외국어로서의 한국어 교육 36, 2011., 연세대학교 언어
    연구교육원 한국어학당.

고경민(2008), 문화콘텐츠를 활용한 한국어 교육 방안 : 전래동화를 중심으로, 건국대학교 교육
    대학원 석사학위논문.

고경민·이소영(2009), 다문화 가정 자녀들의 한국 문화 교육 방안, 우리말교육현장연구 3, 우
    리말교육현장학회.

고명(2010), 시를 통한 한국어 교육의 활성화 방안, 건국대학교 석사학위논문.

고혜화(2009), 신문을 이용한 한국어 문화교육 방안, 국민대학교 교육대학원 석사학위논문.

공영희(2009), 문학 작품을 활용한 한국 문화 교육 방안 : 〈흥부전〉을 중심으로, 계명대학교 교육대학원 석사학위논문.

공일주(1996), 한국어 교재에서 반영해야할 문화 목표, 한글새소식 283, 한글학회.

곽민경(2011), 한국어 교재에 나타난 생활 문화 교육 연구 : 초급 학습자를 중심으로, 경희대학교 교육대학원 석사학위논문.

곽영(2013), 드라마를 활용한 한국어 교육 문화통합 연구 : 중국인 학습자를 대상으로, 중앙대학교 대학원 석사학위논문.

교지연(2010), 중국인 학습자를 대상으로 한 한국어 문화교육의 내용과 실제, 광운대학교 석사학위논문.

구선희·유승금(2008), 결혼이민자를 위한 한국어 문화 교육방안 연구: 전래동화를 활용하여, 학술대회논문집, 국제한국어교육학회.

_____(2008), 결혼이민자를 위한 한국어, 문화 교육방안 연구: 전래동화를 활용하여, 한국어교육 19, 국제한국어교육학회.

권미경·조용하(2009), 여성결혼이민자 문화 리터러시 습득의 평생교육적 함의, 한국성인교육학회.

권성미(2010), 포트폴리오를 이용한 학습자 참여적 한국어 문화 교수 · 학습 모형 연구, 한국언어문화학 7, 국제한국언어문화학회.

_____(2013), 한국어 교재 대화 텍스트의 문화 항목 분석, 한국언어문화학 10, 국제한국언어문화학회.

권영은(2008), 후회 표현의 한국어 교육학적 연구: 후회 표현간의 의미 차이를 중심으로, 학술대회발표집 한국언어문화교육학회.

권오경(2009), 한국어 교육에서 문화교육 내용 구축 방안, 언어와 문화 5, 한국언어문화교육학회.

권용해·최정윤(2011), 초급 한국어 교실에서의 텔레비전 드라마 활용방안에 대한 연구, 한국어교육 22, 국제한국어교육학회.

권지현(2012), 만화를 활용한 한국어 교육방안 연구 : 문화교육 방안을 중심으로, 경희대학교 교육대학원 석사학위논문.

권현진(2010), 〈아기장수〉 전설을 활용한 한국어 문학교육 방안 연구, 한국외국어대학교 교육대학원 석사학위논문.

금지아(2010), 중국인 학습자를 위한 한국문화교육론, 국어교과교육연구 17, 국어교과교육학회.

김경미(2011), 다문화교육의 현황과 과제 ; 다문화 사회에서의 한국어 교육과 문학 활용 방안, 민족연구 47, 한국민족연구원.

김경숙(2010), 설문조사 자료를 활용한 문화교육 방안, 한국어 교육 21, 국제한국어교육학회.

김경숙 · 라혜민(2011), 한국의 문화: 뮤직비디오를 이용한 한국어,문화 교육 방안, 한국이상과 문화 59, 한국사상문화학회.

김경지(2011), 한국어 학습자를 위한 비언어적 표현 연구, 경희대학교 석사학위논문.

김경회(2009), 문학을 활용한 여성 결혼 이민자를 위한 한국어문화 교재 개발 연구, 외국어교육 연구 23, 한국외국어대학교 외국어교육연구소.

_____(2010), 다문화 가정의 자녀 교육을 위한 한국어문화 교육의 문학 텍스트 활용 방안 연 구, 인문연구 58, 영남대학교 인문과학연구소.

_____(2010), 다문화 가정의 자녀 교육을 위한 한국어문화 교육의 문학 텍스트 활용 방안 연 구, 인문연구 58, 영남대학교 인문과학연구소.

김규진(2012), 중국대학 내 한국어과 문학 관련 수업의 현황과 실제, 아시아문화연구 25, 경원 대학교 아시아문화연구소.

김기국(2008), 재외 동포용 한국어 교재를 통한 문화교육 방법론: 이미지 텍스트의 기호학적 접 근을 중심으로, 언어와 문화 4, 한국언어문화교육학회.

김기중(1991), 한국어문화연수부 소개 : 고려대학교 부설, 새국어생활 1-2, 국립국어연구원.

김나리(2010), 세시 풍속의 텍스트를 활용한 한국문화교재의 개발, 경성대학교 석사학위논문.

김남헌(2001), 의사소통향상을 위한 한국어문화 교육 방안 연구, 경희대학교 교육대학원 석사학 위논문.

김남형(2010), 옛이야기를 활용한 한국어 교육 연구, 강원대학교 교육대학원 석사학위논문.

김낭예(2011), 상징을 통한 한국 문화 교육 연구 −문화 상징 항목을 중심으로, 한국어 교육 22, 국제한국어교육학회.

김동국(2011), 한국어 교육에서 문화커뮤니케이션을 통한 한국문학문화교육에 대한 연구: 연암 박지원의 『열하일기』를 중심으로, 국제한국어교육학회:학술대회논문집, 국제한국어교육 학회.

김동환(2011), 한국어 교육의 효율성 제고를 위한 읽기텍스트 선정 전략 연구 −문화교육을 위 한 현대소설 제재를 중심으로, 국어교육학연구 39, 국어교육학회.

김미영(2009), 중급 한국어 학습자 대상 한국 문화체험학습 방안 연구, 부산외국어대학교 석사학위논문.

김미진(2009), 설화를 통한 한국어 교육 연구, 전북대학교 교육대학원 석사학위논문.

______(2011), 결혼이민자를 위한 한국어 문화 교육 연구, 한어문교육 24, 한국언어문학교육학회.

______(2012), 한국어 초급 교재에서의 언어문화 통합 방안, 상명대학교 교육대학원 석사학위논문.

김민정(2009), TV 광고를 활용한 한국 문화교육 방안 연구, 한국외국어대학교 석사학위논문.

______(2011), 관용표현을 활용한 한국어 문화교육 방안 연구 : 여성 결혼 이민자를 대상으로, 한국외국어대학교 교육대학원 석사학위논문.

김병석(2010), 대중가요를 활용한 한국문화교육 방안 연구, 한국외국어대학교 교육대학원 석사학위논문.

김보영(2008), 한국어 능력 향상을 위한 문화교육 방안 연구, 한국외국어대학교 석사학위논문.

김서영(2013), 한일비교를 통한 한국 문화 : 일본인을 위한 한국 문화 교재 개발, 이화여자대학교 외국어교육특수대학원 석사학위논문.

김서형(2009), 한국어 수행 향상을 위한 문화 교육 연구, 한국어학 44, 한국어학회.

김선희(2011), 한국 문화 교육을 위한 웹 자료 활용 방안, 상명대학교 교육대학원 석사학위논문.

김성여(2011), 영화를 활용한 한국 문화 수업 방안 연구 : 재미교포 청소년 학습자를 대상으로, 배재대학교 석사학위논문.

김소담(2012), 영상매체를 활용한 한국문화 특별수업 교육방안 : 리얼 버라이어티 프로그램을 중심으로, 경희대학교 교육대학원 석사학위논문.

김소연(2012), 한국어 문화 교육을 위한 영상 매체 활용 방안 : 텔레비전 프로그램을 중심으로, 상명대학교 교육대학원 석사학위논문.

김수은(2010), 문화 간 의사소통 능력 배양을 위한 한국어문화 수업 개발 연구, 학술대회발표집, 한국언어문화교육학회.

김수정(2011), 한,일 신체언어 비교 연구: 손짓언어를 중심으로, 언어정보와 사전편찬 27, 연세대학교 언어정보연구원.

______(2012), 매체를 활용한 이주여성의 한국어 문화교육 연구, 동국대학교 석사학위논문.

김수진(2009), 문학작품을 활용한 한국언어문화교육 연구: 맥락 활성화에 기반한 수업사례를 중심으로, 한국어 교육 20, 국제한국어교육학회.

김수현(2005), 외국인을 위한 문화 교육으로서의 한국어 교재 분석과 교재 구성의 방향, 한국어 교육 16-2, 국제한국어교육학회.

김신정(2012), 광고를 활용한 한국 문화어휘 교육방안 연구, 경희대학교 교육대학원 석사학위논문.

김연희(2010), 시와 수필을 활용한 초·중급 한국어 교육 연구, 이화여자대학교 교육대학원 석사학위논문.

김영국(2012a), (한국어교사를 위한) 한국문화의 이해, 바람나무.

______(2012b), 여성 결혼 이민자 대상 한국어 문학 교육 모형 연구, 경희대학교 석사학위논문.

김영만(2009), 하이브리드적 사고와 한국 문화 교육 방향, 겨레어문학 42, 겨레어문학회.

______(2010), 속담을 활용한 한국어 고급반 수업 구성 방안, 한말연구 27, 한말연구학회.

김영아(2010), 문화 인식과 의사소통 증진을 위한 프로젝트 기반 한국어 학습, 한국어 교육 21, 국제한국어교육학회.

김영인(2011), 관용적 표현을 통한 언어문화 통합 교육 : 스페인어 학습자를 중심으로, 고려대학교 석사학위논문.

김영주(2008), 전래동화 스토리텔링을 활용한 한국어 교육 방안: 다문화 및 재외동포 가정 아동을 대상으로, 새국어교육 80, 한국국어교육학회.

김영주·김태우(2008), 다문화가정 자녀를 위한 한국 언어문화 교재 개발 방안, 언어와 문화 4, 한국언어문화교육학회.

김용현(2012), 지역 문화 체험을 통한 기행문 쓰기 교육 방안, 언어와 문화 8, 한국언어문화교육학회.

김용현·이기영(2012), 문화 체험을 통한 읽기,쓰기 통합 교육: 고급 학습자를 대상으로, 학술발표논문집, 국제한국어교육학회.

김유나(2013), 일반 목적 한국어 학습자를 위한 과제 중심 교수형 한국어 문화 활동 교재 개발 : 여행하면서 배우는 신나는 한국어 1, 2, 이화여자대학교 외국어교육특수대학원 석사학위논문.

김유미(2010), 한국어 단기 과정을 위한 언어문화 교재 개발 방안, 가톨릭대학교 석사학위논문.

김유향(2009), 한국인과 중국인의 거절 화행 비교를 통한 한국어 교수 학습 방안 연구, 학술대회발표집, 한국언어문화교육학회.

김윤경(2010), 외국인의 한국어 능력 향상을 위한 문화교육 방안 연구 : 학습자들이 선호하는 한국어 교수법의 방향, 경희대학교 교육대학원 석사학위논문.

김윤주(2010), 재외동포 아동학습자용 한국어 교재 개발 방안 연구: 아동문학 제재를 활용한 문화교육 단원 구성 방안, 한국어 교육 21, 국제한국어교육학회.
_____(2011), 여성결혼이민자 대상 한국어교재 비교 분석: 의사소통상황 및 문화를 중심으로, 우리어문연구 39, 우리어문학회.
김은선(2009), 시트콤을 활용한 한국어 문화 교육 방안 연구 : '거침없이 하이킥'을 중심으로, 한국외국어대학교 교육대학원 석사학위논문.
김은영(2013), 한국어 단기 과정 학습자를 위한 문화 교육 방안 연구, 인하대학교 교육대학원 석사학위논문.
김은지(2012), 한국어교사 대상 문화 교육과정 연구 : 일반대학원 문화 교육과정을 대상으로, 연세대학교 석사학위논문.
김은화(2010), 효과적인 문화 교육 교수·학습 과정안 연구 : 한국어 교재 분석에 기초하여, 충북대학교 석사학위논문.
김인경(2011), 한국어 문화 교육 내용 유형의 적절성 연구, 전남대학교 석사학위논문.
김일(2010), 〈춘향전〉을 통한 한국문화교육 : 외국인학습자 대상으로, 한성대학교 석사학위논문.
김장미(2010), 한국어 교재 내의 문화 교육 양상과 개선방안 연구 : 문화와 언어의 통합을 중심으로, 한성대학교 석사학위논문.
김재국(2013), 소설을 활용한 한국문화 교육 방안, 충북대학교 교육대학원 석사학위논문.
김정숙(1997), 한국어 숙달도 배양을 위한 한국 문화 교육 방안, 교육한글 10, 한글학회.
김정은(2004), 한국어 교육에서의 언어 문화 교육, 이중언어학 26, 이중언어학회.
_____(2005), 문화 교육의 연구와 변천사, 한국어 교육론 2, 한국문화사.
_____(2008), 문화 간 의사소통의 갈등 양상 분석, 한국어 교육 19, 국제한국어교육학회.
김종철(2005), 문화 교육의 과제와 발전 방향, 한국어 교육론 2, 한국문화사.
_____(2010), 한국어 교육에서 한국문화교육의 쟁점과 전망, 국어교육, 한국어 교육학회.
김중섭(2005), 외국인을 위한 한국 문화 교육 연구의 현황 및 과제, 이중언어학 27, 이중언어학회.
김지영(2011), 다문화 가정을 위한 한국 문화 연구, 태릉어문연구 17, 서울여자대학교.
김지우(2012), 온달 설화를 활용한 한국어 문화교육 방안 연구, 한국외국어대학교 교육대학원 석사학위논문.
김지현(2011), 일본어권 대학생을 위한 단기 한국어문화연수과정 교수요목 설계방안 연구, 한양대학교 교육대학원 석사학위논문.

김지혜(2010), 결혼 이주민을 위한 문화 교육 방안: 양귀자의 ≪원미동 사람들≫ 읽기를 중심으로, 시학과 언어학 18, 시학과 언어학회.

김진경(2008), 일본어 반대의견표명의 담화분석 : 한국인일본어학습자와 일본어모어화자를 대상으로, 건국대학교 교육대학원 석사학위논문.

김진숙(2012), 한국, 한국인, 한국 문화 읽기 : 외국인을 위한 한국 문화 교재 개발, 이화여자대학교 외국어교육특수대학원 석사학위논문.

김진호(2010), 한국어 교육을 위한 문화 항목 연구, 한말연구 27, 한말연구학회.

______(2012), 외국어로서의 한국어 교육에서 시문학을 활용한 한국 문화 교육 연구 : 김소월의 작품을 중심으로, 단국대학교 박사학위논문.

김창원(2008), 한국어 문화교육과 차이의 문화학: 〈미녀들의 수다〉를 통해 본 언어문화교육의 내용론, 한국언어문화학 5, 국제한국언어문화학회.

김태은(2012), 여성결혼이민자를 위한 문화예술교육 프로그램의 활성화, 원광대학교 교육대학원 석사학위논문.

김하수(2008), 언어와 문화 교육에 대한 화용론적 해석: 학술적 발전에 대한 반성을 곁들여, 외국어로서의 한국어 교육 33, 연세대학교 한국어학당.

김해영(2008a), 한국어 교재의 읽기 텍스트 분석을 통한 문화 교육 내용 연구, 학술대회발표집, 한국언어문화교육학회.

______(2008b), 한국어 교재의 읽기 텍스트 분석을 통한 문화교육 내용 연구, 한국외국어대학교 교육대학원 석사학위논문.

김해옥(2011), 문학정전을 활용한 한국학 및 한국문화 교수 방안에 대한 연구, 학술대회논문집, 국제한국어교육학회.

김해옥(2012), 문학 정전을 통한 한국 문화 및 한국학 교수 방안에 대한 연구:『사랑손님과 어머니』와『우리들의 일그러진 영웅』에 나타난 관점 문화를 중심으로, 한국어 교육 23, 국제한국어교육학회.

김현권·허용(1999), 원격교육을 통한 한국어와 한국 문화 교육을 위한 소프트웨어 개발에 대한 연구, 한국어 교육 10-1, 국제한국어교육학회.

김현정(2002), 속담을 통한 한국어 문화 교육 연구, 서울대학교 대학원 석사학위논문.

______(2012), 다문화소설『완득이』를 활용한 한국문학교육 방안 연구, 부산외국어대학교 석사학위논문.

김현진(2009), 재미동포 청소년을 위한 한국어, 문화교육 병행 프로그램 설계 방안 연구, 이중언어학 39, 이중언어학회.

_____(2013), 탄뎀 학습을 활용한 문화 교육 방안, 한국어 교육 24-1, 국제한국어교육학회.

김혜영(2011), 한국어 교육에서 교육자의 문화의식 성찰의 필요성: 박완서의 소설 "그래도 해피
        엔드"에 나타난 한국 문화 항목을 중심으로, 한국어 교육 22, 국제한국어교육학회.

김혜진(2009), 한국어 학습자의 문화 능력 향상을 위한 설화 교육 연구, 서울대학교 석사학
        위논문.

김화영(2012), 스토리텔링을 활용한 한국어 교육 방안 연구 : 전래동화를 중심으로, 선문대학교
        교육대학원 석사학위논문.

김훈(2008), 한국어문화교육을 위한 신문 활용 방안 : 고급단계 학습자를 대상으로, 상명대학교
        교육대학원 석사학위논문.

김훈태(2013), 해외 한국어 교육현장에서의 한국 대중문화를 활용한 한국어 수업 사례 연구 -드
        라마와 가요를 중심으로-, 한국어 교육 24-2, 국제한국어교육학회.

김희숙(2004), Which Strategy is Preferable for the Export of Korean Culture, 이중언
        어학 26, 이중언어학회.

까눅완 판짜뢴(2013), 한·태 속담 비교를 통한 한국 문화 교육 방안 : 중급 태국인 학습자를
        중심으로, 선문대학교 일반대학원 석사학위논문.

나정선(2002), 영화를 활용한 한국어문화교육방안, 단국대학교 교육대학원 석사학위논문.

_____(2008), 외국인을 위한 문학 교육 방법 연구, 단국대학교 박사학위논문.

남경희(2002), 문화교육을 통한 효율적인 한국어 교육 방안, 배재대학교 대학원 석사학위논문.

남보현(2011), 문화 체험 학습이 한국어 능력 신장에 미치는 영향, 부산외국어대학교 석사학
        위논문.

노경래(2012), 외국어로서의 한국어 언어문화교육에서의 화용 내용 연구, 관동대학교 박사학위
        논문.

노금숙(2010), 다문화 사회의 한국어 수업: 노래와 시의 상호텍스트성을 활용한 한국어 교육
        -김소월의 시와 마야의 "진달래꽃"을 중심으로-, 국어교육학연구 38, 국어교육학회.

노지혜(2011), 지역문화축제를 활용한 한국언어문화교육 방안 : 고령대가야체험축제를 중심으로,
        계명대학교 석사학위논문.

노형남·서혁(2008), 공연 및 축제 문화와 한국어 교육, 학술대회발표집, 한국어 교육학회.

뇌뇌(2011), 한국 추석문화 교육방법 연구 : 한·중 문화대조를 중심으로, 부산외국어대학교 석
        사학위논문.

도풍뚜이(2009), 베트남 학습자들을 위한 한국문화교육의 일례 : 탈춤과 째어를 중심으로, 계명
      대학교 석사학위논문.

란천우(2010), 중국유학생을 위한 초급 한국어 문화 교재 구성 방안, 부산대학교 석사학위논문.

런쫑린(2011), 중국인 한국어 학습자를 위한 전래동화 읽기 교육 방안 연구 : '흥부와 놀부'를
      중심으로, 전남대학교 석사학위논문.

류수열(2008), 공연 문학의 화법교육법 배치를 위하여, 국어교육, 한국어 교육학회.

류희정(2011), 노래를 활용한 한국어 수업 방안 연구, 배재대학교 교육대학원 석사학위논문.

명현숙(2011), 민족문화상징을 활용한 한국 문화교육 연구, 경희대학교 교육대학원 석사학위
      논문.

모졸따지아나(2009), 한국어 원어민과 러시아인 한국어 학습자들 간의 일어나는 의사소통 실패
      를 예방하는 데 있어 화용 교육의 역할, 국어교육학연구 35, 국어교육학회.

문금현(2008), 외국인을 위한 한국어 인사 표현의 교육 방안, 새국어교육 80, 한국국어교육학회.

______(2012), 한국어 감정표현 어휘에 대한 말하기 교육, 시학과 언어학 22, 시학과 언어
      학회.

문보라(2009), 전래동화를 활용한 한국어 교육 방안 연구 : 문화 중심 읽기 수업을 중심으로,
      배재대학교 석사학위논문.

문은주(2004), 한국어 교육에서의 문화 체험 수업 방안 연구, 한양대학교 석사학위논문.

문형진(2012), 한국 상장풍속에 담긴 제 문화요소와 그 의미를 토대로 한 문화교육 방안연구,
      아시아문화연구 25, 경원대학교 아시아문화연구소.

민원정(2008a), 문학을 활용한 한국문화수업: 공지영의 『꿈』을 중심으로, 한국어 교육 19, 국제
      한국어교육학회.

______(2008b), 문학을 활용한 한국문화수업: 공지영의 꿈을 중심으로, 학술대회논문집, 국제한
      국어교육학회.

______(2008c), 스페인어권 화자를 위한 한국문화교육의 현황과 과제: 칠레가톨릭대학교의 한국
      문화수업 발표 사례를 중심으로, 한국어 교육 19, 국제한국어교육학회.

민현식(2003), 국어교육과 한국어 교육에서의 문화교육(2003)년 겨울학술대회 발표논문집, 한
      국외국어교육학회.

______(2009), 언어 습득 및 문화 관련 이론의 동향, 국어교육연구 24, 서울대학교 국어교육연
      구소.

______(2012), 한국어 문화교육의 제반 문제, 한중인문학연구 35, 한중인문학회.

박갑수(2013), 한국어 교육과 언어문화 교육, 역락.

박노자(2000), 한국 문화 교육의 현황과 문제점, 한국어 교육 11-2, 국제한국어교육학회.

박명기(2013), 중급 한국어 학습자의 의사소통 능력 향상을 위한 한국어문화 교육 방안, 울산대학교 대학원 석사학위논문.

박미향(2011), 한국어 능력 신장을 위한 현대시 텍스트 활용 방안 연구 : 고급학습자를 대상으로, 경희대학교 석사학위논문.

박민정(2010a), TV 휴먼 다큐멘터리를 활용한 한국어·문화 교수학습 방안 연구, 학술대회발표집, 한국언어문화교육학회.

______(2010b), TV 휴먼 다큐멘터리를 활용한 한국어·문화 교수학습 방안 연구, 한양대학교 교육대학원 석사학위논문.

박배식(2009), 한국어 문학교육의 실행 방안, 현대문학이론연구 37, 현대문학이론학회.

박상미(2012), 현대소설을 활용한 한국 가치문화 이해 교육 방안 연구, 한국외국어대학교 교육대학원 석사학위논문.

박새봄(2010), 한국어 교육을 위한 문화적 생활 어휘 연구 : 구어 텍스트를 중심으로, 인하대학교 교육대학원 석사학위논문.

박선옥(2011), 한국어 교원에 대한 한국문화 능력 평가 현황과 개선 방안, 인문과학연구 30, 강원대학교 인문과학연구소.

박선희(2004), 한국어와 한국문화의 통합 교육 연구, 경희대 교육대학원 석사학위논문.

박성실(2010), 쿠레레(Currere) 방법을 통한 여성결혼이민자 대상 한국문화교육 방안 연구 : 함께하는 한국어 문화 편을 대상으로, 계명대학교 석사학위논문.

박수정(2008), 외국어로서의 한국어 교육 : 문학텍스트와 문화교육 활용방안, 아주대학교 석사학위논문.

박숙자(2010), 스토리텔링을 활용한 외국어로서의 한국어 교육: 문학제재 활용 방안과 관련하여, 새국어교육 86, 한국국어교육학회.

박영숙(2010), 관용어의 유래담을 활용한 한국어 문화교육 방안 연구, 한국외국어대학교 교육대학원 석사학위논문.

박영순(1989), 제 2언어 교육으로서의 문화교육, 이중언어학 5, 이중언어학회.

______(2002), 한국어 교육을 위한 한국문화론, 한국문화사.

______(2003), 한국어 교육으로서의 문화 교육에 대하여, 이중언어학 23, 이중언어학회.

______(2008), (우리가 정말 알아야 할)한국문화, 현암사.

______(2010), (한국어 교육을 위한)한국문화론, 한국문화사.

______(2011), 문화어를 통한 한국문화교육의 내용과 방법 연구, 세계한국어문학 6, 세계한국어
　　　문학회.

박은하(2011), 설문조사로 본 결혼 이주여성의 호칭어 사용 현황, 다문화콘텐츠연구 10, 중앙대학
　　　교 문화콘텐츠기술연구원.

박정미(2011), 문화간 의사소통 능력 신장을 위한 문화기호 교육 방안, 부산외국어대학교 석사학
　　　위논문.

박정민(2010), 초급 한국어 교재 문화 항목 연구, 대구가톨릭대학교 석사학위논문.

박지연(2009), 일본인 이주여성을 위한 문화 항목 선정 및 문화 교육 방안, 선문대학교 교육대
　　　학원 석사학위논문.

박진경(2004), 속담을 이용한 한국어 문화 교육에 대한 연구, 홍익대학교 석사학위논문.

박진아(2013), 한국어 교재에 나타난 문화 내용 분석과 교수 방안, 한남대학교 교육대학원 석사
　　　학위논문.

박진태(2008a), 공연문화와 국어교육, 국어교육, 한국어 교육학회.

______(2008b), 만파식적 설화의 서사구조와 역사적 의미, 국어교육, 한국어 교육학회.

박찬숙(2008a), 중급 한국어 수업에서 언어문화 교육을 위한 드라마 활용 방안 연구 : 드라마
　　　[낭랑 18세]를 중심으로, 선문대학교 석사학위논문.

______(2008b), 한국문화 교육과 한류의 연관관계 연구: 드라마를 중심으로, 언어와 문화 4,
　　　한국언어문화교육학회.

박춘연(2010), 중국 대학교 한국어학과의 문화 교육 연구, 한국어 교육 21, 국제한국어교육학회.

박해숙(2009), 속담의 문화적 배경을 활용한 한국어 교육 방안, 인하대학교 교육대학원 석사학
　　　위논문.

박혜정(2008), 한국어 교재의 문화항목 연구 : 초급 학습자의 의사소통능력 향상을 중심으로,
　　　한양대학교 교육대학원 석사학위논문.

박휘경(2013), 시리즈 영상 광고를 활용한 한국 문화 교육 방안 연구, 한국외국어대학교 교육대
　　　학원 석사학위논문.

박희수(2013), 여성결혼이민자를 위한 한국어 문화교육 방안 연구 : 블랜디드 러닝
　　　(Blended-Learning) 활용을 중심으로, 한국외국어대학교 대학원 석사학위논문.

반학포(2011), 초급 한국어 중국인 학습자를 위한 음식 문화 교육 방안 연구, 부산대학교 석사
　　　학위논문.

배규범(2010a), 외국인 학습자를 위한 한국문학사 교육의 전개 방향, 언어학연구, 한국중원언어
　　　학회.

＿＿＿(2010b), 중국 내 한국어 학습자를 대상으로 한 관용어 교육의 실상과 방향: 목록 선정
　　　과 단계별 배치를 중심으로, 한국어 교육 21, 국제한국어교육학회.

배영애(2013), 원어민 영어보조교사를 위한 한국어 문화 교육 방안 연구, 부경대학교 석사학위
　　　논문.

배재원(2011), 한국어 학습자를 위한 한국문화 교육 연구, 이화여자대학교 박사학위논문.

＿＿＿(2013), 고급 한국어 학습자를 위한 한국문화 교육 방안 연구 —한국문화의 상호관계성을
　　　중심으로—, 시학과 언어학 24, 시학과 언어학회.

배현대(2010), 여성 결혼 이민자를 위한 한국어 교육 현황과 문화 어휘를 활용한 한국어 교육
　　　방법, 경기대학교 석사학위논문.

배현숙(2002), 한국어 교육에서 문화교육 현황 및 문제점, 이중언어학 21, 이중언어학회.

백악천·막효뢰(2010), 한국의 문화: 한, 중 음식 관련 관용표현의 특징 비교: 한국어 교육적
　　　접근을 위하여, 한국사상과 문화 53, 한국사상문화학회.

백장미(2009), 현대소설을 활용한 한국 문화교육 방안 연구 :「사랑 손님과 어머니」를 중심으로,
　　　한국외국어대학교 석사학위논문.

베히식자르갈(2009), 몽골인 한국어 학습자를 위한 언어 문화교육 연구, 한국언어문화학 6, 국
　　　제한국언어문화학회.

변신원(2001), 문학 속에 드러난 민족 문화의 자취와 외국인에 대한 문화 교육, 외국어로서의
　　　한국어 교육 25·26, 연세대학교 언어연구교육원 한국어학당.

변영희(2007), 일본인 한국어 학습자를 위한 문화 교육 내용 연구: 초급 단계 학습자를 중심으
　　　로, 상명대학교 교육대학원 석사학위논문.

부해비(2012), 외국인을 위한 한국 문화 읽기(중국어), 영남대학교 석사학위논문.

서경혜(2013), 한국문화교육을 위한 한국인의 가치체계 연구 : 드라마를 중심으로, 한국외국어
　　　대학교 대학원 석사학위논문.

서광진(2009), 한국어 문화교육, 국어문학회 학술발표대회, 국어문학회.

서아름(2011), 한국어 학습자의 거절 화행 전략 연구, 연세대학교 교육대학원 석사학위논문.

서옥란·김송죽(2012), 중국에서의 한국어 문화교육 현황, 한중인문학연구 35, 한중인문학회.

서진욱(2012), 원어민 영어보조교사를 위한 한국어·문화의 교육 내용 연구 : 학습자 요구 분석
　　　을 중심으로, 전남대학교 교육대학원 석사학위논문.

석주연(2012), 다문화 교육 현장에서의 비언어적 신체 한국어의 습득 양상 연구, 한국언어문화학 9, 국제한국언어문화학회.

성광수·김영순(1999), 다중문화교육을 위한 동작분석방안, 이중언어학 16, 이중언어학회.

성기철(2001), 한국어 교육과 문화 교육, 한국어 교육 12-2, 국제한국어교육학회.

손다정(2009), 한국어 교육을 위한 현장 체험 중심의 문화 교재 개발 방안, 한국어 교육 20, 국제한국어교육학회.

손단(2010), 소설 텍스트를 활용한 한국 문화 교육 연구 : 김승옥의 「무진기행」을 중심으로, 건국대학교 석사학위논문.

손명진(2011), 영화를 활용한 의사소통 중심의 한국어 수업 방안 연구, 공주대학교 석사학위논문.

손미정(2010), 한국 문화 교육의 실태 및 지도 방안 : 유교 문화를 중심으로, 인하대학교 교육대학원 석사학위논문.

손성옥(2005), 미국의 한국어 문화 교육, 한국어 교육론 2, 한국문화사.

손정(2012), 중국인을 위한 한국 문화 교육 방안 연구, 한국외국어대학교 석사학위논문.

손효소(2011), 매체 특성을 고려한 한국어 문화 교육 방안 연구 : 중·고급 중국인 학습자를 중심으로, 한국외국어대학교 석사학위논문.

송명진(2010), 현대소설과 외국인을 위한 문학교육, 시학과 언어학 18, 시학과 언어학회.

송용실(2012), 한국어 문화 교육의 실태와 교육 방향 연구 : 한국어 교재에 나타난 문화 교육 관점 분석을 중심으로, 인하대학교 교육대학원 석사학위논문.

송지혜(2010), 한국어 교육에서의 설화를 활용한 언어·문화 연계 수업방안 연구 : 중국인 초급 학습자 대상 수업 사례를 중심으로, 건국대학교 석사학위논문.

순천향대학교(2008), (문화로 배우는) 한국어 1~2, 보고사.

신영지(2011), 한국어 문학 교육의 실제, 우리말교육현장연구 5, 우리말교육현장학회.

_____(2012), 한국어 문학교육을 통한 문화적응 가능성의 모색, 한국언어문화학 9, 국제한국언어문화학회.

신윤경(2008), 한국어 교육을 위한 문학 텍스트 연구 : 문학 텍스트 선정기준과 교수 방법을 중심으로, 고려대학교 박사학위논문.

신윤경(2009), 문화 교육을 위한 문학: 적절성 영역을 중심으로, 학술대회논문집, 국제한국어교육학회.

_____(2011a), 한국어 읽기를 위한 어휘의 문화 배경지식 활용, 한국어 교육 22, 국제한국어교

육학회.

______(2011b), 한국의 가치문화 교육과 문학 활용, 한국어문교육 9, 고려대학교 한국어문교육
    연구소.

신정애(2008), 한국어 교육을 위한 '허락 요청': '허락 요청' 표현의 공손성을 중심으로, 학술대
    회발표집, 한국언어문화교육학회.

신해홍(2012), 중국인 고급 학습자를 위한 한국어 해학 소설 이해 교육 연구, 서울대학교 석사
    학위논문.

신현단(2011), 한국어 문화에 대한 태도 교육 연구, 한국언어문화학 8, 국제한국언어문화학회.

신현숙(2009), 간판 매체 언어의 사회,문화 특징: 서울 홍제동 주택가와 하와이 한인 타운을 대
    상으로, 국어교육, 한국어 교육학회.

신현숙 · 박건숙(2008), 한국 문화에 나타난 색채어 의미 연구, 국어교육, 한국어 교육학회.

신혜경(2006), (한국인과 일본인의)언어행동과 문화의 차이, 보고사.

신효순(2009), 문화를 중심으로 한 통합 한국어 교육 개선 방안 연구, 강릉원주대학교 교육대
    학원 석사학위논문.

심가현(2013), 영화를 활용한 한국 가족문화 교육 방안 연구, 한국외국어대학교 교육대학원 석
    사학위논문.

심민아(1998), 외국어로서의 한국어 교육에 있어서 문화 교육 방안, 이화여자대학교 석사학
    위논문.

심죽령(2013), 효 이야기를 통한 한국문화교육 방안 연구, 건국대학교 대학원 석사학위논문.

심혜령(2009), 중국인 학습자를 위한 한중 관용어 대조 연구, 학술대회발표집, 한국언어문화교
    육학회.

______(2010), 한국 언어문화 교육과 텍스트 1, 학술대회 2010, 한국언어문화교육학회.

안경화(2001), 속담을 통한 한국 문화의 교육 방안, 한국어 교육 12-1, 국제한국어교육학회.

안미영(2006), 문학 텍스트를 활용한 한국 문화와 한국어 교수: 이청준의 단편 소설 〈눈길〉을
    중심으로, 선문대학교 교육대학원 석사학위논문.

______(2008), 한국어 교육에서 설화 문학을 활용한 문화 교육, 정신문화연구 31, 한국학중앙연
    구원.

안부영(2010), 국어교육: 한국어 교육 제재로서 전래동화가 가지는 이점에 대하여, 새국어교육
    86, 한국국어교육학회.

안유미(2003), 초등학교에서의 한국어 교육: 외국인어린이들을 위한 한국어 · 문화 통합 교육을

중심으로, 연세대학교 석사학위논문.

안진숙(2010), 한국어 교재의 문화 교육 내용 연구 : 고급 교재를 중심으로, 전남대학교 석사학위논문.

안효자(2010), 수필 교육을 통한 결혼 이주 여성의 문화 교육 연구, 영남대학교 석사학위논문.

안희은(2009), 설화를 활용한 한국어 교육, 부산대학교 석사학위논문.

야마시타 마코토(2008), 타문화 교육'으로서의 한국어 교육의 가능성, 한일교육연구, 한일합동교육연구회.

양루이(2011), 설화를 활용한 한국어능력 향상 방안 연구 : 〈나무꾼과 선녀〉설화를 중심으로, 부산대학교 석사학위논문.

양민정(2008a), 민담을 활용한 한국어 문화교육 방안 연구, 국제지역연구 12, 한국외국어대학교 국제지역연구센터.

_____(2008b), 외국인을 위한 고전시가 활용의 한국어, 문학, 문화의 통합적 교육, 외국문학연구 29, 한국외국어대학교 외국문학연구소.

_____(2008c), 한국어 문화교육의 세계화와 탈춤의 활용방안 연구, 세계문학비교연구 24, 세계문학비교학회.

_____(2009a), 속담을 활용한 다문화가정의 한국어, 문화교육 방안 연구, 세계문학비교연구 29, 세계문학비교학회.

_____(2009b), 전설을 활용한 한국어 문화교육 방안 연구, 세계문학비교연구 27, 세계문학비교학회.

양소(2012), 대중매체를 활용한 한국어 기능 교육 방법 연구 : 시트콤과 신문의 활용을 중심으로, 건양대학교 석사학위논문.

양승관(2010), 한국어와 스페인어 문화 어휘 대조 분석 및 활용 방안 연구, 스페인어문학 56, 한국스페인어문학회.

양영희·서상준(2010), 한국어 교육과 한국문화교육의 상호 역할에 대한 바람직한 시각, 우리말 글 50, 우리말글학회.

양지선(2009a), 단군신화를 활용한 한국어와 문화 교육, 고황논집 44, 경희대학교 대학원.

_____(2009b), 전래동화를 활용한 한국 문화교육 방안, 정신문화연구 32, 한국학중앙연구원.

_____(2009c), 한국어 교육에서의 민간신앙 활용 연구, 한국의 민속과 문화 14, 경희대학교 민속학연구소.

_____(2010a), 민간신앙을 활용한 한국어와 문화 교육: 문학작품을 중심으로, 이중언어학 42,

이중언어학회.

_____(2010b), 한국어 교육에서의 민속극 활용 방안 연구, 정신문화연구 33, 한국학중앙연구원.

_____(2011), 의사소통의 민족지학 방법론을 활용한 한국어 문화 교육: 단편드라마 활용을 중심으로, 한국어 교육 22, 국제한국어교육학회.

_____(2012), 외국인 학습자에 따른 한국문화 인식 조사, 한국언어문화학 9, 국제한국언어문화학회.

양청즈(2012), 설화를 활용한 한국어 교육방안 연구 : 흥부와 놀부를 중심으로, 청주대학교 석사학위논문.

양현모(2012), 지역문화콘텐츠를 활용한 한국문화 교수·학습 방안 연구, 부산외국어대학교 석사학위논문.

어광숙(2012), 옛이야기를 활용한 한국어 교재 개발 방안 연구 : 다문화 가정 아동을 대상으로, 건국대학교 석사학위논문.

여경선(2001), 한국어 학습자를 위한 문화 교육 연구: 체험을 통한 문화 교육을 중심으로, 경희대학교 교육대학원 석사학위논문.

여철정(2011), 한국주거문화 교육방안 연구, 부산외국어대학교 석사학위논문.

연선자(2008), 판소리를 활용한 한국 문화교육 방안 연구, 한국외국어대학교 교육대학원 석사학위논문.

옌난(2011), 중국인 학습자를 위한 드라마를 활용한 한국어 교육 방안 연구, 경희대학교 석사학위논문.

오경숙(2011a), 한국어 거절 화행 교육의 방안, 서강인문논총 30, 서강대학교 인문과학연구소.

_____(2011b), 한국어 이메일 쓰기 수업에서의 언어 문화 교육, 우리말연구 29, 우리말학회.

오나영(2011), 한국어 학습자를 위한 문화 어휘 선정과 제시 방안 연구 : 초등학교 교과서의 문화 어휘를 중심으로, 배재대학교 석사학위논문.

오문천(2012), 통합 한국어 교재에 나타난 문화 학습 활동 분석, Journal of Korean Culture 21, 한국어문학국제학술포럼.

오민수(2010), 한국어 교재와 화행 분석을 통한 지시적 화행 교육 방안 연구, 한양대학교 교육대학원 석사학위논문.

오민정(2010), 의사소통향상을 위한 언어 중심 한국어 문화 교재 개발 연구, 경희대학교 석사학위논문.

오복남(2011), 문학을 활용한 한국어 통합 교육 방안 : 박완서의 단편소설 〈그 남자네 집〉을 중
      심으로, 충북대학교 석사학위논문.
오세인(2004), 시를 활용한 한국 문화 교육 방안, 한국어 교육 15-1, 국제한국어교육학회.
오우(2011), 대중문화를 활용한 한국어 교육방안 연구, 상명대학교 석사학위논문.
오은엽(2013), 김유정의 '봄봄'에 나타난 웃음문화와 외국인을 위한 문학교육, 한국문예비평연구,
      한국현대문예비평학회.
오정미(2008), 한국어 교육에서 문학작품 선정에 관한 문제, 한말연구, 한말연구학회.
오종현(2010), 한국어 학습자를 위한 선택적 문화 교육 방안 : 고급 단계를 중심으로, 경희대학
      교 교육대학원 석사학위논문.
오지혜(2012), 광고 텍스트를 활용한 한국어 학습자의 문화 간 리터러시 교육 연구, 한국언어문
      화학 9, 국제한국언어문화학회.
_____(2013a), 문화 능력의 재개념화를 통한 한국어 문화 교육 내용 연구, 한국언어문화학
      10-1, 국제한국언어문화학회.
_____(2013b), 국외 한국어 교육의 문학 교재 구성을 위한 언어학습자문학 연구, 새국어교육
      95, 한국국어교육학회.
오지혜 · 윤여탁(2010), 한국어 교육에서 비교문학을 활용한 현대시 교육 연구, 국어교육, 한국
      어 교육학회.
오춘화(2011), 한국어 교육에서 현대소설을 활용한 문화교육, 중국조선어문, 길림성민족사무
      위원회.
왕건(2013), 외국인을 위한 한국 문화 교육 방안 연구 : 현진건과 은희경의 「빈처」를 중심으로,
      한남대학교 대학원 석사학위논문.
왕문도(2011), 한국어 학습자를 위한 한국문화교육 방안 연구 : 속담을 중심으로, 건양대학교 석
      사학위논문.
왕수기(2009), 음식 관련 속담을 활용한 한국어 문화 교육 연구, 부산외국어대학교 석사학위
      논문.
왕연(2010), 외국어로서의 한국어 교육에서 문화교육 연구 동향 분석, 언어와 문화 6, 한국언
      어문화교육학회.
_____(2011), 중국 내 대학교 한국어전공 학습자를 위한 문화교육 연구 : 행동문화를 중심으
      로, 부산외국어대학교 박사학위논문.
왕혜숙(2009), 유머를 이용한 한국어 문화 교육, 이중언어학 39, 이중언어학회.

우뢰(2011), 유머 텍스트를 활용한 한국어문화교육 방안 : 어휘·말하기·문화교육을 중심으로, 부산외국어대학교 석사학위논문.

우인혜(2004), 외국인을 위한 한국 문화 항목 선정, 이중언어학 24, 이중언어학회.

_____(2007), 국외 입양인을 위한 한국어, 한국문화교육 연구, 이중언어학 35, 이중언어학회.

우창현(2012), 방언 한국어 교육을 위한 존대법 비교, 언어와 문화 8, 한국언어문화교육학회.

우초군(2012), 문화콘텐츠를 활용한 한국문화교육 연구 : 중국 대학 한국어과 학생을 중심으로, 고려대학교 석사학위논문.

우한용(2010), 소설 텍스트 중심으로 본 문학능력과 한국어 교육, 한국어와 문화 7, 숙명여자대학교 한국어문화연구소.

우혜경(2012), 문학 텍스트를 활용한 다문화 학습자의 한국어 교육, 한국교원대학교 박사학위논문.

유가(2011), 외국인 유학생을 위한 한국생활문화교육에 관한 교수 모형 : 초급 학습자를 대상으로, 대불대학교 석사학위논문.

유란(2013), 〈성균관스캔들〉을 활용한 한국 문화 교육 내용 연구, 건국대학교 대학원 석사학위논문.

유선아(2011), 여성결혼이민자를 위한 한국문화 교육방안에 관한 연구 : 민족지학적 연구 방법을 중심으로, 한양대학교 교육대학원 석사학위논문.

유영숙(2010), 멀티미디어 저작도구를 활용한 한국 문화 교수-학습 방안, 한양대학교 석사학위논문.

유진(2012), 소설을 활용한 한국문화 교육 연구 : 하근찬의 〈수난이대〉를 중심으로, 한양대학교 석사학위논문.

유홍주(2011), 한국어 교육: 해외 한국학 교육기관에서의 한국문학교육 -터키 에르지예스대학을 중심으로, 새국어교육 88, 한국국어교육학회.

유홍주(2012), 한국어 교육: 해외 대학 한국어학과의 한국문학 교수 방안 -헝가리 엘테대학교를 중심으로, 새국어교육 91, 한국국어교육학회.

유효단(2011), 속담을 통한 언어문화 교육 방안 연구 : 한국과 중국의 衣, 食, 住 속담을 중심으로, 중앙대학교 석사학위논문.

윤경원(2010), 한국어 교육에 있어서의 한국어 문화교육 -태국에서의 한국어 교육경험을 중심으로, 동남아연구 19, 한국외국어대학교 동남아연구소.

윤보라(2013), 계모설화를 활용한 다문화교육 방안 : 한국의 〈콩쥐팥쥐〉와 베트남의 〈떰깜〉을 활용하여, 성신여자대학교 교육대학원 석사학위논문.

윤상철(2004), 현장학습을 통한 한국어 문화 교육 방법 연구, 경희대학교 교육대학원 석사학위논문.

윤선영(2012), 개인발표: 한국어 수업 교재 텍스트와 문화문법, 국제한국어교육학회 :학술대회논문집 2012, 국제한국어교육학회.

윤여탁(2000), 한국어 교육에서 문화의 위상과 역할, 국어교육연구 7, 서울대학교 국어교육연구소.

＿＿＿(2002), 한국어 문화 교수 학습론, 21세기 한국어 교육학의 현황과 과제, 한국문화사.

＿＿＿(2003), 문학교육과 한국어 교육, 한국어 교육 14-1, 국제한국어교육학회.

＿＿＿(2007), 외국어로서의 한국문학교육, 한국문화사.

＿＿＿(2009), 비교문학을 적용한 외국어로서의 한국 현대문학 교육 방법, 한국언어문화학 6, 국제한국언어문화학회.

＿＿＿(2010), 2010년 한국어 교육 국제학술회의: 다문화 시대의 문학과 대중문화 다문화사회: 한국문학과 대중문화의 대응, 국어교육연구 26, 서울대학교 국어교육연구소.

＿＿＿(2011), 한국어 문화교육의 내용과 방법, 언어와 문화 7, 한국언어문화교육학회.

윤영(2009), 프로젝트 수업을 통한 학습자 중심의 창의적 문학수업 방안, 한국언어문화학 6, 국제한국언어문화학회.

윤영(2011), 한국어 교육에서 영화를 활용한 소설 교육 연구, 연세대학교 박사학위논문.

윤주리(2013), 여성 결혼이민자를 위한 한국 문화 교육 방안, 한남대학교 교육대학원 석사학위논문.

윤향희(2010), 비언어적 의사표현 학습 방법 연구 : 한국의 문화적 상황을 중심으로, 한남대학교 교육대학원 석사학위논문.

이결(2013), 소설 텍스트를 활용한 한국 가치문화 교육 : 고급 한국어 학습자를 중심으로, 중앙대학교 대학원 석사학위논문.

이경연(2007), 문화 교육 겸용 초급 한국어 교재 개발 연구: 여성 결혼 이민자를 대상으로, 고려대 교육대학원 석사학위논문.

이규정(2013), 현대수필을 활용한 한국 정신문화 교육 방안 연구, 한국외국어대학교 교육대학원 석사학위논문.

이근영(2011), 외국인을 위한 한국 문학과 한국 문화에 대한 고찰, 국문학논집 21, 단국대학교 국어국문학과.

이근화(2011), 여성 결혼이민자를 위한 민속 문화 교육 방안 연구, 부산대학교 석사학위논문.

이금춘(2011), 중국 내 한국어 교재에서의 문화 내용 비교 연구, 한국외국어대학교 석사학위
    논문.

이기성(2009a), 문화 텍스트 구성과 한국어 문화교육의 지평 확대, 학술대회발표집, 한국언어
    문화교육학회.

____(2009b), 한국문학 교육을 위한 텍스트 활성화 방법 연구: 고급반 ""시"" 수업을 중심으
    로, 외국어로서의 한국어 교육 34, 연세대학교 언어연구교육원 한국어학당원.

____(2009c), 한국문화교육을 위한 문화 텍스트 구성방안: 분단의 문화를 중심으로, 언어와
    문화 5, 한국언어문화교육학회.

이동배(2007), 호주 대학의 한국어 교재 개선 방향: 초급단계의 문화내용을 중심으로, 한국어
    교육 18-2, 국제한국어교육학회.

이동은(2008), 범문화적 접근의 한국어 쓰기 교육, 언어학 52, 한국언어학회.

이라용(2011), 한국어 교육을 위한 기본 색채어의 문화상징 어휘 분석 및 교육 방안, 인하대학
    교 교육대학원 석사학위논문.

이미경(2010), 텔레비전 프로그램을 활용한 한국어 문화 교육 방안 연구 : 시트콤과 텔레비전
    교양 프로그램의 비교를 중심으로, 동국대학교 석사학위논문.

이미영(2011), 여성결혼이민자를 위한 문화교육 방안 : 음식문화를 중심으로, 선문대학교 교육대
    학원 석사학위논문.

이미혜(2003), 한국어와 한국문화의 통합교육, 국제한국언어문화학회 3차 해외 한국언어문화
    워크숍 발표문.

이민정(2010), 한국어 불평 화행 교육 방안 연구 : 한국어 모어 화자의 담화와 교재 분석을 중
    심으로, 한양대학교 교육대학원 석사학위논문.

이병환(2011), 한국 문화 교육을 위한 한국 역사 인식에 대한 조사 연구 : 한국 고등학생과 외
    국인 한국어 학습자를 중심으로, 연세대학교 교육대학원 석사학위논문.

이상린(2012), Vygotsky의 사회문화이론에 근거한 한국어 교육 교수-학습 방안 연구, 교육종
    합연구 10, 교육종합연구소.

이상억(1987), 서울대-UCLA 한국어, 문화 연계 교육 프로그램의 소개, 이중언어학 3, 이중언
    어학회.

이석주(2002), 한국어 문화의 내용별, 단계별 목록 작성 시고, 이중언어학 21, 이중언어학회.

이선애(2010), 중국의 한국어 교재에 나타난 문화요소 분석 연구 : 생활양식 중 음식문화를 중

심으로, 연세대학교 석사학위논문.

이선이(2003), 문학을 활용한 한국문화 교육 방법, 한국어 교육 14-1, 국제한국어교육학회.

이선화(2011), 전래동화를 활용한 초등학교 다문화가정 학생의 한국어 교육 방안, 충남대학교 교육대학원 석사학위논문.

이성희(1999), 설화를 통한 한국어 문화 교육 방안, 한국어 교육 10-2, 국제한국어교육학회.

이성희(2010), 영어권 고급 학습자를 위한 한국 문학 교수, 학습의 실제: 상호문화능력 신장과 개인성장을 중심으로, 한국어 교육 21, 국제한국어교육학회.

이소영(2001), 한국어 교재의 문화요소분석 및 한국어문화 통합교수방안: 웹 활용방안을 중심으로, 이화여자대학교 교육대학원 석사학위논문.

이소영·고경민(2011), 한국어 교재에 수록된 문학작품의 적합성 판단과 기준, 우리말교육현장연구 5, 우리말교육현장학회.

이수(2011), TV 광고를 활용한 한국어 교육 방안 연구, 세종대학교 석사학위논문.

이수지(2012), 한국 가족문화 교육방법 연구 : 중국인 여성결혼이민자를 대상으로, 부산외국어대학교 석사학위논문.

이수현(2007), 총체적 언어 교육에 기초한 재외동포 아동의 한국어 문화 교육 자료 개발 연구, 상명대학교 교육대학원 석사학위논문.

이숙진(2008), 고전문학을 활용한 한국어 교육 연구 : 학습자 등급에 따른 교재구성을 중심으로, 강남대학교 석사학위논문.

이순애(2007), 여성 결혼이민자를 위한 한국어 문화 교육 내용 구성 연구, 상명대학교 교육대학원 석사학위논문.

이승주(2012), TV드라마를 활용한 여성 결혼 이민자 대상 문화 교육 방안 연구, 한양대학교 교육대학원 석사학위논문.

이언숙(2008), 여성 결혼 이민자를 대상으로 한 문화 교육 요구분석, 이화여자대학교 교육대학원 석사학위논문.

이영(2011), 소설 텍스트를 활용한 한국 문화 교육 방안 : 이청준의 『축제』를 중심으로, 건국대학교 석사학위논문.

이오암(2013), 여성 결혼이민자의 문화적응 스트레스 고찰과 해소 방안 연구 : 전래동화를 활용한 문화교육, 한국외국어대학교 대학원 석사학위논문.

이원희(2012), 문화간 의사소통 능력 향상을 위한 문화간 감수성 연구 : 중국인 학문목적 학습자를 중심으로, 연세대학교 석사학위논문.

이유경(2003), 외국인을 위한 한국문화 교육에 관한 연구-교재 분석과 학습자 요구 분석을 중심으로, 한양대학교 대학원 석사학위논문.

이윤진(2007), 재미교포 한국어 학습자를 위한 한국 문화 교육 프로그램 개발 방안 : 재미교포 한국어 학습자의 요구 분석을 중심으로, 연세대학교 교육대학원 석사학위논문.

이은성(2010), 「농가월령가」를 활용한 한국어 문화교육 방안 연구, 한국외국어대학교 교육대학원 석사학위논문.

이은숙(2010), 외국인을 위한 문화체험 중심의 한국 문화 교육 방안 고찰, 국어문학 48, 국어문학회.

_____(2012), 문화감지도구(intercultural sensitizer) 개발 연구 : 중국인 학습자를 대상으로, 연세대학교 교육대학원 석사학위논문.

이재춘(2010), 관용구를 활용한 한국어 문화 교육 연구, 단국대학교 박사학위논문.

이정택(2009) 한국어 교육을 위한 한국문화교육의 이상과 현실, 문법 교육 11, 한국문법교육학회.

이종숙(2008), 외국어로서의 한국어 교육에서 문화교육 양상에 대한 연구, 영남대학교 석사학위논문.

이지민(2011), 전문 근로자를 위한 비즈니스 한국어 문화 항목 설정과 교육방안 연구, 한국외국어대학교 교육대학원 석사학위논문.

이지연(2011), 설화를 활용한 '외국어로서의 한국어' 지도방안 연구 : 「선녀와 나무꾼」을 중심으로, 강원대학교 교육대학원 석사학위논문.

이지영(2011), 한국문화교육을 위한 수필 텍스트 선정과 교육의 실제 : 여성 결혼이민자를 대상으로, 부산외국어대학교 석사학위논문.

이지영(2013), 중급 학습자의 문화 교육을 위한 문화 어휘 선정 및 분석, 연세대학교 교육대학원 석사학위논문.

이지은(2013), 여성 결혼 이민자를 위한 문화 교육 한국어 교재, 이화여자대학교 외국어교육특수대학원 석사학위논문.

이지현(2002), 한국어 교육에서의 문화 교육 내용 연구-초급 단계를 중심으로, 한양대학교 석사학위논문.

이진숙(2003), 외국어로서의 한국어 교육에서 문화를 통합시키기 위한 교육적 방안, 국어교육연구 12, 국어교육연구소.

이초(2013), 한국 문화 교육의 방향 연구 : 한국어능력시험의 문화 내용 분석을 중심으로, 중앙대학교 대학원 석사학위논문.

이해영(2000), 프로젝트 활동을 활용한 한국 문화 학습, Foreign Language Education, 7-2, 한국외국어교육학회.

이향주(2012), 외국어로서의 한국어 문화 어휘 선정 및 교육 방법 : 초급단계를 중심으로, 선문대학교 교육대학원 석사학위논문.

이현정(2012), 한국어 고급 학습자를 위한 문화 수업 설계, 한국어 교육학회 학술발표회, 한국어 교육학회.

이혜경(2013), 담화·화용을 고려한 한국어 '문화문법' 내용 연구, 고려대학교 교육대학원 석사학위논문.

이현주(2009), 외국인을 위한 한국 문학 교육 연구: 설화를 통한 초급 과정 문학 교육, 새국어교육 82, 한국국어교육학회.

이혜진(2010), 영어권 한국어 학습자를 위한 문화감지도구(Intercultural Sensitizer) 개발 연구, 연세대학교 교육대학원 석사학위논문.

이호형(2008), 문화교육의 국어교육적 수용 방안 연구: 국어교육과 한국어 교육의 비교를 중심으로, 한국언어문화학 5, 국제한국언어문화학회.

이화성(2012), 프로젝트 학습을 활용한 한국 문화 수업 모형 연구 : 한국 음식 문화 주제를 중심으로, 경희대학교 교육대학원 석사학위논문.

이효인(2011a), 한국어 문화 항목 편성 연구, 한민족어문학 59, 한민족어문학회.

______(2011b), 한국어 문화 항목 편성 연구, 한민족어문학 59, 한민족어문학회.

이효재(2012), 단편소설을 이용한 한국어 교육 방안 : 전광용의〈꺼삐딴 리〉를 중심으로, 고신대학교 교육대학원 석사학위논문.

이효정(2007), 속담을 활용한 한국어 문화 교육 방안, 한국외국어대학교 교육대학원 석사학위논문.

이희경(2005), 일본의 한국어 문화 교육, 한국어 교육론 2, 한국문화사.

임경순(2009), (한국어문화교육을 위한) 한국문화의 이해, 한국외국어대학교 출판부.

임금복(2010a), 한국문화 교육의 현황과 한국학의 한 통로로서 한국문화, 명지대학교 국제한국학연구소 학술대회, 명지대학교 국제한국학연구소.

______(2010b), 한국문화 교육의 현황과 한국학의 한 통로로서 한국문화: '연세 한국어'에 나타난 한국문화를 중심으로, 국제한국학연구 4, 명지대학교 국제한국학연구소.

임금선(2008), 공감적 화법 능력 신장을 위한 비언어적 표현 교육 방안 연구, 한국어와 문화 4,

숙명여자대학교 한국어문화연구소.

임미현(2009), 고급 한국어 학습자를 위한 현대 한국 문화 항목 분석 연구, 연세대학교 교육대학원 석사학위논문.

임성민(2013), 한국어문화 교육방안 연구 : '말'에 관한 속담을 중심으로, 경희대학교 교육대학원 석사학위논문.

임유미(2013), 인지의미론적 은유를 통한 한국어 은유 표현과 문화 항목의 통합교육, 한국외국어대학교 대학원 석사학위논문.

임웅(2012), 중국인 유학생을 위한 한국의 대학문화 교육 방안 연구 : TV 예능 프로그램 〈미녀들의 수다〉를 활용하여, 부산외국어대학교 석사학위논문.

임찬진(2011), 설화텍스트를 활용한 한국문화교재 개발방안 연구 : 중급학습자를 중심으로, 부산외국어대학교 석사학위논문.

임채훈(2010), 한국어 문화문법의 설정 가능성에 대하여: 한국어 교재에 나타난 문법 항목과 예를 중심으로, 학술대회논문집 국제한국어교육학회.

______(2011), 한국어 문화문법의 설정 가능성에 대하여, 한국어 교육 22, 국제한국어교육학회.

임효례(2010), 중국의 한국어 문화교육 의의와 내용에 대한 고찰, 언어와 문화 6, 한국언어문화교육학회.

______(2012), 설화를 활용한 한국어 문화교육 방안 연구, 배달말교육 32, 배달말교육학회.

임희영(2011), 텔레비전 드라마를 활용한 한국어 교육 연구 : 여성 결혼 이민자를 중심으로, 충북대학교 교육대학원 석사학위논문.

자오, 쥔야(2012), 중국인 학습자를 위한 한국 문화교육 내용 연구 : 단군신화를 중심으로, 부산대학교 석사학위논문.

장경은(2001), 문화를 통한 한국어 교육의 실현 방안, 외국어로서의 한국어 교육 25·26, 연세대학교 언어연구교육원 한국어학당.

장귀해(2012), 인터넷 신문을 활용한 한국 문화 교육 방법 : 고급 학습자를 중심으로, 부산대학교 석사학위논문.

장미라·김지형(2012), 문화 기반 초급 온라인 한국어 교육 콘텐츠의 교수요목 설계 및 단원 구성 방안 연구, 어문학 116, 한국어문학회.

장민정(2009), 문학텍스트를 활용한 한국어 교육, 한양대학교 석사학위논문.

장세길(2010), 유학대상국에 대한 국가인식과 문화교육: 중국 내 한국인 유학생과의 비교를 통한 한국 내 중국인 유학생의 사례를 중심으로, 한국어 교육 21, 국제한국어교육학회.

장연희(1988), 외국어교육에 있어서의 문화교육, 이화여자대학교 교육대학원 영어교육전공 석사논문.

장용선(2012), 동화를 활용한 한국어 교육 방안 연구 :『강아지똥』과「상의 민들레꽃」을 중심으로, 순천향대학교 석사학위논문.

장윤정(2002), 한국어 교재에서의 문화 교육 분석, 연세대학교 교육대학원 석사학위논문.

장혜림(2009), 중국 내 대학교의 한국문화 교육 방안 연구, 부산외국어대학교 석사학위논문.

전미순(2011), 한국어 문화어휘 교육 연구, 부산대학교 박사학위논문.

전미순·이병운(2009), 초급 단계 문화 어휘 선정과 문화 교육 방안, 한국언어문화학 6, 국제한국언어문화학회.

______(2011), 한국어 문화어휘에 관한 일고찰, 언어와 문화 7, 한국언어문화교육학회.

전아경(2013), 한국 역사문화 교재 개발 방안 연구 : -조선시대 인물을 중심으로-, 한국외국어대학교 교육대학원 석사학위논문.

전애숙(2012), 동화를 활용한 한국어 통합 교육 방안 연구 : 초등학교 교과서 수록 동화를 중심으로, 대불대학교 석사학위논문.

전종영(2011), 중국인 한국어 학습자를 대상으로 한 문화체험학습 요구분석과 적용 방안 연구 : 중요도-만족도 분석을 통하여, 이화여자대학교 교육대학원 석사학위논문.

전혜경(2006), 한국어 문화수업 교수요목 구성 방안 연구 : 단기과정을 위한 현장학습을 중심으로, 한양대 교육대학원 석사학위논문.

전 홍(2012), 한국어 학습자의 상호작용적 시 읽기 양상 연구: 문화 이해를 중심으로, 국어교육연구 29, 서울대학교 국어교육연구소.

정길남(2009), 한국어와 한국문학, 서울교육대학교 다문화교육연구원.

정매라(2009), 원어민 영어 보조 교사를 위한 한국어 문화 교육 연구 : 심층면담과 그 분석을 중심으로, 경희대학교 교육대학원 석사학위논문.

정미숙(2008), 한국어문화교육에서의 비언어적 의사소통 표현 연구 :「봄봄」을 중심으로, 한국외국어대학교 교육대학원 석사학위논문.

정미진(2011), 〈TV동화 행복한 세상〉을 활용한 한국문화 교육 방안 : 중·고급 한국어 학습자 대상으로, 한양대학교 교육대학원 석사학위논문.

정영선(2011), 드라마형 뮤직비디오를 활용한 한국어 교육 방안 연구 : 중급 학습자를 대상으로, 선문대학교 교육대학원 석사학위논문.

정영아(2011), 한국 영화 수용양식을 통해서 본 미국 대학생의 한국문화 인지태도, 한국학연구 36, 고려대학교 한국학연구소.

정영주(2011), 국제결혼 이주여성의 다면적 특성을 고려한 문화 기반 읽기 자료 개발 방안 연구, 배재대학교 교육대학원 석사학위논문.

정은경(2003), 학습자 중심의 문화교육에 대한 이론적 고찰, 한국외국어대학교 교육대학원 석사학위논문.

정은홍(2007), 초등 귀국학생을 위한 한국어 교재 개발 연구, 한국외국어대학교 교육대학원 석사학위논문.

정지혜(2010), 한국어 교육에서의 문화체험학습 방안 연구, 공주대학교 석사학위논문.

정혜란(2010), 전래동요를 활용한 한국 언어·문화 교육 방안 연구, 부산외국어대학교 석사학위논문.

정혜민(2012), 단기해외봉사활동 한국 문화교육 프로그램의 개발 연구 : 캄보디아 대학생을 대상으로, 한국외국어대학교 교육대학원 석사학위논문.

정혜진(2010), 한국 문화 교육을 위한 속담 연구 : 한·영 속담 비교를 중심으로, 한국외국어대학교 교육대학원 석사학위논문.

정호선(2003), 한국어 교재에 나타난 문화 교육내용 분석, 상명대학교 석사학위논문.

조남민(2011), 한국어 교육과정에 반영된 사회문화적 현상에 대한 연구. 언어와 문화 7, 한국언어문화교육학회.

조뢰(2012), TV 광고를 활용한 한국문화교육 방안 연구 : 한·중 TV 광고 대조 분석을 중심으로, 부산외국어대학교 석사학위논문.

조문경(2011), 전래동화를 활용한 한국 문화 교육 방안 연구, 부산대학교 석사학위논문.

조성협(2008), 외국어로서의 한국어 교재의 문화 교육 연구, 군산대학교 석사학위논문.

조수아(2008), 여성 결혼이민자를 위한 생활문화 교육 방안 연구 : 초급 한국어 학습자를 대상으로, 부산외국어대학교 석사학위논문.

조수진(2008), 대학생 교류를 통한 언어문화 교육의 방향: 사회봉사 및 도우미 활동을 중심으로, 한국언어문화학 5, 국제한국언어문화학회.

______(2009), 한국어 교육의 간문화 교육 연구―정의적 영역에서의 접근, 한국언어문화학 6, 국제한국언어문화학회.

______(2010), 한국어 문화 교육 내용 선정에 대한 연구, 한국언어문화학 7, 국제한국언어문화학회.

조영미(2000), 외국어로서의 한국어 학습자들의 문화 학습 연구: 한국어 화자와의 문화간 의사
      소통 양상을 중심으로, 연세대학교 석사학위논문.
조영미(2011), 영화 〈축제〉를 활용한 한국어 문화 교육 방안 : 장례문화를 중심으로, 부산대학
      교 석사학위논문.
조옥이·박석준(2011), 다문화가정 중도입국 자녀에 대한 한국어문화 교육의 방안과 내용: 교육
      사례 예시를 통한 문제 제기를 중심으로, 외국어로서의 한국어 교육 36, 연세대학교
      언어연구교육원 한국어학당.
조욱경(1987), 외국어 교육에 있어서 문화교육의 중요성, 연세대학교 교육대학원 석사학위논문.
조윤희(2011), 호랑이 전래동화를 활용한 한국어 교육 방안 연구 : 외국인 성인 초급 학습자를
      중심으로, 건국대학교 석사학위논문.
조재형 외(2013), 한국어 교재에 나타난 문화교육 내용에 관한 연구, 어문논집, 중앙어문학회.
조정순(2013), 한중 언어문화 교육내용 대조 연구, 신라대학교 일반대학원 석사학위논문.
조창환(1996), 한국어 교육과 연계된 한국문화 소개 방안, 한국말교육 7, 국제한국어교육학회.
조항록·강승혜(2001), 초급 단계 한국어 학습자를 위한 문화 교수 요목의 개발(1), 한국어 교육
      12-2, 국제한국어교육학회.
조항록(1998), 한국어 고급 과정 학습자를 위한 한국 문화 교육 방안, 한국어 교육 9-2, 국제
      한국어교육학회.
_____(2000), 초급 단계에서의 한국어 교육과 문화 교육, 한국어 교육 11-1, 국제한국어교육
      학회.
_____(2002), 한국어 문화 교육론의 주요 쟁점과 과제, 21세기 한국어 교육학의 현황과 과제,
      한국문화사.
_____(2005), 한국어 학습자를 대상으로 하는 문화교육의 새로운 방향, 한국어 교육 16-2, 국
      제한국어교육학회.
_____(2008), (외국인을 위한) 한국사회와 문화(중국어판), 소통.
_____(2010), 한국어 교육 현장의 주요 쟁점 : 교재, 평가, 문화교육, 한국문화사.
_____(2011), 한국어 교육에서 언어와 문화의 접점 모색, 학술대회발표집 3-4, 한국언어문화교
      육학회.
조현용(2003), 한국어문화 교육 방안에 대한 연구, 이중언어학 22, 이중언어학회.
_____(2005), 한국어 비언어적 행위 표현과 한국어문화 교육 연구, 한국어 교육 16-2, 국제한
      국어교육학회.

______(2013), 한국어 문화 교육 강의, 하우.

조형주(2013), 팟캐스팅(Podcasting)을 이용한 한국 문화 교육 연구, 경희대학교 교육대학원 석
　　　사학위논문.

종량(2009), 신화를 활용한 한국어 문화교육 방안 연구 : 한국과 중국 창세신화의 비교를 중심
　　　으로, 건국대학교 석사학위논문.

주도(2011), 한국어 학습자를 위한 문화 교육 방법 :『춘향전』을 중심으로, 건양대학교 석사학
　　　위논문.

주뢰·문복희, 중국에서의 한국어 교육의 문화교육 실태 및 대안 연구, 아시아문화연구 28, 가
　　　천대학교 아시아문화연구소.

주시동(2012), 초급 단계 중국인 한국어 학습자를 위한 문화 교육 방안 연구, 경희대학교 대학
　　　원 석사학위논문.

주월랑(2010), 여성 결혼 이민자를 대상으로 한 한국 문화 내용 연구, 동덕여자대학교 석사학위
　　　논문.

주월랑·양명희(2011), 여성 결혼 이민자의 한국문화 교육을 위한 요구조사, 한국언어문화학 8,
　　　국제한국언어문화학회.

지현숙(2010), 한국어 교육에서 문화 교육과정 연구의 새로운 탐색: 소위 '다문화 교육'을 넘어,
　　　한국언어문화학 7, 국제한국언어문화학회.

진강려(2012), 한국어 강독 수업에서의 문화 교육 연구, 한국언어문화학 9, 국제한국언어문화
　　　학회.

진경지(2012), 온라인 속담 강의 개발 연구: 대만의 대학 한국어문학과를 중심으로, 한국어 교
　　　육 23, 국제한국어교육학회.

진환상(2013), 한국어 정보문화 교육 항목 선정 및 교육 방안 : 중국 내 대학 한국어 전공자를
　　　중심으로, 고려대학교 대학원 석사학위논문.

차강출롱아리웅벌러르(2010), 몽골 유학생을 위한 일상 생활문화 교재 개발 연구, 한남대학교
　　　석사학위논문.

채윤미(2009), 다문화가정 자녀를 위한 한국어, 한국 문화 통합 교육 방안 연구, 상명대학교 교
　　　육대학원 석사학위논문.

최경자(2011), 동화를 활용한 한국어 표현 능력 향상 방안 연구 : 초등학교 다문화 가정 고학년
　　　학생을 대상으로, 충북대학교 석사학위논문.

최경희(2011), 중국인 학습자를 위한 한국어 호칭어 교육 연구, 한국언어문화학 8, 국제한국언어

문화학회.

최권진(2008), 쿠레레(Currere) 방법을 적용한 한국어 문화교육: 그 이론과 실제, 한국언어문화학 5, 국제한국언어문화학회.

최권진·정혜령(2010), 매체자료를 활용한 한국어 신체 관용어 교육 방안 연구, 한국언어문화학 7, 국제한국언어문화학회.

최선영(2012), 한국문학작품의 스토리텔링을 활용한 한국어 교수-학습 방안 : 다문화가정 중학교 학생을 대상으로, 인하대학교 교육대학원 석사학위논문.

최영희(2011), 한·중「선녀와 나무꾼」설화를 활용한 한국어 학습자 문화 교육 연구, 충남대학교 교육대학원 석사학위논문.

최인나(2010), 러시아 상트페테르부르크 국립대학교의 한국어 문학 교육의 현황과 전망, 한어문교육 23, 한국언어문학교육학회.

최정순·송임섭(2012), 영화를 활용한 한국 문화 교육 방안, 국제어문 55, 국제어문학회.

최정순(2013), 한국어 교육의 현황 및 발전 방향 -언어교육에서 문화교육까지 문화 간 의사소통적 접근법을 제안하며-, 한국고전연구 27, 한국고전연구학회.

최정희(2011), 외국인근로자 대상 한국 언어 문화 교육 방안 연구 : 인도네시아 근로자를 중심으로, 계명대학교 석사학위논문.

최죽산(2010), 한중 대학생의 거절화행 사용전략 고찰, 한국어와 문화 7, 숙명여자대학교 한국어문화연구소.

최준식(2012), 문화를 가르친다는 것은?, 한국언어문화학 9, 국제한국언어문화학회.

최지영(2012), 외국어로서의 한국어 관용표현 지도 방안 : 영화 '식객-김치전쟁'을 중심으로, 고신대학교 교육대학원 석사학위논문.

최진희(2010), 영어권 KFL 학습자의 문화교육 학습활동 구성 연구, 전남대학교, 석사학위논문.

______(2013), 미국 대학에서의 한국 문화교육에 대한 비판적 고찰 -워싱톤메트로지역을 중심으로-, 국어교육 141, 한국어 교육학회.

최태호(2013), 문학교육을 통한 다문화가정 문화문식력 향상방안 연구, 새국어교육 94, 한국국어교육학회.

최현주(2011), 비즈니스 한국어교재를 위한 문화요소 연구, 세종대학교 석사학위논문.

최화정(2013), 한국 문화 교육을 위한 문화 교재 분석 및 개발 방안 : 전래동화를 활용하여, 우석대학교 경영행정문화대학원 석사학위논문.

최희명(2011), 수필 문학 텍스트를 활용한 한국어 교육 방안 연구 : 읽기·쓰기 통합 교육을 중심으로, 한성대학교 석사학위논문.

테시마 아이코(2012), 드라마를 활용한 독학용 한국어 교재 개발 방안 연구 : 취미로 한국어를 익히고자 하는 일본인 학습자를 중심으로, 고려대학교 석사학위논문.

학명예(2013), 한국 전래동화를 활용한 한국 문화교육, 부산대학교 석사학위논문.

한상미(1999), 한국어 교육에서 언어와 문화의 통합적인 교육 방안: 의사소통 민족지학 연구 방법론의 적용, 한국어 교육 10-2, 국제한국어교육학회.

_____(2005), 문화 교육 방법론, 한국어 교육론 2, 한국문화사.

_____(2008), 한국어 교육에서의 문화적 능력의 평가: 말하기 평가를 중심으로, 한국언어문화학 5, 국제한국언어문화학회.

_____(2010), 한국 언어문화 교육과 텍스트 2, 학술대회발표집, 한국언어문화교육학회.

한선(2011), 문화간 의사소통 중심의 한국 문화 교수요목 설계 방안 연구, 한국외국어대학교 박사학위논문.

한슬기(2008), 초급 단계 한국어 학습자의 문화 능력 평가 방법, 한말연구, 한말연구학회.

한승옥(2008), 미국에서의 한국 현대문학 교육, 한중인문학연구 25, 한중인문학회.

한정연(2012), 동물 속담을 활용한 한국어문화 교육 방안 연구, 경희대학교 교육대학원 석사학위논문.

허지훈(2012), 한국어 교재의 삽화 오류 연구 : 비언어적 행위를 중심으로, 경희대학교 교육대학원 석사학위논문.

혼다토모쿠니 · 김인규(2012), 한국어,일본어 거절 화행의 비교 문화 화용론적 연구, 국어교육학연구 43, 국어교육학회.

홍문주(2010), 한국어 교육에서의 관념문화 교육내용 선정, 부산외국어대학교 석사학위논문.

홍지혜(2013), 태국 고등학교 한국어 학습자를 위한 한국 문화 교육 항목 선정 연구 : 교사와 학습자의 요구 분석을 중심으로, 한국외국어대학교 대학원 석사학위논문.

홍혜련(2009), 간문화를 활용한 한국어 교육, 한국언어문화학 6, 국제한국언어문화학회.

홍혜준(2003), 고전 작품을 통한 한국 문화 교육, 국제한국어교육학회 제19차 학술대회 발표논문집.

황바이(2008), 인도네시아인을 위한 한국어 교재 문화 항목의 설정, 전남대학교 석사학위논문.

황설운(2013a), 학문 목적 한국어 학습자를 위한 문화교육 내용 설계 연구, 배재대학교 대학원 석사학위논문.

_____(2013b), 학문 목적 한국어 학습자를 위한 문화교육 항목 선정 연구, 한국언어문화학

10-1, 국제한국언어문화학회.

황우철(2009), 시조를 활용한 한국문화 교육 : 중급이상 일본인 학습자를 대상으로, 계명대학교 석사학위논문.

황인교(2001), 외국어로서의 한국 문화 교육의 기능태, 외국어로서의 한국어 교육 25·26, 연세대학교 언어연구교육원 한국어학당.

＿＿＿＿(2007), 외국인을 위한 한국어 교재와 문화, 이중언어학 35, 이중언어학회.

＿＿＿＿(2008), 여성 결혼 이민자를 위한 한국문화교육 연구, 언어와 문화 4, 한국언어문화교육학회.

＿＿＿＿(2011a), 언어와 문화의 접점 모색, 학술대회발표집, 한국언어문화교육학회.

＿＿＿＿(2011b), 정규 한국어 교육과정에서의 문화교육 사례, 외국어로서의 한국어 교육 36, 연세대학교 언어연구교육원 한국어학당.

＿＿＿＿(2011c), 한국문화 및 한국문학 교육 연구, 이중언어학 47, 이중언어학회.

황재웅(2004), 외국인 노동자를 위한 한국어 문화 교육 방안 연구, 고려대학교 석사학위논문.

황정혜(2010), 한·중 관용표현을 통한 한국 문화 교육 연구, 부산대학교 석사학위논문.

황지민(2011), 속담을 통한 한국어와 한국문화 교육 방법 연구 : 여성 결혼이민자의 요구분석을 중심으로, 청주대학교 석사학위논문.

Hema(2010), 한국어문화교육을 위한 속담 교육 연구 : 인도인 한국어 학습자를 중심으로, 고려대학교 석사학위논문.

JIN RIQUAN(2010), 중국 대학의 한국어 학습자를 위한 한국문화 교육방안 연구, 학술대회발표문, 한국언어문화교육학회.

Li, Tatiana(2012), 러시아권 학습자를 위한 한국어 문화교육 연구 : 비지니스 맥락의 간문화적 의사소통을 중심으로, 서울대학교 석사학위논문.

Nakano Atsushi(2012), 언어, 문화, 사회적컨텍스트를 고려한 한국어 교육:「외국어 학습표준 2012」를 통해, 학술대회논문집, 국제한국어교육학회.

Ravikesh(2012), 인도에서의 한국어와 한국문화교육: 현황과 전망, 학술대회논문집, 국제한국어교육학회.

Sakawa Yasuhiro(2011), 대학생을 대상으로 한 한국문화 교육: 일본 대학 교양과목을 중심으로-, 학술대회논문집, 국제한국어교육학회.

Zhao, Xuanzi(2013), 한·중 소설 비교를 통한 한국어 문화교육 연구, 서울대학교 석사학위논문.

Zhu, Cuiying(2012), 중국인 고급 학습자를 위한 한국어 문학 교육 연구 : 연암소설과 〈유림외
　　사〉의 비교·탐구를 중심으로, 서울대학교 박사학위논문.

제9장

중국에서의 한국학 연구 발전 과정과 과제*

1. 들어가기

　과거 한국과 중국은 아주 가까운 이웃 국가로서 오랫동안 문화를 교류하면서 정치 및 경제적으로도 밀접한 관계를 유지해 왔다. 그러나 양국은 근대 시기 이후 한국전쟁과 냉전(冷戰)의 영향을 받아 정치적으로 적대시하고 군사적으로 대치하였으며 문화적 왕래도 끊기다시피 하였다. 이로 인해 중국에서 한국과 북한을 포괄적으로 다루는 연구 기관은 거의 없었으며 기존의 연구 기관도 한국과는 교류가 없고 오직 북한하고만 왕래하였다(리득춘, 2004: 195). 그러나 중국이 개혁 개방을 실시하고 한국은 '북방외교'를 추진하면서 양국 관계는 커다란 변화를 보였고, 특히 냉전 체제의 붕괴와 한중간의 수교는 중국의 한국학 연구(Korean Studies)가 크게 발전할 수 있는 계기가 되었다. 그후 중국 정부의 지지와 여러 대학 및 학술 단체의 적극적인 참여가 있었으며 한국국제교류재단, 한국학술진흥재단, 대우재단 등의 전폭적인 지원으로 중국에서의 한국학연구는 더욱 발전할 수 있었다(李得春, 2006: 13-14). 이렇게

---

* 김중섭 · 임규섭(2012)의 연구임.

볼 때 진정한 의미의 학술적 한국학 연구는 1992년 8월 한중 수교 이후 시작된 것이라 할 수 있다.

중국 지역에서의 한국학 연구는 대체적으로 한국어 교육을 중심으로 이루어지고 있는데, 한국어 교육의 역사는 60여 년이 넘었으며[1] 한국어를 배우려는 열기는 다른 어느 국가보다도 강하여(박문자, 2005: 102-103), 한국어를 배우는 학생 수와 대학의 한국어학과 수도 날로 증가하고 있다.[2] 그러므로 해당 지역의 언어 습득을 기초로 하는 지역학으로서의 한국학은 중국에서 크게 발전할 수 있는 기반이 잘 준비되어 있는 것으로 볼 수 있다.[3] 그러나 중

---

1) 중국에서 한국어 교육은 1946년 남경에 설립된 국립동방언어전문대학(國立東方語言專門學校)에서 시작하여, 1949년 9월 북경대학에 합병되면서 동방언어문학학부의 조선어학과로 정식 설립되었다. 그 후, 1950년 9월 연변대학 사범학원에 조선어과, 1952년 대외경제무역대학에 조선어과, 그리고 1953년 9월 낙양외국어대학 조선어학과가 설립되어 신중국 초기의 한국어 교육을 진행하였다. 이 시기 한국어 교육은 국가적 차원에서 정치, 외교, 군사, 교육, 무역 등 영역에서의 인재 양성 및 소수 민족 지역의 지도자 양성을 주요 목표로 하였다. 그 후 1966년부터 시작한 문화 대혁명의 영향으로 침체기를 겪으면서도 1970년대 초반 중국과 북한의 관계 개선으로 조선어 인재가 필요하여 중앙민족대학 및 북경 제2외국어대학 등에 조선어과를 설립하지만, 한국어 인재에 대한 사회적 수요는 여전히 줄어들어 한국어 교육은 전체적으로 저조한 시기를 겪는다. 그러나 1978년 중국의 개혁 개방 정책과 한중 수교로 인한 양국 간의 경제 무역 협력 및 문화 교류가 강화되면서 한국어 인재 수요가 급증하여 한국어 교육도 급속한 발전을 이루게 되었다. 이 시기 한국어 교육은 주로 시장 경제의 원리에 따라 한국 기업, 중한 합작 기업, 그리고 대외 경제 무역 기관에 필요한 인재 양성에 주력하였다(김철. 2008: 278-282).

2) 중국 내 한국어 교육의 역사에 비해서 한국어 교육에 관한 연구 성과는 미미한 편이다. 중국 지역에서의 한국어 교육 현황에 관한 자료 가운데 재중 동포 이외의 중국인 및 중등 교육 기관에서의 한국어 교육 현황에 관한 연구는 상당히 적다고 볼 수 있다. 주로 재중 동포를 대상으로 한 이중 언어 교육 관련 연구와 대학에서의 한국어 교육 현황에 관한 연구가 조금 있으며, 그 외 중국 내에서의 한국어 이질화 문제, 한국어 교육의 역사적 추이, 한국어와 문화어, 중국에서 사용하는 한국어와의 비교·대조 분석, 중국에서의 한국어 교육 방법 등에 대해서도 고찰하고 있다(김중섭, 2008: 47).

3) 중국에서 한국어 교육은 단순히 한국과의 교류만을 위한 것이 아니라, 한국과 북한을 포함한 한반도의 정치, 경제, 문화 및 외교 협력을 염두에 두어야 한다(리득춘. 2004: 202)고 강조한다. 그러므로 중국의 한국학은 한국어와 전공 지식을 겸비한 복합형 인재를 양성해야 하며(이정수. 2010: 152) 한국학 연구자가 고민해야 할 과제의 범위는 언어 교육에만 국한하지 말고 한국학

국에서 발전하고 있는 한국어 교육과 한국학 연구는 정체성의 혼란을 겪고 있는 것도 사실이다. 중국에서의 한국어 교육은 크게 두 가지로 나뉘는데, 하나는 모국어로서의 조선어4) 한국어 교육이고, 또 다른 하나는 외국어로서의 한국어 교육으로 존재하고 있다(김철. 2008: 276). 또한 한국학 명칭도 과거 중국은 한국과 북한을 포함한 지역 연구를 '조선연구'(朝鮮研究)라고 통칭하였으나(朴键一, 2006: 2), 현재는 한국과 북한 모두를 포괄한 광의 개념으로 학자에 따라 한국학 혹은 조선학이라 부르고, 일부 학자는 한국과 북한을 모두 포함한 한반도 연구5)라 부르기도 한다. 따라서 본 연구에서 지칭하는 '한국학 연구'는 한국과 북한을 모두 포괄하는 개념으로서, 중국에서 진행되고 있는 한국학, 조선학, 한반도 연구, 조선 반도 연구를 모두 포괄하여 한국학이라 통칭(統稱)한다.

한국과 중국 양국은 수교 이후 여러 영역에서 협력과 교류가 급증하였지만, 그에 따른 갈등과 마찰도 함께 늘어나고 있다. 최근에는 중국에서 한류(韓流) 바람을 타고 중국인에게 한국은 더욱 친밀한 국가가 되었지만 반면 일부에서는 혐한증(嫌韓症)이 나타나기도 했다. 향후 원활한 한·중 관계 구축을 위해 이에 대한 대책이 시급하다고 하겠다. 이런 시점에서 중국에서 한국의 국가 이미지를 형성하는 데 중요한 역할을 하고 있는 중국의 한국학에 관한 연구는 매우 중요하다고 본다. 본 논문의 연구 목적은 첫째, 중국에서 한국학의 정체성이 무엇인가 알아보는 것이다. 중국에서의 한국학 연구에 대한 선행 연

전반으로 확대해야 한다(리득춘. 2004: 194)고 주장한다.

4) 중화인민공화국 교육위원회에서 대학의 학과목을 '조선어'로 등록하였으므로 중국 내의 공식 명칭은 조선어이다.

5) 중국에서는 대부분 '한반도(韓半島)'를 '조선 반도(朝鮮半島)'라고 지칭하여 사용하고 있다. '한반도'라는 명칭 및 한자를 사용한 경우는 매우 드물게 나타난다. 본 논문에서는 '한반도'로 통일하여 사용한다.

구를 살펴봄으로써 그 범위와 정의를 파악하고, 학문적으로나 현실적으로 어떤 의의를 지니고 있는지 이해하고자 한다. 둘째, 중국의 한국학 발전에 영향을 미친 요인을 국제 요인과 중국 국내 요인으로 나누고, 한국학이 발전해 온 경로를 몇 단계로 나누어 시기별로 살펴보고자 한다. 마지막으로 중국에서의 한국학이 가지는 특징과 중국학자들 간의 정체성 및 방법론에 대한 논쟁을 살펴봄으로써 향후 발전 방향도 알아보고자 한다. 한국어를 근간(根幹)으로 하고 있는 한국학 연구에 대한 전반적 이해가 없이는 한국어 교육을 더욱 심화시킬 수 없다고 본다. 다시 말해 중국에서의 한국학 연구에 대한 전반적 이해가 선행되어야만 중국의 한국어 교육의 발전 방향과 방법을 정확히 제시할 수 있을 것이다.

2. 선행 연구 및 중국에서의 한국학의 정체성

2.1. 선행 연구

중국의 한국학 연구는 한중 수교 이후 본격적으로 이루어지기 시작했는데, 본 연구와 관련된 선행 연구를 크게 세 가지 주제로 나누어 정리하면 다음과 같다.

우선 중국에서의 한국학 연구에 관한 전반적인 연구 동향을 살펴보면, 중국학자들은 한국학의 정의와 시기별 역사 과정 및 그 연구 경향을 중심으로 설명하고 있다. 또한 남한에 국한되지 않고 북한을 포함한 한반도 연구로서 연구하고 있다. 리득춘(李得春. 2006; 2004)은 중국에서의 한국학 연구에 대한 개념을 정의하고 한국학이 걸어온 과정과 발전 요인 및 목적을 설명하였으며, 향후 한국학 연구의 발전을 위한 몇 가지 방향도 제시하였다. 또한 중국 대학들의 한국어학과 현황과 전망을 살펴보고 조선어(朝鮮語)6)의 앞날에 대해서도 전망하였다. 석원화(石源华, 2002)는 중국에서의 한국학 연구를 한 중 양국 관계와 한국학 간의 관계를 중심으로 세 시기로 구분하여 시기별 연구 특징을 분석하였으며 관련 연구 기관의 상황도 함께 설명하였다.

중국에서의 한국학에 대한 한국 학자들의 연구는 그 성과가 아직 뚜렷하지 않은 편이다. 송현호(2004)는 한국학 관련 연구 기관과 학과의 설치 상황을 살펴보고 연구 동향을 분석하였다. 중국에서는 주로 대학 부설 연구소 및 독립 연구소에서 한국학 연구가 이루어지고 있고, 어학에 대한 연구가 주종을 이루며 한국어 교육이 활성화되었다고 보았다. 김윤태(2006)는 2000년 대만에서 출판된 『中韓關係中文論著目錄(중한관계중국어논저목록)』을 분석 대상으로 삼아 한국 학자의 시각으로 중국에서의 한국학 연구 동향을 분석하고, 세 시기로 구분하여 각 시기별 주요 연구 영역과 변화 추세를 설명하였다.

또한 중국에서의 한국학 연구는 대체적으로 한반도 연구라는 포괄적 개념으로 한국학을 설명하고 있는데, 박건일(朴键一, 2006)이 편집한 『中国对朝鲜半岛的研究(중국의 조선반도연구)』는 중국의 한반도 연구에 대한 전반적 연구 현황에 대해 여러 연구자들이 공동으로 참여한 결과물이다. 이 책에서는 중국 전체의 한반도 연구 현황을 비롯해서 북경 등 주요 지역의 한반도 연구 기관의 현황 및 그 특징을 체계적으로 정리하였다. 또한 냉전 이후 중국의 한반도 연구를 시기별로 나누어 연구 목적, 연구 대상, 연구 내용, 연구 방법 및 연구자들의 변화를 분석하였다. 이 책에서는 한중 수교 이전의 한반도 연구는 주로 중국 내부 요인의 영향을 받았지만, 그 이후부터는 한국과 북한도 한국학 연구에 직접적으로 영향을 미친 것으로 설명하고 있다.

그리고 중국 한국학의 정체성 및 방법론을 중심으로 발전 방향을 제시한 연구들도 다수 존재하는데, 채미화(蔡美花, 2008; 2007)는 중국에서의 한국

---

6) 여기서 조선어란 중국의 소수 민족 중 하나인 조선족의 민족 언어를 지칭한다.

학은 지역학의 성격을 띠고 있다고 정의하면서, 중국 문화를 기준으로 중국인의 미학 관념과 가치관으로 한국을 연구해야 한다는 연구 시각의 확대를 주장한다. 또한 한국학을 동아시아의 맥락 속에 놓고 그 종적·횡적인 관계를 객관적으로 고찰하면서 한국학으로서 중국 문화를 되돌아보아야 한다는 '중국적 한국학의 시각'도 제안한다. 그러나 리득춘(李得春, 2006; 2004)에서는 중국의 한국학은 반드시 한국 고유의 특징을 지니고 있어야 하며, 한민족과 한국 문화의 정체성 및 역사성에 기초하여 한국학에 포함된 인류의 보편성을 연구해야 한다고 보았다.

〈표 1〉 중국의 한국학 연구에 관한 대표적인 저작 및 선행 연구 현황

관련 대표 저작
•李得春(2006), "韩国学和中国的韩国学", 东疆学刊 제23권 3기.
•石源华(2002), "中国韩国学研究的回顾与展望", 当代韩国 봄호.
•朴键一(2006), "第1章 中国对朝鲜半岛的研究概况", 中国对朝鲜半岛的研究, 民族出版社.
•蔡美花(2007), "동아시아 한국학 방법의 모색", 한국학연구 제17집.
•김윤태(2006), "중국의 한국학 연구 동향", 中國硏究 제38권.

분석 영역	학자	주요 관점 및 주장
중국에서의 한국학연구 동향 (중국학자)	리득춘 (李得春)	•한국학은 한국의 고유 특징을 가지고 한민족과 한국 문화의 정체성 및 역사성에 기초하여 한국학이 내포하고 있는 인류의 보편성을 연구해야 한다. •중국에서의 한국학은 한국학과 중국학의 역사적 관계를 찾고 이 두 학문을 현실적으로 밀접하게 연결하여, 동방 문화의 공동 번영을 촉진하는 것을 목적으로 한다.
	석원화 (石源华)	•중국에서의 한국학은 한중 관계 변화의 영향과 제약을 받으며 발전하였다. •한국 문제에 대한 관심은 경제 영역뿐 아니라 정치 및 문화 영역으로도 확대하였다. •연구 기관의 설립은 북방 지역에서 남쪽 지역으로 발전해 갔다.

	박건일 (朴键一)	•연구 대상의 중심이 1980년대 초 '북한'에서 1980년 중기에는 '한국'으로 전환됐다. 1990년대 중후기부터 한국과 북한이 동등하게 중요시되고, 2000년 이후에는 뗄 수 없는 연구 대상이 되었다. •연구 주제는 1980년대 초의 역사, 문화, 언어 등 '순수 학술' 문제에서 1980년대 중기부터 경제, 금융, 정치, 안보 등 '현실적' 문제로 전환하였다. •중국에서의 한국학은 중국의 경험을 기초로 중국 특색의 사상과 인식 방법을 응용하여 국제 학술계에서 중국 특색을 지닌 연구 '학파'를 형성하였다.
	채미화 (蔡美花)	•한국학의 각 분과 학문의 융합을 통한 한국학의 정체성을 확립해야 한다. •중국에서의 한국학 연구의 출발점은 중국 문화로서 중국의 문화 담론 환경을 전제로 하고 있다. •동아시아 맥락 속에서 한국학을 환원시키고 동아시아 시각으로 한국학을 검토하고 재구축해야 한다.
	김윤태	•한중 수교 이후 한국학에 관한 중국 학자의 관심이 증가하면서, 한국에 관한 연구는 분산된 연구에서 집중된 전문 연구로 질적 변화를 이루었다. •중국에서의 한국학 연구가 다양한 영역으로 확대되었지만, 아직은 발전의 여지가 많다.

2.2. 중국에서의 한국학의 정체성

　중국에서의 한국학에 대한 개념은 시대와 학자에 따라 여러 종류의 시각을 바탕으로 발전해왔다. 중국에서의 한국학은 한국과 북한을 포함한 한반도 전체를 연구하는 학술 용어로서, 과거에는 '조선학(朝鮮學)', '고려학(高麗學)' 혹은 '동국학(東國學)'이라 명명되기도 하였다. 이후 신중국(新中國)이 탄생하면서 '조선학'으로 사용되어 오다가, 최근에는 '한국학'이라 불리며 광범위하게 사용되고 있다. 그러나 "한국학이란 어떤 학술적 영역을 포함하고 있는가?"에 대한 의견은 분분하다(李得春, 2006: 9-10).

　정판룡(奧阵|龍)은 중국의 한국학에 대해 "조선학은 조선의 정치, 경제, 철

학, 역사, 언어, 문학, 교육, 예술 등을 연구하는 전공 학과로서 중국에서는 '외국학(外國學)' 범위에 속한다. 그러므로 조선학 연구는 반드시 남북한을 모두 포함한 조선 반도 전체의 정치, 경제, 과학, 기술, 문학 등 그 중 유익한 점을 배우고 중국의 사회주의 건설에 활용되어야 한다.”고 정의하였다. 계선림(季羨林)도 비슷하게 설명하였는데 “내 개인적 이해로서 소위 조선학-한국학이란 조선 반도와 관련되는 각 영역의 문제를 연구하는 학문으로 지리, 인종, 언어뿐만 아니라 역사, 문화, 문학, 예술, 철학, 종교 등도 포괄한 그 함의가 지극히 광범위한 학문이다.”라고 하였다(李得春, 2006: 12). 리득춘(2004: 194)은 선배 학자들의 견해를 종합하여 “중국의 한국학이란 조선과 한국이 관계되는 모든 학과를 가리키는 것으로, 바꾸어 말하면 조선반도의 철학, 정치, 경제, 법학, 교육, 언어, 문학, 예술, 역사, 지리, 군사, 체육 등 모든 분야를 포함한 종합적 학문이다.”라고 정의하였다.

채미화(2007: 12-13)는 중국에서 한국학 연구는 지역학적 성격과 문화 및 학과를 초월한 비교 연구의 성질을 동시에 갖는 '외국학'이지만,[7] 순수학문적인 연구의 성질도 띠고 있어서 당대 문제의 해결을 중시하는 실용성보다는 중국의 전통 문화와의 연결 속에서 탐구하고, 그를 통하여 중국의 전통 문화에 대한 반성의 차원에서 진행하는 심층 연구이며, 또한 지역학의 성격도 띠고 있기 때문에 한국의 경제와 정치 상황, 경제 현황 및 발전 모델에 대한 소개 연구, 한중 간 경제의 상호 보완 관계, 동북아 경제권의 개발 모델 등에 대한 조건과 전략에 대한 주제도 연구하고 있다고 했다. 전반적으로 중국에서의 한국학은 한중 수교 초기에는 주로 한국어 교육을 중심으로 연구되었으나 이후 사회 과학 영역을 포함한 한국학 영역으로 그 범위를 점차 확대하여 현재 '협의의 범위'에서 '광의의 범위'[8]로 전환되었다(李得春, 2006: 13).

---

7) 중국에서의 한국학은 한국의 한국학 연구에서 직접 영향 받기는 하였지만, 한국의 한국학 연장선에서만 고찰되어서는 안 된다고 주장한다.

따라서 중국에서의 한국학은 지역적으로는 한국과 북한을 모두 포괄한 한반도 전체를 연구 대상으로 하는 외국학으로서, 학문적 영역으로는 어학, 문학, 역사, 철학 등 인문학과 정치, 경제, 외교, 국제 관계 등도 모두 포괄한 지역학적 경향을 띠는 것으로 볼 수 있다.

한반도에 관한 중국의 연구는 북한의 사회주의 건설 경험을 배우고 참고하려는 의도에서 출발하였으나, 현재는 여러 영역의 다양화된 연구 체계로 발전하였다(朴建一, 2006: 37). 특히, 한중 수교 이후 중국은 한국 및 북한과의 현실적 교류에 기반을 두고 연구 목적을 설정하여 한국학을 진행하였다. 중국의 한국학은 일반적으로 아래와 같은 목적에 기반을 두고 있다.

첫째, 중국에서의 한국학은 그 연구를 통해 한국학과 중국학 간의 역사적 관계를 살피고 현실 속에서 한국학과 중국학 간의 관계를 더욱 밀접히 하여 공동의 동방문화(東方文化)를 발전시키려 하는데 목적을 둔다(리득춘, 2004: 197). 그러므로 중국의 한국학 연구 기관은 한국의 언어, 역사, 사회, 문화, 정치, 경제 등 모든 분야에 걸쳐 한국의 고유한 학문을 연구하고 양국 간의 학술 교류를 강화하며, 동아시아 문명의 정체성을 밝히고 양국의 우의(友誼) 증진을 일차적 목적으로 한다(송현호, 2003: 311).

둘째는 정책적인 목적으로 중국 정부가 한반도와 관련된 정책을 결정할 때 논리적인 근거를 제공하기 위함이다. 즉 한반도의 정세 흐름을 정확히 인식하고 파악하기 위한 것이다.

그리고 경제적인 목적으로 북한의 경제 회복과 한국의 경제 개혁 구조 등을 분석하여 중국이 한국 및 북한과 경제적 협력을 효과적으로 추진하기 위한 목적도 가지고 있다(朴建一, 2006: 37). 넷째는 본보기로서의 목적으로, 한국의 시장 경제가 세계화에 어떻게 적응되어 발전하고 있는지 살펴봄으로

---

8) 광의 범위의 한국학이란 연구 대상이 한국의 언어와 역사뿐만 아니라, 사회 과학의 모든 영역도 포함하여 '역사'와 '현실'을 결합하여 연구하는 것이라고 정의한다(李得春, 2006: 11).

서 중국의 사회주의 시장 경제 발전을 위한 귀감(龜鑑)9)으로 삼기 위해서이다(김일권. 2008: 34-35). 그 외에 한국학에 수용된 중국 전통문화의 변용을 이해하고 이를 통해 중국 문화에 대한 타자의 시각을 살펴보며, 중국 문화를 심층적으로 연구하기 위한 '되돌아보기'의 목적으로 한국학을 진행하는 경우도 있다(채미화, 2007: 18).

3. 중국에서의 한국학 발전 과정

중국에서의 한국학 연구는 국제 환경, 남북 관계, 한중 관계의 변화 등 국제적 요인과 중국, 한국 및 북한의 국내 상황 변화에 제약을 받으며 발전해 왔는데, 그 중 한국과 중국 양국 관계의 변화가 가장 큰 요인으로 작용하였다. 국제 환경으로 1950년대 이후 미국과 소련의 냉전 체제 및 한국전쟁으로 인해 한국과 중국은 적대 관계를 형성하면서 상호 왕래가 없었기 때문에, 당시 중국에서의 한국학 연구는 주로 북한만을 연구대상으로 삼았고 한국에 대한 연구는 거의 하지 않았다. 그러나 냉전의 완화와 붕괴는 한중 양국 관계뿐 아니라 중국에서의 한국학 발전에도 중요한 전환점이 되었다. 특히, 한중 양국의 외교 수립은 중국의 한국학이 흥기하는 직접적인 동력원이 되었다(朱惠政. 1996: 412).

또한, 중국의 한국학 연구가 하나의 독립된 연구 영역으로 발전할 수 있었던 것은 중국의 정치 및 경제적 발전과 한반도 정세의 변화에 의해서도 결정되었는데, 특히 한반도 정세의 변화가 큰 역할을 하였다(朴建一, 2006: 37). 중국 국내적으로는 중국 정부의 정치적 변화 및 필요성이 한국학 발전에 중

---

9) 중국에서의 한국학은 한국학 각 영역의 선진 경험을 잘 활용하여 중국 사회주의 건설에 공헌해야 하며, 결과적으로 중국의 개혁 개방 정책이 성공할 수 있도록 해야 한다(李得春. 2006: 14)고 주장한다.

요한 요인이 된다. 중국은 개혁 개방 정책을 시행하면서 경제 발전에 성공한 국가 모델을 학습하는 과정에서, 한국의 경제 발전 모델에 관심 갖고 한국어와 한국 국가에 대한 연구도 함께 발전시켰다. 즉 중국의 한국학 연구 발전은 중국 정부의 수요와 추진이 중요한 원인이 되었다.

한국과 중국 양국은 중요한 인접국으로 수교 이후 경제 및 정치적 관계가 급속히 발전하였지만, 사실상 중국 입장에서 한국은 비교적 낯선 국가였기 때문에 한국을 정치, 경제, 외교 등 여러 측면에서 연구할 필요가 있었다. 더 나아가 중국 정부는 자국의 경제 발전을 위해 한국을 이해할 필요가 있었기 때문에 한국학 연구를 적극적으로 추진하였다(任晓, 2006: 70). 개혁 개방 이후 한국학 및 한국어 교육이 성장할 수 있었던 가장 큰 이유는 중국인의 현실적 동기 및 관심으로서 중국의 경제 발전에 필요한 한국의 성공 경험을 배우는 것이었다(朱惠政, 1996: 411).

실제로 한국의 경제 성장은 중국의 한국학 발전에 큰 영향을 미쳤다. 예를 들면, 1997년 IMF이후 주춤했던 한국 경제가 2000년 이후 다시 살아나면서 한국의 수많은 기업들이 중국의 산동성 연해, 길림성, 흑룡강 하얼빈, 베이징, 천진, 강소성, 상해, 남경 일대, 광동 주강삼각주, 요녕성 등 지역에 대거 진출하면서 한국어 인재 수요가 많아졌기 때문에 중국 내 대학들은 앞 다투어 한국어학과를 설치하여 필요한 인재를 양성하려 하였다(김철, 2008: 282). 또한 2000년 전후 중국에서 나타난 한류(韓流)의 유행으로 한국에 대한 문화적 호기심도 한국어와 한국학 발전에 크게 영향을 미치고 있다. 향후에도 중국의 한국학은 국제 정세, 한중 관계, 남북 관계의 변화와 한국과 중국의 국내 정치 및 사회적 변화에 영향 받으며 계속 발전해 갈 것이다. 구체적으로 중국의 한국학이 발전해 온 과정을 크게 6개의 단계로 나누어 살펴보면 다음과 같다.[10]

---

10) 중국에서의 한국학 발전단계에 대하여 학자들마다 모두 다른 견해를 가지고 있다. 본 논문은 여러 학자들의 견해를 바탕으로 재정리한 것이다. 참고한 논문은 李得春(2006), 朴键一(2006),

3.1. 1949년 중화인민공화국 건국부터 1970년대 말

이 시기는 국제정치적 환경의 영향으로 한국과 중국이 서로 적대시(敵對視)하는 시기로서 동북아의 긴장된 국제 정세와 왜곡된 한중 관계로 인하여 중국의 한국학 연구는 수량이 적을 뿐 아니라 내용도 편파적이었다(石源华, 2002: 73). 이 시기 중국인은 한국에 대해 거의 관심이 없었을 뿐 아니라 1950년대 대약진운동(김윤태, 2006: 83), 1960년대 중반부터의 문화 대혁명의 영향을 받아 한국학 연구는 일체 금지 당했다. 그 후 1970년대 문화 대혁명 후기 중국과 북한의 관계가 호전되면서 일시적으로 조선어학과가 증설되었지만, 조선어 인재를 수용할 수 없었기 때문에 모두 학생 모집을 중지하였다(리득춘, 2005: 36). 이 시기 중국의 연구 기관 및 학자들의 한반도에 대한 연구는 대부분 북한에 대한 선전과 소개에 집중되어서 한국에 대한 연구는 별로 없었다(沈定昌, 2007: 56).

당시 냉전 시대의 영향을 깊이 받은 연구 결과물의 내용은 크게 세 가지 특징을 지니고 있다. 첫째, 연구 영역이 정치, 국제 관계에 편중되어있고 경제 등 다른 분야는 비교적 적게 다루었다. 둘째, 연구 내용은 거의 대부분 북한에 관한 것으로, 그 중 한국 전쟁을 소재로 한 내용이 큰 비중을 차지했다. 셋째, 한국을 반영한 작품은 극소수였으며, 당시의 시대적 흔적이 남아있어서 강렬한 적대(敵對) 감정을 띠고 있었다(石源华, 2002: 73).[11]

沈定昌(2007), 石源华(2002), 김윤태(2006), 김철(2008) 등이 있다.

11) 이 시기 한국과 대만(臺灣)은 특수 관계로 인해 대만 학자들의 한국학 연구는 어느 정도의 발전을 이루었는데, 연구 내용은 한국의 정치, 외교, 군사, 경제, 과학 기술, 문화 및 한중 관계 등 모든 영역을 포함하였다.

3.2. 1970년대 말 개혁 개방 초기12)부터 1980년대 말

1970년대 말부터 국제 정세 및 한국과 중국의 국가 상황이 변하기 시작했고, 한중 관계에도 조금씩 영향을 주면서 중국에서의 한국학 연구는 점점 활기를 띠기 시작했다. 당시 한국과 중국은 외교 관계가 수립되지 않았으며, 중국은 한국을 '남조선(南朝鮮)'이라고 불렀다. 그래서 당시 중국에서의 한국학 연구는 한국과 북한에 대한 연구를 일괄적으로 '조선연구(朝鮮硏究)'라고 칭하였다(朴鍵一, 2006: 2). 특히 1980년 이후 중국에서 한국학 연구가 점차 활기를 띠면서 한국학을 연구하는 중국 학자들은 제3국을 통해서 한국 학자들과 학술적인 교류를 진행하였으며, 지역적으로도 북경과 장춘(長春) 지역에 집중되어있던 한국학은 상해, 심양(沈陽), 연변(延邊) 등 지역의 일부 학자들도 연구하기 시작했다. 또한 그 때까지 한국학을 전문적으로 연구하는 기관은 길림성 사회과학원 조선연구소를 제외하고 거의 없었지만, 이 시기부터 일부 대학이나 정부의 연구 기관에서도 한국학을 연구하기 시작했다(沈定昌, 2007: 56-57).

중국에서의 한국학 연구 혹은 한반도 연구의 발전은 거의 중국 국내의 개혁 개방 정책의 큰 흐름에 의해 결정되었다. 당시 연구 목적은 북한의 사회주의 건설 경험에 대한 이해에서 출발하여 한국의 경제 발전 모델 연구로 확대되었으며, 연구 대상도 북한에서 한국으로 그 중심이 전환되었다. 연구 내용은 개별적 인문 연구에서 사회 과학 각 영역으로 발전해갔고, 폐쇄적 연구에서 개방적 연구로 전환하였으며, 중국 각 지역에서 분산적으로 연구하다가 전

---

12) 개혁 개방 초기 한국에 대한 중국인의 느낌을 "어느 날 갑자기 아시아의 큰 용이 잠을 깨어나 보니 자기 몸 옆에 작은 용들이 활약하고 있으면서 씩씩한 대활보로 전진하고 있다는 것을 발견하였다."라고 심의림은 설명하였다. 당시 한국의 발전은 중국인에게 큰 관심을 이끌었을 뿐 아니라 '경각심'도 함께 불러 일으켰으며, 그 때부터 중국의 한국학 연구는 새로운 기회와 희망을 가지며 활성화되었다(沈儀琳, 1991: 194).

국적으로 협동하여 통합하는 경향을 보이기 시작하였다. 이 시기 한국학 연구
는 중국 국내 요인에 크게 제약받고 있었기 때문에 안정된 상태를 유지하지
못했다(朴键一, 2006: 8).

3.3. 1980년대 말부터 1992년 한·중 수교 이전

1989년 '6.4 천안문사건' 이후 중국에서의 한국학 연구는 한때 주춤하였지
만, 1992년 등소평의 남순강화 이후 중국 정부가 경제 건설 중심의 개혁 개
방 정책을 계속 견지함으로써 한국학을 포함한 국제 문제 연구는 계속 발전
할 수 있게 되었다. 당시 냉전이 붕괴된 상황에서 중국은 현실적으로 한국과
의 관계를 개선하고 동북아 지역 및 아태 지역의 국제 정치 및 경제 기술 협
력에 적극적으로 참여하기 위해서 한국의 국가 상황도 심도 있게 연구해야
했다. 이 시기 중국에서의 한국학은 과거 학술 연구가 중국 국내 정세에 전적
으로 제약받던 상태에서 서서히 벗어나면서, 연구대상의 변화에 따라 스스로
조정되는 안정된 발전 단계로 진입하였다(朴键一, 2006: 8-9).

1980년대 말부터 1990년대 초 중국에서 한국학의 인기는 고조에 이르면서
연구 대상 및 내용에도 변화가 나타났다. 이 시기 초기에 중국인은 한국 문제
에 대해서 전반적으로 관심을 가졌지만 한국의 '경제 문제'가 연구의 주류를
이루었다. 그러나 한중 관계의 점진적 개선으로 한국학 연구는 경제 영역을
벗어나, 내용면에서 역사, 문화 등 보다 광범위한 영역으로 확대되었다. 이
시기 한국 문화 및 중국 유학(儒學)과의 관계는 한국학 연구의 또 다른 핵심
주제가 되었고 중국 학자들은 한국 문화 연구에도 많은 공을 들이기 시작했
다(石源华, 2002: 74-75).

3.4. 한·중 수교 이후부터 1997년 10월 IMF 금융 위기까지

한중 수교 이후 중국은 북한과 전통적 우호 관계를 계속 유지하면서도 한국과는 정치, 경제, 과학 기술 및 문화 교육 등 전 영역에서 교류 및 협력을 확대하였다. 이 시기 초기에는 한중 간의 화해 분위기로 인해서 중국에서 한국학 연구의 주요 연구 대상은 한국이었다. 그러나 1993년부터 나타난 북한의 핵 위기 문제, 김일성주석의 사망 및 1995년부터 시작한 북한의 자연 재해 등으로 북한의 정권이 심각한 위협을 맞이하여 국제적으로 '조선붕괴론'이 출현하면서, 1996년부터 북한에 대한 연구도 급증하게 되었다. 당시 중국에서의 한국학 연구는 한국을 주요 연구 대상으로 삼고 있었지만 북한의 내정과 외교 문제도 인기 있는 주제로 다루었다. 이 시기 중국에서의 한국학 학계는 처음으로 한국과 북한을 똑같이 중요한 연구 대상으로 삼았다(朴键一, 2006: 13-20).

이 시기 중국의 한국학은 급속한 발전을 이루면서 연구 내용에도 변화가 나타났다. 한국 경제에 관한 연구는 여전히 중요한 비중을 차지하면서 많은 성과를 냈는데, 한중 수교 이전과 비교했을 때 이 시기에 출판된 한국 경제 연구 결과물은 이론적 깊이뿐만 아니라 중국의 경제 발전을 위한 '참고 가치'도 함께 증대하였다. 이전 시기와 다른 점은 한국 정치 관련 연구가 비교적 중요한 위치를 차지하게 되었다. 당시 한국 정치 지도자들의 저작물이 번역 출판되어 그들의 '치국정책'은 중국에서 커다란 영향을 미쳤다. 또한 중국 학계는 한국의 경제 연구도 '정치학의 시각'으로 분석하기 시작했으며, 이러한 연구 경향은 중국에서의 한국학 연구에서 커다란 비중을 차지했다. 그 외, 중국 학계는 한반도의 평화기제, 남북한 통일, 한반도 사태의 발전 등 현실적 문제에 많은 관심을 가졌으며, 또한 전 시기에 비해 한중 관계사 연구, 한국 임시 정부 및 재중국 한국 독립 운동 연구, 한국 역사, 한국 문화 등이 중국의 한국학 연구에 중요한 부분을 차지하였다(石源华, 2002: 75-77).

3.5. 1997년 말부터 2000년까지

1997년 10월 한국에서 IMF 금융 위기가 발생한 이후, 한국의 국내 사정, 한반도 정세 및 동아시아 지역 국제 관계 등이 변화하면서 중국에서의 한국학 연구 목적도 수정하게 되었다. 당시 한국학 학계는 한국 경제와 관련된 문제, 특히 한국의 '정부 주도형' 경제 발전 모델에 대해 깊은 관심을 가졌고,[13) 한반도 상황 변화는 중국의 주변 환경의 평화와 안정에 직결되는 문제이기 때문에 한국의 국내 정치, 대외 관계 및 대북 정책의 방향 등도 주의를 기울였다. 이런 상황 하에서 중국 한국학의 연구 목적은 더욱 명확해지고 다양화되면서 "한국의 시장 경제 발전모델을 새로 연구하자.", "한반도를 더욱 평화롭고 안정화시키자."를 주요 내용으로 하는 새로운 목표가 형성되었다. 이 시기 중국에서의 한국학 연구는 한국과 북한을 동등한 위치에 놓고 함께 연구해야 할 대상으로 삼았다(朴键一, 2006: 22-24).

3.6. 2000년부터 현재까지

2000년 전후로 중국에서 한류가 형성되면서 한중 간의 문화 교류는 한층 더 발전할 수 있었고 중국에서의 한국학 연구도 전에 없이 활성화되었다(沈定昌, 2007: 63). 특히, 한국 경제가 다시 살아나고 2002년 한일 월드컵을 성공적으로 치르면서 수많은 중소기업 및 대기업이 중국에 대거 진출하였고 한국어 인재 수요도 더욱 증가하였다. 당시 한국어 교육은 전례 없는 대성황을 이룬 도약기로서 중국에서 한국어학과를 설립하는 대학도 많아졌다(김철, 2008: 282). 또한 2000년 이후 한반도 정세 및 중국 내의 변화도 중국 한국학 연구에 큰 영

---

13) 한국 정부와 국민이 금융 위기를 어떻게 극복하여 경제 발전 및 대중국 투자를 회복하는가의 문제는 중국의 대외 경제 무역에 직접 영향을 미치는 현실적 문제이기도 하면서, 중국이 외국의 성공적 발전 경험을 어떻게 참고하여야 하는지의 이론적 문제이기도 했다.

향을 미쳤는데, 2000년 6월 남북 정상회담 이후 남북한 간의 화해 분위기는 중국에서의 한국학 연구에 새로운 변화를 가져왔다. 우선 한반도 문제의 민감도가 떨어지면서 연구 영역 및 연구 대상이 확대되었고 더 많은 연구 결과물이 학술지 및 신문 등에 공개적으로 발표되었으며, 연구자의 수는 빠른 속도로 증가하고 연구 방법도 더욱 현대화되면서 다양한 연구 결과물이 나왔다. 이 시기 중국의 한국학 학계는 외국과의 학술적 교류가 크게 증가하면서 많은 연구 기관과 연구자가 전면으로 나오기 시작했는데(朴键一, 2006: 2), 2000년 11월 중국사회과학원 아시아태평양연구소는 한반도 문제를 전문적으로 책임지고 진행하는 '한반도문제연구센터'를 건립하였고, 2002년 3월에는 한국의 고등교육재단과 중국사회과학원이 공동으로 중국사회과학원아시아연구센터를 세워서 한반도 문제 연구를 포함한 아시아 문제 연구 발전에 많은 노력을 하였다. 두 기관은 한반도 문제 연구를 위해서 조직과 자금을 지원했는데, 특히 한반도문제연구센터는 중국 전역에 있는 한반도 문제 연구를 조직하고 협조하는 책임을 맡게 되었다(马军伟, 2006: 54). 그 후, 한반도 정세의 변화, 중국 및 남북한의 국가 내부의 변화 등 여러 요인의 영향을 받으며 중국의 한국학과 한국어 교육은 굴곡을 거치면서 지금까지 계속 발전하고 있다.

4. 한국학 연구 발전 과정에서 나타난 몇 가지 특징과 방향성

4.1. 특징

4.1.1. 연구 주체의 발전

(1) 연구 기관

과거 중국은 동북의 장춘(長春), 연변(延邊), 심양(沈陽)등의 지역에만 연구 기관을 설치하여 한반도를 연구하였다. 당시에는 연구 인력도 많지 않았으며 연구의 핵심은 주로 북한이었다. 그러다가 1970년대 말부터 중국의 북방 지역에 '한국 문제 연구 기관'들이 발전하기 시작하였다. 예를 들면, 길림성사회과학원 조선연구소, 연변대학 조선연구소, 길림대학 조선경제연구소 및 북경대학 조선역사문화연구소 등이다. 이들 연구 기관은 1980년대에 중국에서의 한국학 연구 발전에 커다란 역할을 하였으며, 한중 수교를 전후하여 연구 기관과 연구 인력들은 더욱 활기를 띠면서 새로운 연구 성과물을 계속 내놓았다. 당시 길림성사회과학원의 한국독립운동연구센터, 북경대학의 한국학연구센터, 중국사회과학원의 한국연구센터 등 각종 연구 기관이 새롭게 설립되었는데, 주로 '북방 지역'에서 '남방 지역'으로 발전하는 형세를 이루었다.[14] 즉 동북(東北) 및 화북(華北) 지역뿐만 아니라, 화동(華東) 지역[15]에도 많은 연구 기관이 새롭게 설립되었으며 각자 특색을 갖추며 발전하였다(石源华, 2002: 77-78; 沈定昌, 2007: 66). 최근에는 한중 간의 경제 협력이 중국 연해 지역(沿海地域)에서 내륙 지역(內陸地域)으로 확장되는 추세에 따라 내륙 지역의 대학들이 한국어학과를 개설하는 경향이 나타나고 있는데, 당분간 이러한 추세는 계속 될 것이다(김일권, 2008: 70). 현재 중국은 211개 대학에서 한국 관련 학과를 설립하였으며,[16] 그 중 일부 대학에는 석사 및 박사 학위 과정도 개설되어 있다.

---

14) 이는 중국 지역에서 한중 관계 발전 추이와 일치하면서 발전했다.

15) 중국 남쪽 및 중부 지방에 설립한 중요한 한국 관련 연구 기관은 산동대학 한국연구센터, 연태대학 동아연구센터, 산동위해분교와 길림성사회과학원 조선연구소가 공동 설립한 조선연구소, 청도대학 한국연구센터, 상해의 복단대학, 화동사범대학 및 상해사회과학원의 한국연구센터, 절강대학의 한국연구소 등이 있다.

16) 현재 중국에는 총211개 한국 관련 학과가 설치되어 있는데, 그 중 4년제 대학은 103개, 3년제 대학은 108개라고 2011년 5월 26일 산동대학교 한국학대학 우림걸(牛林杰)학장이 설명하였다.

(2) 연구자

중국에서의 한국학 연구는 한족과 조선족 연구자로 구성되었으며 이들 사이에는 언어 능력 및 문헌 열독 등 측면에서 상호 보완적 관계를 가지고 한국학 발전에 중요한 역할을 하고 있다(리득춘, 2004: 198). 1980년대 이후에는 중국에서 한국학을 연구하는 중국 학자들, 예를 들면 북경대학의 양통방(楊通方), 위욱승(韋旭昇), 하검성(賀劍城) 및 심정창(沈定昌)교수 등은 제3국을 통해서 한국 학자들과 학술적 교류를 진행하였으며, 이후 한국과의 교류가 확대되고 한국에서 유학하고 귀국한 한국학 연구자가 많이 늘어나면서 한국의 영향을 받기 시작했다. 2006년 5월에는 한국에서 박사학위를 받고 귀국한 연구자들이 '중국한국유학박사협회'를 설립하여 한국학 발전에 기여하고 있다(沈定昌, 2007: 68). 또한 1990년대 이후에는 학술적 교류가 활발하고 연구 내용이 확대되면서 연구자의 전문 지식과 외국어 능력도 더욱 요구되었다(朴鍵一, 2006: 21-22).

4.1.2. 연구 대상 및 내용의 변화

(1) 연구 대상

중국에서의 한국학 연구는 신중국 건설 이후부터 1980년 초기까지 북한이 주요 연구 대상이었지만 1980년대 후기부터는 한국으로 전환되었다. 그러다가 1990년대 중·후반부터 북한의 존재를 다시 중시하면서 한국과 똑같이 중요한 연구 대상으로 삼았다. 특히 2000년 이후 한국과 북한은 중국의 한국학에서는 뗄 수 없는 연구 대상이 되었다(朴鍵一, 2006: 37-38). 즉 중국의 한국학 주요 연구 대상은 초기 북한에서 한국으로, 그 후 한국과 북한을 대등한 위치에 놓고 연구하였으나 지금은 한반도라는 큰 틀 속에서 통합적으로 연구되고 있다.

(2) 연구 영역

1980년대 초기에는 역사, 문화, 언어 등 '순수 학문'을 주로 다루었으나, 1980년대 중기 이후 경제, 금융, 정치, 안전 등 '현실 문제'로 연구 내용의 비중이 전환되었다. 동시에 한국과 북한 양국의 국내 문제 중심에서 남북관계, 북한과 미국, 일본 등 서구국가 간의 관계 중심의 국제 관계 문제로 전이되었다(朴鍵一, 2006: 38). 현재 중국에서의 한국학에서 한국 경제 연구는 여전히 가장 중요한 영역을 차지하고 있지만, 한국의 정치 문제도 점점 더 관심을 갖게 되었고, 한반도의 평화기제 및 남북통일 등 한반도의 분단 상황에 대한 변화 발전에도 큰 관심을 기울이고 있다.

(3) 연구 성과17)

개혁 개방 이전에는 전체적으로 논문집의 성과물이 미약했으며 한국 관련 연구 논문도 매우 적었다. 그러나 개혁 개방 이후부터 한국 관련 연구 논문이 증가하고 비교적 다양한 논문집을 통해서 성과들이 발표되었다. 특히 한중 수교 이후에는 《高麗學硏究》, 《當代韓國》, 《韓國硏究論叢》, 《韓國學論文集》과 같은 전문적 한국학 연구 논문집이 출간되는 등 획기적 변화가 나타났다. 이는 중국의 한국 관련 연구가 분산된 연구에서 집중된 전문 연구로 질적 변화를 보인 것이라 할 수 있다(김윤태, 2006: 80). 또한 중국의 한국학은 포괄적인 시각에서 한국과 북한을 연구하는 학문으로 지역학을 지향하고 있으며, 비록 역사는 오래되지 않았으나 양적으로 많은 성과를 보였고 질적으로도 큰 성장

---

17) 본 연구에서는 연구 성과물에 관해 주제별, 시기별로 나누어 분석하지 않았다. 관련 연구는 김윤태(2006), 朴鍵一(2006). 石源华(2002), 沈定昌(2007), 郑成宏(2003) 등의 논문을 참고하세요.

을 보이고 있다. 그러나 중요한 의의를 띤 연구 결과물은 여전히 부족한 편이고 기초 사료(史料)의 수집 및 정리도 아직 진행되어야 할 부분이 더 많다(郑成宏, 2003: 90). 따라서 향후 중국에서의 한국학 연구는 소재뿐만 아니라 이론 및 방법론 등 모든 면에서 그 깊이를 더해야 할 것이다.

4.1.3. 중국적 시각과 중국 학파 형성

중국에서의 한국학 연구는 중국의 문화 담론 환경을 전제로 중국인의 미학 관념과 가치관으로 한국의 인문 과학을 연구하는데서 출발하였다. 이에 근거하여 연구할 과제를 선택하고 연구 방향을 확정하였으며 이에 따라 연구 방법론도 결정되었다. 연구자들은 중국 문화 환경 속에서 세계관을 수립하고 학술적 관점을 배양하여 중국적인 학술 시야를 가지고 학문적 경험을 축적하였기 때문에, 그들의 잠재의식 속에는 중국의 현실적인 정치, 경제, 문화, 환경이 자리 잡고 있으며, 이러한 잠재의식이 한국학 가치 관념의 기초가 되었다. 즉, 중국에서의 한국학은 중국이라는 특정한 지역에서 특정한 연구 집단 혹은 개인이 중국의 문화 가치관을 통해 한국의 역사, 철학, 문학, 정치, 경제, 문화에 대해 표현하고 서술하였다. 이러한 문화 가치관의 차이로 인해 연구자들은 '자신만의 특성'을 가진 분석과 평가를 제시하였으며 이러한 연구 결과들이 한국학의 근간을 형성하였다(채미화, 2007: 14-15). 또한 한국어 교육 기관과 한국학 연구소가 증가하고 학회 활동이 활발하게 이루어지면서 한국학 연구는 '중국 학파 형성'이라는 질적인 변화를 겪게 된다.[18] 연구자들은 언어, 문학, 역사, 철학을 포괄한 인문학 영역에서 큰 학술적 성과들을 쌓았으며 중

---

18) 2001년 연변대학 조선(한국)언어문학학과가 중국의 국가 중점 건설 학과로 부상되고, 2007년 한국 연세대학교 용재학술상 시상식에서 김병민 교수를 한국학연구에서 중국 학파의 주자로 평가한 것이 논증이라고 주장한다.

국의 국가급 인문사회과학연구 프로젝트를 획득하는 비율도 높아졌다(채미화, 2007: 12). 중국에서의 한국학이 가지는 이러한 학술적 성과와 축적된 역사 그리고 특성화된 연구 방향 및 방법 등은 해외 한국학 연구에서 중국의 한국학이 그 위상을 차지하는데 기여하고 있다.

4.1.4. 연구 동기의 변화

한중 수교 이후 중국의 한국학 발전은 '순수 학문적 요인'보다는 다소 '현실적인 동기'가 그 영향을 발휘하고 있다. 실제로 중국 산동(山東)지역의 한국어과 학생들이 높은 취업률은 당시 한국어 전공 선택의 붐에 큰 영향을 미쳤는데(송현호, 2003: 322), 졸업과 동시에 취업이 가능한 현상이 주요한 원인으로 거론되었다. 산동성 청도대학(靑島大學)의 한국어학과 학생들을 대상으로 한 설문 조사에 따르면, 한국어를 배우는 이유로 51%의 학생이 취업 준비에 유리하기 때문이라고 말했으며, 장래 희망을 묻는 질문에 34%는 한국어 통역 혹은 번역을 하고 싶어 하고, 26%의 학생은 한국 기업에 취직하고 싶다(김일권, 2008: 32-33) 등 학생들은 취업과 연계하여 한국어과를 선택하였다. 그러므로 박문자(2005: 107-108)는 "한국학 전공은 졸업 후의 진로를 고려하여 교육 목표를 '복합형 인재 양성'[19]에 맞추어서, 한국어 전공과목 외에도 경영, 컴퓨터, 법률, 신문방송 등 여러 분야의 지식을 흡수하고, 한국 사회,

---

19) 복합형 인재 양성이란 1998년 8월 중국 교육부의 '대학교 외국어전공지도위원회'가 외국어 전공 학부 교육 개혁에 대한 의견을 제출하면서 외국어 인재가 갖추어야 할 사항을 설명하였다. 첫째는 '튼튼한 기본 기능'으로 외국어의 기본 기능을 잘 습득하고, 둘째는 '넓은 지식 구조'로서 전공 지식을 숙련되게 습득한 동시에 관련 학과의 지식도 잘 습득한다. 구체적으로 외교, 대외 협력, 금융, 비즈니스, 문학, 언어학, 법률, 언론 홍보 및 과학 기술 등 다양한 분야를 포함한다. 셋째는 '일정한 전문 지식'으로 외국어 외에 어느 한 분야의 지식도 습득해야 한다(이정수. 2010: 152).

문화 및 한국적 사고를 이해하여 양국 간의 문화적 차이를 극복할 수 있는 인재를 양성해야 한다."라고 주장하였다. 현재 중국에서 한국학 연구 및 한국어 교육이 급부상하는 가장 큰 이유는 취업에 유리하다는 현실적 동기가 학문적 동기보다 앞선다고 할 수 있다. 그러므로 앞으로도 중국에서 한국어를 배우려는 혹은 한국으로 유학 오려는 중국인에게 '직업적 동기'는 매우 큰 영향을 미칠 것이며, 이러한 현상은 중국의 한국학 발전에도 주요 변수로 작용할 것이다. 즉, 한국 경제가 더욱 발전하고 한국 기업 및 한국 관련 중국 기업의 역할 비중이 커질수록 한국어를 배우고 한국을 연구하려는 중국인이 증가할 것이다.

4.2. 중국에서의 한국학의 향후 과제

중국에서의 한국학은 한국어 교육을 비롯하여 여러 영역에서 다양한 학술적 성과를 내놓고 있지만 한국학 발전에 대한 학술적 논쟁은 상대적으로 매우 적었다. 채미화(2007: 8-10)는 중국에서의 한국학은 각 분과 학문의 총합을 의미하는 것이 일반적이지만 학문적 정체성은 크게 강조하지 않았다고 지적하고, 한국학 각 분과 학문의 융합을 통한 한국학의 정체성을 확립할 시점이라고 강조하면서 '동아시아 한국학' 개념을 제시하였다. 동아시아 한국학은 인문 한국의 동아시아적 정체성 정립을 목표로 하여 동아시아 맥락 속에서 한국학을 환원시키고 동아시아 시각으로 한국학을 검토하여 재구축해야 하며, 이는 서구주의와 민족주의를 횡단하는 현대 한국학의 새 길이라고 강조하였다. 이는 중국인 학자들에게 한국학을 연구함에 있어 한 나라 문화권으로서 바라보는 시각에서 벗어나야 함을 주문한 것으로, '한국 본토에서 자생하고 자국에만 영향을 미치는 한국의 문화'라는 사고의 틀에서 벗어나 동아시아의 맥락 속에서 종횡적 관계를 객관적으로 고찰한 다음, 그것으로 중국 문화를 비추어보는 거울로 생각하는 것이 바로 중국 한국학의 동아시아적 시각이라고 하였다(채미화, 2007: 16). 그는 이와 함께 중국 문화에서 출발하여 중국 문화 담론을 전제로 한 한국학의 동아시아적 맥락도 살펴보아야 한다고 주장하였다.

최옥산(2007: 22)도 동아시아 한국학의 구축을 위한 담론에서 '중국'은 어떤 의미에서도 간과될 수 없는 중요한 화두라고 하였다. 그는 현재 인문 한국학의 중국 관련 연구가 활성화되면서 과거 변방에서만 맴돌던 중국에서의 한국학 연구 학자들이 중심부로 진입할 돌파구를 찾는 계기가 되었다고 보았다. 비록 아직까지 양적 발전에 비해 질적 비약은 이루지 못했지만, 향후 한국과 중국의 인문학을 함께 놓고 영향 관계 또는 영향 없는 유사성을 분석하는 연구 경향을 동아시아 한국학 구축의 중요한 방법론으로 제시하였다.

이처럼 한국학을 동아시아적 시각이라는 거시적 관점에서 발전시켜야 한다는 주장에 대해, 공령인(孔令仁)은 중국의 한국학 연구의 주된 시각은 한국학과 중국 전통 문화의 '동원성(同源性)'만을 강조하고 한국학의 '본생성(本生性)'에 대해서는 홀대하고 있다고 지적하였다. 리득춘(2006: 14)도 중국의 한국학 연구는 한국학과 중국 전통 문화의 '근원성(根源性)'만을 일방적으로 강조하고 한국학의 '현지성(現地性)'을 소홀히 하는 경향이 있다고 보고, 한중 양국의 전통 문화가 여러 측면에서 유사성이 존재하지만 한국 문화의 핵심은 '민족성'에 있기 때문에 중국의 한국학은 한국의 토착성을 보다 중시해야 한다고 주장했다. 그는 한국학의 각 영역별 내용과 표현 방식 및 사회 가치관은 각기 중국과 차이가 있다는 사실을 간과해서는 안 된다고 지적하였다.

박문자(2005: 107)는 한국학 발전을 위한 '내재적 시각'의 연구 방법을 강조하였는데, 한국학 연구의 인력들에게는 한국어 수준의 제고(提高)도 중요하지만 그 보다도 문제 해결과 일을 처리할 수 있는 '한국적 사고'가 더 중요하다고 보고, 기업이나 정부 기관에서 필요로 하는 '한국학 모델'을 설정할 필요가 있다고 주장하였다. 그러기 위해서는 한국학에 대한 개념을 보다 명확하게 하고 연구 범위도 분명한 한계를 지을 필요가 있으며, 한민족과 한국 문화의 정체성과 역사성 확립의 기초 위에서 한국학이 포함하고 있는 인류 보편성을 연구해야 한다고 보았다(리득춘. 2006: 12). 또한 향후 중국에서의 한국학 연구는 개별적 혹은 분산적 연구 단계를 벗어나야 하며 직감적 혹은 감성적 인식에 의한 연구도 지양해야 할 것으로 보았다. 리득춘(2006: 14)은 한국학을 이론적으로 체계화하여 이론 수준이 높은 학문으로 발전시켜야 훌륭한 연구 결과물이 나올 것이라고 주장하였다.

중국에서 한국학은 '타자를 연구하는 학문'으로 각 분과 학문의 융합을 통한 한국학의 정체성을 확립할 필요가 있다. 이를 위해 여러 학자들은 동아시아의 맥락 속에서 한국학을 환원시키고 동아시아적 시각으로 한국학을 검토하고 재구축해야 하며, 중국적 특색을 가진 한국학 연구를 형성하기 위해서는 '중국적 정신에 입각'하여 한국을 연구해야 한다고 주장하고 있다. 그러나 다른 한편에서는 중국에서의 한국학 연구가 그 힘을 갖기 위해서는 한국어 능력 강화뿐만 아니라 한국과 관련된 여러 현실 문제들을 해결할 수 있는 '한국적 사고' 능력도 배양해야 하기 때문에, 한국학의 순수 학문으로서의 기능과 함께 실질적으로 사회 적응 능력을 키울 수 있는 기능도 중시해야 한다고 주장한다. 즉 한국의 현지성에 기초한 한국적 사고를 배양할 수 있는 한국학 구축이 절실하다고 보는 것이다. 현재 중국에서는 일부 학자들 간에 한국학 발전에 대한 학술적 논쟁이 진행되고 있으며, 이는 향후 중국의 한국학 정체성과 방법론 형성에 중요한 영향을 미칠 것이다.

아울러 한국학의 하위 영역 혹은 한국학을 둘러싼 타학문의 연구 성과들이 한국어 교육 현장에서도 적절히 활용되어야 할 것이다. 중국에서 한국어를 학습하는 학습자들, 특히 중/고급 단계의 학습자들을 위해서 한국학에서의 연구 결과물들이 교실 현장에서 활용될 수 있는 자료로 가공될 수 있어야 한다. 이를 위해서는 한국학의 제 분야를 연구하는 학자들과 한국어 교육을 전공하는 학자들이 학문적 성과를 공유할 수 있는 네트워크를 구축하여야 할 뿐만 아니라 구체적인 교육 내용 개발에 공동으로 나서야 할 것이다. 중국에서의 한국학이 한국어 교육과 연계하여 연구되고 교육될 수 있도록 교육 과정을 개발하고, 교육 내용을 구축하고 교육 현장에서 적용 가능한 교육 방법을 마련한다면 한국학의 발전적 과정에 새로운 활기를 불어 넣을 수 있을 것이다.

5. 맺는 말

한중 수교 이후 급성장한 중국의 한국학은 한국어 교육을 중심으로 출발하였고 현재도 한국어 교육을 중심으로 발전하고 있다. 향후에도 양국은 전 분야에 걸쳐 교류를 강화할 것이며, 그에 따라 한국어를 배우는 학생 수 및 한국학을 연구하는 학자도 해마다 증가하면서 중국의 한국학은 더욱 발전할 것이다(沈定昌, 2007: 69). 중국에서의 한국학은 한국어 교육과 상호 보완적 관계를 유지하면서 더욱 발전할 것이다. 그럼으로 중국에서 한국어 교육을 더욱 심화시키고 발전할 수 있는 방법을 찾기 위해서 한국학 연구에 대한 전반적 이해가 필요하다고 본다.

외국학의 입장에서 '타자를 연구하는 학문'으로 출발한 중국의 한국학은 방법론적 측면에서 인문학과 사회과학을 적절히 조화시키며 순수 학문적 성격을 지니면서도 실용성도 강조하는 교육을 진행하여 현실 환경에 순응하며 발전하고 있다. 그러나 아직까지는 지역학 방법론인 '학제 간 연구'를 보편적으로 사용하지는 않고 있어 아쉬움이 지적된다.

중국 학계는 한국학을 동아시아의 큰 틀 속에서 동아시아 정체성과 연결하여 한국을 이해하려는, 즉 중국의 한국학은 동아시아적 시각에서 중국 담론 문화를 배경으로 출발해야 한다는 견해를 제기한다. 그러나 다른 한 측에서는 한국학의 '현지성'에 기초해서 한국 사회의 이념과 현실을 안으로부터 분석 비판하여 한국 사회가 다른 국가와 다른 가치 관념에 바탕을 두고 있다는 것을 인정하고, 한국 사회가 이룩한 성과를 한국 사회가 이미 설정한 이념에 비추어 검토 비판해야 한다는 '내재적 시각'도 제시한다. 즉 중국에서의 한국학 연구가 한국적 사고 능력을 배양하기 위해 노력해야 한다고 보는 것이다. 이러한 인식론적 논쟁은 향후 중국에서의 한국학이 해결해야 할 과제이기도 하다.

결론적으로 현재 중국에서의 한국학 연구는 중국 학파를 형성하기 위해 나름의 정체성과 방법론을 제시하는 노력을 기울이는 중이라 할 수 있다. 향후에도 중국에서의 한국학 연구는 한국에 대한 지식을 총체적으로 발전시켜 세계 속에서 한국학을 발전시킬 수 있는 새로운 방법 및 방향을 제시해야 하며, 더 나아가 한국과 중국을 연결하는 열린 지식 체계로서의 한국학이 되어야 한다. 또한 '중국에서의 한국학'은 '한국에서의 중국학'과 함께 한국과 중국 양국이 서로를 이해하고 우의를 한층 강화시킬 수 있는 역할을 해야 할 것이다.

참고문헌

김윤태(2006), 중국의 한국학 연구 동향, 中國硏究 제38권, 한국외대 중국연구소, pp. 77-89.

김일권(2008), 중국의 한국학현황과 개선방안에 관한 연구: 한국어 및 한국학 교육 연구 현황을 중심으로, (서울) : 한국외국어대학교 국제지역대학원 석사논문, pp. 18-51.

김중섭(2008), 제2장 중국 및 러시아의 중앙아시아 지역의 한국어 교육, 한국어 교육의 이해, 서울 : 한국문화사, pp. 27-93.

김철(2008), 중국에서의 한국어 교육의 어제와 오늘 및 그 미래, 한중인문학연구 24호, 中韓人文科學硏究會, pp. 276-305.

리득춘(2004), 중국 한국학의 흥기와 전망, 한국어 교육 15권 3호, 국제한국어교육학회, pp. 193-207.

리득춘(2005), 한국학의 흥기와 전망, 중국조선어문 136권 제2호, 길림성민족사무위원회, pp. 34-38.

박문자(2005), 중국 대학의 한국학 연구와 그 역할에 대한 고찰, 한국언어문화학 제2권 1호, 국제한국언어문화학회, pp. 101-108.

송현호(2004), 중국에서의 한국학 연구 동향, 韓國文化 제33호, 서울대학교 규장각 한국학연구원, pp. 309-324.

沈儀琳(1991), 中國에서의 韓國學 硏究, 아시아문화 제6호, 한림대학교 아시아문화연구소, pp. 191-202.

沈定昌(2007), 中國에서의 韓國學연구 현황 및 과제, 地域學으로서의 韓國學의 回顧와 展望 회의논문집, 경희대학교 아태지역연구원, pp. 55-69.

이정수(2010), 중국 한국어 교육의 복합형(複合型) 인재 양성에 관한 연구: 비즈니스 한국어 교육을 중심으로, 2010년 韓國語敎育與韓國學硏究國際學術會議 論文集, 베이징 : 북경외국어대학, pp. 150-168.

채미화(2007), 동아시아 한국학 방법의 모색, 한국학연구 제17집, 인하대학교 한국학연구소, pp. 7-19.

최옥산(2007), 동아시아 한국학의 중국적 주제에 관한 관견(管見), 한국학연구 제16집, 인하대학교 한국학연구소, pp. 22-30.

한국어 문헌김경선(2005), 중국에서의 한국문학 연구 현황과 전망: 중국 유학생들의 석사, 박사
　　　논문을 중심으로, 崇實語文 제21집, 崇實語文學會, pp. 107-117.

중국어 문헌

李得春(2006), 韩国学和中国的韩国学, 东疆学刊 제23권 3기, pp. 9-18.

李洪英(2002), 韩国研究的困境: 地区研究对学科研究, 当代韩国 봄호. pp. 79-83.

马军伟(2006), 第2章 北京研究机构的朝鲜半岛研究, 中国对朝鲜半岛的研究, (베이징) : 民族出
　　　版社, pp. 40-66.

朴键一(2001), 90年代以来中国朝鲜半岛研究状况, 当代韩国 제8기, pp. 42-50.

朴键一(2006), 第1章 中国对朝鲜半岛的研究概况, 中国对朝鲜半岛的研究, (베이징) : 民族出版
　　　社, pp. 1-39.

任晓(2006), 改革开放以来的上海朝鲜半岛研究, 国际观察 제2기, pp. 66-72.

石源华(2002), 中国韩国学研究的回顾与展望, 当代韩国 봄호, pp. 73-78.

郑成宏(2003), 当代中国的韩国学研究现状与趋势, 中国社会科学院研究生院学报, 제1기, pp.
　　　86-90.

朱惠政(1996), 当代中国韩国学析略, 韩国研究论丛 제2집, 405-416쪽.

蔡美花(2008), 东亚韩国学方法之探索, 东疆学刊 제25권 4기, 1-5쪽.

제10장

재외동포를 위한
한국어 교육 연구의 현황과 과제[*]

1. 서론

재외동포재단의 2011년 통계 자료에 따르면 해외에 거주하는 전체 재외동포의 수는 176개국 약 730만 명이라고 한다.[1] 2009년 통계에 비해 50만 명 정도도 증가하였으며, 이를 통해 많은 수의 동포들이 해외에 거주하고 있다는 것을 알 수 있다.

한국어를 구사하는 이민 1세대와 달리 현지에서 한국어를 배우는 2세대, 3세대 재외동포들의 숫자가 더 많다는 점을 고려할 때, 향후 이들에 대한 한국어교육의 중요성과 필요성은 더욱 커질 것으로 보인다. 재외동포 사회가 다음 세대로 이어지면 이어질수록 한국어 구사력이 떨어지거나 읽기나 쓰기 등 개별 영역에 대한 수준이 현저히 낮은 재외동포의 수는 더욱 늘어나게 될 것이기 때문이다. 재외동포 2,3세대들이 주말과 방학을 이용해 한글학교나 한국학교에서 한국어를 배운다고는 하지만 모국어로서의 한국어를 겨우 익히고 유

---

1) 재외 동포 현황은 재외동포재단 홈페이지(www.okf.or.kr)를 참고하였다. 재외동포 현황 조사는 2년을 주기로 이루어지고 있어, 2013년 자료는 현재 조사 중에 있다.

지하는 정도일 뿐 모든 영역에 있어 정확한 한국어를 구사하지는 못한다. 재외동포 한국어 교육 환경은 국내의 교육 환경과는 분명히 다른 상황에 처해 있다. 국내의 유학생들처럼 한국어를 매일 학습하는 것도 아니며, 한국어 사용 빈도와 언어 환경 또한 국내에 비해 열악하다고 볼 수 있다. 따라서 이들의 환경에 맞춘 체계적인 한국어 교육이 필요하다.

재외 동포를 위한 한국어 교육의 필요성은 이들의 정체성과도 관련지어 설명할 수 있다. 한국어를 잘 쓰지 못하는 2, 3세대들이 많아질수록 이들의 정체성에도 혼란이 올 것이고, 한인사회의 존속도 힘들어질 것이다. 더불어 한국의 국익 향상에도 별 도움이 되지 못할 것이 틀림없다. 이처럼 재외동포 2, 3세대를 위한 한국어교육은 그 중요성과 가치를 새삼 재고할 필요가 있으며, 정부나 민간 차원에서 현재 취하고 있는 정책과 지원에 더하여 더 특별한 관심을 가지고 장려할 필요가 있다.

이에 본고에서는 그간의 재외동포를 위한 한국어교육 관련 연구가 어떻게 진행되어 왔는지를 살피고, 이를 정리하여 연구의 현황을 제시할 것이다. 그리고 연구 성과 중에서 미흡한 부분과 효율적인 부분을 파악하고, 이를 바탕으로 향후 재외동포를 위한 한국어교육의 과제에 대해서 논의하고자 한다. 궁극적으로 본 연구는 재외동포 사회의 한국어 교육에 있어 정책적 지원에 도움이 되는 토대 자료가 될 것으로 기대한다.

2. 재외동포 한국어 교육 연구 현황

이 장에서는 재외동포를 위한 한국어 교육 연구 현황 및 성과를 파악하기 위해 재외동포 한국어 교육 논문의 유형별 현황을 살펴보고, 연도별 · 지역별로 나누어 연구 추이를 살펴볼 것이다. 또한 연구들을 주제별로 범주화하여 살핌으로써 현재까지 진행된 연구의 현황 및 성과를 파악하고자 한다.

2.1. 재외동포 한국어 교육 논문의 유형

본 절에서는 한국어 교육이 양적·질적으로 크게 성장하기 시작한 1986년부터 현재[2]까지 발표된 재외동포 한국어 교육 관련 논문을 대상으로 연구 성과를 살펴보고자 한다. 연구물은 한국어 교육 관련 논의로 대상을 한정하였으며, 총 127편을 분석 대상으로 삼았다. 이를 논문의 유형 및 발표 학회지별로 구분해 본 결과 학위 논문이 47편이었고, 학술지 논문은 80편으로 나타났다. 학술지 논문 중 한국어 교육 관련 학회지 게재 논문 35편, 그 밖의 학회지 게재 논문이 45편으로 나타났다.

2.1.1. 학위 논문 현황

재외동포 한국어 교육 관련 학위 논문은 총 47편으로, 박사 학위 논문 2편과 석사 학위 논문 45편으로 나타났다.

박사 학위 논문이 2편에 그치고 있으며, 그 주제도 재외동포 교육 프로그램 개발과 교육 정책 관련 연구에만 집중되어 있는 것을 알 수 있었다. 이는 재외동포 한국어 교육 분야가 아직은 학문적으로 충분히 성숙되지 못하였으며, 앞으로 깊이 있는 연구가 필요한 분야라는 것을 알 수 있다.

2.1.2. 학술지 논문 현황

학술지 논문은 이중언어학회(15), 국제한국어교육학회(20), 이화여자대학교 한국어문학연구소(9), 국립국어연구원(7), 한국국어교육학회(3), 한국언어문화

---

2) 2013년 12월까지 발표된 논문을 분석 대상으로 삼았다.

교육학회(3), 기타 학회(23)[3]에 게재되었다.

이 중 가장 활발하게 연구가 이루어진 학회는 이중언어학회와 국제한국어교육학회이다. 두 학회에서 발표된 연구들을 보면 현황 관련 논문과 한국어교육 논문으로 나누어 볼 수 있다. 관련 논문의 비율은 많은 차이를 보이지 않으며, 두 학회 모두 비슷한 논문의 편수가 발표되었다는 것을 알 수 있다..[4].

다만 국제한국어교육학회에서는 1997년에 7편의 논문이 발표되어 1997년에 관련 연구가 가장 많이 이루어졌으며, 이중언어학회에서는 2007년에 6편의 논문이 발표되어 2007년에 관련 연구가 가장 많이 이루어졌다는 점에서 차이가 있다. 이는 두 학회에서 관련 주제의 학술대회를 개최한 시기와 일치하는 것으로 이를 연구 동향과 관련하여 의미를 부여할 수는 없을 것이라 판단된다.

두 학회지 모두 90년대에 한국어와 관련된 논문이 주류를 이루었다면, 2000년대 이후에는 이를 기초 연구로 한 교육 관련 논문이 주류를 이룬다는 점을 볼 때, 두 학회의 연구 동향이 상이하다기보다는 오히려 동일한 방향성을 갖고 있음을 알 수 있었다. 아울러 두 학회지의 연구 동향이 점차 구체적이고 현실적인 교육 방안 제시를 위한 연구들로 채워지고 있음을 확인할 수 있어 고무적이라 할 만하다. 재외동포 한국어 교육 연구의 유형별 현황을 정

---

3) 국제한국언어문화학회(2), 재외한인학회(2), 한글학회(2), 고려대학교 민족문화연구소(1), 외솔회(1), 우리말교육현장학회(1), 한국라틴아메리카학회(1), 한국문학연구학회(1), 한국문화인류학회(1), 한국사회언어학회(1), 한국어문교육연구회(1), 韓國語文學會(1), 한국어의미학회(1), 한국어정보학회(1), 한국외국어대학교 외국종합연구센터 중남미연구소(1), 한국외국어대학교 외국학종합연구센터 러시아연구소(1), 한국지역언론학연합회(1), 한국지역언론학회(1)가 있다.

4)

	현황 관련	한국어 교육	계
이중언어학회	5	10	15
국제한국어교육학회	5	15	20

리하면 〈표 1〉과 같다.

〈표 1〉 재외동포 한국어 교육 연구의 유형별 현황

유형	학위논문		학술지논문		계
	박사	석사	한국어교육학회지	기타 학회지	
편수	2	45	35	45	127

2.2. 연도별, 지역별 연구 성과

2.2.1. 연도별 연구 성과

재외동포 한국어 교육 관련 연구는 1987년을 시작으로 약 26년 간 총 127편이 발표되었다. 발표 시기를 보면 2000년 이후 논문이 다수를 차지하고 있어 최근 이 분야에 대한 관심이 증가하고 있음을 알 수 있다.[5] 〈표 2〉와 〈그림 2〉는 재외동포 한국어 교육 관련 연구의 연도별 현황과 추이를 보여주고 있다.

〈표 2〉 재외동포 한국어 교육 관련 연구의 연도별 현황

년도	87	90	91	92	96	97	98	99	00	01	02	03	04	05	06	07	08	09	10	11	12	13
학위논문								1	1		2	1	2	2	3	3	7	3	6	5	2	7
학술지	2	2	2	1	3	8	2	4	3	5	2	1	2	3	6	17	3	4	5	2	3	1
논문 수	2	2	2	1	3	8	2	5	4	5	4	2	4	5	9	20	10	7	11	7	5	8

---

5) 이 연구는 2013년 12월까지 발표된 재외동포 한국어 교육 관련 논문을 대상으로 한다.

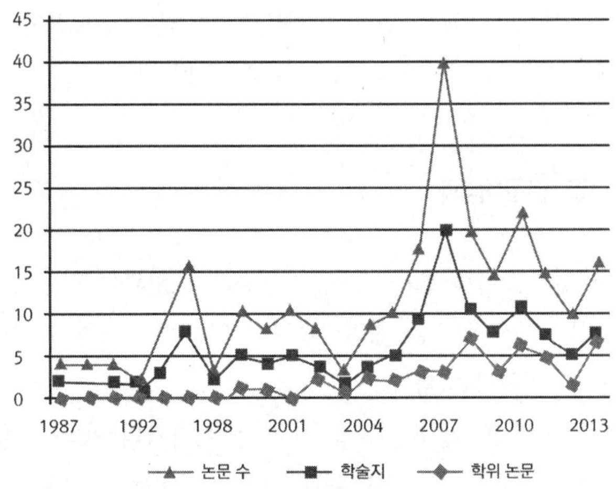

〈그림 1〉 재외동포 한국어 교육 관련 연구의 연도별 추이

　관련 연구들을 살펴보면, 먼저 학술지를 중심으로 논문이 발표되기 시작하였는데, 1987년부터 시작된 90년대 초반의 연구들은 본격적인 연구를 위한 기초 연구적 성격이 강한 것을 알 수 있다. 매년 한두 편씩 연구 성과들이 발표되다가, 1997년에는 국제한국어교육학회에서 관련 주제의 학회를 개최하여 7편이 논문이 게재되는 등 활발한 성과를 내기도 하였다. 이후 2000년대 초반에도 꾸준히 논문이 발표되었으며, 2007년에는 1997년과 같은 방식으로 이중언어학회에서도 6편의 논문이 발표되기도 하였다. 그 외의 학술지에도 10편 이상의 논문이 발표되어 급격한 증가 추이를 보이게 되었다.

　학위논문은 金묘東(1999)의 '재외동포교육의 발전방안에 관한 연구'를 시작으로 2000년대에 들어 꾸준한 성과를 보이고 있다.

　상대적으로 학술지 논문은 재외동포의 현황이나 정책과 같은 일반론적인 논의가 많았던 데 반해, 학위논문은 교육 방안이나 교수법, 교재 개발 등에 대한 구체적인 연구들이 이루어짐을 알 수 있다. 최근 학위논문의 증가와 함께 앞으로의 연구에서도 교육 현장에 적용할 수 있는 실제적이고 구체적인 논의들이 구체적인 논의들이 이루어질 것으로 기대한다.

2.2.2. 지역별 연구 성과

지역별 연구 성과를 살펴보는 것은, 재외동포 현황과는 다르게 특정 지역에 집중되어 있는 연구 성과를 점검함으로서 연구가 미비한 지역에 대한 관심을 가지는데 그 의의가 있다.

본 절에서는 재외동포 한국어 교육 연구 중 학습자의 지역을 명확히 한정한 60편의 연구를 대상으로 지역별 연구 성과를 분석해 보았다.

〈표 3〉 재외동포 한국어 교육의 지역별 연구 성과

지역	미주	중국	일본	CIS	기타 지역
학위논문	12	3	2	2	1
학술지	9	10	2	12	13
논문 수	21	13	4	14	14

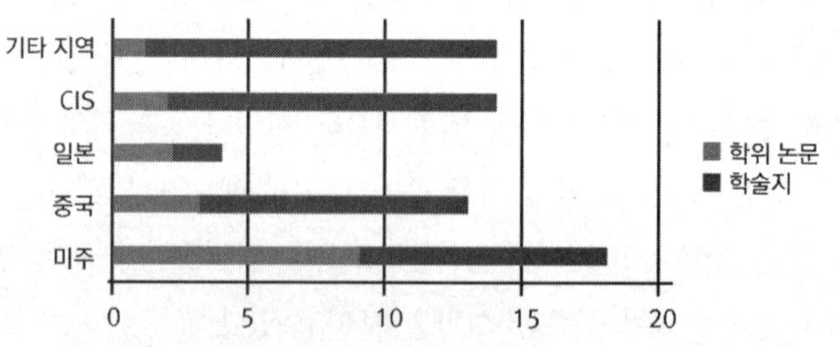

〈그림 2〉 재외동포 한국어 교육 관련 연구의 지역별 현황

특정 지역을 한정하여 이루어진 연구는 학술지 논문이 학위논문에 비해 그 수가 많은 것을 알 수 있다. 학위 논문의 경우 전체적인 수도 적을 뿐더러 특

정 지역에 국한된 논의보다는 재외동포의 한국어 교육에 대한 전반적인 논의
가 주를 이루고 있다.

재외동포가 가장 많이 분포되어 있는 중국과 미주 지역을 대상으로 한 연
구 성과가 많이 나타남은 바람직한 현상이라 여겨진다. 그러나 일본과 CIS
지역을 비교해 보았을 때, 일본에서 거주하고 있는 재외동포의 수가 CIS 지
역보다 많음을 고려한다면 일본 지역 학습자를 대상으로 한 연구 논문의 수
는 현저히 적음을 알 수 있다.[6]

기타 지역으로는 대양주가 6편, 유럽이 1편, 싱가포르, 필리핀을 포함한 동
남아시아 지역 4편 등으로 나타났다. 이들 지역의 논문의 수도 다른 지역과
비교했을 때 적은 것으로 나타나, 다양한 지역에 분포되어 있는 재외동포의
요구에 맞는 연구가 필요함을 알 수 있다.

2.3. 주제별 연구 성과

지금까지 발표된 재외동포 한국어 교육 관련 논문 127편을 주제별로 범주
화하여 살피는 것은 현재 재외동포 한국어 교육 연구의 상황을 점검하는 한
편, 연구가 미진했던 분야를 찾아 앞으로의 연구 과제를 제시한다는 데 의의
가 있다. 재외동포 한국어 교육 관련 논문들을 주제별로 '재외동포의 정체성
및 언어 이질화', '재외동포 현황 및 정책 수립', '교육 내용', '교육 방법'의 상
위 4개 범주로 나누고 이를 다시 하위 범주화하였다. '재외동포의 정체성 및
언어 이질화'에는 정체성 및 문화 적응(6), 언어 이질화(19)를 다룬 연구를 포
함하였고, '재외동포 현황 및 정책 수립'에서는 교육 현황 및 과제(39)와 교육

---

6) 2011년 12월에 조사된 자료에 따르면 일본은 전체의 12.45%, CIS 지역은 7.37%의 재외동포가
   거주하고 있는 것으로 나타났다.(재외동포현황, 2012, 외교통상부)

정책(10)에 관한 연구를 포함하여 논의하였다. 또한 '교육 내용'에서는 교재 (15)와 문화 교육(9)을, '교육 방법'에는 교수법(14)과 매체 활용 교수(4)를 포함하였다. 각 범주별로 연구 성과를 살펴보면 다음과 같다.

2.3.1. 재외동포의 정체성 및 언어 이질화

(1) 정체성 및 문화 적응

재외동포를 위한 한국어 교육은 교육 대상이 일반적인 한국어 학습자와 달리 특수한 환경을 지녔기 때문에 외국어로서의 한국어 교육과는 다른 방향성을 갖고 진행되어야 할 것이다. 때문에 교육에 있어서 구체적인 논의를 하기에 앞서 재외동포에게 있어 한국어가 어떤 의미가 있는지를 점검하는 일이 필요하다. 이는 재외동포를 위한 한국어 교육의 방향을 올바로 정립하기 위해 선행되어야 할 작업일 것이다.

조혜영(2001), 권준희(2002), 안한나(2006), 안수근a(2006), 안수근b(2006), 김은희(2007)

재외동포의 한국어 학습과 정체성의 형성 및 지각과의 관계에 대해 이루어진 연구는 다음과 같다. 재미교포들의 정체성 형성 과정을 분석하고 한국어 능력과 정체성 지각 양상의 연관성을 살펴 본 연구로는 조혜영(2001)과 안한나(2006)이 있다. 재일조선인의 민족정체성 형성과 유지에 대한 역사적 분석을 위해 한국어 학습과 민족정체성의 관계를 해석한 연구로는 권준희(2002)가 있으며, 안수근(2006a, 2006b)에서는 뉴질랜드 교민의 문화적응의 특성이나 정도의 차이와 한국어 매체 이용 현황과의 관련성을 분석하였다. 이외에도 김은희(2007)에서는 모국에서 수학하는 파라과이 동포 학생들의 문화충격과 갈등을 연구하기 위한 변인으로 언어를 둠으로써 한국어 학습과 문화적응

과의 관계를 살펴보았다.

이들 연구는 연구 대상들의 거주지는 다양하지만 공통적으로 재외동포에게 있어 한국어 학습이 재외동포의 정체성을 형성하는 중요한 요소가 되며, 문화 적응과도 밀접한 관계를 갖는다는 결과를 도출하였다. 따라서 재외동포에게 한국어 교육은 곧 정체성 확립과 맥을 같이 하는 것으로 그 가치를 가지는 것이다.

(2) 언어 이질화

재외동포의 한국어 교육에서 간과할 수 없는 것 중 하나는 재외동포의 현지어와 한국어와의 관계일 것이다. 재외동포의 한국어는 현지어의 영향을 받는다. 또한 정규 교육과정을 통해 학습된 언어가 아니라 가정 내에서 윗세대의 한국어를 전승하게 됨으로써 표준이 아닌 '개인화된 한국어'를 습득하기도 한다. 따라서 재외동포의 한국어는 표준 한국어와 차이를 갖게 되면서 이질화 되어가는 것이다.

박영순(1987a), 박영순(1987b), 박영순(1990), 김로타(1991), 허승철 (1996), 김민수(1996), 국립국어연구원(1997), 이기갑(2000), 곽충구(2000), 이득춘(2000), 정희원(2001), 조윤희(2001), 정희원(2002), 이남근(2003), 서정섭(2005), 이정은(2005), 이재학(2006), 김기창(2009), 유해헌(2010)

이와 같은 언어 이질화에 대한 연구들은 다음과 같다. 먼저, 특정 지역에 한정하지 않고 재외동포 언어 전체를 살펴 본 연구로는 김민수(1996), 곽충구(2000), 이정은(2005)이 있다. 이외 지역별 재외동포의 언어 이질화 현상 연구로는 재중 동포의 언어를 연구한 박영순(1987a, 1987b, 1990), 이득춘(2000), 서정섭(2005), 김기창(2009)과 재미 동포의 언어를 연구한 이남근(2003), 재중남미 동포의 언어를 연구한 이재학(2006)을 비롯하여 중앙아시

아 한인들의 한국어를 연구한 이기갑(2000), 조윤희(2001) 등이 있다.[7]

이 연구들은 재외동포 사회에서 사용되는 한국어의 언어 이질화 양상을 분석함으로써 이를 극복하기 위해 재외동포를 위한 한국어 교육이 나아가야 할 방향을 제시하고 있다는 데 그 의의가 있다.

2.3.2. 재외동포 현황 및 정책 수립

(1) 교육 현황 및 과제

재외동포를 위한 한국어 교육의 현황을 파악하고, 현재 시행되고 있는 재외동포 한국어 교육의 문제점 등을 지적한 연구는 연구 범위에 따라 크게 세 가지로 분류된다. 첫째는 재외동포 일반 연구이고, 둘째는 지역별 현황 및 과제이며, 셋째는 교육 기관별 연구이다.

1) 재외동포 일반 연구

재외동포를 위한 한국어 교육의 현황 및 실태를 파악하고 발전방향을 논의한 연구로는 다음과 같은 연구가 있다.

이선근(1999), 박갑수(2001), 최정의팔(2006), 박희양(2007), 허용(2007), 이대로(2009), 김중섭(2011), 박소연(2012), 한갑수(2013), 김가연(2013)

이들 연구는 재외동포를 위한 한국어 교육의 중요성 및 재외동포를 위한 한국어 교육에 대한 다양한 시각을 논의하고 있으며, 또한 재외동포 한국어 교육을 위한 국가기관의 한국어 보급 사업 현황 및 현지에서 이루어지는 재

---

7) 재외동포의 언어로 범주화할 수는 없지만 남북한의 언어 이질화를 연구한 국립국어연구원(1997), 정희원(2001, 2002) 역시 언어 이질화 연구에 있어 주목해야 할 연구들이다.

외동포의 한국어 습득 현황을 파악하여 이에 대한 문제점을 지적하고 있다.

특히 최정의팔(2006)은 국외 동포 및 이주민을 위한 한국어 교육을 중심으로 한국어 교육의 미래에 대한 논의를 포함하고 있으며, 김중섭(2011)은 그간의 재외동포 교육의 연구 동향을 파악하고 과제제시와 함께 발전 발향을 제시하고 있어 의의를 가진다.

2) 지역별 현황 및 과제

재외동포의 한국어 교육 현황을 지역별로 살펴본 연구로는 다음과 같은 것이 있다.

손호민(1990), 이중언어학회 학회자료(1991), 임홍수(1992), 金仁煥(1996), 이영태(1997), 최미옥(1997), 황유복(1997), 李得春(1998), 임홍빈(1999), 윤조열(2000), 강은국(2007), 김영수(2007), 남윤진(2007), 박갑수(2007), 백창훈(2007), 채련강(2007), 홍종선(2007a), 홍종선(2007b), 황인수(2007), 이광규(2008), 김한철(2010), 배순호(2010)

이들 연구에서는 지역별로 교육의 현황에는 차이가 있지만 재외동포 교육을 위한 한국어 교육 기관이 양적·질적으로 모두 성장해야 한다고 주장하고 있으며, 현지 상황에 맞는 교육적·정책적 지원이 필요함을 지적하고 있다. 그간의 거의 대부분의 연구가 미주와 CIS 지역에 집중되어 있었으나, 최근의 논의들에서 다양한 지역을 바탕으로 한 연구 성과가 나오고 있다. 대만 한국어 교육의 전반적 현황을 연구한 채련강(2007), 필리핀 지역의 현황을 살펴본 황인수(2007)이나, 뉴질랜드를 포함한 대양주 지역을 연구한 홍종선(2007a, b) 등이 있다.

3) 교육 기관별 연구

재외동포가 한국어를 학습할 수 있는 교육기관으로는 재외한국교육원, 재외한국학교, 한글학교 등이 있다. 다음 연구물들은 이러한 재외 동표 교육기관의 운영 실태를 파악하고, 이를 통해 나타난 문제점의 개선 방안을 제시하는 것을 목적으로 한다.

김준희(2008), 노윤환(2008), 황인진(2008), 정재훈(2009), 최기수(2010), 김태진(2011), 김경화(2012)

이들은 재외동포 한국어 교육 기관의 개선 방안으로, 우수한 강사 확보, 현지 실정에 적합한 교재 제작, 교육시설 확보와 함께 교원 복지 및 연수 제공 등을 제시하고 있다. 이 중 가장 최근의 논의인 김태진(2011)은 재미 한글학교에서 교사, 학부모, 학생을 대상으로 설문지 분석과 심층 면접을 통한 만족도 분석을 실시하여, 그 결과를 바탕으로 교육의 실태를 살피고 중점적으로 개선해야 할 분야를 논의하였다.

(2) 교육 정책

재외동포를 위한 한국어 교육을 지원하기 위한 한국 정부의 정책적 노력을 분석한 연구로는 다음과 같은 연구가 있다.

김영기(1997), 金뮤東(1999), 곽은주(2002), 조항록(2003), 조항록(2004), 이광규(2006), 김호정(2007), 홍진향(2009), 조남호(2009), 조태린(2010)

이들은 재외동포를 대상으로 하는 한국어 교육의 발전을 위해 국가 차원의 지원이 필요하다고 주장하며, 국가의 재외동포 정책의 전개 과정을 분석하고 현 시점에서 재외동포의 한국어 교육의 발전을 위한 정책 수립의 방향을 제시하고 있다. 특히 김호정(2007)은 정책 수립을 위한 기초 연구의 관점에서 재외동포의 한국어 사용 실태를 연구하였으며, 홍진향(2009)에서는 정책 수립에 도움이 되는 자료를 제공하는 것을 목적으로, 구체적이고 올바른 정책 모형을 제시하고 있다.

2.3.3. 재외동포 한국어 교육 내용

(1) 교재

재외동포 한국어 교재 개발에 관한 연구는 학습자의 유형이나 학습 목적, 연령, 학습 환경, 한국어 구사 능력에 따라 다르게 진행되어야 할 것이다. 학습자 언어권이나 연령에 적합한 다양한 교재를 개발하는 것이 우선되어야 하며 이를 위해서는 교재 개발의 현황이나 실태를 파악하는 것이 선행되어야 할 것이다. 이에 현재 논의되고 있는 교재 개발 연구들은 그 수가 현저히 부족하여 앞으로 가장 개선이 필요한 분야라고 할 수 있다.

김재욱(2002), 안정현(2004), 이지영(2005), 박은미(2007), 이득춘(2007), 강현주(2008), 김정숙(2008), 권준영(2009), 김윤주(2010), 류선숙(2011), 고명지(2012), 김윤주(2012), 권민정(2013), 김록희(2013), 박사라(2013)

이상의 연구에서는 이지영(2005), 박은미(2007)는 CIS지역의 고려인을 대상으로, 이득춘(2007)은 조선족 등을 위한 교재 개발에 대한 논의가 이루어졌으며, 김재욱(2002), 김윤주(2010)등은 아동 학습자를 위한 회화 교재와 문화 교재에 대한 연구를 진행하였다. 또한 류선숙(2011)은 재외동포 아동학습자용 한국어 교육 교재에 대한 만족도와 요구사항을 설문조사를 통해 알아보고 이를 토대로 재외동포 아동 학습자를 위한 교재의 구성원리를 모색했다.

한국어를 체계적으로 배울 수 있도록 교재를 구성하고 자국에 대한 자긍심을 높일 수 있도록 교재에서 배려해야 할 필요성이 있다. 또한 현지 사정에 맞는 문화 교재의 개발이나 재외동포 사회의 특성을 잘 맞춰진 교재 개발에 노력해야 한다.

(2) 문화 교육

재외동포 한국어 교육 연구 중 교육 내용에 관한 연구로는 문화 교육이 다수를 차지하고 있다. 이는 재외동포라는 특수성을 고려할 때 민족 정체성 함양을 위해서는 문화 교육이 우선되어야 함을 인식하고 있기 때문인 것으로 보인다.

이마지(1997), 김애원(2004), 김영란(2004), 이경란(2006), 장혜숙(2006), 이수현(2007), 김기국(2008), 김중섭(2011), 이희정(2012), 이향근(2013)

김기국(2008)은 재외동포 교재의 사진 이미지에 대한 체계적이고 분석적인 부분과 텍스트를 선택함에 있어 중요성을 언급하고 있고 장혜숙(2006)은 전통 미술문화에 내포된 조상들의 이해를 높일 수 있는 기초를 마련할 수 있다고 주장하고 있다. 김영란(2004)는 멀티미디어를 통해 최신 문화 관련 항목 등의 최신 정보를 반영하는 지속적이고 감각적인 자료를 구성해야 한다고 언급하고 있다. 김중섭(2011)은 CIS지역 재외동포를 대상으로 한국어 교재의 문화 항목에 대한 선호도를 알아보고 교재 내용 외에 추가로 다루고 싶은 한국 문화 및 거주국 문화에 대한 요구조사를 실시하였다. 이를 통해 한국어 생활 경험 여부 및 연령에 따라 문화에 대한 성향 차이가 나타난다는 결론을 제시하였다.

문화 교육 연구에서는 생활 문화 교육을 중심으로 한 연구나 전통 미술 문화 교육, 한국 멀티미디어 교육 자료에 나타난 한국 문화 교육 등 다양한 주제의 논의들이 이루어지고 있어 고무적이라고 할 수 있지만 여전히 추상적인 논의에 그치고 있어 한국어와 한국 문화를 접목한 보다 구체적이고 실천적인 논의들이 요구된다.

2.3.4. 재외동포 한국어 교육 방법

(1) 교수법

재외동포를 위한 한국어 교육 방안의 연구들은 매개를 활용하여 구체적인 교육 방법을 제시한 연구와 영역별 교육 방법을 제시한 논의가 주류를 이루고 있다. 재외동포 한국어 학습자의 다수가 아동임을 고려하여 동요나 교육 연극, 전래동화 등의 매개를 활용한 한국어 교육 방안 연구가 이루어지고 있으며, 아동을 대상으로 한 맞춤법 교육이나 읽기, 쓰기 교육 연구도 진행되고 있다.

김성혜(2005), 김준희(2005), 최인실(2007), 윤혜영(2008), 박진아(2009), 이경(2010), 정명숙(2010), Jin, xiang(2010), 김지혜(2011), 김수연(2011), 김보경(2012), 송은영(2011), 장윤희(2013), 이복자(2013)

교육 내용 및 방법에 대한 연구가 교육 현장에서 가장 절실한 연구임을 감안해 본다면 현재 이루어지고 있는 연구는 그 수도 적을 뿐더러 그 대상이나 범주가 한정된 논의에 그치고 있어 아쉬움이 남는다. 실용적인 과제 중심의 교육 방안이나 언어 기능별 능력 향상을 위한 연구가 필요하다고 할 수 있다.

(2) 매체 활용 교수

최근 재외동포를 위한 웹기반 한국어 교육에 관한 논의들이 이루어지고 있어 주목할 만하다.

김현숙(2008), 이희진(2008), 이림림(2010), 김도영(2012)

한국어 학습의 내용을 분석하고 활용 방안을 제시한 연구나, 부교재로서의 한국어 웹 교재 활용 방안에 대한 논의는 앞으로도 꾸준히 이루어져야 할 분야라고 여겨진다. 지금 현재 국립국제교육원에서는 재외동포를 대상으로 한 웹기반 한국어 수업을 진행하고 있다.[8] 이에 그치지 않고 전 세계 각국에 흩어져 있는 다양한 재외동포들의 요구에 맞는 사이트를 지속적으로 개발, 보급한다면 재외동포 한국어 교육의 열악한 교육 환경의 개선은 물론이고, 학습자 중심의 교육도 기대할 수 있을 것이다.

3. 재외동포 한국어 교육에 대한 제언

2장에서는 재외동포 한국어 교육 관련 연구를 연도별·지역별, 주제별로 나누어 살펴보았다. 최근 다양한 층위의 연구들이 이루어지고 있어 고무적이나, 특정 지역에만 편중되어 있다거나 주제별 연구에서도 실제로 현장에 적용할 수 있는 논의들은 부족함을 알 수 있었다.

따라서 앞 장에서 살펴본 재외동포 한국어 교육 관련 연구 현황을 토대로 연구, 연구자, 연구 지원의 측면에서 앞으로의 연구 방향 및 과제를 제시해 보고자 한다.

3.1. 연구

3.1.1. 정체성 함양 교육

재외동포 2, 3세들은 모국어로서의 한국어 학습에 대한 인식을 가지고 있지 않으며, 부모들도 이주 국가에서의 빠른 적응을 위해 한국어 및 한국 문화

---

8) KOSNET(http://www.kosnet.go.kr/)

에 대해 소극적인 자세를 가지고 있는 경우가 많다. 그러나 한국인으로서의 정체성이 형성되지 않았거나 불완전한 이민 세대들이 한국인으로서의 정체성을 찾아 올바른 민족관과 자아를 형성하도록 돕는 일은 개인적인 측면에서나 국가적인 측면에서 꼭 필요하다고 볼 수 있다.

이를 위해 한국 정부 기관 및 대학 등에서는 재외 동포 자녀들을 위해 한국어를 포함한 다양한 모국 연수 프로그램을 실시하고 있다. 이러한 프로그램은 모국의 생활을 직접 체험하고 배우는 과정에서 한국인으로서의 정체성을 지켜나감은 물론 글로벌 인재로의 성장을 돕기 위함이다. 과거 재외동포들에게 요구되던 정체성은 투철한 한민족관과 한국 전통 문화 유지였다. 그러나 재외동포들을 위한 정체성 함양 교육은 더 이상 이러한 것들에 국한되어 있어서는 안 된다. 이제는 세계를 선도하는 한국의 대중문화와 세계화된 한국 전통 음식, 생활 문화 등이 중심이 된 교육이 필요하다. 이러한 교육을 통해 재외동포 스스로 한국인으로서의 자부심을 갖고 내·외적으로 한국을 지키고 널리 알릴 수 있는 한국의 자랑스러운 글로벌 인재로 성장할 수 있을 것이다.

3.1.2. 영역별 교육

언어 기능별·영역별 교육은 재외동포라는 특수성을 고려하여 외국인 한국어 학습자와 다르게 이루어져야 한다. 재외동포 학습자에게 한국어는 제2 외국어가 아닌 모국어 또는 전승언어(heritage language)이므로 외국어로서의 한국어 교육 방법과는 다른 접근이 요구된다. 예를 들면 재외동포의 경우 이미 가정 안에서의 노출로 인해 어느 정도의 듣기와 말하기 능력이 향상되어 있으나 정확도가 떨어지므로, 말하기의 정확도를 높이는 교육을 강화할 필요가 있다. 또한 상대적으로 취약한 영역인 읽기와 쓰기 능력 향상을 위한 교육 방안 개발이 요구된다.

또한 앞서 현황에서도 살펴본 바와 같이 전반적으로 문화교육에 대한 논의가 많음을 알 수 있었다. 비교적 다양한 층위의 논의들이 이루어지고는 있었으나 여전히 추상적인 논의에 그치고 있어 아쉬움이 남는다. 전통 문화 강의에 한정된 문화 교육은 학습자의 흥미를 떨어뜨릴 수 있으며 한국어 학습에도 큰 도움이 되지 않는다. 앞장에서 언급한 바와 같이 재외동포들의 흥미를 유도하며 한국인으로서의 자부심을 키우고 정체성을 지킬 수 있는 세계화된 한국의 대중문화, 전통 음식 및 생활 문화 등을 활용한 교육이 이루어져야 할 것이다. 또한 학습자들이 직접 활동하면서 즐길 수 있는 체험 학습 위주의 문화 수업도 필요할 것이다.

3.2. 연구자

3.2.1. 교사 교육

흔히들 교육의 성패는 교사에게 달려있다 할 정도로 교육에 있어 교사의 역할과 중요성은 아무리 강조해도 지나치지 않으나 연구 현황에서 살펴본 바와 같이 재외동포 한국어 교육에서 교사에 대한 논의는 활발하게 이루어지지 않고 있는 실정이다. 또한 현지에서 재외동포를 위해 한국어를 가르치는 교사를 보면 한국어나 한국어 교육을 전공한 전문 교육자가 현저히 부족하다. 이를 위해 현재 해외 한국어 교사를 위한 초청 및 연수 또는 파견이 이루어지고 있다. 일회성에 그친 교육이나 연수가 아닌 지속적이고 다양화된 현지 교사 교육을 위해 정부 부처 및 기관의 적극적인 재정적 지원이 필요하다.

또한 온라인을 통한 교육자 간의 네트워크를 활성화시켜 교육자료, 교수법 등을 공유할 수 있다. 한국어 교육이 활성화되고 있는 지역과 그렇지 않은 지역에 이르기까지 지역 네트워크와 연합 네트워크를 적극적으로 구성할 필요가 있다. 이러한 네트워크를 기반으로 한국어 교육자 간의 교육 경험 및 자료 등이 활발히 교류될 수 있는 제도적 지원, 분위기가 조성되어야 한다고 본다. 이런 점에서 최근 정부에서 U-세종학당을 통해 이러한 한국어 교육자 및 교육기관의 네트워크를 구성하고자 하는 시도는 바람직하다고 할 수 있으나 이와 유사한 취지의 논의들이 지속되고 있다. 또한 재외동포재단은 자체 홈페이지(스터디코리안)를 통한 전 세계 한글학교 교사 사이의 정보 교류, 자료 교환 등을 위한 네트워크를 운영하고 있다. 이는 한글학교 교사들을 대상으로 한 것이지만, 실제 학습자들도 이용할 수 있다는 점에서 온라인 네트워크 구축의 토대가 되는 것으로 볼 수 있다.

3.2.2. 연구 인력 확충

교사뿐만 아니라 한국어 전문 연구 인력 양성 및 연구 지원 체계를 구축해야 한다. 한국어 교육자는 단순한 교사의 역할만을 담당하지 않는다. '한국'에 대한 정보가 없는 곳을 개척하기 위해서는 행정 실무, 학생 선발 및 상담, 한글과 한국어 교육, 해당 국가 및 지방 정부와의 교류, 민간 외교관의 역할 등 다방면의 수행 능력이 필요하다. 따라서 전문적인 연구 인력의 양성은 궁극적으로 한국의 가치를 알리고 한국어를 보급하는데 필수적인 요소라고 할 수 있다.

또한 전문 연구 인력을 통해 교재 개발, 수업자료 개발, 지역별 한국어 교육 전문가 양성, 언어권별 학습 사전 등 많은 일을 종합적으로 진행해 나가야 하며, 이들이 지속적으로 교류할 수 있도록 지원해야 한다.

3.3. 연구 지원

3.3.1. 교재 개발

　재외동포 한국어 교육의 학습자는 연령이나 한국어 구사 능력, 학습 환경 등이 매우 다양하다. 또한 각 지역별 혹은 한국 문화 학습 유무에 따른 학습자 유형 역시 천차만별이라고 할 수 있는데 이처럼 다양한 학습자 유형은 교육과정 개발의 중요 변인으로 작용한다. 따라서 재외동포 한국어 교육을 위해서는 각 학습자 유형에 맞는 교재 개발이 우선되어야 할 것이다.

　현재까지 재외동포 학습자를 위해 편찬된 교재 중 대표적인 교재는 한국교육과정평가원의『한국어』와『한국어 회화』를 들 수 있다. 제시된 교재는 전반적으로 재외동포 아동의 흥미와 관심을 고려하여 구성하였지만 연습 및 과제 활동이 비교적 단조로워 실제 의사소통 상황에서의 활용되지 못한다는 한계가 있다. 그리고 이와 더불어 교육과학기술부와 재외동포교육진흥재단에서는 한국어를 배우는 재외동포의 연령이 낮아지는 현실을 반영하여 학령기 전의 아동인 4~5세부터 초등학생까지를 대상으로 하는『한글학교 한국어 1~6』과 교사용 지도서를 개발하였다. 범용으로 개발된 본 교재의 현지 적용성을 높이고자 언어권별 현지화 작업을 진행 중에 있으며 현재 일본어권, 영어권, 베트남어권, 프랑스어권, 태국어권, 중국어권의 현지화 작업이 완료되었다.[9] 또한 한글학교 교사를 위한 지침서 개발의 일환인『한글학교 한국어 교재』의 동영

---

9) 일본어권 현지화 교재인『재외동포 어린이를 위한 기초 한국어』(2010)은 국립국제교육원과 재외동포교육진흥재단의 지원으로 집필되었고, 영어권 현지화 교재인『춤 한국어 1~2』(2011)은 교육과학기술부와 국립국제교육원의 지원으로,『맞춤 한국어 3~6』(2011)은 교육과학기술부와 뉴욕한국교육원의 지원으로 집필되었다. 이어 교육과학기술부와 국립국제교육원 지원으로 베트남어권(2012), 프랑스어권 교재(2012), 태국어권(2012), 중국어권(2012), 스페인어권(2013) 현지화 교재도 집필되었다.

상 시범 강의(e-learning)도 제작되었다.[10] e-learning 프로그램은 한국어 교육의 경험이 적은 한글학교 교사들에게 모범적인 한국어 수업 사례를 제시해줄 뿐만 아니라 상황에 따라서는 한글학교 학습자의 온라인 학습 자료로도 활용될 수 있을 것이다.

아동 학습자를 위한 전문적이고 체계적인 교재와 더불어 교사용 자료 등이 개발되고 있는 것은 재외동포 한국어 교육의 그간의 성과를 보여주는 것이라고 할 수 있다. 그러나 향후 더욱 다양한 학습자 변인을 고려한 연구 지원 확대가 필요할 것이다. 이어 언어권별 재외동포를 위한 한국어 교재 개발은 물론 기 개발된 한국어 교재의 현지화 작업이 반드시 이루어질 수 있도록 해야 한다. 또한 다양한 유형의 학습자를 위한 각기 다른 층위의 교재 개발도 필요하다고 할 수 있다. 특히 아동 학습자들처럼 주말 한글학교나 한국 학교에도 나갈 수 없는 성인 학습자를 위한 교재 개발이나 집에서도 혼자 공부할 수 있는 워크북, 또는 온라인 학습 사이트 개발이 앞으로 중점적으로 이루어져야 한다.

그러나 재외동포의 언어권별, 학습자 유형별 다양한 교육 자료 개발을 위해서는 개발에 앞서 재외동포 통용 한국어 표준 교육과정 개발이나 한국어 교육용 어휘 목록, 문화 교수요목 개발 등 기초적 연구가 선행되어야 할 것이다. 이러한 기초적인 연구 기반이 마련될 때 재외동포를 위한 한국어 교육은 보다 체계를 갖출 수 있을 것이다.

3.3.2. 정책적 지원

재외동포 한국어 교육을 위해 무엇보다 우선되어야 할 것은 한국어 교육

---

10) 재외동포교육진흥재단 http://efka.or.kr의 'e-러닝센터'에서 볼 수 있다.

담당 부서의 일원화이다. 현재 재외동포대상 정책적 지원은 정부 각 부서별로 이루어지고 있다. 물론 국외 외국인 대상 한국어 교육은 문화체육관광부에서 U-세종학당을 통해 이들 각 부서를 관리하고 있지만 실질적인 재외동포 교육 사업이 이루어지지 않고 있는 실정이다. 현 구조로는 효율성과 전문성 모두가 떨어질 수밖에 없다. 담당 부서의 일원화를 통해 일의 효율을 높이고 전문성을 강화하여 좀 더 구체적이고 현실적인 재외동포 한국어 교육이 이루어지도록 해야 한다. 재외동포 교육 지원 사업을 전체적으로 조망하고 이끌어갈 주체를 제대로 세워 정책적 지원 방향을 도출시키고 교육을 체계적으로 실시할 수 있는 힘 있는 정책 담당 부서가 신설되어야 할 것이다.

이 모든 것들에 앞서 선행되어야 할 것은 정부의 예산 지원이다. 앞서 언급한 모든 것들은 정부의 예산 지원 없이는 불가능하다. 재외동포 교육이 지금보다 활발히, 전문적으로 이루어지기 위해서는 사업 기획 및 진행이 가능하도록 현실적인 예산 지원이 확충되어야 한다.

4. 결론

본고에서는 1986년부터 현재까지 발표된 재외동포 한국어 교육 관련 연구들의 연구 유형을 분석하고 연도별·지역별로 어떠한 특징이 있는지 살펴보았다. 또한 이를 주제별로 분류하여 연구 성과를 분석하였다. 약 25년 정도의 기간 동안 학위논문을 비롯하여 학회지 및 학술대회 발표집에 발표된 논문은 총 108편으로 객관적인 수치는 적지 않으나 많은 논의들이 일부 분야에 집중되어 있고, 추상적인 수준에 머물러 있다는 한계를 보였다.

앞으로는 좀 더 세분화된 학습자별 교육 방법 및 교재 개발에 관한 연구는 물론 실질적인 현지 교사의 전문화 방안 등의 연구가 진행되어야 할 것이다. 또한 그동안 많은 연구가 이루어져 왔으나 현실적인 내용을 제시하지 못했던 문화 교육 내용 및 방안에 대한 연구도 이루어져야 할 것이다. 전통적인 문화 교육에서 탈피하여 세계를 선도하는 현 한국 대중문화와 세계화된 한국 문화, 즉 음식, 웰빙 생활 문화 등을 중심으로 하는 교육에 대한 연구가 필요할 것이다. 이는 학습자들의 흥미를 끌 수 있을 뿐만 아니라 학습자 스스로 한국에 대한 자부심을 갖고 널리 한국을 알리는 글로벌 인재를 양성하는 바탕이 될 수 있을 것이다.

앞으로의 재외동포를 위한 한국어 교육은 정체성 함양 교육을 기반으로 각 영역별 교육에도 힘써야 할 것이다. 또한 전문적인 교사와 연구 인력 확충, 다양한 학습자별 교재 개발 및 효율적인 정책 지원 등의 노력이 요구된다.

재외동포 한국어 교육에 대한 본고의 논의를 토대로 향후 보다 실질적인 연구가 활발히 이루어져 현지 교육 현장에서 긍정적인 새로운 변화가 일어나기를 기대한다.

참고문헌

1. 학위 논문

강현주(2008), 재외동포 학습자를 위한 한국문화교재 개발 연구, 경희대 교육대학원 석사학위논문.

고명지(2012), 재미동포 미취학 아동 학습자를 위한 한국어 가정학습 교재 개발 방안 연구, 부산외국어대학교 대학원 석사학위 논문.

곽은주(2002), 재일동포 민족교육에 관한 연구, 고려대 교육대학원 석사학위논문.

권준영(2009), 초등학교 귀국학생을 위한 한국어 초급 교재 개발 방안 : 귀국학생 특별학급 지도 자료 분석을 바탕으로, 한양대 교육대학원 석사학위논문.

권준희(2002), 재일조선인 3세의 '민족' 정체성에 관한 연구 : 조선학교 출신 '조선적'을 중심으로, 연세대 대학원 석사학위논문.

권민정(2013), 재외동포용 한국어 교재 분석 – 교재개선방향 중심으로, 숭실대 학교 교육대학원 석사학위논문.

김가연(2013), 재외동포 청소년을 위한 한국어 교육과정 연구– IB 한국어 교육 과정을 중심으로, 연세대학교 대학원 석사학위논문.

김경화(2012), 재외 한국학교 운영 실태 및 개선 방안에 대한 연구, 고려대학교 교육대학원 석사학위 논문.

김도영(2012), 재미동포를 위한 웹기반 한글 맞춤법 교육 프로그램 연구, 고려대학교 교육대학원 석사학위 논문.

김록희(2013), 재외동포용 한국어 교재 분석 및 개선 방안 –『한글학교 한국어』와『맞춤 한국어』를 대상으로, 공주대학교 대학원 석사학위논문.

김보경(2012), 재미동포 학습자의 서술어 오류 연구, 상명대학교 대학원 석사학위 논문.

김성혜(2005), 전래동화를 활용한 한국어 교육 방안 연구 : 재외동포 아동학습자를 대상으로, 고려대 교육대학원 석사학위논문.

김수연(2011), 재외동포 초급 한국어 교육에서의 높임법 교수 학습의 내용과 지도 방안 연구, 단국대학교 교육대학원 석사학위 논문.

김애원(2004), 재외동포를 위한 한국이해교육 : 문화교육을 중심으로, 이화여대 교육대학원 석사학위논문.

金昱東(1999), 재외동포교육의 발전방안에 관한 연구, 高麗大 敎育大學院 석사학위논문.

김은희(2007), 모국에서 수학하는 파라과이 동포 학생들의 문화충격과 갈등에 대한 연구, 서울교육대 교육대학원 석사학위논문.

김준희(2005), 인터넷을 활용한 재미 동포 한국어 쓰기 교육 연구, 경희대 교육대학원 석사학위논문.

김준희(2008), 재외한국학교의 교육 실태 비교, 서울교육대 석사학위논문.

김지혜(2011), 동요를 활용한 활동 중심 한국어 교육 방안 연구 : 재외동포 아동 학습자를 중심으로, 석사학위논문.

김태진(2011), 재미 한글학교 교육의 중요도-만족도 분석을 통한 교육주체 요구분석, 이화여자대학교 국제대학원 석사학위논문.

김현숙(2008), 웹기반 한국어 교육 현황과 유비쿼터스 교육으로의 발전 방안, 상명대 교육대학원 석사학위논문.

노윤환(2008), 재외동포교육기관의 한국어 교육 실태 연구, 한국교원대 교육정책대학원 석사학위논문.

류선숙(2011), 재외동포 아동학습자를 위한 한국어 교재 모형 개발, 경기대학교 대학원 석사학위논문.

박사라(2013), 영어권 재외동포 청소년 대상 과제 중심 활동 교재 개발 – 한글학교용, 이화여자대학교 외국어교육특수대학원 석사학위논문.

박은미(2007), 구소련 지역 재외동포를 위한 고급 한국어교재 개발 방안, 부산외국어대 교육대학원 석사학위논문.

박진아(2009), 교육연극을 활용한 한국어 교육 방안 연구 : 재외동포 청소년을 대상으로, 한국 외국어대 대학원 석사학위논문.

송은영(2011), 재외동포 가정의 한국어 교육 실태와 부모 주도 교육 방안 연구, 충남대학교 교육대학원 석사학위논문.

안정현(2004), 재외동포 교육용 한국어 교재 개발·공급 현황 및 개선 방안 연구, 고려대 교육대학원 석사학위논문.

안한나(2006), 재미교포(Korean-American) 한국어 학습자의 정체성 지각에 관한 연구 : 한국어 능력과의 상관관계를 중심으로, 연세대 교육대학원 석사학위논문.

유해헌(2010), 재미 동포 아동의 코드 스위칭(Code Switching) 연구 : 구어 담화를 중심으로, 경희대 교육대학원 석사학위논문.

윤조열(2000), 재중동포 교육현황 및 요구 조사 : 청도지역을 중심으로, 인천대 교육대학원 석사학위논문.

윤혜영(2008), 재남미동포를 위한 한국어 교육 방안 연구 : 영상자료를 활용하여, 경희대 교육대학원 석사학위논문.

이경(2010), 재외동포 아동 학습자를 위한 한국어 읽기 교육 방안 : 읽기 텍스트 및 과제 구성 방안을 중심으로, 고려대 대학원 석사학위논문.

이경란(2006), 재북미 한인청소년을 위한 한국문화교육프로그램 개발 연구 생활문화교육을 중심으로, 성신여대 대학원 박사학위논문.

이림림(2010), 한국어 학습 사이트의 교육 내용 분석 : 중국 학습자를 대상으로, 상명대 대학원 석사학위논문.

이수현(2007), 총체적 언어 교육에 기초한 재외동포 아동의 한국어 문화 교육 자료 개발 연구, 상명대 교육대학원 석사학위논문.

이복자(2013), 영어권 재외 동포 한국어 학습자의 거절 화행 연구 - 숙달도별 거절 협상 중심으로, 연세대학교 교육대학원 석사학위논문.

이희진(2008), 부교재로서의 한국어 웹 교재 활용방안, 한양대 교육대학원 석사학위논문.

장윤희(2013), 재외동포를 대상으로 한 언어권 별 쓰기 교육 방안 연구, 공주대학교 대학원 석사학위논문.

장혜숙(2006), 다문화 주의에 기초한 전통미술문화 교육 프로그램 연구 : 재외동포 아동의 민족정체성 고취를 위한 미술교육 중심으로, 이화여대 교육대학원 석사학위논문.

조항록(2003), 한국정부의 재외동포 정책 연구 : 한국어교육 정책을 중심으로, 동국대 대학원 박사학위논문.

최기수(2010), 재외한국학교 실태분석과 발전방안 연구, 한국교원대 교육정책전문대학원 석사학위논문.

최선영(2010), 재외 한국학교 한국어 학습 부적응 학생을 위한 한국어교육 프로그램의 설계 : 싱가포르 한국학교 사례를 중심으로, 서울교육대 교육대학원 석사학위논문.

홍진향(2009), 국외입양동포 사후관리 정책 연구 : 한국어교육 정책을 중심으로, 연세대

교육대학원 석사학위논문.

한갑수(2013), 미국 재외동포 교육 실태분석과 발전방안 연구-한글학교 사례를 중심으로,
    아주대학교 석사학위논문.

황인진(2008), 카자흐스탄 현지인 한국어 교사 연수 과정 개발 연구 : 요구 조사를 중심으
    로, 연세대 교육대학원 석사학위논문.

Jin xiang(2010), 중국 동포를 위한 한국어 어휘 교육 연구, 석사학위논문.

2. 학술지 논문

강은국(2007), 중국 상해 지역 동포 사회에서의 한국어교육의 현황과 과제, 〈제4차
    Korean 교육 연구 국제학술회의 : 해외 거주 한국인 및 동포들에 대한 한
    국어교육의 실태와 방향〉 1, 이화여자대학교 한국어문학연구소, pp. 25-35.

곽충구(2000), 재외동포의 언어 연구, 語文學 No. 69, 韓國語文學會, pp. 1-41.
    국립국어연구원(1997), 남북한의 언어 차이, 한국어 연수 교재, 국립국
    어연구원, pp. 124-137.

김기국(2008), 재외동포용 한국어 교재를 통한 문화교육 방법론 - 이미지 텍스트의
    기호학적 접근을 중심으로 -, 언어와 문화, 4-1, 한국언어문화교육학회, pp. 1-79.

김기창(2009), 국어학 : 재중 동포 대학생의 작문에 나타난 중국 조선어와 한국어의
    언어 차이 현상, 새국어교육 No. 83, 한국국어교육학회, pp. 431-457.

김로타(1991), 재소한인과 한국어, 이중언어학 8-1, 이중언어학회, pp. 385-393. 이중언
    어학 자료(1991), 제3회 국제학술대회 : 소련에서의 한국어학과 한국어교육 / 좌
    담회 2 : 알마아타 한인들의 생활과 언어, 이중언어학 8-1, 이중언어
    학회, pp. 663-673.

김민수(1996), 한글 반포 550 주년 기념 / 한글 문화 파리 국제 학술회의 발표 논문
    ; 대회주제 한글과 한글 문화 (1996. 6. 25 - 26) ; 한국어의국제적
    인 이질화 현상과 전망 - 러, 중, 일, 미 동포의 모국어 현황과 관련
    하여 -, 한국어교육 7, 국제한국어교육학회, pp. 261-268.

김영란(2004), 한국어 멀티미디어 교육 자료에 나타난 한국 문화, 한국언어문화학 No.1,
    국제한국언어문화학회, pp. 57-74.

김영수(2007), 중국 연변의 조선족 교육 현황과 해결책에 대한 소견, 제4차 Korean 교육
    연구 국제학술회의 : 해외 거주 한국인 및 동포들에 대한 한국어 교육의 실태와

방향 1, 이화여자대학교 한국어문학연구소, pp. 17-23.

김윤주(2010), 논문 : 재외동포 아동학습자용 한국어 교재 개발 방안 연구 -아동문학 제재를 활용한 문화교육 단원 구성 방안, 한국어교육 21-1, 국제한국어교육학회, pp. 61-85.

김윤주(2012), 재외동포 아동학습자용 한국어 교재의 기초 문식성 학습 활동 분석, 어문논집, NO. 66, 민족어문학회 pp. 237-264.

金仁煥(1996), 미국의 한국학 교육에 대하여, 民族文化硏究 29, 고려대학교 민족문화연구소, 325-347.

김재욱(2002), 재외동포 아동 학습자를 위한 한국어회화 교재의 구성원리 및 개발에 관한 연구, 한국어교육 13-2, 국제한국어교육학회, pp. 67-85.

김정숙(2008), 재외동포용 한국어 교재 개발 방안 연구 -초급 1단계 교육 내용을 중심으로-, 이중언어학, No.37, 이중언어학회, pp. 61-83.

김중섭(2011), CIS지역 재외동포 대상 한국 문화 교육 항목 개발을 위한 기초 조사 연구, 이중언어학 45, 이중언어학회, pp. 51-75.

김중섭(2011), 이중언어학회 창립 30주년 기념 기획 논문 : 재외동포를 위한 한국어교육 연구의 현황과 과제, 이중언어학 47, 이중언어학회, pp. 627-657.

김춘자(1998), 중국 방송을 통한 한국어의 국제화, 이중언어학 15-1, 이중언어학회, pp. 195-206.

김한철(2010), 브라질 한인교포사회의 실태와 한국어교육의 필요성, 중남미연구, 28-2, 한국외국어대학교 외국종합연구센터 중남미연구소, pp. 245-268.

김호정(2007), 논문 : 재외동포의 한국어 사용 실태 연구 방향에 대한 일고찰 -한국어교육 정책 수립을 위한 기초 연구 관점에서-, 한국어교육 18-1, 국제한국어교육학회, pp. 73-100.

남윤진(2007), 동경지역 재일동포의 한국어교육 현황과 개선 방안, 제4차 Korean 교육 연구 국제학술회의 : 해외 거주 한국인 및 동포들에 대한 한국어 교육의 실태와 방향 1, 이화여자대학교 한국어문학연구소, pp. 37-5.

민현식(1999), 사할린 동포의 한국어 의식 조사 연구, 한국어교육 10-1, 국제한국어교육학회, pp. 109-140.

박갑수(2001), 韓國語 敎育의 현황과 課題, 語文硏究, 29-2, 한국어문교육연구회, pp. 242-257.

박갑수(2007), 이중언어학회 창립 25주년 기념 국제학술대회 기획발표 : 재외동포 한국어
       교육의 오늘과 내일, 이중언어학, No. 33, 이중언어학회, pp. 365-393.
박소연(2012), 재외동포를 위한 한국어 보급 현황과 발전방향, 우리말교육현장 연구 6, 우
       리말교육현장학회, pp. 269-300.
박영순(1987), 재중공 한인들의 한국어 이질성에 대하여, 한글, No. 197, 한글학
       회, pp. 137-154.
박영순(1987), 재중공한인들의 문학활동과 한국어 이질화 양상, 이중언어학, 3-1,
       이중언어학회, pp. 23-49.
박영순(1990), 이중언어 이론과 중국에서의 한국어 문제, 이중언어학 6-1, 이중언
       어학회, 135-167.
박창원(2007), 한국어의 세계화, 제4차 Korean 교육 연구 국제학술회의 : 해외 거
       주 한국인 및 동포들에 대한 한국어교육의 실태와 방향 1, 이화여자대
       학교 한국어문학연구소, 1-8.
박희양(2007), 이중언어학회 창립 25주년 기념 국제학술대회 기획발표 : 학술 집담
       회 1 ; 재외동포 한국어교육의 과제와 발전 방향, 이중언어학, No. 33,
       이중언어학회, pp. 551-574.
배순호(2010), 키르키즈스탄의 한국어교육, 나라사랑 No. 117, 외솔회, pp. 30-32.
백창훈(2007), 인도네시아의 한국어교육 현황과 발전에 대한 제언, 제4차 Korean
       교육 연구 국제학술회의 :해외 거주 한국인 및 동포들에 대한 한국어 교육의 실
       태와 방향 1, 이화여자대학교 한국어문학연구소, 63-78.
서정섭(2005), 중국 옌볜 조선어 연구, 한국어 의미학 16, 한국어의미학회, pp. 205-230.
손호민(1990), 미국에서의 한국어교육의 현황과 과제, 이중언어학 6-1, 이중언어
       학회, pp. 19-79.
심원섭(2006), 재일 조선어문학 연구 현황과 금후의 연구 방향, 현대문학의 연구,
       No.29, 한국문학연구학회, pp. 91-122.
안수근(2006), 뉴질랜드 거주 교민의 한국어 매체 이용 및 문화적응 요인, 언론과
       학연구, 6-4, 한국지역언론학연합회, pp. 203-242.
이광규(2006), 부시 그랜트 2004와 재미동포 언어문화 교육의 방향, 학술대회, 한
       국언어문화교육학회, 6-6.
이광규(2008), 미주 동포와 한국어교육, 언어와 문화 4-2, 한국언어문화교육학회,

pp. 1-30.

이기갑(2000), 중앙아시아 한인들의 한국어 연구, 한글, No. 247, 한글학회, 5-72.

이남근(2003), 미국에서 한국어의 언어지위 향상에 관한 연구, 새국어교육, No. 66, 한국국어교육학회, pp. 193-210.

이대로(2009), 나라 밖의 한국말 교육 현황과 문제, 한국어정보학, 11-2, 한국어정보학회, pp. 47-56.

李得春(1998), 중국 동포의 모어로서의 한국어교육의 어제와 오늘, 새국어생활 8-2, 국립국어연구원, pp. 155-159.

이득춘(2000), 21세기 재중 동포의 언어 전망, 새국어생활 10-4, 국립국어연구원, pp. 129-137.

이득춘(2007), 조선족동포 고급 한국어교육자료 구축의 제 관계, 한국학·한국문화교육의 국제화사업 제1차 워크숍 : 한국어 고급 학습자를 위한 교육자료 개발, 이화여자대학교 한국어문학연구소, pp. 1-21.

이마지(1997), 세종대왕 탄신 600 돌 기념 (1997. 9. 6 - 7 / 한국어 교수법과 평가 : 개인발표 3 / 자유주제 개인논문발표 B ; 한인 2 세의 한국어교육을 위한 문학의 참여, 국제한국어교육학회 제7차 국제학술회의 논문 초록, 국제한국어교육학회, pp. 83-83.

이선근(1999), 국제한국어교육학회 창립 15 주년 기념 (2000. 8. 12 - 13) : 21 세기 한국어교육의 발전 방향과 과제 ; 주제발표 / 해외 동포 한국어교육의 현황과 과제, 새천년맞이 제 10 차 국제학술회의, 국제한국어교육학회, pp. 19-24.

이선근(2007), 이중언어학회 창립 25주년 기념 국제학술대회 기획발표 : 재미동포의 한국어교육, 이중언어학, No. 33, 이중언어학회, pp. 447-468.

이영태(1997), 세종대왕 탄신 600 돌 기념 (1997. 9. 8 - 9) : 제 3 부 해외동포의 한국어교육 ; 주제발표와 토론 ; 미주 지역 동포의 한국어교육 -미국에서의 한국어교육, 유네스코 제 8 회 세종대왕상 시상식 및 국제학술회의 논문초록 - 문맹 퇴치와 한글, 국제한국어교육학회, 47-49.

이익섭(1997), 세종대왕 탄신 600 돌 기념 (1997. 9. 8 - 9):제 3 부 해외동포의 한국어교육 ; 초청특강 ; 한글과 표기법의 미래, 유네스코 제 8회 세종대왕상 시상식 및 국제학술회의 논문초록 - 문맹 퇴치와 한글, 국제한국어교육학회, 74-80.

이재학(2006), 중남미 한인사회에서의 한국어 상실과 보존 : 미국 한인사회와의 비교연구,

라틴아메리카연구 19-4, 한국라틴아메리카학회, pp. 161-187.

이정은(2005), 재외동포의 이중언어상용 상황과 한국어 학습 양상의 특이성 - 질적 연구 방법을 통한 교육 현장 사례 분석을 중심으로 -, 사회언어학 13-2, 한국사회언어학회, pp. 193-217.

이지영(2005), 논문 : 1930년대 구소련 원동지역 한인 초등학교 문법 교재 내용 분석, 한국어교육 16-1, 국제한국어교육학회, pp. 219-247.

이향근(2013), 거시적 접근 방법을 통한 재외 동포 학습자의 시 교육 내용 설계 연구, 한국어 교육, 24-2, 국제한국어교육학회, pp. 259-283.

이호영(2001), 한국어 음성 자료의 수집과 정리, 새국어생활 11-2, 국립국어연구원, 11-22.

이희정(2012), 현대 단편 소설을 활용한 한국어 문화교육 방안 연구 ; 재외동포 학습자를 대상으로, 국제한국어교육학회 학술대회 논문집, 국제한국어교육학회.

임홍빈(1999), 카자흐스탄 한인 동포와 모국어, 새국어생활 9-1, 국립국어연구원, 165-176.

임홍수(1992), 재소한인(在蘇韓人)의 한국어교육문제, 슬라브연구 8-1, 한국외국어 대 학 교 외국학종합연구센터 러시아연구소, 211-228.

정명숙(2010), 재외동포 유아 대상 한국어교육 방안, 이중언어학 44, 이중언어학회, 295-317.

정재훈(2009), 국어교육 : 해외 한글학교 교육과정에 대한 연구 - 호주의 사례를 중심으로, 새국어교육, No. 82, 한국국어교육학회, 415-438.

정희원(2001), 남북한의 언어 차이, 한국어 연수 교재, 국립국어연구원, pp. 129-142.

정희원(2002), 남북한의 언어 차이, 한국어 연수 교재, 2002, 국립국어연구원, pp. 129-142.

조남호(2009), 한국어교육 정책의 이해, 우리말교육현장연구, 3-1, 우리말교육현장학회, 155-176.

조윤희(2001), 우즈베키스탄 한인의 언어상황과 한국어의 지위, 在外韓人研究 10-1, 재외한인학회, pp. 275-312.

조태린(2010), 논문 : 재외동포에게 한국어가 갖는 의미 -재외동포 한국어교육의 방향 정립을 위하여-, 한국어교육 21-2, 국제한국어교육학회, pp. 193-218.

조항록(2004), 논문 : 재외동포를 대상으로 하는 한국어교육정책의 실제와 과제,

한국어교육 15-2, 국제한국어교육학회, 199-232.

조혜영(2001), 외국어로서의 모국어 학습과 민족 정체성 - 재미한인 학생들의 한국어 수업 참여 과정에 대한 민족지적 연구, 韓國文化人類學 34-2, 한국문화인류학회, pp. 181-209.

채련강(2007), 이중언어학회 창립 25주년 기념 국제학술대회 기획 발표 : 재대만 동포의 한국어교육 -대만 한국어교육 전반적 현황-, 이중언어학 No. 33, 이중언어학회, pp. 497-523.

최미옥(1997), 세종대왕 탄신 600 돌 기념 (1997. 9. 8 - 9) : 제 3 부 해외동포의 한국어교육 ; 주제발표와 토론 ; 구소련 지역 동포의 한국어교육 - 중앙아시아 지역 한국어교육의 현황, 유네스코 제 8 회 세종대왕상 시상식 및 국제학술회의 논문초록 - 문맹 퇴치와 한글, 국제한국어교육학회, pp. 53-69.

최인실(2007), 논문 : 영어권 동포아동의 효율적 한글 맞춤법 학습을 위한 기초 연구 -뉴질랜드에서의 조사를 중심으로-, 한국어교육 18-2, 국제한국어교육학회, pp. 459-486.

최정의팔(2006), 국외 동포 및 이주민을 위한 한국어교육을 중심으로, 한국어의 미래를 위한 제1차 토론회 : 국외 동포 및 이주민을 위한 한국어교육을 중심으로, 이화여자대학교 한국어문학연구소, pp. 85-90.

허배(1997), 세종대왕 탄신 600 돌 기념 (1997. 9. 8 - 9) : 제 3 부 해외동포의 한국어교육 ; 초청특강 ; 한글과 컴퓨터 - 남북한의 한글 자모 배열순서 중심으로, 〈유네스코 제 8 회 세종대왕상 시상식 및 국제학술회의 논문 초록 - 문맹 퇴치와 한글〉, 국제한국어교육학회, pp. 73-73.

허승철(1996), 구소련 지역 한인의 언어 동화와 이중언어 사용에 대한 사회언어학적 연구 : 1959, 1970, 1979, 1989년 인구센서스 언어 자료 분석, 在外韓人研究/6, 1996, pp. 40-65, 在外韓人學會

허용(2007), 국가기관의 한국어 국외 보급 실태, 제4차 Korean 교육 연구 국제학술회의 : 해외 거주 한국인 및 동포들에 대한 한국어교육의 실태와 방향 1, 이화여자대학교 한국어문학연구소, pp. 9-16.

홍종선(2007), 이중언어학회 창립 25주년 기념 국제학술대회 기획발표 : 재대양주 동포의 한국어교육, 이중언어학 No. 33, 이중언어학회, pp. 525-550.

홍종선(2007), 해외 이민 초기 사회의 한국어 사용과 교육 실태 - 뉴질랜드 한인

사회를 중심으로 -, 이중언어학 No. 35, 이중언어학회, pp. 385-408.

황유복(1997), 세종대왕 탄신 600 돌 기념 (1997. 9. 8 - 9) : 제 3 부 해외동포의 한국어교육 ; 주제발표와 토론 ; 중국 동포의 한국어교육, 유네스코 제 8 회 세종대왕상 시상식 및 국제학술회의 논문초록 - 문맹 퇴치와 한글, 국제한국어교육학회, pp. 50-52.

황인수(2007), 필리핀 동포(한국인)교육의 현황과 개선 방안, 제4차 Korean 교육 연구 국제학술회의 : 해외 거주 한국인 및 동포들에 대한 한국어교육의 실태와 방향 1, 이화여자대학교 한국어문학연구소, pp. 53-62.

Beckers-Kim, 비한류(非韓流) 지역의 한국어·한국학·한국문화 교육 진흥 방안 모색 - 서유럽 독일을 위주로 -, 한국언어문화학 4-1, 국제한국언어 문화학회, pp. 99-128.

Young Key Kim(1997), 세종대왕 탄신 600 돌 기념 (1997. 9. 8 - 9) : 제 3부 해외동포의 한국어교육 ; 초청특강 ; 재외동포와 비한국계 외국인을 위한 한국어교육, 유네스코 제 8 회 세종대왕상 시상식 및 국제학술회의 논문초록 - 문맹 퇴치와 한글, 국제한국어교육학회, 70-72.

3. 교재

한국어, 한국교육과정평가원.

한국어 회화, 한국교육과정평가원.

한글학교 한국어, 교육과학기술부.

맞춤 한국어 1~6(영어권), 교육과학기술부.

맞춤 한국어(일본어권), 교육과학기술부, 국립국제교육원.

맞춤 한국어 1~6(베트남어권), 교육과학기술부, 국립국제교육원.

맞춤 한국어 1~6(프랑스어권), 교육과학기술부, 국립국제교육원.

맞춤 한국어 1~6(태국어권), 교육과학기술부, 국립국제교육원.

맞춤 한국어 1~6(중국어권), 교육과학기술부, 국립국제교육원.

제11장

CIS 지역 재외동포 대상 한국 문화 교육 항목 개발을 위한 기초 조사 연구*

1. 서론

재외동포는 이중 언어 구사에 매우 유리한 조건을 갖추고 있을 뿐만 아니라 거주국과 모국의 문화 및 환경의 차이를 쉽게 극복할 수 있어 국제 사회의 인재가 될 수 있는 매우 유리한 조건을 가지고 있다. 하지만 반대로 정체성의 혼란 등으로 인해 거주국 또는 한국 어디에도 소속감을 느끼지 못하는 주변인이 되기 쉽다는 것이 이들의 비애이기도 하다. 재외동포를 위한 모국어와 모국의 문화 교육이 중요한 이유가 바로 여기에 있는 것이다. 이에 이들을 위한 한국어 교재 및 모국 방문 프로그램 등이 미비하나마 꾸준히 개발되고 있다.

본 논문은 이러한 연구의 일환으로 CIS 지역 재외동포[1] 대상 한국 문화

---

* 이 연구는 2007년도 경희대학교 연구비로 진행되었음. (과제번호 20071588)
1) 외교통상부 2009년 자료에 의하면 한국의 재외동포 규모는 6,822,606명이고 이 중 CIS 지역의 재외 동포는 537,889명으로 전체의 약 8%를 차지하고 있는 것으로 나타나 있다.

교육 항목 개발을 위한 기초 조사를 하는 데 목적이 있다. 한국어 교육에서 문화 교육이라고 하면 주로 한국 문화를 일방적으로 제시하는 방식이 대부분이었다. 하지만 최근에 특정 언어문화권의 학습자를 대상으로 한 교재들이 개발되면서 한국 문화를 학습자 국가의 문화와 비교문화적인 관점에서 다뤄야 한다는 논의가 이루어지고 있다.[2] 학습자의 입장에서 보면 한국인과의 대화에서 한국어로 한국 문화에 대해 이야기를 할 기회보다는 자국의 문화를 소개할 기회가 더 많다는 점에서 매우 타당한 논의라고 할 수 있다.

현지에서 학습하는 재외동포 학습자도 마찬가지이다. 한국인으로서의 뿌리와 정체성을 강조하는 것도 중요하지만 한국과 거주국의 문화가 혼합되어 만들어진 새로운 문화 양식을 이해하는 것도 중요하다. 이러한 새로운 문화 양식은 여러 세대를 지나오면서 거주국 문화나 환경적 영향으로 변모된 한국 문화의 모습일 수도 있고 윤인진(2010)에서 언급한 초국가주의[3]의 영향으로 나타난 일종의 '퓨전' 문화 현상일 수도 있을 것이다.

이에 본 연구에서는 CIS 지역에서 사용하고 있는 한국어 교재에 나타난 문화 항목을 중심으로 현지 한국어 교사와 해당 지역 출신 재외동포 한국어 학습자를 대상으로 요구조사를 실시하였다. 요구조사 결과는 CIS지역 재외동포를 위한 한국 문화 교육 항목을 개발하는 데 기초 자료가 될 것이다.

---

2) 방성원(2008:383~384)에서는 몽골 지역의 현지화 교재를 개발하면서 몽골의 교재 집필진으로부터 '몽골에서 소개하고자 하는 명소나 역사 등을 내용에 포함시켜 주면 좋겠고, 학생들은 자기 나라의 것을 한국어로 어떻게 소개할지를 배우고 싶어 한다'는 제안을 들었다고 밝혔다. 또한 이미혜(2009:146,148)에서도 베트남 지역 현지화 교재를 개발하면서 베트남 현지의 교사 및 학생들을 대상으로 한 요구 조사를 통해 한국 문화를 다룰 때 한국의 문화를 일방적으로 강요하는 것이 아니라 베트남 문화와 비교하고 자국 문화를 소개할 수 있도록 해야 한다고 언급하였다.

3) 윤인진(2010)에서는 초국가주의로 인해 현재 재외동포의 정치, 경제, 사회, 문화, 예술 등의 많은 영역에서 초국가적 현상이 두드러지고 있으며 모국과 거주국 간의 인적 교류와 자본 이동이 날로 증가하고 있다고 언급하였다. 이에 따라 문화적으로도 한국과 거주국의 문화를 접목한 새로운 문화 양상들이 나오고 있다고 하였다.

2. 선행연구 검토

재외동포를 위한 문화 교육 관련 논의는 크게 문화 교육 프로그램 개발, 문화 교재 및 자료 개발, 문화 교육 방안 제안으로 분류할 수 있다. 문화 교육 프로그램 개발 관련 연구에는 강승혜(2002), 한국문화관광정책연구원(2006), 이윤진(2007), 김현진(2008)이 있다. 논의 내용을 구체적으로 살펴보면 강승혜(2002)에서는 재미동포 성인 학습자를 대상으로 요구 조사를 실시하여 분석내용을 제시하였고, 이윤진(2007)에서는 재미동포를 대상으로 실시한 요구 조사 결과를 바탕으로 문화 프로그램의 교수요목을 제시하였다. 김현진(2009)에서는 요구 조사와 국내 재외동포 문화 프로그램 현황 조사 내용을 바탕으로 재미동포 청소년을 위한 한국어와 문화교육을 병행한 주제 중심 수업 모형을 제안하였다. 또한 한국문화관광정책연구원(2006)에서는 지역별 재외동포의 한국문화교육 실태와 요구를 설문조사를 통해 조사하고 이를 바탕으로 문화교육 프로그램 모델을 제안하였다. 또한 재외동포의 범위 안에 해외 입양아를 포함시켰다는 것이 이 논의의 특징이다.

문화 교재 및 자료 개발에 관한 논의는 김애원(2004), 이수현(2007), 김은희(2007), 윤혜영(2008), 강현주(2008), 김윤주(2010)이 있다. 김애원(2004)에서는 문화 교육을 통한 한국 이해 교육 방안을, 이수현(2007)에서는 총체적 언어 교수법에 기반한 문화 교육 자료 개발 및 활용 방안을 제안하였다. 김은희(2007)에서는 모국에서 수학하는 파라과이 재외동포 청소년들의 문화 충격 및 갈등에 대해 다루었고 윤혜영(2008)에서는 재남미동포를 대상으로 한국의 문화를 알릴 수 있는 영상 자료를 선별하고 문화 교육 방법을 제시하였다. 강현주(2008)에서는 재외동포 대상 한국어 문화 교재의 목표 및 원리를 설정하고 이에 따른 교수요목을 설계해 교재 유형을 보여주었고, 김윤주(2010)에서는 재외동포 아동을 위해 아동 문학을 활용한 한국어문화 교재 개발 방안을 제시하였다.

끝으로 문화 교육 방안을 제시한 논의로 김성혜(2005)와 김기국(2008)이 있다. 김성혜(2005)에서는 재외동포 아동을 대상으로 전래 동화를 활용한 문화 교육 방안을, 김기국(2008)에서는 기호학적 방법으로 재외동포가 교재에 수록된 이미지 텍스트를 통해 한국 문화의 특성을 해석할 수 있도록 하는 방안을 제안하였다.

지금까지의 논의를 통해 지역을 특별히 제한하지 않고 재외동포를 위한 일반적인 문화 교육에 대한 연구도 있지만 대상을 지역적으로 한정한 경우의 논의들은 미주지역에 치우쳐 있음을 확인할 수 있었다. 또한 논의 자체가 수적으로 부족하기도 하지만 주제가 다소 한정적이어서 다각적인 차원의 논의가 요구된다. 향후 다양한 지역의 재외동포를 대상으로 한 논의가 더욱 활발하게 이루어져야 할 것이며 기존의 논의들을 보다 구체화할 수 있는 다양한 논의가 필요할 것이라고 생각한다.

3. 문화 교육 현황

문화 교육 항목 개발을 위해 이 지역에서 이루어지고 있는 한국어 문화 교육이 현지 사정 및 학습자 상황에 적합한지 살펴볼 필요가 있다. 이에 이 지역에서 사용하는 한국어 교재를 대상으로 문화 교육 현황을 정리해 보기로 하였다. 한영균 외(2009) 연구에서 우즈베키스탄, 카자흐스탄, 키르키스스탄의 한국어 교육 기관에서 사용하고 있다고 밝힌 국내 개발된 한국어 교재 3종과 이 연구에는 나타나 있지 않지만 재외동포용으로 출간된 교재 3종을 조사 대상으로 삼았다. 교재 목록은 다음과 같다.

경희대학교 한국어 교육부, 『한국어 1~6』, 경희대학교 출판부

이화여자대학교 언어교육원, 『말이 트이는 한국어 1~6』, 이화여대 출판부

연세대학교 한국어학당, 『한국어 1~6』, 연세대학교 출판부

한국교육과정평가원, 『한국어 1~6』

재외동포교육진흥재단, 『한글학교 학생용 한국문화』

재외동포교육진흥재단, 『한글학교 학생용 한국역사』

문화 목록에는 교재에서 따로 문화 코너를 두어 다룬 주제뿐만 아니라 읽기 및 듣기 텍스트에서 다루고 있는 문화도 포함하였다. 이를 주제별로 정리한 결과 한국 일반, 한국의 언어와 문자 등의 14개의 주제와 주제별로 한국인의 이름, 친족 호칭 등의 110개의 항목으로 분류할 수 있었다.

<표 1> 한국어 교재의 한국 문화 목록

구분	문화 항목
1) 한국 일반(4)	한국의 위치와 크기, 한국의 국기(國旗), 한국의 국화(國花)한국 국가(國歌)
2) 한국의 문자 및 어휘(3)	한글 일반, 숫자, 정보화 시대의 문자인 한글
3) 언어생활(11)	한국인의 이름, 가족 호칭 및 촌수, 관용 표현 및 속담, 의성어 및 의태어, 감탄 표현, 사투리, 경어법, 은어, 별명, 아줌마/아저씨라는 호칭, 몸짓언어
4) 한국인의 의식주(8)	한국의 집, 전세문화, 음식, 김장, 한국의 여러 가지 장, 한국의 건강식, 보약, 특별한 음식
5) 한국의 역사와 전통 문화(23)	한국의 전통 그림, 전통 무예(태권도 등), 장례문화, 전통 혼례, 관혼상제, 세시풍속, 풍수지리, 십이간지(띠), 사상의학, 민속놀이(윷놀이 등), 가마, 고려청자, 사물놀이, 판소리, 전통 춤, 전통 공예, 민요, 한복, 전통 가옥, 명절, 한국의 고전 문학과 전래 동화, 한국의 역사(고대, 중세 등), 조선시대 신분제도
6) 행사 및 기념일(6)	한국의 특별한 생일, 책거리, 집들이, 결혼식 (폐백, 신혼여행 등), 부조, 생일 문화
7) 한국의 계절과 날씨(3)	한국의 계절, 장마, 황사
8) 한국인의 사고방식 (13)	토정비결, 전통 미인, 관상, 한국인의 종교, 민간신앙, '효'와 '경', '우리' 의식, 백의민족, 숫자 4, 한국의 가족, 남성과 여성의 덕목, 한국인

	의 '정', 한국인의 여유
9) 한국 사회의 예절(8)	인사 예절, 식사 예절, 상차리기, 언어 예절, 주도, 이사 떡, 병문안, 특별한 날의 선물
10) 한국의 교통(2)	서울의 대중교통, 서울 시티 투어 버스
11) 한국의 지리와 관광지(7)	주요 박물관, 주요 유적지, 민속촌, 주요 관광지, 주요 도시, 한국의 숙박 문화, 여행상품 (자유여행과 패키지여행)
12) 한국인의 여가와 취미 생활(4)	여가 활동, 장기와 바둑, 모임 문화, 즐거운 노래방
13) 한국 사회(13)	한국의 돈, 정치 제도, 한강의 과거와 현재, 한국의 시장, 분단과 통일 문제, 한국의 학교, 현대인의 신용카드, 2002년 월드컵, 한국인과 휴대전화, 쓰레기 분리 배출 및 수거 제도, 한국 역사 위인, 경제와 속담, 공휴일
14) 기타(6)	주요 전화번호, 택배 서비스, 기부 문화, 직업 풍속도, '퓨전' 문화 현상, 한국의 영화

〈표 1〉에서와 같이 한국어 교재에서 다루고 있는 한국 문화를 주제별로 구분해 본 결과 '한국의 역사와 전통 문화' 주제로 23개 항목, '한국인의 사고방식' 주제로 13개 항목이 나타나 한국의 전통적 상징에 대한 내용이 비교적 상세하게 다뤄지고 있음을 확인할 수 있다. 그 다음으로 한국 정치, 경제, 문화 등을 포괄할 수 있는 '한국 사회' 주제의 내용이 많아 한국을 대표할 수 있는 특징들을 소개하고 있는 교재가 많았다.4) 또한 해당 교재들이 한국어 학습을 돕기 위한 수단으로서의 문화를 제시하고 있는 만큼 한국인의 '언어생활'에 대한 내용을 다루는 교재가 많았다. 이 같은 문화 교육 내용 및 배열, 제시 방식 등이 CIS 지역 재외동포들의 요구에 부합하는지를 점검해 볼 필요가 있을 것이다.5)

---

4) 김정숙(2008:69)은 한국교육과정평가원의 한국어 1,2의 문화 제시 부분에서 한민족으로서의 정체성을 심어주는 것도 좋지만 한국어 학습 초기 단계부터 대한민국의 상징 및 전통 문화를 강조하는 것은 바람직하지 않다고 지적한 바 있다.

5) 한영균 외(2009:323)에서 조사한 중앙아시아 3국(우즈베키스탄, 카자흐스탄, 키르기스스탄)에서 사용하는 현지 개발 교재는 KEC 타쉬켄트 한국교육원의 한국어 초급과정 기본 교재, 타쉬켄트 한국교육원의 초급과정 한국어 자료집, 타쉬켄트 국립 니자미 사범대학교의 한국어 음성

4. CIS 지역 재외동포의 한국 문화 교육에 대한 요구 조사

한영균(2009:321)에 의하면 우즈베키스탄, 카자흐스탄, 키르기스스탄에서는 기본적으로 국내에서 출판된 교재를 사용한다고 하였다. 나머지 CIS 지역 국가에 대해서는 구체적으로 언급하고 있지 않지만 사정은 비슷할 것이다. 이에 일차적으로 이 지역에서 사용한다고 조사된 국내개발 한국어 교재의 문화 항목들이 현지 교육에서 다루기 적합한가에 대한 검증이 필요하다. 또한 교재에서 다루어지지 않은 문화 중 제시되면 좋을 문화 요소가 있는지에 대해서도 조사가 이루어져야 한다. 그 밖에 한국 전통 문화가 현지 문화와 독특하게 결합된 경우 등이 있으므로 고려인들의 풍습 중에서 교육 내용으로 적합한 문화가 무엇인지, 고려인의 풍습은 아니더라도 현지의 문화 중 한국 사람들에게 소개하고 싶은 문화가 무엇인지에 대해서도 조사가 필요하다.

4.1. 설문 방법 및 조사 대상

설문 조사 문항은 기본 인적 사항 조사와 3개의 대문항으로 구성하였다. 첫 번째는 〈표 1〉에서 보인 한국어 교재에서 추출한 문화 항목이 CIS지역 재외동포를 위한 교육 항목으로 적절한지를 1~5로 표시하게 하였다. 두 번째는

발음에 대한 기초 교육 교재, 타쉬켄트 한국교육원의 대학생을 위한 한국어 교재 (상), (하), 국제교육진흥원의 한국어 초급, 중급, 알마티 한국교육원의 재미있다! 한국어, 비쉬켁 한국교육원의 초급 한국어 등이 있다. 이 교재들에 제시되어 있는 한국 문화를 살펴 한국에서 출간된 교재와 비교해 보고 싶었으나 요즘에는 사용하지 않는 교재도 있어 모두 살펴보지는 못했다. 우즈벡의 남빅토르 교수의 도움으로 몇 개 교재에서 다룬 문화 항목을 살펴본 결과 '하숙집', '흥부와 놀부', '버스 안에서', '효자 이야기', '임 과장의 직장 생활', '선배와 후배', '결혼', '관용 표현', '현대그룹의 성공 이야기', '우즈베키스탄의 한류', '근무 환경 및 문화', '회사 휴가 문화' 등이 있었다. 이 중 특히 선후배 관련 주제나 구체적인 한국의 회사 문화 관련 주제가 다뤄지고 있는 것은 4.2.2의 조사 결과와도 일맥상통하는 면이 있어 주목할 만하다.

한국 유학 또는 체류 경험이 있는 사람들을 중심으로 한국 문화 중 CIS지역 재외동포들에게 제시할 필요가 있다고 생각하는 문화가 있으면 의견을 쓰게 하였다. 세 번째는 현지의 문화 중 한국인에게 소개하고 싶은 문화를 쓰게 하였다.

설문 대상은 현지 한국어 교사6)와 한국어 학습자로 나누어 실시하였다. 한국어 교사는 총 47명, 한국어 학습자는 현재 또는 과거에 한국어 학습 경험이 있는 사람으로 23명이 응하였고 그들의 성별, 나이, 한국 체류 경험 등의 기초 정보를 정리하면 다음과 같다.

4.1.1. 한국어 교사

1) 성별

성별 분포를 확인해 본 결과 여 42명 ,남 3명, 무응답 2명으로 여성이 압도적으로 많았다.

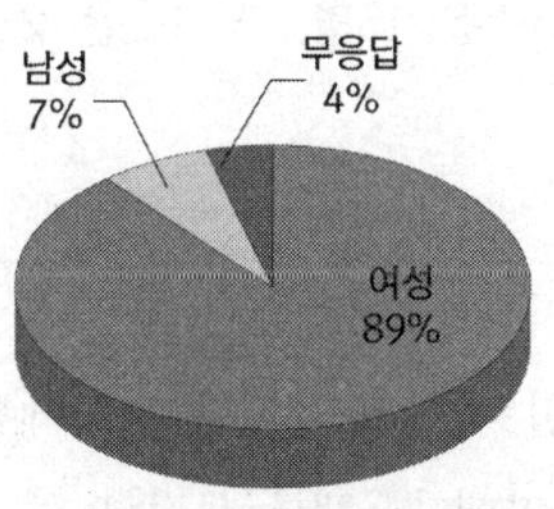

〈그림 1〉 한국어 교사 성별

---

6) 교육과학기술부 후원, 경희대학교 국제교육원 주관으로 열린 이 연수회는 2011.1.12부터 13일까지 타슈켄트 한국교육원에서 진행되었고 105명의 한글학교 교사, 코이카 한국어 요원, 한국어과 개설 대학 교수가 참가하였다.

2) 나이

나이 분포는 20대 7명, 30대 2명, 40대 6명, 50대 12명, 60대 16명, 무응답 4명으로 나타났다.

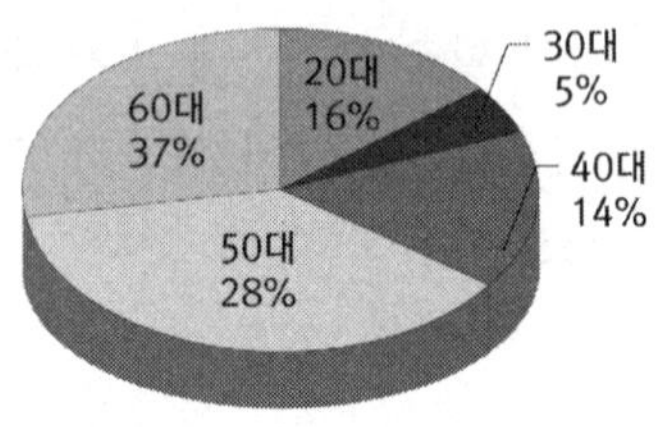

〈그림 2〉 한국어 교사 연령

이를 다시 장년층으로 갈수록 전통문화를 고수하는 경향이 높게 나타나는지를 확인해 보고자 20~40대까지를 청·중년층, 50~60대까지를 장년층으로 구분하였는데 청·중년층은 15명, 장년층은 28명, 무응답 4명으로 나타났다.

3) 한국 체류 경험

42명이 한국 체류 경험 있다고 응답했는데 체류 기간이 적게는 7일부터 많게는 4년까지 매우 다양했다. 체류 목적 또한 다양했는데 교사 연수 및 세미나 참가 목적이 26명으로 가장 많았고, 그 밖에 직장 생활 2명, 어학연수 2명, 여행 2명, 모국 방문 1명, 유학 1명, 출장 1명, 무응답 8명으로 나타났다.

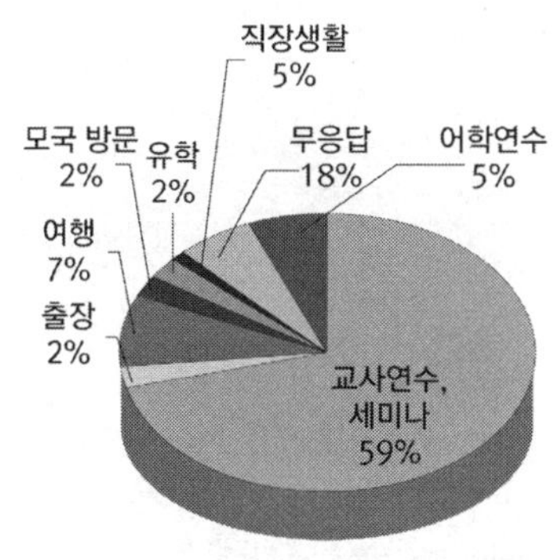

〈그림 3〉 한국어 교사의 한국 체류 목적

이 연구에서 한국에서의 체류 목적 및 기간을 조사한 것은 한국에서의 생활 여부가 문화 항목 선호도에 영향을 미치는지를 알아보기 위함이다. 그러므로 모국 방문이나 여행, 교사 연수 등의 목적으로 단기간 한국에 방문한 사람의 경우는 한국에서 생활을 했다고 보기 어렵다고 판단하여 단기간 방문자와 최소 3개월 이상 한국에서 체류한 사람의 경우로 나누어 보았다. 그 결과 3개월 이상 체류한 사람은 7명, 3개월 이하 체류한 사람은 32명, 무응답이 8명으로 나타났다.

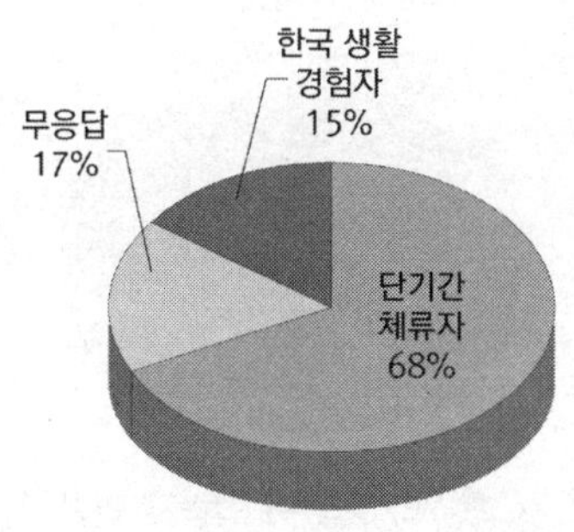

〈그림 4〉 한국어 교사의 한국 생활 경험 여부

4.1.2. 한국어 학습자

1) 성별

성별 분포는 여성 17명, 남성 6명으로 나타나 역시 여성이 많았다.

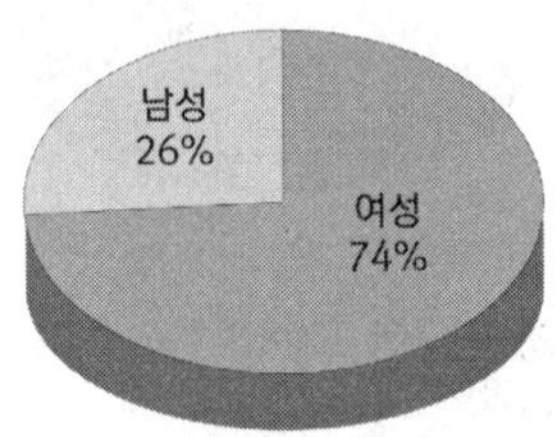

〈그림 5〉 한국어 학습자 성별

2) 나이

나이는 20대 15명, 30대 7명, 무응답 1명으로 나타났다.

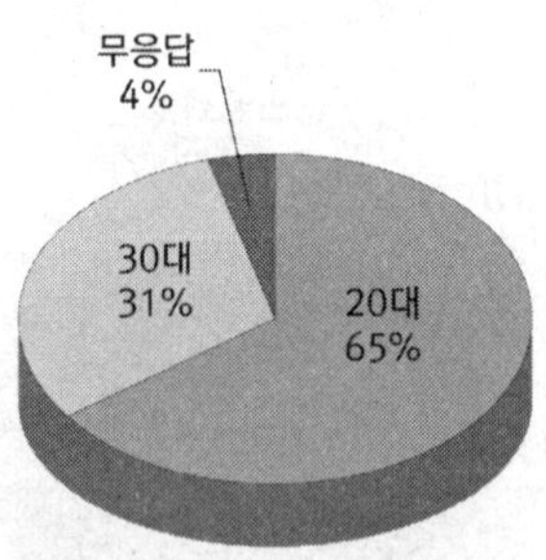

〈그림 6〉 한국어 학습자 연령

3) 직업 및 한국 체류 기간

직업은 학생 8명, 사회인 12명, 무응답 3명이었고 사회인의 경우 변호사, 의사, 통역가, 회사원 등으로 직업이 다양하게 나타났다.

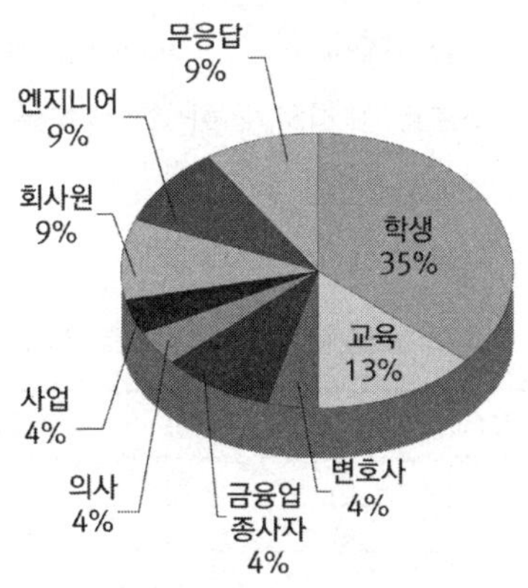

〈그림 7〉 한국어 학습자의 직업

한국 체류 기간은 3개월 이하 2명, 3개월~1년 4명, 1년~2년 5명, 2년~4년 3명, 4년 이상 5명, 무응답 4명이었다. 한국어 교사와 같은 기준으로 적용하여 3개월 이상 체류한 자를 한국 생활 경험자로 분류하니 한국 생활 경험자가 74%로 나타났다.

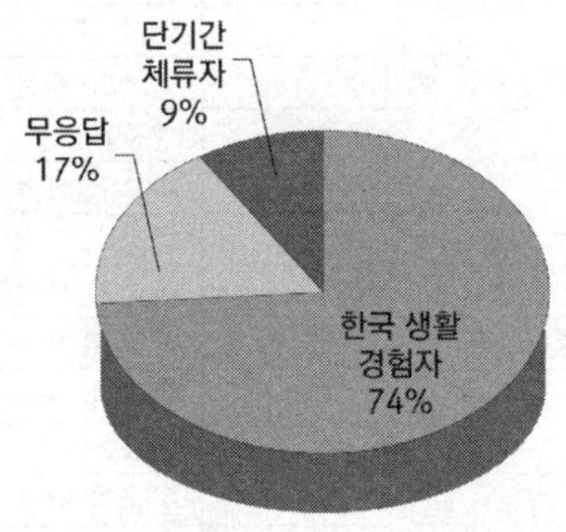

〈그림 8〉 한국어 학습자의 한국 생활 경험 여부

4.2. 요구 조사의 분석 결과

4.2.1. 한국어 교재의 문화 항목

한국어 교사와 한국어 학습자에게 한국어 교재 6종에서 추출한 문화 항목의 교육 필요성을 1~5로 척도로 표시하게 한 후 합계를 내어 높은 점수 순위로 정리한 결과를 보이면 다음과 같다.

<표 2> 한국어 교재 문화 항목 선호도 조사 결과

순위	한국어 교사	한국어 학습자
1	한글	한글
2	명절	음식
3	인사 예절	명절
4	경어법	'효' 와 '경'
5	음식	경어법
6	숫자	가족 호칭, 촌수
7	공휴일	공휴일
8	'효' 와 '경'	한국의 역사
9	주요 관광지	인사 예절
10	식사 예절, 상차리기	주요 관광지
11	주요유적지	주요 도시
12	주요 도시	정보화 시대의 문자, 한글
13	한복	언어 예절
14	한국의 특별한 생일 (돌, 회갑 등)	한국의 계절
15	한국의 가족	대중교통
16	한국의 영화	주요 전화번호(114, 119, 112 등)
17	한국의 여러 가지 장(醬)	한복
18	한국의 계절	한국의 특별한 생일 (돌, 회갑, 등)
19	한국의 국화(國花)	생일 문화 (미역국 등)
20	한국의 건강식	한국의 가족
21	세시풍속	주요유적지
22	주요 박물관	한국의 학교
23	한국의 국기(國旗)	숫자
24	한국 국가(國歌)	감탄 표현

25	감탄 표현	식사 예절, 상차리기
26	결혼식 (폐백, 신혼여행 등)	택배 서비스
27	'우리' 의식	한국의 국기 - 태극기
28	민속촌	관용 표현 및 속담
29	한국의 학교	아줌마/아저씨라는 호칭
30	전통 춤	결혼식 (폐백, 신혼여행 등)
31	한국인의 '정'	부조
32	한국의 돈	주요 박물관
33	김장	현대인의 신용카드
34	정보화 시대의 문자, 한글	한국의 위치와 크기
35	가족 호칭, 촌수	한국의 집
36	관용 표현 및 속담	한국의 여러 가지 장
37	언어 예절	'우리' 의식
38	위인 (율곡 이이, 세종대왕 등)	남성과 여성의 덕목
39	한국의 역사	정치 제도
40	특별한 날의 선물	위인 (율곡 이이, 세종대왕 등)
41	보약	한국의 영화
42	병문안	한국의 건강식
43	분단과 통일 문제	한국의 숙박 문화
44	대중교통	모임 문화
45	한국의 시장	쓰레기 분리 배출 및 수거 제도
46	의성어, 의태어	전세문화
47	전통 혼례	김장
48	전통 가옥 (한옥- 초가집, 기와집)	보약
49	한국인과 휴대전화	한국인의 '정'
50	기부 문화	한국의 돈
51	전통 무예 (태권도, 택견 등)	'퓨전' 문화 현상
52	민속놀이(윷놀이, 널뛰기 등)	전통 무예 (태권도, 택견 등)
53	남성과 여성의 덕목	서울 시티 투어 버스
54	이사 떡	한국 국가(國歌)
55	한국의 집	의성어, 의태어
56	생일 문화 (미역국 등)	은어
57	서울 시티 투어 버스	전통 혼례
58	여가 활동	전통 가옥 (한옥- 초가집, 기와집)
59	'퓨전' 문화 현상	한국인의 종교
60	한국의 위치와 크기	병문안
61	관혼상제	특별한 날의 선물
62	부조	민속촌
63	주도	여가 활동

64	사물놀이	한국인의 이름
65	백의민족	특별한 음식
66	집들이	세시풍속
67	모임 문화	한국의 고전 문학과 전래 동화
68	직업 풍속도	기부 문화
69	한국인의 종교	한국의 꽃 – 무궁화
70	정치 제도	장례문화
71	사투리	즐거운 노래방
72	한국인의 여유	분단과 통일 문제
73	장례문화	전통 춤
74	책거리	장마
75	장마	여행상품 (자유여행과 패키지여행)
76	택배 서비스	한강의 과거와 현재
77	아줌마/아저씨라는 호칭	관혼상제
78	한국인의 이름	조선시대 신분제도
79	판소리	책거리
80	한국의 고전 문학과 전래 동화	집들이
81	전통 공예	한국의 시장
82	즐거운 노래방	사투리
83	한강의 과거와 현재	2002년 월드컵
84	쓰레기 분리 배출 및 수거 제도	전통 미인
85	주요 전화번호(114, 119, 112 등)	숫자 4
86	십이간지(띠)	주도
87	한국의 숙박 – 민박	경제와 속담
88	전세문화	몸짓언어
89	경제와 속담	사물놀이
90	한국의 그림 (수묵화, 한국화 등)	민속놀이
91	여행상품 (자유여행과 패키지여행)	장기와 바둑
92	현대인의 신용카드	한국인과 휴대전화
93	2002년 월드컵	판소리
94	고려청자	황사
95	장기와 바둑	한국인의 여유
96	숫자 4	별명
97	조선시대 신분제도	한국의 그림 (수묵화, 한국화 등)
98	풍수지리	사상의학
99	민간신앙	백의 민족
100	은어	이사 떡
101	황사	직업 풍속도
102	전통 미인	민요

103	관상	민간신앙
104	토정비결	십이간지(띠)
105	사상의학	전통 공예
106	몸짓언어	고려청자
107	민요	관상
108	가마	풍수지리
109	별명	토정비결
110	특별한 음식	가마

한국어 교사와 한국어 학습자의 응답 결과를 비교하기 위해 상위 60위까지의 문화 항목을 비교한 결과 순위는 조금 차이를 보였지만 내용은 75% 일치를 보였다.

상위 60위 안의 문화 항목 중 한국어 교사의 응답에만 나온 문화 항목은 기부 문화, 민속놀이, 민속촌, 분단과 통일 문제, 세시풍속, 여가 활동, 이사 떡, 전통 춤, 특별한 날의 선물, 한국의 국화, 한국의 시장, 한국인과 휴대전화가 있었고 한국어 학습자의 응답에만 나온 문화 항목은 모임 문화, 부조, 쓰레기 분리 배출 및 수거 제도, 아줌마/아저씨라는 호칭, 은어, 전세문화, 정치 제도, 주요 전화번호, 택배 서비스, 한국의 숙박 문화, 한국인의 종교, 현대인의 신용카드가 있었다. 한국어 교사는 한국의 전통 문화나 한국의 정치적 상황 등을 중요시 여기는 반면 한국어 학습자는 한국의 생활 문화를 중요시 여기는 것으로 파악된다.

한국어 교사의 응답 결과가 연령에 따라서 차이가 있는지 살펴보기 위해 20~40대의 청·중년층과 50~60대의 장년층으로 구분하여 응답 내용을 비교해 보았다. 그 결과, 확연한 차이는 없었지만 장년층에서는 한국어 교사의 전체 응답 결과에 포함되었던 '서울시티투어버스', '퓨전 문화 현상', '한국의 시장' 대신 '백의민족', '관혼상제', '주도'가 포함되어 있었다. 장년층이 청·중년층에 비해 전통 문화를 고수하고자 하는 의지가 조금은 더 강함을 알 수 있다.

또한 한국어 학습자가 생활 문화를 중요하게 여기는 것은 한국어 학습자

(74%)가 한국어 교사(15%)에 비해 한국생활 경험자가 월등히 많았기 때문인 것으로 보이며 한국에서 비교적 긴 시간 동안 체류하면서 문화 차이로 인해 겪었던 곤란함에서 비롯되었다고 판단된다.

두 집단 간의 주제별 선호도를 비교한 결과도 크게 차이가 없었다.[7] 하지만 교사 집단에서는 '한국 사회의 예절'이 두 번째로 높게 선호하는 것으로 나타난 반면 학습자 집단에서는 여섯 번째 순위로 나타났고 '한국 일반'에 대한 것도 교사 집단에서는 여섯 번째 순위로 나타난 반면 학습자 집단에서는 열한 번째 순위로 나타났다. 한국어 교사가 예절 문화나 한국의 상징 문화를 선호하는 것은 그들의 교육자적 입장과 기성세대로서의 입장이 영향을 미친 것으로 판단된다.

4.2.2. 추가로 다루어야 할 문화 목록

현지 재외 동포를 위한 효과적인 한국 문화 교육을 위해 현지 한국어 교사 및 현지 출신 한국어 학습자를 대상으로 설문 문항 1번에서 제시한 한국 문화 외에 다루면 좋겠다고 생각하는 한국 문화와 한국어로 소개하고 싶은 현지 문화를 조사하였다.

---

7) 〈표 2〉의 결과 중 상위 60개 문화 항목을 대상으로 주제 선호도를 산출한 결과 한국어 교사는 ① 한국의 교통, ② 한국 사회의 예절, ③ 한국의 지리와 관광지, ④ 한국의 문자 및 어휘, ⑤ 한국인의 의식주, ⑥ 한국 일반, ⑦ 한국 사회, ⑧ 언어생활, ⑨ 행사 및 기념일, 기타, ⑪ 한국인의 사고방식, ⑫ 한국의 역사와 전통 문화, ⑬ 한국인의 여가와 취미 생활, ⑭ 한국의 계절과 날씨 순으로 나타났고, 한국어 학습자는 ① 한국의 교통, ② 한국의 지리와 관광지, ③ 언어생활, ④ 한국인의 의식주, ⑤ 언어생활, ⑥ 한국 사회의 예절, ⑦ 기타, ⑧ 행사 및 기념일, ⑨ 한국인의 사고방식, 한국 사회, ⑪ 한국인의 여가와 취미 생활, 한국 일반, ⑬ 한국의 역사와 전통 문화, ⑭ 한국의 계절과 날씨 순으로 나타났다.

1) 한국 문화

6종 한국어 교재에서 다루고 있는 한국 문화 외에 추가로 다루면 좋을 문화에 대해 현지 한국어 교사의 의견을 정리하면 다음과 같다.

- 모르는 사람과는 인사를 하지 않는 문화
- 화계에 따라 달라지는 다양한 대화 양상
  (ex, 직급에 따른 대화, 장모/사위의 대화 등)
- 밤도 낮처럼 환한 문화
- 다양한 호칭 교육 (3명)
  (ex, 서방 등 장모가 사위를 부르는 말, 선후배 등)
    친하지 않은 사이에도 나이를 묻는 문화 (2명)

현지 한국어 교사의 의견은 화자와 청자의 관계, 대화 상황에 따라 달라지는 경어법과 호칭 교육에 대한 요구가 많았다. '경어법', '호칭'에 대한 주제는 이미 교재에서 다뤄지고 있지만 예시에서도 나타나듯이 현재의 내용보다 더 자세한 내용을 요구하고 있었다. 재외 동포의 한국 사회 진출이 증가하고 있는 것, 동포 사회이기 때문에 한국과 유사한 가족 및 친지 관계를 유지하고 있는 것 등이 이유로 파악된다.

또한 길에서 지나치는 모르는 사람에게는 인사를 하지 않는 한국의 인사 문화는 현지 문화와 차이가 있어서 실수할 수 있으므로 한국 문화와 현지 문화를 비교하는 방식으로 제시하는 것이 좋을 것이다. 마지막 의견인 상대방의 나이를 쉽게 묻는 한국 문화는 비단 CIS 지역만이 아니라 많은 문화권 학습자들이 당황해하거나 이상하게 생각하는 문화 중 하나이므로 한국어 학습 시 제시를 해 준다면 한국 생활에 도움이 될 것이다.

다음으로 한국어 학습자가 요구하는 교재 외 한국 문화를 살펴보면 다음과 같다.

- 술 문화 (이유: 한국에서 비즈니스를 하기 위해서)
- 기업 문화
- 경쟁이 심한 사회
- 선후배 문화
- '미련', '한' 등의 한국의 민족사와 관계있는 단어
- 교육제도
- 인구 문제
- 절 문화 (이유: 절을 하는 것은 노예로 생각된다.)
- 공동체 의식이 강한 문화
- 일상 문화
  (ex, 대중교통 승하차시 무질서, 급한 성격 등)

한국어 학습자는 한국에서 사회생활을 할 때 필요한 덕목, 한국의 사회 문제, 한국인의 민족성과 관련된 것과 현지 문화와 차이를 보이는 한국 문화 등에 대한 교육이 필요하다고 응답하였다. 특히 선후배 관계, 술 문화, 기업 문화 등을 꼽아 한국 사회에서 인간관계를 형성하는 데 필요한 문화 요소에 관심이 높다는 것을 알 수 있다.

2) 현지 문화

현지의 문화 중 한국인에게 소개하고 싶은 문화에 대해 조사한 결과 한국어 교사는 다음과 같이 응답하였다.

- 현지의 결혼식 문화
- 현지의 전통 노래
- 전통 요리

- 독립의 역사
- 명절과 음식
- 기차 문화(이유: 독특한 기차 내 풍경과 문화를 소개하고 싶어서)
- 나이를 물어 보지 않는 문화
- 명절에 음식을 가지고 친척집을 방문하는 문화
- 주요 유적지

한국인에게 소개하고 싶은 문화로는 명절, 음식, 주요 유적지, 주요 역사 등 현지의 전통, 역사에 대한 내용이 가장 많았고 그 밖에 독특한 기차 문화나 나이를 묻지 않는 문화 등이 조사되었다. 나이를 묻는 문화에 대해서는 한국 문화 중 추가로 제시하면 좋을 문화 항목에도 2회 나타났던 응답이다. 한국의 나이를 묻는 문화가 이 지역 재외동포들에게도 낯선 문화임을 알 수 있다.

다음으로 한국어 학습자가 제시한 한국어로 소개하고 싶은 현지 문화 항목을 보이면 아래와 같다.

- 술 문화(이유: 러시아 사람들이 대부분 보드카를 잘 마신다고 생각하는 한국 사람이 많다.)
- 계절(이유: 우즈베키스탄에 겨울만 있다고 생각하는 한국 사람이 많다.)
- 음식 문화
- 결혼 절차

학습자의 의견 중에는 교사들의 의견과 비슷하게 본국의 음식 문화나 결혼 문화와 같은 전통 문화를 한국어로 소개하고 싶다는 대답이 있었다. 교사의 응답과 학습자의 응답에 통과의례 중 결혼식만 나타난 것은 CIS 지역 재외동포들의 결혼 문화가 한국과 많은 차이가 있기 때문인 것으로 파악된다. 황류

드밀라에 의하면 고려인들의 결혼식 절차는 한국과 매우 다를 뿐만 아니라 한국에 비해 매우 복잡하고 길다. 한국의 전통이 남아 있다고 판단되는 부분은 결혼식 당일 식탁에 수탉이 놓이는 것, 장식에 쓰이는 끈의 색깔이 청색, 붉은 색, 녹색이라는 것 정도이다. 하지만 결혼식 외에 돌잔치나 회갑 문화를 살펴보면 큰 틀에는 차이가 별로 없었다. 이 때문에 다른 전통 의식에 대해서는 언급하지 않은 것으로 보인다.

또한 학습자 응답에서는 많은 한국 사람들이 잘못 알고 있는 본국의 문화에 대해 알려 주고 싶다는 내용이 있었는데 본국의 술 문화나 계절에 대한 내용이 그것이다.

이들이 한국어 교재에 추가되었으면 좋겠다고 하는 한국 문화 항목들을 살펴보면 대체로 문화적 차이로 인해 실수를 할 수 있거나 당황할 수 있는 항목이 다수를 차지했다. 특히 한국에서 사회생활을 할 때 사전 정보 역할을 하는 문화 항목이 다수 제안된 것은 이 지역 재외동포들이 한국과 관련된 직업을 희망하는 비율이 높다는 윤인진(2010:57)의 연구 결과를 뒷받침한다고 할 수 있겠다.

또한 한국어로 소개하고 싶은 현지의 문화 역시 한국 문화와 비교가 가능한 문화 항목들이 많았고 그 밖에 현지의 역사 및 전통 문화, 현지의 독특한 문화를 알리고 싶어 했다.

5. 결론

이상으로 CIS 지역 재외동포를 대상으로 한국어 교재의 문화 항목에 대한 선호도를 알아보고 교재 외에 추가로 다루고 싶은 한국 문화 및 거주국 문화에 대한 요구를 살펴보았다. 현지 한국어 교사와 이 지역 출신 한국어 학습자를 대상으로 조사하였는데 교사와 학습자 간 차이보다는 한국어 생활 경험 여부 및 연령별로 성향에 차이가 나타남을 확인할 수 있었다.

한국 생활 경험이 있는 학습자일수록 한국에서의 생활과 직결되는 생활 문화, 가령 쓰레기 분리 배출 및 택배 서비스, 주요 전화 번호 등을 선호하였다. 또한 한국의 회사 문화, 선후배 관계, 모임 문화 등에 대한 요구는 CIS 지역 재외동포들이 한국 사회에 진출하는 비율이 증가하고 있음을 나타낸다고 할 수 있다.

연령별로는 장년층이 청·중년층에 비해서 전통 문화나 한국의 상징적 문화를 선호하는 성향이 다소 높게 나타남을 확인할 수 있었다.

본 연구는 이 지역 재외동포를 위한 문화 교육 프로그램 및 교육 자료 개발하는 데 기초 자료로 활용이 가능할 것이다. 하지만 CIS 지역이 매우 방대하여 지역별, 민족별로 문화적 차이가 크므로 앞으로 더욱 세부적이고 구체적인 조사가 필요할 것이며 이러한 논의를 바탕으로 이 지역 재외동포를 위한 실질적이고 효과적인 문화 교육 내용이 마련되어야 할 것이다.

참고문헌

강승혜(2002), 재미교포 성인 학습자 문화프로그램 개발을 위한 요구조사 분석 연구, 한국어
　　　교육 13-1, 국제한국어교육학회, pp. 1-25.

강현주(2008), 재외동포 학습자를 위한 문화교재 개발 연구, 경희대학교 교육대학원 석사학위
　　　논문.

김기국(2008), 재외 동포용 한국어 교재를 통한 문화교육 방법론 —이미지 텍스트의 기호학적
　　　접근을 중심으로-.

김성혜(2005), 전래 동화를 활용한 한국어 교육 방안 연구, 고려대학교 교육대학원 석사학위논문.

김애원(2004), 재외동포를 위한 한국이해교육—문화교육을 중심으로-, 이화여자대학교 교육대학
　　　원 석사학위논문.

김윤주(2010), 재외동포 아동학습자용 한국어 교재 개발 방안 연구 —아동문학 제재를 활용한
　　　문화교육 단원 구성 방안-, 한국어 교육 21-1, 국제한국어교육학회. pp.61-85.

김정숙(2008), 재외동포용 한국어 교재 개발 방안 연구—초급 1단계 교육 내용을 중심으로-,
　　　이중언어학 37호, 이중언어학회. pp. 61-83.

김현진(2009), 재미동포 청소년을 위한 한국어·문화교육 병행 프로그램 설계 방안 연구, 이중언
　　　어학 39호, 이중언어학회. pp. 53-77.

우인혜·방성원(2008), 국외 한국어교재개발을 위한 기초조사 연구 —몽골 현지 한국어 교재 개
　　　발 사례를 중심으로-, 비교한국학 16-2, 국제비교한국학회. pp. 373-416.

윤인진(2010), 재외동포의 현황과 동포 청소년을 위한 한국어 교육의 방향, 국어교육
　　　131, pp. 49-77.

윤혜영(2008), 재남미동포를 위한 한국어 교육 방안-영상자료 활용을 중심으로-, 경희대학교
　　　교육대학원 석사학위논문.

이미혜(2009), 베트남 지역 한국어 현지화 교재 개발을 위한 기초 연구, 한국어 교육 20-2,
　　　국제한국어교육학회. pp. 130-149.

이수현(2007), 총체적 언어 교육에 기초한 재외동포 아동의 한국어 문화 교육 자료 개발 연구, 상명대학교 교육대학원 석사학위논문.

임홍수(1999), 러시아와 중앙아시아 대학에서 사용되는 한국어 교재의 실태와 문제점 −교과서를 중심으로−, 슬라브연구 제15권, 한국외국어대학교 외국학종합연구센터 러시아연구소.

한국문화관광정책연구원(2006), 재외동포 한국 문화교육 프로그램 지원 모델 개발 연구, 한국문화관광정책연구원.

한영균 · 김수경 · 김류보비(2009), 중앙아시아 3국의 한국어 교육 −교육 현황과 특징을 중심으로−, 한국어 교육 20-2, 국제한국어교육학회. pp. 303-335.

허용 외(2006), 재외동포 한국어 교육의 과제와 발전 방향을 위한 학술 집담회, 이중언어학 33호, 이중언어학회. pp. 551-574.

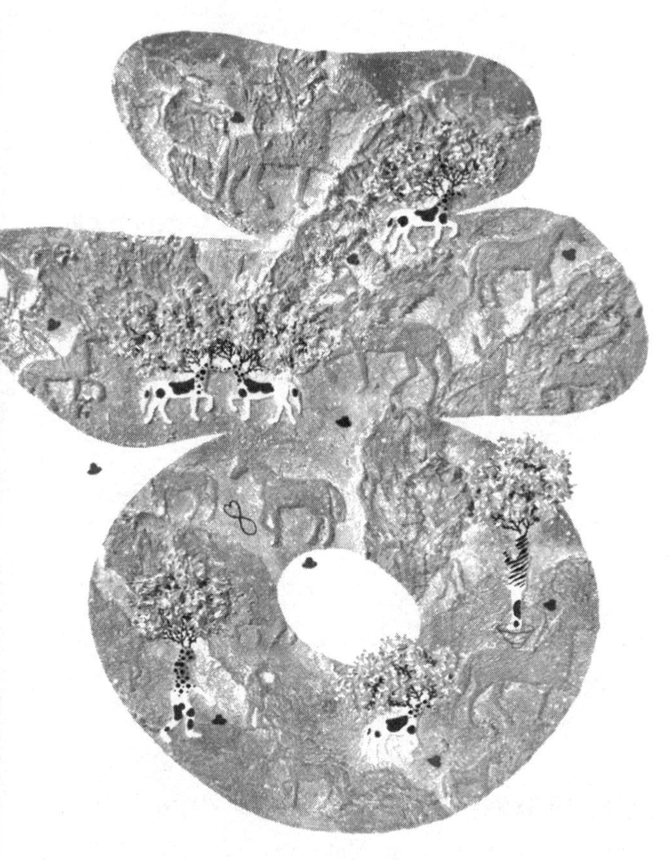

Ⅲ. 한국어 교육의 미래

제12장

한국어 교육학의 정체성에 관한 연구

1. 머리말

외국인을 대상으로 하는 한국어 교육은 그간 지속적인 발전을 거듭해 왔으며, 한국어에 대한 국제적인 관심 역시 크게 증가하고 있다. 또한 사용 인구를 비롯하여 국외 각국에서의 활발한 교육 현황 등을 통해 점차 국제어로서의 위상을 확보해 가고 있다. 한국어의 국제적인 수요 증대, 국외 한국어 교육 기관의 증가뿐만 아니라 한국어를 정규 교육 과정에 포함시키고 대학 입학시험 과목으로 채택하는 국가들이 증가하고 있는 등의 현상은 이를 실증적으로 보여 준다. 즉, 한국어가 주요한 국제어로서 교육되고 인정받기 시작한 것이다.

그러나 이러한 외적인 성장은 한국어 교육 분야의 학문적 성장이 병행되지 않을 경우 지속되기 어렵다. 짧은 기간이라는 시간적 한계를 고려해 볼 때, 그간 한국어 교육은 빠른 속도로 학문적 발전을 이루어 왔다. 그러나 한국어 교육계에 몸담고 있는 모두가 공감하듯, 한국어 교육의 학문적 발전은 이제 그 출발선상에 있다고 할 수 있다. 지금까지의 연구와 논의를 통해 앞으로의 과제 및 발전 방향은 어느 정도 제시되어 있어 대개의 얼개 또는 밑그림은 마련되어 있다고 생각된다. 따라서 얼개와 밑그림을 큰 틀 안에서 엮고 맞추기 위한 세부적이고 구체적인 노력과 이를 하나의 그림으로 완성하기 위한 지속적인 노력이 필요하다.

한국어 교육의 발전을 위한 노력이 빛을 발하기 위해서는 한국어 교육의 학문적 정체성 확립이 무엇보다 긴요한데, 이를 위해서는 지금까지의 한국어 교육 현황을 점검하여 한국어 교육학으로의 학문적 발전 방향에 대한 검토가 필요하다. 이에 본 연구에서는 그간의 한국어 교육 연구 현황을 살펴 한국어 교육의 현재적 모습을 점검할 것이다. 또한 한국어 교육과 인접 학문과의 관계를 검토하여 한국어 교육학의 하위 학문 영역을 설정함으로써 독자적인 학문 영역으로서 한국어 교육학의 위치를 찾고 앞으로의 연구 방향을 조망해 보고자 한다.

2. 한국어 교육 연구 현황

최근에는 한국어 교육 분야에서도 한국어 교육 일반 또는 특정 주제에 대한 단행본이 출판되고 있으며 소수이긴 하나 정책 과제 형태의 연구 결과도 나오고 있다. 그러나 한국어 교육의 중심을 이루는 연구 유형은 석·박사 학위 논문과 『이중언어학』, 『한국어 교육』 등의 학회지 형태의 정기 간행물이다. 이 중 학회지는 한국어 교육 담당자들이 현장에서의 경험을 토대로 효율적인 한국어 교육 방안을 제시할 것일 뿐만 아니라 발행 주기가 정기적이므로 한국어 교육의 발전 과정 및 학문적 동향을 살피는 데 적합하다.[1] 따라서 한국어 교육계에서 주도적인 역할을 해 온 두 학회지를 대상으로 그간의 한국

---

[1] 강승혜(2003b)에서는 『한국어 교육』, 『이중언어학』을 비롯하여 『말(외국어로서의 한국어 교육)』, 『교육한글』 등 다수의 학회지와 석·박사 학위 논문 중 720편을 선정하여 연구 동향을 분석한 바 있다.

어 교육 연구 현황을 살펴보고자 한다.[2]

2.1. 『한국어 교육』에서의 한국어 교육 연구 현황

국제한국어교육학회의 학회지는 1989년에 『한국말 교육』 1집을 처음으로 1998년 『한국어 교육』으로 개명되어 발간되어 오고 있다. 1998년 이전에는 1년에 1권의 학회지를 발간하다가 『한국어 교육』 9호부터는 1년에 2번 학회지를 발간하게 되었고, 2003년 14권부터는 1년에 3번, 2010년 21권부터는 1년에 4번 학회지가 발간되고 있다. 최근에 발간된 24권 3호(2013. 9)까지 살펴보면 『한국어 교육』에 실린 총 논문 수는 716편이다. 이 716편에 대한 논문을 범주화해 보면 다음과 같다.

① 한국어 교육 – 641편

② 이중 언어 관련 – 6편

③ 국어학 – 17편

④ 대조 분석 – 27편

⑤ 기타 – 25편

2.2. 『한국어 교육』에 실린 논문 분석

2.2.1. 한국어 교육 관련 논문

앞에서 언급한 것처럼 한국어 교육학의 경우 여러 인접 학문이 있다. 그러

---

2) 본 연구에서 『한국어 교육』과 『이중언어학』의 연구물을 범주화하는 데 적용한 가장 중요한 기준은 '한국어 교육'을 일차적인 연구 목적으로 하였느냐이다. 이에 해당되는 것은 한국어 교육으로 분류하였고 그 이외의 것은 주제에 따라 범주화하였다. 이는 한국어 교육을 범주화의 잣대로 삼음으로써 한국어 교육 연구의 방향성을 찾기 위함이다.

한 이유로 인해 『한국어 교육』을 통해 발표되는 논문들 중에는 이중 언어, 국어학이나 대조 분석 관련 논문들이 있다. 하지만 여러 가지 범주의 논문 중 역시 가장 많은 부분을 차지하고 있는 것이 한국어 교육 관련 논문들인데, 전체 논문의 약 90퍼센트를 차지하고 있다. 그리고 해를 거듭할수록 한국어 교육에 관련된 논문의 수가 증가하고 있다. 한국어 교육 관련 논문들의 주제를 세분화하여 전체적으로 살펴보면 다음과 같다.

<표 1> 한국어 교육 관련 논문 주제

매체 교육	언어 기능별	문법 교육	발음 교육	어휘 교육	교육 과정	문화 교육	학습자 전략	교재	사회 언어학	한글 교육	문학 교육	문형 교육
27	57	70	22	36	26	27	26	50	10	4	18	6
연구론	교육 현황	교육 방법	담화	사전	언어 정책	오류	교사론	언어 습득	평가	통역·번역	북한 관련	국외 교육
33	22	45	36	4	10	38	22	19	20	3	1	9

이 중에서 문법 교육 관련 논문(70편)은 학회지가 발간된 이래 지금까지 꾸준히 발표되어 단일 항목으로는 가장 많은 수를 차지하였으며, 언어 기능별에 관한 논문도 57편으로 적지 않은 편이다. 이는 한국어 교육에서 문법이 가장 기본 단위이기 때문에 나타나는 현상일 것이다. 교재 관련 논문 역시 굉장히 높은 비율을 차지하고 있는데 이러한 논문들이 한국어 교육을 위해 쓰이는 많은 양질의 교재 개발의 근간이 되어 주고 있다.

매체 교육에 대한 논문들도 주목할 필요가 있다. 교재를 통해서만 이루어지던 한국어 교육의 도구가 점점 다양해지고 있음을 보여 주고 있다. 드라마, 영화, 인터넷, 신문, 잡지 등을 이용한 다양한 교수법에 대한 논문이 최근 들어 많이 발표되고 있다는 것은 한국어 교육에서의 새로운 경향을 보여주는 성과물이라고 볼 수 있다. 또한 현재 해마다 응시 인원수가 폭발적으로 늘어나고 있는 한국어능력평가시험(TOPIK)에 대한 운영과 평가에 관한 논문도 2000년대 초반에 비해 많이 증가하고 있다. 다양한 교육 분야에 대한 획기적이고 새로운 교수법에 대한 훌륭한 논문들이 계속 발표되는 것과 한국어 교육 관련 논문들의 주제가 점차 다양해지고 있는 것은 그만큼 한국어 교육이 하나의 독립된 학문으로의 발전을 꾀하고 있다는 것에 대한 반증이라고 할 수 있다.

2.2.2. 이중 언어 관련, 국어학 관련, 대조 분석 관련 논문

『한국어 교육』에 실려 있는 이중 언어 논문은 총 6편으로 그 수가 매우 적다. 이는 『한국어 교육』이 『이중언어학』과 달리 국내에서의 한국어 교육에 초점을 두고 있기 때문일 것이다. 또한 이중 언어의 경우 이중언어학회가 따로 존재해 이중언어학회지를 통해 논문이 발표되는 경우가 많기 때문이기도 하다. 이중언어 관련 논문과 마찬가지로 국어학, 대조 분석에 해당되는 논문들도 그 수가 많지는 않지만 두 학문 분야 모두 한국어와 밀접한 관련을 맺고 있어 꾸준하게 발표되고 있다. 특히 대조 논문의 경우 2000년대 초반까지는 대상 언어가 다양하지 않았는데, 그 후로 대상 언어가 더욱 다양해지고 있다.

2.2.3. 논문의 최신 경향

논문 주제의 경우 한국어 교육의 발전 과정 및 학문적 동향을 살필 수 있는 좋은 근거가 되는데 『한국어 교육』에 발표되고 있는 논문들을 통해 살펴본 최근 한국어 교육의 경향과 특징을 다음의 몇 가지로 요약해 볼 수 있다.

① 교육 과정 중 일반목적뿐만 아니라 특수목적, 특수집단을 위한 한국어 교육에 대한 관심이 급증하고 있다. 현재 각 대학의 부속기관에서 한국

어를 학습하고 있는 학습자 중 한국 대학 진학을 목표로 하는 학습자들이 기하급수적으로 증가함에 따라 학문 목적 한국어 학습자를 위한 연구가 급증하고 있고, 사회적인 변화에 따라 증가한 학습자 집단인 이주 노동자와 결혼 이민 여성을 위한 연구 또한 활발하게 진행되고 있다.

② 통합 교육이 한국어 교육에 도입됨에 따라 논문 역시 어느 한 분야로 범주화할 수 없는 것들이 많다. 논문에서 한 분야를 다루기보다는 두 가지 이상의 분야를 함께 접목 시킨 연구가 활발하게 이루어지고 있다. 다음의 논문들의 좋은 예가 될 수 있다.

김지영(2005), 담화능력 배양을 위한 읽기 · 쓰기 통합 과제 개발 방안
신명선(2006), 학문 목적의 한국어 학습자를 위한 어휘 교육의 내용 연구

③ 과거 일부 주제로만 한정되었던 한국어 교육에 대한 연구가 최근 들어 그 주제들이 다양해지고 있다. 북한의 한국어 교육에 대한 연구도 시도되고 있으며, 한국어 통번역에 관한 논문들도 발표되고 있다. 또한 국내뿐만 아니라 국외 대학에서 시행 되고 있는 한국어 교육에 대한 논문들도 발표되고 있는데, 이를 통해 한국어 교육이 좀 더 다양한 곳에서 다양한 언어를 통해 이루어지고 있음을 알 수 있다.

3. 한국어 교육학의 학문적 위상에 관한 앞선 논의3)

한국어 교육학은 2002년에 처음으로 한국학술진흥재단의 학문 분류 체계의 '사회과학 〉 교육학 〉 교과교육학 〉 한국어 교육학'으로 등록되었다. 이것은 한국어 교육학의 성격을 일차적으로 규정해 주는 출발점이자, 한국어 교육학의

---

3) 서상규(2007), 한국어 교육학과 기초학문, 국제한국어교육학회 제 17차 국제학술대회.

학문적 정체성에 대한 활발한 논의를 촉발시킨 계기이기도 하다. '한국어 교육학'이 하나의 독립된 학문으로 자리 잡고, 괄목할 만한 발전을 이루기 위해서 한국어 교육학의 정체성에 대해서 끊임없는 논의를 해야 할 것이다.

본고에서 이 논의를 시작하기에 앞서 '한국어 교육학'의 정체성 문제에 대해 그간 학계에서 어떠한 논의들이 이루어져 왔는지 먼저 살펴보도록 하겠다.

3.1. 국어학 및 국어교육학의 하위 분야로서의 한국어 교육

처음 한국어 교육이 시작되었을 때, 한국어 교육학은 독자적인 학문 영역이 아니었다. 따라서 한국어 교육학에 대한 논의가 처음 시작된 것은 국어학 및 국어교육학의 하위 분야로서였다. 그렇다면 한국어 교육의 학문적 위상이 어떻게 달라져 왔는지를 알아보기 위하여, 국어학이나 국어교육 분야에서는 한국어 교육을 어떻게 다루어 왔는지를 살펴보기로 하겠다.

3.1.1. 『21세기 국어학의 현황과 과제』

박영순(2002b: 115-116)은 국어학의 한 하위 분야로 응용국어학을 설정하고, 여기에 '국어교육학, **외국어로서의 한국어 교육학**, 사회국어학, 심리국어학, 전산언어학, 국어화용론' 분야를 포함시키고 있다.

3.1.2. 『국어학 연감』4)

다음으로 국립국어원에서 발간하고 있는 『국어학 연감』에서 나타난 한국어 교육학에 대해 살펴보도록 하겠다.

---

4) 『국어학 연감』은 2004년까지 발간되었고, 2005년부터는 『국어 연감』으로 개편되었다.

2003년까지의『국어학 연감』에서는 국어학의 연구 동향을 '국어정책, 국어 교육, 음성학·음운론, 형태론, 통사론, 어휘론·의미론·사전편찬학, 국어사· 국어학사, 문자·표기, 방언·사회언어학' 등으로 나누어 기술하고 있다. 2000 년 연감까지도 한국어 교육을 국어교육 분야의 일부로, 국어교육의 다른 영역 에 비해 극히 지엽적인 문제로만 다루어 왔다. 한 예로, 1999년 연감의 국어 교육 분야에서 한국어 교육에 관련된 기술 내용을 살펴보면, "외국인을 위한 한국어 교육 역시 국어교육의 범주에 들며, 이 방면의 연구 또한 적지 않다. 이것은 최근 세계화 시대를 맞아 외국인들의 한국어에 대한 관심이 폭증하는 사회 현상과 무관하지 않다."(60쪽)고 하며, 단 한 단락의 서술로 그치고 있 다. 2001년 연감의 국어교육 분야의 서술에서는 "한 해 동안의 연구물을 '국 어 교육 과정에 관한 연구'와 '국어교육의 영역별 연구', '한국어 교육'이란 세 가지 분류 기준을 적용하여 정리하고자 한다."고 하여 한국어 교육에 대한 비 중이 이전에 비해 다소 늘어나기 시작한다.

하지만 2003년 연감까지는 '한국어 교육 일반, 교재, 교수·학습 방법 및 평가, 교육 내용, 기타' 등의 다섯 가지로 세분하여 국어교육 분야의 일부로 서 기술하였다. 특히 이 2003년 연감에서는 한국어 교육 분야에서의 연구 활 성화가 바로 국어교육 분야의 영역 확장인 것으로 기술하고 있다. 2004년 연 감에 이르러서는 '국어 정책, 국어 교육, 한국어 교육, 음성학·음운론, 형태 론, 통사론, 어휘론·의미론·사전편찬학, 국어사·어학사, 문자·표기, 방 언·사회언어학'으로 분류함으로써, 드디어 한국어 교육이 연감의 분류에서 독립되어 기술되기 시작하였다.

이와 같은 기술상의 변화는 2000년대 초반을 거치면서, 한국어 교육이 국어 학, 국어교육의 영역으로부터 독립해 나가는 과정을 여실히 보여주고 있다.

즉, 국어학 분야에서 이전부터 '국어학〉국어교육〉한국어 교육'이라는 포 함 관계로 인식되어 오던 것이, 2004년경부터 한국어 교육학을 독립적 분야로 인정하는 변화가 일어났음을 알 수 있다.

3.2. 독립적 학문 분야로서의 한국어 교육

그렇다면 한국어 교육 분야에서는 한국어 교육의 지위에 대한 어떠한 논의가 이루어져 왔는지 알아보도록 하자. 한국어 교육 분야에서도 지금껏 한국어 교육의 학문적 정체성에 대한 활발한 토론이 전개되고 있다. 그럼 몇 가지의 선행 연구를 통해 한국어 교육의 정체성에 대한 시각들을 살펴보도록 하자.

3.2.1. 『한국어 교육의 학문적 위상 정립과 학문으로서의 미래 조망』

김은주(2001: 35~36)는 "국내외 주요 대학들에서 외국어로서의 한국어에 대한 학위 과정이 개설되고 있다는 사실은 외국어로서의 한국어 교육학이 하나의 독립적인 학문의 한 분야로서 서서히 자리를 잡아가고 있다는 것을 보여 준다."고 하면서, '외국어로서의 한국어 교육학'이 하나의 학문 분야로 발전하기 위해서는 국어학, 언어학, 외국어 교육학, 응용 언어학 등의 인접 학문 분야에 몸담고 있는 학자들 간의 지식 공유와 연구 내용 및 방법의 전수, 협동 연구 등이 활발히 이루어져야 하고, 외국어 교육학 등의 인접 학문에서와 같이 실험적 연구 방법을 활용한 체계적이고 논리적인 연구 논문들과 저서가 많이 배출되어야 한다고 주장하였다.

3.2.2. 『한국어 교육학의 정체성에 관한 연구』

김중섭(2004: 85)은 한국어 교육학을 독립된 학문의 영역으로 간주하고 독립된 학문의 필수 요건인 하위 학문 영역의 설정 문제를 구체적으로 논의하고 있다. 이와 관련해 한국어 교육학의 학문적 정체성을 어떻게 인식하느냐에 따라서 한국어 교육학의 인접 학문에 대한 파악이 달라질 수 있다는 주장을 펼치고 있는데, 이를 표로 정리해 보면 다음과 같다.

<표 2> 인접 학문과의 관계

우위학문	교육	한국어
인접분야	◆ 국어 교육 　: (한)국어를 내용으로 함 ◆ 외국어 교육 　: 교육 방법의 면에서 공통점 가짐 ◆ 국어학 　: 한국어 교육학의 이론적 토대가 됨	◆ 언어학과 국어학 　: 한국어의 본질을 이해하는 데 기여하는 학문 ◆ 교육학 　: 실용적 · 방법론적인 지식 체계 수립하는 데 기여

위의 표를 살펴보면 한국어 교육은 국어 교육, 외국어 교육, 국어학, 언어학, 교육학과 학문적으로 밀접한 관계를 맺고 있음을 알 수 있다. 김중섭은 이 책에서 이들과 한국어 교육이 분명 밀접한 관계를 맺고 있지만 그것들과의 공통점만큼이나 근원적인 차이점이 존재한다는 사실을 지적했다. 따라서 한국어 교육 분야가 내부적인 연구 역량을 마련하고 탄탄한 학문적 기반을 확보해 간다면, 정체성 확립의 차원을 벗어나 인접 학문을 주도해 가는 학문으로의 발전이 가능할 것이라고 주장했다.

다음의 '한국어, 교육학, 한국학'의 세 영역별 분류는 대학, 대학원에서의 교과 과정을 운영하는 중요한 밑바탕은 물론, 하위 학문 영역 수립의 필수적인 조건을 충족시킨다.

1) 한국어학

대조 언어론
한국어 습득론

한국어 문법론
한국어 음운론
한국어 어휘론
한국어 화용론
한국어 번역론
한국어의 사회 언어학적 연구
한국어의 심리학적 연구
중간 언어 연구

2) 교육학

(1) 언어 교육학적 접근

언어 습득론
이중 언어 교육론
한국어 한자 교육론
한국어 문법 교육론
한국어 발음 교육론
한국어 어휘 교육론
한국어 담화 교육론
한국어 말하기 교육론
한국어 듣기 교육론
한국어 쓰기 교육론
한국어 읽기 교육론
한국어 문화 교육론

(2) 교육학적 접근

한국어 교육 과정론
한국어 평가론
한국어 교육 경영론
한국어 교육 자료 개발론
한국어 교육 방법론

한국어 학습자론

3) 한국학

한국학 교육론
한국 문화사 교육론
외국인을 위한 한국 문학 교육론
외국인을 위한 한국 역사 교육론
한국 사회학 교육론
한국 현대 사회 교육론

3.3. 통합적(학제적) 학문 분야로서의 한국어 교육

마지막으로 한국어 교육학을 독립적 학문 분야로 보는 것과는 달리 관련 기초 학문 영역들의 통합(또는 학제)적인 학문 분야로 보는 견해다.

3.3.1. 『한국어 교육학의 학문적 정체성 정립을 위한 연구』

강승혜(2003a: 3~4)에서는 한국어 교육의 성격을 다음과 같이 설명하고 있다. "외국어로서 한국어 교육 분야가 학문적인 자리매김을 해야 하는 또 다른 이유는 한국어 교육 분야의 성격상 어느 한 학문 분야의 영역이 아니기 때문이다. 다시 말해서 외국어로서 한국어 교육은 국어학이나 언어학, 교육학이나 외국어교육학, 심지어 국어교육학, 혹은 한국학만의 분야가 아니라는 것이다. 이 모든 학문 영역의 지식이 필요하고 적용되어야 하는 분야라고 할 수 있다." 특히 강승혜(2003b: 57~59)는 '외국어로서의 한국어 교육'이 학문으로서 자리 잡기 위해 구축해야 할 영역들을 크게 언어학 영역, 국어학 영역, 한국학 영역, 교육학 영역으로 나누어 설명하며, 한국어 교육학은 '국어학, 언어

학, 한국학, 교육학'의 4개 분야의 통합체적 성격을 지니고 있음을 보여 주고
자 하였다.

3.3.2. 『한국어 교육학 개관』

민현식(2005:14)은 "국어교육학의 학문적 기초가 국어국문학과 교육학이듯
이 한국어 교육학도 국어국문학과 교육학을 중요한 학문적 기초로 삼는다."고
하면서, "대체로 한국어 교육학은 국어학, 국문학은 물론 독서, 화법, 작문론
을 포함하는 광의의 국어국문학과 외국어교육학 및 교육학이 결합한 응용 학
문으로 볼 수 있다."고 규정하고 있다.

4. 한국어 교육학의 학문적 발전 방향

한국어 교육학의 정체성 및 발전 방향에 관한 연구는 김은주(2000),[5] 강승
혜(2003),[6] 조항록(2005),[7] 김중섭(2004)[8] 등 매년 학술지 논문 및 학위
논문 등에서 다루어져 왔다. 2007년 4월 7일 이중언어학회 제20차 전국학술
대회 춘계대회, 2007년 8월 국제한국어교육학회 주최 제 17차 국제학술대회
에서는 '한국어 교육의 정체성: 연구 동향과 발전 방향', '외국어로서의 한국어
교육학: 교육과 연구의 방향성 정립'이라는 주제 하에 한국어 교육을 학문적
관점에서 종합적으로 고찰하고 학문적 정체성을 구명하고자 하였다.

---

5) 김은주(2001), 한국어 교육의 학문적 위상 정립과 학문으로의 미래 조망, 『외국어로서의 한국어 교육』.

6) 강혜승(2003), 한국어 교육의 학문적 정체성 정립을 위한 한국어 교육 연구 동향분석, 『한국어 교육』.

7) 조항록(2005a), 한국어 교육학의 학문적 정체성 연구 방법론 소고, 『한국언어문화학』.

8) 김중섭(2004), 한국어 교육학의 정체성에 관한 연구, 『한국어 교육의 이해』, 한국문화사.

한국어 교육학의 학문적 정착을 위한 과제로 박영순(2001: 23~4)은 '전문 인력의 양성, 확보'와 한국어 교육에 대한 인식의 전환이 필요함을 지적하였다. 전문 인력이 있어야만 다양한 커리큘럼, 체계적인 교과서, 교수법 개발, 교사 양성, 표준 평가 도구 제작, 전자 사전과 한국어 학습의 컴퓨터 프로그램화 등 제반 준비가 이루어질 수 있다는 것이다. 또한 한국어 교육을 단순히 수익 사업이라고 여기는 사고를 버리고 학문적 발전에 이바지한다는 사명감을 가질 때 비로소 한국어 교육의 양적, 질적 확대가 이루어질 수 있다고 보았기 때문이다.

다음으로 손호민(2002: 34)은 한국어 교육 전반의 현황이 아직 초기 단계라고 하면서 한국어 교육의 학문적 위상 정립, 전문 인력 양성, 고급 수준의 교재 개발, 다매체 교재의 개발, 평가 도구의 개발, 문화 교육 교재의 개발 등이 시급히 이루어져야 한다고 말했다.

박영순(2001), 손호민(2002)의 견해는 한국어 교육학의 학문적 연구 방향을 설정하는 데 필요한 부분이기는 하나 논의가 한국어 교육학의 학문적 연구 방향에 초점을 둔 것은 아니어서 이를 한정하여 논의할 필요가 있다.

무엇보다 한국어 교육학이 고유의 학문적 위상을 정립하고 체계적인 학문 영역으로 발전하기 위해서는 실질적인 면에서 교육 현장에 기여하는 연구들이 축적되어야 한다고 본다. 그러기 위해서는 발달된 외국어 교육 이론들을 폭넓게 수용하되 한국어의 개별적인 특성을 고려한 연구들이 보다 심화되어 학문적 깊이를 높여야 할 것이다. 따라서 한국어 교육에 대한 논의를 보다 심화하여 한국어 습득론, 한국어 문화 교육론, 한국학 교육론과 같은 분야에 대한 깊이 있는 연구를 지속적이고 체계적으로 실시해야 할 것이다.[9]

---

9) 최근 국내·외에서 한국어를 학문적인 대상으로 연구하는 학위 과정이 크게 증가하고 있지만 아직까지 전체적인 한국어학 또는 한국어 교육학에 대한 규준적인 교육 과정이 나오지 않고 있다. 이를 위해서도 한국어 교육학의 학문적 위상 및 내용 정립은 시급히 이루어 내야 할 당면 과제인 것이다.

또한 한국어 교육학의 학문적 발전을 위해서는 한국어 교육학 자체의 위상 정립, 강화를 위한 지속적인 노력이 필요할 것으로 보인다. 한국어학, 한국학은 한국어 교육학과 분명한 차이가 있음에도 불구하고 때로는 혼동을 초래하는 경우가 있는데, 이는 각각의 성격과 위치를 정립하지 못했기 때문이다. 다소 층위에 차이는 있으나 이 또한 본 연구에서와 같이 한국어 교육학을 중심으로 범주화함으로써 한국어 교육학의 위상을 강화하고 학문적 발전을 이끌 수 있을 것이다.[10]

5. 맺음말

한국어 교육은 1980년대 이후 본격적으로 발전하여 길지 않은 시간 동안 빠르게 외적인 성장을 이루어 왔다. 이제는 그간의 외적인 성장을 학문적으로 더욱 진전시켜 외형과 내용이 조화를 이루는 독자적인 학문 영역으로 정착해야 할 시기다. 이에 한국어 교육의 역사와 그간의 연구 현황을 살펴 한국어 교육이 한국어 교육학이라는 학문적 틀 안에서 성숙할 수 있는 가능성을 논의해 보았다.

인접 학문과의 관계 및 영역별 하위 학문으로서의 관계를 통해 볼 때, 한국어 교육학은 간학문적인 성격이 강하고 교육 기능이 전제되어 있어 기존의 인식대로라면 순수 학문으로 편제되기는 어렵다. 그러나 한국어 교육학의 하위 학문 영역에서 살펴보았듯 오히려 여러 순수 학문 영역을 아우를 수 있는 상위 학문으로의 위상 정립이 가능하다. 따라서 한국어 교육학의 정체성은 보다 상위 영역에서 논하는 것이 바람직하며, 이러한 방향으로의 정체성 확립을 통해 학문적

---

10) 이는 동일한 대상을 달리 지칭함으로써 초래되는 불이익을 없애는 한편, 한국어 교육학의 대외적 접근성, 학제상의 자리매김, 정책적 지원 유치 등에 크게 도움이 될 것이다.

성장을 담보하는 한편, 관련된 개별 학문들을 견인해 가는 중심 학문으로의 역할이 가능할 것이다.

인접 학문과의 연관성을 바탕으로 한국어 교육의 특수성을 찾고 한국어 교육의 독자적인 논리를 담은 연구들이 진행되어 한국어 교육학이 세계적인 학문으로 성장하길 기대해 본다.

참고문헌

강승혜(2003a), 한국어 교육의 학문적 정체성 정립을 위한 한국어 교육 연구 동향분석, 한국어 교육 14-1, 국제한국어교육학회.

＿＿＿(2003b), 한국어 교육의 학문적 정체성 정립을 위한 연구—하위 학문영역 구축을 위한 귀납적 접근, 외국어로서의 한국어 교육 28, 연세대학교 언어연구교육원 한국어학당.

김병원(1988), 외국어로서의 한국어 교육원리, 이중언어학 4, 이중언어학회.

김영규(2006), 한국어 교육학 연구방법론의 과제와 전망, 한국어 교육 17-2, 국제한국어교육학회.

김은주(2001), 한국어 교육의 학문적 위상 정립과 학문으로서의 미래 조망, 외국어로서의 한국어 교육 25·26, 연세대학교 언어교육연구원 한국어학당.

김중섭(2004), 한국어 교육학의 정체성에 관한 연구, 한국어 교육 15-2, 국제한국어교육학회.

민현식 외(2002), 한국어 교육 전공 발전 방안에 대한 연구, 先淸語文 30, 서울대학교 사범대학 국어교육학과.

민현식(2005), 한국어 교육학 개관, 한국어 교육론 1, 한국문화사.

박영순(1997), 국어교육과 한국어 교육, 한국어학 6, 한국어학회.

윤희원(1996), 제1언어로서의 한국어와 제2언어로서의 한국어 교육, 한국어 교육 7, 국제한국어교육학회.

조항록(2005), 외국어로서의 한국어 교육사, 한국어 교육론 1, 한국문화사.

최용재(1974), 외국어로서의 한국어 교육론, 조선대학교 박사학위논문.

하치근 외(1995), 외국어로서의 한국어 교육에 관한 연구, 언어와 언어교육 10, 동아대학교 어학연구소.

황인교(1997), 외국어로서의 한국어 교육 연구, 이화어문논집 15, 이화여자대학교 이화어문학회.

제13장
한국어 교사론

1. 한국어 교사의 요건

한국말을 할 수 있다고 해서 누구나 한국어 교사가 될 수 있는 것은 아니다. 한국어가 주요한 언어로서 세계로 뻗어 나가고 있는 오늘날, 한국어 교육의 성패는 일선에서 교육을 실제로 담당하는 교사들에게 달려 있다고 해도 과언이 아니다. 교육이라는 활동이 필연적으로 '사람'을 대상으로 하는 일인 만큼 교사의 자질과 태도는 전체 교육 활동에서 차지하는 바가 매우 크다.

한국어 교사는 어떠해야 하는가? 여기에서는 한국어 교사가 되기 위한 과정과 바람직한 한국어 교사상을 제시하고, 구체적으로 한국어 교사가 갖추어야 할 것들을 실제 교육 환경에서의 적용을 통해 살펴보도록 하겠다.

1.1. 한국어 교사 자격 취득 요건

국어기본법이 시행되기 이전에는 한국어 교사가 되기 위한 공인된 교육 과정이나 자격증 제도가 없었다. 과거에는 한국어 교사의 자격에 대한 기준 없이 인접 학과나 관련 학과를 졸업한 사람들이 한국어 교육 기관에서 마련한 연수 과정을 이수하면 교사로 채용되는 경우가 대부분이었다. 한국어 교사 능력을 인증해 주는 민간기관의 시험이 있기는 했으나 활용도가 그리 높지 않았다.

국어기본법(2005.01.27.)과 시행령(2005.07.27.) 일부 개정(2008. 10. 20)의 제정으로 한국어 교사가 되기 위해 이수해야 할 교육 과정 및 한국어 교사 자격을 검증할 수 있는 시험 제도가 생기게 되었다. 한국어 교사 자격은 전공, 학위 여부, 교사 경력 등을 기준으로 1급~3급까지로 세분화되어 있다.

〈표 1〉 국어기본법에서 요구하는 한국어교원 자격 취득에 필요한 영역별 필수 이수 학점 및 이수 시간

영역	과목 예시	주전공 또는 복수 전공	부전공	대학원의 영역별 필수 이수 학점	한국어 교원 양성 과정 필수 이수 시간
한국어학	국어학 개론, 한국어 음운론, 한국어 문법론, 한국어 어휘론, 한국어 의미론, 한국어 화용론(話用論), 한국어사, 한국어 어문규범 등	6학점	3학점	3~4학점	30시간
일반언어학 및 응용언어학	응용언어학, 언어학 개론, 대조언어학, 사회언어학, 심리언어학, 외국어 습득론 등	6학점	3학점	3~4학점	12시간
외국어로서의 한국어 교육론	한국어 교육개론, 한국어 교육과정론, 한국어 평가론, 언어교수이론, 한국어 표현교육법(말하기, 쓰기), 한국어 이해교육법(듣기, 읽기), 한국어 발음교육론, 한국어 문법교육론, 한국어 어휘교육론, 한국어 교재론, 한국 문화교육론, 한국어 한자교육론, 한국어 교육정책론, 한국어 번역론 등	24학점	9학점	9~10학점	46시간
한국 문화	한국민속학, 한국의 현대문화, 한국의 전통문화, 한국문학 개론, 전통문화 현장실습, 한국 현대문화 비평, 현대 한국사회, 한	6학점	3학점	2~3학점	12시간

	국문학의 이해 등				
한국어 교육 실습	강의 참관, 모의 수업, 강의 실습 등	3학점	3학점	2~3학점	20시간
합계		45학점	21학점	18학점	120시간

한국어 교사 자격을 심사하기 위한 시험으로 한국어 교육능력검정시험을 실시하게 되었다. 이 시험은 매년 1회 실시되며 과목은 한국어학, 일반언어학 및 응용언어학, 외국어로서의 한국어 교육 개론, 한국 문화, 구술시험으로 구성되어 있다. 각 영역별 배점 및 시험 시간은 다음과 같다.

〈표 2〉 한국어 교육능력검정시험 영역 및 배점 현황

		영역	배점	시간	방법
1차 시험	1교시	한국어학	90점	100분	필기
		일반언어학 및 응용언어학	30점		
2차 시험	2교시	외국어로서의 한국어 교육 개론	150점	150분	
		한국 문화	30점		
			300점	250분	
		구술시험	합격 / 불합격		면접

1.2. 한국어 교사가 되기 위한 과정

현재 한국어 교사가 되기 위해서는 비학위 한국어 교육자 양성 기관이나 학위 과정(학부 과정, 일반대학원 과정, 교육대학원 과정)을 거쳐야 한다.[1] 앞서 말한 바와 같이 한국어 교사 자격은 1급~3급으로 구분되어 있는데, 각 급별 준비 사항에 대해 살펴보겠다.

---

[1] 한국어 교육 관련 교육기관 현황은 〈부록〉을 참고.

• 3급 취득 방법

(1) 외국어로서의 한국어 교육 부전공(학사 학위 이상) → 한국어 교사 자격 심사위원회 심사[2] → 3급 자격증 교부

(2) 한국어 교사 양성 과정 이수 → 한국어 교사 능력 검정 시험 합격 → 한국어 교사 자격 심사위원회 심사 → 3급 자격증 교부

• 2급 취득 방법

(1) 3급의 (1)의 과정으로 3급 자격 취득 → 한국어 교육 경력 3년 이상 → 한국어 교원 자격 심사위원회 심사 → 2급 자격증 교부

(2) 3급의 (2)의 방법 3급 자격 취득 → 한국어 교육 경력 5년 이상 → 한국어 교원 자격 심사위원회 심사 → 2급 자격증 교부

(3) 외국어로서의 한국어 교육 전공 또는 복수 전공(학사 학위 이상) → 한국어 교원 자격 심사위원회 심사 → 2급 자격증 교부

• 1급 취득 방법

(1) 2급 자격 취득한 자 → 한국어 교육 경력 5년 이상 & 총 2000시간 이상의 한국어 교육 경력을 가진 자 → 한국어 교원 자격 심사위원회 심사 → 1급 자격증 교부

이와 같은 제도는 한국어 교사에게 필요한 교육 과정 및 교육 내용 등에 대한 법적 준거를 마련해 주어 보다 전문적인 한국어 교원 양성에 이바지할 것으로 보인다.

---

2) 제출 서류는 졸업증명서, 성적증명서 그리고 '한국어 교원 자격 심사 신청 및 한국어 교사 자격증 발급 규정(문화관광부 고시 제2005-23호, 2005년 11월 25일 고시)'에서 정해 놓은 한국어 교사 자격증 교부 신청서다.

2. 바람직한 한국어 교사상

2.1. '교육자'로서의 한국어 교사

어떤 교육이든 기본적으로 배우는 이(학생)와 가르치는 이(교사) 그리고 교육내용(교재)을 전제로 한다. 학생, 교사, 교재를 교육의 3대 요소라고 하는데, 이 중에서 가장 중요한 요소는 교사다. 교사는 일선에서 교육을 담당하는 주체로서 진행자, 안내자, 상담자, 조력자로서 교육 활동에서 가장 핵심적이고 중추적인 위치에 서게 된다. 따라서 교사는 교육의 질을 좌우하는 중요한 요인인 것이다.

특히 교재, 교수 자료, 교수법 등을 비롯하여 국외 한국어 교육의 여건, 환경 등이 한국 내에서의 교육 상황에 비해 열악한 현실에서 교사의 중요성은 더욱 크다. 교육 여건, 환경이 점차 좋아지고 있지만 현재 상황에서 교육의 질을 높일 수 있는 열쇠는 바로 교사에게 있기 때문이다. 교재, 교수 자료, 제한된 한국어 의사소통 상황 등의 제약이 유능한 교사의 능력 및 노력을 통해 최소화 또는 극복될 수 있기 때문이다.

그러면 교육자는 어떤 자질을 갖추어야 하는가?

첫째, 훌륭한 인격자(Personality)여야 한다. 심신이 건강하고, 풍부한 교양을 지니며, 인간을 존중하고 사랑하는 마음을 가지며, 도덕적 윤리 규범에 철저해야 한다. 이는 교육 활동에 참여하는 모든 교사들에게 요구되는 가장 기초적이고 당위적인 요소다.

둘째, 전문성(Professionalism)을 지녀야 한다. 가르치는 내용에 대한 전문적인 지식은 물론이고, 그 지식을 전달하는 방법에 대한 지식도 알고 있어야 한다. 자신이 다루는 교육 내용에 대한 깊이 있는 이해를 갖추는 데 그치는 것이 아니라, 학습자들이 이를 효과적으로 배울 수 있도록 전달할 수 있는 능력이 요구된다.

국외 한국어 교육의 경우, 그간 학습자의 학습 동기가 교양 또는 흥미 차원에 머무르는 게 대부분이었으며, 교사 역시 국외에 체류 중인 한국어 비전공자들이 대부분이었다. 그러나 한국어의 국제적인 위상이 커지면서 국외 한국어 수요가 증가했을 뿐만 아니라 학습 동기가 점증적으로 전문화되고 있으며, 교사 역시 한국어 교육 및 한국어를 전공한 전문적인 자질을 갖춘 전공자의 수가 크게 증가하였다. 이러한 현상은 대단히 고무적인 것으로서 국외 한국어 교육의 질적 향상을 위해 한국어 교사의 전문성 향상은 더욱 진작되어야 할 것이다.

셋째, 지도력이 있어야 한다. 구성원인 학습자들이 자신의 능력을 최대한 발휘할 수 있도록 격려하며, 그들의 목표를 이룰 수 있도록 상황을 조성할 수 있어야 하고, 구성원들의 개성을 존중하면서 전체 의사를 조율할 수 있어야 하며, 구성원들을 신뢰할 수 있어야 한다. 서로 다른 다수의 학습자들을 학습 목표 달성을 위해 이끌고 나갈 수 있는 리더십(Leadership)이 필요하다. 리더십은 억지로 이끌어 가는 것이 아닌 스스로 따라 올 수 있도록 하는 고도의 기술이다.

2.2. '언어'를 다루는 교육자로서의 한국어 교사

위에서 언급한 것이 가르치는 사람으로서 일반적으로 갖추어야 할 자질인 반면 가르치는 내용이 '언어'라는 특정 내용과 기술에 관한 것이라면, 이에 덧붙여서 언어(외국어)를 다루는 교육자로서 필요한 요건이 있다.

첫째, 언어 교사는 가르치는 언어에 대한 훌륭한 시범자여야 한다. 해당 언어에 대한 지식은 물론이고 그 언어를 구사할 수 있는 능력, 즉 언어 영역별 능력(말하기, 읽기, 쓰기, 듣기 등)이 탁월해야 한다. 무엇보다 발음이 정확해야 하고, 표준 언어에 대한 이해를 바탕으로 지역적 다양성까지도 포괄할 수 있는 지식과 능력을 갖추어야 한다.

특히 한국어가 모국어가 아닌 한국어 교사라면 일정 수준의 언어 능력을 유지하기 위해 끊임없이 노력하는 자세가 필요하다. 또한 모든 언어 교육이 기본적으로 해당 언어의 표준어로 이루어지는 것이 바람직하다고 할 때, 북한에서 교육을 받은 해외 한국어 교사의 경우도 한국의 표준어를 익혀 표준어의 어휘, 문법, 억양 등을 통해 한국어 교육을 실시하는 것이 바람직할 것이다.

둘째, 언어 교사는 언어의 본질과 언어의 사회적·지역적·기능적 구조와 발달 등에 관해 충분한 이해가 있어야 한다. 전문적인 언어학자가 될 필요는 없더라도, 언어 일반에 대한 이해와 이를 바탕으로 특정 언어가 언어 일반과 맺는 관계를 이해함으로써 해당 언어를 효과적으로 가르칠 수 있다.

특히 한국어 교사는 제반 언어에 대한 기본적인 소양 이외에 한국어와 해당 언어 간의 대조언어학적인 지식을 갖추고 있어야 한다. 학습자 모국어 및 한국어 각각에 대한 언어학적인 지식 이외에 학습자 모국어와 한국어의 차이로 인해 한국어 학습자가 겪게 되는 일반적인 어려움을 대조언어학적인 지식을 토대로 학습자에게 효과적으로 이해시켜 교육할 수 있어야 하는 것이다. 이는 한국 내에서의 한국어 교육과 차별화하여 국외 한국어 교육의 효율성을 높일 수 있는 방법으로서 해당 언어 사용자가 한국어 학습 시 겪게 되는 일반적인 어려움을 줄여 한국어 학습의 성과를 증진시킬 수 있다.

셋째, 언어는 교사와 학습자의 상호 작용을 통해 교수되는 것이므로 수업의 국면에서 어떻게 학습자와의 활동을 꾸려 나가는가가 중요하다. 따라서 언어 교사는 학습자를 학습 과정에 적극적으로 끌어들여 충분한 연습을 할 수 있도록 배려할 줄 알아야 한다. 언어 교사에게는 대화 상대자, 연습 상대자,

시범자, 조력자, 조언자, 조율자, 격려자 등 다양한 역할이 요구되므로, 수업 단계에 맞게 적절히 상호작용을 할 수 있는 능력이 필요하다.

국외 한국어 학습의 경우 한국어 의사소통 상황이 수업 시간에 한하거나 극히 제한되기 마련이며, 한국에서 배우는 학습자보다 학습 동기를 부여 받을 기회가 적다. 따라서 교사는 수업 시간 내에서뿐만 아니라 수업 시간 외에서도 학습자가 한국어 의사소통 상황에 접할 수 있는 다양한 방법을 모색할 필요가 있다. 먼저 수업 시간에는 수업의 목표, 내용, 난이도 등에 따라 학습자의 언어 능력을 신장시킬 수 있는 다양한 교실 활동을 운영할 수 있어야 하는데, 현지에서 인기를 끌고 있는 한국 드라마나 영화, 노래 등을 수업 자료로 활용할 수 있을 것이다. 그러나 학습자가 동일어권일 경우 학습자간 활동이 서로의 모국어로 이루어지지 않도록 주의, 감독할 필요가 있다. 다음으로 수업 외의 과제 활동으로 신문, 방송, 컴퓨터 등의 매체를 활용하여 학습자가 한국어 및 한국어 의사소통 상황에 접할 기회를 증가시켜야 한다. 학습자가 좋아하는 한국 가수나 배우에 대한 기사를 수집하게 하여 학습 자료로 활용하게 하는 등 과제 활동을 주고 그것을 수업 시간에 다루거나 수업 내용의 일부로 활용함으로써 학습자의 과제 수행을 고취하고 점검할 수 있다. 그 외에 기관 차원에서 한국인 친구(한국인 유학생)를 연결해 주는 제도를 마련하여 한국어와 한국 문화를 접할 수 있는 기회를 제공하는 것도 좋은 방법이다.

2.3. '한국어'라는 특정 언어를 가르치는 사람

외국인 학습자에게 한국어를 가르치는 선생님은 그들이 갖게 되는 한국 및 한국인에 대한 정보의 근원으로 절대적인 영향을 주는 대상이다. 따라서 외국인 학습자들은 자신에게 한국어를 가르치는 교사를 한국인의 표본이자 한국을 바라보는 잣대로 생각하게 된다. 다시 말하면 한국어 교사는 학습자에게 한국인을 대표하게 되므로, 한국어 교사는 대표성을 띠는 민간 외교 사절로서의 자부심과 긍지를 가지고 올바른 한국인상을 보여 주어야 할 것이다.

이를 위해 첫째, 한국어에 대한 전문적인 이해가 있어야 한다. 한국어에 대한 충분하고도 전문적인 이해가 없이 한국어를 외국인에게 가르치는 것은 매우 위험하다. 한국어 교사는 국어 전공자만큼의 지식과 이해를 반드시 갖추어야 하며, 계속적으로 나오는 한국어 관련 연구들을 받아들일 수 있는 소양을 갖춰야 한다.

특히 국외 한국어 교사는 한국어 능력을 일정 수준으로 유지하기 위해 끊임없이 노력해야 하는데, 대조언어학적인 지식의 중요성을 언급했듯 국외 한국어 교사는 무엇보다 한국어에 대한 새로운 연구 성과를 자국어와 비교 · 대조하는 관점으로 바라봄으로써 한국어 교육시 이를 활용할 수 있도록 하는 것이 중요하다.

둘째, 한국의 전통 문화와 역사, 정치, 경제, 사회 전반에 걸친 풍부한 이해가 있어야 한다. 단순한 소양에서 그치는 것이 아니라 적극적으로 수업이나 기타 학습자와의 활동에서 활용할 만한 수준의 지식과 이해가 있어야 할 것이다. 또한 학생들은 한국어 교사를 통해 한국 문화를 바라보고 접하게 되므로 올바른 문화 전달자로서의 역할도 충실히 수행할 수 있어야 한다.

국외 한국어 교사의 경우 그러한 지식, 소양을 갖춰 학습자에게 전달하는 것 못지않게 한국의 문화, 역사, 정치, 경제 등에 대한 일반적이고 객관적인 자료를 제공하는 매개 자료를 안내하여 학습자가 스스로 찾아 학습할 수 있도록 하는 것 역시 매우 중요할 것이다. 이를 통해 학습자가 주도적이고 능동적으로 한국에 대한 이해를 증진시킬 수 있을 것이기 때문이다.

셋째, 한국어 교사는 한국어 연구자가 되어야 한다. 한국어 교육과 관련하여 자신의 관심 분야를 계속적으로 연구 · 계발하여, 진정한 전문 연구인으로서 교사 개개인의 성장을 이룰 수 있어야 한국어 교육의 토양이 비옥해지고 한국어 교육계의 관련 성과들을 축적해 나갈 수 있다. 단순히 한국어 사용 능력을 가르치는 기술자(technician)에 그칠 것이 아니라 한국어 교육 전문가로서 자신의 전문영역을 가지고 깊이 있는 연구물들을 생산해 낼 수 있는 연구자가 되어야 한다. 이것은 한국어 교육계의 발전에 이바지할 수 있으므로 관계가 깊다.

교육 여건이 좋지 않은 국외 한국어 교사의 경우, 자신의 수업을 연구의 연장선상에서 실시할 필요성이 더욱 크다. 교육 여건이 열악한 만큼 지속적인 수업 관찰을 통해 학습자가 겪는 어려움들을 파악하여 이를 수업의 개선, 나아가 한국어 교육 연구물로 발전시킴으로써 해당 언어권의 한국어 교육 여건을 한층 발전시킬 수 있기 때문이다.

넷째, 외국어 실력이 있어야 한다. 수업에서의 외국인 학습자 구성은 국적이 매우 다양하지만 한국어를 사용하는 것이 원칙이다. 따라서 단일 언어권의 수업 중에 학습자가 이해할 수 있는 언어로 설명해야 하거나, 수업 중에는 한국어를 사용해도 수업 후에 해당 외국어로 부연 설명을 해야 할 경우가 있기 때문이다. 때로는 학습자들의 생활 상담까지도 해야 하는 경우가 있으므로 한국어 교사에게는 비교적 자유롭게 구사할 수 있는 수준의 외국어 실력이 있어야 한다. 따라서 한국어교사는 필히 외국어를 배워야 한다. 높은 외국어 수준은 언어 교사에게 매우 중요한 자산이 된다.

국외 한국어 교육 환경에서는 한국에서와 다른 접근이 필요하다. 국외에서 해당 언어권 출신의 한국어 교사가 한국어를 가르치는 경우, 교사는 오히려 학습자의 모국어가 아닌 한국어 중심으로 수업을 진행하는 것을 원칙으로 해야 한다. 학습자의 모국어를 통한 설명이 이해 과정에서는 도움이 될지 모르나 그러한 언어 지식은 쉽게 한국어 의사소통 상황에 적용되기 어렵기 때문이다. 국외 한국어 교사는 학습자의 한국어 의사소통 경험을 수업 내외에서 최대한 확보해야 한다. 다만 학습자 모어(母語)를 통한 설명이 학습자의 의사소통 능력 신장에 보다 효율적이라고 판단될 경우, 한국어 설명과 병행하거나 짧고 간결하게 하는 것이 바람직할 것이다.

3. 한국어 교사가 갖추어야 할 태도

3.1. 다른 문화에 대한 열린 자세

한국 문화에 대한 지나친 칭찬은 외국인 학습자들에게는 오히려 반감을 살 수 있다. 또한 한국 문화가 타 문화보다 우월하다는 시각은 매우 위험하다. 타 문화에 대한 열린 자세가 있어야 하며, 편견이나 선입견을 가져서는 안 된다.

한편 지나치게 한국의 부정적인 면을 강조하는 것도 바람직하지 않다. 문화 간 차이에 대한 너그러운 이해를 바탕으로 한 균형감 있는 자세가 필요하다. 언어는 문화와 함께 배우는 것이므로 목표어 문화에 대한 긍정적인 태도가 학습에 도움을 줄 수 있다. 특히 국외 한국어 학습자의 경우 교사에게서 받아들이는 지식 또는 태도가 한국에 대한 가치관, 태도 형성에 절대적인 영향을 미치게 되므로, 교사는 학습자가 한국에 대한 긍정적인 가치관 및 태도를 형성할 수 있도록 하는 것이 바람직할 것이다.

3.2. 특수한 형편의 학습자에 대한 배려

해외 입양아나 인종에 대한 언급은 자제하여야 한다. 해외 입양아의 경우 자신의 신분을 드러내지 않는 경우도 있으며, 서로 다른 입장의 학습자들을 한국어 학습의 문제가 아닌 다른 국면의 문제로 불편하게 해서는 안 된다. 최근에는 다양한 국가로부터 다양한 배경을 가진 학습자들이 늘고 있으므로, 그들이 민감하게 반응을 보일 수 있는 문제들에 대한 언급은 피해야 한다.

국외 한국어 교육의 경우 한국인 교포에 대한 배려 역시 마찬가지 입장에서 이루어져야 하며, 최근 한국어 학습자의 학습 동기가 한국에서의 대학, 대학원 진학이나 취업에 있는 경우가 많아지고 있으므로 그러한 동기를 충족시킬 수 있는 노력 및 배려가 반드시 필요하다.

3.3. 치밀한 학생 관리

수업의 경영자로서 한국어 교사는 학생을 관리함에 있어 항상 치밀함을 잃지 말아야 한다. 학생들의 표정 하나, 몸짓 하나에도 관심을 가지고 수업 중의 학습 과정에 대한 긴밀한 배려는 물론이고, 결석 등 교실 밖에서의 학생 생활의 관리에도 만전을 기하여야 한다. 계속적으로 학생들의 관심을 한국어 학습에 유지할 수 있도록 교실 안팎에서의 학생 관리에 소홀함이 없어야 한다. 하지만 관리한다고 해서 학생을 소유한다는 생각을 가지는 것은 매우 위험하다.

3.4. 편애는 금물

어떤 학습자 집단이든 개개인의 능력이나 태도는 차이가 있게 마련이다. 그러나 이러한 개인차 때문에 교사의 중립성이 흔들려서는 안 된다. 한국어 교육은 학습자가 많은 시간과 돈과 노력을 투자해서 이루어지는 교육으로 의무교육과는 그 성격이 매우 다르다. 따라서 학습자들이 혹시라도 소외를 느끼거나 교사의 관심 밖에서 좌절하지 않도록 특정 학생에 대한 편애를 삼가해야 한다. 학습자들이 다양한 배경을 가지므로 학습 성취도에서도 큰 차이를 보이는 경우가 많은데, 특히 학습이 부진한 학습자에 대한 세심한 배려가 무척 중요하다.

3.5. 자부심과 긍지

가르치려는 말과 문화에 대한 자부심과 긍지를 가져야 한다. 한국어 교사는 한국을 알리는 민간 외교 사절로서 한국 및 한국어 세계화의 첨병이라고 할 수 있다. 이를 위해서 한국어 교사는 관련 지식에 대한 깊이 있는 이해와 연마를 지속적으로 수행해야 하고 어떤 상황에서든 자신감을 갖출 수 있는 노력이 필요하다. 요사이 한국어 교육에 대한 인식은 매우 높아졌다는 것을 실감하게 된다. 하지만 아직도 다른 외국어 교육에 비해 여러 가지 제반 여건이 미흡하다. 예를 들면 교육할 수 있는 공교육기관이 충분하지 않은 것과 한국어 교육을 위한 기본적인 데이터베이스의 구축 등이 아직도 체계적으로 이루어져 있지 않은 문제들이다. 그러나 이러한 문제들 때문에 의기소침할 필요는 없다. 현재 나의 노력이 다음 후배들에게 좋은 여건을 만들어 줄 수 있다는 자부심과 긍지를 갖는 마음자세가 무척 중요하다.

국외 한국어 교육 상황에서는 교사의 한국어 능력뿐만 아니라 한국, 한국어, 한국 문화에 대한 교사의 가치관 및 태도는 거의 전적으로 학습자에게 흡수된다고 봐야 한다. 따라서 교사 스스로가 한국, 한국어, 한국 문화에 대해 긍정적인 가치관 및 태도를 함양하는 것이 중요하다.

3.6. 새로운 교육 방법에 대한 고민과 노력

성공적인 수업을 위해 한국어 교사는 끊임없이 고민해야 한다. 늘 똑같은 학습자와 똑같은 학습 내용을 가지고 가르칠 수는 없다. 축적된 경험을 바탕으로 효과적인 교수-학습 활동을 이루어 낼 수 있도록 연구하고 노력하는 자세를 가져야 한다. 교수 방법이나 매체, 사용하는 교구, 교재에 이르기까지 다양한 시도를 통한 계속적인 고민은 수업의 효율을 높일 수 있다. 자기만의 만족감이 아니라 선생과 학습자간의 상호만족을 목표로 고민하고 노력해야 한다. 이것은 신뢰감에 대한 문제로 한국어 교사는 스스로를 신뢰할 수 있을 만큼 학문적인 소양과 교수법 등에 대한 전문가가 되어야 한다. 이것은 외국인 학습자들이 한국어 교사를 신뢰할 수 있는 최우선의 조건이다.

국외 한국어 교사의 경우 자기 개발을 위한 노력은 더욱 중요하다. 교수 방법, 사용 가능 교구, 교재, 언어 환경 등에 있어 국외의 한국어 여건이 한국 내에서보다는 좋지 않은 것이 현실이므로, 자신이 실시하는 강의의 효율성과 적합성 등에 대해 끊임없이 성찰하고 보다 나은 교수법을 모색하기 위해 부단히 노력해야 한다. 해당 언어권에서 이루어지는 한국어 및 한국어 교육 관련 학회에 참석하고 한국어 교육 관련 연구물들을 지속적으로 검토함으로써 수업의 질과 학습자의 만족도를 높일 수 있을 것이다.

3.7. 인내심과 순발력

교사는 때로는 학습자가 말을 할 때까지 기다릴 줄 아는 인내심을 발휘해야 하며, 또 때로는 학습자의 반응에 순발력 있게 대처하기도 해야 한다. 이 중 교사가 가져야 할 보다 중요한 덕목은 인내심이다. 학습자가 해야 할 말을 교사가 해서는 안 된다. 교사는 조력자로서 학습자가 입을 열 수 있게끔 도와주어야 하며, 격려자로서 학습자의 성공적인 과제 수행에 대해 적절히 보상해 줌으로써 학습자가 더욱 자신감을 가지고 언어활동에 참여할 수 있도록 해야 하기 때문이다. 한편 교사에게는 전체 수업의 목표를 달성하는 데 방해가 되지 않는 범위에서 학습자들의 일탈을 통제할 수 있는 순발력 있는 대처 능력이 필요하다. 효과적인 수업 통제는 교사의 재치와 유연함에서 비롯되고, 이는 결과적으로 성공적인 수업에 큰 도움이 된다.

3.8. 소명의식

평생직장이라는 개념보다는 평생 직업이라는 인식이 필요하다. 한국어를 가르치는 일을 경험한 사람이라면 누구나 알 수 있듯이 재미있고 보람 있는 일이다. 재미있다고 느끼는 일이기 때문에 누구나 하고 싶어 하는 일이지만, 겉으로 보이는 재미 때문에 한국어 교육자가 되길 원한다면 매우 위험하다.

가르치기 전에 충분히 한국어 교육자로서 갖추어야 될 여러 가지 자질과 소양 등을 길러 갖추고 있어야 한다. 힘들고 알찬 노력 후에 한국어를 가르친다면 두 배의 기쁨을 얻을 수 있을 것이다.

국외 한국어 교사의 경우 자신이 학습자에게 전하는 모든 것, 지식을 비롯하여 자신의 가치관, 태도, 심지어는 숨결 하나까지도 학습자에게 그대로 전해진다는 사실에 유념하여 더욱 확고한 소명의식을 가지고 교육에 임하여야 할 것이다.

4. 결론

한국에서의 한국어 교육은 길게는 40년, 짧게는 10년 정도 이루어져 왔다. 그동안 한국어 교육에 대한 인식과 관심이 우리 경제 발전 속도만큼 높아진 것은 사실이다. 그러나 아직 해야 할 연구와 과제가 많기에 이것에 만족해서는 안 되며, 새로운 교육 방법, 교재, 교육 자료, 교구, 시청각교재 등의 개발을 위해 끝없이 노력을 경주해야 할 것이다. 이러한 과업은 연구자뿐만 아니라 한국어 교사들 역시 같은 비중으로 담당해야 할 과업으로서 한국어 교사에게는 그만큼의 큰 책임과 의무가 따른다고 하겠다. 그 책임과 의무는 무겁

겠지만 미완의 연구 분야를 개척한다는 선구자적인 입장에서 자신의 노력에 따르는 큰 성취감을 얻을 수 있으리라 기대한다.

이제 한국어 교육은 하나의 학문으로서 자리를 잡은 독립적이고 특성화된 연구 분야다. 한국어 교사는 이러한 사명을 잊지 말고 한국학을 연구, 발전시키는 주체로서 한국어 교사에게 요구되는 시대적 과제를 충실히 수행할 수 있도록 부단히 노력해야 할 것이다.

별첨

〈표 1〉 한국어 교사 양성 기관(학위과정) - 석·박사 과정

번호	기관 명칭		전공	개설년도	석·박사 설치 여부
1	가톨릭대학교	일반대학원	한국어 교육학과	2008	석사: ○ 박사: ○
		교육대학원	교육학과	2005	석사: ○
2	강남대학교	교육대학원	한국어 교육전공		
3	강원대학교	사범대학	국어교육학과		
4	건국대학교	일반대학원	한국언어문화학과	2006	석사: ○ 박사: ○
		문과대학	국어국문학과		
5	건양대학교	대학원	외국어로서의 한국어학과		
6	경기대학교	일반대학원	국어국문학과		석사: ○ 박사: ○
7	경북대학교	국제대학원	국제문화학과		
		국제대학원	국제문화학과		
8	경인교육대학교	교육대학원	한국어 교육		
9	경희대학교	일반대학원	국제한국언어문화학과	2007	석사: ○ 박사: ○
		일반대학원	국어국문학과	2003	석사: ○ 박사: ○
		교육대학원	교육	1998	석사: ○
10	경희사이버 대학교 대학원	문화창조대학원	글로벌한국학진공		
	계명대학교	일반대학원	외국어로서의한국어 교육학과(구 한국학과)	2007	석사: ○ 박사: ○
11	고려대학교	일반대학원	국어국문학과	2006	석사: ○ 박사: ○
		교육대학원	교육대학원	1999	석사: ○
12	고신대학교	교육대학원	교육학과		
13	공주대학교	일반대학원	한국어 교육학과		
14	관동대학교	일반대학원	국어국문학과	2006	석사: ○ 박사: ○
15	광신대학교	국제대학원	한국어교원학과		
16	광주여자대학교	사회개발대학원	한국어문학과		
17	국제문화대학원대	국제문화대학원	표현문화국제관계학과		

	학교	대학교			
18	군산대학교	교육대학원	교육학과	2005	석사: ○
19	대구가톨릭대학교	문과대학	국어국문학과		
20	대진대학교	일반대학원	국어국문		
21	동국대학교	일반대학원	국어국문학과	2006	석사: ○ 박사: ○
22	동덕여자대학교	일반대학원	한국어학과	2007	석사: ○
23	동신대학교	대학원	한국어교원학과		
24	동아대학교	교육대학원	외국어로서의 한국어 교육학과		
25	배재대학교	교육대학원	외국어로서의 한국어 교육학과		
		일반대학원	외국어로서의 한국어 교육학과	2006	석사: ○ 박사: ○
26	부경대학교	교육대학원	국어국문학과		
27	부산교육대학교	부산교육대학교 교육대학원	한국어 교육		
28	부산대학교	일반대학원	외국어로서의 한국어 교육전공 협동과정	2007	석사: ○ 박사: ○
29	부산외국어 대학교	일반대학원	외국어로서의한국어 교육학과	2005	석사: ○ 박사: ○
		교육대학원	외국어로서의 한국어 교육	2003	석사: ○
30	상명대학교	교육대학원	외국어로서의 한국어 교육학과	2003	석사: ○
		일반대학원	한국학과	1999	석사: ○ 박사: ○
31	서울대학교	사범대학원	국어교육과	2002	석사: ○ 박사: ○
32	서울여자대학교	일반대학원	국어국문학과	2007	석사: ○ 박사: ○
33	선문대학교	일반대학원	한국학과		
		교육대학원	외국어로서의 한국어 교육	2002	석사: ○
34	세종대학교	일반대학원	국어국문학과		
35	세한대학교	일반대학원	한국어학과		
36	숙명여자대학교	일반대학원	국어국문학과		
37	순천대학교	교육대학원	한국어 교육전공		

38	숭실대학교	교육대학원	(외국어로서의) 한국어 교육		
39	신라대학교	교육대학원	외국어로서의 한국어 교육전공		
40	안동대학교	일반대학원	국어국문학과		
41	안양대학교	교육대학원	외국인을 위한 한국어 교육전공		
42	연세대학교	교육대학원	외국어로서의 한국어 교육	1983	석사: ○
		일반대학원	언어정보학협동과정		
		일반대학원	한국학협동과정		
		일반대학원	국어국문학과		
43	영남대학교	일반대학원	외국어로서의한국어 교육학과	2005	석사: ○
44	우석대학교	경영행정문화대학원	한국어지도학과		
45	울산대학교	대학원	국어국문학부		
46	이화여자대학교	외국어교육특수대학원	한국어 교육과		
		국제대학원	한국학과	1982	석사: ○ 박사: ○
		교육대학원	교육학과	1997	석사: ○
47	인천대학교	일반대학원	한국어 교육학과		
48	인하대학교	인문사회계열	국어교육학과		
49	인하대학교	교육대학원	외국어로서의 한국어 교육전공	2006	석사: ○
50	전남대학교	사범대학	한국어 교육학협동과정		
51	전주대학교	교육대학원	외국어로서의 한국어 교육		
		일반대학원	한국어문학과		
52	조선대학교	교육대학원	한국어 교육과		
	중부대학교	인문산업대학원	한국어학과		
53	중앙대학교	대학원	국어국문학과		석사: ○ 박사: ○
54	진주교육대학교	진주교육대학(원)	초등국어교육		

55	청주대학교	일반대학원	국어국문학과		
56	충남대학교	교육대학원	교육학과 한국어 교육		
57	충남대학교	일반대학원	국어국문학과		
58	충북대학교	사범대학	국어교육과		
		일반대학원	국어교육과 외국어로서의 한국어 교육전공		
59	평택대학교	국제교육원	한국어학(학점은행제)		
60	한국외국어대학교	교육대학원	외국어로서의 한국어 교육전공	2000	석사: ○
		일반대학원	국어국문학과	2006	석사: ○ 박사: ○
61	한남대학교	교육대학원	교육대학원		석사: ○
		문과대학원	국어국문학과		석사: ○ 박사: ○
62	한성대학교	일반대학원	한국어문학과	2007	석사: ○ 박사: ○
63	한양대학교	한양대학교	국어교육학과		
		교육대학원	어문계열	1999	
64	호남대학교	일반대학원	한국어 교육학과		
65	호서대학교	일반대학원	국어국문학과 한국어 교육전공		석사: ○

<표 2> 한국어 교사 양성 기관(비학위 과정)

번호	소속	기관 명칭	위치
1	가천대학교	교육대학원 부설 한국어교원 양성과정	경기 성남시 수정구
2	가톨릭상지대학	평생교육원어학원	경북 안동시
3	강남대학교	국제어학교육원	경기 용인시 기흥구
4	강원대학교	한국어문화원	강원도 춘천시
5	강원대학교(삼척캠퍼스)	평생교육원	강원도 삼척시
6	건국대학교	언어교육원	서울시 광진구
		글로컬캠퍼스 언어교육원	충북 충주시
7	건양대학교	평생교육대학	충청남도 논산시
8	경동대학교	국제어학원	강원 고성군
9	경북대학교	한국어문화원	대구광역시 북구
10	경상대학교	경상대학교국어문화원	경상남도 진주시
11	경인교육대학교 (경기캠퍼스)	평생교육원	경기도 안양시
12	경희대학교	글로벌평생교육원 한국어양성과정	경기 용인시 기흥구
		경희대학교	서울시 동대문구
13	계명대학교	국제교육센터 한국어학당	대구광역시 달서구
14	고려대학교	국제어학원 한국어문화교육센터	서울 성북구
15	고신대학교	평생교육원	부산 영도구
16	공주대학교	한민족교육문화원	충청남도 공주시
		원격교육연수원	충남 공주시
		공주대학교 국제교육원	충남 공주시
17	광주여자대학교	대학원	광주 광산구
18	국민대학교	국민대학교	서울시 성북구
19	국제신학대학원대학교	사회교육원	서울 관악구
20	군산대학교	국제교류교육원	전라북도 군산시
21	김천대학교	국제어학원	경북 김천시
22	단국대학교	국제어학원	경기도 용인시
23	대구가톨릭대학교	어학교육센터	경북 경산시
24	대전대학교	한국어 교육센터	대전 동구
25	동국대학교	한국어 교육센터	서울시 중구
		경주캠퍼스 – 국제교류교육원	경상북도 경주시
26	동서대학교	동서대학교 부설 사회교육원	부산 부산진구
27	동아대학교	국어문화원	부산 사하구

28	동의대학교	외국어교육원	부산광역시 부산진구
29	디지털서울문화예술대학교	국제언어교육원	서울시 서대문구
30	목원대학교	국제교육원	대전 서구
31	부경대학교	국어국문학과	부산 남구
32	부산교육대학교	한국어 교사 양성과정	부산 연제구
33	부산대학교	국제언어교육원	부산광역시 금정구
34	부산외국어대학교	한국어문화교육원	부산광역시 남구
35	삼육대학교	사회교육원	서울 노원구
36	상명대학교	한국언어문화교육원	서울시 종로구
37	상지대학교	평생교육원	강원도 원주시
38	서강대학교	한국어 교육원	서울시 마포구
39	서울교육대학교	서울교육대학교	서울시 서초구
40	서울대학교	언어교육원	서울시 관악구
		평생교육원	서울 관악구
		사범대학 외국인을 위한 한국어 교육 지도자 과정	서울시 관악구
42	서울시립대학교	서울시민대학	서울시 동대문구
43	서울신학대학교	평생교육원	경기도 부천시
44	선문대학교	한국어 교육원	충남 아산시
45	성결대학교	언어교육원	경기 안양시
46	성균관대학교	성균어학원	서울시 종로구
47	성신여자대학교	국제문화교육원	서울 성북구
48	세명대학교	한국학센터	충북 제천시
49	세종대학교	국제교육원	서울 광진구
50	세한대학교	온라인오프라인통합 한국어교원 양성과정	전남 목포시
51	숙명여자대학교	국제언어교육원	서울 용산구
52	순천향대학교	순천향대학교 평생교육원	충청남도 아산시
		한국어 교육원	충남 아산시
53	숭실대학교	평생교육원	서울 동작구
54	신라대학교	한국어 교육센터	부산 사상구
55	안양대학교	안양대학교 평생교육원	경기 안양시
56	여주대학교	한국어교원 양성과정	경기 여주군
57	연세대학교	한국어학당	서울시 서대문구
		사회교육개발원	강원 원주시
58	영남대학교	국어문화원	경상북도 경산시

59	영동대학교	사회교육원	충청북도 영동군
60	우석대학교	한국어 교육원	전라북도 완주군
61	우송대학교	한국어 교육원	대전 동구
62	울산과학대학교	국제어학센터	울산광역시 동구
63	울산대학교	울산대학교 국어문화원	울산광역시 남구
		산학협력단 – 울산시 다문화가족지원센터	울산 남구
64	원광대학교	평생교육원	전북 익산시
65	원광보건대학	평생교육원	전라북도 익산시
66	원광보건대학교	다문화복지과	전북 익산시
67	위덕대학교	어학교육원	경상북도 경주시
68	이화여자대학교	다문화연구소	서울 서대문구
		국어문화원	서울 서대문구
		이화여자대학교 언어교육원	서울시 서대문구
69	인제대학교	한국어문화교육원	경상남도 김해시
70	인천대학교	한국어학당	인천 연수구
71	인하대학교	평생교육원	인천광역시 남구
72	전남대학교	언어교육원	광주광역시 북구
		국어문화원	광주 북구
73	전북대학교	언어교육원 한국어 교육센터	전라북도 전주시
74	전주기전대학	평생교육원	전북 전주시
75	전주대학교	한국어문화원	전북 전주시
76	제주대학교	제주대학교 평생교육원	제주 제주시
77	조선대학교	언어교육원 한국어학당	광주광역시 동구
		호찌민세종학당	광주 동구
78	주안대학원대학교		인천 남구
79	중앙대학교	중앙대학교 한국어 교육원	서울 동작구
80	진주교육대학교	평생교육원	경남 진주시
81	창원대학교	국제교류원	경상남도 창원시
82	청강문화산업대학	평생교육원	경기도 이천시
83	청주대학교	평생교육원	충청북도 청주시
		국어문화원	충북 청주시
84	총신대학교	한국어학당	서울 동작구
		한국어학당	서울 동작구
85	충남대학교	한국어 교육원	대전 유성구
		평생교육원	대전광역시 유성구

86	충북대학교	평생교육원	충청북도 청주시
87	침례신학대학교	침례신학대학교 부설 평생교육원	대전 유성구
88	평택대학교	국제교육원	경기도 평택시
89	한국방송통신대학교	평생교육원	서울시 종로구
90	한국외국어대학교	한국어문화교육원	서울시 동대문구
91	한남대학교 한국어학당	한국어학당	대전광역시 대덕구
92	한림대학교	국제교육원	강원도 춘천시
93	한밭대학교	평생교육원	대전광역시 유성구
94	한서대학교	평생교육원	충청남도 서산시
95	한세대학교	한세대학교 평생교육원	경기 군포시
96	한신대학교	평생교육원	경기 오산시
97	한일장신대학교	한일장신대학교 평생교육원	전북 완주군
98	호서대학교	산업문화교육원	충청남도 아산시
99	홍익대학교	홍익대학교 국제언어교육원	서울 마포구
100	화신사이버대학교	화신사이버대학교평생교육원	부산 연제구

참고문헌

강현화(2002), 해외 한국어 교사 재연수 프로그램에 대한 요구 분석 논의: 러시아 지역의 현지 연수와 국내연수를 중심으로, 한국어 교육 13-2, 국제한국어교육학회.

곽부모(2004), 남·여 한국어교사의 교실 언어 차이 연구, 한국어 교육 15-2, 국제한국어교육학회.

김경주(2001), 한국어 교사의 전문성 신장 방안 연구, 국어교육연구 8, 서울대학교 국어교육연구소.

김영곤(2001), 캐나다의 TESL 교사 양성 과정, 서울대학교 국어교육연구소 주최 '한국어 교사론'(외국의 국제 자국어 교사 양성 실태와 한국어 교사 양성 제도 개선 방향) 학회 자료집.

김재욱(2007), 한국어 수업에서의 교사발화 연구, 이중언어학 34, 이중언어학회.

김정은(2001), 일본의 외국어로서의 일본어 교사 인증 제도, 이중언어학 18, 이중언어학회.

김제열(2004), 한국어 교사 교육을 위한 한국어 교수요목, 외국어로서의 한국어 교육 29, 연세대 언어연구교육원 한국어학당.

김중섭 외(2000), 한국어 교사 교육, 연수 프로그램 교과과정 및 교수요목 개발을 위한 기초 연구 사업 보고서, 한국어 세계화 2000년도 사업 최종보고서, 문화관광부 한국어 세계화재단.

______(2001), 한국어 교사 교육, 연수 프로그램 교과과정 및 교수요목 개발, 한국어 세계화 2001년도 사업 최종 보고서, 문화관광부 한국어세계화재단.

김호정(2006), 한국어 교사에게 필요한 교육 문법 지식 내용 연구, 이중언어학 32, 이중언어학회.

노마 히데키(2001), 일본어권 한국어 교사의 기본조건, 서울대학교 국어교육연구소 주최 '한국어 교사론'(외국의 국제 자국어 교사 양성 실태와 한국어 교사 양성 제도 개선 방향) 학회 자료집.

민현식(2005), 한국어 교사론, 한국어 교육 16-1, 국제한국어교육학회.

박병수 · 이석만(1998), 외국인을 위한 한국어 교원 양성 프로그램 개발 연구, 이중언어학 15, 이중언어학회.

백봉자(1990), 외국어로서의 한국어 교사 훈련과 방법, 이중언어학 7, 이중언어학회.

______(1991), 외국어로서의 한국어 교사 훈련과 방법, 이중언어학 8, 이중언어학회.

______(1995), 연세대학교 한국어교사 연수소의 과정을 통해 본 이상적인 한국어 교사 연수, 국제한국어교육학회 제6차 학술대회 발표문.

석주연(2001), 영국의 국제 영어 교사 양성 제도의 실태 및 시사점, 서울대학교 국어교육연구소 주최 '한국어 교사론'(외국의 국제 자국어 교사 양성 실태와 한국어 교사 양성 제도 개선 방향) 학회 자료집.

野間秀樹(2002), 일본어권 한국어 교사의 기본조건, 국어교육연구 9, 서울대학교 국어교육연구소.

이광숙(2001), 독일에서의 국제 독어 교사 양성 실태, 서울대 국어교육연구소 주최 '한국어 교사론'(외국의 국제 자국어 교사 양성 실태와 한국어 교사 양성 제도 개선 방향) 학회 자료집.

이동재(2001), 미국에서의 국제 영어 교사 양성 실태와 바람직한 교사 자질, 서울대학교 국어교육연구소 주최 '한국어 교사론'(외국의 국제 자국어 교사 양성 실태와 한국어 교사 양성 제도 개선 방향) 학회 자료집.

이해영(2002), 한국어 교육에서의 교사용 지침서 개발 연구, 한국어 교육 13-1, 국제한국어교육학회.

정재훈(2001), 호주에서의 국제 영어교사 양성 실태, 서울대학교 국어교육연구소 주최 '한국어 교사론'(외국의 국제 자국어 교사 양성 실태와 한국어 교사 양성 제도 개선 방향) 학회 자료집.

조항덕(2001), 외국어로서의 프랑스어 교사 양성에 대하여, 서울대학교 국어교육연구소 주최 '한국어 교사론'(외국의 국제 자국어 교사 양성 실태와 한국어 교사 양성 제도 개선 방향) 학회 자료집.

조항록(1997), 한국에서의 한국어 교사 연수: 현황과 발전 방안, 한국말교육 8, 국제한국어교육학회.

진기호·현윤호·조현용(2004), 한국어 수업의 실제와 교사의 역할, 국제한국어교육학회 2004학년도 추계 학술대회.

진제희(2002), 교실 상호작용에서 나타난 교사의 역할, 한국어 교육 13-1, 국제한국어교육학회.

_____(2004), 한국어 교실 교사-학습자 간 대화에 나타난 의사소통 문제 유형, 한국어 교육 15-3, 국제한국어교육학회.

채련강(2001), 대만의 대외중국어 교사 양성 실태, 서울대학교 국어교육연구소 주최 '한국어 교사론'(외국의 국제 자국어 교사 양성 실태와 한국어 교사 양성 제도 개선 방향) 학회 자료집.

최유하(2007), 대학기관의 한국어 교사 재교육을 위한 한국어 교사발달단계 측정과 동료장학방법 연구, 연세대학교 교육대학원 석사학위논문.

최은규(2002), 한국어 교사 양성 제도의 실태 및 제안, 국어교육연구 9, 서울대학교 국어교육연구소.

최은규 · 안경화(2003), 한국어 교사 연수 프로그램 개발을 위한 사례 연구, 한국어 교육 14-1, 국제한국어교육학회.

추희정(2003), 한국어 교사 양성 교육의 발전 방향 연구, 숙명여자대학교 석사학위논문.

한상미(2001), 외국어로서의 한국어 교육에서의 교사말 연구, 한국어 교육 12-2, 국제한국어교육학회.

황지하(1995), 한국어 교사의 재교육, 국제한국어교육학회 제6차 국제한국어교육학회 학술대회 발표문.

Shin Seong-chul & Baik Gene(2002), Learning to Teach : Need Analysis for a KFL Teacher Training Program: Auatralian Survey, 외국어로서의 한국어 교육 27, 연세대학교 언어연구교육원 한국어학당.

제14장
세종학당 성공을 위한
조건과 과제

1. 한국어 해외 진출 현황

1.1. 한국어 해외 진출 현황

2012년 전 세계가 주목한 문화계의 이슈는 단연 가수 싸이의 '강남스타일' 이었다. '강남스타일'은 유튜브에서 7억 9400만 건이 넘는 조회 수를 올리고 있고, 미국 빌보드 차트 2위, 영국 차트 1위를 달성하였다. 이를 계기로 전 세계의 언론 매체가 한국과 한국어, 그리고 한국 문화를 집중 조명하고 있다. 지금이야말로 한국어의 해외진출에 박차를 가해야 할 때이다.

주영한국문화원이 2011년에 실시한 설문조사에 따르면 한류 팬들은 처음 SNS(38퍼센트)를 통해 K-pop과 드라마 등 대중문화를 접했는데, 점차 한국 어(26퍼센트), 한국음식(25퍼센트) 등으로 관심사가 확대돼 한국 관련 행사에 계속 참석한다고 한다. 이는 1999년 이래 소위 한류로 일컬어졌던 한국 문화

---

* 2012년 12월 이상일 국회의원실 '세종학당 성공을 위한 조건과 과제' 정책자료집에 실었던 내용을 수정·보완한 자료임.

의 세계화가 단순히 드라마나 K-pop의 열풍으로만 그치는 것이 아니라, 한국어나 한국 자체에 대한 관심으로 이어진다는 것이 입증된 것이다.

흔히 한국어는 과학적이고 철학적이며 배우기 쉬운 언어라고 한다. 그렇다면 실제적으로 한국어는 어떤 언어이기에 그 빛이 날로 더해가는 것일까? 사용자 수로 언어 순위를 매기는 세계언어목록 '에스놀로그(Ethnologue)'에 따르면 2000년 기준 지구상에서 사용되는 언어는 6912개로 알려져 있다. 한국어는 남·북한과 해외동포 등 7500만 명이 사용해 프랑스어보다 한 단계 높은 세계 13위를 차지하였다. 2008년에는 10권으로 진입하였다고 한다. 일반적으로 언어의 국제적 위상은 해당 언어를 얼마나 많은 사람이 사용하느냐에 좌우되는데 한국어는 경제 규모에 맞는 언어 사용 인구를 가지고 있다고 할 수 있다. 즉, 한국어는 더 이상 대한민국만의 것이 아닌 것이다. 세계인의 언어이고 세계인의 문화이다.

한국어와 한국 문화에 대한 세계인의 뜨거운 관심은 다양한 경로를 통해 나타나고 있다. 아시아는 물론 유럽, 중앙아시아, 아프리카 오지에까지 한국어 교육이 진행되고 있으며 전 세계 60여 개국 700여 개 대학에 한국어학과가 개설됐고 여러 지역에서 한국어 경연대회가 열린다. 중국에서는 2010년에 이미 3년제 대학을 포함하여 250여 개의 대학에서 한국어학과를 개설하였다.

한국어의 활발한 해외 진출은 최근 10년 간 한국어능력시험의 응시자 수 변화에서도 확인할 수 있다. 한국어능력시험은 한국어를 모국어로 하지 않는 재외동포 및 외국인의 한국어 학습 방향을 제시하고 한국어 보급 확대를 목적으로 진행되어 왔다. 2000년에는 9개국 28개 지역 4,850명의 응시생에 불과했지만, 2010년에는 39개국 139개 지역에서 149,650명이 응시한 것으로 나타났다. 즉, 10년 간 응시생이 30배나 증가했다는 것은 한국어를 배우고자 하는 외국인의 수가 폭발적으로 증가했다는 것을 의미한다고 볼 수 있다.

또한 국내의 한국어 학습자의 열기도 나날이 뜨거워지고 있다. 1950년대에 최초의 국내 대학 내 한국어 교육 기관이 설립된 이후 그 수는 점차 증가하여 최근에는 80여 개에 이르는 대학 내 한국어 교육 기관이 설립되었다. 강좌를 개설하여 운영하는 대학까지 포함하면 국내 대학에서의 한국어 교육 기관은 130여 개로 추산된다. 경희대학교 국제교육원을 예로 들면 한국어 과정을 개설한 1993년에는 외국인 학생이 2명이었다. 그리고 10년 만인 지난 2002년에는 한 해 외국인 학생수가 1,000명을 넘었고, 다시 3년 만인 2005년에는 연간 2,000여 명, 그리고 최근 1년간은 연 6,000여 명의 외국인이 한국어 과정을 수료했다. 경희대학교의 성장세는 국내 한국어 교육기관 중에서도 단연 최고이지만, 이는 역시 한국어·한국 문화의 위상과 관련이 있다. 현재는 연간 약 70여 개국에서 온 6,000여 명의 외국인과 재외동포 학생을 대상으로 한 한국어·한국 문화를 교육하고 있다.

국내에 한국어 학습을 현황은 외국인 유학생의 증가로 이어지고 있는데, 출입국외국인 정책 본부에서 2011년 4분기에 발표한 '연도별 외국인 유학생 증감 추이'를 보면 다음과 같다.

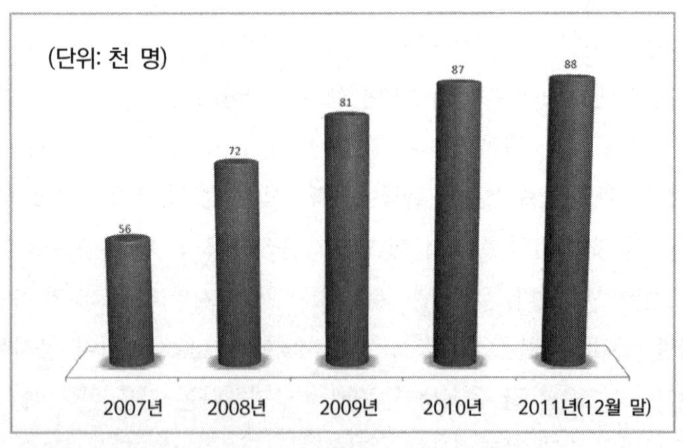

〈그림 1〉 연도별 외국인 유학생 증감 추이, 출입국외국인 정책 본부 사이트 통계 자료

위의 표에서 알 수 있듯이 국내에 체류하고 있는 외국인 유학생은 2007년 약 5만 6천 명에서 2011년 약 8만 8천 명으로 매년 꾸준히 증가세에 있다. 또 그 국적을 살펴보면 아래와 같다.

<표 1> 연도별 외국인 유학생 체류 현황(2011년 12월 31일 현재)

구 분	2007년	2008년	2009년	2010년	2011년 (12월 말)
총계	56,006	71,531	80,985	87,480	88,468
중국[1]	43,252	56,197	63,209	66,635	65,271
한 국 계	3,813	3,775	3,526	2,959	2,212
몽골	1,795	2,747	3,691	4,405	4,958
베트남	2,613	2,788	2,870	3,033	3,100
일본	1,563	1,537	1,626	1,745	2,083
미국	1,062	1,032	982	966	933
우즈베키스탄	557	790	752	738	701
인도	488	576	638	695	753
인도네시아	238	350	394	526	615
말레이시아	432	511	553	597	581
방글라데시	343	429	529	578	593
러시아	365	371	462	543	503
타이완	270	311	357	512	570
필리핀	280	335	401	464	530
기타	2,748	3,557	4,521	6,043	7,277

우리나라에 체류 중인 외국인 유학생의 국적은 중국을 중심으로 하여 일본, 몽골, 베트남, 타이완, 인도네시아, 말레이시아, 방글라데시, 필리핀 등의 아시아 지역이 대부분을 차지하고 있고, 미국, 우즈베키스탄, 러시아, 인도 등 북미와 독립국가연합(CIS) 지역, 그리고 제3세계로 확대되는 추세라고 볼 수 있다.

이와 같이 한국어가 세계적으로 각광받는 언어가 되고, 이에 발맞춰 한국

---

1) 한국계 포함.

어와 한국학 교육, 연구가 다양한 형태로 이뤄지는 현실은 한국인으로서 자긍심을 갖게 하는 대단히 고무적인 현상이다.

한국어가 한민족의 언어에서 전 세계인이 관심을 갖는 언어가 되어 해외에서 한국어 학습자가 증가하고 있는 원인은 다음과 같다.

첫째, K-pop과 한국 드라마 등의 한류 열풍이다. 1990년 후반 대만 및 중국 대륙에서 시작된 한국 드라마와 한국 가요에 대한 인기는 일본 및 동남아시아를 넘어 프랑스와 영국을 중심으로 한 유럽 그리고 북미와 중남미에 이르기까지 광범위하게 퍼지고 있다. 20여 년 동안 세계의 중심 문화가 되기 위해 적극적으로 해외 진출을 시도했기에 가능했던 일이다. 더불어 한국어의 인기가 높아진 것이 사실이다. 그리고 이러한 흐름 속에서 한국 문화 사랑이 한국어 학습으로 이어졌고, 현재는 한국의 대중문화가 세계로 뻗어나갈 수 있는 데 한국어가 뒷받침이 되고 있음이 분명하다.

둘째, 한국어 및 한국문화 홍보에 있다. 우리나라는 정치·경제·사회·문화 등 전 분야에 걸친 비약적인 발전 수준에 비해 저평가된 국가브랜드를 체계적으로 관리하기 위해 지난 2009년에 '국가브랜드위원회'를 출범시켰다. '국가브랜드위원회'는 4대 중점 사업을 펼치고 있는데, '문화 자산의 가치 확산'을 목표로 세계와 공감하는 문화 콘텐츠를 작성하는 등의 노력을 하고 있다. 또한 '글로벌 소통 강화'를 목표로 'Global Korea Community' 구축을 지원하고, 'Korea Week(한국주간)'을 개최하여 한국 문화를 널리 알리는 데 힘쓰고 있다.

또 세계 디자인 시장에서 캘리그라피(calligraphy) 분야에 한글이 새롭게 등장하여 한국어와 한국문화를 알리고 있다. 한글을 사용하여 옷을 디자인해 온 디자이너 이상봉 씨는 최근 수묵화를 통해 한국적 미의 지평을 넓히고 있고, 소품 영역에서는 이건만 디자이너가, 타일 등 실용제품 면에서는 전주의 서예가인 김두경 씨 등이 나서서 실용화에 앞장서고 있다. 이외에도 한(韓)패션사업단(단장 문광희 동의대 교수)이 구성되어 한국문화유산의 멋과 가치를 현대의 패션제품에 접목시켜 카펫, 의류에서부터 생활소품 및 패션소품에 이르기까지 다양한 제품들을 개발하고 있다.

이렇게 한글, 한국어, 한국문화로 이어지는 다각적이고 총체적인 홍보 활동이 결국은 한국이라는 국가의 위상을 높이는 데 기여하고 있는 것이다.

2011 런던언어박람회 부스 장식
(이상봉 디자이너作)

한글 드레스
(이상봉 디자이너作)

셋째, 국내 기업의 활발한 해외 진출이다. 다국적 해외진출기업 총람(2012)은 2222건에 달하는 중국진출기업이나 7848건에 달하는 재일한인기업을 제외하고도 전 세계 80여 개국에 5725건의 해외진출기업이 있다고 소개하고 있다. 이렇듯이 5대양 6대륙에 걸쳐 한국 기업이 진출해 있으니 한국어 수요가 늘 수밖에 없을 것이다.

기업이 그 나라에서 성공하려면 한국인 상관과 현지인의 긴밀한 협력과 조화가 필수적이므로 한국어 학습의 필요성은 당연한 일일 것이다. 또 기업들이 해외에서 성공적으로 자리를 잡으면 국가 경제에도 큰 도움이 되므로 외국인 근로자들의 한국 문화 이해와 적응력을 높이기 위해 기업뿐만 아니라 정부 부처의 지원도 요구되는 것이다.

넷째, 전문적인 교육을 받은 한국어 교원이 보급되고 있다. 과거에는 해외에서 한국어를 배우고자 하는 사람들은 주로 교포나 해외 주재원 자녀 등이었고, 주말학교 등의 곳에서 정식 한국어 교원이 아니고 유학생들이나 다른 직종 종사자들이 한국어를 가르쳤다. 그러나 한국어 학습자의 저변이 확대되고 전문적이고 체계적인 교육을 원하는 목소리가 높아짐에 따라 전문 한국어 교원을 보급하는 것이 시급한 문제가 되었다. 이를 해결하기 위해 정부가 나서서 해외에 파견할 한국어 교원을 양성하게 되었고 현재 그들의 해외 진출이 활발하게 이루어지고 있다. 이를 바탕으로 전문적이고 체계적인 한국어 교육이 가능해질 것이기에 해외에서의 한국어 교육 발전도 가속화될 것이다.

1.2. 세종학당 출범

한국어의 세계화는 외국인이 한국어를 사용한 영화나 TV 드라마·도서·인터넷 문서 등을 쉽게 접하고 이해할 수 있도록 해외에 널리 보급하는 것을 말한다. 다시 말해 외국인의 한국어 사용 빈도를 늘리는 것이다.

21세기는 문화와 언어가 우위를 점하는 국가가 경제 강국도 될 수 있다. 이것이 각국이 자국의 언어와 문화를 홍보하는 본질적인 이유이다. 선진국들이 자국어를 가르치고 문화를 홍보하는 교육기관을 해외에 앞다투어 세우고 있는데, 다음은 각 국의 대표적인 언어, 문화 홍보기관들의 예이다.

프랑스 – 알리앙스 프랑세즈(120년간 1,110개)
영국　－ 브리티시 카운슬, 연간 1조원 가까운 예산(70년간 238개)
독일　－ 괴테 인스티튜트, 연간 3000여억 원(50년간 133개)
중국　－ 공자학원(2004년 11월 서울에 최초의 공자학원 개설),
　　　　 2009년 4월까지 81개국 324개 설립 완료
일본　－ 일본어센터(2005년 기준 국외 44개국, 116개 도시 운영)
한국　－ 세종학당(2016 기준, 전 세계 200여개 개설)

　앞서 1.1에서 살펴보았듯이 언어(한국어)가 세계화 되어야만 더 높은 부가가치를 생산해 국가 성장력의 한 축이 될 수 있다. 또 때마침 한국은 대내외적으로 그럴 기회를 맞았다. 그러므로 해외에서의 한국어 및 한국 문화의 저변을 확산하기 위해 정부와 기업, 그리고 민간단체가 각기 노력해 왔다. 이 과정에서 한국어의 세계 진출은 양적으로 매우 팽창되었지만 그 체계에 있어 다소 부족하거나 중복된 부분이 있었던 것이 사실이다. 세종학당은 국내외의 이러한 분위기와 맞물려 막중한 임무를 띠고 출범하게 되었다.

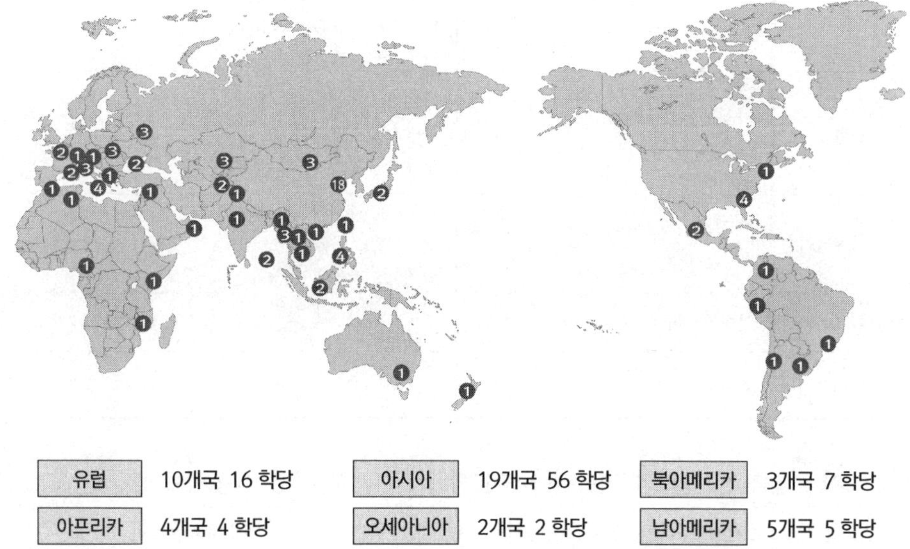

　세종학당은 외국어 또는 제2언어로서 한국어를 배우고자 하는 자를 대상으로 한국어와 한국문화를 교육하는 기관이나 강좌로서 재외문화원 및 현지 대학 등에 개설하고, 운영비·교재·교원 교육 등에 걸쳐 전반적인 지원을 한다. 현재 세종학당은 한국어 수요가 급증한 곳을 중심으로 하여 전 세계의 43개국 90개소(2012년 11월 현재)에서 운영 중이다.

　세종학당이 설립된 국가를 세부적으로 보면 다음과 같다.

<표 2> 세종학당 설립 현황, 43개국 90개소

대륙	문화원 세종학당 (개소수)	소계 (22개소)	대학 세종학당(개소수)	소계 (68개소)	합계 (90개소)
아시아	중국(2), 일본(2), 베트남(1), 필리핀(1), 인도네시아(1), 카자흐스탄(1), 터키(1)	9	중국(16), 몽골(3), 베트남(4), 필리핀(3), 태국(3), 인도네시아(1), 캄보디아(1), 카자흐스탄(2), 타지키스탄(1), 우즈베키스탄(2), 네팔(1), 방글라데시(1), 스리랑카(2), 터키(3), UAE(1), 대만(1), 라오스(1), 파키스탄(1)	47	56개소
유럽	독일(1), 러시아(1), 영국(1), 폴란드(1), 프랑스(1), 스페인(1), 헝가리(1)	7	독일(2), 러시아(2), 영국(1), 프랑스(1), 벨기에(1), 우크라이나(1), 이탈리아(1)	9	16개소
아메리카	미국(2), 아르헨티나(1), 멕시코(1)	4	미국(2), 캐나다(1), 페루(1), 멕시코(1), 브라질(1), 칠레(1), 콜롬비아(1)	8	12개소
아프리카	나이지리아(1)	1	짐바브웨(1), 케냐(1), 알제리(1)	3	4개소
오세아니아	호주(1)	1	뉴질랜드(1)	1	2개소

　이 중 특히 2009년 찌아찌아족의 한글 문자 교육 및 사용으로 관심을 모았던 인도네시아 부톤 섬의 바우바우 시에도 세종학당이 개원되었다. 이곳은

경북대학이 인도네시아의 무함마디아 부톤 대학과 협력해 세종학당을 설치하게 되었으며, 현지인을 대상으로 한국어와 한국문화를 보급하는 것을 목표로 하고 있다.

세종학당은 크게 두 가지의 사업을 진행하고 있다. 첫째는 온라인 한국어 학습 시스템인 '누리-세종학당'의 운영이고, 둘째는 한국어 교재 개발·보급 및 교원 자질 향상을 지원하는 것이다.

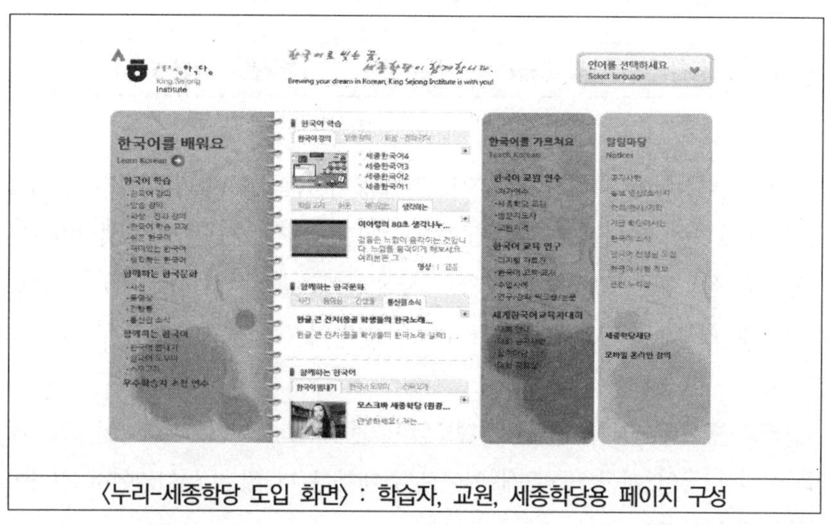

〈누리-세종학당 도입 화면〉: 학습자, 교원, 세종학당용 페이지 구성

온라인 한국어 강좌 개발은 2010년에는 초급 한국어(말하기, 듣기, 읽기, 쓰기)를 6개 언어권별 강좌로 개발하였으며, 2011년에는 초급 표준교재 예·복습용 강좌 및 한국문화 강좌를 개발하였다.

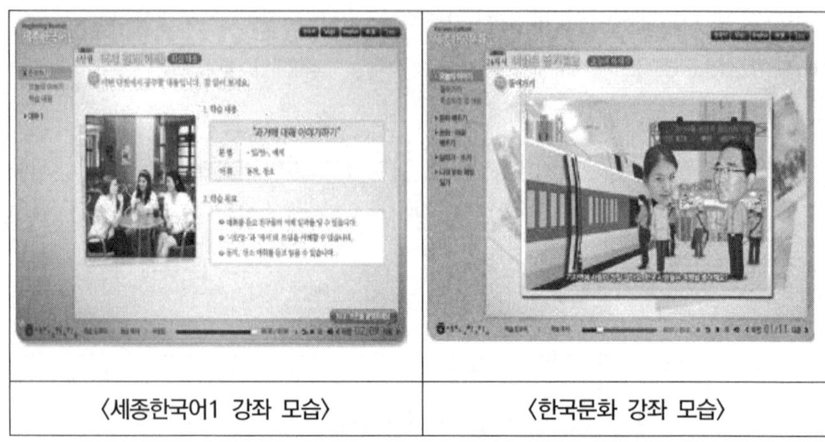

| 〈세종한국어1 강좌 모습〉 | 〈한국문화 강좌 모습〉 |

또한 멀티미디어 디지털 교육자료관 구축하였는데, 2011년 현재 1단계가 완성되었다. 멀티미디어 디지털 교육자료관은 동영상, 사진 등의 멀티미디어 교육 자료를 제공하고 그림(472개), 사진(35개), 애니메이션(50개), 텍스트 (53개) 등 650개의 자료를 구축하여 교원들이 자료를 서로 공유할 수 있도록 하였다.

그리고 한국어, 영어, 중국어, 베트남어, 몽골어, 타이어, 러시아어, 인도네 시아어의 다국어 사이트를 8개 언어로 확대하여 더 많은 언어권에서 접근이 가능하도록 하였다.

한편, 한국어 교재 개발·보급 및 교원의 자질 향상을 지원하는 측면에서의 사업은 다음과 같다.

우선 한국어 교재 초급(말하기·듣기·읽기·쓰기), 중급 1·2 및 교원용 지침 서 개발하여 국내외 세종학당 및 주요 기관에 보급하였다. 특히 초급·중급 교 재는 총 9개의 언어인데, 한국어, 영어, 중국어, 몽골어, 베트남어, 필리핀어, 타이어, 스페인어, 러시아어로 현지화하여 발간하였다는 데 큰 의의가 있다.

| 〈초급 한국어 교재〉 | 〈중급 한국어 교재〉 | 〈표준교재〉 |

그리고 세종학당의 교육 단계와 시간 및 내용을 표준화하여 체계적인 질 관리가 가능하도록 하였다. 다음 표와 같이 크게 공통과정(초급~중급, S1~S10)과 심화과정(고급, S11~S14)으로 나뉘고 각 단계별 기본 교육시간은 60시간(15주, 2일, 2시간 기준)이다.

세종학당 공통과정										세종학당 심화과정			
표준	1급		2급		3급		4급			5급		6급	
	초급1		초급2		중급1		중급2			고급1		고급2	
세종	S1	S2	S3	S4	S5	S6	S7	S8	S9	S10	S11	S12	S13	S14

마지막으로 세종학당 교원양성과정을 운영하고 세계 한국어 교육자대회를 개최하였다. 교원양성과정을 직접 운영하여 총 55명이 온라인 75시간과 국내 초청 45시간을 교육 받음으로써 교원양성의 체계를 세우고, 이틀 동안 개최된 세계 한국어 교육자대회를 통해 교원·학습자·운영자 300여 명이 교류할 수 있는 장을 마련함과 동시에 한국에서의 한국어 교육 현황에 대해서도 알 수 있도록 하였다.

| 〈개회식〉 | 〈만찬〉 | 〈한국문화체험〉 |

2. 한국어 해외 진출의 문제점

2.1. 한국어 해외 진출 역사

한국어의 해외 진출 역사는 그 시작점을 어디로 보는가의 관점에 따라 매우 다르게 기술된다. 본고에서는 재외동포를 위한 한국어 교육이 한국어 해외 진출 역사에서 기여하는 바를 인정하여 재외동포를 위한 한국어 교육을 포함하는 관점에서 역사적 전개를 살펴보고자 한다. 또한, 한국어의 해외 진출 역사를 면밀히 살펴보기 위해서는 ⅰ) 한국어 해외 보급 의 역사적 전개와 ⅱ) 한국어 해외 보급 관련 부처 및 기관의 변천을 함께 살펴보는 것이 효율적이라고 여겨지는 바 이와 같은 두 방향에서 한국어 해외 진출 역사의 흐름을 살펴보고자 한다.

2.1.1. 한국어 해외 보급의 역사

한국어 해외 보급의 역사는 크게 '태동기, 도약기, 재정립기, 성장 및 확대기'의 네 시기로 나누어 볼 수 있다.

2.1.1.1. 태동기

한국어 해외 보급과 관련해 가장 오래된 문헌상의 기록은 삼국시대로까지 거슬러 올라갈 수 있으나 근대적 의미의 한국어 교육의 시작은 19세기 후반으로 볼 수 있다(조항록, 2010; 강남욱 외, 2012). 지역별로 차이는 있으나 일본에서는 1872년에 쓰시마에 한어사를 설치하면서 한국어 교육이 태동하였으며 유럽에서는 1897년 러시아 상트페테르부르크 왕립대학교에서 주 러시아 대한제국 공사관의 직원인 김병욱 씨가 한국어를 가르치기 시작하면서 한국어 교육 역사가 시작되었다. 이후 중국이 1924년에 북경대학에 조선어학과를 설치하였고, 미국에서는 1934년에 컬럼비아대에서 최초로 한국어 교육이 시작되었다. 이렇듯 19세기 후반부터 1970년대까지는 근대적인 의미에서의 국외 한국어 교육이 태동기로 볼 수 있으나 매우 작은 규모로 출발하였으며 이조차 지역에 따라 큰 편차를 보인다는 특징을 보인다.

태동기의 국외 한국어 교육에서 우리가 주의 깊게 살펴야 하는 것은 이 시기의 국외 한국어 교육은 정치적 이유 등으로 현지 국가의 정부 차원에서 태동되거나 한국어 교육에 대한 개별적 관심 혹은 재외 동포를 위한 교육으로서의 민간차원으로 이루어졌다는 것이다. 대한민국 정부 출범 이전까지는 논외로 두고서라도 1970년대에 이르기까지 국외 한국어 교육에 정부의 역할이 미미했다는 것은 주목해야 할 부분이다.

2.1.1.2. 도약기

1970년대에 이르러 한국의 경제발전 정책이 그 성과를 드러내기 시작하고 구 공산권 국가와의 관계 개선 등으로 한국어에 대한 국제적 선호도가 높아지면서 국외 한국어 교육은 도약기를 맞이하게 된다. 더불어 재외동포 후세의 증가는 국외 한국어 교육의 도약을 가져온 주요한 계기가 되었다. 이에 1970년대 후반부터는 정부의 계획 하에 정부 주도로 한국어 해외 보급 정책이 이루어졌다. 이전에도 1950년대부터 이루어진 재외 동포에 대한 민족 교육 차원의 교육 지원이 있었으나 이는 한국 정부가 몇몇 민족학교와 민족학급 설립을 지원한 것으로 정책적이라기보다는 단편적인 교육 지원 사업으로 보는 것이 옳을 듯하다. 이 시기에 이르러 점점 현대적 의미의 이민이 늘고 재외동포 2세대, 3세대 및 그 이상의 한국어와 한국 문화 교육의 필요성이 제기되면서 1977년에는 '재외국민의 교육에 관한 규정'이 제정되었다. 이는 오늘날의 한국학교, 한국교육원, 한글학교 등의 재외국민의 교육과 관련한 교육 시설이 그 윤곽을 잡고 기초를 닦기 시작한 출발점이 되어 해외 한국어 교육 성장의 발판을 마련하였다.

그러나 도약기까지도 한국어 교육의 대상은 대한민국 국적을 지닌 재외국민으로 한정되어 있었으며 외국인을 위한 한국어의 보급은 그 수요가 극소수에 지나지 않았다. 이에 외국인을 위한 한국어 교육 정책은 아직 필요성조차 느끼지 못한 시기라고 볼 수 있으며, 한국 정부 차원의 제도화가 태동하기 시작했으나 여전히 민간 차원의 제도화가 주도적으로 이루어졌다.

2.1.1.3. 재정립기

경제적 호황기를 거치고 올림픽 등 국제 대회를 치른 후 1990년에 문화부(現문화체육관광부)에서는 '한국문화예술진흥법 시행령'을 제정하여 한국어의 국외 보급을 명문화하였고 처음으로 한국어의 국외 보급 정책의 법적 기반을 마련하게 되었다. 이를 근거로 문화부는 한국어 교재를 개발하여 보급하기 시작했고 한글학회와 국립국어원, 한국어세계화재단을 통해 한국어 교육 진흥을 위한 정책을 실시했다. 특히 이 시기 중 문민정부(1993~1998) 당시에는 정부가 내세운 '세계화'라는 슬로건 아래 '한국어 세계화 추진 사업'이 더욱 탄력을 받았고 한국어 교육에 대한 정책적 관심도 더불어 커진 시기로서 평가할 수 있다(조항록, 2010:348 참고).

1990년대 이후 한국어의 해외 보급과 관련한 정책적 사항은 1995년 7월에 개정된 문화예술 진흥법시행령 제3장 제11조와 1995년 12월 제장된 국어심의회운영세칙 등을 통하여 확인할 수 있다. 세부 내용은 다음과 같다.

가. 문화예술 진흥법시행령(대통령령 제14727호, 1995. 7. 6. 개정)

제11조(국어발전계회의 수립) 법 제5조의 규정에 의한 국어의 발전 및 보급을 위한 계획에는 다음 각 호의 사항이 포함되어야 한다.

 1. 법 제7조의 규정에 의한 어문규범의 제정 및 개정
 2. 국어의 정보화 및 과학화
 3. 한국어의 세계적 보급

나. 국어 심의회운영세칙(문화체육부훈령 제55호, 1995.12.23. 제정)

제3조(분과위원회 심의 내용) 각 분과위원회는 다음 사항에 관하여 심의한다.

1. 한글분과위원회
 가. 국어정책 수립에 관한 중요사항
 나. 한글맞춤법에 관한 사항
 다. 표준어규정에 관한 사항
 라. 남북한 언어의 동질성 확립에 관한 사항
 마. 국어교과용 도서, 국어사전에 관한 사항
 바. 한글의 국제표준화에 관한 사항
 사. 한글의 세계적 보급에 관한 사항
 아. 기타 다른 분과에 속하지 않은 어문규정에 관한 사항

성광수(1996)에서는 문화예술진흥법 시행령의 내용 검토를 근거로 당시 어

문정책의 소관부서가 문화부였음을 확인하였고, 위와 같은 문화예술진흥법 시행령(대통령령 제14727호, 1995. 7. 6. 개정)의 제2장과 제3장 국어의 발전 및 보급과 당시 문화부 산하 국어심의회 분과위원회의 국어심의회운영세칙(문화체육부훈령 제55호, 1995.12.23. 제정) 제3조에 '한글의 국제표준화에 대한 사항', '한글의 세계적 보급에 관한 사항' 등이 포함되어 있는 것으로 한국어의 세계적 보급을 위한 정책 및 법적 근거는 이미 마련되어 있음을 확인하였다. 하지만 구체적인 세안이 마련되어 있음에도 눈에 띄는 한국어 해외 보급 활동은 이루어지지 않은 시기였다. 한편, 이러한 한국어의 해외 보급 정책의 일환으로 1997년 2월에는 '재외동포재단법'이 공포되어 재외동포와 관련한 업무를 전담하는 재외동포재단이 외교통상부 산하로 설립되었다. 이러한 재외동포재단법을 바탕으로 재외동포재단은 현재까지도 재외동포 자녀들을 대상으로 하는 한국어 교육 정책을 다수 진행하며, 교육과학기술부의 국립국제교육원과 그 기능을 분담하여 재외동포 교육을 꾸준히 지원하고 있다.

 이와 같이 1990년대에는 그 이전과 비교해 한국어의 해외 진출을 위한 정책 마련이 활발하게 진행되었다. 따라서 이러한 법제적 보완을 통해 재정립기로 구분할 수 있는 것이다. 그러나 구체적인 세안이 마련되어 있음에도 눈에 띄는 한국어 해외 보급 활동은 이루어지지 않은 시기였으므로 성장 및 확대기와는 구분이 가능하다. 또한 그 대상이 여전히 재외동포에 집중되어 있었다는 사실을 통해서도 2000년 이후의 국외 한국어 교육과는 차이점을 보인다. 다시 말하면, 2000년 이전의 국외 한국어 교육은 법적 보완이 이루어져 재정립기로서 정체성을 지니지만 당시의 한국어의 해외 보급 정책은 재외동포를 주 대상으로 하는 '모국어', '민족어'로서의 한국어 국외 보급 정책의 일환으로 진행되었고, 재정립된 정책이 보급 활동으로 활발하게 연계되지는 못했다고 보여진다.

2.2.1.4. 성장 및 확대기

한국어 해외 진출 역사의 역사적 전개는 2000년을 기점으로 큰 변화를 겪게 된다. 2000년대에 들어 한류 문화의 확산과 꾸준한 경제 성장이 지속되면서 한국어 교육의 수요층이 더욱 분명하게 변화·확대되었기 때문이다. 이 시기에는 한국어 어학연수뿐만 아니라 학문 목적으로 입국한 유학생, 결혼이민자, 외국인 고용 허가제에 따른 이주노동자 등 국내 외국인을 대상으로 한 한국어 교육의 정책적 정비와 함께 한류 문화에 관심을 갖게 된 새로운 계층을 겨냥한 정책적 지원을 요구하는 목소리가 높아졌으며 이를 계기로 한국어 교육의 장이 더욱 더 넓어지게 되었다.

이러한 시대의 요구를 바탕으로 2005년에는 '국어기본법'이 제정되었는데 한국어 교육 정책의 역사에 큰 의미를 갖는 '국어기본법'의 세부 내용은 다음과 같다.

다. 국어기본법 제19조(국어의 보급 등)

1. 국가는 국어를 배우고자 하는 외국인과 재외동포의 출입국과 법적지위에 관한 법률에 의한 재외동포(이하 "재외동포"라 한다)를 위하여 교육과정과 교재를 개발하고 전문가를 양성하는 등 국어의 보급에 필요한 사업을 시행하여야 한다.
2. 문화관광부장관은 재외동포나 외국인을 대상으로 국어를 가르치고자 하는 자에게 자격을 부여할 수 있다.

이처럼 국어기본법은 국어의 해외 보급과 교원의 관리가 법적으로 명문화된 것으로 이를 바탕으로 하여 2006부터 현재까지 한국어 학습을 위한 교육과정, 교재 개발, 전문가 양성 등의 사업이 정책적 주도 하에 적극적으로 추진되고 있으며, 세종학당 사업 역시 2007년부터 시작되었다. 세종학당 사업은 참여정부(2003~2008) 시기 동북아 문화권역의 결속과 확대를 위한 방안으로 구상되어 주로 아시아 지역을 중심으로 집중 설립할 계획으로 시작되었으나 현재는 국가브랜드의 가치 제고 측면에서 전 세계를 대상으로 한국의 이미지를 개선시키는 역할을 부여받아 진행되고 있다.

이를 표로 나타내면 다음과 같다.

	태동기	도약기	재정립기	성장 및 확대기
시기	19세기 후반 ~1970년대	1970년대 후반 ~1990년대 초반	1990년대	2000년 이후
거시 지표	국외 한국어 교육기관 태동	정부 차원 제도화 태동	한국어의 국외 보급 정책의 법적 기반을 마련	해외 교육기관 및 학습자 증가에 따른 성장 및 확대
제도화 수준	개별 교육 기관 차원	민간 차원 제도화 진행 정부 차원 제도화 태동	법적 보완 정책 지원 강화	정부 주도적 제도화 추진
교육 주도	현지 정부 차원 및 민간 차원	민간 차원	민간 차원 진행 한국 의존형 발전 모델 나타남	정부 차원의 한국어 교육이 성장 확대됨.

이런 역사적 흐름을 통해 국외 한국어 교육이 현지 정부 혹은 민간 차원에서 점차 정부 주도적 차원으로 변화 발전하고 있으며 교육의 대상 또한 재외 동포의 모국어 혹은 민족어 교육을 중심에서 외국인 대상으로까지 확대되고 있음을 확인할 수 있었다.

앞서 살펴보았듯 현재 한국어의 위상은 한국의 경제 성장과 한류의 확산을 반영하여 호황기를 맞고 있음이 분명하다. 그러나 이러한 위상이 한시적인 현상으로 그칠지 장기적으로 이어질 수 있을지의 여부는 현재 정책 결정의 방향에 달려있다고 해도 과언이 아닐 것이다. 이에 한국어가 국제 언어로서 자리 잡을 수 있을 것인지를 가름하는 중대한 기로에 선 현 시점에서 한국어의 해외 진출은 정부의 주도 하에 계획적으로 이루어져야만 하며 이에 효율적이고 현명한 정책 입안과 결정, 적극적인 지원이 매우 중요한 과제로 남아있는 것이다.

2.1.2. 한국어 해외 보급 관련 부처 및 기관의 변천

앞서 살펴본 한국어 해외 진출 정책의 역사를 통해 살펴보았듯 한국어 교육의 대상이 변화함으로써 이를 위한 정책이 변화하였고, 이에 따라 교육을 담당하는 부처 및 기관 역시 그 변화를 반영하여 생성, 발전해왔다. 이에 여기에서는 이러한 관련 부처 및 기관의 변천을 살펴봄으로써 현 상황에 이르기까지의 역사적 흐름과 이를 통해 기관별로 운영되고 있는 각 담당 부처별 한국어 교육의 종류와 역할을 면밀히 검토해 보고자 한다.

앞서 살펴본 바와 같이 현재 한국어 해외 보급은 교육과학기술부(현 교육부), 외교통상부, 문화체육관광부의 세 부처에서 담당하고 있다. 교육과학기술부의 한국어 보급은 일반 교육 과정 중의 하나인 '국어'를 해외 동포, 외교관, 상사원 자녀를 대상으로 정규 학교 과성이라는 틀에서 이루어지고 있으며, 재외동포용 한국어 교재 개발과 보급 등의 형태로 실시하고 있다. 외교통상부에서는 한국 홍보 및 재외동포 지원 차원에서 '한국어'의 보급을 실시하고 있으며, 이를 위해 한국어 해외 봉사단 파견, 외국인 학생 초청 교육 및 장학 제도 운영, 해외 대학 한국어 강좌 개설지원이나 대학 강사 파견 등 한국학 관련 강좌 운영, 해외 한국어 교육자 연수 프로그램 운영 등을 통해 한국어 보급에 힘쓰고 있다. 문화체육관광부는 '한국어'의 보급을 국어 정책적 차원에서 실시하기 위해 세종학당과 세종교실의 개설 및 운영, 기초 연구 사업, 교재·자료 개발, 한국어 교원 양성 및 재교육 등을 주요 사업으로 하고 있다.[2]

이에 각 부처 산하 기관의 역사와 변천을 살펴보면 다음과 같다.

가. 교육과학기술부(현 교육부)

1) 국립국제교육원(National Institute for International Education)

국립국제교육원은 1962년 모국수학생 지도를 위한 서울대학교 학생지도연구소로 출발하였으며, 1992년 대통령령으로 제정된 「교육부와 그 소속기관직제」 (제13623호)의 '제4장 국제교육진흥원'에 따라 교육부 직속기관인 국제교육진흥원으로 확대 개편되었다. 이후 2008년 7월에는 대통령령 제20897호에 따라 현 '국립국제교육원'으로 명칭을 변경하였다.

국립국제교육원의 설립 목적은 재외동포교육과 국제교육 교류/협력이며, 한국어 교육과 관련한 주요 사업은 재외동포 교육과 재외동포 교육 관계자 연수, 재외동포용 한국어 교재 개발 및 배포, 해외 한국어과 대학생 초청 연수, 온라인 한국어 교육 시스템(KOSNET)의 운영, 그리고 한국어능력시험(TOPIK)의 실시 주관 등이다.

2) 한국학중앙연구원(The Academy of Korean Studies)

1978년 한국정신문화연구원으로 출발하여 2005년 1월 한국학중앙연구원육성법이 공포되면서 지금의 한국학중앙연구원으로 명칭이 바뀌었다.

한국학중앙연구원은 한국 문화의 심층 연구 및 교육 등을 통하여 한국학을 진흥할 목적으로 설립된 재단법인이다. 이러한 목적 달성을 위하여 한국 문화에 관한 인문·사회과학적 연구, 국내외 한국학 분야 연구자 및 교원 양성, 한국학 연구 성과의 발간 및 보급, 한국학의 연구·보급·확산을 위한 국내

---

2) 문화체육관광부·한국문화관광연구원(2010), 한국어 교육기관 브랜드 통합방안 수립-국내외 자국어 보급기관 사례를 중심으로-

외 학계와의 교류와 협력, 한국 문화에 대한 국제적 이해 증진 및 지원 등 다양한 사업을 추진하고 있다. 또한 2006년부터는 한국학술진흥재단이 추진하던 해외 대학 한국어 교수 파견 등의 업무가 한국학중앙연구원으로 이관되어 강의 인력이 부족한 한국학 개설 해외 대학에 한국학 강의 교수를 파견하고 한국학 관련 인재를 육성하고 있다.

나. 외교통상부

1) 한국국제교류재단(KF: Korea Foundation)

한국국제교류재단은 1991년 12월 제정된 한국국제교류재단법(법률 제4414호)에 근거하여 대한민국과 외국간의 각종 교류 사업을 통하여 국제사회에서 한국에 대한 올바른 인식과 이해를 도모하고 국제적 우호친선을 증진하기 위하여 설립되었다.

한국국제교류재단에서는 해외 한국학 연구 및 교육 기반 확대를 위하여 한국어 및 한국학 분야에 한하여 해외 대학에 강좌 개설, 교수직 설치, 현지 교원 고용, 객원 교수 파견 등을 실시하고 있으며, 해외의 한국학 센터와 한국어 및 한국 관련 학회 등의 학술활동을 지원하고 있다. 또한 세계의 한국어 교육자 등의 한국어 연수 및 한국학 연수의 기회를 제공하고 있으며, 다수의 한국어 교육 자료 개발 지원 등의 사업을 펼치고 있다.

2) 재외동포재단(Overseas Koreans Foundation)

재외동포재단은 1997년 10월 재외동포재단법(법률 제5313호)에 근거하여 설립되었다. 재외동포들이 거주국 내에서 민족정체성을 유지하고, 스스로의 권익과 지위를 향상시키며, 역량을 결집할 수 있도록 지원하는 것을 설립의 목적으로 하고 있다.

한국어 교육과 관련된 사업으로는 한글학교 운영비 지원을 통한 민족정체성 유지 강화 사업, 재외동포 장학 사업, 한글학교 교사 연수 지원(초청교육, 사이버 연수, 전문 강사 파견 등), 사이버 한국어강좌 개발·운영(study. korean.net), 해외 한인 청소년 모국 연수 등이 있다.

3) 한국국제협력단(KOIKA: Korea International Cooperation Agency)

한국국제협력단은 1991년 4월 한국국제협력단법(법률 제4313호)에 근거하여 외교통상부 산하 정부출연기관으로 설립되었다. 정부 차원의 대외무상협력 사업을 전담 실시하는 기관으로서 한국과 개발도상국가와의 우호협력관계 및 상호교류를 증진하고 이들 국가들의 경제사회발전을 지원함으로써 국제개발 협력을 증진하는 것을 기관 설립의 목적으로 하고 있다.

한국어 교육과 관련하여 시행하고 있는 사업으로는 개발도상국에서 활동하고 있는 교육 역량 강화를 위한 교사와 학사공무원 등의 초청 연수, 한국어 교육 분야 봉사단 및 전문 인력 파견 등이 있다.

다. 문화체육관광부

1) 국립국어원

국립국어원은 어문정책이 문교부에서 문화부로 이관된 뒤 국어연구소(문교부 산하 학술원 부설. 1984. 5. 10. 설치)의 확대 개편으로 1991년 1월 설립되었다. 2004년~2009년에는 한국 유일의 언어 정책 및 연구의 통합 기관으로 활동하였으나 2009년 4월 17일 「문화체육관광부와 그 소속기관 직제」에 따라 언어 정책 수립 관련 업무는 다시 문화체육관광부 국어민족문화과(現국어정책과)로 이관되었고, 국립국어원은 국어의 발전과 국민의 언어생활 향상을 위한 사업을 추진과 연구 활동을 관장하는 것을 주목적으로 하게 되었다.

한국어 교육과 관련하여서는 국외 한국어 교원의 전문성 제고를 위하여 한국어 전문가 파견 및 한국어 교원 초청 교육을 진행하고 있다. 또한 한국어 교재 개발과 국어기본법에 따른 한국어 교원 자격 관리 및 재교육 등을 통해 한국어 교원 자질 향상에 힘쓰고 있다.

2) 한국어세계화재단

한국어세계화재단은 한국어의 세계 보급 및 진흥을 목적으로 2001년 1월에 설립된 문화체육관광부 산하 재단이다. 한국어 교육 관련 연구(교재 개발 등), 한국어 교육 능력 인증 시험에 관한 사업 등 다양한 사업을 수행했었으나 2010년 조직 개편 후에는 세종학당 설치 및 운영, 누리-세종학당 운영, 세종학당 교원의 양성과 재교육에 관한 사업 등 세종학당을 중심으로 하여 국내외 한국어 진흥과 보급에 필요한 사업과 기타 재단의 목적 달성에 필요한 사업 등을 수행하고 있다.

이와 같은 한국어 교육의 역사적 흐름을 통해 지원 부처가 삼원화되었고, 지원 부처의 삼원화와 업무의 다양화로 국외 한국어 교육기관 역시 다원화되어 교육이 진행되고 있다. 관련 부처 별 지원 기관 및 교육 기관을 살펴보면 이는 다음과 같다.

관련 부처	교육과학기술부(현 교육부)		외교통상부	문화체육관광부	
지원 기관	국립국제교육원		재외동포재단	국립국어원 한국어세계화재단	
교육 기관	한국학교	한국교육원 (세종교실)	한글학교	한국문화원 (세종교실)	세종학당

위의 표를 통해 알 수 있듯이 교육과학기술부 소속의 국외 한국어 교육기관으로는 한국학교와 한국교육원이 있으며, 외교통상부 소속에는 한글학교, 문화체육관광부 소속으로는 한국문화원에서 운영 중인 한국어 교실 즉, 세종

교실과 세종학당이 있다(각 교육기관의 현황 및 담당 교육은 1장 참조). 이들 부처 및 산하 기관은 역사적 흐름 속에서 교육 대상의 변화 및 시대적 요구에 따라 각각 다른 담당 영역 안에서 개별적인 목적을 지니고 설립되었고 이에 설립 형태와 운영, 교육 대상, 교육 내용 등이 상이하다. 이에 문화체육관광부가 국가브랜드위원회의 보고를 통해 2009년 상반기부터 전 세계에 흩어진 한국어 해외 보급기관의 명칭을 '세종학당'으로 통합 브랜드화하겠다고 밝히고 이를 추진하고 있는 것이다. 물론 세종학당의 통합브랜드화 전략은 한국어의 해외 진출 정책을 견인하는 중심추동력으로 작용할 수 있다는 점에서 긍정적인 전환점이 될 수 있을 것이다. 그러나 현 시점의 추진 성과를 보아서는 아직 미진한 점이 많다. 이에 다음 장에서는 현재 세종학당이 당면한 문제들에 대해 살펴보고 문제를 타계할 수 있는 방안을 모색해 보고자 한다.

2.2. 세종학당 운영의 개선점

앞에서 살펴본 바와 같이 세계 각국에서는 자국어의 보급을 위해 정부 주도의 언어 보급기관을 만들어 세계에 보급하고 있다. 이 중 중국의 '공자학원'은 한국의 '세종학당'과 뚜렷한 비교 시사점을 제공하는데 이는 두 기관이 ① 양국 언어가 최근에 국제적으로 부상한 언어라는 점, ② 국가 주도로 빠른 속도로 보급을 진행하고 있다는 점, ③ 언어 보급을 위한 구성 콘텐츠에 있어 문화적 유사성이 상당 부분 존재한다는 점 등에 있어 비교의 필요성이 크기 때문이다. 이에 이 장에서는 공자학원과의 비교를 통해 세종학당 운영의 개선점을 살펴보고자 한다.

2.2.1. '정책 중재자' 내지 '조정자' 역할의 부재

앞서 기술한 한국의 한국어 보급 정책에서 가장 큰 문제로 지적할 수 있는 것은 이른바 정책 중재자 내지 조정자 역할의 부재이다. 설립 목적 및 역할 분담을 통해 보면 각 기관의 교육 대상과 내용이 상이하지만 실상 각 부처가 서로의 사업을 제대로 파악하지 못한 채 장기적 계획을 수립하지 못하고 각 부처의 연간 예산 사용에 급급하다는 비판을 받고 있다. 반면, 영국의 브리티시 카운슬, 프랑스의 알리앙스 프랑세즈, 독일의 괴테 인스티튜트, 일본의 일본국제교류기금, 중국의 공자학원 등의 세계 주요 국가의 자국어 보급 기관을 살펴 보면, 이들은 정부 조직별로 정책을 추진하지 않고 국가를 대표하는 단일 기관을 브랜드화하여 자국어 보급 정책을 추진하고 있다는 것을 알 수 있다.

이와 관련하여 공자학원의 조직과 체계를 살펴보면 다음과 같다. 공자 학원의 주관 부서는 공자학원총부이고 이 총부는 중국 교육부 직속 기구로 국외 중국언어문화의 홍보·보급·관리를 총괄하는 '중국국가대외한어교학 여도소조 판공실(이하 '한반'으로 약칭)'의 직접 관할을 받는다. 공자학원총부는 베이징에 본부를 두고 해외에 설립된 공자학원은 모두 지부 형태를 취하고 있어 '국내외 협력 투자 설립' 형태를 취하고 있다. 이에 총부는 중국과 해외 모든 공자학원을 관리하고 지도하는 독립법인 자격을 가지고 있으며 공자학원의 명칭, 로고, 브랜드에 대한 소유권을 가지고 있다. 또한 유관 상위 조직의 국무원들이 공자학원총부 이사회의 위원을 겸직하도록 되어 있어 정책의 일관성과 추진력을 강조하고 있다. 요컨대 대외 중국어 교육이라는 이름으로 시행될 수 있는 모든 정책적 요소를 한 조직 아래에서 관리할 수 있도록 배치한 셈이다.

이러한 정책적 바탕은 통합된 조직 체계를 통해 전 세계 기관을 표준화된 체계로 운영이 가능하도록 하며 정책의 추진에 있어 효율성을 높이는 결과를 가져와 중국이 국외 언어 보급의 후발주자임에도 불구하고 급속하게 성장할 수 있게 한 원동력이 되어 공자학원은 2004년 11월 서울에 첫 공자학원을 설립한 이래 2012년 1월 세계 104개국에 835개의 공자학원을 개설하였다. 이러한 결과는 현재 여러 부처가 유사한 사업을 진행하여 업무 중복과 예산 낭비 등의 문제점을 안고 있는 우리에게 시사하는 바가 큰 부분이다. 현재 교육을 실시하는 기관들을 모두 통합하는 것은 결코 쉽지 않은 일이나 세계 주요 국가의 자국어 보급 기관들이 운영 본부를 중심으로 전 세계 교육기관을 조직적, 체계적으로 관리하는 것과 같이 이른바 '정책 중재자' 내지 '조정자'의 역할이 절대적으로 필요한 것이다.

2.2.2. 예산 관련 문제

공자학원과 세종학당을 비교해 보면 예산의 규모에서 상당한 차이가 있음을 알 수 있다. 공자학원의 관할 부처인 한반은 2010년 중국 정부로부터 인민폐 약 8억 위안(한화 약 1,420억 원) 상당의 예산을 받아 전 세계 공자학원과 공자교실을 지원했다. 이에 비해 세종학당과 한국어(한글) 가치 확산 관련 배정 예산은 2011년 42.7억, 2012년 54.3억 원 수준이다. 한국어 교육 이외의 업무가 모두 포함된 한국문화원 운영비 예산(2012년 246억 원)을 포함해도 중국 2010년 예산 대비 약 20% 수준이다.[3] 중국의 공자학원이 비교적 쉽게 현지화하여 어느 정도 자체 수익을 내도록 한 데에는 현지의 중국어 학습 수요가 큰 것도 있겠지만 초창기의 집중 투자를 통해 수요를 창출한 효과도 상당할 것으로 보인다. 이처럼 예산과 관련된 문제는 교육 기관을 운영하는 데 있어 결코 논외로 둘 수 없는 사항이다. 교육의 질 및 교육 환경은 물론 기관 운영 및 홍보와 밀접한 관계에 있기 때문이다. 지원 예산 지급의 지체, 교직원 복리후생, 다양한 프로그램 제공 여건 마련 등의 문제를 안고 있는 세종학당의 각종 문제 해결을 위해 정부의 예산 확대가 필요하다.

---

3) 문화체육관광부 2012년 9월 29일 보도자료.

2.2.3. 교육과정 운영상의 문제

또한, 교육과정의 운영 측면에서도 세계 주요 국가의 자국어 보급 기관과 비교해 아직은 과도기적 수준에 머물고 있음도 인정해야 할 것이다. 지금까지 국외 한국어 교육기관의 교육과정이 현지 사정과 기관 자제 판단에 지나치게 의존적이어서 표준으로 삼을 만한 교육과정이 없었다는 문제점이 있었던 것에 반해, 세종학당에서는 현재 개발 중인 한국어 표준교육과정 및 개발 교재를 근거로 정규 과정을 개설하고 현지 수요에 따라 특별 과정을 둘 수 있도록 규정하여 공신력 있고 균질적인 한국어 교육이 이루어지도록 정책적인 방안을 강구하고 있다. 그러나 아직 교육과정이 명시하고 있는 바는 교육 시간(40시간 이상)과 급간(초급 1·2, 중급 1·2) 정도이며 구체적인 사항은 제시되어 있지 않고 표준교육과정 수립을 위한 위탁 연구가 진행 중이므로 완성된 단계로 볼 수 없다.

이에 반해 공자학원은 정규교육과정에서는 표준화를, 교재의 경우는 다양화를, 비정규과정에서는 현지화를 지향하는 다면 전략을 사용하고 있다. 이를 위해 법률 중국어, 비즈니스 중국어와 같은 특수 목적형 프로그램, '중국의 생활과 사회', '중국 문학', '중국 서예', '중국 무술'과 같은 사회와 문화 관련 프로그램, 중국어교사연수과정, 중국어능력시험 대비반, 한중통번역사과정 등의 특별 프로그램 등을 현지 수요에 따라 다양하게 운영하고 있다. 보유하고 있는 교재도 대단히 다양해서 공자학원이 저작권을 가지고 있는 교재는 123종 2,000권에 달하며, 다양한 번역본은 물론 교사용 참고서, 사전, 잡지와 같은 지면자료뿐만 아니라 영상자료, 멀티미디어 교재 등도 지원된다.

세종학당의 한국어 교육이 단순히 한국어와 한국 문화 교육에 머물지 않고 이를 보급, 확산하여 공공외교를 달성하기 위해서는 이러한 공자학원의 추진력을 참고해 한국어문화의 저변을 확대하기 위한 노력이 필요하다.

2.2.4. 다양한 매체를 활용한 교육 프로그램 운영 및 홍보의 부진

마지막으로는 다양한 매체를 통한 적극적인 교육 프로그램 운영 및 홍보의 부진을 문제로 들 수 있겠다. 일부 자국어 보급 기관은 인터넷, 라디오 등의 매체를 이용하여 시·공간을 초월한 교육 프로그램을 제공하고 있다. 이는 학습자에게 원하는 시간, 원하는 장소에서 교육 서비스를 받을 수 있도록 편리함을 제공하고, 기관 입장에서는 적은 비용으로 더 많은 학습자에게 교육 서비스를 제공할 수 있다는 장점이 있다.

이에 공자학원은 다양한 매체들을 활용한 교육에 적극적으로 나서고 있다. 공자학원총부에서는 거액의 사업비를 투자하여 총부 홈페이지와 온라인 공자학원(www.chinese.cn)을 개설했다. 온라인 공자학원은 영어, 한국어, 불어, 일본어, 러시아 등 46개 국어로 번역된 페이지를 제공하며 현재까지 50여만 명이 회원 가입을 한 것으로 보고되어 있다. 또한, 공자학원은 라디오 방송, TV 방송과의 연계도 적극적으로 시도하고 있다. 2007년 12월 첫 라디오 공자학원이 중국에서 설립되었고 2008년 12월에는 TV 공자학원이 개설되었다. 이렇게 공자학원은 다양한 방식으로 교육 프로그램을 운영하고 이를 통해 홍보 효과를 높이며 전 세계에 중국어와 중국문화를 확산하고 있다.

세종학당은 아직 '세종학당'이라는 브랜드 인지도가 높지 않은 상황이다. 때문에 다양한 홍보 전략이 필요한 현 상황에서는 이와 같은 사례를 참고하여 적극적인 홍보 방안을 마련해야 할 것이다. 실제로 한국 문화에 세계인의 이목이 집중되어 있는 지금이야말로 매체를 통한 교육 프로그램 운영 및 홍보의 효과가 극대화될 수 있는 시기라고 볼 수 있다. 이는 한국어의 보급을 위해서이면서도 장기적으로는 한류 및 한국 문화에 대한 세계인의 관심을 장기적으로 유지하는 데에도 의의가 있을 것이다.

2.3. 세종학당 지원의 필요성

세종학당은 세계 주요 국가의 자국어 보급 기관(영국의 브리티시 카운슬, 프랑스의 알리앙스 프랑세스, 독일의 괴테 인스티튜트, 스페인의 인스티튜트 세르반테스, 일본의 일본국제교류기금, 중국의 공자학원)과 비교해 역사가 짧고 예산 지급 등이 상당 부분 미진함에도 불구하고 비교적 안정적인 형태로 안착하고 있다. 또한 세종학당의 설립을 통한 한국어와 한국 문화 교육이 현지에서도 기대 이상의 호응을 얻고 있다. 세종학당은 교육적 측면에서 학습자에게서 높은 만족도를 얻고 있으며, 학습자의 학습 열의나 학습 동기, 세종학당에 대한 의존도 등은 투입된 예산에 비해 상당히 높은 편으로 나타난다. 이는 세종학당이 향후 안정적으로 발전하는 데에 중요한 기반이 될 수 있음을 보여주며 이러한 안정성을 기반으로 한국어를 통해 한국과 한국 문화를 알릴 수 있다는 기대효과를 준다.

그러나 2.2.에서 살펴보았듯 세종학당의 집중된 체계적 관리 부재 및 예산, 운영, 홍보 등의 측면은 개선이 필요하거나 재고되어야 한다. 이에 정부 주도 하에 이루어져야 할 세종학당 지원 과제를 법과 제도의 측면, 교육 내적 측면, 교육 외적 측면으로 나누어 살펴보면 다음과 같다.

2.3.1. 법과 제도적 측면

세종학당 사업은 국가 차원에서 추진하고 있는 중요 사업임에도 불구하고 현재 세종학당의 설립 및 운영 등 사업 추진과 관련한 근거 법률이 마련되어 있지 않은 상태이다. 또한 사업 추진을 담당할 전담 기구 또한 과도기적 상태에 머물고 있어 '정책 중재자' 내지 '조정자'의 역할을 하는 전담 부서가 합의되어야 한다. 한국어 해외 진출과 관련하여 여러 부처가 관여하고 있는 만큼 업무 중복에 따른 업무 추진의 비효율성 문제 해결 및 예산 낭비를 막기 위해서라도 부처 간의 협력을 통하여 사업 추진의 효율성을 높이기 위한 정부의 지원이 필요하다.

2.3.2. 교육 내적 측면

현재 세종학당은 운영에 따른 지원금을 지급하고 세종학당 본부를 통해 각 세종학당을 관리·감독하고 있지만 교육과정의 수립과 교육 프로그램의 운영, 강사 및 관리자의 임명 등 대부분은 각 세종학당에 일임하고 있다. 이는 현지 특성에 맞는 프로그램 및 기관 운영의 측면에서는 유리한 부분이 있지만 세종학당의 설립 범위와 영향력 확장에 따라 본국에 한국어와 한국 문화 전반에 걸쳐 정책적으로 입안, 결정, 추진할 수 있는 전담 부서를 두고 세종학당이 한국어 문화의 저변 확대를 위한 거점 실천 기관으로서의 역할을 할 수 있도록 보완해야 할 것이다.

또한, '표준'을 정해 전 세계에서 균질적인 교육을 받을 수 있도록 교육의 질을 유지하면서도 현지화를 위한 유연성을 잃지 않도록 해야 할 것이다. 이에 현지 학습자의 수요 및 요구를 반영할 수 있도록 다양한 교육 프로그램과 컨텐츠의 개발·보유를 위한 지원이 필요하다.

2.3.3. 교육 외적 측면

한국어와 한국 문화의 체계적인 보급과 함께 체계적이고 질 높은 교육을 위해서는 교육의 전문성 제고와 인프라 구축이 기본적으로 행해져야 한다. 또한 이와 함께 국가를 대표하는 한국어와 한국 문화 교육 브랜드로서의 '세종학당'의 가치를 높이고 브랜드 이미지를 정착시키기 위해서는 세종학당 고유의 외형(시설 등)을 갖추고 체계적인 홍보 전략을 펼치는 등 다방면으로서의 노력과 투자가 필요하다. 당연한 이야기이지만 이를 위해서는 충분한 예산의 확보와 함께 적절한 지원금 지원이 뒷받침되어야만 하는 것이다. 세종학당 출범 초기에 해당하는 지금 홍보가 절대적으로 필요하고 다행스럽게도 한국어와 한국 문화는 세계인들의 관심을 받고 있는 상황이다. 이러한 시기를 잘 이용한다면 한국어 브랜드 인지도가 높아짐은 물론 브랜드의 영향력이 다방면으로 확산될 수 있다는 점을 유념해야 할 것이다.

3. 정책 제언

3.1. 한국어의 세계 진출이 국가 브랜드 가치에 미치는 영향

최근 한 국가가 지니는 이미지나 브랜드 가치가 해당 국가의 국제 경쟁력 강화에 미치는 영향이 증가하고 있다. '국가 이미지' 또는 '국가 브랜드'는 한 국가의 경쟁력을 평가하는 중요한 지표가 되었으며 고도의 전략과 계획을 통해 만들어지고 관리되어야 할 대상으로 여겨지고 있다. 이에 한국도 국가 브랜드 가치의 향상을 위해 다방면으로 노력하고 있으며 그 일환으로 한국어의 세계 진출이 큰 몫을 담당하고 있다.

이에 본 장에서는 국가 브랜드의 개념과 의미를 살펴보고 세종학당과 연계하여 한국어의 세계화가 국가 브랜드 가치 향상에 어떠한 역할을 하고 있는지 알아보고자 한다.

3.1.1. 국가 브랜드의 개념과 의미

'국가 브랜드'란 기업에 적용하는 '브랜드(brand)'라는 개념을 국가 차원으로 확대하여 한 국가에 대한 호감도와 신뢰도 등을 총칭하는 개념이다. 최근 국력의 전통적 요소인 군사력, 경제력, 과학기술력 등의 하드 파워보다 국가의 품격, 이미지, 상징 등의 소프트 파워가 국가 브랜드에 많은 영향을 끼치고 있다.

국가를 하나의 브랜드로 인식하여 내국인 및 외국인들에게 국가 브랜드의 인지도, 연상 이미지, 충성도 등의 국가 브랜드 자산을 구축함으로써 궁극적으로 국가 경쟁력을 강화하기 위한 수단이 된다고 본다. 이러한 시각에서 국가 브랜드는 기업이 제품 마케팅 수단으로 브랜드를 개발하는 것과 마찬가지로 효율적인 마케팅을 전개하기 위한 것이며 해당 국가의 수출 제품의 이미지 제고, 해당 국가 기업의 신용도 제고, 외국 자본의 유치 증대, 대외 통상 및 외교 관계 개선, 거주 또는 관광지로서의 매력 증가 등의 실질적 효과를 기대하게 하는 것이다.

이에 한국도 2009년 1월, 대통령 직속 기구로 '국가브랜드 위원회'를 출범하여 운영하고 있다. 이 국가브랜드 위원회에서는 5대 역점 분야를 제시하였는데, 그 중 하나가 '매력적인 문화·관광'이며, 그 안에 세부 항목으로 한식, 한류, 태권도 등과 함께 '한국어'의 세계화가 포함되었다.

3.1.2. 세종학당과 국가 브랜드

문화체육관광부는 '국가브랜드 위원회 1차 보고서'를 통해서 전 세계에 흩어진 한국어 해외 보급기관의 명칭을 '세종학당'으로 통합 브랜드화 하고, 2009년 563돌 한글날에 맞추어 U-세종학당(누리-세종학당) 홈페이지를 개설하였다. 이와 같은 '세종학당 통합 브랜드화' 전략은 국가 브랜드 가치를 높이는 데 중요한 역할을 하고 있다고 본다.

이는 한국어에 대한 인지도와 수요자 접근성을 높이고, 한국어 교원이나 교재 등에 대한 통합적인 지원 체계를 확립함으로써 한국어를 대표 브랜드로 하여 국가 경쟁력을 높일 수 있는 것이다. 또한 다양한 한국어 교육기관의 명칭을 '세종학당'으로 통일하여 일관된 이미지를 부여하고 교육과정을 표준화함으로써 한국어 교육의 질을 높이고 국가 브랜드 가치를 높여 나갈 수 있을 것으로 기대한다.

3.1.3. 한국어의 세계 진출과 국가 브랜드 가치

한국어의 세계 진출은 다양한 측면에서 국가 브랜드 가치를 높이는 데 기여를 하고 있다. 문화적 측면 뿐 만아니라, 국가 브랜드 자산으로서의 실체적 품질이 가지는 중요성이나 윤리적 측면에서도 적지 않은 기여를 하고 있는 것으로 생각된다.

먼저 한국어의 세계화가 국가 브랜드를 구성하는 중요한 문화적 요소가 될 수 있다는 것은 지극히 당연한 사실이다. 특히 한국어 교육은 한국 문화와 매우 밀접한 연관을 맺고 있어 문화적으로 큰 가치를 지닌다.

또한 한국어는 이미 실체적 상품으로 전 세계에 신뢰 관계를 구축함과 동시에 널리 알려지고 있으며 국가 경쟁력 차원에서 경제적 부가 가치 창출에도 기여하고 있다.

국가는 이미지나 브랜드 차원에 앞서 구체적인 개인과 공동체의 삶이 이루어지는 곳이다. 한국어 학습도 누군가에게는 삶의 수단일 수 있다는 점에서 한국어는 개인적, 공동체적 삶의 측면에서 정책적 지원이 절실하게 필요한 한국어 학습자를 우선적으로 고려해야 하는 것이다. 한국어의 세계화는 이러한 윤리적 측면에서도 중·장기적으로는 국가 브랜드 가치를 높이는 데 기여할 수 있게 된다.

3.2. 문화, 기업과 함께 진출

앞서 살펴본 바와 같이 한국어의 세계 진출은 단순히 한국어 학습자의 수 증가에 따른 경제적 이익뿐 만아니라 국가 브랜드 가치를 높이는 데 크게 기여하고 있음을 확인하였다. 이에 더 큰 가치 창출을 위해 한국어를 언어 자체로 진출 시키는 데 그칠 것이 아니라 한국 문화와 연계하는 것이 더 큰 효과가 있을 것으로 생각된다. 또한 기업과 연계한다면 보다 다양하고 폭넓은 측면에서 세계 진출이 가능해질 것으로 보인다.

구체적으로 살펴보면 다음과 같다.

3.2.1. 문화와 연계

한국어의 국외 보급은 한국 문화와 연계하여 이루어져야할 필요가 있다. 한류로 인해 발생한 한국 또는 한국 문화에 대한 호기심이 한국어 학습과 연계되면 한국 또는 한국 문화에 대한 관심이 확대되어 한국어학습에 대한 강한 동기로 전이되게 되고, 결국 이들은 친(親)한국적 성향을 지닌 한국 전문가로 성장하게 되기 때문이다. 경제적, 문화적 파급 효과가 큰 한류를 지속시키고 강화하기 위해서는 한국어 및 한국문화 교육과 연계할 필요성이 절실하다고 할 수 있다.

'한류'는 중국, 일본, 동남아시아 지역 등에서 한국의 대중문화가 선풍적인 인기를 끌고 있는 사회문화 현상을 말한다. 그러나 '한류'는 한국의 대중문화에 대한 선호에서 나아가 한국 및 한국의 생활양식 전반에 대한 선호로 확대되고 있어 한국의 '문화 반도체'라고 불릴 만큼 그 잠재력이 매우 큰 것으로 여겨지고 있다. 사실 '한류'라는 말은 1999년 문화관광부가 홍보용으로 제작하여 재외 공관을 통해 배포한 한국 가요 음반 제목에서 유래했다고 한다. 이후 한국 가수가 중국에서 큰 인기를 끌면서 중국 언론이 '한류가 중국을 강타했다'는 제목의 기사를 냈고, 이를 한국 언론이 대중화시킨 것이다.

한류가 확산되기 시작한 2001년부터 문화콘텐츠 부문 대외 수출은 매년 평균 42%의 꾸준한 성장률을 보였다. 40억 원의 제작비를 들여 만든 '겨울 연가'는 1,800억 원의 부가 가치를 창출하였고, 한류 관광객 64만 7,000명이 한국 관광에서 소비한 금액이 9,449억 원에 이르렀다. 이렇듯 한류로 인한 대외 국가 이미지 제고 및 브랜드 가치 창출 등 직·간접적인 경제 효과는 실로 거대하다고 할 수 있다. 또한 문화적 측면에 있어 한국이 동북아시아의 문화중심국가로 부상함으로써 동북아 문화공동체를 형성 하는 데 기초를 제공하고 있다. 이와 같은 현상은 우리의 위상이 서구 대중문화를 일방적으로 소비하고 모방하는 문화 소비국에서 동양의 정서와 가치관에 맞는 문화를 재창조하여 제공하는 문화 생산국으로 바뀌어가고 있다는 것을 나타낸다고 할 수 있다. 나아가 동북아시아의 문화를 하나로 묶는 문화적 유대감을 형성하고 동북아시아 지역의 경제 협력 및 통합을 유도하여 공동 번영의 토대를 마련하는 데 기여할 수 있을 것이다.

한국어와 한국이 세계화하기 위해서는 다양한 내용의 개발이 필요하다. 한국을 알리는 내용 개발과 한글과 한국어를 이용한 그리고 그 자체에 대한 내용적 접근이 필요하다. 영화와 드라마를 넘어 만화, 연극, 패션, 게임, 로봇 등의 다양한 분야에 이르는 콘텐츠 아이디어를 모집하고 지원해야 한다.

3.2.2. 기업과 연계

전 세계 세종학당을 총괄하는 세종학당재당은 2012년 10월 구글코리아와 한국어 및 한국문화 교육 콘텐츠를 국내·외에 제공하기 위한 업무 협약을 체결하였다. 이 협약으로 세종학당재단과 구글코리아는 '한국어 세계화를 위한 공동 기획'과 '한국어 및 한국 문화 교육 관련 콘텐츠의 공익적 사용 협력' 등을 골자로 한 한국어 세계화 사업을 추진하기로 하였다. 이를 위해 구글코리아는 다양한 자사 플랫폼을 활용해 한국어 및 한국 문화 온라인 강의 체계 구축에 협력하기로 하였다. 또 세종학당재단은 유튜브에 세종학당 전용 채널을 개설하고, 구글플러스의 실시간 화상통화 기능인 '온에어'를 활용하여 43개국의 세종학당과 일반 한국어 학습자에 정기적으로 교육을 제공하기로 하였다.

얼마 전 아시아나 항공이 '대장금호'를 운항하기 시작하였다. 대장금의 이미지를 랩핑한 항공기로 향후 1년간 대장금 열풍이 불고 있는 지역을 중심으로 운항하게 되며, 기내식으로 궁중정찬 칠첩반상을 제공한다고 한다. 이런 방법은 기업 이미지 홍보를 위해 한류를 활용할 수 있는 가장 좋은 방법 중 하나이다. 같은 방식으로 최근 일고 있는 한국어 교육 열풍에 기대어 한국어 교재 및 한국어 교육 자료에 기업의 브랜드나 이미지를 삽입하는 PPL 또는 BPL 기법으로 한류와 한국어 교육을 활용할 수 있다.

시민단체 반크는 한글의 편리성, 창제원리, 과학적 원리, 실용성을 설명하는 내용과 한글을 창제한 세종대왕의 업적을 소개하는 10분 분량의 영상을 한글과 영어로 제작해 유튜브(youtube.com) 사이트에 알리는 작업을 시작했고, 세계 네티즌이 온라인상에서 쉽게 한국어를 배울 수 있는 한국어영상 강의 서비스 '21세기 훈민정음 프로젝트'도 지난 3월부터 운영하고 있다. 한국과 관련된 국제 문제에서 뚜렷한 성과를 내며 성장한 반크이기에 또한 정부가 나서서 할 수 없는 민감한 문제나 미처 알지 못했던 틈새의 문제를 유연하고 빠르게 대처할 수 있다는 점에서 이들의 활동이 주목된다.

또한 경희대학교 국제교육원에서는 한국관광공사와 연계하여 'Fun Korean Lesson Trip'이라는 프로그램을 운영하고 있다. 2011년 7월 처음 개설된 이 프로그램은 6박 7일간 K-드라마와 K-Pop을 이용한 한국어 수업과 한국 가정 홈스테이를 제공하고 있다. 특히, 한국어 도우미 제도를 통한 경희대학교 재학생과의 교류도 진행하고 있어 학생들의 인기가 높다. 이 프로그램은 여름 1, 2차, 겨울 1, 2차로 나누어 1년에 총 4차에 걸쳐 진행된다. 7월 30일부터 8월 3일까지 진행된 여름 1차 과정에 총 6개국 10명의 외국인이 참가하였으며, 8월 27일부터 8월 31일까지 진행된 여름 2차 과정에는 총 7개국 11명의 외국인이 참가하였다. 11월 26일에 시작되는 3차 과정에는 10개국 31명의 외국인이 신청하여 여름보다 세 배나 많은 학생이 참가하였다. 이 프로그램은 한국어와 한국 문화에 관심이 많지만 장기 연수나 유학은 어려운 외국인 학생들을 위한 맞춤형 프로그램이기 때문에 전 세계로 확산되는 한류붐과 더불어 계속 발전해 나갈 것으로 기대한다.

3.3. 세종학당 활성화를 위한 제언

3.3.1. 세종학당에 대한 정부의 체계적인 지원

현재 한국어 국외 보급의 가장 큰 문제는 각 부처별로 분산된 업무를 효율적으로 관리할 정책의 조정 채널이 없다는 점이다. 따라서 조정 채널을 설정하여 유관 부서의 업무가 서로 어떤 일들을 하고 있는지를 상시적으로 알려주고, 투입되고 있는 국가 예산의 규모가 얼마인지를 알기 쉽게 파악하게 하는 등을 교차 점검할 수 있도록 하는 역할을 해야 한다. 현재 추진되고 있는 '세종학당재단'을 중추 기구로 이용하는 것도 하나의 방법이라 생각된다. 이 '세종학당재단'에서 세종학당에 대한 업무를 총괄하고 관리할 수 있다.

다양한 국내외 네트워크를 효율적이고 체계적으로 일목요연하게 통합 관리함으로써 한국어 국외 보급이라는 하나의 목적을 위한 시너지 효과를 극대화할 수 있다고 본다.

전 세계의 국외 한국어 교육 기관을 '세종학당'의 브랜드로 통합하고자 하는 취지와 방향은 합당하다. 또한 한국어 교육의 저변을 확산시키고 외국인 학습자의 인지도를 높이기 위해 세종학당의 숫자를 늘려가는 정책 역시 필요하다고 여겨진다. 이를 위해 각 부처 간의 합의가 우선되어야 한다고 본다.

또한 이를 위해 국가 차원의 홍보 전략도 시급하다. 브랜드는 인지도가 매우 중요하다. 한국어 교육계 뿐 아니라 사회 각 분야로부터 주목을 받을 수 있도록 해야 한다. 한글 주간 등을 통해 민관이 함께 하는 문화 예술 행사를 개최하여 국내외에 홍보하는 전략으로 활용 가능하다고 본다.

3.3.2. 세종학당 발전을 위한 연구소 혹은 연구센터 건립

세종학당의 지속적이고 체계적인 발전을 위한 연구소 혹은 연구센터 건립을 제안한다. 전문 연구원들이 주축이 되어 세종학당 발전을 위해 현 세종학당의 실태나 문제점을 논의하고 지속가능한 발전 방안을 마련하는 장이 될 수 있도록 해야 한다. 이 연구센터에서 표준화된 교재와 교육과정 개발도 담당하도록 해야 한다.

현재 세종학당용 교재는 초급, 중급 및 교원용 지침서가 개발되어 국내외 세종학당 및 주요 기관에 보급되고 있다. 이들 교재는 9개 언어로 현지화되어 발간되었다. 하지만 아직 인도네시아, 아르헨티나, 아랍에미리트, 케냐 등에서는 현지 실정에 맞는 교재가 없어 표준 교재를 흑백으로 인쇄, 제본해 사용하고 있으며 교재가 현지 학습자 수준에 맞지 않거나 현지어 번역이 없는 경우도 있다. 현지 수요에 맞는 교육과정과 교재를 사용하는 것도 중요하지만 기본 과정으로 개설된 정규 과정에서는 표준교육과정에 의해 진행하도록 유도할 필요가 있으며, 이 교재 자체가 일종의 '한국어'를 상징하는 브랜드가 되도록 만들어 나갈 필요가 있다. 고유의 삽화, 사진, 이미지 컷과 상징색 등을 활용하여 그 자체로도 해당 국가 이미지와 연상시키는 강력하고 고유한 통로 역할을 할 수 있기 때문이다.

세종학당의 교육과정은 언어와 문화를 유기적으로 연결하고, 성인뿐만 아니라 어린이를 대상으로 하는 특화된 교육과정이 되어야 할 것이다. 또한 비즈니스, 유학 준비, 번역, 교사 양성 등 다양한 학습자의 요구에 맞는 과정을 개설해야할 필요가 있다. 이러한 교육과정도 정규 과정을 위한 표준 교육과정을 제정하고, 다양한 학습자를 위한 세분화된 교육과정을 다시 제정할 필요가 있다.

3.3.3. 세종학당의 내적 구성 치밀화

현재 세종학당은 2011년 60개소에서 2012년 8월 90개소로 그 수가 점점 늘어나고 있으나 내실화 및 안정화에 대해서는 평가가 분분하다.

세종학당의 내실화를 위해 교원의 전문성을 강화하는 노력이 요구된다. 세종학당의 수강생 수는 7천 명이 넘는데 교원 수는 332명이고 이중 한국어 교원자격소지자는 9.6%에 불과하다. 교원 자격도 없는 1명이 100명 이상을 가르치는 곳은 네팔, 케냐, 러시아, 상하이, 프랑스 등 5곳이다. 한국어 교원 국외 파견 사업 등을 통해 업무 종별, 현지 사정, 지역의 학습 수요 등 상이한 조건에 맞게 적절한 전문가를 배치하는 것은 물론 배치 후의 관리에도 소홀해서는 안 된다. 현재 운영되고 있는 교원양성과정을 확대 운영하고 세계 한국어 교육자 대회 등을 통해 더 많은 교원들이 재교육을 받을 수 있도록 힘써야 한다.

다음으로 세종학당의 교육 프로그램의 내실화를 위해 문화 교육 프로그램 확대를 제안한다. 세종학당은 한국어 교육의 기능뿐만 아니라 한국 문화 확산의 기능을 갖추도록 해야 한다고 본다. 세종학당 수강생들의 한국

문화에 대한 관심이 높은 만큼 다양한 문화 교육 프로그램을 마련하고 이를 지원할 필요가 있다. 처음 한국어 학습을 시작할 때의 동기 유발 차원에서나, 지속적인 한국어 학습을 위해서도 문화 교육 프로그램은 중요하다. 문화 교육 프로그램은 단기적으로 그 효과가 가시적으로 나타나지는 않으나 장기적으로 보면 학습자들이 한국에 대해 우호적인 인식을 가지고 한국과의 관계를 지속할 수 있는 지한파 양성의 발판이 되므로 간과해서는 안 될 부분이다.

다음으로 세종학당의 내실화를 위해 세종학당 내 학습자 평가 체제를 구축하는 것이 바람직하다고 본다. 세계 주요 자국어 보급기관들이 해당 국가의 공신력 있는 어학능력인증시험을 주관하고 있는 것처럼 세종학당에도 그러한 기능을 부과하는 것도 한 방법이라 생각된다. 더불어 우수 학습자를 위한 적절한 보상이 이루어질 수 있도록 해야 한다. 세종학당 우수 수강생을 중심으로 개최된 세계 한국어 학습자대회는 말하기 대회를 통하여 입상자에게 한국어학연수의 기회를 제공하고 한국 유학 장학금 및 취업 지원금을 지급하였다. 앞으로도 이러한 보상 체계를 확대하고 다양한 체계를 마련하는 등의 노력이 요구된다.

3.3.4. 세종학당 기관 심사 및 관리 방안 마련

국외 한국어 교육의 기준으로 세종학당은 교육 과정이나 교육 방법, 운영 등에 있어서도 전 세계적으로 표준화를 이루어야 한다고 본다. 이에 세종학당 기관 심사나 관리 방안도 마련되어야 할 것이다. 효율적인 평가 관리 시스템을 구축하여 중앙, 즉 본부에서 적절한 통제와 현장에서의 적절한 관리가 이루어질 수 있도록 해야 한다.

각 세종학당별로 월별 보고서 등을 통해 운영 상황을 점검하고, 매년 예산

집행에 대하여 정산 보고 및 결과 보고를 받아야 한다. 이러한 보고 체계를 통해 각 세종학당의 상황이나 요구를 알리고 적극 대처하여 해결할 수 있도록 해야 한다. 또한 서면 보고에만 그칠 것이 아니라 정기적으로 현장 파견 등을 통한 관리·감사도 이루어져야 한다고 본다. 이는 세종학당의 내실화는 물론이곡 행정 및 재정 지원의 효율성을 높이는 차원에서도 꼭 필요한 부분이다.

3.3.5. U 세종학당 활용 방안

세종학당은 온라인 한국어 학습 시스템인 '누리−세종학당'을 운영하고 있다. 온라인 한국어 강좌를 지속적으로 개발하고 있으며, 8개 언어로 다국어 사이트를 확대하였다. 또한 동영상, 사진 등 멀티미디어 디지털 교육 자료관도 구축·운영하고 있다. 멀티미디어 자료관은 교원들 간에 자료를 서로 공유할 수 있는 쌍방향 소통체계도 갖추고 있어 학습자들뿐만 아니라 전 세계에 흩어져있는 교원들에게도 유용한 소통의 장이 될 것으로 기대된다.

하지만 여전히 세종학당이 거점이 되지 못하는 지역도 있어 이 지역까지 파급력을 미칠 수 있는 온라인 학습 콘텐츠 개발이 시급하다.

사이버 대학 등과 연계하여 국내외 한국어 교육의 온라인 통합 정보망을 통해 한국어와 한국문화를 접하기 쉽도록 접근성을 더욱 강화해야 할 것이며, 다양한 언어의 수준별 온라인 강좌를 제공하고 각종 교육 자원 및 교육 과정 관리 체계를 개발해야할 필요가 있다.

구글플러스와 함께 세종학당재단이 유튜브에 세종학당 전용 채널을 개설하기로 한 것은 매우 고무적인 현상이라 평가된다. 한국어의 수요를 폭발적으로 증가하게 한 것은 유투브와 같은 동영상 사이트였다. 2011년 1월 유투브가 집계한 한국 노래 조회 건수는 약 7억 9357만 건이었고 한국 인구의 2배를 넘는 조회건수가 일본과 미국 등에서 일어났다고 한다. 지리적으로 멀어 한국어 수요가 낮았던 남미나 서유럽 국가에서도 이와 같은 미디어를 통한 한류문화의 전파에 힘입어 한국어에 대한 새로운 수요가 나타났으며, 이는 2012년 1월 남미 페루의 세종학당 지정으로 이어졌다. 이에 방송과 인터넷 등의 미디어콘텐츠는 현재 한국 문화의 전파와 관련하여 한국어 국외 보급과 연동해야 할 가장 중요한 영역이라고 평가된다.

참고문헌

강남욱·김순우·지성녀(2012), 대외 언어 보급 정책 비교를 통한 세종학당 활성화 방안 연구 -중국 공자학원 운영 정책과의 비교를 중심으로, 새국어교육, 제90호.

강현화(2008), 자국어 국외 보급을 위한 언어정책 사례 연구 -세종학당 교육과정 구축을 위해, 언어와 문화, Vol.4 No. 2, 한국언어문화교육학회, pp. 31-56.

권재욱(2010), 한국어 국외 보급 정책의 통합 방안 연구, 동국대학교 석사학위논문.

김아영(2011), 한국어 국외 보급 정책으로서의 세종학당 연구: 세계 주요 국가 자국어 보급 정책과의 비교를 중심으로, 상명대학교 교육대학원, 석사학위논문.

김진호(2012), 한국어 교육 정책에 대한 연구 : 정부 부처의 한국어 교육 현황 및 개선책을 중심으로, 아시아문화연구, Vol. 25, 경원대학교 아시아문화연구소, pp. 259-281.

박종오(2010), 한국어 해외 보급 실태 조사 및 활성화 방안 연구, 한남대학교 교육대학원 석사학위논문.

조태린(2011), 국가 브랜드와 한국어 교육 정책 : 세종학당 공동 브랜드화 사업을 중심으로, 한글, No. 294.

최용기(2007), 한국어 교육의 현황과 세종학당 운영 방향, 문법교육 Vol. 6, 한국문법교육학회, pp. 213-246.

다국적 해외진출기업 총람(2012), 매일넷앤드비즈 편집부, 매일넷앤드비즈.

한국어 교육 관련 논저 목록

가레크-최(1991), 폴란드인을 위한 한국어 교재 편찬과 교수 방법, 교육한글 4, 한글학회.

간노 히로오미(1988), 일본에서의 한국어 교육 및 연구현황, 제3회 국제한국어교육학회언어학자 대회, 한글학회.

간노 히로오미(1991a), 일본에서의 한국어 교육, 새국어생활 1-2, 국립국어연구원.

_____(1991b), 일본인을 위한 한국어 교재 편찬과 교수 방법, 교육한글 4, 한글학회.

강명순·이미혜·이정희·정희정(1999), 한국어 듣기 능력 평가 방안, 한국어 교육 10-2, 국제한 국어교육학회.

강미영(2006), 한국어 교육에서의 그림자료 활용 방안 연구: 교재 중심으로, 한국외국어대 교육 대학원 석사학위논문.

강보유(2002), 중국 대학교에서의 한국어 교육과 교수법, 한국어 교육 13-2. 국제한국어교육 학회.

강서영(2007), 중국어권 한국어 학습자의 어휘적 연어 사용 연구, 이화여자대학교 대학원 석사 학위논문.

강석순(1985), 영작문 오류에 관한 연구, 중앙대학교 석사학위논문.

강소정(2002), 한국어 속에 사용되고 있는 일본어 어휘에 관한 연구, 신라대학교 교육대학원 석사학위논문.

강승혜(1996), 제2언어로서의 한국어 학습자의 언어학습 전략유형 및 학습결과 분석 연구, 연세 대학교 대학원 박사학위논문.

_____(2002), 재미교포 성인 학습자 문화프로그램 개발을 위한 요구조사 분석연구, 한국어 교 육 13-1, 국제한국어교육학회.

_____(2003a), 한국문화 프로그램 개발을 위한 한국어 학습자 요구분석, 한국어 교육 14-3, 국제한국어교육학회.

_____(2003b), 한국어 교육의 학문적 정체성 정립을 위한 한국어 교육 연구 동향분석, 한국어 교육 14-1, 국제한국어교육학회.

강여림(2007), 한국어 학습자의 대우 표현 사용 양상 연구: 일본어권 한국어 고급 학습자를 대상으로, 이화여자대학교 교육대학원 석사학위논문.

강영덕(1992), 중국 조선족 학교에서의 이중언어교육의 실태와 과제, 이중언어학 9, 이중언어학회.

강원경(2007), 한국어 교육용 문법항목의 제시 방법에 관한 연구: '-더-' 관련 문법항목을 중심으로, 연세대학교 교육대학원 석사학위논문.

강은국(2003), 중국에서의 한국어 교육과정에 대한 고찰, 국제한국어교육학회 제13차 국제학술대회.

강정희(1996), 해외 동포 자녀들에 대한 모국어 교육 실태 조사 연구, 한국말교육 7, 국제한국어교육학회.

강지현(2007), 학문 목적 한국어 학습자를 위한 상경계열 학문용 기본어휘 선정, 이화여자대학교 교육대학원 석사학위논문.

강헌규(1993), 말레이시아에서의 한국어 교육, 이중언어학 10, 이중언어학회.

강현숙(1996), 바람직한 구두 언어 교육을 위한 한국어와 영어 대조 분석, 홍익대학교 석사학위논문.

강현화(1999), SAT Ⅱ의 한국어시험에 대한 분석 : '98년도 샘플테스트를 중심으로, 한국어 교육 10-2, 국제한국어교육학회.

_____(2000a), 외국인을 위한 한국어사전과 말뭉치, 응용언어학회지 16, 응용언어학회.

_____(2000b), 외국인을 위한 한국어사전의 표제어에 대한 고찰, 어문학 70.

_____(2000c), 코퍼스를 이용한 부사의 어휘 교육 방안 연구, 이중언어학 17, 이중언어학회.

_____(2000d), 코퍼스를 중심으로 한 전문 용어 사전, 한국어정보학 2, 한국어정보학회.

_____(2000e), 코퍼스상의 빈도가 동사의 어휘 교육에 주는 효용성, 비교문화연구 3, 경희대학교 비교문화연구소.

_____(2001a), 빈도를 나타내는 시간부사의 어휘 교육 방안 연구, 한국어 교육 12-1, 국제한국어교육학회.

_____(2001b), 컴퓨터와 말뭉치를 이용한 한국어 전자사전과 한국어 교육, 한국어정보학 3, 한국어정보학회.

_____(2001c), 한국어 교육용 기초 한자어에 대한 기초 연구, 한국어 교육 12-2, 국제한국어

　　　　교육학회.

_____(2002a), 한국어문화어휘의 선정과 기술에 대한 연구—외국인을 위한 한국어 학습사전의 표제어를 중심으로, 21세기 한국어 교육학의 현황과 과제, 한국문화사.

_____(2002b), 해외 한국어 교사 재연수 프로그램에 대한 요구 분석 논의, 한국어 교육 13-2, 국제한국어교육학회.

_____(2004), 한국어학습을 위한 프레지올러지 유형에 대한 연구, 이중언어학 24, 이중언어학회.

_____(2006), 외국인 학습자의 문화 요구조사 : 문화교재 개발을 위해, 외국어로서의 한국어 교육 31, 연세대학교 한국어학당.

강현화·박동규(2004), 학문 목적의 병존 언어 교수 모델 적용 연구-경영학 전공 학습자를 대상으로, 한국어 교육 15-2, 국제한국어교육학회.

강현화·신자영·이재성(2002), 한국어와 스페인어의 대조 연구, 이중언어학 21, 이중언어학회.

강현화·조민정(2003), 스페인어권 한국어 학습자의 어미·조사 및 시상, 사동 범주의 오류 분석, 한국어 교육 14-2, 국제한국어교육학회.

강혜민(2006), 고전소설을 통한 한국어 교육 : 문화교육을 중심으로, 전북대학교 교육대학원 석사학위논문.

강혜옥(2006), 한국어 문법 교수를 위한 문법 의식 상승 과제 설계 연구, 서울대학교 대학원 석사학위논문.

고광도(2006), 한국어의 다의어 교수·학습 방안, 부산외국어대학교 교육대학원 석사학위논문.

고금숙(1992), 중국의 조선어문교육에 대한 역사적인 고찰, 교포정책자료 43.

고범수(2006), 문화간 커뮤니케이션을 위한 한국어 교재 개발 방안 연구: 일본어권 학습자를 대상으로, 경희대학교 교육대학원 석사학위논문.

고사슴(2003), 아동대상 한국어 교육 연구, 경희대학교 교육대학원 석사학위논문.

고성중(1992), 한국어학습에 있어서의 일본어의 간섭에 대하여, 연구논총 8, 서울대학교 재외국민 교육원.

고송무(1991), 핀란드와 카작스탄에서의 한국말 및 고려말 교육, 교육한글 4, 한글학회.

고영원(2007), 한국어 학습자를 위한 속담 교육연구: 교사와 학습자의 속담 교육 인식을 중심으로, 연세대학교 교육대학원 석사학위논문.

고진숙(1994), 중고등학생의 영작문 오류 비교, 연세대학교 석사학위논문.

고창수(2003), 자연언어의 본질과 기능, 이중언어학 23, 이중언어학회.

고현영(2006), 귀국초등학생 한국어 교육을 위한 국어 교과서 활용 방안, 한양대학교 교육대학원 석사학위논문.

谷崎美津子(2006), 한국어 색채 표현 교육 연구: 한·일 색채 표현 대비를 중심으로, 서울대학교 대학원 석사학위논문.

공일수(1992), 한국어와 아랍어 음운론적 대조와 ERROR 분석, 이중언어학 9, 이중언어학회.

공일주(1992), 일본인의 한국어 교육에 대하여, 교육한글 5, 한글학회.

_____(1993), 한국어 숙달 지침과 말하기 능력 측정에 대하여, 교육한글 6, 한글학회.

_____(1996), 한국어 교재에서 반영해야 할 문화 목표, 한글 새소식 283, 한글학회.

곽단양(2006), 중국어권 학습자를 위한 한국어 완곡 표현 교육 연구, 서울대학교 대학원 석사학위논문.

곽부모(2004), 남·여 한국어교사의 교실 언어 차이 연구, 한국어 교육 15-2, 국제한국어교육학회.

곽상흔(1994), Task 개념을 기초로 한 듣기-말하기 수업 연계 방안, 한국말 교육 5, 국제한국어교육학회.

곽수진(2007), 비즈니스 목적을 위한 한국어 교재 개발에 관한 연구: 중급 학습자를 대상으로, 선문대학교 교육대학원 석사학위논문.

郭寧(2006), 중국인 학습자를 위한 한국어 의문사 교육방안 연구, 서울대학교 대학원 석사학위논문.

곽용주(2000), 한국어 교육과 현실발음, 한국어 교육연구 3.

곽지영(1997), 외국인을 위한 한국어 어휘교육-무엇을 어떻게 가르칠 것인가?, 말 22, 연세대학교 언어연구교육원.

곡셀 튀르쾨쥐(1999), 터키인을 위한 한국어 교육, 이중언어학 16, 이중언어학회.

_____(2001), 터키에서의 한국어 교육 현황, 이중언어학 18, 이중언어학회.

_____(2004), 한국어 쓰기 교육 내용 구성 연구: 터키인 학습자를 대상으로, 서울대학교 박사학위논문.

구기성(1991), 한국말에 있어서의 참말과 빈말 : 비교언어학적인 고찰, 교육한글 4, 한글학회.

구민숙(2001), 외국인 노동자를 위한 한국어 교육 방안 연구 : 교재 구성을 중심으로, 경희대 교육대학원 석사학위논문.

구본관(2003), 서양의 전통문법과 한국어의 품사 분류, 이중언어학 22, 이중언어학회.

구장희(1991), 외국인을 위한 한국어 교재 개선에 대하여, 교육한글 4, 한글학회.

구지은(2006), 국제결혼 이주여성을 위한 한국어 교재 개발 방안 : 부산 · 경남지역 중심으로, 부산외국어대학교 교육대학원 석사학위논문.

국응도(1990), 캐나다에서의 이중언어 교육, 이중언어학 6, 이중언어학회.

권기영(1990), 연변의 2중 언어 조기교육에 대하여, 이중언어학 7, 이중언어학회.

권미정(1992), 외국어로서의 한국어 교재 연구 : 기존교재의 검토와 새 모델의 모색, 고려대학교 대학원 석사학위논문.

_____(1994), 언어 숙달도를 위한 듣기 교육 : 기초 단계를 중심으로, 한국말 교육 5, 국제한국어교육학회.

_____(1999), 외국어로서의 한국어 읽기 교육 : 독해 전략을 통한 효율적인 읽기 방안, 한국어 교육 10-1, 국제한국어교육학회.

_____(2001), 교사와 학습자의 학습 방법 선호도 비교, 한국어 교육 12-2, 국제한국어교육학회.

_____(2001), 수업 활성화를 위한 도구로서의 학습자들의 요구 분석에 대하여, 이중언어학 18, 이중언어학회.

권순희(1996), 언어 문화적 특성을 고려한 한국어 교육의 교재 편성 방안, 국어교육연구 3, 서울대학교 사범대학 국어교육연구소.

권오경(2006), 한국어 교육에서의 한국문화교육의 방향, 어문론총 45, 한국어문학언어학회.

권오연(2000), 외국어로서의 한국어 읽기 지도 방법 연구, 한국외국어대학교 석사학위논문.

권용해(2006), 어조청각법을 활용한 한국어 발음교정 연구 : 프랑스어권 학습자를 중심으로, 이중언어학 30, 이중언어학회.

권재일(2000), 한국어 교육을 위한 표준 문법의 개발 방향, 새국어생활 10-2, 국립국어연구원.

권종분(1998), 외국어 습득에 있어서 신체언어능력의 중요성 및 문화와 제스처의 관계, 외국어교육연구 창간호, 서울대학교 외국어교육연구소.

_____(2006), 비언어적 요소를 고려한 한국어 교재 개발 연구, 상명대학교 교육대학원 석사학위논문.

권현주(1995), 일본인 학습자를 대상으로 한 한국어 발음교수법 연구 : 대조언어학적 방법을 통하여, 이화여자대학교 교육대학원 석사학위논문.

_____(2006a), 일본 내 한국어 교재의 명칭에 대한 실태 분석, 한국어 교육 17-2, 국제한국어교육학회.

_____(2006b), 한국어 교육과 명칭에 대한 역사적 고찰 및 실태 분석 : 일본의 고등교육기관을

중심으로, 인문과학38.

권혜경(2007), 한국어 중급 학습자를 위한 독학용 교재 개발 연구, 부산외국어대학교 교육대학원 석사학위논문.

金敏洙(2004), 외국에서의 모국어 교육, 이중언어학 24, 이중언어학회.

기타무라 다다시(2004), 한국어 피동 표현 연구, 서울시립대학교 박사학위논문.

김경식(1986), 외국어로서의 한국어 교재에 대한 연구, 연세대학교 교육대학원 석사학위논문.

김경지(2001), 중급 학습자를 위한 한국어 교육 연구 : 영화와 노래를 중심으로 한 수업 활동, 경희대학교 교육대학원 석사학위논문.

김경희(2007), 한국어 학습자를 위한 TV 드라마 활용 연구 : 언어적 의사소통과 비언어적 의사소통 분석을 중심으로, 상명대학교 교육대학원 석사학위논문.

김공언(1985), 한국어 교재 개발의 기술적 문제, 이중언어학 2, 이중언어학회.

김광규(1983), 한미간의 감정표현 연구, 한국외국어대학교, 논문집 16.

김광해(1988), 2차 어휘 교육에 관하여, 선청어문 16 · 17, 서울사대 국어교육과.

______(1997), 國語語彙論의 地平, 말 22, 연세대학교 언어연구교육원.

김기중(1991), 한국어문화연수부 소개 - 고려대학교 부설, 새국어생활 1-2, 국립국어연구원.

김기혁(1989), 국어문법에서의 격의 해석, 말 14, 연세대학교 언어연구교육원.

김기홍(1982), 감정언어와 문학적 차이연구 - 한미간을 중심으로, 한국외국어대학 논문집 15.

______(1986), 한미간의 의사소통상 장애가 될 어휘와 구표현, 한국외국어대학 논문집 19.

김남길(1991), The Past Tense in Korean, 말 15, 연세대학교 언어연구교육원.

______(1994), 미국 로스엔젤레스에서의 한국어 교육현황과 제 문제 - 지역사회 학교를 중심으로, 한국말교육 5, 국제한국어교육학회.

______(1996), The Categorical Status of ess-ess, 파리국제학술회의 논문집, 국제한국어교육학회.

김남현(2001), 의사소통향상을 위한 한국어문화 교육 방안 연구, 경희대학교 교육대학원 석사학위논문.

김다혜(2007), 학문 목적 한국어 학습자의 읽기 능력 향상을 위한 마인드맵 활용 연구, 이화여자대학교 교육대학원 석사학위논문.

김대행(2001), 한국어 교육과 한국 문학, 외국인을 위한 한국어 교육 4.

김명순(1988), 한국어 어휘와 품사빈도에 관한 연구 : 외국어로서의 한국어 교재를 중심으로, 연세대학교 교육대학원 석사학위논문.

김명회(2006), 외국어로서의 한국어 자습용 문법 학습 교재 모형 개발 연구, 선문대학교 교육
　　대학원 석사학위논문.

김명희 · 김순자(2003), 유아의 결속 구조 형성 능력 발달 과정, 한국어 교육 14-2, 국제한국
　　어교육학회.

김묘영(1994), 다의어(polysemie)의 논리의미적 관계, 말 19, 연세대학교 언어연구교육원.

김미경(2006), 한국어 학습자를 위한 읽기 텍스트 구성 연구 : 다중 텍스트(multiple texts) 활
　　용을 중심으로, 경희대학교 교육대학원 석사학위논문.

김미경(2007a), 의사소통전략 훈련을 위한 한국어 말하기 교육 방안 연구 : 소통 장애 극복을
　　위한 전략을 중심으로, 고려대학교 교육대학원 석사학위논문.

＿＿＿(2007b), 텍스트 구조 학습이 한국어 쓰기에 미치는 영향 연구 : 원인-결과, 문제-해결
　　및 비교-대조 구조를 중심으로, 이화여자대학교 교육대학원 석사학위논문.

김미옥(1992), 읽기 교육에 관한 연구, 말 17, 연세대학교 언어연구교육원.

＿＿＿(1994), 한국어 학습에 나타난 오류 분석, 한국말교육 5, 국제한국어교육학회.

＿＿＿(1998), 인지양식을 고려한 한국어 교수 학습 : 장 독립성과 장 의존성을 중심으로, 한국
　　어 교육 9-1, 국제한국어교육학회.

＿＿＿(1999), 제2언어와 입력, 발화 그리고 상호작용, 한국어 교육 10-1, 국제한국어교육
　　학회.

＿＿＿(2000), 외국어로서의 한국어 학습에 있어서 과제 종류 및 유형에 따른 상호작용 연구,
　　연세대학교 박사학위논문.

＿＿＿(2001), 한국어 학습에 있어서 과제 종류 및 유형에 따른 상호작용 연구, 이중언어학 18,
　　이중언어학회.

＿＿＿(2003), 한국어 학습자의 단계별 언어권별 어휘 오류의 통계적 분석, 한국어 교육 14-3,
　　국제한국어교육학회.

김미형(1997), 한국어 대명사의 특성, 말 22, 연세대학교 언어연구교육원.

김민경(2007), 한국어 한자 어휘 학습 자료 개발을 위한 기초 연구: 중국어권 중급 학습자를
　　대상으로, 한양대학교 교육대학원 석사학위논문.

김민성(2001), 과정 중심적 웹기반 한국어 쓰기 교육 : 'hanclass'의 운영 사례를 중심으로, 연
　　세대학교 석사학위논문.

＿＿＿(2001), 과정 중심적 웹기반 한국어 쓰기 교육 : 'hanclass'의 운영사례를 중심으로, 한국
　　어 교육 12-1, 국제한국어교육학회.

김민수(1983), 해외 교포 자녀를 위한 국어 교육의 효율적 방안 : 일본편, 이중언어학 1, 이중
　　　언어학회.
_____(1990), 미국에서의 한국어 교육의 현황과 과제, 이중언어학 6, 이중언어학회.
김민애(2006), 한국어 학습자 오류의 분석 방법 고찰, 한국어 교육 17-2, 국제한국어교육학회.
김민자(1997), 호주에서의 한국어 교육 현황과 앞으로의 과제, 교육한글 10, 한글학회.
김민주(2007), 설화를 활용한 한국 언어·문화교육 방안 연구, 한국외국어대학교 교육대학원
　　　석사학위논문.
김병선(2006), 외국인 학습자와 한국인 교사와의 문화적 차이에서 오는 교사의 심리적 부적응
　　　에 관한연구, 한양대학교 교육대학원 석사학위논문.
김병운(2006), "BK21 동아시아 한국학 사업단 제1차 국제학술회의 : 동아시아 한국학의 현황과
　　　과제 : 중국에서의 한국어 교육의 실태와 과제", 한국학연구 15, 인하대학교 한국학연
　　　구소.
김병원(1985), 한국어와 영어의 주제표시, 이중언어학 2, 이중언어학회.
_____(1987), 한국말과 글의 특성 비교, 이중언어학 3, 이중언어학회.
_____(1988), 외국어로서의 한국어 교육원리, 이중언어학 4, 이중언어학회.
김보경(2003), 한국어 중급 학습자를 위한 문학 텍스트 활용 방안 연구, 국제한국어교육학회
　　　제19차 학술대회 발표문.
김빅토리아(2004), 러시아어권 학습자를 위한 한국어 발음 교육 연구, 경희대학교 교육대학원
　　　석사학위논문.
김상수·송향근(2006), 한국어 교육의 오류분석 연구 동향 분석, 이중언어학 31, 이중언어학회.
김상영(2002), 한국어 어휘 교육방법에 관한 연구: 유의어를 중심으로, 안동대학교 교육대학원
　　　석사학위논문.
김상희(1997), 판정의문문의 대답에 관한 연구 : 외국어로서의 한국어 교육의 측면에서, 이화여
　　　자대학교 석사학위논문.
김선일(2007), 외교관 대상의 직업 목적 한국어 읽기 교육 방안 연구 : 영어권 외교관을 중심
　　　으로, 고려대학교 교육대학원 석사학위논문.
김선정(1999), 영어 모국어 화자를 위한 한국어 발음 교육 방안, 한국어 교육 10-2, 국제한국
　　　어교육학회.
김선정·허용·박동호(2006), 외국학생 한국 언어 문학 연수 활성화 방안 : 유학생 유치 문제를
　　　중심으로, 언어와 문화 2-1, 한국언어문화교육학회.

김선지(2007), 일본어권 한국어 고급학습자의 위로 화행 연구, 이화여자대학교 교육대학원 석사학위논문.

김선희(1976), 한국어와 영어의 수식구조 대조연구, 연세대학교 석사학위논문.

김성길(1992), 영어작문의 오류 분석 연구, 경북대학교 석사학위논문.

김성렬(1996), 한국어 표준발음의 한 고찰, 한국말교육 7, 국제한국어교육학회.

김소야(2006a), 한국어 자음에 대한 중국인의 지각적 범주와 습득 연구: 평음, 경음, 유기음을 중심으로, 경북대학교 대학원 석사학위논문.

_____(2006b), 한국어 평음/경음/기음에 대한 중국인의 지각적 범주 연구, 이중언어학 32, 이중언어학회.

김수경(2007), 한국인과 일본인의 말 끼어들기 현상 연구: 한국인 모어 화자와 일본인 한국어 학습자를 중심으로, 연세대학교 교육대학원 석사학위논문.

김수정(1998), 문맥을 통한 한국어 어휘 교육, 이화여자대학교 석사학위논문.

_____(2001), 한국어 교사를 위한 멀티미디어 자료 개발에 대한 소고, 국어교육 106.

_____(2003), 한국어 문법 교육을 위한 연결 어미 연구, 서울대학교 박사학위논문.

김수희(2005), 중국인 초급 한국어 학습자를 위한 어휘 확장 방안 연구, 경희대학교 교육대학원 석사학위논문.

_____(2006), 제8회 한국어 교육 국제학술회의: 한국어 교육 방법론의 재검토: 한글 교육과 기초 발음 교육, 국어교육 연구 18, 서울대학교 국어교육연구소.

김순녀(2000), 중국 조선어와 한국어의 어휘 비교 연구, 서울대학교 대학원 석사학위논문.

_____(2006), 제8회 한국어 교육 국제학술회의 : 한국어 교육 방법론의 재검토 ; 중국학습자를 위한 한국어 말하기 교육 방법론, 국어교육연구 18, 서울대학교 국어교육연구소.

김순우(2006), 의사소통 접근법을 중심으로 한 한국어 교재의 분석 : 단원의 구성 중심으로, 선문대학교 교육대학원 석사학위논문.

김순저(2007), 중국인 학습자를 위한 한국어 부정 접두사 교육에 대한 연구 : '不, 無, 沒, 未, 非'를 중심으로, 신라대학교 대학원 석사학위논문.

김순희(2006), 한국어 조사 교수법 연구: 중국 학생들을 대상으로 하여, 숭실대학교 대학원 석사학위논문.

김승환(2007), 학문 목적 한국어 학습자를 대상으로 하는 한국어 교육과정 개발 : 중국인 학습자를 대상으로, 상명대학교 교육대학원 석사학위논문.

김신지(2007), 일본인 고급 학습자의 한국어 겹말 실행 연구, 한국외국어대학교 교육대학원 석사학위논문.

김양원(1993), 한국어 말하기 능력평가 방안 연구, 고려대학교 석사학위논문.

김양희(2007), 한국어 의사소통 능력 향상을 위한 한국 문화 교수요목 설계 연구 : 중국인 한국
    어 학습자 초급 단계를 대상으로, 배재대학교 대학원 석사학위논문.

김염(2006), 중국어권 고급 학습자를 위한 한국 현대시교육 방법 연구 : 번역과 비교문학을 중
    심으로, 서울대학교 대학원 석사학위논문.

김영곤(1994), 캐나다의 소수 민족 모국어 교육 프로그램 - 효과적인 한국어 교육을 위한 고찰,
    한국말교육 5, 국제한국어교육학회.

_____(2001), 캐나다의 TESL 교사 양성 과정, 서울대학교 국어교육연구소 주최 '한국어 교사
    론'(외국의 국제 자국어 교사 양성 실태와 한국어 교사 양성 제도 개선 방향) 학회 자
    료집.

김영규(2006), 한국어 교육학 연구방법론의 과제와 전망, 한국어 교육 17-2 국제한국어교육
    학회.

김영기(1988), 미국에서의 한국어 교육 현황 및 그의 적용, 제3회 국제한국어교육학회 언어학자
    대회 발표문, 한글학회.

_____(1991a), 외국 사람에 대한 한국어 교육, 어떻게 할 것인가?, 한글학회 주최 〈제2회 국제
    한국어 교육자 대회 발표문〉, 한국학술진흥재단.

_____(1991b), 외국어로서의 한국어 교육 : 이론적 배경, 효과적 교수법과 교재 개발, 교육한글
    4, 한글학회.

김영란(1999), 한국어 금지 표현의 교수 방법, 한국어 교육 10-2, 국제한국어교육학회.

_____(2001), 한국어 학습자를 위한 화용 정보 : {무엇} - 한 · 영/영 · 한 번역본을 대상으로,
    한국어 교육 12-1, 국제한국어교육학회.

_____(2002), 한국어 학습자를 위한 어휘 정보 : {언제}, 한국어 교육 13-2, 국제한국어교육
    학회.

_____(2004), 한국어 교육을 위한 의문사 어휘 정보와 교수 방법 연구, 상명대학교 박사학
    위논문.

김영만(1994), 오류분석을 통한 효율적인 한국어 작문 지도 방안 연구, 한국외국어대학교 석사
    학위논문.

_____(1996), 재중 한인동포의 이중언어 ; 한국어 사용과 교육을 중심으로, 培材大社會科學研
    究 13.

______(1999), 외국어로서의 한국어 교재 개발 연구, 한국외국어대학교 박사학위논문.

______(2001), 고급 수준 학습자를 위한 한국어 교재 단원 구성 방안, 한국어 교육 12-2, 국제한국어교육학회.

______(2003), 하이퍼텍스트 작문의 특성과 한국어 작문 교육 방향, 한국어 교육 14-3, 국제한국어교육학회.

김영미(2002), 『かもしれない』와 『にちがいない』의 의미용법에 관한 일고찰 : 한국어 대응표현과의 대조분석을 중심으로, 명지대학교 교육대학원 석사학위논문.

김영석(1993), 長音化攷, 말 18, 연세대학교 언어연구교육원.

김영선(2004), 베트남인 학습자의 한국어 경음화 발음 교육 방안 연구, 한국어 교육 15-2, 국제한국어교육학회.

김영송(1993), 우리말의 스침소리, 말 18, 연세대학교 언어연구교육원.

김영순·보덴명래(1998), 독일어권 한국인 2세를 위한 교재 개발의 이론과 실제, 한국어 교육 9-2, 국제한국어교육학회.

김영실(1987), 영어와 국어의 초분절음소 대조 분석, 이화여자대학교 교육대학원 석사학위논문.

김영아(1995), 외국어로서의 한국어 능력 평가 연구, 고려대학교 박사학위논문.

______(1995), 한국어 듣기 교육 : 문제점과 개발 방향, 교육한글 8, 한글학회.

______(1995), 호주의 한국어 교육, 제7회 이중언어학회. 국제학술대회 발표논문, 이중언어학회.

______(1996), 외국어로서의 한국어 평가, 이중언어학 13, 이중언어학회.

김영자(2002), 중국인 한국어 학습자를 위한 속담 교육 연구, 경희대학교 교육대학원 석사학위논문.

김영조(1970), 언어학이론과 외국어교육, 한국외국어대학교, 논문집 3.

김영주(2006), 고급 한국어 읽기 수업에서 정보 처리 접근법을 이용한 문화 교육, 한국어 교육 17-3, 국제한국어교육학회.

김영진(2007), 한국어 학습자의 덩이표현 사용 양상 연구, 이화여자대학교 대학원 석사학위논문.

김영황(2004), 조선어토의 문법적처리와 문법교육의 효률성문제, 이중언어학 24, 이중언어학회.

김영희(2006), 한국어 교육에서 영화 활용 수업 방안 연구, 부산외국어대학교 교육대학원 석사학위논문.

김옥선(1995), 모국인 대 외국인의 의사소통에 나타난 바로잡기, 텍스트 언어학 3, 박이정.

김용임(2006), 한국어 교사 양성을 위한 교육과정 개발 연구, 인하대학교 교육대학원 석사학위논문.

김용현(2007), 여성 결혼이민자 자녀를 위한 한국어 쓰기 교육 연구, 배재대학교 대학원 석사
　　　학위논문.

김원경(1993), 외국어로서의 한국어 교육을 위한 조사 '은/는'과 '이/가'에 대한 실험적 연구, 이
　　　화여자대학교 석사학위논문.

＿＿＿(1995), 언어 교육 이론의 통합적 적용, '95 추계 국제한국어교육학회 워크숍 발표문.

김유미(2000), 학습자 말뭉치를 이용한 한국어 학습자 오류 분석 연구, 연세대학교 석사학위
　　　논문.

김유선(2006), 일본인 학습자의 한국어 대우법 교육방안, 부산외국어대학교 교육대학원 석사학
　　　위논문.

김유정(1997), 외국어로서의 한국어 문법 교육 - 문법 교육의 위치 · 교육 원리에 관하여, 한국
　　　어학 6, 한국어학회.

＿＿＿(1998), 외국어로서의 한국어 문법 교육 - 문법 항목 선정과 단계화를 중심으로, 한국어
　　　교육 9-1, 국제한국어교육학회.

＿＿＿(1999a), 설문 결과를 통해 본 한국어 학습자들의 인식, 한국어 교육 10-1, 국제한국어
　　　교육학회.

＿＿＿(1999b), 한국어 능력 평가 연구 : 숙달도 평가를 중심으로, 고려대학교 박사학위논문.

＿＿＿(2006), 한국어능력평가시험의 난이도 분석 연구 : 제6회~제8회 시험을 중심으로, 한국어
　　　교육 17-1, 국제한국어교육학회.

김유정 · 방성원 · 이미혜 · 조현선 · 최은규(1998), 한국어 능력 평가 방안 연구 : 성취도 평가를
　　　중심으로, 한국어 교육 9-1, 국제한국어교육학회.

김유진(2007), 한국어 직업 어휘장의 교육 방안 연구, 상명대학교 교육대학원 석사학위논문.

김은경(2006), 외국인을 위한 한국어 음운 지도 방안 연구, 충남대학교 교육대학원 석사학위
　　　논문.

김은미(2006), 정부 ODA사업을 통한 한국어 국외보급의 효과적인 방안 연구, 상명대학교 교육
　　　대학원 석사학위논문.

김은숙(1980), 외국어로서의 한국어 교육방법에 관한 연구, 상명대학교 교육대학원 석사학위
　　　논문.

＿＿＿(1992), 외국인을 위한 한국어 교육에 있어서의 입말과 글말, 말 16, 연세대학교 언어연
　　　구교육원.

______(2006), 토의 상황에서 말차례 가지기에 관한 연구 : '이주노동자 대상'을 중심으로, 연세대학교 교육대학원 석사학위논문.

김은애(2006), 한국어 학습자의 발음 오류 진단 및 평가에 관한 연구, 한국어 교육 17-1, 국제한국어교육학회.

김은정(2000), 한국어 말하기 지도 방법 연구 - 초급단계의 어린이 학습자를 대상으로, 한국외국어대학교 대학원 석사학위논문.

______(2002), 한국어 학습자의 듣기 전략 훈련 효과, 이화여자대학교 교육대학원 석사학위논문.

김은희(2007), 한국어 학습자의 문어텍스트에 나타난 결속성 기제 분석, 이화여자대학교 교육대학원 석사학위논문.

김응모(1994), 제례에 관련된 자동사의 낱말밭 연구, 이중언어학 11, 이중언어학회.

김의정(2002), 외국어로서의 한국어 교육을 위한 학습 목표 어휘 선정과 과 구성의 실제, 경기대학교 대학원 석사학위논문.

김인규(2003), 학문 목적을 위한 한국어 요구 분석 및 교수요목 개발, 한국어 교육 14-3, 국제한국어교육학회.

김인균(2004), 한국어와 영어의 명사 형성 접미사 비교 및 대조, 이중언어학 24, 이중언어학회.

김인석(1991), 영어와 한국어의 어순 형태 분류상의 특징적 고찰에서 본 대칭적 거울상 개념, 응용언어학4, 한국응용언어학회.

김인선(1992), 시간의 연결 어미와 시제어미, 말 17, 연세대학교 언어연구교육원.

김인천(2003), 체코어와 한국어의 공주어(空主語) 현상에 대한 실험적 고찰, 한국어 교육 14-2, 국제한국어교육학회.

김일란(2007), 여성 결혼이민자 대상 한국어 교육을 위한 교수요목 개발 연구, 경희대학교 교육대학원 석사학위논문.

김재욱(2001), 범주 확장망 모형을 통한 한국어 문법 교육 : 인칭접미사 '-이'를 중심으로, 한국어 교육 12-1, 국제한국어교육학회.

______(2002), 재외동포 아동 학습자를 위한 한국어회화 교재의 구성원리 및 개발에 관한 연구, 한국어 교육 13-2, 국제한국어교육학회.

김재욱(2003), 외국어로서의 한국어 문법 교육, 이중언어학 22, 이중언어학회.

김재윤(1986), 제2언어로서의 한국어 교육 방법 : TPR접근법을 중심으로, 청주교대 논문집 23.

김정(1992), 일본에 거주하는 아동을 대상으로 한 한국어 교육의 CASE STUDY, 이중언어학 9, 이중언어학회.

_____(1993), 일본에 있어서 한국어 교육의 문제점, 이중언어학 10, 이중언어학회.

_____(1996), 일본에서의 한국어 수업 내용 구성에 대하여, 이중언어학 13, 이중언어학회.

_____(1998), 보조사 '-까지', '-조차', '-마저'의 한일 대조연구, 고려대학교 석사학위논문.

김정록(2006), 한국문화 인지도 및 정의적 태도와 한국어 성취도 간의 상관관계 연구: 중학생을 중심으로, 고려대학교 교육대학원 석사학위논문.

김정미(2007), 학문 목적 한국어 학습자를 위한 읽기 · 쓰기 통합 교육 방안 연구: 인문 · 사회계열 대학 교양과목 중심으로, 상명대학교 교육대학원 석사학위논문.

김정민(2007), 일본 대학 한국어 초급 교재의 문법 항목 분석과 교재 개발 방안: 조사와 어미 분석을 중심으로, 한양대학교 교육대학원 석사학위논문.

김정수(1996), 높임법의 등분, 말 21, 연세대학교 언어연구교육원.

김정숙(1988), 일본인의 한국어 학습시에 나타나는 음운론적 오류 분석, 한국어학 신연구, 한신문화사.

_____(1989), 일본인의 한국어 학습시 나타나는 오류 분석, 어문론집 28, 고려대학교 국어국문학연구회.

_____(1992a), 외국어로서의 한국어 교육의 반성과 새로운 방법론 모색, 어문논집 31, 고려대학교 국어국문학연구회.

_____(1992b), 한국어 교육 과정과 교과서 연구, 고려대학교 대학원 박사학위논문.

_____(1993), ACTFL 체계에 따른 외국어로서의 한국어 교육 방향, 이중언어학회 발표 요지, 이중언어학회.

_____(1994), 언어숙달도 배양을 위한 외국어로서의 한국어 교육방향, 민족문화연구 27, 고려대학교 민족문화연구소.

_____(1997a), 외국어로서의 한국어 교육 원리 및 방법, 한국어학 6, 한국어학회.

_____(1997b), 한국어 숙달도 배양을 위한 한국 문화 교육 방안, 교육한글 10, 한글학회.

_____(1998a), 과제 수행을 중심으로 한 한국어 교육 방법론, 한국어 교육 9-1, 국제한국어교육학회.

_____(1998b), 숙달도 배양을 위한 한국어 교육 원리 및 모형, 이중언어학 15, 이중언어학회.

_____(1999), 외국어로서의 한국어 쓰기 교육, 한국어 교육 10-2, 국제한국어교육학회.

_____(2000), 학문적 목적의 한국어 교육과정 설계를 위한 기초 연구 : 대학 진학생을 위한 교

육과정을 중심으로, 한국어 교육 11-2, 국제한국어교육학회.

_____(2003), 통합 교육을 위한 한국어 교수요목 설계 방안 연구, 한국어 교육 14-3, 국제한국어교육학회.

_____(2004), 한국어 읽기 · 쓰기 교재 개발 방안 연구, 한국어 교육 15-3, 국제한국어교육학회.

_____(2006), 러시아권 학습자를 위한 한국어 격조사 교육 방안 연구: 초급 단계 학습자를 중심으로, 경희대학교 교육대학원 석사학위논문.

김정숙· 김유정(2002), 한국어 학습자 말뭉치 구축을 위한 기초 연구, 이중언어학 21, 이중언어학회.

김정숙· 남기춘(2002), 영어권 한국어 학습자의 조사 사용 오류 분석과 교육 방법, 한국어 교육 13-1, 국제한국어교육학회.

김정숙· 원진숙(1992), 외국어로서의 한국어 교육의 반성과 새로운 연구방법의 모색, 어문논집 31, 고려대학교 국어국문학연구회.

_____(1993), 한국어 말하기 능력 평가기준 설정을 위한 연구, 이중언어학 10, 이중언어학회.

김정아(2002), 한국어 교육에서의 속담 활용 방안 연구, 한국외국어대학교 교육대학원 석사학위논문.

김정윤(2007), 영어권 학습자의 한국어 자음 발음 연구, 한국외국어대학교 교육대학원 석사학위논문.

김정은(2001), 일본의 외국어로서의 일본어 교사 인증 제도, 이중언어학 18, 이중언어학회.

_____(2003a), 한국어 파생어 교육 연구, 이중언어학 22, 이중언어학회.

_____(2003b), 한국어 교육에서의 중간언어와 오류 분석, 한국어 교육 14-1, 국제한국어교육학회.

_____(2004), 일본어권 학습자의 조사 오용 양상, 한국어 교육 15-1, 국제한국어교육학회.

_____(2006), 이주노동자의 한국어 교육 현황과 교육자료 분석, 이중언어학 30, 이중언어학회.

김정은· 이소영(2001), 제2언어로서의 한국어 표준 문법 : 조사, 어미, 관용표현을 중심으로, 이중언어학 19, 이중언어학회.

_____(2004), 중간언어 관점에서 한국어 학습자의 조사 오류 연구, 이중언어학 24, 이중언어학회.

김정자(1994), 일본내의 한일 2언어 병용화자(한국인)의 Code-Switching에 대하여, 이중언어학 11, 이중언어학회.

김정하(2007), 다독이 읽기 속도와 한국어 학습 동기 부여에 미치는 영향, 이화여자대학교 교육대학원 석사학위논문.

김정헌(2006), 한국어 교재 구성에 관한 연구, 공주대학교 대학원 박사학위논문.

김정현(2007), 한국어 감정형용사의 유의어 교육 연구 : 고빈도 감정 어휘를 중심으로, 경희대학교 교육대학원 석사학위논문.

김정화 · 황인교(2002), 초급 단계에서의 듣기 자료의 실제성, 이중언어학 20, 이중언어학회.

김정훈(2000), Microsoft PowerPoint를 이용한 초급 한국어 구조 학습, 한국어 교육 11-1, 국제한국어교육학회.

김정훈 · 유승금(2001), 사이버 공간에서의 한국어 학습 전략 연구, 한국어 교육 12-2, 국제한국어교육학회.

김제열(1995), '-게 하다' 사동문의 성격과 구조, 말 20, 연세대학교 언어연구교육원.

_____(2001), 한국어 교육에서 기초 문법 항목의 선정과 배열 연구, 한국어 교육 12-1, 국제한국어교육학회.

_____(2003), 한국어 교육에서 시간 표현 요소의 문법적 기술 방법 연구, 한국어 교육 14-1, 국제한국어교육학회.

김종국 · 신동일 · 박성원(2006), 인터뷰평가의 담화분석 연구 : 상호작용 담화모형 관점에서, 한국어 교육 17-2, 국제한국어교육학회.

김종대(1988), 도이칠란트에서의 한국어 교육과 연구 현황, 제3회 국제한국어교육학회언어학자대회 발표문, 한글학회.

김종운(1995), 컴퓨터보조 한국어 보충교재의 개발, 이중언어학회 7차 국제대회 발표논문, 이중언어학회.

김종택(1987), 한국인의 전통적 언어예절 연구, 국어교육연구 19.

김주연(2006), 일본인 학습자의 한국어 의문문 억양 연구, 연세대학교 교육대학원 석사학위논문.

김주희(2006), 몽골 전래 동화를 활용한 한국어 어휘 지도 방안: 재한 몽골인 학생들을 대상으로, 경기대학교 국제문화대학원 석사학위논문.

김준길(1990), 이중언어 교육과 과학관에 대한 재인식, 이중언어학 7, 이중언어학회.

김준희(2005), 재미 동포를 위한 한국어 쓰기 교육 방안 : 인터넷을 활용한 쓰기 교육 방안, 경희대학교 교육대학원 석사학위논문.

_____(2006), '한국어 교사 양성 제도의 실태와 전망 : 국어기본법 시행 이후를 중심으로', 한말

연구 18, 한말연구학회.

김중섭 외(2000), 한국어 교사 교육, 연수 프로그램 교과과정 및 교수요목 개발을 위한 기초 연구 사업 보고서, 한국어 세계화 2000년도 사업 최종보고서, 문화관광부 한국어 세계화재단.

김중섭 외(2001), 러시아 및 중국지역 한국어 교육 실태조사 및 지원방안, 교육인적자원부, 교육정책과제.

김중섭 외(2001), 한국어 교사 교육, 연수 프로그램 교과과정 및 교수요목 개발, 한국어 세계화 2001년도 사업 최종 보고서, 문화관광부 한국어세계화재단.

김중섭(1995), 한국어 의태어 어원연구, 경희대학교 박사학위논문.

____(1996a), 북한의 언어정책과 한국어 교육연구, 이중언어학 13, 이중언어학회.

____(1996b), 천체자연어계 의태어 어원연구방법, 어문논총 9, 경희대학교 대학원 국문학과.

____(1996c), 한국어 의태어 어원연구 방법론, 경희대학교 대학원 고황논문집 17.

____(1997a), 외국인을 위한 한국어 한자교육연구, 어문연구 25-3, 한국어문교육연구회.

____(1997b), 유음중복 의태어의 의미구조 연구, 미원 조영식박사 희수기념논문집.

____(1997c), 한국어 신체관련 의태어 형성연구, 경희 어문학 17, 경희대학교 국어국문학과.

____(1998), 북한의 한국어 교육연구, 한국어 교육 9-1, 국제한국어교육학회.

____(1999a), 북한의 한국어 교재 연구, 남천 박갑수선생 정년퇴임 기념 논문집, 도서출판 인경.

____(1999b), 한국어 교육의 새로운 방법, 외국어로서의 한국어 교육 방법, 제1회 한국어 교육 국제학술회의, 서울대학교 어학연구소.

____(1999c), 한국어 능력평가 검사의 개발실태 및 분석, 이중언어학 15, 이중언어학회.

____(2000a), 남북한 한국어 교육 비교 연구, 한국어문교육연구회.

____(2000b), 외국인 한국어 학습자를 위한 의성어 · 의태어 교육방법 연구, 제10차 국제학술대회, 국제한국어교육학회.

____(2001a), 기록과 관찰을 통한 한국어 교수법 개선 방안 연구, 한국어 교육 12-2, 국제한국어교육학회.

____(2001b), 일본인 한국어 고급 학습자를 위한 한국어 의성어, 의태어 교육방법, 2001년 한국어 교육 심포지엄, 일본한국어 교육연구회.

____(2001c), 한국어 읽기 교육의 이론과 실제, 중국청도대학 · 문화관광부 국어정책과.

____(2001d), 한국어 학습자를 위한 의성어, 의태어 교육 방법 연구, 한국문화연구 4, 경희대

학교 민속학 연구소.

______(2002), 중국인 학습자를 위한 한국어 읽기 교육 방법 연구, 한국어 교육 13-1, 국제한
	국어교육학회.

______(2004a), 한국어 교육학의 정체성, 경희어문학 25, 경희어문학회.

______(2004b), 한국어 교육학의 정체성에 관한 연구, 한국어 교육 15-2, 국제한국어교육학
	회.

김중섭 · 이관식(1999), 외국인을 위한 한국어 교재 개발에 관한 연구, 한국어 교육 10-1, 국제
	한국어교육학회.

김중섭 · 조현용 · 이정희 · 엄넬리 · 이정자(2002), 러시아 및 중국 지역 한국어 교육 실태 조
	사 및 지원방안에 관한 연구, 교육인적자원부.

김중섭 · 조현홍 · 이정희(2006), 인터넷을 활용한 한국어 교사 교육 사례 연구, 우리말연구 18,
	우리말학회.

김지연(2001), 시(詩)를 활용한 한국어 교육의 실제, 한국어 교육 12-2, 국제한국어교육학회.

김지영(2002), 한국어 작문의 상호협력적 교수-학습 방안 연구, 고려대학교 교육대학원.

김지영(2004), 한국어 어휘 교육 항목 선정을 위한 기초 연구, 한국어 교육 15-2, 국제한국어
	교육학회.

김지형(2003), 외국인 학습자를 위한 교육용 기본한자 선정, 어문연구 118. 한국어문교육연
	구회.

김지형(2003), 한국어 교육에서의 한자 교수법, 국제어문 27, 국제어문학회.

김지혜(2006), 외국인을 위한 한국어 교재의 관용표현 연구, 대진대학교 교육대학원 석사학위
	논문.

김진복(2007), 만화를 활용한 한국어 교육방안 연구 : 신문 만화를 중심으로, 선문대학교 교육
	대학원 석사학위논문.

김진우(1991), 한국말과 조선말 : 분화의 배경, 실제 및 요인, 말 15, 연세대학교 언어연구교
	육원.

______(1995), Korean and Other Languages: Contrasts and Concords, 한국말교육 6, 국
	제한국어교육학회.

김진원(1992), 노어와 국어 자음음소의 음성 음운적 대조, 이중언어학 9, 이중언어학회.

______(1994), 한국어와 노어의 동작상 및 시제범주 체계 대조분석, 이중언어학 11, 이중언
	어학회.

김진홍(1994), '-고' 이음월 구조에 대하여, 말 19, 연세대학교 언어연구교육원.

김창구(2003), 한일 한자 어휘의 대조 분석과 교육적 접근, 경희대학교 교육대학원 한국어 교육전공 석사학위논문.

김창호(2002), 귀국 학생을 위한 이중언어교육의 필요성, 이중언어학 21, 이중언어학회.

김청자(1997), 한국어 교육 현황과 과제, 교육한글 10, 한글학회.

김춘호(2006), 한국어와 일본어의 색채표현 『녹·청』에 관한 대조 연구, 한국외국어대학교 대학원 석사학위논문.

김춘화(2007), 한국어 교재의 어휘빈도에 관한 연구, 부산외국어대학교 교육대학원 석사학위논문.

김충실(2006), 한민족 디아스포라(Diaspora)의 역사와 문화: 한국어 교육에서 한국 문학교육의 실태와 그 전망, 비교문화연구 18, 부산외국어대학교 비교문화연구소.

김태연(2007), 담화 능력 배양을 위한 한국어 듣기 텍스트 구성 방안 연구: 한국어 교재 듣기 지문 재구성을 중심으로, 한국외국어대학교 교육대학원 석사학위논문.

김하나(2006), 초급 한국어 학습어휘 선정연구: 초급 교재와 평가의 비교를 중심으로, 배재대학교 대학원 석사학위논문.

김하수 외(1996), '한국어 능력 검정제도 실시를 위한 기본 연구'에 관한 최종 보고서, 교육부 보고서.

김하수(1989), 언어행위와 듣는 이의 신호에 관한 화용론적 분석 시도 : 담화 속에 "네", 말 14, 연세대학교 언어연구교육원.

_____(2000), 한국어 능력 시험의 등급체계, 평가영역, 평가유형 및 실시현황, 국제한국어교육학회 제14회 발표집.

김하영(2002), 한국어 교육을 위한 듣기 텍스트 개발 방안, 고려대학교 교육대학원.

김학인(1985), Aspects of Bilingual Reading Achievement in Korean Students, 이중언어학 2, 이중언어학회.

김한곤(1974), 언어교육을 위한 커리큘럼의 새로운 주장, 언어교육 6-2, 서울대학교 언어연구소.

김향미(2003), 한국어 교육 읽기 자료 개발에 관한 연구－중급단계를 중심으로, 경희대학교 교육대학원 석사학위논문.

김현권·허용(1999), 원격교육을 통한 한국어와 한국 문화 교육을 위한 소프트웨어 개발에 대한 연구, 한국어 교육 10-1, 국제한국어교육학회.

_____(2000), 전자사전 개념을 이용한 한국어 사전 편찬, 언어학 26, 한국언어학회.

김현식(2004), 한국어와 스페인어의 시제의미구조, 이중언어학 24, 이중언어학회.

김현정(2002), 속담을 통한 한국어 문화 교육 연구, 서울대학교 대학원 석사학위논문.

김현지(2006), 한국어 접속문에서의 양보 표현 연구, 한국외국어대학교 교육대학원 석사학
    위논문.

김현진(2005), 독일어권 중 · 고급 한국어 학습자를 위한 프로젝트 중심의 학습 모형 연구,
    이화여자대학교 대학원 박사학위논문.

_____(2006), 한국어 과거 시제 교육 방안 연구 : 한국어 학습자의 '-었-' 사용을 중심으로, 경
    희대학교 교육대학원 석사학위논문.

김형근(2002), 외국어로서의 한국어 읽기와 쓰기 교수 학습에 관한 통합적 연구, 국민대학교
    교육대학원.

김형복(2004), 한국어 음운 변동 규칙의 교수-학습 순서 연구, 한국어 교육 15-3, 국제한국어
    교육학회.

김혜선(2006), 총체적 언어 접근을 기반으로 한 한국어 교육방안 연구 : 미주지역 교포 아동을
    대상으로, 한국외국어대학교 교육대학원 석사학위논문.

김혜성(1993), '-도록'의 의미에 관한 연구, 말 18, 연세대학교 언어연구교육원.

김혜은(2007), 외국인 한국어 학습자를 위한 반의어 교육 방안 연구, 경희대학교 교육대학원
    석사학위논문.

김혜정(2005), 일본 고등학생을 위한 한국어 현장학습 방안 연구 : 한국어 전공 학생을 중심으
    로, 경희대학교 교육대학원 석사학위논문.

김호정(2000), 기온을 표현하는 어휘의 의미 연구, 이중언어학 17, 이중언어학회.

김홍범(1996), 한국어 상징어의 음운론적 특성, 한국말교육 7, 국제한국어교육학회.

김화진(2006), 일본어권 한국어 학습자를 위한 거절 화행 연구, 한양대학교 교육대학원 석사학
    위논문.

김효신(2007), 완료표현 '-고 말다'와 '-어 버리다'의 한국어 교육학적 연구, 한국외국어대학교
    교육대학원 석사학위논문.

김희선(2006), 한국어 억양 습득과 지도 방법 연구: 영어권 학습자를 대상으로, 한국어 교육
    17-2, 국제한국어교육학회.

김희성 · 송지연 · 김기호(2006), 일본인 한국어 학습자의 한국어 모음 포먼트 연구, 음성과학
    13-3, 한국음성과학회.

김희숙(2002), 한국어의 세계 전파, 믿음인가 가능성인가, 이중언어학 21, 이중언어학회.

나경희(2007), 웹 기반 한국어 학습 사이트 상호작용성 연구, 연세대학교 교육대학원 석사학위
    논문.

나은영(2006), 중국인 한국어 학습자의 오류 분석 – 중급 학습자에서 나타나는 문법 오류를
    중심으로, 새국어교육 72, 한국국어교육학회.

나정선(2002), 영화를 활용한 한국어문화교육방안, 단국대학교 교육대학원 석사학위논문.

나카가와 마사오미(2006), 일본어 화자를 위한 한국어 경어법 교육 연구, 서울대학교 대학원
    석사학위논문.

나카무라 미카(2006), 일본어 격조사 'に' 에 대응하는 한국어 표현 교육방안 : 'に'의 '에' 이외
    의 표현을 중심으로, 한국외국어대학교 교육대학원 석사학위논문.

남 빅토르(2001), 번역 과제 수행 중심 교수법 연구 : 러시아권 한국어 학습자를 중심으로, 경
    희대학교 교육대학원 석사학위논문.

남경희(2002), 문화교육을 통한 효율적인 한국어 교육 방안, 배재대학교 대학원 석사학위논문.

남기심(1983), 이중언어교육이 가져오는 것, 연구발표요지, 이중언어학 1, 이중언어학회.

남기심·이상억·홍재성 외(1999), 외국인을 위한 한국어 교육의 방법과 실제, 한국방송대학교
    출판부.

남길임(2006), 외국인을 위한 한국어 학습사전에서의 어휘 기술 방법론 연구, 한글 271, 한글
    학회.

남수경·채숙희(2004), 한국어 학습자의 연결어미 사용 연구, 한국어 교육 15-1, 국제한국어교
    육학회.

남연(2004), 중국인 학습자를 위한 한국문학 교육과정에 관한 연구, 한국어 교육 15-3, 국제한
    국어교육학회.

노경희(1996), The Acquisition of Grammatical Functions in English and Korean, 응용
    언어학 12, 한국응용언어학회.

노구치 타카히로(2004), 한국어 교육 전공자용 한국어 전문 어휘 교육 연구, 경희대학교 교육
    대학원 석사학위논문.

魯錦松(2001), 중국인을 대상으로 한 한국어 발음 교육, 동아대학교 석사학위논문.

노대규(1969), 외국어로서의 한국어 교수에 있어서 연습유형에 대한 연구, 연세대학교 석사학위
    논문.

_____(1983), 외국어로서의 한국어 시험과 평가, 이중언어학 1, 이중언어학회.

_____(1985), 어린이의 언어습득과 언어교육, 이중언어학 2, 이중언어학회.

_____(1986a), 언어교수법의 문제점－듣고 말하기 교수법을 중심으로, 모국어교육 4. 모국어교육학회.

_____(1986b), 한국어의 발음교육에 관한 연구, 매지논총, 제2집, 연세대학교 매지학술연구소.

_____(1990), 중국에서의 한국어 교육방법에 대한 연구, 이중언어학 7, 이중언어학회.

노마 히데키(1996), 현대 한국어의 대우법 체계, 말 21, 연세대학교 언어연구교육원.

_____(2001), 일본어권 한국어 교사의 기본조건, 서울대 국어 교육 연구소 주최 '한국어 교사론'(외국의 국제 자국어 교사 양성 실태와 한국어 교사 양성 제도 개선 방향) 학회 자료집.

_____(2003a), 일본 대학교 대학원에서의 한국어 교육, 한국어 교육 14-2, 국제한국어교육학회.

_____(2003b), 일본 대학에서의 한국어 교육과정, 국제한국어교육학회 제13차 국제학술대회.

노명완(1994), 읽기 관련 요인과 효율적인 읽기 지도, 이중언어학 11, 이중언어학회.

    (1998), 한국어 교육자료의 체재 분석, 이중언어학 15, 이중언어학회.

노선미(2007), 학문 목적 한국어 학습자의 강의 듣기 전략 교육 연구, 배재대학교 대학원 석사학위논문.

노아실(2007), 주제에 대한 관심과 숙달도가 한국어 말하기 능력에 미치는 영향, 이화여자대학교 대학원 석사학위논문.

노은경(1995), 제2언어습득에서 '오류'문제, 언어연구 18, 성신여자대학교.

노재은(2001), 중국어 모어 학습자를 위한 한국어 시간 표현 교육 연구, 경희대학교 교육대학원 석사학위논문.

노향숙(1998), 한국어 발음 교육을 위한 원격 교육 시스템의 설계, 부산대학교 석사학위논문.

_____(2000), 한국어 발음 교육을 위한 원격 교육 시스템의 설계, 부산대학교 대학원 인지과학 협동과정 석사학위논문.

노희진(2006), 전화 담화 분석을 통한 맞장구 고찰: 한국어 모어 화자와 일본어권 고급 한국어 학습자를 대상으로, 이화여자대학교 대학원 석사학위논문.

니르자씽(2006), 인도에서 한국어 교육 : 인도 학습자 중심으로, 국어교육119, 한국어 교육학회.

단명결(2007), 한·중 형용사 비교 연구, 경희대학교 대학원 석사학위논문.

譚麗麗(2006), 한국어의 비언어적 의사소통 표현 교육 연구, 서울대학교 대학원 석사학위논문.

도 옥 루이엔(2006), 베트남인 한국어 학습자를 위한 연어 교수·학습 방안 연구, 서울대학교

대학원 석사학위논문.

도옥순(2006), 태국에서의 한국어 문법교육의 실태 및 개선방향 연구, 이화여자대학교 교육대학원 석사학위논문.

도원숙(2007), 초기 한국어 학습자를 위한 어휘 교재 개발 연구, 경희대학교 교육대학원 석사학위논문.

드미뜨리예와 위. 엔(1991), 한국어와 러시아어의 비교분석, 이중언어학 8, 이중언어학회.

라혜민·우인혜(1999), 한국어 교재의 효율적 개발 방향, 한국어 교육 10-2, 국제한국어교육학회.

蘭曉霞(2007), 방언권에 따른 중국인 학습자를 위한 한국어 종성 발음 교육 연구, 서울대학교 대학원 석사학위논문.

레브 콘체비치(1994), 러시아에서의 정통적인 한국학의 발전사, 현황과 문제점 : 한국어학을 중심으로, 이중언어학 11, 이중언어학회.

리득춘(1991), 중국인에 대한 한국어 교육, 말 15, 연세대학교 언어연구교육원.

______(1997), 외국어를 위한 조선어/한국어 교재의 토 사용 비교 : 기초단계교재를 중심으로, 한국어 교육 8, 국제한국어교육학회.

______(2004), 朝鮮王朝的外语教育和华语学习, 이중언어학 25, 이중언어학회.

마쯔자키 마히루(2003), 실제대화 분석을 통한 한국어 청취교육 연구, 경희대학교 교육대학원 석사학위논문.

梅田博之(1988), 한국어와 일본어 - 언어교육상의 문제점에 대하여, 이중언어학 4, 이중언어학회.

명월봉(1991), 이중언어와 재소한인의 모국어 교육 문제, 이중언어학 8, 이중언어학회.

______(1991), 재쏘 고려인 교육의 력사적 과정, 교육한글 4, 한글학회.

모리모토 가츠히코(2002), 한국어 양태소 '-더'와 일본어 양태소 '-っけ'의 대조, 이중언어학 21, 이중언어학회.

문금현(2000), 구어 텍스트를 활용한 한국어 어휘 교육, 한국어 교육 11-2, 국제한국어교육학회.

______(2003), 한국어 어휘 교육을 위한 한자어 학습 방안, 이중언어학 23, 이중언어학회.

______(2004), 한국어 유의어의 의미 변별과 교육 방안, 한국어 교육 15-3, 국제한국어교육학회.

문병례(2006), 영어권 아동 학습자를 위한 한국어 교육 방안 : 동화를 활용한 내용중심 교수법을 중심으로, 아주대학교 교육대학원 석사학위논문.

문승실(2004), 한국어학습자를 위한 외래어 교육 방안 연구, 경희대학교 교육대학원 석사학위
　　　논문.

문　용(1980), 문화권간의 비언어적 의사소통에 대한 고찰, 언어와 언어학 6, 한국외국어대학교
　　　언어연구소.

문진형(2004), 협동학습을 활용한 한국어 교육방안 연구, 경희대학교 교육대학원 석사학위논문.

문화관광부 한국어 세계화 추진위원회(1998), 한국어 교육을 위한 기초어휘 선정, 문화관광부.

＿＿＿＿(1998), 한국어 교육을 위한 기본문형 선정, 문화관광부.

문희자(1991), 어학연구소 소개 : 서울대학교 부설, 새국어생활 1-2, 국립국어연구원.

뭉흐졸(2007), 몽골인 한국어 학습자를 위한 한국어 호칭어 연구, 경희대학교 대학원 석사학위
　　　논문.

민현식(1996a), 국어오용어법의 예방적 지도법 연구(2), 국어교육 91, 한국국어교육연구회.

＿＿＿＿(1996b), 국제 한국어 교육을 위한 국어 문화론의 내용 구성 연구, 한국말교육 7, 국제한
　　　국어교육학회.

＿＿＿＿(1998), 사할린 지역의 한국어 환경에 대하여, 한국어 교육 9-2, 국제한국어교육학회.

＿＿＿＿(1999), 사할린 동포 한국어 의식 조사 연구 : 사할린 한국어 교원 연수 보고서(2), 한국
　　　어 교육 10-1, 국제한국어교육학회.

＿＿＿＿(2000a), 공용어의 개념과 언어 정책, 이중언어학 17, 이중언어학회.

＿＿＿＿(2000b), 제2 언어로서의 한국어 문법 교육의 현황과 과제, 새국어생활 10-2, 국립국어
　　　연구원.

＿＿＿＿(2000c), 한국어 교육에서의 정서법 교육에 대하여, 한국어 교육 11-1, 국제한국어교육학
　　　회.

＿＿＿＿(2002), 국어 의식 조사 연구, 한국어 교육 13-1, 국제한국어교육학회.

＿＿＿＿(2003a), 국내 기관에서의 한국어 교육과정 - 표준교육과정의 내용 기술 방법론, 국제한
　　　국어교육학회 13차 국제학술대회.

＿＿＿＿(2003b), 국어 문법과 한국어 문법의 상관성, 한국어 교육 14-2, 국제한국어교육학회.

＿＿＿＿(2003c), 국어교육과 한국어 교육에서의 문화교육(2003)년 겨울학술대회 발표논문집, 한
　　　국외국어교육학회.

＿＿＿＿(2004), 한국어 표준교육과정 기술 방안, 한국어 교육 15-1, 국제한국어교육학회.

박갑수(1983), 이중언어교육의 실태, 연구발표요지, 이중언어학 1, 이중언어학회.

______(1988), 관서지방 한국어 교육의 국어교육, 이중언어학 4, 이중언어학회.

______(1990), 중국에서의 한국어 교육기관에 대한 연구, 이중언어학 7, 이중언어학회.

______(1997), 한국어 교육 개론, 서울대학교 외국인을 위한 한국어 교육 지도자 과정.

______(1998a), 외국어로서의 한국어 교육 평가, 이중언어학 15, 이중언어학회.

______(1998b), 외국어로서의 한국어 교육, 외국인을 위한 한국어 교육 연구 1, 서울대학교 외
     국인을 위한 한국어 교육 지도자 과정.

______(1998c), 외국어로서의 한국어 교육과 문화적 배경, 선청어문 26, 서울대학교 사범대학
     국어교육과.

______(2000), 한국인의 언어생활과 공용어 문제, 이중언어학 17, 이중언어학회.

______(2001), '발' 관계 관용구의 발상과 표현, 외국인을 위한 한국어 교육 4, 서울대학교 외국
     인을 위한 한국어 교육 지도자 과정.

박건숙(2003), 국내 웹 기반의 한국어 교육 사이트에 대한 비교 · 분석 연구, 한국어 교육
     14-3, 국제한국어교육학회.

박경래(2003), 중국 연변 정암촌 방언의 상대경어법, 이중언어학 23, 이중언어학회.

박경옥(2006), 담화분석을 통한 칭찬화행 연구 : 한국어 회화교재와 TV 드라마 대본을 중심으
     로, 한양대학교 교육대학원 석사학위논문.

박기덕(1990), 외국어로서의 한국어 교육에 관한 소고, 한국외국어대학교 외국어 교육논집 6.

박노자(2000), 한국 문화 교육의 현황과 문제점, 한국어 교육 11-2, 국제한국어교육학회.

박덕유(2006), 한국어와 몽골어의 동사상에 대한 비교 연구 : 상 대립의 통사론적 표현을 중심
     으로, 이중언어학 32, 이중언어학회.

박동호(1998), 대상부류에 의한 한국어 어휘기술과 한국어 교육, 한국어 교육 9-2, 국제한국어
     교육학회.

______(2001), 한국어 어휘기술 방법론과 어휘교육, 한국어 교육 12-2, 국제한국어교육학회.

박명석(1981), 한국과 미국과의 의사소통양식 – 차이점에 대한 연구, 한국외국어대학 논문집 14.

朴文子(2007), 한국어 의존 구성의 의미 기능과 교육 방안 연구 : 중국어권 학습자를 대상으로,
     서울대학교 대학원 박사학위논문.

박미경(1994), 한국어 듣기 수업에 있어서 과제 해결적(Task Based) 접근, 한국말 교육 5, 국
     제한국어교육학회.

______(1996), 외국어로서의 한국어 교육에 관한 연구 – 의사소통 활동을 중심으로, 숙명여자대
     학교 석사학위논문.

박미영·이소영·이현진(1999), 학습자 오류를 기반으로 한 문법 평가 문항 개발 연구, 한국어
    교육 10-1, 국제한국어교육학회.
박병수·이석만(1998), 외국인을 위한 한국어 교원 양성 프로그램 개발 연구, 이중언어학 15,
    이중언어학회.
박병채(1991), 이중 언어 교육상의 음운론적 대응분석, 이중언어학 7, 이중언어학회.
박봉남(1989), 재미 교포 2세들의 한국어 교육 문제, 이중언어학 5, 이중언어학회.
______(1992), 2세들, 한국어 교육 왜 시켜야 하나, 僑胞政策資料 41.
박상천(2004), 한국어 호칭 교육 방안 연구, 경희대학교 교육대학원 석사학위논문.
박서향(2006), 한국어 교재의 의미 분석을 토대로 한 다의어 교육 연구, 연세대학교 대학원 석
    사학위논문.
박석준(2006), 한국어 교육에서의 인터넷 문화 콘텐츠 활용 방안, 한말연구 19, 한말연구학회.
박선민(1994), 화계(speech level)와 호칭어 관계연구 : 외국어로서의 한국어 교육의 측면에서,
    이화여자대학교 대학원 석사학위논문.
박선아(1994), 외국어 화자를 위한 한국어 시간표현의 학습 모형, 상명대학교 대학원 석사학위
    논문.
박선용(2006), 한국어 교육을 위한 한국어 맞장구 어사 기능 분석, 경희대학교 교육대학원 석
    사학위논문.
박선희(2004), 한국어와 한국문화의 통합 교육 연구, 경희대학교 교육대학원 석사학위논문.
박성경(2007), 한국어 듣기 · 말하기 능력 평가 유형 개발 연구 : 성취도 평가를 중심으로, 부
    산외국어대학교 교육대학원 석사학위논문.
박성민(1993), 외국어로서의 한국어 교육을 위한 접속어미 '-아서'와 '-니까'의 실험적 연구, 이
    화여자대학교 대학원 석사학위논문.
박성수(2006), 외국인 노동자 대상 한국어 교육과정 내용 선정을 위한 요구 분석 연구, 연세대
    학교 교육대학원 석사학위논문.
박성혜(1998), 컴퓨터를 활용한 한국어 교육, 이화여자대학교 석사학위논문.
박수연(2006), 한국어 학습 사전의 연구 동향 분석, 이중언어학 31, 이중언어학회.
박수영(1992), 헝가리어의 명사문과 한국어의 대응구조, 이중언어학 9, 이중언어학회.
박신영(2007), 고급 한국어 학습자의 어휘 처리와 추론 전략에 대한 연구, 연세대학교 교육대
    학원 석사학위논문.
박안또니나(2007), 중앙아시아권 한국어 고급 학습자를 위한 소설교육 방법 연구, 서울대학교

대학원 석사학위논문.

박영순(1983), 이중언어교육의 의의와 해외 한국 자녀문제, 이중언어학 1, 이중언어학회.

______(1985a), 한국어 통사론, 집문당.

______(1985b), 해외 교포 자녀를 위한 모국어교육 방안, 이중언어학 2, 이중언어학회.

______(1987), 재중공 한인들의 문학활동과 한국어 이질화 양상, 이중언어학 3, 이중언어학회.

______(1989), 제 2언어 교육으로서의 문화교육, 이중언어학 5, 이중언어학회.

______(1990), 이중언어 이론과 중국에서의 한국어 문제, 이중언어학 6, 이중언어학회.

______(1991), 소련에서의 한국어학, 한국어 교육, 그리고 언어이질성에 대하여, 이중언어학 8,
     이중언어학회.

______(1994), 한국어 의미론, 고려대학교 출판부.

______(1995), 교포자녀에 대한 민족 교육과 한국어의 세계화, 해외 한인 민족교육을 위한 제1
     차 학술회의 발표 논문. 고려대학교 민족문화연구소 주최.

______(1997a), 국어교육과 한국어 교육, 한국어학 6, 한국어학회.

______(1997b), 이중/다중언어교육론 : 세계의 언어교육과 한국의 언어정책과제, 한신문화사.

______(1997c), 현대 한국어 통사론, 집문당.

______(1998), 한국어문법교육론, 박이정.

______(2000), 한국어 은유연구, 고려대학교 출판부.

______(2001a), 외국어로서의 한국어 교육론, 도서출판 월인.

______(2001b), 학습자 언어와 한국어 교육, 한국어 교육 12-2, 국제한국어교육학회.

______(2001c), 한국어 문장 의미론, 박이정.

______(2001d), 한국어의 사회언어학, 한국문화사.

______(2002a), 정보화 시대의 이중언어교육, 이중언어학 21, 이중언어학회.

______(2002b), 한국어 교육을 위한 한국문화론, 한국문화사.

______(2003a), 한국어 교재의 개발 현황과 발전 방향, 한국어 교육 14-3, 국제한국어교육
     학회.

______(2003b), 한국어 교육으로서의 문화 교육에 대하여, 이중언어학 23, 이중언어학회.

______(2006), 한국어 교원 자격시험과 검정시험 제도 : 한국어에 대한 관심과 한국어 교육, 새
     국어생활 16-2, 국립국어원.

박영준(2000), 한국어 숙달도 배양을 위한 문화적 어휘·표현의 교육, 한국어 교육 11-2, 국제
     한국어교육학회.

박용준(1995), 일본의 대학에 있어서의 한국어 교육 이론 연구에 관한 일 고찰, 학교경영 8-2.

박윤신(2005), 한국어 읽기 지문 속에 나타난 어휘·문법 요소 연구, 경희대학교 교육대학원 석사학위논문.

박윤진(2007), 음운인식활동을 통한 한국어 발음교육 연구 방안, 경희대학교 교육대학원 석사학위논문.

박융배(2006), 한국어 관용표현의 교육 방법 연구 : 중국인 학습자를 대상으로, 인제대학교 대학원 석사학위논문.

박은미(2007), 구소련 지역 재외동포를 위한 고급 한국어 교재 개발 방안, 부산외국어대학교 교육대학원 석사학위논문.

박은선(2006), 한국어 학위논문 서론의 장르 분석적 연구 : 한국어 모어화자와 한국어 학습자를 대상으로, 이화여자대학교 교육대학원 석사학위논문.

박이도(1988), 제2언어 습득의 이론적 고찰 : 대조분석 가설을 중심으로, 〈釜山産業大論文集〉 9-1.

＿＿＿(1990), 제1언어습득과 제2언어습득간의 관계해명 : 습득순서와 습득방책을 중심으로, 경성대론문집 11-3.

박자연(2007), 귀국초등학생을 위한 한국어 교육에서의 교사의 성공적 역할 수행에 관한 연구 : 서울시 귀국반 운영 초등학교 교사를 중심으로, 이화여자대학교 교육대학원 석사학위논문.

박재연(2003), 한국어와 영어의 양태 표현에 대한 대조적 고찰, 이중언어학 22, 이중언어학회.

박재현(2004), 한국인과 중국인의 승낙 획득 전략 비교 연구, 한국어 교육 15-2, 국제한국어교육학회.

박재희(1998), 한국어 문법 교수에 관한 연구, 이화여자대학교 석사학위논문.

박정은(2007), 외국어로서의 한국어 접두 파생어 연구 : 한자어 부정 접두사 '無, 未, 不, 非'를 중심으로, 경희대학교 대학원 석사학위논문.

박정임(2006), TV 프로그램을 활용한 한국어 교육 방안 연구 : 뉴스와 토론 프로그램을 중심으로, 부산외국어대학교 교육대학원 석사학위논문.

박종호(1989), 한국인과 미국인의 의사소통의 차이, 언어연구 6, 한국현대영어학회.

박주경(1993), 이중언어를 구사하는 한국인 어린이들의 언어 선택에 대하여, 교육한글 6, 한글학회.

박주연(2002), 외국어로서의 한국어 교육을 위한 웹기반 교수 : 학습 모형 개발 시론, 서강대학

　　교 교육대학원.

박준언(2004), 동화주의정책으로 회귀하는 미국에서의 다중언어사용, 이중언어학 24, 이중언어
　　학회.

_____(2006), 특수목적외국어교육의 연구주제들, 한국어 교육 17-1, 국제한국어교육학회.

박지순(2006), 학술 논문 텍스트의 표지 분석: 국어학 학술 논문을 중심으로, 연세대학교 교육
　　대학원 석사학위논문.

박지영(2006), 한국어 학습자들 위한 요청화행 교육방안 연구, 숙명여자대학교 대학원 석사학
　　위논문.

박지현(2007), 일본어권 한국어 학습자의 피동 표현의 사용 양상 연구, 한국외국어대학교 교육
　　대학원 석사학위논문.

박청(2002), 외국인을 위한 한국 소설교육 방안 연구: 메밀꽃 필 무렵을 중심으로, 이화여자대
　　학교 교육대학원 석사학위논문.

박향미(2002), 일한 양언어의 추량표현에 관한 고찰 : 한국어와의 대응관계를 중심으로, 경상대
　　학교 교육대학원 석사학위논문.

박현옥(2006), 유행어를 통한 한국 사회 · 문화 교육 연구, 연세대학교 교육대학원 석사학위
　　논문.

박현정(2006), 중국인 학습자를 위한 한국어 연어 교수, 학습 방안 연구, 문창어문논집 43, 문
　　창어문학회.

박형란(2007), 한국어 통합적 교수를 위한 협력학습 모형 연구, 한양대학교 교육대학원 석사학
　　위논문.

박형익(2003), 『유합』의 표제자 선정과 배열, 이중언어학 23, 이중언어학회.

박혜경(2003), 외국어로서의 한국어 기초단계 교육 방안 연구, 경희대학교 교육대학원 석사학
　　위논문.

박혜원·원영미·이귀옥(2003), 이중언어 사용이 선택적 주의에 미치는 영향 : 연변 조선족과 한
　　족아동의 선택적 주의수행 비교, 이중언어학 23, 이중언어학회.

박희숙(1972), 재일교포를 위한 국어교육에서의 문제점, 재외국민논총 2.

박희은(2007), 영어권 한국어 학습자를 위한 문화 학습 방안 연구 : 한, 미간 문화적 간섭에서
　　오는 의사소통 문제를 중심으로, 경희대학교 대학원 석사학위논문.

방성원(2000), 통합 교수를 위한 한국어 교재 개발 연구, 한국어 교육 11-2, 국제한국어교육학
　　회.

_____(2001), 국어 보문 연구, 경희대학교 박사학위논문.

_____(2002), 한국어 교육용 문법 용어의 표준화 방안, 한국어 교육 13-1, 국제한국어교육
　　　학회.

_____(2003), 고급 교재의 문법 내용 구성 방안, 한국어 교육 14-2, 국제한국어교육학회.

_____(2004), 한국어 문법화 형태의 교육 방안, 한국어 교육 15-1, 국제한국어교육학회.

방성희(2007), 대학 수학 목적의 한국어 기본 어휘 선정 연구 : 인문계열 명사 어휘를 중심으
　　　로, 고려대학교 교육대학원 석사학위논문.

배문경(1998), 한국어 듣기 평가 방안 연구, 고려대학교 교육대학원 석사학위논문.

배안석(2004), "Soldier" 외 군 관련 어휘의 용례에 관한 연구, 이중언어학 24, 이중언어학회.

배재석·윤창준(2004), 韓國 漢字語와 中國語 語彙의 語義·形態論的 比較硏究, 이중언어학
　　　24, 이중언어학회.

배진영(2001), 국어 관형절 시제에 대하여, 이중언어학 18, 이중언어학회.

배현숙(2002), 한국어 교육에서 문화교육 현황 및 문제점, 이중언어학 21, 이중언어학회.

_____(2006), 외국인을 위한 한국어 의성어, 의태어 교수법 연구, 이중언어학 31, 이중언어
　　　학회.

배회임(1990), 중국에서의 한국어 학습을 위한 교재 연구, 이중언어학 7, 이중언어학회.

배희원(2007), 도해 조직 중심의 읽기 전략 연구 : 대학 수학 목적의 한국어 학습자를 대상으
　　　로, 한국외국어대학교 교육대학원 석사학위논문.

배희임·강영(2001), 외국인의 학습 과정을 고려한 한국어 문법 학습사전 집필에 대한 연구, 이
　　　중언어학 18, 이중언어학회.

백미옥(2007), 여성 결혼이민자를 위한 생활문화와 한국어의 통합 교육 연구: 초급 단계 학습
　　　자를 중심으로, 고려대학교 교육대학원 석사학위논문.

백봉자(1987), 교포 2세의 한국어와 쓰기 교육, 이중언어학 3, 이중언어학회.

_____(1988), 기초단계에서의 한국어 교육은 무엇부터 다루는 것이 좋은가, 제3회 국제 언어학
　　　자 대회, 한글학회.

_____(1991a), 외국어로서의 한국어 교사 훈련과 방법, 이중언어학 8, 이중언어학회.

_____(1991b), 외국어로서의 한국어 문법, 동방학지 71, 72 합본, 연세대학교 국학연구원.

_____(1991c), 한국어 교재 개발을 위한 기초 작업, 교육한글 4, 한글학회.

_____(1995), 연세대학교 한국어교사 연수소의 과정을 통해 본 이상적인 한국어 교사 연수, 국
　　　제한국어교육학회 제6차 학술대회 발표문.

______(1999a), 서양어권 학습자를 위한 한국어 교재 개발 연구, 한국어 교육 10-2, 국제한국
    어교육학회.

______(1999b), 외국어로서의 한국어 문법 사전, 연세대학교 출판부.

______(2001), 외국어로서의 한국어 교육문법, 한국어 교육 12-2, 국제한국어교육학회.

______(2006), 문화 교육 자료의 개발 방향, 외국어로서의 한국어 교육 31, 연세대학교 한국어
    학당.

백봉자 · 최정순 · 지현숙(2005a), 한국언어문화 듣기집, 한국언어문화연구원.

______(2005b), 한국언어문화 사진집, 한국언어문화연구원.

백승주(2003), 언어학습 교재의 시각디자인에 대한 기호학적 분석, 한국어 교육 14-1, 국제한
    국어교육학회.

백응진(1988), 캐나다에서의 한국어 교육 현황, 제3회 국제한국어교육학회언어학자 대회 발표
    문, 한글학회.

______(1991), 캐나다 대학에서 사용하는 한국어 교재, 교육한글 4, 한글학회.

백종학·심진영(1993), 미국사회에서 한국인 2세가 겪는 언어와 정체성의 문제, 이중언어학 10,
    이중언어학회.

범류(2006), 중국인 한국어 학습자와 한국인의 'ㄹ' 발음의 길이와 포먼트에 대한 연구, 말소리
    57, 대한음성학회.

범윤정(1997), 외국어로서의 한국어 수업모형 연구, 숭실대학교 석사학위논문.

베르너 자세(1991), 독일 보훔대학교에서의 한국어 교육, 새국어생활 1-2, 국립국어연구원.

변광수(1992), 한국어와 스웨덴어의 음운론적 대조분석, 이중언어학 9, 이중언어학회.

변영희(2007), 일본인 한국어 학습자를 위한 문화 교육 내용 연구: 초급 단계 학습자를 중심으
    로, 상명대학교 교육대학원 석사학위논문.

변혜원(2007), 노래를 활용한 한국어 수업모형 연구, 이화여자대학교 교육대학원 석사학위논문.

봉민아(2002), 효율적인 영어교육을 위한 영어와 한국어의 비교분석, 충남대학교 교육대학원
    석사학위논문.

부첵(1991), 체코슬로바키아에서의 한국어 교육에 대하여, 교육한글 4, 한글학회.

사까와 야스히로(2002), 제2외국어 과목으로서의 한국어 교재 구성 방안 연구: 일본 대학 과정
    을 중심으로, 경희대학교 교육대학원 석사학위논문.

사모토 마리(2002), 일본어를 모어로 하는 학습자를 위한 한국어 관용어 교육 연구: 동사형 관
    용어를 중심으로, 경희대학교 교육대학원 석사학위논문.

사와다 히로유끼(2002), 외국어로서의 한국어 학습을 위한 한일어 동사 대응 연구, 전남대학교 교육대학원 석사학위논문.

서광진(2006), 한국어 의존용언 연구: 분류 기분을 중심으로, 전북대학교 대학원 석사학위논문.

서상규(1996), 일본어의 높임법과 한국어 교육, 말 21, 연세대학교 언어연구교육원.

서상규·김하수(1997), '한국어 능력 평가 시험'의 기본 모형 수립을 위한 기초적 연구, 교육한글 10, 한글학회.

서상규·유현경·남윤진(2002), 한국어 학습자 말뭉치와 한국어 교육, 한국어 교육 13-1, 국제한국어교육학회.

서영섭(1990), 중국에서의 조선어 사용현황과 거기에서 제기되는 문제, 이중언어학 7, 이중언어학회.

서울대학교 사범대학(1998), 외국인을 위한 한국어 지도자 과정, 외국인을 위한 한국어 교육 연구 1.

______(1999), 외국인을 위한 한국어 지도자 과정, 외국인을 위한 한국어 교육 연구 2.

서울대학교 재외국인교육연구소 편(1975), 재외국민을 위한 한국어 교육의 당면과제, 서울대학교 재외국인교육연구소.

서윤남(2003), 한국어능력평가시험 쓰기 평가 개선방안 연구 : 4회, 5회, 6회 문제 분석을 중심으로, 경희대학교 교육대학원 석사학위논문.

서정범(1989), 國語의 祖語 構造와 滿洲語, 말 14, 연세대학교 언어연구교육원.

서정수(1991), 기능동사 '하-'에 대한 재론, 말 15, 연세대학교 언어연구교육원.

______(1993), 한일 양국어의 일부 후치사(조사) 대비 연구, 이중언어학 10, 이중언어학회.

______(1996), A Cultural Perspective on Korean Language, 파리국제학술회의 논문집, 국제한국어교육학회.

______(1997), 인사말 비교 연구, 한국어 교육 8, 국제한국어교육학회.

서혁(1992), 한국어 학습자의 오류와 교재구성의 방향, 선청어문 20, 서울대학교 사범대학 국어교육과.

______(2004), 호주의 한국어 교육정책의 현황과 문제점 : 뉴사우스웨일스 주를 중심으로, 한국어 교육 15-2, 국제한국어교육학회.

서희정(2001), 한국어 거절 화행 교육 연구 : 교재 분석을 중심으로, 경희대학교 교육대학원 석사학위논문.

______(2004), 학습자 중심 워크북 개발 방안 연구, 한국어 교육 15-3, 국제한국어교육학회.

석주연(2001), 영국의 국제 영어 교사 양성 제도의 실태 및 시사점, 서울대학교 국어교육연구소 주최 '한국어 교사론'(외국의 국제 자국어 교사 양성 실태와 한국어 교사 양성 제도 개선 방향) 학회 자료집.

_____(2002), 외국인 학습자를 위한 불규칙 용언 교육 방법에 대한 일고찰, 이중언어학 20, 이중언어학회.

_____(2006), 외국인 대학 신입생의 한국어 능력 실태 연구 : 어휘, 문법, 쓰기 평가 결과의 질적 분석을 중심으로, 인문과학연구 11, 가톨릭대학교 인문과학연구소.

석주연·안경화(2003), 한국어 학습자 표현 오류분석의 몇 가지 문제, 한국어 교육 14-3, 국제한국어교육학회.

선광용(2007), 중국인을 대상으로 한 한국어 경어법의 교수법에 대한 연구, 신라대학교 대학원 석사학위논문.

성광수(1995), 해외 한국어 교육의 몇 가지 문제, 이중언어학 12, 이중언어학회.

_____(1999), 어휘부의 구조와 기초어휘의 활용, 박갑수 교수 정년퇴임 기념 논문집, 도서출판 월인.

성광수·김영순(1999), 다중문화교육을 위한 동작분석방안, 이중언어학 16, 이중언어학회.

성기철(1996), 현대 한국어 대우법의 특성, 말 21, 연세대학교 언어연구교육원.

_____(1997), 보조조사 '-까지, -조차, -마저'의 의미 특성, 한국어 교육 8, 국제한국어교육학회.

_____(1998), 한국어 교육의 목표와 내용, 이중언어학 15, 이중언어학회.

_____(1999), 20세기 청자 대우법의 변천-화계의 사회언어학적 변천과 관련하여, 한국어 교육 10-2, 국제한국어교육학회.

_____(2001), 한국어 교육과 문화 교육, 한국어 교육 12-2, 국제한국어교육학회.

성비락(2002), 몽골어와 한국어의 단모음 비교, 한국어 교육 13-2, 국제한국어교육학회.

성은경(2006), 소설을 활용한 한국어 수업 방안, 부산외국어대학교 교육대학원 석사학위논문.

성진선(2002), 외국인을 위한 한국어 교육의 연구 : 연결어미를 중심으로, 창원대학교 대학원 석사학위논문.

小坪由希(1992), 일본인에 대한 한국어 학습 문제점 연구, 동아대학교 교육대학원 석사학위논문.

손경숙(2000), 한국어 학습자의 읽기 전략 훈련과 학습결과 분석 연구, 연세대학교 석사학위논문.

손리리(2007), 중국인을 위한 한국어 호칭과 지칭 지도 방안 연구, 서울대학교 대학원 석사학
      위논문.
손연자 외(1993), 외국어로서의 한국어 말하기 평가 기준서, 제5차 국제한국어 교육 학술대회
      발표요지.
손연자(1984), 비한문 문화권의 외국인에 대한 한자교육 방법론 소고, 말 9, 연세대학교 한국어
      학당.
_____(1992), 학습 현장에서 운용된 청각 구두 교수법에 대한 일 고찰, 말 16, 연세대학교 언
      어연구교육원.
_____(1996), 한국어 글쓰기 교육의 실태와 방안, 새국어생활 6-2, 국립국어연구원.
손지영(2006), 장이론을 활용한 외국어로서의 한국어 어휘교육, 상명대학교 교육대학원 석
      사학위.
손한(1991), 언어연구교육원. 소개 : 연세대학교 부설, 새국어생활 1-2, 국립국어연구원.
_____(1994), 한국어와 영어의 단위 명사, 한국말교육 5, 국제한국어교육학회.
손호민(1990), 미국에서의 한국어 교육의 현황과 과제, 이중언어학 6, 이중언어학회.
_____(1991), 미국에서의 한국어 교육, 새국어생활 1-2, 국립국어연구원.
_____(1991), Sociolinguistic and Pragmatic Appropriateness in Proficiency- Oriented
      Korean Language Instruction, 이중언어학 8, 이중언어학회.
_____(1995), Performance-based Principles and Proficiency Criteria, 한국말교육 6, 국
      제한국어교육학회.
_____(1997), 미국에서의 한국어 연구와 한국어 교육, 교육한글 10, 한글학회.
손희연(2006), 한국어 수업 상황의 코드 스위칭 : 프랑스의 한국어 수업에서 관찰되는 유형과
      기능, 이중언어학 31, 이중언어학회.
송기중(1995), 미국에서의 한국어 교육, 말글생활 3, 말글사.
송미정(1998), 초급 한국어 교육의 소그룹 활동에 관한 연구, 이화여자대학교 석사학위논문.
송민(1988), 일본어권에서의 한국어 교수 대비책, 이중언어학 4, 이중언어학회.
송은정(2007), 쓰기 피드백 유형에 따른 한국어 학습자 향상도 연구, 한국외국어대학교 교육대
      학원 석사학위논문.
송지현(2006), 학문 목적 한국어 교육을 위한 과제 중심 요구 분석, 이화여자대학교 대학원 석
      사학위논문.
송춘애(2006), 중국인 한국어 학습자의 오류 분석 및 교육 방법 연구, 부산외국어대학교 교육

    대학원 석사학위논문.
송학성(2000), 중국인을 위한 한국어 경어법 교육방안 연구, 경희대학교 교육대학원 석사학위
    논문.
송향근(1994), 핀란드어의 격체계 고찰-한국어 격체계와의 대조 분석적 관점에서, 이중언어학
    11, 이중언어학회.
_____(2004), 핀란드어 모국어 화자를 위한 한국어 발음 교육 방안, 이중언어학 24, 이중언어
    학회.
송향근·김상수(2006), 한민족 디아스포라(Diaspora)의 역사와 문화: 재중동포 한국어 교육의
    현황과 과제, 비교문화연구 18, 부산외국어대학교 비교문화연구소.
송현정(2003), 국어지식 영역의 성취도 평가에 관한 분석 연구, 이중언어학 23, 이중언어학회.
송혜정(2007), 한국어 외래어의 의미 변이 연구 : 일상생활 관련 어휘를 중심으로, 한국외국어
    대학교 교육대학원 석사학위논문.
스가이요시노리(2006), '한국어능력평가시험'과 일본 '〈한글〉능력검정시험' 초급 문제에 대한 비
    교 연구, 한국어 교육 17-3, 국제한국어교육학회.
스킬런드(1988), 런던 대학에서의 한국어 교육, 영문, 제3회 국제한국어교육학회 언어학자 대회
    발표문, 한글학회.
시마 아츠코(1993), 재일한국인 교육의 현황과 조사분석, 이화여자대학교 대학원 석사학위논문.
신경철(1990), 외국어로서의 한국어 교육과 덧음소 문제, 이중언어학 7, 이중언어학회.
_____(1995), 한글의 언어 구조적 교육방법, 이중언어학 12, 이중언어학회.
_____(1996), 외국인을 위한 한글 교육 방법, 한국말교육 7, 국제한국어교육학회.
_____(1998), 훈민정음의 모음자와 모음체계 신고, 한국어 교육 9-1, 국제한국어교육학회.
신명선(2006), 학문 목적의 한국어 학습자를 위한 어휘 교육의 내용 연구, 한국어 교육 17-1,
    국제한국어교육학회.
신문경(2006), 학문 목적의 한국어 교육과정 개발 연구 : 외국인 대학생의 교육 사례를 중심으
    로, 경희대학교 대학원 석사학위논문.
신문영(2007), 공익광고를 활용한 한국어 교실수업 모형 연구, 경희대학교 교육대학원 석사학
    위논문.
신성옥(1991), 한국어 복합문의 시제: 제2언어로서의 한국어 교육과 관련하여, 우리말 연구 1.
신성철(2006), 한국어 제1화자와 제2화자가 판정한 한국어 어휘의 수요성, 외국어로서의 한국
    어 교육 31, 연세대학교 한국어학당.

신영옥(2006), 국내 이주노동자 자녀를 위한 초등예비교육과정 연구: 몽골 이주노동자 자녀를 중심으로, 경희대학교 교육대학원 석사학위논문.

신주철(2003), 한국 시 교육의 실제, 한국어 교육 14-1, 국제한국어교육학회.

_____(2006), 한국어 교육에서 한국문학의 위계별 교수사례안 : 현대시 작품을 활용하여, 한국어 교육 17-2, 국제한국어교육학회.

신찬용(2004), 언어정상화와 이중언어정책의 과제, 이중언어학 24, 이중언어학회.

신현숙(1995), 명사 {집}의 형식과 의미 확장, 말 20, 연세대학교 언어연구교육원.

_____(1996a), 언어 형식과 의미 확장: {밥}, 한국말교육 7, 국제한국어교육학회.

_____(1996b), A Cognitive Model of Extensions on Form and Meaning of Korean Noun-on 'dress', 파리국제학술회의 논문집, 국제한국어교육학회.

_____(1998), 한국어 어휘 교육과 의미 사전, 한국어 교육 9-2, 국제한국어교육학회.

_____(1999), 한국어 기능어의 어휘 정보 구축: 지시어, 한국어 교육 10-2, 국제한국어교육학회.

_____(2002), 한국어 대화의 교수모형: 질문과 응답, 한국어 교육 13-2, 국제한국어교육학회.

신현숙·김영란(2004), 한국어 교육을 위한 색채어 어휘 정보, 이중언어학 24, 이중언어학회.

신현숙·박건숙(2001), 한국어 학습자를 위한 어휘 정보: {사람(들)}, 한국어 교육 12-1, 국제한국어교육학회.

신현숙·오진숙(2000), 고등학교 〈국어〉를 통해 본 학교 문법, 한국어 교육 11-1, 국제한국어교육학회.

신현숙·이지영(2001), 한국어 학습자를 위한 어휘 정보: {맛}, 한국어 교육 12-2, 국제한국어교육학회.

심규성(2007), 한국어 교사의 비언어적 커뮤니케이션 연구 : 교실 상황을 중심으로, 경희대학교 교육대학원 석사학위논문.

심민아(1998), 외국어로서의 한국어 교육에 있어서 문화 교육 방안, 이화여자대학교 석사학위논문.

심민희(2007), 중국인 학습자를 위한 비즈니스 한국어 교재 구성 방안, 한양대학교 교육대학원 석사학위논문.

심상민(2001), 한국어 학습자의 읽기 과정에 관한 연구(2001)년 추계학술대회 자료집.

심재기·문금현(2000), 외국어로서의 한국어 교재 연구, 이중언어학 17, 이중언어학회.

아뜨크닌(1991), 한국어 교육의 음성학적 문제점, 교육한글 4, 한글학회.

아리프(2004), 방글라데시 학습자를 위한 한국어 문법 교육 연구 : 조사와 어미 사용을 중심으로, 경희대학교 교육대학원 석사학위논문.

아사리 텐세이(2006), 일본인 학습자를 위한 한국어 고급 교육과정 개발 연구, 경희대학교 교육대학원 석사학위논문.

안경화(2001a), 구어체 텍스트의 응결 장치 연구, 한국어 교육 12-2, 국제한국어교육학회.

_____(2001b), 속담을 통한 한국 문화의 교육 방안, 한국어 교육 12-1, 국제한국어교육학회.

_____(2003), 중간언어 어휘론 연구의 과제와 전망, 이중언어학 23, 이중언어학회.

_____(2006a), 신문 수업용 어휘 목록의 작성 방향, 한국어 교육 17-3, 국제한국어교육학회

_____(2006b), 제8회 한국어 교육 국제학술회의: 한국어 교육 방법론의 재검토; 한국어 쓰기 교수학습법의 현황과 과제, 국어교육연구 18, 서울대학교 국어교육연구소.

안경화·김정화·최은규(2000), 학습자 중심의 한국어 교육과정 개발 방향에 대하여, 한국어 교육 11-1, 국제한국어교육학회.

안미리·김태경(2003), 유아의 자음 체계 습득 과정, 한국어 교육 14-2, 국제한국어교육학회.

안미영(2006), 문학 텍스트를 활용한 한국 문화와 한국어 교수: 이청준의 단편 소설 〈눈길〉을 중심으로, 선문대학교 교육대학원 석사학위논문.

안상철(1993), 음운현상에 있어서의 유표성, 말 18, 연세대학교 언어연구교육원.

안수정(2006), 수 분류사의 유형적 특성 연구: 한국어와 중국어, 일본어, 베트남어의 비교를 중심으로, 경희대학교 대학원 석사학위논문.

안윤미(2007), 한국어 학습자를 위한 부정 의문문 교육 방안 연구, 고려대학교 교육대학원 석사학위논문.

안윤정(2002), 총체적 한국어 교육을 위한 현장학습 방안, 이화여자대학교 석사학위논문.

안재홍(2006), 러시아어 화자를 위한 한국어 초급교재 개발 방향 연구, 한국어국어대학교 대학원 석사학위논문.

안주호(1992), 한국어 담화표지 분석, 말 17, 연세대학교 언어연구교육원.

_____(1994), 동사에서 파생된 후치사류의 문법화 연구, 말 19, 연세대학교 언어연구교육원.

_____(2002), 한국어 교육에서의 [원인] 연결어미에 대하여, 한국어 교육 13-2, 국제한국어교육학회.

안주희(2000), 외국인을 위한 한국어 발음 교육 연구, 숙명여자대학교 교육대학원 석사학위논문.

안한나(2006), 재미교포(Korean-American) 한국어 학습자의 정체성 지각에 관한 연구: 한국

어 능력과의 상관관계를 중심으로, 연세대학교 교육대학원 석사학위논문.

野間秀樹(1995), 일본에서의 한국어 교육 : 어디서 어떻게, 그리고 무엇이 어려운가, 말글생활 3, 말글사.

야타나 산다 윈(2007), 한국어와 미얀마어 격조사 비교 연구, 경희대학교 대학원 석사학위논문.

양건승(2007), 자기소개서 텍스트의 수사학적 분석과 한국어 교육 적용 연구, 경희대학교 대학원 석사학위논문.

양민애(2006), 상경계 전공 외국인 유학생을 위한 경제학 기본 개념 교육에 관한 연구: 속담 활용 모색을 통하여, 연세대학교 교육대학원 석사학위논문.

양순임(2003), 유기음화와 관련된 한국어 발음 교육, 이중언어학 22, 이중언어학회.

_____(2003), 한국어 모음의 인지 및 발음 교육 방안, 이중언어학 23, 이중언어학회.

_____(2004), 음절 말 자음과 관련된 변동규칙 교육 방안, 한국어 교육 15-3, 국제한국어교육학회.

양지선(2007), 한국어 교육을 위한 한국과 동남아시아 속담 비교 연구: 문화 비교를 중심으로, 경희대학교 대학원 석사학위논문.

양진경(2007), 영어권 한국어 고급학습자의 거절 화행 인접쌍 연구 : 〈예의상 거절〉을 중심으로, 고려대학교 교육대학원 석사학위논문.

양현민(2006), 한국어 교육에서의 과제중심의 말하기 수업 구성 방안, 한국외국어대학교 교육대학원 석사학위논문.

엄진숙(2006), 한국어 청자존대 표현 '-요'연구 : 한국어 교육에의 적용, 한국어국어대학교 대학원 석사학위논문.

여경선(2001), 한국어 학습자를 위한 문화 교육 연구 : 체험을 통한 문화 교육을 중심으로, 경희대학교 교육대학원 석사학위논문.

연변과학기술대학 한국학연구소 엮음(2000), 중국에서의 한국어 교육, 태학사.

연재훈(1997), 영국에서의 한국어 교육과 연구 현황, 교육한글 10, 한글학회.

_____(2001), 유럽지역 대학에서의 한국어 교육 현황, 이중언어학 18, 이중언어학회.

염광호(1990), 연변의 이중언어에 대한 분석, 이중언어학 7, 이중언어학회.

염창권(2006), 중국 대학의 한국어학과에서 한족 학생들의 한국어 습득양상에 대한 문화기술적 연구 : 교재의 동원 및 활용 양상을 중심으로, 새국어교육 74, 한국국어교육학회.

_____(2006), 중국 대학의 한국어학과에서, 한족 학생들의 한국어 습득 양상에 대한 문화기술적 연구, 한국초등국어교육 32, 한국초등국어교육학회.

엽지연(2006), 한국어 학습자의 좌절감 요인 분석에 관한 연구, 연세대학교 교육대학원 석사학
　　위논문.

오고시 나오키(1994), 일본에 있어서의 KOREAN LANGUAGE 교육의 실태 조사, 한국말 교
　　육 5, 국제한국어교육학회.

오미라·이해영(1994), 외국어로서의 한국어 억양 교육, 한국말교육 5, 국제한국어교육학회.

오미정(2004), 한국어 교육용 어휘 교재 개발 연구, 한국어 교육 15-3, 국제한국어교육학회.

오석봉(1993), 외국어 학습자의 욕구와 교수요목 분석, 응용언어학 6, 한국 응용언어학회.

오선경(2006), 대학 수학 목적의 한국어 듣기 교육 방안 연구 : 강의 담화의 특질과 듣기 전략
　　적용을 중심으로, 고려대학교 교육대학원 석사학위논문.

오세인(2004), 시를 활용한 한국 문화 교육 방안, 한국어 교육 15-1, 국제한국어교육학회.

오소정(1986), 외국인의 한국어 학습에서 오는 문제점에 대한 연구, 이화여자대학교 석사학
　　위논문.

오수진(1998), 외국어로서의 한국어 조사 교육, 부산대학교 석사학위논문.

오승신(1997), 담화상에서의 간투사의 기능, 말 22, 연세대학교 언어연구교육원.

오정희(1998), 외국인을 위한 한국어 교육, 부산대학교 석사학위논문.

오지혜(2006), 언어 관련 속담을 통한 한국어 교육 연구, 서울대학교 대학원 석사학위논문.

오충연(2003), 화제수용체계로서의 격 해석, 이중언어학 22, 이중언어학회.

오현미(2002), 한일 양국의 동형한자어 의미차에 대한 고찰, 인하대학교 교육대학원 석사학위
　　논문.

오현주(2004), 한국어 고급학습자의 동조(맞장구)표현 연구 - 모국어 화자와 일본인 학습자의 비
　　교를 중심으로, 경희대학교 교육대학원 석사학위논문.

왕금하(2007), 한국어와 중국어의 인칭대명사 대조 연구, 신라대학교 대학원 석사학위논문.

왕문용(1995), 일본 천리대학의 한국어 교육, 태릉어문연구 56, 서울여자대학교 국어국문학회.

王思敏(2006), 중국어권 학습자를 위한 한국어 의존명사 표현 교육 연구, 서울대학교 대학원
　　석사학위논문.

왕수위(2007), 한국어 단위 명사와 중국어 양사의 대비 연구, 신라대학교 대학원 석사학위논문.

왕한석(2006), 소외 계층의 언어 실태와 언어 정책: 국제결혼 이주 여성의 언어 문제와 해결
　　방안, 새국어생활 16-1, 국립국어원.

왕혜숙(1995), 영어화자의 한국어 작문에 나타난 어휘상 오류분석, 이중언어학 12, 이중언어
　　학회.

요외(2007), 중국인 학습자의 한국어 발음 교육 방안, 신라대학교 대학원 석사학위논문.

우메다히로유키, 일본에서의 한국어 교육의 몇 가지 문제점, 이중언어학 30, 이중언어학회

우영란(2006), 중국의 한국어 교육 현황 및 전망 : 산동성(山東省)의 한국어 교육을 중심으로, 새국어교육 73, 한국국어교육학회.

우인혜(1992), 용언 '지다'의 의미와 기본 · 기능, 말 17, 연세대학교 언어연구교육원.

______(1996), 교재 분석을 통한 쓰기 교육법 연구, 한국어문교육 6, 고려대학교 사범대학 국어교육학회.

______(1998), 한일 언어 비교를 통한 발음 교수법, 이중언어학 15, 이중언어학회.

______(2003), 영 · 일 학습자의 조사 교육을 위한 연구, 이중언어학 22, 이중언어학회.

______(2004), 외국인을 위한 한국 문화 항목 선정, 이중언어학 24, 이중언어학회.

우혜령(2000), 한국어능력평가시험 문항에 대한 연구 : 제2회 한국어능력평가시험 1급 읽기 영역 문항 분석을 중심으로, 이화여자대학교 대학원 석사학위논문.

원진숙(1992a), 의사소통 능력 계발을 위한 교수 요목 설계, 교육한글 5, 한글학회.

______(1992b), 한국어 말하기 능력 평가 기준 설정을 위한 연구, 한국어문교육 6, 고려대학교 사범대학 국어교육학회.

______(1999), 외국어로서의 한국어 교육을 위한 교재 개발 방향, 국어교육 99, 국어교육학회.

______(2000), 숙달도 배양을 위한 한국어 교재의 단원 구성 체제 개선 방안, 이중언어학 17, 이중언어학회.

위태연(1981), 한국어 교육의 도달목표와 그 평가에 관한 소고, 연구논총, 서울대학교 재외국민교육원.

______(1982), 한국어 교육과 교재 개발의 방향, 연구논총 8, 서울대학교 재외국민 교육원.

유 엔 마주르(1991), 러시아와 소련에서의 한국어학과 한국어 교육, 이중언어학 8, 이중언어학회.

유기환(1986), 외국어로서의 한국어 교재론 : 듣기 교재를 중심으로, 연세대학교 교육대학원 석사학위논문.

유덕자(1998), 외국어로서의 한국어 관용어 교육, 이화여자대학교 석사학위논문.

유만근(1993), 발음중시 국어교육론 – 표준말 발음교육의 내용과 방법, 말 18, 연세대학교 언어연구교육원.

유석훈(2001), 외국어로서 한국어 학습자 말뭉치 구축의 필요성과 자료 분석, 한국어 교육 12–1, 국제한국어교육학회.

_____(2004), 구성주의 다매체 교자재 데이터베이스 구축, 한국어 교육 15-3, 국제한국어교육학회.

유숙영(2002), 단기 한국어 연수 과정의 프로젝트 중심 수업 방안 연구, 한국어 교육 13-1, 국제한국어교육학회.

유연숙(1995), CV 음운론 고찰, 말 20, 연세대학교 언어연구교육원.

유연희(2000), 과제(task) 중심의 한국어 듣기 교육 연구-초급 수준을 중심으로, 한국외국어대학교 대학원 석사학위논문.

유영홍(2006), 한국어 피동 표현의 교재 내용 구성과 지도 방안 연구, 서울대학교 대학원 석사학위논문.

유재선(2006), 중국어권 학습자의 한국어 악센트 실현 양상 연구 : 고저(pitch)를 중심으로, 연세대학교 교육대학원 석사학위논문.

유패림(1997), 중국에서의 한국어학 연구의 이모저모, 교육한글 10, 한글학회.

유현경(1997), 심리형용사 구문에 대한 연구, 말 22, 연세대학교 언어연구교육원.

윤경숙(2007), 학문 목적 한국어 학습자를 위한 쓰기 교재 개발 연구, 배재대학교 대학원 석사학위논문.

윤상철(2004), 현장학습을 통한 한국어 문화 교육 방법 연구, 경희대학교 교육대학원 석사학위논문.

윤선옥(1990), 인지양식이 외국어학습에 미치는 영향-장독립성/의존성과 애매상황에 대한 관용성을 중심으로, 이화여자대학교 교육대학원 석사학위논문.

윤세윤(2007), 한국어 학습자의 학습 불안과 학습전략의 상관관계 연구, 경희대학교 교육대학원 석사학위논문.

윤여탁(1999), 문학을 활용한 한국어 교육 방법, 국어교육연구 6, 서울대학교 교육종합연구원, 국어교육연구소.

_____(2000), 한국어 교육에서 문화의 위상과 역할, 국어교육연구 7, 서울대학교 교육종합연구원, 국어교육연구소.

_____(2002), 한국어 문화 교수 학습론, 21세기 한국어 교육학의 현황과 과제, 한국문화사.

_____(2003a), 문학교육과 한국어 교육, 국제한국어교육학회 제19차 학술대회 발표논문집.

_____(2003b), 문학교육과 한국어 교육, 한국어 교육 14-1, 국제한국어교육학회.

윤영(1999), 외국인을 위한 한국소설교육 방안, 이화여자대학교 석사학위논문.

윤영로(1986), 한국어 교재에 나타난 한국어와 영어의 시제 불일치 현상에 대하여, 연세대학교 교육대학원 석사학위논문.

윤우열(1992), 통합체 'SN1+de+SN2'에 대하여, 말 16, 연세대학교 언어연구교육원.

윤지영(2006), 한국어 초급 교재의 비교 연구 : 문법 항목을 중심으로, 배재대학교 대학원 석사학위논문.

윤해연(2006), BK21 동아시아 한국학 사업단 제 1차 국제학술회의: 동아시아 한국학의 현황과 과제; 중국 내 한국어문학 교육현장에서의 느끼는 문제점과 그 해법, 한국학연구 15, 인하대학교 한국학연구소.

윤혜리(2006). 학문 목적 한국어 읽기 교재 개발 연구 : 중국인 학습자를 대상으로, 경희대학교 교육대학원 석사학위논문.

윤희원(1996), 제1언어로서의 한국어와 제2언어로서의 한국어 교육, 파리국제학술회의 논문집, 국제한국어교육학회.

______(2006), 제8회 한국어 교육 국제학술회의: 한국어 교육 방법론의 재검토; 한국어교수법 연구의 전제와 방법, 국어교육연구 18, 서울대학교 국어교육연구소.

이 예까쩨리나(2004), 러시아인 한국어 학습자를 위한 속담 교육 연구, 경희대학교 교육대학원 석사학위논문.

이 왈렌찐(1991), 재소한인들의 문학활동과 한국어 교육, 이중언어학 8, 이중언어학회.

이강순(2007), 일본인 고급 한국어 학습자의 요청 화행 연구: 전략과 표현을 중심으로, 이화여자대학교 대학원 석사학위논문.

이경수(2007), 중급 한국어 교실에 나타난 교사-학습자 구두 상호작용 양상: 동아시아권 학습자를 중심으로, 상명대학교 교육대학원 석사학위논문.

이경연(2007), 문화 교육 겸용 초급 한국어 교재 개발 연구: 여성 결혼 이민자를 대상으로, 고려대학교 교육대학원 석사학위논문.

이경화(1997), 외국어로서의 한국어 교수-학습 방법 모색, 교육한글 9, 한글학회.

이경희·정명숙(1999), 일본인을 위한 한국어 파열음의 발음 및 인지 교육, 한국어 교육 10-2, 국제한국어교육학회.

이계순(1969), Contrastive Analysis의 이론과 방법, 언어교육 3-1, 서울대학교 언어연구소, 25-41.

______(1977), 오류분석과 대조분석의 방향과 그 적용, 응용언어학 9-1, 서울대학교 어학연구소.

이관규(1995), 한국어 교재의 구성 원리와 내용, 이중언어학 12, 이중언어학회.

_____(2003), 국어 지식 교육의 평가 내용과 방법의 현황 및 문제점, 이중언어학 23, 이중언어학회.

이광숙(1992), 독일어의 보충어와 한국어의 대응구조, 이중언어학 9, 이중언어학회.

_____(2001), 독일에서의 국제 독어 교사 양성 실태, 서울대학교 국어교육연구소 주최 '한국어 교사론'(외국의 국제 자국어 교사 양성 실태와 한국어 교사 양성 제도 개선 방향) 학회 자료집.

이규희(1992), 가정적 연결 어미 분류, 말 17, 연세대학교 언어연구교육원.

_____(1997), 한국어 교육의 개선방향, 교육한글 10, 한글학회.

이기동(1991), A Grammar of Kes in Korean, 말 15, 연세대학교 언어연구교육원.

이기종(2006), 한국어 교육기관 운영론, 한남어문학 30, 한남대학교 한남어문학회.

이남희(1999), 외국어로서의 한국어 발음교육, 동아대학교 석사학위논문.

이다미(2004), 제2언어 습득: 내재적 언어능력 때문인가, 상호작용 때문인가?, 이중언어학 24, 이중언어학회.

이대규(2000), 외국인을 위한 한국어 불규칙 동사의 교육 방법, 이중언어학 17, 이중언어학회.

이돈주(1994), 일본 대학에서의 한국어문학 교육, 어문논총 1415, 전남대학교.

이동석(2004), 중세국어 '오라-'와 현대국어 '오래-'의 비교 연구, 이중언어학 24, 이중언어학회.

이동연(2007), 대학 수학 목적의 한국어 읽기 교재 개발 연구: 상경계열 외국인 유학생을 중심으로, 부산외국어대학교 교육대학원 석사학위논문.

이동은(2002), 한국어 평가담화의 특징, 한국어 교육 13-2, 국제한국어교육학회.

_____(2003), 학구적 목적의 한국어 토론 수업 방안, 한국어 교육 14-3, 국제한국어교육학회.

이동재(1995), The State of Art in and Desiderata for Korean Language Textbook compilation, 한국말교육 6, 국제한국어교육학회.

_____(1996), Korean Language Education-Past and Future, 파리국제학술회의 논문집, 국제한국어교육학회.

_____(2001), 미국에서의 국제 영어 교사 양성 실태와 바람직한 교사 자질, 서울대학교 국어교육연구소 주최 '한국어 교사론'(외국의 국제 자국어 교사 양성 실태와 한국어 교사 양성 제도 개선 방향) 학회 자료집.

_____(2003), 미국에서의 중·고등학교 대상의 한국어 교육과 교수법, 한국어 교육 14-2, 국

제한국어교육학회.

이득춘(1994a), 한국의 한중 이중언어 사용에서 제기되는 문제, 이중언어학 11, 이중언어학회.

______(1994b), 한국한자어와 중국어의 대조에서 나타나는 구조적 및 의미적 차이, 말 19, 연세
　　　대학교 언어연구교육원.

______(1997), 중국에서의 한국어 교육의 급속한 부상과 한국어의 위치, 교육한글 10, 한글
　　　학회.

______(2004), 중국 한국학의 흥기와 전망, 한국어 교육 15-3, 국제한국어교육학회.

伊藤貴雄(2006), 입문기 한국어 교육방법 연구, 서울대학교 대학원 석사학위논문.

이미지(2007), 한국어 교육에서의 언어문화 항목 선정과 교수방안 연구, 한국외국어대학교 교
　　　육대학원 석사학위논문.

이미향(2006a), 발음 교수를 위한 한국어 교재의 음운 연구, 경북대학교 대학원 박사학위논문.

______(2006b), 한국어 발음 교수를 위한 한자어 음운현상 고찰, 어문학92, 한국어문학회

이미혜(2000), 과정 중심의 한국어 쓰기 교육 - 작문 수업을 중심으로, 한국어 교육 11-2, 국제
　　　한국어교육학회.

______(2001), 프로젝트 작업을 통한 고급 과정 수업 모형, 한국어 교육 12-2, 국제한국어교육
　　　학회.

______(2002), 한국어 문법 교육에서 '표현항목' 설정에 대한 연구, 한국어 교육 제13-2, 국제
　　　한국어교육학회.

______(2003a), 직업을 위한 한국어 교육 연구, 한국어 교육 14-2, 국제한국어교육학회.

______(2003b), 한국어와 한국문화의 통합교육, 국제한국언어문화학회 3차 해외 한국언어문화
　　　워크숍 발표문.

이미화(2002), 한일 양국어에 있어서 호칭에 관한 경어고찰: 인접군청 공무원을 대상으로, 관동
　　　대학교 교육대학원.

이민경(2007), 이주 여성을 위한 한국어 일일학습 교재 개발 방안 연구, 부산외국어대학교 교
　　　육대학원 석사학위논문.

이민행(1995), 보편문법과 언어학적 상상력 - 독일어와 국어, 영어의 문장구조 대조 분석, 말
　　　20, 연세대학교 언어연구교육원.

이병규(2006), 한국어 교원 자격시험과 검정시험 제도: 한국어 교육 능력 검정 제도와 그 운영
　　　방안, 새국어생활 16-2, 국립국어원.

이병민(2003), 외국어 교육에서 학습자 변인으로서 언어학습 전략: 연구 동향 및 방향, 한국어

교육 14-3, 국제한국어교육학회.

이삼형(1996), 생략 현상에 대하여, 한국말교육 7, 국제한국어교육학회.

______(2004), 한국어 교육의 계층적 체계화 시론, 한국어 교육 15-2, 국제한국어교육학회.

이상규 외(2006), 한국어 교원 자격시험과 검정시험 제도: 좌담; 한국어 교원, 그들은 누구인가?, 새국어생활 16-2, 국립국어원.

이상억(1983), 해외 교포 자녀를 위한 국어교육의 효율적 방안 : 미국편, 이중언어학 1, 이중언어학회.

______(1985), 제2언어로서의 한국어 교육, 좌담 어학연구 21-1, 서울대학교 어학연구소.

______(1987), 서울대 - UCLA 한국어, 문화 연계 교육 프로그램의 소개, 이중언어학 3, 이중언어학회.

______(1989), 국어 어휘목록의 형태음운론적 구조 연구, 어학연구 25-1.

______(1998), 외국인용 한국어 교재에 포함된 문법사항의 비교 평가, 한국어 교육 9-2, 국제한국어교육학회.

이석란(2006), 교사의 오류 수정 유형에 따른 한국어 학습자 반응에 관한 연구, 이화여자대학교 대학원 석사학위논문.

이석주(2002), 한국어 문화의 내용별 · 단계별 목록 작성 시고, 이중언어학 21, 이중언어학회.

______(2003), 국어 오용의 고착 현상 분석과 처리에 대한 고찰, 이중언어학 23, 이중언어학회.

이선영(2006), 한국어 교육을 위한 [추측]표현 연구, 서울여자대학교 대학원 석사학위논문.

이선웅(2000), 베트남어의 인칭 대명사 체계에 대하여, 이중언어학 17, 이중언어학회.

이선이(2003), 문학을 활용한 한국문화 교육 방법, 한국어 교육 14-1, 국제한국어교육학회.

이선희(1993), 한국어 복합술어 구문에 대하여, 말 18, 연세대학교 언어연구교육원.

______(2007), 귀국 초등학생을 위한 한국어 교육 방안 연구 : 일반학교 통합학급 아동을 대상으로, 고려대학교 교육대학원 석사학위논문.

이성미(2006), 신학전공 한국어 학습자를 위한 내용 중심 교육 연구, 경희대학교 교육대학원 석사학위논문.

이성순(2002), 외국인 학습자의 한국어 요청 화행에 관한 연구, 이화여자대학교 교육대학원 석사학위논문.

______(2006), 2006년 하계 학술대회 발표논문: 이주 여성을 위한 한국어 교육 - 이주 여성을 위한 한국어 교실 사례를 중심으로 -, 우리어문연구 27, 우리어문학회.

이성은(1998), 제2언어로서의 한국어 교육을 위한 총체적 언어접근법, 이중언어학 15, 이중언어학회.

_____(1999), 협력학습 전략을 활용한 제2언어로서의 한국어 교수법, 이중언어학 16, 이중언어학회.

_____(2001), 미주 한인 2세를 위한 과정중심 글쓰기 교수법, 이중언어학 18, 이중언어학회.

_____(2004), 실체와 매체로서의 한국어 교육, 이중언어학 24, 이중언어학회.

이성희(1999), 설화를 통한 한국어 문화 교육 방안, 한국어 교육 10-2, 국제한국어교육학회.

이소연(2006), 외국어로서의 한국어 발음 교육: 중국어 모어 화자를 대상으로, 부산대학교 대학원 석사학위논문.

이소영(2001), 한국어 교재의 문화요소분석 및 한국어문화 통합교수방안: 웹 활용방안을 중심으로, 이화여자대학교 교육대학원 석사학위논문.

_____(2003), 한국어 학습자의 표기 오류 실태 연구, 이중언어학 23, 이중언어학회.

이소현(2006), '-이/히' 형 부사어와 '-게' 형 부사어에 대한 한국어 교육학적 연구, 한국외국어대학교 교육대학원 석사학위논문.

이수경(1996), 일본어를 모어로 하는 한국어 학습자의 오용의 경향에 관하여, 한국말교육 7, 국제한국어교육학회.

_____(1997), 일본어를 모어로 하는 한국어 학습자의 '하고 있다'와 '해 있다'의 오류 분석, 한국말교육 8, 국제한국어교육학회.

이수민(2002), 한국어 쓰기 교육에서 교사 피드백이 학생 수정에 미치는 영향 연구, 연세대학교 교육대학원 석사학위논문.

이수현(2007), 총체적 언어 교육에 기초한 재외동포 아동의 한국어 문화 교육 자료 개발 연구, 상명대학교 교육대학원 석사학위논문.

이순애(2007), 여성 결혼이민자를 위한 한국어 문화 교육 내용 구성 연구, 상명대학교 교육대학원 석사학위논문.

이순자(1987), 문법의 분석-영어화자의 한국어 습득과정에서 일어난 오류를 중심으로, 연세대학교 교육대학원 석사학위논문.

이승복(2004), 한국현대시의 율격 교육에 관한 연구, 이중언어학 24, 이중언어학회.

이승연(2007), 한국어 교육을 위한 학습자 말뭉치의 구축과 활용 연구, 고려대학교 대학원 박사학위논문.

이승환(1991), 언어교육원 한국어 강좌 소개 : 이화여자대학교 부설, 새국어생활 1-2, 국립국어연구원.

이엘레나(2006), 한국어와 러시아어의 은유 표현 비교 연구: 한국어와 러시아어의 정치 은유 표현, 경희대학교 대학원 석사학위논문.

이영(2006), 중국인 학습자를 위한 한국어 보조용언 교육에 관한 연구, 서울대학교 대학원 석사학위 논문.

이영숙(1992), 신체 관용어와 외국어로서의 한국어 교육에의 활용, 말 17, 연세대학교 언어연구교육원.

이영식(1990), 외국어로서의 한국어 교육에도 기능 교수 요목의 도입이 필요하다, 인문과학 20, 한남대학교 논문집.

_____(2004), 한국어 말하기 시험의 유형 및 채점 기준 설정을 위한 기초 연구, 한국어 교육 15-3, 국제한국어교육학회.

이영옥(2007), 이주 여성을 위한 생활한국어 교재 개발 연구, 배재대학교 대학원 석사학위논문.

이영희(2004), 외국인을 위한 재미있는 한자, 한국문화사.

이우정(2007), 한국어 학습자를 위한 요청관련 담화표지 연구, 경희대학교 교육대학원 석사학위논문.

이원표(1991), The Representation of Stance in Referential Choice in Korean Discourse, 말 15, 연세대학교 언어연구교육원.

_____(1996), 한국 대학생의 칭찬 화행에 나타난 공손법 분석, 말 21, 연세대학교 언어연구교육원.

이윤실(2006), 한국어 고급 교재의 말하기 과제 분석, 연세대학교 교육대학원 석사학위논문.

이윤영(2006), 한국어 문법 교육 방안 연구: 문법 형태 초점을 기반으로 하여, 고려대학교 교육대학원 석사학위논문.

이윤진(2004), 한국어 문형 표현 100, 건국대학교 출판부.

_____(2006), 한국어 호칭어 교육 방안 연구, 한국어 교육 17-1, 국제한국어교육학회.

_____(2007), 재미교포 한국어 학습자를 위한 한국 문화 교육 프로그램 개발 방안: 재미교포 한국어 학습자의 요구 분석을 중심으로, 연세대학교 교육대학원 석사학위논문.

이윤진·노지니(2003), 한국어 교육에서의 양태 표현 연구, 한국어 교육 14-1, 국제한국어교육학회.

이은영(2006), 귀국초등학생을 위한 한국어 교육 방안: 초급단계를 중심으로 부산외국어대학교 교육대학원 석사학위논문.

이은주(2006), 결혼 이주여성을 위한 초급 한국어 교재 단원 내용 구성 방안: 의사소통 상황을 중심으로, 선문대학교 교육대학원 석사학위논문.

이은희(1998), 외국어로서의 한국어 교육을 위한 교육과정 개발 연구, 한국어 교육 9-2, 국제한국어교육학회.

_____(2003), 문법 교과서와 사회언어학, 이중언어학 23, 이중언어학회.

_____(2004), 한국어 교재의 문법 기술 방식, 이중언어학 24, 이중언어학회.

_____(2006a), 미국 대학 한국어 강좌의 학습자 특성 연구 : 워싱턴 대학의 경우를 중심으로, 이중언어학 32, 이중언어학회.

_____(2006b), 소설을 통한 한국어 교육 방안 연구: 고급 학습자를 중심으로, 충북대학교 교육대학원 석사학위논문.

이응백(1991), 한국어 교재의 표기와 그 지도, 이중언어학 8, 이중언어학회.

이익섭(1971), 재일 교포 유학생의 모국어 학습에 대한 심리 언어학적 고찰, 재외국민 논총.

이자련(2006), 한국어 수업에서의 수행평가 방안 연구: 말하기와 쓰기를 중심으로, 부산외국어대학교 교육대학원 석사학위논문.

이재석(2007), 소설 텍스트를 활용한 한국어 교수에 대해서, 청주대학교 대학원 석사학위논문.

이재영(2002), 일본어와 한국어의 접속 형태 비교: 제1중지형 및 제2중지형 접속과 '~고' 및 '~어서' 접속의 대조를 중심으로, 충남대학교 교육대학원 석사학위논문.

이재욱·문양호·남기춘(2001), 어휘빈도와 어휘친숙도 평정에서 나타나는 모국어 어휘지식과 외국어 어휘지식의 관련성, 이중언어학 18, 이중언어학회.

이정(1992), 불어의 화층설정과 표준, 말 16, 연세대학교 언어연구교육원.

이정노(1991), 외국인을 위한 한국어 교재 편찬에 있어서 고려할 몇 가지 문제, 교육한글 4, 한글학회.

이정덕(2007), 일본인 중급 학습자의 한국어 경계 인식 및 경계 발화 양상 연구, 이화여자대학교 대학원 석사학위논문.

이정민(2006), 한국어 학습전략 활동 프로그램 개발 연구: 과제별 언어학습전략을 기반으로, 연세대학교 교육대학원 석사학위논문.

이정아(1995), An analysis of Korean textbooks for foreign learners, 연세대학교 국제학대학원 석사학위논문.

이정은(1997), A model of Video Activities in Korean Language Teaching for Elementary to Intermediate Level Learners, 한국말교육 8, 국제한국어교육학회.

이정자(2001), 그룹활동을 통한 의사소통능력 신장 연구, 한국어 교육 12-2, 국제한국어교육학

　　　　회.

이정희(1999a), 영화를 통한 한국어 수업 방안에 관한 연구, 국제한국어교육학회 춘계 학술대
　　　　회, 국제한국어교육학회.

______(1999b), 영화를 통한 한국어 수업 방안 연구, 한국어 교육 10-1, 국제한국어교육학회.

______(2000), 한국어 학습자의 시제 오류 분석 연구, 국제한국어교육학회 제10차 국제학술회
　　　　의, 국제한국어교육학회.

______(2001a), 한국어 학습자의 시제 오류 연구, 이중언어학 18, 이중언어학회.

______(2001b), 한국어 오류 연구의 현황 및 문제점에 관한 일고찰, 어원연구 4, 韓國語源學會.

______(2002a), 한국어 학습자의 표현 오류 연구, 경희대학교 박사학위논문.

______(2002b), 한국어 오류 판정과 분류 방법에 관한 연구, 한국어 교육 13-1, 국제한국어교
　　　　육학회.

______(2002c), 초급 단계 한국어 학습자의 조사 및 연결어미 오류, 국제한국어교육학회 추계
　　　　학술대회, 국제한국어교육학회.

______(2002d), 초급 단계 한국어 학습자의 조사 및 연결어미 오류, 어원연구 5, 한국어원학회.

______(2003a), 수업용 부교재 제작 및 활용 방안, 국제한국어교육학회 제3차 해외 한국어 교
　　　　육자 워크숍 발표 자료집, 국제한국어교육학회.

______(2003b), 한국어 학습자의 오류 연구, 박이정.

______(2003c), 초급 단계 학습자의 어휘 오류 연구, 이중언어학 21, 이중언어학회.

______(2003d), 학습자 말뭉치를 이용한 외국어로서의 한국어 교육 방법, 연세대학교 언어정보
　　　　연구원 외국어로서의 한국어 교육센터 제3회 한국어 교육 국제 워크숍 발표 자료집.

이정희·김중섭(2006), 중국 대학 한국어 교원 재교육 프로그램 개발을 위한 사례 연구, 이중언
　　　　어학 31, 이중언어학회.

이정희·김지영(2003a), 고급 단계 학습자를 위한 내용중심한국어 교육과정에 관한 기초 연구,
　　　　한국어 교육 14-1, 국제한국어교육학회.

이정희·김지영(2003b), 고급 단계 학습자를 위한 내용중심한국어 교육과정의 실제, 국제한국어
　　　　교육학회 제13차 국제학술대회, 국제한국어교육학회.

이정희·김지영(2003c), 최고급 단계 내용중심 한국어 읽기 수업의 실제, 외국어로서의 한국어
　　　　교육, 연세대학교 한국어학당.

이종석(1983), 재외 국민 교육 현지 사용 국어교재 검토 및 개발에 관한 연구, 연구논총 9, 서
　　　　울대학교 재외국민 교육원.

이종은(1997), 한국어 발음 교수 방법과 모형, 교육한글 10, 한글학회.

______(1998), 의사소통과 인지 중심의 한국어 문법 교수, 한국어 교육 9-2, 국제한국어교육학
　　　회.

이종철(1972), 재일교포 모국어 습득에 있어서의 난이도 고찰: 한자음을 중심으로, 재외국민논
　　　총 2.

이주행(1989), 後期 中世國語 時間副詞의 統辭・意味論的研究, 말 14, 연세대학교 언어연구교
　　　육원.

______(2002), 한국어 발음 교육 방법, 이중언어학 20, 이중언어학회.

이지연(1992), 초급 과정의 학습 교재연구, 말 17, 연세대학교 언어연구교육원.

이지영(1996), 한국어 조사의 교수 모형, 상명대학교 박사학위논문.

______(1997), 한국어 조사 {-개}, {-를}의 교수 모형, 교육한글 10, 한글학회.

______(1998), 한국어 연결 어미의 교수 모형: {-는데}, 한국어 교육 9-2, 국제한국어교육
　　　학회.

______(2002), 한국어 학습자의 의사소통 특징 연구, 한국어 교육 13-2, 국제한국어교육학회.

______(2006), 중급 재미동포 학습자를 대상으로 하는 한국어 쓰기 교육 방안 연구: 형태적 정
　　　확성 향상을 목적으로, 고려대학교 교육대학원 석사학위논문.

이지은(2007), '-고'와 '-어서'의 한국어 교육학적 연구, 한국외국어대학교 교육대학원 석사학위
　　　논문.

이진경(2006), 한국어 학습자의 관형사형 어미 사용 연구, 연세대학교 교육대학원 석사학위
　　　논문.

이진명(1991), 프랑스에서의 한국어 교육의 역사적 배경과 현황, 새국어생활 1-2, 국립국어
　　　연구원.

이진주(1997), 과제해결 중심의 듣기 수업 구성 방안-외국어로서의 한국어 교육의 측면에서,
　　　이화여자대학교 대학원 석사학위논문.

이필영(1998), 국어의 인지 표현에 관한 연구, 한국어 교육 9-2, 국제한국어교육학회.

이필영・이준희・전은진(2004), 유아의 품사 범주 발달에 관한 연구, 이중언어학 24, 이중언어
　　　학회.

이필영・임유종(2003), 한국 아동의 문장 구성 능력 발달 단계, 한국어 교육 14-2, 국제한국어
　　　교육학회.

이하나(2006), 영어권 한국어 고급학습자의 칭찬 응답 화행 연구, 이화여자대학교 교육대학원

　　　　석사학위논문.
이해영(1998), 문법 교수의 원리와 실제, 이중언어학 15, 이중언어학회.
＿＿＿(1999a), 이해 중심 기능의 교수 원리와 부교재 작성, 국제한국어교육학회 워크샵 발표요
　　　지, 국제한국어교육학회.
＿＿＿(1999b), 통합성에 기초한 교재 개작의 원리와 실제－듣기 능력 향상을 위한 모색, 한국
　　　어 교육 10-2, 국제한국어교육학회.
＿＿＿(1999c), 한국어 듣기 교수의 방안, 이승환 교수 정년퇴임 기념 논문집, 기념논문집 간행
　　　위원회.
＿＿＿(1999d), 한국어 듣기 교육의 원리와 수업 구성, 한국어 교육 10-1, 국제한국어교육
　　　학회.
＿＿＿(2000a), 인터넷을 활용한 한국어 교육, 한국어 교육연구 2, 서울대학교 외국인을 위한
　　　한국어 교육 지도자 과정.
＿＿＿(2000b), 프로젝트 활동을 활용한 한국 문화 학습, Foreign Language Education,
　　　7-2, 한국외국어교육학회.
＿＿＿(2001), 대학의 외국인 유학생을 위한 한국어 교육, 이중언어학 18, 이중언어학회.
＿＿＿(2001a), 학습자 중심 수업을 위한 교재 분석, 한국어 교육 12-1, 국제한국어교육학회.
＿＿＿(2001b), 한국어 교재의 언어 활동 영역 분석, 한국어 교육 12-2, 국제한국어교육학회.
＿＿＿(2002a), 비교문화적 화용론에 기초한 한국어의 화용 교육, 이중언어학 21, 이중언어
　　　학회.
＿＿＿(2002b), 한국어 교육에서의 교사용 지침서 개발 연구, 한국어 교육 13-1, 국제한국어교
　　　육학회.
＿＿＿(2003a), 일본인 한국어 고급 학습자의 거절 화행 실현 양상 연구, 한국어 교육 14-2,
　　　국제한국어교육학회.
＿＿＿(2003b), 한국어 학습자의 시제표현 문법항목 발달패턴 연구, 이중언어학 22, 이중언
　　　학회.
＿＿＿(2004a), 과제 유형에 따른 한국어 학습자의 중간언어 변이, 이중언어학 24, 이중언
　　　어학회.
＿＿＿(2004b), 학문 목적 한국어 교육과정 설계 연구, 한국어 교육 15-1, 국제한국어교육
　　　학회.
이해영·이미혜(1997), TASK를 기초로 한 한국어 듣기 교육, 교육한글 10, 한글학회.

이향화(2006), 중국인의 한국어 학습상 오류 연구, 원광대학교 대학원 석사학위논문.

이현국(2007), 유학생을 위한 한국어 학문 목적 쓰기 교재 개발 방안 : 한국어 고급 교재와 교양 국어 교재 분석을 통하여, 한양대학교 교육대학원 석사학위논문.

이현복(1988), ‘서울대학교 어학연구소의 한국어 교육 현황’, 제3회 국제한국어교육학회언어학자대회 발표문, 한글학회.

____(1997), 한국어 교육을 위한 음성·언어 십계명, 교육한글 10, 한글학회.

이효정(2001), 한국어 학습자 담화에 나타난 연결어미 연구, 한국어 교육 12-1, 국제한국어교육학회.

____(2004), 한국어 교육을 위한 양태 표현 연구, 상명대학교 박사학위논문.

____(2007), 속담을 활용한 한국어 문화 교육 방안, 한국외국어대학교 교육대학원 석사학위논문.

임승선(2006), 이주노동자 대상 취업 전 한국어 교육과정 개발 연구, 상명대학교 교육대학원 석사학위논문.

임승연(2002), 외국인을 위한 한국어 다의어 사전 개발에 관한 연구, 한양대학교 교육대학원.

임정빈(1989), U, C Berkeley 한국어 프로그램의 소개와 전망, 이중언어학 5, 이중언어학회.

임지아(2006), 한국어 교육용 어휘에 관한 연구, 동아대학교 대학원 석사학위논문.

임진숙(2006), 지방 대학 한국어 학습자의 학습 목적 및 그에 따른 교육방안 ―영남대학교 한국어 학습자를 대상으로, 언어와 문화 2-1, 한국언어문화교육학회.

임홍수(1992), 재소한인의 한국어 교육문제, 슬라브연구 8, 한국외국어대학교.

임희구자(1993), 일본고등학교에서의 조선어 교육, 이중언어학 10, 이중언어학회.

장경은(2001), 한국어 교육을 위한 단계별 문화 내용과 교수 방법, 전남대학교 대학원 석사학위논문.

장경희·김정선(2003), 유아의 요구 화행 수행 능력의 발달 단계, 한국어 교육 제14-2, 국제한국어교육학회.

장동식(1987), 제2언어 습득과 중간언어, 순천대논문집(인문자연과학) 6, 순천대학교.

장미선(1994), 외국인을 위한 한국어 교육의 측면에서 양상조동사 ‘보다’의 담화기능, 이화여자대학교 석사학위논문. 한라전문대논문집 18.

장미영(2006), 여성결혼이민자를 위한 체감형 한국어 교육콘텐트 개발 및 구성 : 전북지역을 중심으로, 한국어 교육 17-3, 국제한국어교육학회.

장석진(1974), 외국어로서의 언어교육 : 교재편찬에 대한 기초 연구, 언어교육 6-2, 서울대학교.

장성희(2007), 중국인 학습자를 위한 한국어 외래어 교육 방안, 경희대학교 교육대학원 석사학
　　　위논문.

장수정(2006), 국제이주여성을 위한 어휘교재 개발 연구, 중앙대학교 대학원 석사학위논문.

장연희(1988), 외국어교육에 있어서의 문화교육, 이화여자대학교 교육대학원 석사학위논문.

장윤정(2002), 한국어 교재에서의 문화 교육 분석, 연세대학교 교육대학원 석사학위논문.

장의원(1990), 중국에서의 조한 이중언어의 제약적 관계, 이중언어학 7, 이중언어학회.

장정렬(2006), 중국인을 위한 한국어 교육 방법 : 한국어와 중국어의 문법차이를 중심으로, 한남
　　　어문학 30, 한남대학교 한남어문학회.

장준영(2005), 단기 과정 학습자를 위한 초급 한국어 교재 단원 구성 방안 연구, 경희대학교
　　　교육대학원 석사학위논문.

荻野綱男 외 5인(1988), 한국어와 일본어의 대우법 비교대조, 이중언어학 4, 이중언어학회.

전경재(1997), 한국어와 독일어의 수식어의 품사 및 형태, 한국어 교육 8, 국제한국어교육
　　　학회.

＿＿＿(1998), 한국어와 독일어의 형용사, 한국어 교육 9-2, 국제한국어교육학회.

전나영(1993), 외국인을 위한 한국어 발음지도, 말 18, 연세대학교 언어연구교육원.

전미순(2001), 일본어 모어 학습자를 위한 한국어 발음 교육 방안 연구, 경희대학교 교육대학원
　　　석사학위논문.

전병선(1990), 중국 연변 조선족의 이중언어 교육에 대한 역사적인 고찰, 이중언어학 7, 이중언
　　　어학회.

＿＿＿(1993), 일부 나라들에서의 조선어 교육과 연구에 대한 고찰, 이중언어학 10, 이중언
　　　어학회.

전성기(1992), 불어와 한국어의 의미론적 대조분석, 이중언어학 9, 이중언어학회.

전은주(1994), 한국어(L2) 학습시 나타나는 학습자의 모국어(L1) 영향, 한국말교육 5, 국제한국
　　　어교육학회.

＿＿＿(1997), 한국어 능력 평가 – 말하기 능력 평가범주 설정을 위하여, 한국어학 6, 한국어
　　　학회.

＿＿＿(2003), 국제 도시 부산에서의 한국어 교육 실태와 발전 방안 연구, 한국어 교육 14-2,
　　　국제한국어교육학회.

전재호(1989), 자음 체계의 차이에 따른 한 · 미 이중언어의 교육, 이중언어학 5, 이중언어학회.

＿＿＿(1997), 세계 속에서의 한국어, 이중언어학 14, 이중언어학회.

전지수(2006), 드라마를 이용한 한국어 교육방법 연구, 선문대학교 교육대학원 석사학위논문.

전지원(2006), 한국어 교육을 위한 칭찬 화행 연구: 칭찬 반응을 중심으로, 연세대학교 교육대학원 석사학위논문.

전지향(2005), 외국인 노동자를 위한 과제단위 교수요목 개발, 경희대학교 교육대학원 석사학위논문.

전혜경(2006), 한국어 문화수업 교수요목 구성 방안 연구: 단기과정을 위한 현장학습을 중심으로, 한양대학교 교육대학원 석사학위논문.

전혜영(2001), 한국어 관용표현의 교육 방안, 한국어 교육 12-2, 국제한국어교육학회.

전홍식(2006), 한국어 교육 현장에서 적용되고 있는 교수 방법론에 관한 실제 조사 연구: 서울 시내 4개 대학의 말하기 교육 중심으로, 인문사회과학연구 6, 부경대학교 인문사회과학연구소.

정경일(2001), 로마자표기법의 교육과 인식 실태에 대하여, 이중언어학 18, 이중언어학회.

鄭光(2004), 朝鮮時代 中國語 敎育과 敎材 : 〈老乞大〉를 中心으로, 이중언어학 24, 이중언어학회.

정 광·고창수·김정숙·원진숙(1994), 한국어능력평가 방안 연구, 한국어학 1, 한국어학연구회.

정도상(1997), 핀란드에서의 한국어 연구와 한국어 교육, 교육한글 10, 한글학회.

정명숙(2002), 한국어 억양의 기본 유형과 교육 방안, 한국어 교육 13-1, 국제한국어교육학회.

______(2003), '비즈니스 한국어'의 교수요목 설계를 위한 연구, 한국어 교육 14-2, 국제한국어교육학회.

______(2003), 일본인과 중국인의 한국어 억양, 한국어 교육 14-1, 국제한국어교육학회.

정명숙·이경희(1999), 일본인을 위한 한국어 파열음의 발음 및 인지교육, 한국어 교육 10-2, 국제한국어교육학회.

______(2000), 학습자 모국어의 변이음 정보를 이용한 한국어 발음 교육의 효과 : 일본인 학습자를 대상으로, 한국어 교육 11-2, 국제한국어교육학회.

정상근(2001a), 일본어권 학습자를 위한 학습용 한일사전 연구, 경희대학교 교육대학원 석사학위논문.

______(2001b), 한국어 학습사전에서 용언활용형의 표제어 선정 방안 연구, 한국어 교육 12-2, 국제한국어교육학회.

정상수(2007), 청각장애 학생의 한국어 연결어미 활용 능력 분석 및 교수 방안 연구, 경희대학교 교육대학원 석사학위논문.

정선혜(2006), 한국어 학습자를 위한 한국어 담화표지 연구 : {글쎄}, {뭐}, {좀}을 중심으로, 상명대학교 교육대학원 석사학위논문.

정성범(1990), 중국 조선민족 조중 이중언어 교육의 문제점, 이중언어학 7, 이중언어학회.

정수정(2007), 슬로바키아어권 학습자를 위한 한국어 발음 교육 연구 : 중간언어 음운론 연구를 중심으로, 한국외국어대학교 교육대학원 석사학위논문.

정승혜(1998), 외국인을 위한 국어 한자 교육 연구, 이화여자대학교 석사학위논문.

_____(2002), 한국에서의 외국어 교육에 대한 역사적 고찰, 이중언어학 21, 이중언어학회.

정아영(1985), 한국어와 영어의 음운론적 대조 연구, 이중언어학 2, 이중언어학회.

정예희(2007), 외국어로서의 한국어 교육용 한국문화상징 어휘 연구, 연세대학교 교육대학원 석사학위논문.

정윤주(2005), 외국인을 위한 접미파생어 교육 방안 연구, 경희대학교 교육대학원 석사학위논문.

정은경(2003), 학습자 중심의 문화교육에 대한 이론적 고찰, 한국외국어대학교 교육대학원 석사논문.

정은홍(2007), 초등 귀국학생을 위한 한국어 교재 개발 연구, 한국외국어대학교 교육대학원 석사학위논문.

정재주(2007), 태국인 한국어 학습자의 쓰기 오류에 관한 연구: 초급을 중심으로, 선문대학교 교육대학원 석사학위논문.

정재훈(2001), 호주에서의 국제 영어교사 양성 실태, 서울대 국어교육연구소 주최 '한국어 교사론'(외국의 국제 자국어 교사 양성 실태와 한국어 교사 양성 제도 개선 방향) 학회 자료집.

정정승 · 한대숙(1994), 제1언어와 제2언어의 독해력과 작문력의 상관관계 연구 : 한국어와 영어를 중심으로, 어문연구 19, 경북대학교.

정진배(1995), 韓 · 中 근대 언어 운동과 보편성 논리의 再考, 말 20, 연세대학교 언어연구교육원.

정현경(1999), 외국어로서의 한국어 쓰기 교육 연구, 고려대학교 석사학위논문.

정혜영(2007), 한국어 자가 학습자들의 학습 실태 조사와 요구 분석: 영어 사용자를 중심으로, 경희대학교 교육대학원 석사학위논문.

정혜진(2001a), 발화를 통한 의사소통 문제 해결과 중간 언어 개선 양상 연구(2001)년 추계학술대회 자료집.

______(2001b), 한국어 비모어 화자 간 대화 연구 : 바로잡기 구조를 중심으로, 연세대학교 석사학위논문.

정화영(2000), 한국어 말하기 숙달도 평가 방안: FSI Oral Proficiency Test 분석을 중심으로, 연세대학교 교육대학원 석사학위논문.

정회란(2007), 한국어 '기쁘다' 유사 어휘군의 의미론적 연구, 한국외국어대학교 교육대학원 석사학위논문.

조가(2006), 한·중 음운체계의 대조 연구, 경희대학교 대학원 석사학위논문.

조경훈(2000), 영어 화자의 한국어 발음에 관한 연구, 안동대학교 석사학위논문.

조동래(1986), 제2언어 학습과 모니터 이론, 연세대학교 교육대학원 석사학위논문.

조련희(2006), 한국어 교육에 있어서의 조사 학습 순서에 대한 연구: 중국어권 초급 학습자를 대상으로, 광운대학교 대학원 석사학위논문.

조명숙(2001), 베트남에서의 한국어 교육 현황, 이중언어학 19, 이중언어학회.

조명원(1974), 언어습득 모형에 관한 연구, 언어교육 6-2, 서울대학교 언어연구소.

조복자(2007), 외국인을 위한 한국어 교육용 기초어휘 선정에 관한 연구: 국립국어원에서 제시한 기초어휘를 중심으로, 군산대학교 교육대학원 석사학위논문.

조선경(1996), 한국어의 조사 〈의〉와 일본어 조사 〈の〉의 대조연구, 이화여자대학교 대학원 석사학위논문.

______(2006), 소외 계층의 언어 실태와 언어 정책 : 외국인 근로자의 언어 문제와 대응 방안, 새국어생활 16-1, 국립국어원.

______(2006), 한국어 신체 관련 다의어 교육 방법 연구, 경희대학교 교육대학원 석사학위논문.

조성문(2000), 한국어 음절구조에 대한 고찰, 한국어 교육 11-1, 국제한국어교육학회.

조수진(1998), 한국어 교육을 위한 컴퓨터 보조 학습 교재 개발 연구, 서울대학교 석사학위논문.

조수현(2006), 관광 안내원 한국어 교육과정 개발을 위한 요구분석 연구: 태국과 캄보디아 한국어 학습자를 대상으로, 연세대학교 교육대학원 석사학위논문.

조숙환(2001), 창의적 언어습득과 한국어 교육(2001)년 추계학술대회 자료집.

조순범(2007), 한국어 고급 듣기 과정에서의 TV 뉴스 듣기 교수 학습 방안, 한양대학교 교육대학원 석사학위논문.

조승복(1988), 스웨덴에서의 한국어 교수와 연구 현황, 제3회 국제한국어교육학회언어학자 대회 발표문, 한글학회.

______(1991), The Korean Language of the New Era, 이중언어학 8, 이중언어학회.

조아라(2006), 한국어 말하기 수행 평가의 역류효과 비교 연구 : 수정적 피드백을 중심으로, 이화여자대학교 교육대학원 석사학위논문.

조영미(2000), 외국어로서의 한국어 학습자들의 문화 학습 연구 : 한국어 화자와의 문화간 의사소통 양상을 중심으로, 연세대학교 석사학위논문.

조욱경(1987), 외국어 교육에 있어서 문화교육의 중요성, 연세대학교 교육대학원 석사학위논문.

조위영(2006), 한국어의 능격성 제약 연구, 한국외국어대학교 교육대학원 석사학위논문.

조윤경(2006), 한국어 초급 교재의 교수 요목 개발 방안, 부산외국어대학교 교육대학원 석사학위논문.

조은호(2006), 한국어 외래어 교육 연구, 경희대학교 교육대학원 석사학위논문.

조인정(2004), 피동문 동작주 표시 제약, 한국어 교육 15-3, 국제한국어교육학회.

조일영·윤창욱(2006), 한국어 교육에서 텍스트 자료 수준 평가방안에 관한 연구, 한국어문교육 15, 한국교원대학교 한국어문교육연구소.

조재수(1992), 한글 학회 지은 ≪우리말 큰사전≫, 말 16, 연세대학교 언어연구교육원.

조창환(1996), 한국어 교육과 연계된 한국문화 소개 방안, 한국말교육 7, 국제한국어교육학회.

조항덕(2001), 외국어로서의 프랑스어 교사 양성에 대하여, 서울대학교 국어교육연구소 주최 '한국어 교사론'(외국의 국제 자국어 교사 양성 실태와 한국어 교사 양성 제도 개선 방향) 학회 자료집.

조항록(1993), 외국어로서의 한국어 듣기 교육에 관한 일고찰, 말 18, 연세대학교 언어연구교육원.

______(1997), 한국에서의 한국어 교사 연수 : 현황과 발전 방안, 한국말교육 8, 국제한국어교육학회.

______(1998), 한국어 고급 과정 학습자를 위한 한국 문화 교육 방안, 한국어 교육 9-2, 국제한국어교육학회.

______(2000), 초급 단계에서의 한국어 교육과 문화 교육, 한국어 교육 11-1, 국제한국어교육학회.

______(2002), 한국어 문화 교육론의 주요 쟁점과 과제, 21세기 한국어 교육학의 현황과 과제, 한국문화사.

______(2003a), 한국어 교재 개발을 위한 기초적 논의, 한국어 교육 14-1, 국제한국어교육학회.

_____(2003b), 한국정부의 재외동포 정책 연구: 한국어 교육 정책을 중심으로, 동국대학교 박사학위논문.

_____(2004), 재외동포를 대상으로 하는 한국어 교육정책의 실제와 과제, 한국어 교육 15-2, 국제한국어교육학회.

_____(2006), 한국어 능력 평가 체계의 현황과 과제, 한국어 교육 17-1, 국제한국어교육학회.

조항록·강승혜(2001), 초급 단계 한국어 학습자를 위한 문화 교수 요목의 개발(1), 한국어 교육 12-2, 국제한국어교육학회.

조현숙(2007), 한국어 의문문에 실현된 영어권 한국어 학습자의 억양 연구, 상명대학교 교육대학원 석사학위논문.

조현용(1999a), 한국어 교육용 기본 어휘 선정에 관한 연구, 고황논집 25, 경희대학교 대학원.

_____(1999b), 한국어 어휘교육과 어원교육, 어원연구 2, 한국어원학회.

_____(1999c), 한국어 어휘의 특징과 어휘교육, 한국어 교육 10-1, 국제한국어교육학회.

_____(1999d), 한국어 자모교육과 어휘교육, 어문연구 103, 한국어문교육연구회.

_____(2000a), 게임을 활용한 한국어 어휘교육, 어원연구 3, 한국어원학회.

_____(2000b), 내국인과 외국인 학습자의 어휘연상 비교 연구, 경희대학교 인문학연구소 정기 발표회 발표논문.

_____(2000c), 어휘 중심 한국어 교육방법 연구, 경희대학교 박사학위논문.

_____(2000d), 한국어 교육에서 한국어 오류교육의 필요성에 대하여, 제 1차 한국어 교육 국제학술대회.

_____(2000e), 한국어 능력 시험 어휘 평가에 관한 연구, 국어교육 101, 국어교육연구회.

_____(2000f), 한국어 어휘교육 연구, 박이정.

_____(2000g), 한국어 유의어 교육 연구, 국제한국어교육학회 제10차 국제학술회의.

_____(2001), 일본어 모어 화자를 위한 한국어 교육의 유의점, 어원연구 4, 한국어원학회.

_____(2002), 단기간 방문자를 위한 한국어 교육 연구, 어원연구 5, 한국어원학회.

_____(2003a), 한국어문화 교육 방안에 대한 연구, 이중언어학 22, 이중언어학회.

_____(2003b), 비언어적 행위 관련 한국어 관용 표현 교육 연구, 한국어 교육 14-1, 국제한국어교육학회.

_____(2003c), 한국어 교재 개발에서 고려할 점에 대하여, 제13차 국제학술대회, 국제한국어교육학회.

_____(2003d), 한국어 교육에서 중요한 가치에 대하여, 한중교육자심포지엄, 중국 동제대학교.

_____(2003e), 국제 이해 교육에서 중요한 가치는 무엇인가?, 환동해 국제이해교육 심포지엄, 일본 토야마대학교.

_____(2004a), 한국어 교재 개발의 유의점에 대하여, 경희어문학 25, 경희대학교 국어국문학과.

_____(2004b), 한국어 교육과 문자교육연구, 교육발전연구 20-1, 경희대학교 교육발전연구원.

_____(2004c), 문법화와 한국어문형 교육, 세계속의 중국어 · 한국어 · 중국조선어 비교연구 국제학술대회, 중국중앙민족대학.

조형일(2006a), 외국어로서의 언어 교육: 한국어 교육의 현황과 과제, 인문과학연구 11, 가톨릭대학교 인문과학연구소.

_____(2006b), 한국어 어휘의 교육용 시소러스 개발 방안 연구, 선청어문34, 서울대학교 국어교육과.

주경희(1998), 텍스트에서의 속담 사용 양상, 한국어 교육 9-1, 국제한국어교육학회.

주명진(2006), 중국인 학습자의 한국어 발음 교수 방안 연구: 발음오류와 변이음을 중심으로, 경희대학교 교육대학원 석사학위논문.

주신자(1998), 영어와 한국어의 담화문법 대조 분석, 한국어 교육 9-1, 국제한국어교육학회.

주옥파(2004), 고급 한국어 학습자를 위한 읽기 교육에 관한 연구, 한국어 교육 제15-1, 국제한국어교육학회.

_____(2006), 중 · 한 문화차이의 번역에 관한 소고, 한국어 교육 17-1, 국제한국어교육학회.

주은정(2002), 문학텍스트를 활용한 한국어 교육 연구: 초급 학습자를 중심으로, 경희대학교 교육대학원 석사학위논문.

지광신(1991), 독일어의 '기능동사구조'에 관하여, 말 15, 연세대학교 언어연구교육원.

_____(1994), 독일어 어순에 있어서의 theme과 rheme의 역할, 말 19, 연세대학교 언어연구교육원.

지서원(2004), 한국어 학습자의 어휘 오류 분석 연구, 경희대학교 교육대학원 석사학위논문.

지수용(2000), 중국인을 위한 문화 도입식 한국어 교수법 연구, 한국어 교육 11-2, 국제한국어교육학회.

지현배(2006), 한국어교원 자격시험의 문화영역 문항 연구, 문학과 언어 28, 문학과언어학회.

지현숙(2001), 웹 기반 한국어 교재 개발의 쟁점, 한국어 교육 12-1, 국제한국어교육학회.

_____(2002), 웹 기반 한국어 교육의 교수전략 연구, 이화여자대학교 대학원 석사학위논문.

_____(2004), 학습자 중심 한국어 교육에서의 '대안적 평가', 한국어 교육 15-2, 국제한국어교

육학회.

_____(2006), 한국어 구어 문법 능력의 과제 기반 평가 연구, 서울대학교 대학원 박사학위논문.

지현숙·이효정(1999), 인터넷을 이용한 한국어 수업의 실제 – 서강대학교 'Novice–Net Korean I'의 경우, 한국어 교육 10-2, 국제한국어교육학회.

진기호·현윤호·조현용(2004), 한국어 수업의 실제와 교사의 역할, 국제한국어교육학회 2004학년도 추계 학술대회.

진대연(2006a), 한국어 쓰기능력 구성요소로서의 어휘에 대한 연구, 이중언어학 30, 이중언어학회.

_____(2006b), 한국어 학습자의 쓰기 능력 발달에 대한 연구, 서울대학교 박사학위논문.

진대연·김민애·이수미·홍은실(2006), 한국어 학습자의 쓰기 텍스트에 대한 대조 수사학적 연구, 한국어 교육 17-3, 국제한국어교육학회.

진정은(2006), 한국어의 대립 접속부사 문법 기술 연구: '그러나, 그렇지만, 하지만, 그래도, 그럼에도 불구하고, 그런데'를 중심으로, 한국외국어대학교 교육대학원 석사학위논문.

진제희(2000a), 상호 작용 상황에서 나타난 한국어 학습자들의 의사소통 전략 양상, 이중언어학 17, 이중언어학회.

_____(2000b), 외국어로서 한국어 학습자들의 의사소통 전략 연구, 연세대 석사학위논문.

_____(2000c), 한국어 학습자들의 의사소통 전략 유형 분류 및 분석 : 비상호적 상황을 중심으로, 한국어 교육 11-1, 국제한국어교육학회.

_____(2001), 한국어 학습자들의 발화 속에 나타난 대화 전략으로서의 입말의 특성 : '포함성'을 중심으로, 한국어 교육 12-1, 국제한국어교육학회.

_____(2002), 교실 상호작용에서 나타난 교사의 역할, 한국어 교육 13-1, 국제한국어교육학회.

_____(2003), 사회언어학적 및 전략적 말하기 능력 배양을 위한 담화분석 방법의 적용, 한국어 교육 14-1, 국제한국어교육학회.

_____(2004), 한국어 교실 교사 – 학습자 간 대화에 나타난 의사소통 문제 유형, 한국어 교육 15-3, 국제한국어교육학회.

차도현(2000), 인터넷을 활용한 한국어 읽기 교육 연구, 경희대학교 교육대학원 석사학위논문.

차영란(2004), 한중 번역에서 부사어와 서술어의 관련성에 대한 연구, 이중언어학 24, 이중언어학회.

차윤정(2004), 근대 조선어 학습서에 나타난 오류 표현과 원인 분석, 한국어 교육 15-3, 국제
    한국어교육학회.
차재은(2003), 국어정보학의 응용 방안, 한국어 교육 14-2, 국제한국어교육학회.
채련강(2001), 대만의 대외중국어 교사 양성 실태, 서울대학교 국어교육연구소 주최 ‘한국어 교
    사론’(외국의 국제 자국어 교사 양성 실태와 한국어 교사 양성 제도 개선 방향) 학회
    자료집.
채옥자(2004a), 한국어와 중국어의 대비 연구 : -的 파생어를 중심으로, 한국어 교육 15-2, 국
    제한국어교육학회.
______(2004b), 韓國한자어와 中國現代漢語語彙의 비교 연구, 이중언어학 24, 이중언어학회.
채완(2006), 외국어로서의 한국어 교사 양성 프로그램, 인문과학연구 12, 동덕여자대학교 인문
    과학연구소.
천은정(2003), 대화 일기를 통한 한국어 쓰기 교육 방안 연구, 경희대학교 교육대학원 석사학
    위논문.
최 스웨틀라나(1991), 타시켄트의 한국어 교육실정, 이중언어학 8, 이중언어학회.
최 예브끼니(1991), 재소고려인들의 모국어 재생 문제, 이중언어학 8, 이중언어학회.
최가연(2002), 외국인을 위한 한국어 교육에서의 신문활용교육(NIE)에 관한 연구, 한양대학교
    교육대학원 석사학위논문.
최경아(2007), 한국어 유의어 교육 방안 연구: 시간부사를 중심으로, 고려대학교 석사학위논문.

최기호(1987), 중공 한국교포의 한국어 연구 동향, 이중언어학 3, 이중언어학회.
______(1989), 주시경의 초기문법의식 : 〈가뎡잡지〉『국문』을 중심으로, 말 14, 연세대학교 언
    어연구교육원.
______(1990), 중국에서의 국어 정책에 대한 연구, 이중언어학 7, 이중언어학회.
최기홍(1988), 재일교포의 모국어 교육의 실황과 문제점, 이중언어학 4, 이중언어학회.
최길시(1991), 한국어 능력 검정방안에 대한 연구, 연세대학교 교육대학원 석사학위논문.
______(1994), 일본어를 모어로 하는 사람들을 위한 한국어 교육 방법 연구, 이중언어학 11, 이
    중언어학회.
______(1997), 외국인을 위한 한국어 교수법, 사회언어학과 한국어 교육, 서울대학교 외국인을
    위한 한국어 교육 지도자 과정.
______(1998), 외국인을 위한 한국어 교육의 실제, 태학사.

최낙구(1997), 도이췰란트의 2세 한국말 교육을 개선할 방향, 교육한글 10, 한글학회.

최명선(2007), 한국어 불평·응답 화행의 양상과 교육 방안 연구 : 한국인 모어 화자와 일본인, 중국인 학습자의 담화 분석을 중심으로, 고려대학교 교육대학원 석사학위논문.

최명옥(2006), 한국어 교육에서의 시 텍스트 활용 방안 연구, 부산외국어대학교 교육대학원 석사학위논문.

최문석(2000), 학습자 활동 중심의 한국어 교육방법 연구, 경희대학교 교육대학원 석사학위논문.

＿＿＿(2004), 의미 중심의 연결어미 교육 방안 연구, 한국어 교육 15-1, 국제한국어교육학회.

최보라(2007), 한국어 교재의 높임법 오류 분석을 통한 교재 개발 방안 연구, 한양대학교 교육대학원 석사학위논문.

최선자(2007), 러시아어권 학습자를 위한 한국어 높임법 교육 연구, 경희대학교 교육대학원 석사학위논문.

최성욱(2000), 외국어로서의 한국 어휘 능력 신장 방안: 컴퓨터 게임의 활용을 중심으로, 국어교육학 연구 11, 국어교육학회.

＿＿＿(2000), 웹기반 한국어 교육의 구성원리 연구, 서울대학교 대학원 석사학위논문.

최세원(2006), 한국어 교재의 명사 은유 표현 교육에 관한 연구, 경희대학교 교육대학원 석사학위논문.

최연주(2006), 주한 미군을 위한 한국어 교육과정, 경희대학교 교육대학원 석사학위논문.

최용재(1974), 외국어로서의 한국어 교육론, 조선대학교 대학원 박사학위논문.

＿＿＿(1976), 한국어 교육의 몇 가지 문제점, 조선대학교 종합논문집.

최우영(1997), 외국어로서의 한국어 학습자의 오류에 대한 연구 : 작문에 나타난 오류를 중심으로, 이화여자대학교 대학원 석사학위논문.

최유리(2006), 시사한국어 교육을 위한 교육 자료 개발 연구, 상명대학교 교육대학원 석사학위논문.

최유하(2007), 대학기관의 한국어 교사 재교육을 위한 한국어 교사발달단계 측정과 동료장학방법 연구, 연세대학교 교육대학원 석사학위논문.

최윤갑(1991), 중국 조선민족 산재지구에서의 아동들에 대한 조선어 교육, 교육한글 4, 한글학회.

최윤곤(2004), 한국어 교육을 위한 구문표현 연구, 동국대학교 박사학위논문.

최은규(2001), 한국어 교사 양성 제도의 실태 및 제안, 서울대학교 국어교육연구소 주최 '한국어 교사론'(외국의 국제 자국어 교사 양성 실태와 한국어 교사 양성 제도 개선 방향) 학회 자료집.

______(2004), 신문을 활용한 한국어 교육 방법 연구, 한국어 교육 15-1, 국제한국어교육학회.

______(2006), 유형별로 본 한국어 능력 평가의 실제와 과제 : 배치 시험과 성취도 시험을 중심으로, 한국어 교육 17-2, 국제한국어교육학회.

______(2006), 한국어 교원 자격시험과 검정시험 제도: 한국어 교육과 교사 제도가 앞으로 나아가야 할 방향, 새국어생활 16-2, 국립국어원.

최은규·안경화(2003), 한국어 교사 연수 프로그램 개발을 위한 사례 연구, 한국어 교육 14-1, 국제한국어교육학회.

최은정(2002), 일본어 모국어 학습자를 위한 한국어 종성 발음 교육 방안, 고려대학교 교육대학원.

최인자(2003), 한국 T.V 토크쇼의 서사 담화 패턴과 그 문화적 기능, 이중언어학 22, 이중언어학회.

최정숙(1996), On Application of the Concept of TASK in Material, 파리국제학술회의 논문집, 국제한국어교육학회.

______(1997), '개발자(Developer)'로서의 교사 - 교재 개발 및 교과 과정 개발에서의 교사의 역할, 한국말교육 8, 국제한국어교육학회.

______(1998), 웹기반의 한국어 교육 프로그램 개발의 실제, 한국어 교육 9-2, 국제한국어교육학회.

______(1999), 새로운 수업도구로서의 컴퓨터 (웹), 한국어 교육 10-2, 국제한국어교육학회.

______(2006a), 제8회 한국어 교육 국제학술회의: 한국어 교육 방법론의 재검토 : 의사소통적 한국어 구어 능력 개발을 위한 제언, 국어교육연구 18, 서울대학교 국어교육연구소.

______(2006b), 학문 목적 한국어 교육의 교육과정과 평가, 이중언어학 31, 이중언어학회

______(2006c), 한국어 교원 자격시험과 검정시험 제도: 한국어 교원 양성 제도에 대하여, 새국어생활 16-2, 국립국어원.

최주열(1994), 한자 교육 방법에 대한 고찰 : 외국인에 대한 한자 교육을 중심으로, 한국말교육 5, 국제한국어교육학회.

최주희(2006), 한국어 고습학습자 교실의 상호작용 활성화 방안 연구, 서울대학교 대학원 석사학위논문.

최지영(2006), 언어노출환경에 따른 중국인의 한국어 시제 습득 양상 연구 : 이주노동자의 기관

학습자의 비교를 중심으로, 이화여자대학교 대학원 석사학위논문.

최진희(2007), 한국어 대화의 수정 유형 연구, 경희대학교 대학원 석사학위논문.

최창렬(1983), 문화충돌과 의미전달, 이중언어학 1, 이중언어학회.

최한우(1991), 터키에서의 한국어 교육, 새국어생활 1-2, 국립국어연구원.

최해주(2003), 한국어 보조용언 교육방안, 경희대학교 교육대학원 석사학위논문.

최현정(2006), 외국인을 위한 한국어 교재의 문화 내용 분석, 순천대학교 교육대학원 석사학위
    논문.

최혜령(2007), 초급 학습자를 위한 한국어 관용표현 지도방안, 한양대학교 교육대학원 석사학
    위논문.

최혜영(2002), 한국어 독학용 교재 개발 연구: 기초 단계를 중심으로, 경희대학교 교육대학원
    석사학위논문.

추계자(1988), 제2언어 습득의 가능성과 한계성, 부산대학교 인문논총 33.

추준수(2007), 중국인의 한국어 학습에 나타난 오류 분석 : 조사와 어미를 중심으로, 신라대학
    교 대학원 석사학위논문.

祝翠瑛(2006), 한국어 관용적 비유표현 교육 연구 : 중국인 학습자를 대상으로, 서울대학교 대학
    원 석사학위논문.

카츠타 사토시(2001), 한국어 의성어·의태어 교육 연구 : 일본어를 모어로 하는 한국어 학습
    자를 중심으로, 경희대학교 교육대학원 석사학위논문.

크리스티나 보야코프스카(1991), 폴란드에서의 한국어 교육, 새국어생활 1-2, 국립국어연구원.

키타무라 타다시(1998), 보조용언의 판별 기준에 대한 고찰, 한국어 교육 9-1, 국제한국어교육
    학회.

타카스카요코(2006), 한국어 학습자의 전화 대화 종결부 연구 : 일본어 모어 화자를 대상으로,
    이화여자대학교 대학원 석사학위논문.

프로스트 마르틴(1988), 프랑스에서의 한국어학 과정, 제3회 국제한국어교육학회언어학자 대회
    발표문, 한글학회.

하길종(2001), 발화에 대한 청자의 수행과 언어외적 요인, 이중언어학 18, 이중언어학회.

＿＿＿(2003), 직유 표현의 유형, 이중언어학 23, 이중언어학회.

하민탄(2006), BK21동아시아 한국학 사업단 제1차 국제학술회의: 동아시아 한국학의 현황
    과 과제: 베트남어에서의 한국학 현황 및 전망, 한국학 연구 15, 인하대학교 한국
    학연구소.

하세가와 유키코(長谷川由起子)(1997), 일본 학습자에 대한 한국어 발음 지도법 : 입문 단계를
　　　중심으로, 한국어 교육 8, 국제한국어교육학회.
하세가와 유키코 · 이수경(2002), 한일 한국어 교재의 문법 실러버스 비교 분석, 한국어 교육
　　　13-2, 국제한국어교육학회.
하수정(2006), 일본어권 한국어 학습자의 신체 관용어 이해 연구, 이화여자대학교 교육대학원
　　　석사학위논문.
하수진(1999), 외국인을 위한 한국어 문법 교육, 부산대학교 석사학위논문.
하연주(2007), 재미교포 청소년 학습자의 요구조사를 바탕으로 한 문화 중심의 한국어 교재 개
　　　발 방향 연구, 선문대학교 교육대학원 석사학위논문.
하재선(2006), 비즈니스를 위한 한국어 교재의 모형 개발 연구 : 일본인 학습자를 대상으로, 상
　　　명대학교 교육대학원 석사학위논문.
하정문(2007), 한국어 조건 연결어미와 중국어 조건 관련사어의 대조 연구, 경희대학교 대학원
　　　석사학위논문.
하정자(1991), 언어교육연구원 소개 : 재단법인 언어교육부설 언어교육기관, 새국어생활 1-2,
　　　국립국어연구원.
하지선(2006), 한국어 교육을 위한 종결기능 연결어미 연구, 한양대학교 교육대학원 석사학위
　　　논문.
하치근 외(1995), 외국어로서의 한국어 교육에 관한 연구, 언어와 언어교육 6, 동아대학교 어학
　　　연구소.
하화정(2000), 외국인을 위한 한국어 다의어 교육 연구, 경희대학교 교육대학원 석사학위논문.
한득봉(1991), 소련에서의 한국어 교육, 이중언어학 8, 이중언어학회.
한상미(1999), 한국어 교육에서 언어와 문화의 통합적인 교육 방안 : 의사소통 민족지학 연구
　　　방법론의 적용, 한국어 교육 10-2, 국제한국어교육학회.
＿＿＿(2001a), 외국어로서의 한국어 교육에서 교사말 연구 : 상호작용 기능에 따른 유형을 중심
　　　으로, 연세대학교 석사학위논문.
＿＿＿(2001b), 외국어로서의 한국어 교육에서의 교사말 연구, 한국어 교육 12-2, 국제한국어
　　　교육학회.
＿＿＿(2002), 학습자 자율성에 기초한 한국어 어휘 교육 사례 연구, 한국어 교육 13-2, 국제
　　　한국어교육학회.
한송화(2000), 한국어 보조용언의 상적 기능과 양태 기능, 화행적 기능에 대한 연구 : '하다'를

중심으로, 한국어 교육 11-2, 국제한국어교육학회.

_____(2002), 말뭉치와 학습자 오류를 이용한, 외국인 학습자를 위한 한국어 어휘 사전의 의미 기술, 한국어정보학회학회지 4, 한국어정보학회.

_____(2003), 기능과 문법 요소의 연결을 통한 한국어 교육, 한국어 교육 14-3, 국제한국어교육학회.

한송화·강현화(2004), 연어를 이용한 어휘 교육 방안 연구, 한국어 교육 15-3, 국제한국어교육학회.

한유석(2006), 한국어 학습과정을 매개로 한 한류의 재생산 과정 : 태국의 한국어 학습을 중심으로, 전북대학교 대학원 석사학위논문.

한윤정(2002), '아줌마', '아가씨', '언니'의 사회언어학적 연구 : 외국어로서의 한국어 교육에의 적용, 한국외국어대학교 대학원 석사학위논문.

_____(2007), 한국어학습자를 위한 문화교육항목 선정과 제시방안 연구, 한국외국어대학교 교육대학원 석사학위논문.

한재영(2003), 外國語로서의 韓國語 漢字語敎育을 위한 基礎的 硏究, 이중언어학 23, 이중언어학회.

한재영·윤희원·조영달·서혁(2001), 21세기 해외한국학 진흥 및 국제교류 활성화 방안 연구, 한국어 교육 12-2, 국제한국어교육학회.

한정일(2000), 한국어 어휘 교육 방안 : 의미 관계를 중심으로, 이화여자대학교 석사학위논문.

한지현(2007), 한국어 교육을 위한 수사의문문의 담화맥락적 연구, 한국외국어대학교 교육대학원 석사학위논문.

한철우(1989), 아동의 독서능력 및 글의 난이도 수준에 따른 음독(音讀) 오류(誤謬)의 유형연구, 말 14, 연세대학교 언어연구교육원.

함계임(2006), 접속부사의 한국어 교육학적 접근 : '그러-'형을 중심으로, 한국외국어대학교 교육대학원 석사학위논문.

허덕행·박태수(1990), 연변의 이중언어제에 대한 몇 가지 고찰 : 흑룡강성 조선족들의 이중언어 사용실태 및 그에 대한 약간한 생각, 이중언어학 7, 이중언어학회.

許璧(1992), 中共의 對外中國語敎育政策, 말 16, 연세대학교 언어연구교육원.

_____(1994), 韓·中 兩國語의 語彙比較硏究, 말 19, 연세대학교 언어연구교육원.

허성도(1992), 한국어와 중국어의 대조분석, 이중언어학 9, 이중언어학회.

허용(1997), 모국어로서의 한국어 교육 : 영국의 경우, 교육한글 10, 한글학회.

______(2000), 원격교육을 통한 한국어 교육, 이중언어학 17, 이중언어학회.

______(2001), 부사격 조사에 대한 한국어 교육학적 접근, 이중언어학 19, 이중언어학회.

______(2004a), 중간언어 음운론에서의 간섭현상에 대한 대조언어학적 고찰, 한국어 교육 15-1, 국제한국어교육학회.

______(2004b), 중간언어 음운론을 위한 모음 연구, 이중언어학 24, 이중언어학회.

______(2006), 학술 집담회: 바람직한 한국어 교육능력검정 방안, 이중언어학 31, 이중언어학회.

허용 · 김선정 · 송재목(2000), 외국어로서의 한국어 교육의 이해 : 문법과 교수법(인터넷을 통한 한국어 교사 양성과정 교재), 한국방송통신대학교.

허용 · 연재훈 · 정진원(2000), 원격 교육을 통한 한국어 교육 : 한국어 교재 개발과 교사 교육을 중심으로, 이중언어학 17, 이중언어학회.

허재영(2006), 한국어 교육의 입장에서 본 중국 동북3성의 우리민족 학교의 〈조선어문〉교과 연구, 겨레어문학 37, 겨레어문학회

허정(2000), 비격식체 종결어미 '아/-어/여요' 지도, 한국어 교육연구 2.

허팔복(1973), 외국인을 위한 한국어 교본의 체재 및 내용비교연구, 이화여자대학교 교육대학원 석사학위논문.

헤르만(1991), 베를린 훔볼트 대학교(동독)에서의 한국말 교육과 교재에 대하여, 교육한글 4, 한글학회.

현솔미(2007), 초급 한국어 문법 항목에 대한 연구, 연세대학교 교육대학원 석사학위논문.

현원숙(1998), 카자흐스탄에서의 한국어 교육 방법에 관한 연구, 이화여자대학교 석사학위논문.

현윤호(2001), 과제 수행 중심의 말하기 지도 방안, 한국어 교육 12-2, 국제한국어교육학회.

현정순(2007), 외국인을 위한 한국어 작문의 통합적 교수-학습 방안, 한양대학교 교육대학원 석사학위논문.

胡明揚(2004),《老乞大》给对外汉语教学的启示, 이중언어학 24, 이중언어학회.

홀머 브로흘로스(1991), 독일에서의 한국어 교육, 새국어생활 1-2, 국립국어연구원.

홍경표(1982), 외국어로서의 한국어 교수-학습방법 개선에 관한 일 조사 연구, 연세대학교 대학원 석사학위논문.

홍사만(2003), 한 · 일어 대조 연구의 어제와 오늘, 이중언어학 22, 이중언어학회.

홍선수(2003), 한국어 사과 화행 교육 연구, 경희대학교 교육대학원 석사학위논문.

홍순주(2006), 시각자료를 활용한 한국어 교육 방안 연구, 경희대학교 교육대학원 석사학위

논문.

홍애란(2006), 재미동포 청소년 학습자를 위한 한국어 읽기 교육 연구, 서울대학교 대학원 석
    사학위논문.

홍은진(2004), 영어권 한국어 학습자의 어휘 오류 분석과 교육 방안, 이중언어학 24, 이중언어
    학회.

_____(2006), 중국인 학습자의 어휘 오류 연구 : 대치 오류를 중심으로, 이중언어학 31, 이중언
    어학회.

홍재성(1991), 서울대학교 어학연구소에서의 한국어 교육, 교육한글 4, 한글학회.

_____(1997), 이동동사와 기능동사, 말 22, 연세대학교 언어연구교육원.

홍재성 · 박만규 · 임준서(1995), 현대 한국어 동사구문사전 편찬을 위하여, 말 20, 연세대학교
    언어연구교육원.

홍종명(1996), 외국어로서의 한국어 교재 비교 분석 연구 : 초급 교재를 중심으로, 한국외국어대
    학교 대학원 석사학위논문.

홍종화(1994), 부사어의 기능: 담화연계 및 논증축약에 대하여, 말 19, 연세대학교 언어연구교
    육원.

홍혜란(2007), 고급 한국어 학습자의 문법적 연어 오류 유형 연구, 경희대학교 교육대학원 석
    사학위논문.

홍혜준(2003), 고전 작품을 통한 한국 문화 교육, 국제한국어교육학회 제19차 학술대회 발표논
    문집.

황국정(2001), 15세기 이전 시기의 합성법, 이중언어학 18, 이중언어학회.

_____(2004), 15세기 국어 타동사의 논항구조 변화 연구(1), 이중언어학 24, 이중언어학회.

황미연(2006), 한국어와 중국어의 관용표현 대조 연구, 경희대학교 교육대학원 석사학위논문.

황미향(1999), 한국어 텍스트의 계층구조와 결속표지의 기능 연구: 읽기 능력 측정과 읽기 교재
    구성 방안 모색, 경북대학교 박사학위논문.

황인교(1997), 외국어로서의 한국어 교육 연구: 읽기, 쓰기 지도법을 중심으로, 이화어문논집
    15, 한국어문학연구소.

_____(1998), 외국인을 위한 한국어 교재 개발, 한국어 교육 9-2, 국제한국어교육학회.

_____(1999), 외국어로서의 한국어 교육 2 : 구어 교수 이론의 정립을 위하여, 한국어 교육
    10-1, 국제한국어교육학회.

_____(2006), 한국어 교육과정의 현황과 과제 : 국내 대학 부설 한국어 교육기관을 중심으로,

한국어 교육 17-3, 국제한국어교육학회.

황정민(2007), 일본인 한국어 학습자의 이문화 의사소통에 대한 민족지학적 연구, 배재대학교 대학원 석사학위논문.

황정숙(1991), 외국인을 위한 한국어 조사의 수업모형, 상명대학교 석사학위논문.

황종(2006), 중국인 학습자를 위한 한국어 반의어 교육 연구 : 부정접두한자반의어를 중심으로, 문창어문논집 43, 문창어문학회.

황주희(2007), 한국어 학습자의 스테레오타입 연구: 중국인 학습자를 대상으로, 연세대학교 교육대학원 석사학위논문.

황지하(1995), 한국어 교사의 재교육, 국제한국어교육학회 제6차 국제한국어교육학회 학술대회 발표문.

황현숙(1998), 영어권 외국인을 대상으로 한 한국어 교육의 효율적인 지도 방안 연구, 충남대학교 석사학위논문.

_____(2006), 중국인의 문미 억양 실현 분석과 교육 방안 : 반복의문문을 중심으로, 새국어교육 73, 한국국어교육학회.

황현주(2006), 학문 목적 한국어 교육과정 개발을 위한 과제 단위 요구 분석 : 중국인 유학생을 대상으로, 연세대학교 교육대학원 석사학위논문.

황혜숙(2006), 일본어권 학습자를 위한 한국어 발음교재 개발 연구, 경희대학교 교육대학원 석사학위논문.

후스차/오가렉-최(1988), 폴란드에서의 한국어 교육 현황, 제3회 국제한국어교육학회언어학자대회 발표문, 한글학회.

후지모토(1993), 일본에서의 한국어 연구 현황, 교육한글 10, 한글학회.

후지와라(2004), 한국어 학습자를 위한 생활지도에 관한 연구, 경희대학교 교육대학원 석사학위논문.

후지카와 나오유끼(2006), 일본어 「한자어+する」에 대응하는 한국어 표현의 연구와 지도법, 한국외국어대학교 교육대학원 석사학위논문.

张西平(2004), ≪老乞大≫ 对汉语史研究的启示, 이중언어학 24, 이중언어학회.

A. Huwe(2000), 본래의 한글 자모 체계, 한국어 교육 11-2, 국제한국어교육학회.

Ahn, Sang-Cheol(1997), On Partial Reduplication: A Prosodic Account, 한국어 교육 8, 국제한국어교육학회.

Alexei A, Leoontiev(1991), Bilingualism and Bilingual Education in the U,S,S,R, 이중

언어학 8, 이중언어학회.

Anders Karlsson(1996), Theory and Practice Discrepancies in Supply and Demand in Korean Language Education in Sweden, 파리국제학술회의 논문집, 국제한국어교육학회.

Andrew Byon(2003), Analysis of a KFL learner's spoken performance variation, 한국어 교육 14-1, 국제한국어교육학회.

Andrew Sangpil Byon(2004), Understanding the reading process of beginning American KFL learners, 한국어 교육 15-1, 국제한국어교육학회.

Andrew Tuck Fai Yee(1996), 한국어 학습자를 위한 '-어서'와 '-니까'의 교육 방법에 대한 조사 연구, 서울대학교 석사학위논문.

Angela Lee-Smith(2004), 한국어 능력 향상을 위한 은유 교수, 한국어 교육 15-3, 국제한국어교육학회.

Baetens Beardsmore · Hugo(1990), Multilingual Education in Europe: Theory and Practice, 이중언어학 6, 이중언어학회.

Barbara Unterbeck(1996), The 'unorthodox' Category of Number in Korea, 파리국제학술회의 논문집, 국제한국어교육학회.

______(1997), Korea on German TV, or Teaching Korean-To Whom? 한국어 교육 8, 국제한국어교육학회.

Bethyl A. Pearson(1989), Learner-Centered Variables in Second Language Aquisition, 말 14, 연세대학교 언어연구교육원.

Boonma Surapesak(1998), 태국인을 위한 한국어 교육에 관한 연구, 서울대학교 석사학위논문.

Brown. H. D.(1973), Affective variables in second language acquisition, Language Learning 23-2.

______(1994), Teaching by principles-An interactive approach to language pedagogy, Prentice Hall Regents.

Brown. H. D.(1996), 외국어 교수·학습의 원리, 한신문화사, 신성철 역.

Byung-Cherl Park(1996), Korean Language Education in Italy-Past and Future, 파리국제학술회의 논문집, 국제한국어교육학회.

Dami Lee(2001), L2 Development Through Collaborative Interaction, 한국어 교육 제

12-1, 국제한국어교육학회.

Da-Mi Lee · Kwee-Ock Lee(2002), The Acquisition of Korean Numeral Classifiers by Korean/English Bilingual Children, 한국어 교육 13-1, 국제한국어교육학회.

Donald Baker(1996), Defining, Interpreting, and Teaching Korean Culture in the 21st Century, 파리국제학술회의 논문집, 국제한국어교육학회.

Dwight J, Strawn(1992), Readability of First-Year English Textbooks Used at Yonsei University: Part I, 말 16, 연세대학교 언어연구교육원.

Ellis, R(1986), Understanding second language acquisition, Oxford: Oxford University Press, (한국어판: 김윤경 역(1998), 외국어습득론, 서울: 한신문화사).

Eun Joo Kim(2003), 미국 대학에서의 한국어 교육과정과 교수요목: Korean Language Curriculums and Syllabuses at American Universities, 국제한국어교육학회 제13차 국제학술대회.

Eun-Joo Kim(2002), Development of writing accuracy through error feedback, 한국어 교육 13-1, 국제한국어교육학회.

_____(2003), The Effects of Word Clustering on L2 Korean Vocabulary Learning, 한국어 교육 14-1, 국제한국어교육학회.

Harold Chu(1991), Bilingualism and Bilingual Education in the U. S. A. 이중언어학 8, 이중언어학회.

Hye Sook Wang(2000), Culture, Commercials and Teaching Korean, 한국어 교육 11-1, 국제한국어교육학회.

Jeong-Khn Ahn(2004), Ways of improving Korean Language Education at Universities in the U, S, 한국어 교육 15-3, 국제한국어교육학회.

Joe Jungno Lee(1995), The Epistemic Markers keyss and (u)lkes Revised, 한국말교육 6, 국제한국어교육학회.

Jong-Seong Lim(1992), Grammatical Descriptions of Morphological Process: A Comparative Approach to Korean and English Word Formation, 말 16, 연세대학교 언어연구교육원.

Julian Ross King(1991), Korean Language Studies in the U,S,S,R, 이중언어학 8, 이중언어학회.

Jung, Jae-Hoon(1997), Distance Language Education Using Multimedia -A Case

Study in Australia, 한국어 교육 8, 국제한국어교육학회.

Karlsson, Anders(1997), Teaching Korean Society and Culture through Language, 한국어 교육 8, 국제한국어교육학회.

Kim Kyung-ryung(2003), The Sociolinguistic Constraints on Korean-English Bilingual Children's Code Switching Behavior, 이중언어학 22, 이중언어학회.

Kim, Youngkyu(2004), What Has Language Proficiency Got to Do with Accommodation in Interviewer-Interviewee Interaction?, 이중언어학 24, 이중언어학회.

Kim, Young-Soon(1997), Checking System vs, Non-Checking System in Syntax, 한국어 교육 8, 국제한국어교육학회.

Kirk, Sung Hee(1999), Acceptability and Grammaticality in English-Korean Translation, 한국어 교육 10-2, 국제한국어교육학회.

Kyung-Hwan Moon(1992), Rethinking Causatives from a Cross-Linguistic Perspective, 말 16, 연세대학교 언어연구교육원.

Kyung-Ryung Kim(2001), A Study of the Syntactic Development of Korean-English Bilingual Children, 한국어 교육 12-2, 국제한국어교육학회.

Kyung-Ryung Kim(2003), A study on the language development of bilingual children, 한국어 교육 14-3, 국제한국어교육학회.

Lee, Chung-min(2003), Negative Polarity Items in Korean and Japanese: A Contrastive Study, 이중언어학 22, 이중언어학회.

Lee, Jong-Eun(1997), A Model of Video Activities in Korean Language Teaching for Elementary to Intermediate Level Learners, 한국어 교육 8, 국제한국어교육학회.

Lim, Ji-Ryong · Kim, Young-Soon(1999), The Grammar-Discourse Relationship of Korean, German, and English, 한국어 교육 10-2, 국제한국어교육학회.

Mazur, U. N(1991), 러시아와 소련에서의 한국어학과 한국어 교육, 이중언어학 7, 이중언어학회.

McLaughlin, B(1987), The Theories of Second-Language Learning, Edward Arnold Ltd, 한국어판: 이상국 옮김(1996), 『둘째말 학습이론』, 서울: 도서출판 동인)

Mozol Tatiana(2006), 러시아인을 대상으로 한 한국어 발음 교육 연구: 한국어 분절 음소를 중심으로, 서울대학교 대학원 석사학위논문.

Nan Victor(2006), 국제학술대회논문: 세계화 시대의 국어국문학의 현황과 전망: 우제베키스탄의 한국어 교육, 어문논집 34, 중앙어문학회

NeerJa Singh(2006), 인도에서 외국어로서 한국어 교육, 국어교육 121, 한국어 교육학회.

Neerja Singh(2007), 인도인을 위한 한국어 말하기 교수 · 학습 연구, 서울대학교 대학원 박사학위논문.

Nelli Pak(1991), On Korean Dialects in the U.S.S.R, 이중언어학 8, 이중언어학회.

Nghiem Thi Thu Huong(2006), 베트남인 학습자를 위한 한국어 시간 표현 교육 방안 연구, 서울대학교 대학원 석사학위논문.

Nguyen Thi Huong Sen(2006), 한국어 쓰기 교육 방안 연구 : 베트남인 초급 학습자를 대상으로, 서울대학교 대학원 석사학위논문.

Nunan(2003), Task-based Syllabus Design, 국제한국어교육학회 제13차 국제학술대회.

Robert J. Fouser(1997), Toward a New Paradigm in Korean Language Teaching, 한국말교육 8, 국제한국어교육학회.

______(2000), Too Close for Comfort? Sociolinguistic Transfer from Japanese into Korean as an L3, 한국어 교육 11-2, 국제한국어교육학회.

Rubin, Joan and Thompson, Irene(1995), 성공적인 외국어 학습자가 되는 길, 도서출판 동인.

S. Robert Ramsey(1996), Korean Alphabet, World Alphabet, 파리국제학술회의 논문집, 국제한국어교육학회.

Sabine Ganter(1996), Teaching Hancha in Korean Language Courses at Bonn University, 국제한국어교육학회 국제학술회의 논문집, 국제한국어교육학회.

Seong-Chul Shin(2002), Australian Students' Lexical Errors in Korean: Type, Frequency and Cause, 한국어 교육 13-1, 국제한국어교육학회.

Sohn, John Y(1997), The Foreign Language Teaching Program, 한국말교육 8, 국제한국어교육학회.

Sonja Hauβler(1996), Korean Language Education at the Humbolt University, 파리국제학술회의 논문집, 국제한국어교육학회.

______(1998), 재독한글학교의 한국어 교육 현황과 문제점 - 베를린 한인학교를 중심으로, 한국어 교육 9-1, 국제한국어교육학회.

Tientida Thamcharonkij(2006), 한·태 양국의 『삼국지연의』 수용 비교를 통한 한국 문화교육 연구, 서울대학교 대학원 박사학위논문.

V. Belikov(1991), Koreans in the Linguistic Situation of the Russian Far East, 이중언어학 8, 이중언어학회.

Wang, Hye-sook(1999), Speech Acts in Korean Language Textbooks: Representations and Authenticity, 한국어 교육 10-1, 국제한국어교육학회.

Werner Sasse(1996), Teaching Korean Culture through Korean Studies-Creating Myths to Live By-, 파리국제학술회의 논문집, 국제한국어교육학회.

William O'Grady, Miseon Lee & Miho Choo(2001), The Acquisition of Relative Clauses by Heritage and Non-Heritage Learners of Korean as a Second Language: A Comparative Study, 한국어 교육 12-2, 국제한국어교육학회.

Willim O'Grady(1996), Two Recent Research Initiatives in Korean Language Education, 파리국제학술회의 논문집, 국제한국어교육학회.

Ying Zi Wen(1996), Variation of Korean in China, 파리국제학술회의 논문집, 국제한국어교육학회.

Young-Geun Lee(2000), Task-Based Approach to Syllabus Design for Korean as a Foreign Language, 한국어 교육 11-1, 국제한국어교육학회.

Young-soon Kim(1998), Argument Structure in the Korean hi-Passive, 한국어 교육 9-2, 국제한국어교육학회.